D1663307

Centro di studi internazionali «Giuseppe Ermini»

«L'ogre de la légende», 7

«L'ogre de la légende»

Collana di studi sul medioevo

«Le bon historien ressemble à *l'ogre de la légende*. Là où il flaire la chair humaine, il sait que là est son gibier»
Marc Bloch, *Apologie pour l'histoire*

Comitato scientifico

ADOLFO MORIZIO

Codice diplomatico celestino
†1249-1320

Prefazione di Luigi Pellegrini

Centro di studi internazionali «Giuseppe Ermini»
Ferentino
www.centrostudiermini.it
https://independent.academia.edu/CentrostudiinternazionaliGiuseppeErmini
centroerminiferentino@gmail.com

Il Centro di studi internazionali «Giuseppe Ermini» è un ente senza finalità di lucro.
Il presente volume è distribuito gratuitamente in formato digitale nel sito web del Centro.

Progetto grafico e impaginazione: Marco Vendittelli

In copertina: Montecassino, Archivio dell'Abbazia, Fondo di S. Spirito del Morrone, caps. I, n. 56

ai miei genitori

INDICE

PREFAZIONE

Sono ormai passati vent'anni dal primo intervento di Adolfo Morizio sui Celestini, da quando, nel 2003, avviò la sua ricerca per la tesi di laurea sulla chiesa di S. Tommaso *de Verana* o *de Paterno* (comune di Caramanico Terme), della quale ha ricostruito le vicende a partire dall'istituzione della canonica agostiniana fino all'annessione all'abbazia di S. Spirito del Morrone nel 1334[1]. Lo studio su questa fondazione celestina è stato ripreso dall'autore nel 2016, quando si è soffermato specificamente sull'introduzione della 'regola' dei Celestini, in quanto strumento di riforma della vecchia canonica[2].

Il primo intervento sulla sua indagine per l'organizzazione di un *Codice diplomatico celestino* veniva pubblicato nel 2019 sulla rivista *Benedictina*. Si trattava di una *Introduzione* volta a presentare un lavoro avviato da anni, i cui risultati vennero dati alle stampe, relativamente ai documenti redatti tra il 1249 e il 1295, sulla stessa rivista nel 2020 e nel 2021. Un lavoro improbo, data la dispersione della documentazione dei Celestini in diversi archivi, puntualmente indicati in una delle numerose e utilissime tabelle che costituiscono, per così dire, l'ossatura del presente volume. Punto di partenza imprescindibile per tracciare la vicenda della documentazione celestina è senz'altro l'opera di Ludovico Zanotti da Cesena (1593-1669), la cui «attività di regestazione e trascrizione documentaria», confluita nei due manoscritti *Digestum scripturarum coelestinae congregationis* e *Archivia coelestinorum*, l'autore del presente volume ben sintetizza nella parte introduttiva[3].

Il lavoro condotto con tenacia dallo Zanotti, a partire «dal quinto decennio del Seicento e portato avanti con infaticabile energia per tutta la vita», è un'insostituibile guida per la ricomposizione del complesso documentario dei Celestini, custodito fin dall'origine negli archivi delle principali case dell'Ordine e, in seguito, trasferito in gran parte nell'Archivio dell'Abbazia di Montecassino, dove è concentrata la maggior parte della documentazione morronese.

L'autore ha assolto l'arduo compito con tenacia e con rigore metodologico, nell'intento preciso di ricomporre i *disiecta membra* della documentazione dei Celestini dispersa in seguito alla soppressione napoleonica. Lavoro di ricomposizione tutt'altro che semplice, dato che il materiale documentario è attualmente «disseminato in 12 archivi e 4 biblioteche».

Il volume si offre, dunque, non tanto o non soltanto per una lettura sistematica, ma in quanto repertorio insostituibile per chiunque voglia rintracciare e leggere gli atti emessi dai e per i Celestini nella seconda metà del secolo XIII e nei primi due decenni del XIV e ricostruire attraverso di essi la storia di un importante Ordine religioso, la cui vicenda si è conclusa ormai da oltre due secoli.

Non si può non essere grati ad Adolfo Morizio per aver reso di pubblica ragione i risultati della sua pluridecennale ricerca e di averli offerti a un pubblico di studiosi che ci si augura vasto, al di là dell'ambito specialistico di coloro che sono intenti a ricostruire l'intreccio della fioritura, dell'espansione e della conclusione di una struttura religiosa che ha avuto la sua culla nelle terre d'Abruzzo per poi espandersi in tutta la penisola e al di là delle Alpi.

Luigi Pellegrini

---

[1] A. Morizio, *Un'istituzione religiosa dell'Abruzzo adriatico nel medioevo: la chiesa di S. Tommaso* de Verana *(1202-1334)*. Tesi di laurea, Chieti 2002.

[2] A. Morizio, Ad regulam congruentem convolare. *Riforma monastica di una canonica regolare abruzzese nel XIV secolo*, in Sodalitas. *Studi in memoria di don Faustino Avagliano*, a cura di M. Dell'Omo-F. Marazzi-F. Simonelli-C. Crova, Montecassino 2016 (Miscellanea cassinese, 86), p. 757-770.

[3] Vedi *infra*, p. 17-20.

PREMESSA

Non di rado, tra l'ideazione di un progetto editoriale e la sua realizzazione intercorre un lungo lasso di tempo, specialmente nell'ambito della storiografia di matrice accademica. Questo studio, difatti, esce a stampa dopo più di un decennio di interruzioni e riprese, le cui cause – da imputare in parte a chi scrive, in parte a una serie di eventi aleatori – vale la pena di ripercorrere, anche nel tentativo di ottenere una qualche clemenza per aver tardato così tanto nel pubblicare i risultati di ricerche da più parti attese e sollecitate.

Era il 2004, infatti, quando cominciai a studiare i celestini per il dottorato di ricerca in Storia del cristianesimo e delle chiese presso l'Università degli studi di Padova. Il compito assegnatomi era quello di ricostruire la storia dell'ordine eremitico-monastico istituito da Pietro del Morrone, dalle origini (metà del secolo XIII) agli anni immediatamente successivi alla canonizzazione del fondatore (5 maggio 1313). Effettuata la ricerca bibliografica – dalla quale scaturì una rassegna storiografica pubblicata separatamente[1] – emerse implacabile il problema della dispersione e frammentazione delle fonti diplomatiche, con conseguente ricaduta sulla letteratura specialistica.

La «storiografia celestina»[2], paragonata agli studi relativi ad altri ordini religiosi, ha segnato il passo per due motivi fondamentali: il prevalente interesse riservato – da studiosi e non – a Celestino V e le conseguenze derivanti dalle soppressioni dei secoli XVIII-XIX. L'interessante figura del papa dimissionario – attuale più che mai dopo le dimissioni nel 2013 di papa Benedetto XVI[3] – ha attratto e continua ad attrarre maggiormente gli studiosi, fagocitando la vicenda dell'eremita e della congregazione dai lui fondata[4], la cui scomparsa, all'inizio del secolo XIX, non solo ha precluso la possibilità che fiorisse una storiografia erudita interna all'ordine, ma ha anche causato la parziale distruzione e dispersione della documentazione presente negli archivi monastici[5]. Individuata, quindi, la ragione della non favorevole condizione degli studi sulla storia dei celestini, il supervisore, Luigi Pellegrini, mi indirizzò verso una ricerca a tappeto della documentazione archivistica, operazione imprescindibile e quanto mai urgente. Dopo quattro anni di lavoro serrato, quella che, inizialmente, doveva essere un'appendice documentaria si era trasformata in una sorta monografia a sé stante intitolata *Codice diplomatico celestino*[6].

La tesi di dottorato, dal titolo *Eremitismo e monachesimo in Italia tra XIII e XIV secolo: i celestini di fra Pietro del Morrone. Storia e documenti (metà sec. XIII-1320)*[7] – depositata, in base alle *Linee guida* della Crui[8], nel *Padua research archive*, l'archivio istituzionale dell'Università degli studi di Padova[9], tra le prime università italiane a dotarsi di un *repository* d'ateneo[10] – suscitò

---

[1] Morizio 2007.

[2] Per il significato di tale espressione vedi Morizio 2007, p. 133-138.

[3] La Declaratio *del santo padre Benedetto XVI sulla sua rinuncia al ministero di vescovo di Roma, successore di san Pietro*, annunciata nel Concistoro ordinario pubblico dell'11 febbraio 2013, è disponibile all'url <https://bit.ly/3IxqhT3> (data consultazione: 14 febbraio 2023). Sul tema della rinuncia al pontificato vedi Rusconi 2013; per la biografia di papa Ratzinger vedi Ursini 2014.

[4] Sull'argomento vedi Morizio 2007, p. 133-137; Morizio 2008, p. 31-33; Paoli 2013, p. 3; Palazzi 2013, p. 81-84; Morizio 2016, p. 761-762.

[5] Per gli effetti delle leggi eversive sul patrimonio archivistico delle corporazioni religiose vedi *La memoria silenziosa* 2000; Zacchè 2012.

[6] Morizio 2008, p. 279-543.

[7] Morizio 2008.

[8] *Linee guida per il deposito delle tesi di dottorato negli archivi aperti*, approvate il 23 novembre 2007 dalla Commissione biblioteche CRUI, il cui testo è disponibile sul portale della Conferenza dei rettori delle università italiane all'url <https://bit.ly/3Xe8Aw9> (data consultazione: 8 gennaio 2023).

[9] Disponibile all'url <https://bit.ly/3jXHkUf> (data consultazione: 8 gennaio 2023).

[10] La tesi è disponibile all'url <https://bit.ly/3vKKfSP> (data consultazione: 8 gennaio 2023). La data di depo-

l'interesse del Centro storico benedettino italiano, il quale, tuttavia, pur riconoscendone la validità scientifica, mi comunicò di non poter procedere a un'edizione a stampa, nella collana Italia benedettina, per un problema eminentemente tecnico e – aggiungerei – endemico del nostro Paese: la mancanza di fondi.

Nella primavera del 2013, in occasione di un convegno tenutosi a Sulmona, negli edifici dell'ex abbazia di S. Spirito del Morrone, ebbi occasione di parlare con don Faustino Avagliano, il quale, in considerazione del fatto che la più cospicua mole documentaria sui celestini è custodita nell'archivio di Montecassino, non solo si rese disponibile a pubblicare l'intera tesi di dottorato nella prestigiosa Miscellanea cassinese, ma mi propose di continuare l'edizione critica delle «Carte di S. Spirito del Morrone»[11], iniziativa che lui stesso aveva promosso anni addietro. La sua prematura scomparsa, proprio qualche mese più tardi, fece naufragare l'una e l'altra cosa[12].

Nel 2018, don Giovanni Spinelli – che ha sempre mostrato un particolare interesse per gli studi relativi all'ordine celestino – mi prospettò di pubblicare a puntate, sulla rivista Benedictina, l'intero *Codice diplomatico celestino*[13], ritenendolo fondamentale per la conoscenza del monachesimo medievale nel territorio abruzzese e non solo.

Nel settembre del 2020, infine, Marco Vendittelli mi invitò a pubblicare una monografia sui celestini – sulla falsariga della tesi di dottorato – per il Centro di studi internazionali Giuseppe Ermini[14], di cui egli è presidente, nella Collana di studi sul medioevo significativamente intitolata «L'ogre de la légende»[15]. Ma il «cigno nero»[16], che nel 2020 ha sconvolto l'umanità intera, ha avuto ripercussioni negative anche su modalità e tempi della ricerca storica, rallentando ulteriormente un lavoro che già di per sé avrebbe necessitato di tempi lunghi.

Benché la presente pubblicazione – la prima di un dittico costituito da due volumi, indipendenti ma complementari, dedicati rispettivamente alle fonti diplomatiche e alla storia dell'ordine celestino – abbia il medesimo titolo utilizzato in altre sedi[17], appare opportuno sottolineare che i criteri di edizione adottati sono differenti, i documenti, sistematicamente ricontrollati ed emendati, sono stati corredati da un'introduzione di carattere storico-archivistico.

Mi auguro che questo studio possa contribuire alla conoscenza della vita di Pietro del Morrone (Celestino V) – la cui vulgata è ancora troppo intrisa di luoghi comuni e mistificazioni –, dell'ordine celestino e del monachesimo medievale; spero, inoltre, che possa fornire agli studiosi materiale utile alla ricerca storica su città, *castra*, istituzioni ecclesiastiche, personaggi, toponimi etc.

Nel «dare alle stampe» il nuovo *Codice diplomatico celestino* – che a dire il vero sarà distribuito anche in formato digitale –, desidero ringraziare dal profondo del cuore coloro i quali, nell'ultima decade, direttamente o indirettamente, mi hanno supportato, incoraggiandomi a proseguire lungo la strada della ricerca storica: Mariano Dell'Omo, per avermi accolto tante volte presso l'archivio di Montecassino e per i preziosi consigli, Lucia Palazzi, per la consueta disponibilità e cortesia presso l'archivio arcivescovile di Chieti-Vasto, Ugo Paoli, che con la sua monografia sulle fonti celestine è stato per me un costante faro e un inarrivabile modello[18], Giovanni Spinelli, che mi ha sempre esortato

___

sito/pubblicazione è il 31 gennaio 2008, ma il lavoro è stato reso visibile dal 16 settembre 2008.

[11] Nel primo volume sono stati editati i documenti del fondo di S. Spirito del Morrone compresi tra il 1010 e il 1250 (vedi Simonelli 1997).

[12] Su don Faustino, al secolo Aniello, Avagliano (1941-2013), archivista di Montecassino dal 1982 al 2013 vedi Dell'Omo 2014; Dell'Omo 2016.

[13] Ad oggi, sulla rivista Benedictina, sono state pubblicate quattro puntate: Morizio 2019a; Morizio 2020a; Morizio 2020b; Morizio 2022. Quanto ivi pubblicato, con opportune revisioni e aggiornamenti, è rifluito nel presente lavoro.

[14] Sul sito del Centro – all'url <https://bit.ly/3GP3h0M> (data consultazione: 8 gennaio 2023) – sono altresì disponibili strumenti, quali scaffali virtuali, archivi virtuali etc., indispensabili per chi fa ricerca storica nel terzo millennio.

[15] «Le bon historien, lui, ressemble à l'ogre de la légende. Là où il flaire la chair humaine, il sait que là est son gibier» (Bloch 1949, p. 4; Bloch 2009, p. 23).

[16] La «teoria del cigno nero», nell'epistemologia dell'economia, indica un evento inaspettato di grande impatto e latore di conseguenze imprevedibili (Taleb 2007).

[17] Morizio 2008, p. 279-543; Morizio 2019a; Morizio 2020a; Morizio 2020b; Morizio 2022.

[18] Paoli 2004.

a pubblicare sull'autorevole rivista *Benedictina*, Rosa Stampone, per aver atteso al difficile e noioso compito della rilettura delle bozze.

Un ringraziamento speciale, infine, va a Luigi Pellegrini, senza il quale questo lavoro non sarebbe mai cominciato, e a Marco Vendittelli, senza il quale non sarebbe mai finito!

1. Tanti nomi per un solo ordine monastico

«Ordine dei celestini» o, più semplicemente, «celestini» è la denominazione di norma utilizzata per riferirsi all'ordine religioso – prima eremitico, poi monastico – creatosi attorno alla figura di «fra Pietro del Morrone» nella seconda metà del secolo XIII e scomparso all'inizio dell'Ottocento. Tale appellativo ha un suo preciso fondamento storico, in quanto traduzione dell'espressione *ordo celestinorum*, attestata per la prima volta in un documento del 28 ottobre 1349[1]. Dalla metà del secolo XV, poi, i vocaboli *ordo* e *religio* vennero affiancati dal termine *congregatio*, cui si faceva seguire il genitivo *celestinorum*[2] – con le varianti *caelestinorum*[3], *coelestinorum*[4] e *cęlestinorum*[5] – oppure, più

[1] Originale deperdito, già *Archivio del monastero di S. Giovanni battista di Bologna (Zanotti, *Digestum*, III.2, p. 705). Copia semplice del secolo XVII, Zanotti, *Digestum*, III.2, p. 703-705 («ex copia simplici antiqua existenti in monasterio Sancti Ioannis baptistae caelestinorum de Bononia»). Regesti: Zanotti, *Digestum*, II.1, p. 30; Zanotti, *Archivia*, –. U. Paoli (Paoli 2004, p. 21 nota 94), correggendo L. Pellegrini (Pellegrini 2000, p. 335 nota 143), menziona un altro documento del 31 maggio 1348: Originale deperdito, già *Archivio del monastero di S. Girolamo di Cesena, «Fundatio, aedificatio et ampliatio monasterii» (Zanotti, *Archivia*, VI.2, p. 799). Copia del secolo XVII, Zanotti, *Digestum*, III.2, p. 693-700 («ex proprio originali existenti in monasterio Sancti Hieronymi caelestinorum de Cesena»). Regesti: Zanotti, *Digestum*, p. 30; Zanotti, *Archivia*, VI.2, p. 799. Tuttavia, la dicitura *ordo caelestinorum* ricorre solo nel regesto di L. Zanotti (Zanotti, *Archivia*, VI.2, p. 799), che tende a semplificare la terminologia del testo del documento, dove si rintracciano le seguenti denominazioni: «religio sancti Petri Caelestini sive de Murrone», «religio sancti Petri Caelestini .V. seu de Murrone», «religio sancti Petri Caelestini». In conclusione, la prima attestazione certa dell'espressione *ordo celestinorum* è quella del 28 ottobre 1349. Va precisato che, nella copia secentesca, la prima «e» di *celestinorum* – l'espressione completa è «fr(atr)es ord(i)nis cęlestinor(um)» – è resa graficamente con la «e» caudata, ma, nell'originale deperdito, certamente non era presente né il digrafo «ae» né il simbolo «ę», reintrodotti progressivamente in epoca umanistica.

[2] Cfr., a titolo esemplificativo, il testo dei documenti editi in Paoli 2004, p. 425-429 n. 14 (1418 settembre 2); p. 436-437 n. 17 (1532 settembre 11); p. 437-438 n. 18 (1550 febbraio 20); p. 438-439 n. 19 (1554 dicembre 20); p. 440 n. 20 (1563 maggio 8); p. 441-442 n. 21 (1564 aprile 19); p. 442-443 n. 22 (1566 ottobre 19); p. 445-449 n. 24 (1589 ottobre 31); p. 451-452 n. 26 (1633 settembre 17). Cfr., inoltre, il titolo delle *constitutiones* pubblicate nel secolo XVII dai celestini di Francia: *Constitutiones fratrum celestinorum provinciae Franco-Gallicanae* (*Constitutiones* 1670).

[3] Cfr., a titolo esemplificativo, il testo dei documenti editi in Paoli 2004, p. 432-436 n. 16 (1524 luglio 22; trattasi, tuttavia, di una copia semplice del secolo XVII); p. 443-445 n. 23 (1576 maggio 9); p. 449-450 n. 25 (1609 maggio 17); p. 453-454 n. 27 (1639 marzo 31).

[4] Cfr., a titolo esemplificativo, il testo dei documenti editi in Paoli 2004, p. 425-429 n. 14 (1418 settembre 2); p. 454-456 n. 28 (1641 gennaio 29); p. 456-457 n. 29 (1644 aprile 29); p. 457-459 n. 30 (1644 giugno 21); p. 459-461 n. 31 (1657 marzo 11); p. 461-462 n. 32 (1685 marzo 8); p. 463-472 n. 33 (1742 aprile 12); p. 472-474 n. 34 (1762 marzo 27). Cfr., inoltre, i titoli delle *constitutiones* pubblicate nei secoli XVI-XVII: *Constitutiones monachorum sancti Benedicti congregationis coelestinorum...* (*Constitutiones* 1534); *Constitutiones monachorum ordinis sancti Benedicti congregationis coelestinorum...* (*Constitutiones* 1590); *Constitutiones monachorum ordinis s(ancti) Benedicti congregationis coelestinorum...* (*Constitutiones* 1627); *Constitutiones coelestinorum ordinis sancti Benedicti...* (*Constitutiones* 1629). Infine, il frontespizio dell'opera di L. Zanotti (Zanotti, *Archivia*, VI.1, p. 9), con il titolo *Archivia coelestinorum*.

[5] Cfr., a titolo esemplificativo, Zanotti, *Digestum*, V.1, p. 207-221 (1632 giugno 21); p. 223-224 (1633 aprile 1). L. Zanotti utilizza sistematicamente la «ę» al posto dei dittonghi «ae» (es. *scripturę* per *scripturae*) e «oe» (es. *dięcesis* per *dioecesis*). Nel trascrivere il nome di Celestino V utilizza, di solito, il simbolo «ę» – es. «Cęlestini .V. privilegium» (Zanotti, *Archivia*, VI.2, p. 718) – oppure, raramente, la sola «e» – es. «Transumptum privilegii Celestini .V.» (Zanotti, *Archivia*, VI.1, p. 187). Anche per il nome dell'ordine, di regola, fa uso della «ę» – es. «ordinis cęlestinorum» (Zanotti, *Archivia*, VI.2, p. 799) – ma, nel frontespizio dei suoi due manoscritti, si serve del dittongo «oe», scrivendo per esteso *coelestinae* (Zanotti, *Digestum*, II.1, p. 7) e *coelestinorum* (Zanotti, *Archivia*, VI.1, p. 9). In questi ultimi due casi, l'utilizzo del dittongo «oe», non sarebbe grammaticalmente corretto, poiché il nome *Caelestinus*, sconosciuto al mondo classico, è una voce dotta derivante da *caelestis*. Dalla comprensibile confusione generata dalla reintroduzione del dittongo in epoca umanistica derivano anche le varianti grafiche nella scrittura del nome dell'ordine fondato da Pietro del Morrone. Su tali varianti grafiche cfr. anche Du Cange 1883-1887, II, col. 15c [*caelestinus*: voce disponibile all'url <https://bit.ly/3YM9CA8> (data consultazione: 12 febbraio 2023)]; col. 249b [*celestinus*: voce disponibile all'url <https://bit.ly/3E44yPE> (data consultazione: 12 febbraio 2023)]; col. 387c [*coelestinus*: voce disponibile all'url <https://bit.ly/3lxsQvj> (data consultazione: 12 febbraio 2023)].

raramente, gli aggettivi *caelestina*[6], *coelestina*[7], *cęlestina*[8] o – soprattutto, in riferimento al volgare *congregatione* e *congregazione – celestina*[9].

Era trascorso all'incirca un secolo, dunque, dalla fondazione dell'eremo di S. Spirito della Maiella, primo insediamento dell'ordine, quando i seguaci dell'eremita «fra Pietro del Morrone», in memoria del loro padre fondatore, elevato al soglio pontificio con il nome di Celestino V, cominciarono a definire se stessi «celestini»: lemma da cui è scaturito l'intero campo semantico riguardante la congregazione (abbazia celestina, monaco celestino etc.) e che, seppur incontrovertibile – è presente anche nelle opere a stampa in lingua volgare scritte dagli eruditi appartenenti all'ordine[10] –, talvolta, viene erroneamente sostituito da un neologismo[11], diffusosi ampiamente, negli ultimi anni, non solo in ambito divulgativo (web, pannelli informativi etc.), ma anche in testi scientifici[12].

Il vocabolo celestini, quindi, mentre in ambito storiografico può indicare il fenomeno nella sua totalità, sul piano più strettamente storico, è corretto solo dalla metà del Trecento. L'evoluzione diacronica del nome dell'ordine, sebbene possa apparire un'inutile sottigliezza accademica, è, in realtà, lo specchio della difficile genesi e del controverso sviluppo – istituzionale, insediativo, religioso – del movimento eremitico-monastico generato da «fra Pietro del Morrone».

Ai suoi primordi, il gruppo eremitico assunse il nome di «ordine di S. Spirito della Maiella»: titolo attestato tra lo scorcio del settimo e il principio dell'ottavo decennio del Duecento[13]. Già nel 1279, però, compare un'altra denominazione: «ordine di fra Pietro del Morrone»[14]. Negli anni successivi le locuzioni «ordine di S. Spirito della Maiella» e «ordine di fra Pietro del Morrone» si alternano e si complicano con un buon numero di varianti – come «ordine del monastero o luogo di S.

---

[6] Cfr., a titolo esemplificativo, Zanotti, *Digestum*, II.1, p. 60 (1620 maggio 1).

[7] Cfr. Zanotti, *Digestum*, II.1, p. 7: *Digestum scripturarum coelestinae congregationis*.

[8] Cfr., a titolo esemplificativo, Zanotti, *Digestum*, V.1, p. 237-240 (1635 febbraio 7), dove, all'interno del medesimo documento, è presente anche l'espressione *congregatio caelestinorum*); p. 153-164 (1629), dove si riscontra sia la grafia con «ę» («Catalogus… prout ex antiquioribus cęlestinae congregationis monumentis et scripturis repertum est») sia la grafia senza «ę» («Catalogus reverendissimorum abbatum generalium celestinae congregationis, prout habetur in fine nostrarum constitutionum Romae impraessarum de anno 1629»).

[9] Cfr. Giacomo da Lecce 1549, p. 1r: «Frate Iacopo da Lezze, servo di Giesu Christo, et indegnamente chiamato abate generale della congregatione celestina».

[10] Dai titoli delle opere di L. Marini (Marini 1630) e di C. Telera (Telera 1648; Telera 1689) – dove si riscontrano rispettivamente le espressioni *congreg(atione) de monaci celestini* e *congregat(ione) de celestini* – si evince chiaramente l'uso aggettivale e nominale del termine in lingua volgare. Vedi, inoltre, i titoli delle opere, in lingua francese, di L. Beurrier (Beurrier 1634) e di J. Aurélien de Saint Alode (Aurélien de Saint Alode 1873), con le locuzioni *pères célestins* e *ordre des célestins*.

[11] L'aggettivo «celestiniano» è stato coniato nel 1921 da F.X. Seppelt (1883-1956) – docente di storia della chiesa e autore di studi sul papato – il quale, nel dare alle stampe uno studio tuttora fondamentale, lo intitolò *Monumenta coelestiniana* (Seppelt 1921). Il medesimo termine fu ripreso da A. Frugoni, che nel 1954 pubblicò *Celestiniana*, nei fatti il primo studio scientifico in lingua italiana su Celestino V (Frugoni 1954). Con la rinascita della perdonanza, all'inizio degli anni ottanta del secolo scorso, e la costituzione nel 1982 del Centro internazionale di studi celestiniani – al quale si deve la promozione di importanti convegni di studio sulla figura del papa eremita (cfr. Morizio 2007, p. 134 nota 5) – questo neologismo è diventato di uso comune. È forse il caso di notare, tuttavia, che il *Grande dizionario della lingua italiana* (GDLI) registra esclusivamente la voce «celestino», per la quale dà la seguente definizione: «religioso appartenente alla congregazione fondata verso il 1264 da Pietro del Morrone (il futuro papa Celestino V)» (Battaglia 1961-2002, II, p. 950); né la voce «celestiniano» è stata inserita nei due più recenti supplementi del curati da E. Sanguineti (Battaglia 2004; Battaglia 2009). Sulla questione vedi anche Morizio 2007, p. 133.

[12] Senza nulla togliere alla loro validità, vedi, a titolo esemplificativo, i seguenti studi: Herde 2004, p. 8 (padri celestiniani). Figliuolo 2013, p. 309 (priorati celestiniani). Figliuolo-Pilone 2013, p. 12 (cenobio celestiniano). Bartolomei Romagnoli-Marini 2015, p. 13 (monastero celestiniano), 22 (monaci celestiniani), 36 nota 101 (abbazie celestiniane), 38 (monasteri celestiniani), 46 nota 139 (monastero celestiniano), 47 (cardinale celestiniano), 70 (monastero celestiniano), 227 (abbazia celestiniana). Marini 2016, p. 4 (monaci celestiniani), 313 nota 59 (ordine celestiniano), 320 (frate celestiniano), 321 (frate celestiniano), 322 (frate celestiniano), 323 (frate celestiniano; abate generale dei Celestiniani), 324 (abate generale dei Celestiniani), 327 (abbazia celestiniana; *locum* celestiniano), 328 (frate celestiniano), 329 (monastero celestiniano), 331 (frate celestiniano; monastero celestiniano), 335 (frate celestiniano), 337 (frate celestiniano), 339 (professo celestiniano), 341 (monastero celestiniano), 346 (abbazia celestiniana), 349 (frate celestiniano), 350 (frate celestiniano), 351 (frate celestiniano), 357 (frate celestiniano), 359 (monastero celestiniano).

[13] «Ordo Sancti Spiritus de Maiella» (doc. n. 16, 22, 23, 40).

[14] «Ordo fratris Petri de Murrone» (doc. n. 51).

Spirito della Maiella»[15] oppure «ordine del venerabile padre fra Pietro del Morrone»[16] – fino al 1289, anno in cui un testamento registra «ordine dei *fratres* del Morrone»[17], cui fa seguito «ordine del Morrone»[18] e, infine, «ordine morronese»: appellativo attestato, per la prima volta, il 5 dicembre 1293[19].

Alla base di quest'alternanza terminologica, ci sono i due iniziali capisaldi dell'ordine: il primo centro di aggregazione, l'eremo di S. Spirito della Maiella, e il suo fondatore, fra Pietro del Morrone, significativamente associati in un documento del 1292, dove si fa riferimento ai «*fratres* della Maiella, dell'ordine di fra Pietro del Morrone, dell'ordine di san Benedetto»[20]. Dal 1294, le locuzioni «ordine di S. Spirito della Maiella»[21], «ordine dei maiellesi»[22] e «ordine maiellese»[23], sebbene ancora riscontrabili, scompaiono progressivamente, mentre diventano prevalenti «ordine di fra Pietro del Morrone»[24] e – a seguito dello spostamento della casa madre da S. Spirito della Maiella a S. Spirito del Morrone – «ordine morronese»[25], «ordine dei morronesi»[26], «ordine del Morrone»[27] e «ordine di S. Spirito del Morrone»[28].

Subito dopo la morte del fondatore dell'ordine (Fumone, 19 maggio 1296), cominciò a farsi largo l'idea della sua santità e così, già nel 1298, il monastero di S. Spirito di Bucchianico viene definito «dell'ordine di san Benedetto e dell'ordine e della regola della santa memoria del fu fra Pietro del Morrone, già papa Celestino V»[29], mentre al 1311 risale l'espressione «*fratres* dell'ordine della santa memoria di papa Celestino V»[30].

Dopo la canonizzazione, avvenuta ad Avignone il 5 maggio 1313[31], la dicitura «ordine di fra Pietro del Morrone», fu sostituita con «ordine di san Pietro del Morrone»[32], attestata per la prima volta il 25 dicembre 1313. Ma, negli anni immediatamente successivi, la medesima espressione, seppur utilizzata[33], venne complicata da un buon numero di varianti: «ordine di san Pietro del Morrone confessore»[34], «ordine di san Pietro confessore»[35], «ordine del beato Pietro confessore»[36], «ordine del beato Pietro del Morrone»[37], «ordine di san Pietro confessore del Morrone»[38], «ordine di san Pietro confessore, già papa Celestino V»[39]. Dal 1313, dunque, i due referenti principali dell'ordine, il monastero di S. Spirito del Morrone, sede dell'abate generale, e l'ormai canonizzato padre fondatore, danno luogo alle denominazioni «ordine morronese» e «ordine di san Pietro confessore», le quali, talora, si presentano anche combinate: «ordine morronese o di san Pietro confessore»[40].

---

[15] «Ordo monasterii seu loci Sancti Spiritus de Magella» (doc. n. 106).

[16] «Ordo venerabilis patris fratris Petri de Morrone» (doc. n. 133, 134).

[17] «Ordo fratrum de Murrone» (doc. n. 114).

[18] «Ordo Murronis» (doc. n. 169).

[19] «Ordo murronensis» (doc. n. 176).

[20] «Fratres qui dicuntur de Maiella, ordinis fratris Petri de Murrono, ordinis sancti Benedicti» (doc. n. 160).

[21] Doc. n. 232.

[22] «Ordo maiellorum» (doc. n. 382).

[23] «Ordo maielen(sis) <così>» (doc. n. 427).

[24] Doc. n. 180, 181, 182, 183, 191, 192, 194, 276, 295, 303, 345, 385, 448, 489, 490.

[25] «Ordo murronensis»; «ordo morronensis»; «ordo moronensis» (doc. n. 205, 267, 285, 296, 299, 305, 398, 402, 403, 412, 421, 428, 430, 439, 461, 463, 470, 481, 482, 484, 491, 495, 497, 500, 543, 544, 548, 549, 555, 557, 569, 570, 578, 626).

[26] «Ordo et religio morronensium»; «ordo morronensium» (doc. n. 319, 367, 553).

[27] «Ordo Murronis»; «ordo Morronis»; «ordo Morroni» (doc. n. 347, 433, 554).

[28] «Ordo Sancti Spiritus de Murrone»; «ordo Sancti Spiritus de Morrone»; «ordo Sancti Spiritus prope Sulmonem» (doc. n. 379, 447, 449, 567).

[29] «Ordinis sancti Benedicti… et de ordine etiam et regula sanctae memoriae quondam fratris Petri de Murrone olim Caelestini papae .V.» (doc. n. 320).

[30] «Fratres ordinis sanctae memoriae domini Caelestini patris nostri papae .V.» (doc. n. 466).

[31] Doc. n. 505.

[32] «Ordo sancti Petri de Murrone» (doc. n. 514, 515).

[33] Doc. n. 520, 538.

[34] «Ordo sancti Petri de Murrono confessoris» (doc. n. 529, 590).

[35] «Ordo sancti Petri confessoris»; «ordo sancti Petri confexoris» (doc. n. 519, 521, 525, 530, 563, 576, 592, 593, 603, 613, 629, 634, 635).

[36] «Ordo beati Petri confessoris»; «ordo beati Petri confexoris» (doc. n. 575, 577, 580, 582, 583, 586, 607).

[37] «Ordo beati Petri de Murrono» (doc. n. 561).

[38] «Ordo sancti Petri confessoris de Murrono» (doc. n. 584, 597, 624, 627).

[39] «Ordo sancti Petri confessoris olim Caelestini papae .V.» (doc. n. 631).

[40] «Ordo morronensis seu sancti Petri confexoris» (doc. n. 536).

Nel capitolo generale del 1320, momento fondamentale nello sviluppo istituzionale dell'ordine, venne ratificato il titolo di «ordine di san Pietro confessore» o «religione di san Pietro confessore del Morrone»[41], mentre «religione di san Pietro Celestino», attestato per la prima volta nel 1338, è utilizzato meno frequentemente[42]. Dal 1349, infine, diventa di uso comune «ordine dei celestini»[43].

Sulla base della complessa terminologia attestata nelle fonti, per addivenire a una sintesi storiografica, è possibile fare riferimento – senza alcuna pretesa normativa – alle locuzioni riassunte nella seguente tabella:

ante 1275[44]	eremiti di S. Spirito della Maiella
	movimento eremitico di fra Pietro del Morrone
1275-1293	ordine di S. Spirito della Maiella
	ordine maiellese
	ordine dei maiellesi
	maiellesi
	ordine di fra Pietro del Morrone
1294-1312	ordine di S. Spirito del Morrone
	ordine morronese
	ordine dei morronesi
	morronesi
	ordine di fra Pietro del Morrone
1313-1349	ordine di S. Spirito del Morrone
	ordine morronese

[41] «Ordo sancti Petri confexoris; religio sancti Petri confexoris de Murrono» (doc. n. 624).

[42] «Religio sancti Petri Caelestini» (cfr. Paoli 2004, p. 20 nota 93).

[43] Proprio durante la stesura di queste pagine, a seguito dell'uscita di un articolo su Vatican News [disponibile all'url <https://bit.ly/3YrXmVL> (data consultazione: 12 febbraio 2023)], in occasione della visita di papa Francesco all'Aquila per la celebrazione della perdonanza (28 agosto 2022), sono stato interpellato sulla correttezza storica della denominazione «eremiti di san Damiano», attribuita ai seguaci di fra Pietro del Morrone non solo in importanti portali web – i quali, essendo ampiamente consultati da fedeli o semplici appassionati soprattutto in prossimità delle celebrazioni in onore di san Pietro Celestino (19 maggio) o della perdonanza (28-29 agosto), dovrebbero vagliare con molta attenzione le informazioni pubblicate –, ma anche in recenti pubblicazioni di autorevoli studiosi, senza però addurre la fonte storica. R. Grégoire, ad esempio, ha scritto che «Pietro attua il suo progetto di istituzione degli Eremiti di S. Damiano attorno al 1254, sul monte Morrone» (Grégoire 1995, p. 55), mentre per C. Palumbo «nel 1264 sono fondati gli Eremiti di San Damiano (Damianiti), poi per lungo tempo detti Morronesi, e finalmente Celestini» (Palumbo 2011, p. 313). Tale denominazione, assolutamente erronea, è tramandata dal *Chronicon* di Francesco Pipino, pubblicato parzialmente per la prima volta da L.A. Muratori (Muratori 1726; il passo in esame è alla col. 735). Poiché non ho avuto modo di visionare la recente edizione critica dei libri XXII-XXXI della Cronaca (Crea 2021), trascrivo direttamente dal manoscritto originale – custodito presso la Biblioteca estense di Modena e interamente visionabile sul portale della Estense digital library all'url <https://bit.ly/3GUp5rM> (data consultazione: 11 gennaio 2023) – il passo incriminato: «Hic <*scil*. Celestinus huius nominis V> fuit conversatione anachorita sive heremita de Abrucio, oriundus prope Sulmonam provincie Terre Laboris, vocatus prius frater Petrus de Murono, de ordine qui a plerisque dicitur sancti Damiani» (Modena, Biblioteca estense, ms. alfa.x.01.05, f. 182v-a). Ma già nelle *Vitae et gesta summorum pontificum* di A. Chacón, pubblicate postume nel 1601, si legge che Pietro del Morrone, durante il suo abbaziato a S. Maria di Faifoli «novam monachorum eremitarum congregationem tituli s(ancti) Damiani, regula vero s(ancti) Benedicti instituit» (Chacón 1601, p. 635). Dalla *Vita* di Celestino V scritta dall'erudito spagnolo, cita quasi alla lettera il cardinale Vincenzo Maria Orsini – al secolo Pietro Francesco Orsini, che, prima di diventare papa con il nome di Benedetto XIII, era stato arcivescovo di Benevento (per una panoramica biobibliografica vedi De Caro 2000) –, il quale, nel suo *Synodicon*, scrive che san Pietro *de Marone* <così> «novam monachorum eremitarum congregationem, titulo s(ancti) Damiani, sub regula vero s(ancti) Benedicti, quae postea coelestinorum vocata est, instituit» (Orsini 1723, p. 72). La medesima informazione è nelle *Antiquités* di A.L. Millin: «Les Célestins furent d'abord nommés les *Ermites de saint Damien*, ou selon d'autres, de *Muron*… Les ermites de saint Damien pour témoigner ce qu'ils devoient à leur fondateur, prirent le nom de Célestins» (Millin 1790, III, p. 1). E infine, attraverso il *Dizionario* di G. Moroni: «I monaci di quest'Ordine furono dapprima chiamati *Eremiti di s. Damiano*, o di *Morrone*, non che *Murroniti*, o *Morroniti*, e poi *Celestini*» (Moroni 1841, p. 48), questo dato è giunto fino ai giorni nostri e, sebbene storicamente infondato, supinamente e distrattamente riproposto.

[44] Sebbene la dicitura «ordo Sancti Spiritus de Maiella» sia attestata già in precedenza, l'ordine monastico in senso stretto venne istituito ufficialmente nel 1275.

	ordine dei morronesi
	morronesi
	ordine di san Pietro del Morrone
	ordine di san Pietro confessore
	ordine di san Pietro Celestino
post 1349	ordine celestino
	ordine dei celestini
	celestini

Anche il nome del fondatore dell'ordine, a dire il vero, non è privo di criticità sulle quali è opportuno richiamare l'attenzione, al fine di evitare erronee semplificazioni. Nella più antica fonte sul nascente movimento eremitico di S. Spirito della Maiella, un atto notarile rogato a Sulmona nel 1259, «fra Pietro» viene indicato come «eremita della Maiella»[45], mentre in un documento redatto a Roccamorice nel 1270 – quando egli ormai aveva già sessant'anni – al nome di battesimo si affianca, per la prima volta, il toponimico «del Morrone», utilizzato in tutti i documenti successivi[46]. Se si esclude il nome da pontefice – attestato per la prima volta nell'*intitulatio* della *Dilectus filius*, inviata all'abate e alla comunità del monastero di S. Spirito del Morrone il 30 agosto 1294[47] – «fra Pietro eremita della Maiella» e «fra Pietro del Morrone» sono le uniche denominazioni presenti nelle fonti documentarie anteriormente alla canonizzazione (5 maggio 1313), quando si diffusero i nomi di «san Pietro confessore»[48], «san Pietro del Morrone»[49] e «san Pietro Celestino»[50]. In nessuna fonte coeva, al contrario, fra Pietro viene indicato con il patronimico, sebbene il nome del padre, Angelerio, sia attestato nella cosiddetta *Autobiografia*[51] e in tre documenti di Carlo II d'Angiò, datati rispettivamente 6 settembre 1294[52], 1° settembre 1298[53] e 20

---

[45] «Frater Petrus heremita <*così*> de Maiella» (doc. n. 7, 8, 9).

[46] «Frater Petrus de Murrono» (doc. n. 20).

[47] «Celestinus episcopus servus servorum Dei» (doc. n. 201).

[48] Cfr., a titolo esemplificativo, doc. n. 521; vedi, inoltre, il titolo delle *Constitutiones* del 1579: *Constitutiones monachorum ordinis s(ancti) Benedicti sub reformatione s(ancti) Petri confessoris olim Coelestini papae quinti* (*Constitutiones* 1579).

[49] Cfr., a titolo esemplificativo, doc. n. 514.

[50] Cfr., a titolo esemplificativo, i documenti in Zanotti, *Digestum*, III.2, p. 693-700 (1348 maggio 31; «ex proprio originali existenti in monasterio Sancti Hieronymi caelestinorum de Cesena»); p. 701-702 (1349 aprile 2; «ex proprio originali existenti in archivio venerabilis abbatiae Sancti Spiritus de Sulmone»).

[51] «Primo autem de parentibus meis aliquid dicam. Quorum nomina sunt hec: Angelerius et Maria» (Herde 2008, p. 67).

[52] Atto registrato deperdito, già Napoli, Archivio di Stato, *Registri angioini, 74, f. 41v (Cantera 1892, p. 54 nota 2). Atto registrato deperdito, già Napoli, Archivio di Stato, *Registri angioini, 75, f. 120r (Cantera 1892, p. 54 nota 2). Atto registrato deperdito, già Napoli, Archivio di Stato, *Registri angioini, 79, f. 120v (Cantera 1892, p. 54 nota 2). Edizione: Cantera 1892, p. 54 nota 2 (parziale): «Pro fratre et nepotibus domini pape. Scriptum est secreto Apulie necnon baiulis Fogie tam presentibus quam futuris fidelibus suis etc. Scire volumus fidelitatem vestram quod nos Nicolao de Angeleri fratri ac Guillelmo et Petro Roberti de Angeleri nepotibus sanctissimi patris domini nostri domini Celestini sacrosante romane ac universalis Ecelesie <*così*> summi pontificis et eorum heredibus ex eorum corporibus legitime descendetibus natis iam et etiam nascituris in perpetuum dicto scilicet Nicolao de annuo redditu unciarum auri decem et cuiuslibet dictorum Guillelmi et Petri de annuo unciarum auri quinque percipiendo per eos in terra de bonis fiscalibus regni nostri non exisentibus de mero nostro demanio sibi quam primo ad id se facultas obtulerit per nostram curiam assignandis sub debito militari servicio per eos proinde curie nostre prestantdo contemplatione dicti domini nostri summi pontificis providumus gratiose etc.... Data Aquile per magistros rationales magne curie nostre die sexto septembris VIII indictionis». Dal testo risulta che il privilegio di Carlo II era datato 6 settembre 1294, ma il medesimo B. Cantera, che lo trascrisse dai registri angioini, lo data – salvo un improbabile errore di trascrizione, comunque non più verificabile – al 5 settembre (Cantera 1892, p. 53-54). P. Herde data il documento sia erroneamente al 5 settembre (Herde 2004, p. 4 nota 6, dove tuttavia fa riferimento all'edizione di un altro privilegio edito da G.V. Ciarlanti) sia correttamente al 6 settembre 1294 (Herde 2004, p. 102).

[53] Atto registrato deperdito, già Napoli, Archivio di Stato, *Registri angioini, 94, f. 250r (Cantera 1892, p. 6 nota 6) [f. 258r (Cantera 1892, p. 54 nota 2)]. Edizione: Ciarlanti 1823, p. 151 (parziale): «Carolus II etc. secreto Aprutii, necnon bajulis, et cabellotis, seu credenceriis cabellae bajulationis, et altorum jurium curiae nostrae ad ipsam cabellam spectantium in Sulmona praesentibus, etc. Pridem per patentes literas nostras secreto Apuliae, nec non bajulationis Fogiae tam praesentibus <*così*>, quam futuris sub certa forma recolimus injunxisse, ut Nicolao de Angeleri fratri, ac Guillelmo, et Petro Roberti de Angeleri nepotibus qu. <*così*> sanctissimi patris domini Celestini olim sacrosanctae romanae, ac

ottobre 1301[54], con i quali si concedevano a Nicola di Angelerio e a Guglielmo e Pietro, figli di Roberto di Angelerio, rispettivamente fratello e nipoti del pontefice, una cospicua rendita annua. L'espressione «Pietro di Angelerio» fu coniata da Stefano da Lecce – abate generale per due mandati tra il 1475 e il 1483[55] – che, tra il 1471 e il 1474, scrisse la *Vita beatissimi confessoris Petri Angelerii*[56].

2. Archivi celestini

2.1. Formazione e organizzazione

La formazione degli archivi celestini è inscindibilmente legata allo sviluppo istituzionale e insediativo dell'ordine. Intorno alla metà del XIII secolo, dopo un lungo periodo di «eremitismo indipendente», fra Pietro del Morrone fonda l'eremo di S. Spirito della Maiella e, qualche anno dopo, avvia la costruzione di un oratorio intitolato alla Vergine, con annesse strutture abitative, sul Morrone, quella montagna dalla quale – stando alle fonti agiografiche – egli si sarebbe allontanato in cerca di maggiore solitudine[57], ma alla quale evidentemente continuò a fare riferimento, se solo qualche anno più tardi da essa prese il toponimico *de Murrone*.

S. Spirito della Maiella e S. Maria del Morrone, inizialmente poco più che grotte, furono i primi due insediamenti eremitici in pianta stabile della futura congregazione. Nonostante la relativa vicinanza dei due luoghi – un giorno di cammino all'incirca – i contesti erano differenti. Oltre all'ambiente naturale e antropico, era diverso il quadro ecclesiastico e politico. L'eremo maiellese ricadeva entro i confini della diocesi di Chieti e della contea di Manoppello, mentre l'eremo morronese dipendeva dalla diocesi di Sulmona e apparteneva al contado controllato dall'*universitas* della medesima città. I rapporti conflittuali con il vescovo teatino Nicola da Fossa (1262-1278) spostarono, in quegli anni, l'asse insediativo verso il *districtus* sulmonese, dove gli eremiti di fra Pietro del Morrone erano ben accetti e maggiormente tutelati, come dimostrano indirettamente alcuni documenti.

Nell'autunno del 1274, fra Pietro del Morrone «prese con sé due compagni, il sacerdote fra Giovanni da Atri e il laico fra Placido da Morrea»[58], e partì per Lione, dove si trovava la curia pontificia, con lo scopo di ottenere un «privilegio di conferma del suo ordine»[59]. Il 28 ottobre, in prossimità della partenza, fra Roberto da Sulmona, «nunzio speciale del religioso fra Pietro, rettore della chiesa di S. Spirito della Maiella», fece pubblicare tre documenti: due copie della *Sacrosancta Romana Ecclesia* di Urbano IV (2 giugno 1263) e il decreto di incorporazione all'ordine di san Benedetto del vescovo di Chieti (21 giugno 1264), con inserta la *Cum sicut* di Urbano IV (1° giugno 1263)[60]. In tutto tre *instrumenta publica* redatti dal giudice Tommaso e dal notaio Adamo, entrambi di Sulmona.

---

universalis Ecclesiae summi pontificis, quibus, et eorum aeredibus ex eorum corporibus legitime descendentibus natis jam, et eziam nascituris in perpetuum, dicto scilicet Nicolao de annuo redditu untiarum auri decem, et cuilibet praedictorum Guillelmi, et Petri, de annuo redditu unciarum auri quinque percipiendo per eos in Terra, vel bonis fiscalibus regni nostri existentibus ex mero nostro demanio, sibi quam primum ad id se facultas offerret per nostram curiam assignandis sub debito militari servizio per eos per inde curiae nostrae praestando contemplazione dicti sanctissimi pontificis, ac olim providimus gratiose, etc.».

[54] Atto registrato deperdito, già Napoli, Archivio di Stato, *Registri angioini, 125, f. 185r (Cantera 1892, p. 6 nota 6, 54 nota 2).

[55] Cfr. Paoli 2004, p. 501-502.

[56] Città del Vaticano, Biblioteca apostolica vaticana, Vat. lat. 14517 [cfr. Schiavetto 1996; Morelli 1999, p. 592 n. 2624. Per ulteriore bibliografia vedi il portale della Biblioteca apostolica vaticana all'url <https://bit.ly/3vTRXKv> (data consultazione: 11 gennaio 2023)]. Edizione: Licitra-Schiavetto 1995, dove *Vita beatissimi confessoris Petri Angelerii* è stato tradotto con *Vita del beatissimo confessore Pietro Angelerio*, trasformando il patronimico – *Angelerii* = «di Angelerio» – in un secondo nome. Ne è derivata l'erronea denominazione «Pietro Angelerio», che ha trovato molta fortuna soprattutto nel web, da Wikipedia a Vatican News.

[57] «Verum quia hic querebat semper solitudinem et omnes silve, que fuerant circa locum, destructe erant et ab hominibus culte, recessit ab eo loco et accessit ad montem Magelle, et ibi invenit quandam criptam magnam, que nimis placuit ei» (Herde 2008, p. 80-81).

[58] Herde 2008, p. 106-107.

[59] Herde 2008, p. 107.

[60] Doc. n. 13, 14, 15.

Al ritorno da Lione, nella primavera del 1275, fra Pietro si preoccupò di rendere in pubblica forma la *Religiosam vitam eligentibus* concessa, il 22 marzo 1275, da Gregorio X e, ancora una volta, ciò avvenne a Sulmona, al cospetto di numerosi esponenti della borghesia locale[61], segno tangibile del fatto che, entro i confini della circoscrizione episcopale teatina (alla quale apparteneva il monastero *caput ordinis*), la situazione non era favorevole agli eremiti maiellesi. Secondo l'agiografo Tommaso da Sulmona, il vescovo di Chieti li «perseguitava» al tal punto che, per poco, non decisero di andarsene altrove. Dopo aver tergiversato a lungo, scelsero di restare, ma trasferirono in «luoghi più sicuri» le campane arrivate da Venezia, i libri, i paramenti e «tutti i beni» della chiesa di S. Spirito della Maiella[62]. Certamente furono portati via anche i documenti e il luogo più vicino e sicuro – in quanto al di fuori della diocesi teatina – era la chiesa di S. Maria del Morrone. È molto probabile, quindi, che l'archivio maiellese sia stato affiancato, fin dall'inizio, da un archivio morronese. Quando, nel giugno del 1293, venne ufficializzato lo spostamento della casa madre da S. Spirito della Maiella a S. Spirito del Morrone si trattò solo di una ratifica formale, giacché gli interessi dell'ordine gravitavano attorno a quell'area da decenni.

Già nel corso del XIII secolo, a questi primi due nuclei archivistici – via via che venivano fondati nuovi monasteri, rendendo necessaria la conservazione *in loco* dei documenti[63] – se ne affiancarono altri, come quello di S. Maria di Collemaggio all'Aquila o di S. Eusebio a Roma. Ma è dopo la canonizzazione di fra Pietro del Morrone che la rete insediativa e archivistica si infittisce nel Mezzogiorno e si estende, a maglie molto più larghe, in Italia settentrionale e in Francia, con delle puntate – brevi ma significative – in Spagna (Barcellona)[64], Inghilterra (Sheen)[65], Belgio (Héverlé)[66], Germania (Königstein, Oybin, Schönfeld)[67] e Repubblica Ceca (Praga)[68]. Ne deriva che, oggi, le fonti superstiti per la storia della congregazione sono disseminate per lo più in biblioteche e archivi italiani e francesi[69].

Una parziale mappatura degli archivi della congregazione venne realizzata nel XVII secolo, grazie all'instancabile abate Ludovico Zanotti che, nei suoi manoscritti, fornisce la consistenza di sette archivi monastici: S. Spirito della Maiella[70], S. Spirito del Morrone vicino a Sulmona[71], S. Salvatore di Penne[72], S. Maria di Collemaggio *prope Aquilam*[73], S. Giovanni battista di Gesso[74], S. Girolamo di Cesena[75], S. Stefano di Bologna[76]. Inoltre, accenna in maniera sporadica all'esistenza di altri nu-

---

[61] I testimoni sono i seguenti: il giudice Giacinto da Sulmona, il notaio Matteo di Andrea da Sulmona, il giudice Filippo da Sulmona, il notaio Adamo da Sulmona e Tommaso di *magister* Matteo da Sulmona (doc. n. 39).

[62] Herde 2008, p. 111.

[63] Cfr. anche Palazzi 2013, p. 96.

[64] Borchardt 2006, p. 356 n. 17.

[65] Borchardt 2006, p. 368 n. 158.

[66] Borchardt 2006, p. 361 n. 74.

[67] Borchardt 2006, p. 361 n. 78; p. 365 n. 118; p. 368 n. 154.

[68] Borchardt 2006, p. 366 n. 127.

[69] Qualcosa anche a Bruxelles, Londra e Praga (cfr. Borchardt 2006, p. 506, 507, 510-511). Sulle fonti documentarie celestine negli archivi di Stato è fondamentale il censimento di Palazzi 2013, p. 109-125.

[70] «Registrum scripturarum quae in archivio sacri monasterii Sancti Spiritus de Magella conservantur», (Monogramma) 1644 (Zanotti, *Archivia*, VI.1, p. 11-54). In appendice al *registrum* maiellese vi è anche il «Registrum scripturarum quae conservabantur in monasterio Sancti Thomae de Caramanico et de anno 1653 translatae et repositae fuerunt in archivio sacri monasterii Sancti Spiritus de Magella» (Zanotti, *Archivia*, VI.1, p. 47-54).

[71] «Registrum scripturarum caelestinorum quae in archivio venerabilis abbatiae Sancti Spiritus de Murrone prope Sulmonem conservantur», (Monogramma) 1650 (Zanotti, *Archivia*, VI.1, p. 59-555).

[72] «Registrum scripturarum quae in monasterio Sancti Salvatoris civitatis Pennensis conservantur» (Zanotti, *Archivia*, VI.1, p. 359-364). Tale *registrum* – un fascicolo di pochi fogli, senza data cronica, rilegato all'interno della sezione dedicata all'archivio del monastero di S. Spirito del Morrone – non ha le medesime caratteristiche degli altri *registra*, ma non è neanche inserito all'interno dell'indice dei *tituli* del *registrum* morronese e, di conseguenza, va considerato come a sé stante.

[73] «Registrum scripturarum quae in archivio venerabilis monasterii Sanctae Mariae de Collemadio prope Aquilam conservantur», (Monogramma) 1653 (Zanotti, *Archivia*, VI.2, p. 559-757).

[74] «Registrum scripturarum quae conservantur in monasterio Sancti Ioannis baptistae caelestinorum de Gipso», 1650 (Zanotti, *Archivia*, VI.2, p. 763-793).

[75] «Registrum scripturarum quae in archivio venerabilis monasterii Sancti Hieronymi de Caesena conservantur», 1663 (Zanotti, *Archivia*, VI.2, p. 795-839).

[76] «Registrum scripturarum monasterii Sancti Stephani de Bononia», 1665 (Zanotti, *Archivia*, VI.2, p. 841-914).

merosi archivi celestini[77]: S. Angelo di Celano[78], S. Caterina di Terranova[79], S. Croce di Roccamontepiano[80], S. Giacomo (e S. Pietro) di Salerno[81], S. Giorgio di Novi[82], S. Giovanni battista di Bologna[83], S. Girolamo di Cesena[84], S. Maria della Civitella di Chieti[85], S. Maria della Maiella di Agnone[86], S. Maria della Trinità di Faenza[87], S. Maria di Capua[88], S. Maria di Lama[89], S. Maria di Meiulano di Corropoli[90], S. Martino di Brescia[91], S. Nicola (Nicolò) di Bergamo[92], S. Nicola (Nicolò) di Rimini[93], S. Pietro a Maiella di Napoli[94], S. Pietro Celestino di Milano[95], S. Pietro Celestino di Urbino[96], S. Pietro del Morrone di Firenze[97], S. Pietro apostolo di Aversa[98], S. Spirito di Atessa[99], SS. Annunziata di Como[100], SS. Trinità di San Severo[101].

Alcuni di questi monasteri erano importanti e ricchi quasi quanto l'abbazia morronese. In Abruzzo, il cenobio di S. Maria di Collemaggio, fondato nel 1287, rivestì da subito un ruolo di primo piano. Qui Celestino V fu incoronato papa (1294) e qui, dopo la *translatio corporis*, avvenuta nel 1327, sono an-

---

[77] Cfr. in proposito anche Palazzi 2005, p. 149-150.

[78] «Ex libro authentico instrumentorum monasterii Sancti Angeli de Celano de anno 1647 confecto manu domini Hiacynthi Romani» (Zanotti, *Digestum*, II.1, p. 347). *Liber instrumentorum aliarumque memorabilium rerum spectantium monasterio Sancti Agneli de Caelano extracta ab archivio eiusdem monasterii. Domnus Hiacynthus Romanus scribebat Caelani Anno Domini 1647*, Città del Vaticano, Archivio apostolico vaticano, Vat. lat. 14198 [manoscritto digitalizzato disponibile all'url <https://bit.ly/3k9efW7> (data consultazione: 11 gennaio 2023)].

[79] «Ex copia mihi transmissa per reverendissimum patrem dominum Federicum de Neapoli abbatem monasterii Sanctae Catherinae de Terra nova, extracta a suo proprio originali existenti in dicto monasterio Terrae novae» (Zanotti, *Digestum*, IV.1, p. 25).

[80] «Ex instrumento publico dictae concessionis existenti in dicto monasterio Roccae Montisplani» (Zanotti, *Digestum*, III.1, p. 272).

[81] «Ex transumpto authentico… quod in monasterio Salerni asservatur» (Zanotti, *Digestum*, III.2, p. 477).

[82] «Ex proprio originali existenti in monasterio Sancti Georgii de Novo, ubi etiam conservantur infrascriptae scripturae originales» (Zanotti, *Digestum*, III.1, p. 341).

[83] «Ex copia simplici antiqua existenti in monasterio Sancti Iohannis baptistae caelestinorum de Bononia» (Zanotti, *Digestum*, III.2, p. 705).

[84] «Ex proprio originali existenti in monasterio Sancti Hieronymi caelestinorum de Cesena» (Zanotti, *Digestum*, III.2, p. 700).

[85] «Ex proprio originali existenti in monasterio Sanctae Mariae Civitellae civitatis Theatinae» (Zanotti, *Digestum*, II.2, p. 412).

[86] «Ex proprio originali existenti in monasterio Sanctae Mariae Maiellae de Anglono» (Zanotti, *Digestum*, II.1, p. 365).

[87] «Ex instrumento publico dicti testamenti quod in dicto monasterio Sanctae Mariae Trinitatis de Faventia conservatur» (Zanotti, *Digestum*, III.2, p. 486).

[88] «Ex scripturis monasterii Sanctae Mariae de Capua» (Zanotti, *Digestum*, V.2, p. 599).

[89] «Ex instrumento publico dictae donationis existenti in dicto monasterio Sanctae Mariae de Lama» (Zanotti, *Digestum*, III.1, p. 421).

[90] «Ex transumpto authentico quod in archivio venerabilis monasterii Sanctae Mariae de Meiulano de Corropoli asservatur» (Zanotti, *Digestum*, II.1, p. 125).

[91] «Ex scripturis Florentiae, Bergomi et Brixiae et Mediolani» (Zanotti, *Digestum*, V.2, p. 621).

[92] «Ex proprio originali existente <*così*> in archivio monasterii Sancti Nicolai de Bergamo» (Zanotti, *Digestum*, IV.2, p. 446; la mano non è quella di L. Zanotti).

[93] «Ex proprio originali existenti in monasterio Sancti Nicolai de Arimino» (Zanotti, *Digestum*, IV.1, p. 221).

[94] «Ex proprio originali, cui deest sigillum, existenti in archivio monasterii Sancti Petri ad Maiellam de Neapoli» (Zanotti, *Digestum*, IV.1, p. 221).

[95] «Ex scripturis Mediolani» (Zanotti, *Digestum*, V.2, p. 626).

[96] «Ex tabella antiqua in ecclesia Sancti Petri Caelestini de Urbino» (Zanotti, *Digestum*, II.1, p. 156; la pergamena non era custodita nell'archivio, ma esposta in chiesa allo scopo di certificare le indulgenze lucrabili dai fedeli).

[97] «Ex scripturis Florentiae, Bergomi et Brixiae et Mediolani» (Zanotti, *Digestum*, V.2, p. 621).

[98] «Ex proprio originali cum sigillo pendenti quod conservatur in monasterio Aversae» (Zanotti, *Digestum*, III.1, p. 157).

[99] «Ex instrumento publico dictae concessionis… quod in monasterio Atissae asservatur» (Zanotti, *Digestum*, IV.1, p. 80).

[100] «Ex copia simplici et lacerta quae habetur in dicto monasterio Sanctissimae Annuntiatae de Como extracta fuit a me» (Zanotti, *Digestum*, III.2, p. 530).

[101] «Ex copia mihi transmissa a reverendissimo patre domino Donato de Luceria abbate Sancti Severi et ab eo extracta suo proprio originali cum bullo plumbeo, quod in monasterio Sancti Severi asservatur» (Zanotti, *Digestum*, II.2, p. 438). «Ex archivio monasterii nostri Sanctissime Trinitatis Sancti Severi» (Città del Vaticano, Archivio apostolico vaticano, Fondo celestini II, 43, f. 249v).

cora oggi custodite le sue spoglie mortali. La chiesa di Collemaggio acquisì ben presto un'importanza non solo regionale, ma anche sovranazionale e tale rimase fino alla soppressione del 1807.

Agli archivi menzionati se ne dovrebbero aggiungere molti altri, grandi e piccoli. Nel 1289, ad esempio, Niccolò IV concesse al monastero maiellese la chiesa di S. Eusebio di Roma[102], presso la quale – essendo divenuta punto di riferimento per gli interessi dell'ordine nell'Urbe – si costituì un importante archivio. Nel 1334, invece, l'abbazia di S. Spirito del Morrone annetté la vicina chiesa di S. Tommaso di Paterno[103], una canonica regolare al collasso, a causa di oltre mezzo secolo di controversie e vessazioni. Gli intraprendenti morronesi – che si erano distinti, fin dall'inizio, per la loro capacità di riformare enti religiosi caduti in rovina – seppero risolvere la questione in poco più di tre mesi. Per far questo, il procuratore generale dell'ordine si recò a Roma, portando con sé un privilegio vescovile del 1269 in favore della comunità di S. Tommaso, ma, per evitare di esporla ai rischi derivanti dal viaggio di ritorno, la pergamena fu depositata presso l'archivio di S. Eusebio. Le carte del monastero di Paterno furono trasferite presso la vicina abbazia di S. Spirito del Morrone, certamente nel 1334, mentre una piccola parte di esse confluì nell'archivio di S. Spirito della Maiella[104], dopo che, nel 1652, il convento era stato soppresso per effetto della *Instaurandae regularis disciplinae* di Innocenzo X[105]. Questi piccoli esempi evidenziano la migrazione di documenti, anche in forma di originale, da un monastero all'altro, sebbene proprio tra l'abbazia maiellese, *caput ordinis* fino al 1293, e l'abbazia morronese, *caput ordinis* dal 1293 al 1807, si sia realizzata una vera e propria osmosi archivistica[106].

Nel «registro delle scritture dei celestini che si conservano nell'archivio della venerabile abbazia di S. Spirito del Morrone vicino a Sulmona»[107], Ludovico Zanotti riporta due disegni dell'archivio abbaziale – il primo intitolato «archivio dei celestini nella venerabile abbazia di S. Spirito del Morrone vicino a Sulmona»[108], il secondo «archivio nuovo di S. Spirito di Sulmona»[109] –, seguiti da un «indice dei titoli»[110]. L'*armarium*, costituito da 68 scansie di formato diverso, era organizzato in tre sezioni.

Nella prima – 24 scansie, a sinistra – erano custoditi per lo più documenti pontifici (*indulta, litterae, apodixae*), documenti regi (*privilegia, transumpta*), diritti feudali («diritti del castello di Pratola», «diritti del Morrone»)[111]. La seconda – 24 scansie, a destra – raccoglieva soprattutto i fondi dei singoli monasteri organizzati secondo un criterio geografico («per il monastero di Collemaggio e Celano», «per il monastero di Isernia», «per il monastero di Boiano», «per i monasteri di Milano, Firenze e Bologna»)[112]. La terza – 20 scansie di formato più grande, in basso – comprendeva le carte relative all'amministrazione dell'abbazia e dell'ordine («atti dei capitoli», «visita dei monasteri», «li-

---

[102] Doc. n. 120, 121.

[103] Su questa chiesa, ubicata nell'odierno comune di Caramanico Terme (Pescara), vedi Morizio 2003; Morizio 2016; Morizio 2019b.

[104] «Registrum scripturarum quae conservabantur in monasterio Sancti Thomae de Caramanico et de anno 1653 translatae et repositae fuerunt in archivio sacri monasterii Sancti Spiritus de Magella» (Zanotti, *Archivia*, VI.1, p. 47-54). Sulla medesima questione vedi Palazzi 2005, p. 132-133; Palazzi 2013, p. 87.

[105] Sulle soppressioni innocenziane, in generale e in riferimento ai celestini, vedi Boaga 1971; Paoli 2004, p. 61-65; Palazzi 2005, p. 175-179, 189-198; Pellegrini 2005, p. 365-370; Palazzi 2013, p. 86-87.

[106] Sulla questione vedi anche Palazzi 2013, p. 89-90.

[107] «Registrum scripturarum caelestinorum quae in archivio venerabilis abbatiae Sancti Spiritus de Murrone prope Sulmonem conservantur» (Zanotti, *Archivia*, VI.1, p. 59-555).

[108] «Archivium caelestinorum in venerabili abbatia Sancti Spiritus de Murrone prope Sulmonem» (Zanotti, *Archivia*, VI.1, p. 62-63); in basso c'è la firma e la data: «D(ominus) Ludovicus Zanottus de Caesena abbas caelestinus anno iubilei 1650».

[109] «Archivium novum Sancti Spiritus de Sulmone» (Zanotti, *Archivia*, VI.1, p. 68-69); in basso viene riportata la data: «Anno Domini 1660».

[110] «Index titulorum» (Zanotti, *Archivia*, VI.1, p. 71-76). Per il significato giuridico del termine «titulus» vedi Du Cange 1883-1887, VIII, col. 114a, [voce disponibile all'url <https://bit.ly/3E19IvW> (data consultazione: 11 febbraio 2023)]. Con il medesimo significato di «fondamento legale di un diritto», il vocabolo «titolo» viene utilizzato già da Giovanni Boccaccio nel *Comento alla divina Commedia* (cfr. Guerri 1918, I, p. 21; Battaglia 1961-2002, XX, p. 1086 n. 15).

[111] «Iura castri Pratularum», «Iura Murronis» (Zanotti, *Archivia*, VI.1, p. 62, 68, 71).

[112] «Pro monasteriis Collismadii et Celani», «Pro monasterio Iserniae», «Pro monasterio Boiani», «Pro monasteriis Mediolani, Florentiae et Bononiae» (Zanotti, *Archivia*, VI.1, p. 63, 69, 73, 75). La preposizione «per», utilizzata per tradurre il latino «pro», è da intendersi «titoli a favore di, a vantaggio di».

bri di amministrazione dell'abbazia di S. Spirito»)[113], ma anche i «breviari manoscritti», le «costituzioni antiche» e il «processo di canonizzazione di san Pietro Celestino»[114]. Ogni *capsa* o *capsula*[115] – corrispondente alla singola scansia – raggruppava quindi documenti omogenei, ma al suo interno poteva presentare ulteriori ripartizioni. La capsula «per il monastero di Caramanico», ad esempio, era suddivisa in: «per S. Tommaso di Paterno» (79 *scripturae*), «per S. Pietro confessore vicino a Caramanico» (18 *scripturae*), «vari diritti nella medesima capsula» (6 *scripturae*)[116]. Complessivamente, alla metà del secolo XVII, l'archivio abbaziale custodiva 3869 *scripturae*, quasi tutte membranacee[117].

Se lo si paragona a quello della casa madre, l'archivio di S. Spirito della Maiella era davvero esiguo: nel 1644 annoverava appena 105 *scripturae*[118], cui si aggiunsero, nel 1653, 7 pergamene e pochi altri documenti in carta bambagina provenienti dalla chiesa di S. Tommaso di Paterno[119]. Il monastero di S. Spirito della Maiella, nonostante fosse stato il primo centro di aggregazione dell'ordine, aveva vissuto una lunga fase di declino e abbandono nel corso del Quattrocento, per poi recuperare il proprio prestigio nella seconda metà del secolo XVI, grazie alla ricostruzione operata da Pietro *Santutio* – italianizzato in Santucci – da Manfredonia[120]. Tra il 1362 e il 1591, difatti, non vi sono documenti rogati a S. Spirito della Maiella[121]. In questo lungo arco temporale, è probabile che l'archivio maiellese sia stato trasferito a Sulmona e, dopo la ricostruzione cinquecentesca, ricostituito solo in parte.

Ben più consistente, invece, era l'archivio di S. Maria di Collemaggio. Nel «registro delle scritture che si conservano nell'archivio del venerabile monastero di S. Maria di Collemaggio vicino all'Aquila»[122], Ludovico Zanotti realizza un disegno dell'«archivio del monastero di S. Maria di Collemaggio»[123], seguito da un «indice dei titoli»[124]. L'*armarium*, costituito da 21 scansie di formato diverso, era organizzato secondo i medesimi criteri visti per l'abbazia di S. Spirito del Morrone. In alto – due scansie di formato più grande – erano custoditi i *catasta*, gli *inventaria* e i *tituli* relativi a monasteri non direttamente dipendenti dal cenobio aquilano. La parte centrale – 16 scansie quadrate, tra le quali una vuota – raccoglieva i fondi dei singoli monasteri secondo un criterio geografico («diritti di S. Benedetto in Perillis, S. Maria di Attoya e S. Pio in Molina», «diritti di S. Cesidio di Caporciano e di San Pio»)[125], le pergamene relative a diritti di proprietà in determinate aree («per i mulini e le terre in Torre, Bagno, Bazzano e Paganica», «diritti nella città di Penne»)[126], privilegi regi («pri-

---

[113] «Acta capitulorum», «Visitationes monasteriorum», «Libri administrationum abbatiae Sancti Spiritus» (Zanotti, *Archivia*, VI.1, p. 62-63, 68-69).

[114] «Breviaria manuscripta», «Constitutiones veteres», «Processus canonizationis sancti Petri Caelestini» (Zanotti, *Archivia*, VI.1, p. 62, 68, 76). Per una più ampia descrizione dell'organizzazione dell'archivio di S. Spirito del Morrone, anche in relazione all'archivistica del secolo XVII, vedi Palazzi 2013, p. 102-105.

[115] Cárcel Ortí 1997, p. 29 n. 37.

[116] «Pro monasterio Caramanici», «Pro Sancto Thoma de Paterno», «Pro Sancto Petro confessore prope Caramanicum», «Diversorum in eadem capsula» (Zanotti, *Archivia*, VI.1, p. 259-275).

[117] Il computo proviene dallo spoglio sistematico di Zanotti, *Archivia*, VI.1, p. 59-555 (con l'espunzione delle p. 359-364).

[118] Il computo proviene dallo spoglio sistematico di Zanotti, *Archivia*, VI.1, p. 15-46.

[119] Zanotti, *Archivia*, VI.1, p. 47-54.

[120] Terzogenito di Giovanni Tommaso Santutio da Benevento e Porta Saraceni, la cui famiglia era originaria di Lecce, Giuseppe Santutio nacque a Manfredonia il 20 agosto 1562. Assunse il nome di Pietro, in onore del fondatore dei celestini, e – stando al ben informato Celestino Telera, suo conterraneo e autore dell'iscrizione funeraria posta sulla sua lapide – morì il 1° febbraio 1641 a S. Spirito della Maiella, dove venne sepolto (*Vita del venerabil padre d. Pietro Santutio da Manfredonia, abbate del sagro monastero di S. Spirito della Maiella de celestini*: Telera 1648, p. 416-520; Telera 1689, p. 236-296).

[121] Cfr. i documenti elencati in Palazzi 2005, p. 184-186.

[122] «Registrum scripturarum quae in archivio venerabilis monasterii Sanctae Mariae de Collemadio prope Aquilam conservantur» (Zanotti, *Archivia*, VI.2, p. 559-758).

[123] «Archivium monasterii Sanctae Mariae Collismadii» (Zanotti, *Archivia*, VI.2, p. 561); in basso c'è la firma e la data: «D(ominus) Ludovicus Zanottus de Caesena abbas caelestinus anno Domini 1653».

[124] «Index titulorum» (Zanotti, *Archivia*, VI.2, p. 563-564). Sull'argomento vedi anche Palazzi 2013, p. 106 nota 68.

[125] «Iura Sancti Benedicti in Perillis, Sanctae Mariae de Attoya et Sancti Pii in Molina», «Iura Sancti Cecidii Caporciani et Sancti Pii» (Zanotti, *Archivia*, VI.2, p. 561, 563).

[126] «Pro molendinis et terris in Turre, Balneo, Bazzano et Paganica», «Iura in civitate Pennensi» (Zanotti, *Archivia*,

vilegi di re e per le quaranta once d'oro all'anno»), documenti pontifici («lettere apostoliche, indulgenze e privilegi»), donazioni e testamenti («testamenti, donazioni e legati»), schede di professione («professioni dei monaci»)[127].

In basso – 3 scansie di uguali dimensioni di cui una vuota – trovavano posto le carte riguardanti la gestione dell'abbazia e una *capsa* contenente 810 documenti di diversa natura («diritti vari»)[128]. Dunque, escludendo i «libri di amministrazione», i *catasta* e gli *inventaria*, nel 1653 l'archivio di S. Maria di Collemaggio constava di 1558 pergamene, più una scrittura «in carta de papiro»[129].

Negli *Archivia coelestinorum*, il disegno dell'*armarium* è presente solo nelle sezioni relative agli archivi di quelli che nel XVII secolo, per motivi diversi, erano i due cenobi più importanti della congregazione: S. Spirito del Morrone, sede dell'abate generale, e S. Maria di Collemaggio, luogo di sepoltura di san Pietro Celestino. Per S. Salvatore di Penne, Ludovico Zanotti non riporta neanche un indice dei titoli, poiché l'archivio monastico custodiva appena 56 *scripturae*[130].

Più consistente e, per certi versi interessante, era l'archivio di S. Giovanni battista di Gesso, il cui *armarium*, nel 1654, doveva essere organizzato in 6 scansie[131]. Il *registrum*, infatti, diviso in 6 sezioni[132], elenca 99 *scripturae* su supporto membranaceo, 39 documenti «in carta de papiro», un «fascicolo di moltissimi processi fatti in diversi momenti per cause e controversie del detto monastero»[133], 5 *inventaria* e una *capsa* dedicata ai libri di amministrazione, contenente 9 atti di locazione o vendita, alcuni «libri di conti e amministrazione dei beni temporali»[134] e un «libro autentico» intitolato «Campione o vero platea del monasterio di Santo Giovanni battista del Gesso fatto nell'anno 1633»[135].

L'archivio di S. Girolamo di Cesena constava di 15 *capsae*[136], ciascuna contenente le *scripturae* relative a un ambito specifico: «fondazione, edificazione e ampliamento del monastero»[137], «acquisti e permute di beni del monastero»[138], «testamenti, donazioni e legati»[139], «privilegi, esenzioni e indulgenze»[140], «professioni dei monaci»[141] e così via. In tutto, nel 1663, l'archivio del monastero cesenate raccoglieva 362 documenti su pergamena, un numero imprecisato di atti su carta bambagina e i libri di amministrazione[142].

L'archivio di S. Stefano di Bologna si componeva di 13 *capsae*[143] ed era organizzato secondo i medesimi criteri analizzati per gli altri monasteri dell'ordine. Nel 1665, dunque, l'archivio del mona-

---

VI.2, p. 561, 563). Bagno, Bazzano e Paganica sono attuali frazioni dell'Aquila, mentre la località *Turris* o *Turres*, attestata in diversi atti (cfr. doc. n. 96, 149, 162, 186, 214, 254, 286, 324, 333, 384, 432, 445, 446, 510, 511, 524, 624), si estendeva al di fuori del centro cittadino e comprendeva l'area entro la quale era stata costruita la chiesa di S. Maria di Collemaggio.

[127] «Privilegia regum et pro annuis unciis aureis 40», «Litterae apostolicae, indulgentiae et privilegia», «Testamenta, donationes et legata», «Professiones monachorum» (Zanotti, *Archivia*, VI.2, p. 561, 563-564).

[128] «Variarum» (Zanotti, *Archivia*, VI.2, p. 561, 564)

[129] Il computo proviene dallo spoglio sistematico di Zanotti, *Archivia*, VI.2, p. 559-757.

[130] Il computo proviene dallo spoglio sistematico di Zanotti, *Archivia*, VI.1, p. 359-364.

[131] Lo si deduce dall'indice dei *tituli* scritto in appendice a quello dell'archivio di S. Maria di Collemaggio (Zanotti, *Archivia*, VI.2, p. 564).

[132] 1. «Pro monasterio Sancti Petri confessoris de Callarariis»; 2. «Pro monasterio Sancti Iohannis baptistae de Gipso»; 3. «Diversorum»; 4. «Scripturae de papiro»; 5. «Libri»; 6. «Pro monasterio de Archis in carta de papiro» (Zanotti, *Archivia*, VI.2, p. 763-793).

[133] «Fasciculus plurimorum actionum diversis temporibus pro causis et litibus dicti monasterii factorum» (Zanotti, *Archivia*, VI.2, p. 791).

[134] «Libri computatorum et administrationum temporalium» (Zanotti, *Archivia*, VI.2, p. 792).

[135] Il computo proviene dallo spoglio sistematico di Zanotti, *Archivia*, VI.2, p. 763-793.

[136] Cfr. l'indice dei *tituli* realizzato successivamente da una mano diversa da quella di L. Zanotti (Zanotti, *Archivia*, VI.2, p. 797).

[137] «Fundatio, aedificatio et ampliatio monasterii» (Zanotti, *Archivia*, VI.2, p. 799-802).

[138] «Emptiones et permutationes bonorum monasterii» (Zanotti, *Archivia*, VI.2, p. 808-814).

[139] «Testamenta, donationes et legata» (Zanotti, *Archivia*, VI.2, p. 803-807).

[140] «Privilegia, exemptiones et indulgentiae» (Zanotti, *Archivia*, VI.2, p. 827-828).

[141] «Professiones monachorum» (Zanotti, *Archivia*, VI.2, p. 836-837).

[142] Il computo proviene dallo spoglio sistematico di Zanotti, *Archivia*, VI.2, p. 795-839.

[143] Cfr. l'indice dei *tituli* realizzato successivamente da una mano diversa da quella di L. Zanotti (Zanotti, *Archivia*, VI.2, p. 842).

stero bolognese annoverava 413 *scripturae*, per lo più su supporto membranaceo, un elenco delle reliquie di san Petronio custodite «in 23 tra cassette et tabernacoli da pubblicarsi al popolo in carta di cairo antica», 19 «inventarii dei mobili del monasterio», 6 «inventarii della libraria», oltre a una scansia di «fascicoli diversi» contenente, gli immancabili libri di amministrazione e, tra le altre cose, «disegni di pitture e disegni di fabriche»[144].

2.2. Disgregazione e conservazione

Tra il 1776 e il 1810 la congregazione celestina fu cancellata da una serie di provvedimenti legislativi elaborati nella compagine dell'assolutismo illuminato[145].

Il fondo di S. Spirito del Morrone – dopo decenni di incuria, sottrazioni e distruzioni – fu trasferito a Montecassino nel 1845, per volontà dell'abate don Giuseppe Frisari. All'indomani della Seconda guerra mondiale, poi, fu organizzato definitivamente da don Tommaso Leccisotti[146]. L'organizzazione originaria – ovvero la più recente, effettuata all'inizio del secolo XVIII dall'abate generale Matteo Vecchi[147] –, con la divisione in scansie e mazzi, secondo la consuetudine degli archivi monastici, era ormai irrimediabilmente alterata. Tutte le carte furono collocate nell'aula II dell'archivio (capsule I-XVII) e disposte cronologicamente, con l'unica eccezione delle schede di professione, secoli XV-XIX, raggruppate a parte. Nell'insieme, il fondo dell'abbazia morronese conservato oggi a Montecassino consta di 2858 pezzi d'archivio (secoli XI-XVIII), per lo più membranacei[148].

Nel secolo XVII, nell'archivio di S. Spirito del Morrone erano custodite anche le *scripturae* di S. Spirito di Isernia: la capsula «per il monastero di Isernia» contava 115 pergamene[149]. Attualmente, le carte del monastero isernino sono conservate nell'archivio cassinese, ma in un fondo distinto, poiché hanno fatto un percorso diverso e non ancora ben chiaro. Si tratta di circa 160 pezzi «pervenuti a Montecassino insieme ai beni di Isernia, fra cui quelli dei celestini, assegnati alla ripristinata badia come indennizzo, in seguito al concordato del 1818»[150]. All'inizio del secolo XIX le carte di S. Spirito di Isernia si trovavano nell'archivio della curia vescovile di Isernia, dove erano giunte probabilmente subito dopo la soppressione del 1807. Il fondo di S. Spirito di Isernia, oltre a un inventario[151], include anche due codici cartacei, del secolo XIX, intitolati *Codex diplomaticus aeserniensis ab anno 1213 ad annum 1769* e *Documenta ad monasterium Sancti Spiritus de Aesernia spectantia*. Nel primo codice, nato dall'assemblaggio di fogli sparsi contenenti la trascrizione, ad opera di mani diverse, delle singole pergamene, i documenti non sono disposti cronologicamente, mentre il secondo codice, che quasi certamente si basa sul primo, ne raccoglie solo una parte.

Dopo l'archivio cassinese, l'altro polo di riferimento per la conoscenza delle fonti celestine è l'archivio arcivescovile di Chieti-Vasto, nel quale confluirono, a seguito delle soppressioni, le carte di S. Spirito della Maiella, sebbene le modalità di questo trasferimento non siano chiare e note come per il caso morronese. Sono note, per contro, le vicissitudini dell'archivio teatino che, come parecchi altri piccoli archivi abruzzesi, è rimasto per decenni allo stato di abbandono[152]. Il fondo pergamenaceo di epoca medievale e moderna è disposto cronologicamente e comprende anche le carte di S. Spirito

---

[144] Il computo proviene dallo spoglio sistematico di Zanotti, *Archivia*, VI.2, p. 841-914.

[145] Per le soppressioni dei monasteri celestini (secoli XVI-XIX) rinvio ad alcuni studi recenti dai quali è possibile reperire tutta la bibliografia pregressa: Paoli 2004, p. 48-84 (per le soppressioni del periodo 1776-1810 cfr. la puntuale sintesi alle p. 79-84); Cicerchia 2013, p. 41-49; Palazzi 2013, p. 85-88.

[146] Leccisotti 1966; Leccisotti 1968; Leccisotti 1969.

[147] Cfr. Palazzi 2013, p. 108-109.

[148] Sull'archivio di Montecassino e, in particolare, sul fondo di S. Spirito del Morrone vedi Leccisotti 1966, p. VII-XIV; Avagliano 1996; Simonelli 1997, p. XV-XIX; Avagliano 2000; Palazzi 2013, p. 90-91.

[149] Il computo proviene dallo spoglio sistematico di Zanotti, *Archivia*, VI.1, p. 377-393; la scansia «pro monasterio Iserniae» comprendeva anche una sezione rubricata «diversorum in eadem capsula».

[150] Avagliano 1971, p. 47.

[151] Montecassino, Archivio dell'abbazia, Fondo di S. Spirito di Isernia, *Catalogo delle pergamene di Isernia*, senza segnatura; fascicolo cartaceo di 24 pagine, con diversi errori nella datazione dei documenti (cfr. Avagliano 1971, p. 47 nota 11).

[152] Pellegrini 1988, p. 39-41, 74-84; *Guida degli archivi diocesani d'Italia* 1990, p. 124-127; Palazzi 2005, p. 160-164; Palazzi 2013, p. 92-93; Pellegrini 2021, p. 118-135. Sugli archivi ecclesiastici, in generale, vedi *Consegnare la memoria* 2003.

senza distinzione alcuna. Sebbene l'archivio manchi ancora di un inventario a stampa che ne fornisca una precisa chiave d'accesso, il fondo maiellese è stato ricostruito sulla base delle annotazioni presenti sul verso delle pergamene[153].

Una piccola, ma significativa, parte dell'archivio dell'abbazia morronese è custodita nel complesso archivistico della diocesi di Sulmona-Valva, dove sono confluiti l'archivio del capitolo della cattedrale di S. Panfilo di Sulmona[154], l'archivio della curia diocesana di Sulmona[155] e l'archivio del capitolo della cattedrale di S. Pelino di Corfinio[156]. Quello di S. Panfilo, diviso in archivio vecchio e archivio nuovo, raccoglie un certo numero di pezzi (pergamene, fascicoli cartacei, manoscritti e libri) provenienti da S. Spirito del Morrone[157].

Un *corpus* documentario notevole è custodito nell'archivio apostolico vaticano. Il fondo celestini I, proveniente dai monasteri romani di S. Eusebio e S. Maria in Posterula – e, a seguito della soppressione delle corporazioni religiose nello Stato Pontificio decretata il 3 maggio 1810, depositato nell'archivio pontificio dal 1817 – consta di 345 unità archivistiche (336 fogli pergamenacei e 9 fogli cartacei) datati dal 1268 al 1762[158]. Il fondo celestini II, proveniente dall'archivio di S. Maria in Posterula – e dapprima indemaniato e poi trasferito, nel 1814, dagli «officii» del demanio alla computisteria della camera apostolica – consta di 37 unità archivistiche: 33 volumi cartacei, 1 scatola contenente fogli volanti e 3 manoscritti in folio compilati dall'ex abate generale Matteo Vecchi negli anni 1724-1728 (*Bullarium coelestinum*). Tale fondo contiene soprattutto gli atti prodotti o raccolti dall'ufficio della procura generale in Roma nei secoli XVII-XVIII e riguardanti il governo della congregazione e i monasteri celestini d'Italia e di Francia[159].

Un caso interessante, per comprendere le dinamiche dell'«esodo della documentazione»[160] in tutta la loro complessità, è rappresentato dal fondo di S. Giorgio di Novi, pubblicato di recente[161]. I celestini si insediarono a Novi nel 1323, per volontà di Tommaso di Marzano, conte di Squillace e grand'ammiraglio del regno di Sicilia[162]. Dopo la soppressione (1807), i documenti furono dapprima inviati a Salerno (1811) e infine collocati nell'archivio della SS. Trinità di Cava (intorno al 1820). Si tratta di 195 pergamene.

Benché custoditi attualmente a Montecassino, insieme al fondo di S. Spirito del Morrone, meritano un discorso a parte i manoscritti di Ludovico Zanotti, una vera e propria *collectio* documentaria di fondamentale importanza per chiunque voglia studiare la congregazione celestina. Ludovico, al secolo Giulio, era nato a Cesena nel 1593 e, nel 1611, dopo aver donato tutti i suoi beni al monastero di S. Girolamo della medesima città, era entrato nell'ordine celestino. Dopo la professione religiosa nel monastero di S. Pietro Celestino di Milano e lo svolgimento di vari incarichi, nel 1631, Ludovico Zanotti (*sacrae teologiae professor*) venne eletto abate del monastero cesenate. Dotato di grande acume nello studio e nell'organizzazione delle carte d'archivio, dedicò la sua intera esistenza alla lettura, regestazione, trascrizione e analisi dei documenti custoditi negli archivi dei più importanti cenobi celestini. Morì nella sua città natale il 31 maggio 1669 e venne sepolto nella chiesa di S. Girolamo[163].

La sua attività erudita si inserisce nella temperie culturale che, nei secoli XVI-XVII, caratterizzò pressoché tutte le istituzioni religiose, interessate non solo a tenere memoria di *tituli* e *munimina*, ma

---

[153] Una parte della documentazione è regestata in due volumi irrimediabilmente datati: Balducci 1926; Balducci 1929. Il fondo di S. Spirito della Maiella è stato identificato da L. Palazzi (Palazzi 2005, p. 164-188).

[154] Orsini 2003.

[155] Orsini 2005a.

[156] Orsini 2005b.

[157] Orsini 2003, p. 697-701. Per la documentazione sulmonese vedi Faraglia 1888; Celidonio 1897; Chiappini 1915; Capograssi 1962; Chiaverini 1974. Per la storia della diocesi di Sulmona nei secoli XII-XIV e i relativi documenti vedi Celidonio 1911; Celidonio 1912; Chiaverini 1977.

[158] Paoli 2004, p. 115-242.

[159] Paoli 2004, p. 243-376.

[160] Sulla dispersione dei documenti relativi all'Abruzzo medievale vedi Pellegrini 1988, p. 26-36; Pellegrini 2021, p. 35-69.

[161] Carlone 2008; cfr. anche Palazzi 2013, p. 111-112 nota 85.

[162] Su questo importante personaggio vedi Santoro 2008.

[163] Per una puntuale biografia vedi Palazzi 2005, p. 140-148.

anche a conoscere il proprio passato, con l'imprescindibile necessità di realizzare raccolte e repertori di fonti[164]. Mentre gli eruditi celestini italiani Giacomo da Lecce[165], Lelio Marini[166], Celestino Telera[167] e Vincenzo Spinelli[168] ricostruivano per lo più la vita del fondatore dell'ordine e quelli francesi Louis Beurrier[169] e Antoine Becquet[170] pubblicavano resoconti storici dei loro monasteri, Ludovico Zanotti rimase sempre lontano dai torchi tipografici, dedicandosi con perizia archivistica, paleografica e diplomatistica alla ricostruzione dell'origine e dello sviluppo istituzionale della congregazione. Dalla sua attività di regestazione e trascrizione documentaria, cominciata nel quinto decennio del Seicento e portata avanti con infaticabile energia per tutta la vita, nacquero due opere manoscritte: il *Digestum scripturarum coelestinae congregationis* e gli *Archivia coelestinorum*. I due manoscritti – già custoditi nell'abbazia di S. Spirito di Sulmona e, dopo la soppressione degli ordini religiosi, confluiti nell'archivio personale di Giovanni Pansa – sono stati donati dagli eredi di quest'ultimo all'abbazia di Montecassino e, nel triennio 1994-1996, riprodotti anastaticamente[171]. In origine, il *Digestum* comprendeva sei tomi, ciascuno dei quali riportava i documenti relativi a un determinato arco cronologico:

tomo I: 1092-1299[172];
tomo II: 1300-1349[173];
tomo III: 1350-1399 – deperdito[174];
tomo IV: 1400-1499 – l'ultimo documento è del 1498[175];
tomo V: 1500-1599 – deperdito;
tomo VI: 1600-1670 – l'ultimo documento è del 1668[176].

[164] Cfr. anche Palazzi 2005, p. 116.

[165] Giacomo da Lecce 1549. Cfr. Paoli 2004, p. 508; Caputo 2017.

[166] Marini 1630. Cfr. Paoli 2004, p. 519-520.

[167] Telera 1648; Telera 1689. Cfr. Paoli 2004, p. 523; Telera 2017.

[168] Spinelli 1664. Cfr. Paoli 2004, p. 542 e *passim*.

[169] Beurrier 1634.

[170] Becquet 1719.

[171] Per una contestualizzazione nel quadro della storiografia celestina rinvio a Morizio 2007, p. 145-156. L'iniziativa, per celebrare il VII centenario del pontificato di Celestino V (1294-1994), è stata realizzata dalla Deputazione di storia patria negli Abruzzi e dall'Archivio storico di Montecassino. La riproduzione anastatica consta di cinque volumi, divisi in dieci tomi: i primi quattro riproducono il *Digestum*, mentre il quinto volume contiene gli *Archivia*. Il «Progetto Zanotti» prevedeva anche un primo volume introduttivo (con saggi di A. Pratesi e F. Avagliano e indici a cura di F. Simonelli) che non è mai stato realizzato. Su tali manoscritti vedi Frugoni 1954, p. 1-23; Saladino 1957; Sabatini 1994; Simonelli 1997, p. XX-XXV; Palazzi 2005, p. 115-140; Pellegrini 2005, p. 317-322, 365-373; Palazzi 2013, p. 94-109; Pellegrini 2021, p. 397-407. Mi permetto di segnalare che nel «Piano editoriale dell'opera» presentato nel colophon, in tutti e dieci i tomi editi, al posto del *registrum* di S. Spirito del Morrone, viene indicato di nuovo il *registrum* di S. Spirito della Maiella: «Registrum Scripturarum quae in Archivio venerabilis Abbatiae Sancti Spiritus de Magella conservantur, 1644», mentre la dicitura corretta è «Registrum scripturarum caelestinorum quae in archivio venerabilis abbatiae Sancti Spiritus de Murrone prope Sulmonem conservantur», (Monogramma) 1650 (cfr. Zanotti, *Archivia*, VI.1, p. 59).

[172] Il titolo riportato sul frontespizio del tomo I è il seguente: *Digestum scripturarum coelestinae congregationis iuxta temporu(m) seriem collectarum a d(omino) Ludovico Zanotto de Caesena s(acrae) t(heologiae) p(rofessore) in eadem congregatione abbate, pro omnibus scire cupientibus cum probabili veritate facta et gesta religionis*, tom(us) I, MDCXLIII. A. Frugoni, osservando che l'ultimo documento regestato nell'inventario iniziale è datato 1660, propose la modifica della data riportata sul frontespizio del *Digestum* posponendo la X alla L (Frugoni 1954, p. 10); tuttavia, essendo certo che l'attività di inventariazione, regestazione e trascrizione dei documenti, che l'abate celestino portava avanti contemporaneamente spostandosi da un archivio all'altro, è cominciata nel 1644 a S. Spirito della Maiella, correggere la data del frontespizio in 1663 non ha senso, in quanto il *Digestum* venne realizzato nell'arco di oltre vent'anni. Il tomo I si inizia con un inventario generale («Privilegia et scripturae caelestinorum a suis propriis originalibus de verbo ad verbum extracta et iuxta temporum seriem ordinata cum quibusdam annotationibus») con brevi regesti dei documenti dal 1092 al 1660; seguono le *additiones* e un ulteriore inventario dei privilegi contenuti «nel libro intitolato privilegia caelestinorum».

[173] Il titolo riportato sul frontespizio del tomo II è il seguente: *Digestum scripturarum coelestinae congregationis iuxta temporu(m) seriem collectaru(m) ab anno 1300 usque ad annu(m) 1350*, tom(us) II.

[174] I tomi III e V, sottratti dall'archivio morronese all'indomani delle soppressioni, sono tuttora deperditi.

[175] Il titolo riportato sul frontespizio del tomo IV è il seguente: *Digestum scripturaru(m) coelestinae congregationis iuxta temporu(m) seriem collectar(um) ab anno 1400 usque ad annum 1500*, tom(us) IIII. L'ultimo documento trascritto è del 1498.

[176] Il titolo riportato sul frontespizio del tomo VI è il seguente: *Digestum scripturarum coelestinae congregationis*

I quattro tomi del *Digestum* giunti fino a noi, scritti in una minuscola corsiva di tipo privato, raccolgono la trascrizione integrale di centinaia di documenti, ma vi trovano spazio anche numerose annotazioni e dissertazioni su questioni riguardanti la storia della congregazione[177].

Gli *Archivia coelestinorum*, l'altro manoscritto di Ludovico Zanotti, sono una raccolta delle *scripturae* custodite nei monasteri di S. Spirito della Maiella, S. Spirito del Morrone vicino a Sulmona, S. Salvatore di Penne, S. Maria di Collemaggio vicino all'Aquila, S. Giovanni battista di Gesso, S. Girolamo di Cesena, S. Stefano di Bologna[178]. Negli *Archivia*, ogni «registro di scritture» è diviso in *capsae* dedicate a un ambito specifico – «diritti del Morrone», «lettere apostoliche» – e ulteriormente ripartite in sottosezioni, all'interno delle quali i documenti vengono ordinati cronologicamente. I regesti, più o meno sintetici[179], constano di solito di cinque parti, sebbene non tutte siano sempre presenti: data cronica[180], data topica[181], sunto del testo (*narratio* e *dispositio*)[182], nome del notaio[183], annotazioni[184].

iuxta temporu(m) seriem collectaru(m) ab anno 1600 usque ad annum 1670, tom(us) VI. L'ultimo documento trascritto è del 1668 (Zanotti, *Digestum*, V.2, p. 516).

[177] Cfr., a titolo esemplificativo, Zanotti, *Digestum*, II.2, p. 539 («Nomina priorum, abbatum et locorum ordinis a principio fundationis usque ad pontificatum Caelestini .V. ex diversis scripturis autenticis desumpta»), 553 («Monachi ordinis sancti Benedicti summi pontifices»), 559 («De coabbatibus quaestio»), 567 («Notamento d'alcune osservationi fatte da me d(omino) Ludovico Zanotti abbate di Cesena nel vedere le scritture dell'archivio dell'abb(ati)a di S(anto) Spirito di Sulmona l'anno 1631. Prima osservatione: errore dell'anno nell'instrumento della donatione della quarta parte della montagna del Morrone»), 571 («Seconda osservatione: errore del mellesimo in un altro instrumento e quando fusse edificata la chiesa di S(an)to Spirito di Sulmona»), 575 («Terza osservatione: quanti fussero i donatori della quarta parte della montagna del Morrone»), 579 («Quarta osservatione: il luogo dove era edificata la chiesa di S(an)ta Maria del Morrone»), 591 («Quinta osservatione: quale sia la prima e vera arma o insigne della religione celestina»).

[178] «Registrum scripturarum quae in archivio sacri monasterii Sancti Spiritus de Magella conservantur», (Monogramma) 1644. «Registrum scripturarum caelestinorum quae in archivio venerabilis abbatiae Sancti Spiritus de Murrone prope Sulmonem conservantur», (Monogramma) 1650. «Registrum scripturarum quae in monasterio Sancti Salvatoris civitatis Pennensis conservantur <senza data>». «Registrum scripturarum quae in archivio venerabilis monasterii Sanctae Mariae de Collemadio prope Aquilam conservantur», (Monogramma) 1653. «Registrum scripturarum quae conservantur in monasterio Sancti Ioannis baptistae caelestinorum de Gipso», (Monogramma) 1654. «Registrum scripturarum quae in archivio venerabilis monasterii Sancti Hieronymi de Caesena conservantur», 1663. «Registrum scripturarum monasterii Sancti Stephani de Bononia», 1665.

[179] Si va da un rigo (cfr. il doc. del 18 marzo 1521 in Zanotti, *Archivia*, VI.1, p. 206) a più pagine (cfr. il doc. del 18 maggio 1320 in Zanotti, *Archivia*, VI.1, p. 455-458.

[180] La data cronica si compone di anno (in numeri arabi), giorno (in numeri arabi, tranne, nella maggioranza dei casi, il primo, l'ultimo e il penultimo giorno del mese) e mese (con l'uso dei numeri 7, 8, 9 e X per abbreviare la scrittura di *septembris*, *octobris*, *novembris* e *decembris*); i tre elementi sono separati da un punto fermo a metà rigo, come ad esempio «1219·4·decembris·» (Zanotti, *Archivia*, VI.1, p. 259).

[181] Le formule per indicare la data topica, quando presente nei documenti, di norma sono le seguenti: «in + ablativo» («in claustro monasterii Sancti Thomae de Paterno», «in castro Guardiae»), «apud + accusativo» («apud monasterium Sanctae Mariae de Intermontes», «apud Paternum») oppure locativo («Aquilae», «Caramanici», «Manuppelli», «Neapoli», «Populi», «Romae»); a volte è possibile trovare locuzioni del tipo «ante portam monasterii Sanctae Mariae Collismadii de Aquila», «ante ecclesiam Sancti Salvatoris». Per gli atti rogati a Sulmona, la cui grafia nei manoscritti zanottiani oscilla tra la prima declinazione (cfr. «prope Sulmonam» in Zanotti, *Digestum*, III.1, p. 229) e la terza (cfr. «prope Sulmonem» in Zanotti, *Archivia*, VI.1, p. 63), la data topica viene di norma espressa con il termine «Sulmone» (cfr., a titolo esemplificativo, Zanotti, *Archivia*, VI.1, p. 171); sul toponimo vedi *Dizionario di toponomastica* 1990, p. 641; Pratesi-Cherubini 2017-2019, I, p. 574-575. Per gli atti rogati a Pratola (l'odierna Pratola Peligna) si riscontra sia «Pratulae» sia «Pratulis» (cfr. Zanotti, *Archivia*, VI.1, p. 106), poiché nella documentazione il toponimo è attestato principalmente nella forma *castrum Pratularum* (cfr. doc. n. 602 e Zanotti, *Archivia*, VI.1, p. 79-98); sul toponimo vedi *Dizionario di toponomastica* 1990, p. 519; Pratesi-Cherubini 2017-2019, I, p. 512.

[182] A titolo esemplificativo, si riporta qui di seguito la trascrizione della parte centrale di un regesto, sciogliendo tra parentesi tutte le abbreviazioni e indicando anche la punteggiatura originale: «Gualterius Thomasii de S(anc)to Valentino vendidit fr(atr)i Io(hann)i priori ecc(lesi)ae S(anc)ti Fran(cis)ci de Orta, petia(m) terrae in territ(ori)o S(anc)ti Valent(i)ni, ubi d(icitu)r Foce, pro p(re)tio tarenor(um) auri 12» (Zanotti, *Archivia*, VI.1, p. 260). Come si può notare, l'abate celestino è sempre molto preciso nell'indicare gli elementi fondamentali del documento: autore, natura giuridica dell'atto (attraverso il verbo dispositivo), destinatario, oggetto del *negotium* giuridico, ubicazione del terreno, prezzo.

[183] A titolo esemplificativo, si legga la seguente indicazione: «notarius Benedictus de Caramanico» (Zanotti, *Archivia*, VI.1, p. 262). Negli *Archivia*, poiché i toponimici riferiti ai notai non indicano il luogo di provenienza, bensì la località di esercizio della professione, la locuzione «notarius Benedictus de Caramanico» è da intendersi «Benedetto, notaio di Caramanico».

[184] Per quanto sintetiche, le annotazioni riportate a margine dei regesti sono fondamentali per conoscere gli aspetti

La conoscenza del metodo di lavoro dell'abate Zanotti consente di ricostruire, con una certa precisione, natura e contenuto di quegli atti che, dopo le soppressioni dei monasteri celestini, sono andati distrutti o, nei fatti, risultano tutt'oggi irreperibili.

3. Documenti celestini

3.1. Dispersione materiale *vs* ricomposizione editoriale

Dall'espansione della rete insediativa celestina, soprattutto nei secoli XIII-XV[185], e dalle scelte archivistiche compiute in seno all'ordine, nei secoli XVII-XVIII[186], deriva una notevole dispersione degli odierni luoghi di conservazione delle fonti, con una inevitabile ripercussione nei tempi e nelle modalità della ricerca storica[187]. Nonostante i recenti e significativi passi in avanti[188], c'è ancora molto da fare. L'epistemologia diplomatica imporrebbe un lavoro sistematico per fondi e archivi. Tuttavia, la pubblicazione di tutti i documenti attualmente conservati nei vari archivi (statali, diocesani, parrocchiali etc.), per quanto auspicabile, risulta di difficile attuazione, in quanto un simile progetto richiederebbe le energie di un agguerrito gruppo di lavoro. Il presente studio, infatti, si muove entro un ambito molto più modesto e, pur adottando i criteri propri della diplomatica, ha un taglio sostanzialmente storico. Il suo termine *ad quem* è il 1320, anno a partire dal quale, infittendosi la geografia insediativa dell'ordine, un'analisi sincronica di tutta la documentazione diventerebbe proibitiva. Fino al 1320, al contrario, è ancora possibile raccogliere e ricomporre, con un sufficiente grado di approssimazione, i pezzi sparsi della storia celestina.

La ricomposizione editoriale delle *disiecta membra* della congregazione celestina passa, inevitabilmente, attraverso la risoluzione di questioni in parte teoriche in parte pragmatiche. Nel corso dei secoli, i celestini avevano inglobato nei loro archivi documenti in cui non erano stati coinvolti direttamente. Tali pergamene erano raggruppate separatamente all'interno delle singole scansie e indicate con la dicitura «vari diritti nella medesima capsula»[189]. Quest'aspetto viene sottolineato in più punti dei suoi manoscritti dallo stesso Ludovico Zanotti con annotazioni del tipo «scritture varie e strumenti vari… nei quali non viene fatta nessuna menzione del nostro monastero…; sono tuttavia da corservarsi a perpetuo ricordo del fatto»[190]. Vi erano, inoltre, *tituli* e *munimina* pervenuti agli archivi dell'ordine in seguito al passaggio *ad arctiorem vitam* di monasteri preesistenti, talora con una tradizione secolare alle spalle. È il caso, solo per fare due esempi, del monastero pulsanese di S. Pietro di Vallebona – annesso a S. Spirito della Maiella nel 1283, ma risalente alla prima metà del secolo XII – o della canonica regolare agostiniana di S. Tommaso di Paterno – annessa a S. Spirito del Morrone nel 1334, ma risalente alla fine del secolo XII.

Da questo fenomeno, comune a tutti gli enti religiosi medievali, deriva la presenza, negli odierni luoghi di conservazione di quelli che un tempo erano gli archivi e i fondi celestini, di documenti anteriori alla nascita dell'ordine. Per rendersene conto sarà sufficiente consultare il fondo di S. Spirito del Morrone custodito a Montecassino, il cui documento più antico, in forma di originale mutilo, risale al 1047[191], oppure l'inventario di «privilegi e scritture dei celestini»[192] di Ludovico Zanotti, il cui primo

essenziali dei documenti deperditi, come la tradizione dell'atto (*copia simplex, transumptum* etc.) oppure la presenza o perdita del sigillo (*cum sigillo pendenti, cum bullo plumbeo, deest sigillum* etc.).

[185] Cfr. Paoli 2004, p. 25-43.

[186] Cfr. quanto scritto in proposito da Palazzi 2013, p. 94-109.

[187] K. Borchardt, nella sua monografia sui celestini, pur redigendo un elenco delle «fonti celestine» sulla base del luogo di conservazione (Borchardt 2006, p. 505-513), quasi mai vi fa riferimento nel testo.

[188] Vedi il «censimento delle fonti documentarie» effettuato da Palazzi 2013, p. 109-125, con le numerose aggiunte e correzioni al già citato elenco di K. Borchardt. Si tengano presente, inoltre, i diversi contributi offerti nel volume miscellaneo dedicato alla provincia celestina di Romagna (cfr. *La provincia celestina* 2013).

[189] «Diversorum in eadem capsula» (Zanotti, *Archivia*, VI.1, p. 71-76).

[190] «Scripturae variae et instrumenta diversa… in quibus nulla fit mentio de monasterio nostro…; sunt tamen conservanda ad perpetuam rei memoriam» (Zanotti, *Archivia*, VI.2, p. 838).

[191] Edizione in Simonelli 1997, p. 12-14 n. 3.

[192] «Privilegia et scripturae caelestinorum» (Zanotti, *Digestum*, II.1, p. 9-65).

documento è una donazione del 1092 in favore di S. Benedetto *in Colle Rotundo* (l'odierno S. Benedetto in Perillis), monastero accorpato a S. Maria di Collemaggio solo nel XV secolo[193]. Una delle caratteristiche peculiari del fondo di S. Spirito del Morrone custodito a Montecassino, d'altronde, è proprio la sua non omogeneità[194], mentre il fondo di S. Spirito della Maiella conservato presso l'archivio arcivescovile di Chieti-Vasto non è andato a costituire un corpo documentario separato, ma risulta disseminato nell'unico fondo pergamenaceo[195]. E può accadere, naturalmente, di rintracciare materiale prezioso in archivi e fondi che non hanno nulla a che vedere con i morronesi: è il caso del fondo *Archivum Arcis* – Archivio di Castel <Sant'Angelo>, così chiamato perché il nucleo originale di pergamene che lo costituisce era ivi custodito[196] – dell'archivio apostolico vaticano che all'«armadio C» custodisce undici bolle emanate da Celestino V in favore del suo ordine e cassate da Bonifacio VIII[197].

Ne deriva la necessità di selezionare con attenzione, all'interno di fondi e archivi odierni, i documenti da inserire in un «codice diplomatico» e, dal momento che l'oggetto di quest'ultimo è una congregazione religiosa, ciò deve passare preliminarmente – sebbene possa sembrare paradossale – per la conoscenza dell'evoluzione storica della congregazione medesima. Nella consapevolezza che, qualunque parametro si utilizzi, una «raccolta diplomatica»[198] sarà sempre un'operazione arbitraria e, in quanto tale, criticabile, è stato elaborato il concetto di «documento celestino», ovvero qualunque atto riguardante l'ordine dei celestini, in qualunque forma (originale, copia, inserto etc.), sia esso deperdito o conservato. È chiaro, dunque, che, in tale raccolta, non trovano posto i *munimina* anteriori al momento in cui un monastero è entrato a far parte della congregazione[199], mentre vengono inseriti quei documenti in cui l'ordine viene menzionato anche solo marginalmente[200].

Una volta individuati tutti i «documenti celestini» anteriori al 1320, si pone la questione della loro «presentazione»: mantenere la distinzione per archivi e fondi oppure utilizzare un criterio cronologico? Nel corso dei secoli, tra gli archivi dei monasteri celestini – se n'è già parlato – si instaurò una fitta relazione, con la conseguenza che, non di rado, le *scripturae* caratterizzate da una «tradizione»[201] complessa risultano disseminate in diversi luoghi di conservazione. Da un'edizione per archivi e fondi deriverebbe la ripetizione del medesimo *negotium* giuridico in più sezioni del testo e, di conseguenza, l'esegesi di ogni singolo atto dovrebbe passare preliminarmente per la ricostruzione dello *stemma chartarum*. La *Etsi cunctos* di Celestino V, per fare un esempio concreto, tradita in due originali, cinque copie autentiche di cui due deperdite, un inserto deperdito, quattro copie semplici, tre estratti e una notizia, da rinvenire tra Sulmona, Parigi, Montecassino, Città del Vaticano e Cava de' Tirreni[202], dovrebbe essere indicizzata ben 16 volte! Al contrario, il criterio cronologico, con il supporto di tavole sinottiche sugli odierni luoghi di conservazione, risulterà decisamente più funzionale al lavoro degli studiosi.

3.2. Distruzione e irreperibilità

I documenti deperditi sono tutti quegli atti – in forma di originale, copia, atto registrato etc., vergati per lo più su pergamena – materialmente distrutti o al momento non rintracciabili. Essi si

---

[193] Cfr. i documenti in Zanotti, *Archivia*, VI.2, p. 616-623 («Iura Sancti Benedicti in Perillis, Sanctae Mariae de Attoya et Sancti Pii in Molina. Pro Sancto Benedicto in Perillis»).

[194] Simonelli 1997, p. XXV.

[195] Palazzi 2013, p. 92-93.

[196] Per le vicende dell'archivio un tempo custodito a Castel Sant'Angelo vedi Pagano 2015; Maiorino 2015.

[197] Paoli 2004, p. 380-382.

[198] Cárcel Ortí 1997, p. 24 n. 21.

[199] Il monastero di S. Pietro di Vallebona, ad esempio, fondato, prima del 1140, dai conti di Manoppello e da questi donato ai pulsanesi, entrò nell'orbita di S. Spirito della Maiella nel 1283; quindi, tutti i documenti anteriori a questa data, sebbene appartenenti al fondo di S. Spirito del Morrone, non rientrano nella presente raccolta diplomatica (per le fonti e la bibliografia sul monastero di Vallebona vedi Morizio 2008, p. 248-249 n. 46).

[200] Vedi, a titolo esemplificativo, l'*instrumentum* del 13 febbraio 1317, relativo alla vendita di un terreno tra due laici, che, però, venne rogato nel monastero di S. Croce di Roccamontepiano (doc. n. 543).

[201] Cárcel Ortí 1997, p. 27 n. 24.

[202] Doc. n. 215.

possono suddividere, grossomodo, in tre gruppi: documenti un tempo conservati negli archivi dei monasteri celestini (S. Spirito della Maiella, S. Spirito del Morrone, S. Maria di Collemaggio etc.), distrutti o sottratti dopo le soppressioni napoleoniche, ma in parte ricostruibili soprattutto attraverso i manoscritti di Ludovico Zanotti[203]; documenti traditi nei *registra* della cancelleria angioina, distrutti nell'incendio del 30 settembre 1943, ma in parte ricostruibili grazie alle pubblicazioni del sacerdote Biagio Cantera[204]; documenti custoditi in altri archivi, scomparsi per cause varie, ma menzionati in opere erudite come quelle di Ferdinando Ughelli[205] o Ludovico Antonio Muratori[206].

Per avere un'idea – seppur grossolana – della mole documentaria deperdita, si può mettere a confronto la consistenza odierna dell'antico archivio di S. Spirito del Morrone custodito a Montecassino (2858 pezzi), cui si devono aggiungere le carte di S. Spirito di Isernia (160 pezzi circa) e i pochi pezzi confluiti nell'archivio capitolare di S. Panfilo e nell'archivio Pansa di Sulmona (30 pezzi circa), per un totale di 3048 pezzi circa, alla consistenza del medesimo archivio nel 1650 così come risulta dallo spoglio dal *registrum* di Ludovico Zanotti, ovvero 3869 pezzi. Ne risulta un indice di dispersione del 21% circa[207].

Per l'archivio di S. Spirito della Maiella, invece, il calcolo non è fattibile. Nel 1644 esso annoverava appena 105 *scripturae*, cui si aggiunsero, nel 1653, 7 pergamene e pochi altri documenti in carta bambagina provenienti dalla chiesa di S. Tommaso. Il fondo maiellese custodito presso l'archivio arcivescovile di Chieti-Vasto, ricostruito sulla base delle annotazioni di mano zanottiana sul verso delle pergamene, è ben più cospicuo: 266 pezzi (il più recente è datato 1656)[208]. È possibile che i documenti maiellesi, già trasferiti all'archivio morronese, siano stati ritrasferiti a S. Spirito della Maiella dopo la compilazione del *registrum* maiellese, allorché il monastero tornò a vivere un periodo di splendore.

Molto più sfortunato è stato il patrimonio archivistico e librario di S. Maria di Collemaggio, di cui, salvo rare eccezioni, dopo le soppressioni napoleoniche e postunitarie, si sono perse le tracce. Escludendo i libri di amministrazione, i *catasta*, gli *inventaria* e una scrittura «in carta de papiro», delle 1558 pergamene custodite nell'archivio monastico nel 1653, solo alcune sono giunte a noi[209]. Fa eccezione la *Inter sanctorum* – comunemente nota come bolla del perdono o perdonanza[210] –, che nel Seicento, tuttavia, non era conservata nella scansia delle «lettere apostoliche, indulgenze e privilegi» di Collemaggio[211].

Il fondo di S. Giorgio di Novi conservato nell'archivio cavense rappresenta solo il 30% dell'originario fondo monastico, in parte recuperato attraverso i protocolli notarili di Novi e di Vallo della Lucania[212].

Tutti i documenti celestini deperditi di cui resta traccia sono stati inseriti nella presente raccolta diplomatica.

---

[203] Oltre al *Digestum* e agli *Archivia* di L. Zanotti, va menzionato il manoscritto, realizzato nel 1647 da *domnus* Giacinto Romano, intitolato *Liber instrumentorum aliarumque memorabilium rerum spectantium monasterio Sancti Angeli de Caelano extracta ab archivio eiusdem monasterii*, che raccoglie i documenti conservati nell'archivio del monastero celanese.

[204] Autore di due studi tardo-ottocenteschi su san Pietro Celestino per i quali ebbe modo di consultare i registri angioini (Cantera 1892; Cantera 1893).

[205] È il caso di una sentenza emessa da Capoferro, vescovo di Benevento, nel 1278 e un tempo custodita nell'archivio della cattedrale di Benevento (doc. n. 46). Sull'antico archivio dell'arcidiocesi di Benevento, andato distrutto nei bombardamenti anglo-americani del settembre 1943, e sul nuovo archivio storico diocesano, istituito nel 1989, si rinvia all'url <https://bit.ly/3iz4YpN> (data consultazione: 11 gennaio 2023).

[206] Vedi, a titolo esemplificativo, la bolla di Celestino V del 22 settembre 1294 riportata nelle *Antiquitates italicae medii aevi* di L.A. Muratori (doc. n. 213).

[207] A voler essere precisi sarebbe stato necessario espungere dal calcolo tutti i documenti oggi conservati a Montecassino successivi al 1650, ma sono pochi e, pertanto, sarebbe risultata una percentuale leggermente più alta. Cfr. in proposito anche Palazzi 2013, p. 102 nota 59.

[208] Palazzi 2005, p. 182-188, elenca 266 documenti; Palazzi 2013, p. 92, indica una consistenza di 260 unità.

[209] Cfr. Napoli, Archivio di Stato, Diplomatico, Pergamene dell'Aquila e di altri luoghi d'Abruzzo. L'originale del più antico documento su Collemaggio, il privilegio del vescovo dell'Aquila Nicola da Sinizzo (1287 ottobre 6) è stato rintracciato da chi scrive nell'archivio partenopeo e verrà pubblicato in separata sede.

[210] Cfr. doc. n. 221.

[211] «Litterae apostolicae, indulgentiae et privilegia» (Zanotti, *Archivia*, VI.2, p. 717-726).

[212] Cfr. Carlone 2008, p. XXVII-XXIX.

3.3 Falsi e falsificazioni

Un problema parecchio spinoso riguarda la «genuinità» e «autenticità»[213] di taluni documenti, poiché non pochi risultano «falsi», «falsificati» o «interpolati»[214]. Come per numerose altre istituzioni ecclesiastiche medievali, sono soprattutto i primi anni a essere costellati di documenti non genuini costruiti in un momento storico più o meno lontano. Non a caso, la presente raccolta diplomatica si inizia nel 1249, con una presunta indulgenza pontificia di duecento anni e duecento quarantene!

La maggior parte dei falsi è costituita proprio da lettere di indulgenza attribuite a nove pontefici dei secoli XIII-XIV: Innocenzo IV[215], Alessandro IV[216], Gregorio X[217], Celestino V[218], Bonifacio VIII[219], Clemente V[220], Benedetto XII, Urbano V e Clemente VII (antipapa)[221]. È difficile dire quando, dove e attraverso quali modalità siano stati confezionati i suddetti privilegi. Di sicuro, nel secolo XV, essi erano raccolti in un'unica pergamena destinata a essere esposta nella chiesa abbaziale di S. Spirito del Morrone[222], con l'intento di attirare il maggior numero possibile di fedeli, sedotti sia dalla quantità delle indulgenze – 7102 anni e altrettante quarantene[223] – sia dal gran numero di festività in cui era possibile lucrarle[224]. È interessante che l'ultimo papa – il cui pontificato costituisce il *terminus post quem* per la realizzazione della suddetta pergamena – sia proprio quel Roberto di Ginevra, eletto a Fondi nel 1378 da un gruppo di cardinali francesi contrari a Urbano VI, con il quale si diede inizio allo scisma d'Occidente[225]. Clemente VII, infatti, riconosciuto in Francia e nel regno di Napoli, dove era più radicata la presenza dei celestini, ne fu anche promotore attraverso la fondazione, ad Avignone, di un monastero dedicato a san Pietro Celestino[226], sebbene in quegli anni non siano mancati attriti e spaccature all'interno dell'ordine, allorquando il cardinale Giacomo da Itri, seguace di Clemente VII, vietò ai monaci celestini di obbedire all'abate generale fra Raimondo da Napoli (1378-1381), che aveva aderito a Urbano VI[227]. Non mancano, inoltre, privilegi regi[228], privilegi co-

---

[213] Per il significato dei termini nell'ambito della diplomatica vedi Cárcel Ortí 1997, p. 41 n. 108-109; per il concetto di «autenticità» del documento diplomatico è fondamentale Nicolaj 2002.

[214] Per il significato dei termini nell'ambito della diplomatica vedi Cárcel Ortí 1997, p. 41-44 n. 111-130.

[215] Doc. n. †1.

[216] Doc. n. †6.

[217] Doc. n. †34.

[218] Doc. n. †200, †216, †222, †246.

[219] Doc. n. †290, †326.

[220] Doc. n. †407, †434.

[221] Le presunte indulgenze di Benedetto XII, Urbano V e Clemente VII, che restano fuori dalla presente raccolta diplomatica per motivi cronologici, si trovano in forma di copia semplice in due pergamene custodite nell'archivio arcivescovile di Chieti e nell'archivio capitolare di S. Panfilo di Sulmona (vedi nota successiva).

[222] In realtà, le pergamene sono due: la prima, proveniente dall'archivio morronese, è custodita a Sulmona, Archivio capitolare di S. Panfilo, Archivio nuovo, Fondi e serie di archivi aggregati, S. Spirito del Morrone, I.3.29, la seconda, proveniente dall'archivio maiellese, è conservata a Chieti, Archivio arcivescovile, Fondo pergamenaceo, Teate 286 bis. In entrambi i casi si tratta di copie semplici, ma, dall'analisi paleografica, sembra che la pergamena maiellese sia stata esemplata su quella morronese. La differenza più significativa consiste nel fatto che la copia di Sulmona contiene dodici privilegi, mentre la copia di Chieti ne contiene tredici.

[223] In calce alla pergamena, con inchiostro rosso e modulo più grande, vi è la seguente rubrica: «Summa omnium predictarum indulgentiarum sunt septem milia et centum duo anni et septem milia et centum due quadragene diversi more tamen ut patet» (Sulmona, Archivio capitolare di S. Panfilo, Archivio nuovo, Fondi e serie di archivi aggregati, S. Spirito del Morrone, I.3.29).

[224] Per l'elenco completo vedi Zanotti, *Digestum*, II.1, p. 149-150.

[225] Per un sintetico profilo biografico di Roberto di Ginevra vedi Dykmans 2000.

[226] Cfr. in proposito le puntuali note di Paoli 2004, p. 23-24 nota 109. Secondo M. Dykmans, negli ultimi della sua vita, Roberto di Ginevra favorì gli ordini religiosi attraverso fondazioni *pro remedio animae* e menziona i tre monasteri celestini di Annecy, Avignone e Gentilly (Dykmans 2000). Di questi, tuttavia, solo quello di S. Pietro Celestino di Avignone venne fondato per volontà di Clemente VII, mentre il cenobio di S. Croce di Annecy, in Alta Savoia, risulta appartenente alla congregazione solo dal 1521 al 1534 (cfr. Paoli 2004, p. 44 nota 241) e quello di S. Marziale di Gentilly, in Provenza, fondato grazie a un lascito del cardinale Annibaldo o Annibale da Ceccano, arcivescovo di Napoli, morto nel 1350 (cfr. Paoli 2004, p. 22-23 nota 103).

[227] Paoli 2004, p. 35-36 nota 190.

[228] Doc. n. †50.

mitali[229], esenzioni episcopali[230], cospicue donazioni fondiarie da parte di *domini loci*[231], compravendite[232] e falsificazioni relative a incorporazioni monastiche[233]. Al centro vi sono quasi sempre diritti di natura patrimoniale sulla cui «autenticità storica»[234] è difficile pronunciarsi, così come è difficile ricostruire tempi e moventi alla base dei singoli processi di falsificazione[235]. Alcuni di questi documenti vennero certamente realizzati in epoca moderna, ma non mancano falsi realizzati proprio durante il pontificato di Celestino V, come il privilegio attribuito Gualtiero *de Palearia*, conte di Manoppello, per il quale si ottenne la conferma regia il 9 ottobre 1294[236].

3.4 Carte conservate e carte deperdite

I documenti celestini conservati, anteriori al 1320, sono custoditi nei seguenti archivi e biblioteche:

Cava de' Tirreni, Archivio della SS. Trinità	1 unità[237]
Chieti, Archivio arcivescovile	72 unità[238]
Città del Vaticano, Archivio apostolico vaticano	166 unità[239]
Città del Vaticano, Biblioteca apostolica vaticana	8 unità[240]
Firenze, Archivio di Stato	2 unità[241]
Isernia, Archivio della curia vescovile	2 unità[242]
L'Aquila, Archivio comunale	1 unità[243]
Montecassino, Archivio dell'abbazia	407 unità[244]

[229] Doc. n. †3, †4, †5.

[230] Doc. n. †25, †28.

[231] Doc. n. †2, †10, †11, †12.

[232] Doc. n. †455.

[233] Doc. n. †82.

[234] Cárcel Ortí 1997, p. 41 n. 110.

[235] Sul tema dei falsi vedi *Fälschungen im Mittelalter* 1988; Cau 1989; Ansani 2006; Cordasco 2015.

[236] Doc. n. †3.

[237] Doc. n. 215.

[238] Doc. n. †1, †3, †4, †5, †6, 14, 22, 23, †25, 26, 27, †28, 31, 32, 33, †34, 38, 40, 41, 45, 79, †82 (3), 94, 104, 105, 106, 117, 151, 152, 153, 154, 158, 161, 165, 167, †200, 206, †216, 220, †246, 281, †290, 310, †326, 413, 448, 458, 461, 465, 481, 482, 484, 491, 497, 518, 530, 536, 548, 549, 553, 554, 555, 563, 576, 586, 592, 596, 597, 603, 620.

[239] Archivum Arcis (14): doc. n. †82, 195, 196, 201, 202, 203, 204, 209, 217, 218, 228, 231, 237, 238. Fondo celestini I (60): doc. n. 16, 18, 19, 129, 132, 142, †222 (2), †246, 266, 276, 287, 288, 316, 317, 323, 327, 336, 337, 338, 355, 377, 404, 409, 428, 429, 430, 431, 435, 436, 456 (2), 457, 462, 464, 469, 488, 489, 490, 496, 498, 499, 501, 502, 504, 508, 513, 514, 515, 520, 541, 545, 547, 570, 574, 598, 599 (2), 608, 634. Fondo celestini II (58): doc. n. †1, 13 (2), 14, 15, 26, †34, 39 (2), 45, †82, 128, 141, 196, †200, 212, 215 (4), †216, 220, 221, 230, 231, 233, 234 (2), 239, 240, 241, 245, 247, 248, †290, 294, 297, 301, 304, 306, 352, 354, 395 (2), 396, †407, †434, 494, 495, 503, 504, 505, 506, 546, 594, 613 (2), 626. Instrumenta miscellanea (2): doc. n. 235, 242. Registra avenionensia (5): doc. n. 545, 546, 595, 601, 624. Registra vaticana (27): doc. n. 43, 44, 95, 120, 124, 125, 128, 143, 145, 257, 258, 261, 262, 263, 264, 268, 278, 292, 354, 395, 505, 545, 546, 595, 601, 612, 624.

[240] Barb. lat. 3221 (1): doc. n. 347. Vat. lat. 14198 (7): doc. n. 112, 164, 180, 345, 385, 410, 635. Il manoscritto Barb. lat. 3221 è interamente visionabile sul portale della Biblioteca apostolica vaticana all'url <https://bit.ly/3Xkcvre> (data consultazione: 11 gennaio 2023), mentre la relativa bibliografia è disponibile all'url <https://bit.ly/3Qyn0VB> (data consultazione: 11 gennaio 2023). Il manoscritto Vat. lat. 14198 è interamente visionabile sul portale della Biblioteca apostolica vaticana all'url <https://bit.ly/3k9efW7> (data consultazione: 11 gennaio 2023).

[241] Doc. n. 215, 250.

[242] Doc. n. 43, 127.

[243] Doc. n. 221.

[244] *Codex diplomaticus aeserniensis* (55): doc. n. 36, 42, 54, 56, 57, 58, 59, 60, 62, 63, 65, 71, 73, 75, 76, 88, 99, 122, 123, 135, 144, 150, 169, 170, 173, 175, 177, 178, 179, 184, 187, 190, 252, 253, 255, 269, 305, 332, 339, 342, 351, 353, 366, 376, 378, 381, 382, 386, 406, 443, 487, 493, 509, 589, 628. *Documenta ad monasterium Sancti Spiritus de Aesernia spectantia* (11): doc. n. 42, 56, 63, 73, 75, 252, 253, 305, 351, 408, 589. Fondo di S. Spirito del Morrone (167): doc. n. †1, †3 (3), †6 (2), 7, 9, †10, †11, †12 (3), 13 (2), 14, 15, 29, 51, 55, 64, 66, 67, 72, 74, 80, 81, †82 (2), 83, 84, 87, 90, 92, 97, 98, 100, 101, 102, 107, 110, 114, 120, 126, 128, 133, 134, 139, 146, 148, 159, 166, 168, 181, 185, 188, 191, 198, 199, †200, 208, 210 (3), 211 (4), 215, †216, 220, 221, 224 (2), 225 (2), 231, 232 (2), 234, 241, 249 (2), 251, 256, 260, 277, 279, 283, 284, 285, †290, 292, 294, 296, 299, 300, 312, 314, 318, 319, 321 (2), 322 (3), †326, 328 (2), 352, 354, 357 (2), 360 (2), 362, 367, 372, 373, 389, 394, 395 (2), 397, 398, 399, 400, 402, 403, †407, 411, 412, 417, 425, †434, 440, 450 (2), 453, 459, 460, 472, 475, 486, 503, 506, 523, 529, 535, 538, 542, 543, 544, 545, 552, 557, 578, 582, 585,

Napoli, Archivio di Stato   1 unità[245]
Parigi, Archive nationale   1 unità[246]
Parigi, Bibliotèque de l'Arsenal   6 unità[247]
Parigi, Bibliotèque Sainte-Geneviève   1 unità[248]
Sulmona, Archivio capitolare di S. Panfilo   40 unità[249]
Sulmona, Archivio Pansa   3 unità[250]
Teramo, Biblioteca provinciale   2 unità[251]
Trivento, Archivio della curia vescovile   1 unità[252]

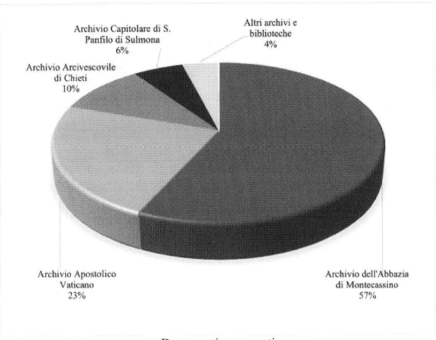

Documenti conservati

Si tratta di 714 documenti disseminati in 12 archivi e 4 biblioteche, ma, da un punto di vista quantitativo, essi sono custoditi nell'archivio dell'abbazia di Montecassino per il 57%, nell'archivio apostolico vaticano per il 23%, nell'archivio arcivescovile di Chieti per il 10%, nell'archivio capitolare di S. Panfilo di Sulmona per il 6% e in altri archivi e biblioteche per il restante 4%.

587, 590, 594, 602, 607, 624, 625, 626. Fondo di S. Spirito di Isernia (59): doc. n. 36, 37, 42, 54, 56, 57, 58, 59, 60, 62, 63, 65, 69, 70, 71, 73, 75, 76, 88, 99, 122, 123, 135, 144, 150, 169, 170, 173, 175, 177, 178, 179, 184, 187, 190, 252, 253, 255, 269, 305, 332, 339, 342, 351, 353, 366, 376, 378, 381, 382, 386, 406, 408, 443, 487, 493, 509, 589, 615. Zanotti, *Digestum* (115): doc. n. †1 (6), †2 (2), †3, †4, †5, 7, 8, †10, 21, 22, 24, †25, 26, 35, 36, 39, 45, 49, †50, 72, 74, 81, 94, 102, 103, 112, 128, 141, 160, 176, 181, 182, 188, 191, 195, 197 (2), 198, 199, 206, 210 (2), 211, 212, 215, 223, 224, 225, 226, 232, 249, 277, 283, 294, 297, 301, 304, 306, 320, 321, 322 (2), 328, 347, 352, 354, 357, 358, 360, 361, 362, 379, 395, 396, 398, 414, 422, 433, 437, 447, 449, 466, 470, 491, 494, 495, 503, 504, 506, 507, 540, 557, 560, 561, 569, 575, 577, 578, 580, 582, 583, 584, 593, 594, 607, 624, 626, 627, 629.

[245] Doc. n. 95.

[246] Doc. n. 215.

[247] Ms. 929 (3): doc. n. 39, 215, 395 (sul manoscritto cfr. Antonini 1997, p. 26). Ms. 1071 (3): doc. n. 221, 282, 505 (sul manoscritto cfr. Antonini 1997, p. 29).

[248] Ms. 2978 (1): doc. n. 215 (sul manoscritto cfr. Antonini 1997, p. 55).

[249] Amministrazione (3): doc. n. 275, 405, 618. S. Spirito del Morrone (37): doc. n. †1, †6, 17 (2), †34, 39, 43, 44, 95, 143, 145, 195, 196, †200, 212, 215 (2), †216, 233, 234, 239, 240, 241, 245 (2), †246, †290, 292 (3), 505 (4), 506, 545, 546.

[250] Doc. n. †2 (3).

[251] Doc. n. 347 (2).

[252] Doc. n. 600.

I documenti celestini deperditi, anteriori al 1320, erano custoditi in archivi che si possono suddividere nel seguente modo: archivi celestini, archivi non celestini, e archivi dubbi – ovvero non individuabili con certezza – e archivio di Stato di Napoli.

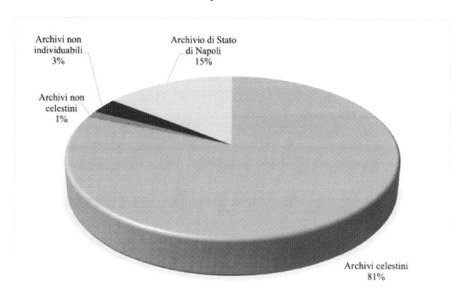

Documenti deperditi

Archivi celestini:

Archivio della SS. Trinità di San Severo	1 unità[253]
Archivio di S. Angelo di Celano	7 unità[254]
Archivio di S. Giorgio di Novi	2 unità[255]
Archivio di S. Giovanni battista di Gesso	1 unità[256]
Archivio di S. Girolamo di Cesena	1 unità[257]
Archivio di S. Maria della Civitella di Chieti	2 unità[258]
Archivio di S. Maria di Agnone	2 unità[259]
Archivio di S. Maria di Capua	3 unità[260]
Archivio di S. Maria di Collemaggio	86 unità[261]
Archivio di S. Pietro a Maiella di Napoli	1 unità[262]
Archivio di S. Pietro Celestino di Firenze	2 unità[263]
Archivio di S. Pietro Celestino di Urbino	1 unità[264]

[253] Doc. n. 230.
[254] Doc. n. 112, 164, 180, 345, 385, 410, 635.
[255] Doc. n. †1, 215.
[256] Doc. n. †455.
[257] Doc. n. 215.
[258] Doc. n. 295, 320.
[259] Doc. n. 160, 182.
[260] Doc. n. 424, 483, 551.
[261] Doc. n. 95, 96, 108, 109, 113, 115, 116, 119, 130, 131, 141, 147, 149, 162, 172, 186, 189, 214, 215, 221, 223 (2), 254, 259, 265, 267, 286, 291, 292 (2), 298, 303 (2), 313, 324, 325, 329, 334, 335, 340, 343, 349, 363, 365, 370, 371, 384, 387, 388, 390, 392, 393, 395, 396, 421, 426, 432, 445, 446, 467, 478, 489, 510, 511, 512, 519, 524, 539, 546, 559, 566, 567, 568, 571, 572, 573, 591, 604, 605, 606, 609, 611, 613, 616, 619, 630.
[262] Doc. n. †1.
[263] Doc. 526, 631.
[264] Doc. n. †1.

Archivio di S. Pietro apostolo di Aversa	5 unità[265]
Archivio di S. Spirito del Morrone	156 unità[266]
Archivio di S. Spirito della Maiella	17 unità[267]
Archivio personale di Ludovico Zanotti	2 unità[268]

Archivi non celestini:

Archivio di S. Maria del Soccorso dell'Aquila	1 unità[269]
Archivio del notaio Nicola Magrante *de Aquila*	1 unità[270]
Archivio della cattedrale di Benevento	1 unità[271]
Archivio della cattedrale di Capua	1 unità[272]
Archivio della cattedrale di Sulmona	1 unità[273]

Archivi dubbi:

Archivio segreto vaticano?	4 unità[274]
Archivio arcivescovile dell'Aquila?	1 unità[275]
Archivio di S. Eusebio di Roma?	1 unità[276]
Archivio di S. Maria di Collemaggio?	1 unità[277]
Archivio di S. Pietro Celestino di Milano?	2 unità[278]
Archivio di S. Spirito del Morrone?	1 unità[279]
Archivio di S. Spirito di Isernia?	1 unità[280]
Archivio di Stato di Napoli	52 unità[281]

Si tratta di 357 documenti che erano sparsi in 16 archivi monastici, 6 archivi non appartenenti alla congregazione, l'archivio di Stato di Napoli, con le gravi perdite dovute all'incendio di Villa Montesano del 1943, e 7 archivi non individuabili con precisione. La maggior parte dei documenti

---

[265] Doc. n. 447, 449, 480, 500, 560.

[266] Doc. n. †3, 8, 21 (2), 35, 39, 43, 49, 53, 61, 68, 85, 86, 89, 91, 93, 111, 121, 136, 137, 138, 140, 155, 157, 163, 171, 174, 176, 193, 197 (2), 199, 205, 210, 211, 224, 226, 248, 270, 271, 272, 273, 274, 277, 280, 293, 297, 301, 302, 304, 306, 307, 308, 309, 311, 315, 322, 330, 331, 333, 341, 344, 346, 347, 348, 350, 356, 358, 359 (2), 361 (2), 364, 368, 369, 374, 375, 379, 380, 383, 391, 395, 401, 414, 415, 416, 418, 419, 420, 422, 423 (2), 427, 433, 437, 441, 442, 444, 451, 452, 454, 466, 468, 470, 472, 473, 474, 476, 477, 485, 492, 494, 495, 516, 517, 521, 522, 525, 527, 528, 531, 532, 534, 537, 540, 545, 546, 556, 561, 562, 564, 565, 569, 575, 577, 579, 580, 583, 584, 588, 593, 595, 601 (3), 610, 614, 617, 621, 622, 623, 624, 627, 629, 632, 633.

[267] Doc. n. †1, 20, 21, 24, 30, 39 (2), †50, 90, 103, 118, 145, 156, 438, 439, 463, 471.

[268] Doc. n. †1, 212.

[269] Doc. n. 247.

[270] Doc. n. 347.

[271] Doc. n. 46.

[272] Doc. n. 507.

[273] Doc. n. 292.

[274] Doc. n. 213, 219, 243, 244. Probabilmente, le quattro bolle di Celestino V menzionate da L.A. Muratori (Muratori 1742, col. 189-XI, 189-XIII, 190-XIV), appartenevano al gruppo delle *litterae* del papa dimissionario cassate da Bonifacio VIII (cfr. doc. n. 257) e custodite dapprima a Castel Sant'Angelo e, dal 1798, presso l'archivio segreto vaticano. La perdita delle suddette pergamene è ipotizzabile che sia avvenuta negli anni 1810-1817, quando – com'è noto – gli archivi papali, confiscati da Napoleone Bonaparte, furono trasferiti a Parigi (Palazzo Soubise) e poi riportati a Roma (1815-1817), con inevitabili gravi perdite. Per la storia dell'archivio vaticano si rimanda ai contributi raccolti nel volume miscellaneo *Religiosa archivorum custodia* 2015.

[275] Doc. n. 221.

[276] Doc. n. 234.

[277] Doc. n. 347.

[278] Doc. n. 550, 558.

[279] Doc. n. 347.

[280] Doc. n. 628.

[281] Diplomatico (1): doc. n. 289. *Registri angioini (51): doc. n. †3, 21 (2), 47, 48, 49, 52, 77, 78, 181, 182, 183, 191, 192, 194 (3), 197 (2), 198 (4), 207 (2), 210 (5), 211 (4), 223 (2), 224 (3), 225 (3), 226 (3), 227, 229, 236 (2), 533, 581.

era custodita negli archivi dei monasteri celestini (81%) e, in particolare, nei monasteri di S. Spirito del Morrone (54%), S. Maria di Collemaggio (30%) e S. Spirito della Maiella (6%).

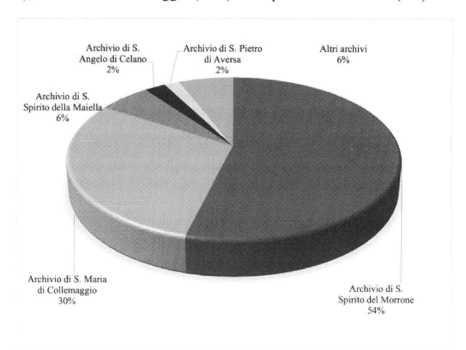

Documenti deperditi degli archivi celestini

3.5 Tradizione dei testi documentari

Ogni documento – conservato o deperdito, autentico o falso – può avere la seguente tradizione: originale, atto registrato, minuta, copia autentica, copia semplice, inserto, estratto e menzione. Gli atti non genuini che si presentano in forma di originale vengono indicati con la dicitura «pseudo-originale».

Dal punto di vista della tradizione, i 714 documenti conservati sono così suddivisi[282]:

Originali	313 unità[283]
Pseudo-originali	9 unità[284]
Atti registrati	26 unità[285]
Minute	3 unità[286]

[282] I documenti non genuini in forma di copia autentica, copia semplice, inserto e menzione sono contrassegnati da una croce latina (†).

[283] Doc. n. 7, 9, 13, 16, 17, 18, 19, 23, 26, 27, 29, 31, 32, 33, 36, 37, 38, 40, 41, 42, 43, 45, 51, 54, 55, 56, 57, 58, 59, 60, 62, 63, 64, 65, 66, 67, 69, 70, 71, 72, 73, 74, 75, 76, 79, 80, 81, 83, 84, 87, 88, 90, 92, 94, 95, 97, 98, 99, 100, 101, 102, 104, 105, 106, 107, 110, 114, 117, 120, 122, 123, 126, 128, 129, 132, 133, 134, 135, 139, 142, 144, 145, 146, 148, 150, 151, 152, 153, 154, 159, 161, 166, 168, 169, 170, 173, 175, 177, 178, 179, 181, 184, 185, 187, 188, 190, 191, 195, 196, 199, 201, 202, 203, 204, 206, 208, 209, 210, 212, 215 (2), 217, 218, 220, 221, 224, 225, 228, 231 (2), 232 (2), 233, 234, 235, 237, 238, 239, 240, 241 (2), 242, 245, 249, 250, 251, 252, 253, 255, 256, 260, 266, 269, 275, 276, 279, 281, 283, 284, 285, 287, 288, 292 (2), 294, 296, 299, 300, 305, 310, 312, 314, 316, 317, 318, 319, 322, 323, 327, 328, 332, 336, 337, 338, 339, 342, 351, 352, 353, 355, 357, 362, 366, 367, 372, 373, 376, 377, 378, 381, 382, 386, 389, 394, 397, 398, 399, 400, 402, 403, 404, 405, 406, 408, 409, 411, 412, 413, 417, 425, 428, 429, 430, 431, 435, 436, 440, 443, 448, 450, 453, 457, 458, 459, 460, 461, 462, 464, 465, 469, 472, 475, 481, 482, 484, 486, 487, 488, 489, 490, 491, 493, 496, 497, 498, 499, 501, 502, 503, 504, 505, 506, 508, 509, 513, 514, 515, 518, 520, 523, 529, 530, 535, 536, 538, 541, 542, 543, 544, 547, 548, 549, 552, 553, 554, 555, 557, 563, 570, 574, 576, 578, 582, 585, 586, 587, 589, 590, 592, 594, 596, 597, 599 (2), 600, 602, 603, 608, 615, 618, 620, 624, 625.

[284] Doc. n. †2, †4, †5, †10, †11, †12, †82 (3).

[285] Doc. n. 120, 124, 125, 128, 145, 257, 258, 261, 262, 263, 264, 268, 278, 292, 354, 395, 505, 545 (2), 546 (2), 595 (2), 601 (2), 612.

[286] Doc. n. 158, 165, 167.

Copie autentiche   39 unità[287]
Copie semplici   275 unità[288]
Inserti   31 unità[289]
Estratti   7 unità[290]
Menzioni   11 unità[291]

La maggior parte dei documenti, dunque, è costituita da originali (44%) e copie semplici (39%), sebbene non passi inosservato quell'1% di pseudo-originali.

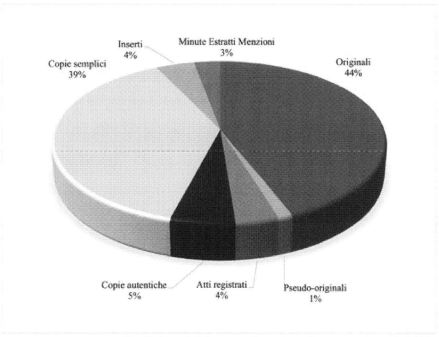

Tradizione dei documenti conservati

---

[287] Doc. n. †12 (2), 14 (2), 15, 17, †25, †28, 39, †82, 195, 196, 210 (2), 211 (4), 215 (3), 224, 225, 234, 245, 292, 354, 357, 360, 395 (2), 450, 456, 505 (2), 598, 607, 626, 634.

[288] Doc. n. †1 (9), †2 (4), †3 (2), †4, †5, †6 (2), 7, 8, †10, 13 (2), 14, 15, 21, 22, 24, †25, 26 (2), †34 (3), 35, 36 (2), 39 (3), 42 (2), 45 (2), 49, †50, 54, 56 (2), 57, 58, 59, 60, 62, 63 (2), 65, 71, 72, 73 (2), 74 75 (2), 76, 81, 88, 94, 99, 102, 103, 112 (2), 122, 123, 127, 128 (2), 135, 141 (2), 144, 150, 160, 164, 169, 170, 173, 175, 176, 177, 178, 179, 180, 181, 182, 184, 187, 188, 190, 191, 195, 196, 197 (2), 198, 199, †200 (3), 206, 210 (2), 211, 212 (2), 215 (4), †216 (3), 220 (2), 221 (3), †222 (2), 223, 224, 225, 226, 230, 231, 232, 233, 234 (2), 239, 240, 241, 245, †246 (3), 247, 248, 249, 252 (2), 253 (2), 255, 269, 277, 282, 283, †290 (3), 292, 294 (2), 297 (2), 301 (2), 304 (2), 305 (2), 306 (2), 320, 321, 322, †326, 328 (2), 332, 339, 342, 345, 347 (4), 351 (2), 352 (2), 353, 354 (2), 357, 358, 360, 361, 362, 366, 376, 378, 379, 381, 382, 385, 386, 395 (3), 396 (2), 398, 406, †407, 408, 410, 414, 422, 433, †434, 437, 443, 447, 449, 456, 470, 487, 491, 493, 494 (2), 495 (2), 503 (2), 504 (2), 505 (2), 506 (3), 509, 540, 545, 557, 560, 561, 569, 575, 577, 578, 580, 582, 583, 584, 589 (2), 593, 594 (2), 607, 613 (2), 624, 626 (2), 627, 628, 629, 635.

[289] Doc. n. †3 (3), 13, 22, 43 (2), 44 (2), †82 (3), 95 (2), 143 (2), 198, 249, 277, 321 (2), 322 (3), 360, 466, 545 (2), 546, 624 (2).

[290] Doc. n. 39, 215 (3), 395, 505, 507.

[291] Doc. n. †1, †6 (2), †200, 215, †216, †290, †326, †407, †434, 546.

I 357 documenti deperditi, dal punto di vista della tradizione, sono così suddivisi[292]:

Originali deperditi   238 unità[293]
Originali? deperditi   15 unità[294]
Pseudo-originali? deperditi   3 unità[295]
Atti registrati deperditi   48 unità[296]
Minute deperdite   1 unità[297]
Copie autentiche deperdite   33 unità[298]
Copie semplici deperdite   7 unità[299]
Inserti deperditi   11 unità[300]
Menzioni deperdite   1 unità[301]

3.6 Natura giuridica

Dalla collazione dei 714 atti conservati (67%) e dei 357 deperditi (33%) deriva la presente raccolta diplomatica. I 635 documenti che la costituiscono vanno ripartiti *in primis* in «documenti autentici» e «documenti falsi». I documenti non genuini, 23 tra falsi e falsificazioni (3,6%)[302], dal punto di vista della loro pseudo-natura giuridica, sono rappresentati da 11 presunte *litterae pontificiae*[303] – attribuite a Innocenzo IV[304], Alessandro IV[305], Gregorio X[306], Celestino V[307], Bonifacio VIII[308] e Clemente V[309] –, 8 presunti *instrumenta* notarili[310] – per lo più attestanti proprietà e diritti feudali nelle aree della Maiella e del Morrone – e 4 presunti *privilegia*[311] – tra i quali uno attribuito a Carlo I d'Angiò, uno al conte di Manoppello (Gualtiero *de Palearia*) e uno al vescovo di Chieti (Nicola da Fossa).

---

[292] I documenti non genuini in forma di copia autentica, copia semplice, inserto e menzione sono contrassegnati da una croce latina (†).

[293] Doc. n. 8, 20, 21, 24, 30, 35, 39, 43, 46, 53, 61, 68, 85, 86, 89, 90, 91, 93, 95, 96, 103, 109, 111, 112, 113, 115, 116, 118, 119, 121, 130, 136, 137, 138, 140, 141, 147, 149, 155, 157, 160, 162, 163, 164, 171, 172, 174, 176, 186, 193, 197 (2) 199, 205, 210, 211, 214, 223, 224, 226, 230, 248, 254, 259, 265, 267, 270, 271, 272, 273, 274, 277, 280, 286, 289, 291, 293, 295, 297, 298, 301, 302, 303, 306, 307, 308, 309, 311, 313, 315, 320, 322, 324, 325, 329, 330, 331, 333, 334, 335, 340, 341, 343, 344, 345, 346, 347, 348, 349, 350, 356, 358, 361, 363, 364, 365, 368, 369, 370, 371, 374, 375, 379, 380, 383, 384, 385, 387, 388, 390, 391, 392, 393, 396, 401, 410, 414, 415, 416, 418, 419, 420, 421, 423, 426, 427, 432, 433, 437, 438, 439, 441, 442, 444, 445, 446, 447, 449, 451, 452, 454, 467, 468, 470, 472, 473, 474, 476, 477, 478, 485, 492, 495, 510, 511, 512, 516, 517, 519, 521, 522, 524, 525, 527, 528, 531, 532, 534, 537, 539, 540, 545, 556, 558, 559, 560, 561, 562, 564, 565, 566, 567, 568, 569, 571, 572, 573, 575, 579, 580, 583, 584, 588, 591, 593, 595, 601 (2), 604, 605, 606, 609, 610, 611, 613, 614, 616, 617, 621, 622, 623, 627, 628, 629, 630, 632, 633, 635.

[294] Doc. n. 189, 213, 219, 243, 244, 424, 480, 483, 489, 500, 507, 526, 550, 551, 631.

[295] Doc. n. †3, †50, †455.

[296] Doc. n. 47, 48, 49, 52, 77, 78, 181, 182, 183, 191, 192, 194 (3), 197 (2), 198 (4), 207 (2), 210 (5), 211 (4), 223 (2), 224 (3), 225 (3), 226 (3), 227, 229, 236 (2), 533, 581.

[297] Doc. n. 303.

[298] Doc. n. †1 (2), 39 (2), 49, 156, 180, 182, 215 (2), 221 (2), 223, 234, 247, 292 (3), 347 (3), 359 (2), 361, 395 (2), 422, 423, 463, 471, 546, 601, 619.

[299] Doc. n. †1 (3), 21, 131, 145, 212.

[300] Doc. n. †3, 21 (3), 215, 304, 466, 494, 546, 577, 624.

[301] Doc. n. 108.

[302] Doc. n. †1, †2, †3, †4, †5, †6, †10, †11, †12, †25, †28, †34, †50, †82, †200, †216, †222, †246, †290, †326, †407, †434, †455.

[303] Doc. n. †1, †6, †34, †200, †216, †222, †246, †290, †326, †407, †434.

[304] Doc. n. †1.

[305] Doc. n. †6.

[306] Doc. n. †34.

[307] Doc. n. †200, †216, †222, †246.

[308] Doc. n. †290, †326.

[309] Doc. n. †407, †434.

[310] Doc. n. †2, †4, †5, †10, †11, †12, †82, †455.

[311] Doc. n. †3, †25, †28, †50.

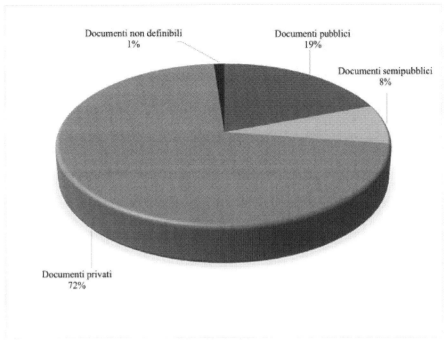

Natura giuridica

I 612 documenti autentici – escludendo 7 atti la cui natura giuridica non è individuabile[312] – sono costituiti da 119 documenti pubblici[313], 48 semipubblici[314] e 438 atti privati[315].

Alla categoria dei documenti pubblici appartengono gli atti emanati dalla cancelleria papale[316] e dalla cancelleria angioina[317]. I documenti papali sono costituiti da 65 *litterae pontificiae* – 40 *de gra-*

---

[312] Doc. n. 424, 480, 483, 500, 526, 551, 631.

[313] Doc. n. 13, 14, 17, 39, 47, 48, 49, 52, 77, 78, 91, 120, 121, 124, 125, 128, 145, 181, 182, 183, 191, 192, 194, 195, 196, 197, 198, 201, 202, 203, 204, 206, 207, 209, 210, 211, 212, 213, 215, 217, 218, 219, 221, 223, 224, 225, 226, 227, 228, 229, 230, 231, 233, 234, 235, 236, 237, 238, 239, 240, 241, 242, 243, 244, 245, 247, 248, 249, 250, 258, 261, 262, 263, 264, 268, 277, 278, 283, 289, 292, 321, 322, 354, 357, 359, 360, 379, 395, 396, 414, 422, 433, 437, 447, 449, 450, 503, 504, 505, 506, 533, 545, 546, 560, 561, 575, 577, 581, 582, 583, 591, 594, 595, 601, 607, 612, 627, 629.

[314] Doc. n. 15, 21, 22, 43, 44, 45, 46, 95, 102, 103, 108, 109, 113, 115, 116, 119, 127, 130, 131, 137, 141, 143, 172, 189, 208, 220, 294, 297, 304, 306, 311, 361, 398, 428, 430, 486, 489, 507, 528, 550, 558, 567, 593, 606, 609, 619, 626, 634.

[315] Doc. n. 7, 8, 9, 16, 18, 19, 20, 23, 24, 26, 27, 29, 30, 31, 32, 33, 35, 36, 37, 38, 40, 41, 42, 51, 53, 54, 55, 56, 57, 58, 59, 60, 61, 62, 63, 64, 65, 66, 67, 68, 69, 70, 71, 72, 73, 74, 75, 76, 79, 80, 81, 83, 84, 85, 86, 87, 88, 89, 90, 92, 93, 94, 96, 97, 98, 99, 100, 101, 104, 105, 106, 107, 110, 111, 112, 114, 117, 118, 122, 123, 126, 129, 132, 133, 134, 135, 136, 138, 139, 140, 142, 144, 146, 147, 148, 149, 150, 151, 152, 153, 154, 155, 156, 157, 158, 159, 160, 161, 162, 163, 164, 165, 166, 167, 168, 169, 170, 171, 173, 174, 175, 176, 177, 178, 179, 180, 184, 185, 186, 187, 188, 190, 193, 199, 205, 214, 232, 251, 252, 253, 254, 255, 256, 259, 260, 265, 266, 267, 269, 270, 271, 272, 273, 274, 275, 276, 279, 280, 281, 282, 284, 285, 286, 287, 288, 291, 293, 295, 296, 298, 299, 300, 301, 302, 303, 305, 307, 308, 309, 310, 312, 313, 314, 315, 316, 317, 318, 319, 320, 323, 324, 325, 327, 328, 329, 330, 331, 332, 333, 334, 335, 336, 337, 338, 339, 340, 341, 342, 343, 344, 345, 346, 347, 348, 349, 350, 351, 352, 353, 355, 356, 358, 362, 363, 364, 365, 366, 367, 368, 369, 370, 371, 372, 373, 374, 375, 376, 377, 378, 380, 381, 382, 383, 384, 385, 386, 387, 388, 389, 390, 391, 392, 393, 394, 397, 399, 400, 401, 402, 403, 404, 405, 406, 408, 409, 410, 411, 412, 413, 415, 416, 417, 418, 419, 420, 421, 423, 425, 426, 427, 429, 431, 432, 435, 436, 438, 439, 440, 441, 442, 443, 444, 445, 446, 448, 451, 452, 453, 454, 456, 457, 458, 459, 460, 461, 462, 463, 464, 465, 466, 467, 468, 470, 471, 472, 473, 474, 475, 476, 477, 478, 481, 482, 484, 485, 487, 488, 489, 490, 491, 492, 493, 494, 495, 496, 497, 498, 499, 501, 502, 508, 509, 510, 511, 512, 513, 514, 515, 516, 517, 518, 519, 520, 521, 522, 523, 524, 525, 527, 529, 530, 531, 532, 534, 535, 536, 537, 538, 539, 540, 541, 542, 543, 544, 547, 548, 549, 552, 553, 554, 555, 556, 557, 559, 562, 563, 564, 565, 566, 568, 569, 570, 571, 572, 573, 574, 576, 578, 579, 580, 584, 585, 586, 587, 588, 589, 590, 592, 596, 597, 598, 599, 600, 602, 603, 604, 605, 608, 610, 611, 613, 614, 615, 616, 617, 618, 620, 621, 622, 623, 624, 625, 628, 630, 632, 633, 635.

[316] Doc. n. 13, 14, 17, 39, 91, 120, 121, 124, 125, 128, 145, 195, 196, 201, 202, 203, 204, 209, 212, 213, 215, 217, 218, 219, 221, 228, 230, 231, 233, 234, 235, 237, 238, 239, 240, 241, 242, 243, 244, 245, 247, 248, 250, 257, 258, 261, 262, 263, 264, 268, 278, 292, 354, 359, 395, 396, 450, 503, 504, 505, 506, 545, 546, 594, 595, 601, 612.

[317] Doc. n. 47, 48, 49, 52, 77, 78, 181, 182, 183, 191, 192, 194, 197, 198, 206, 207, 210, 211, 223, 224, 225, 226, 227, 229, 236, 249, 277, 283, 289, 321, 322, 357, 360, 379, 414, 422, 433, 437, 447, 449, 533, 560, 561, 575, 577, 581, 582, 583, 591, 607, 627, 629.

tia e 25 *de iustitia* – emanate da Urbano IV[318], Clemente IV[319], Gregorio X[320], Onorio IV[321], Niccolò IV[322], Celestino V[323], Bonifacio VIII[324], Benedetto XI[325], Clemente V[326] e Giovanni XXII[327], cui si devono aggiungere il *decretum* e l'*epistula* del collegio cardinalizio per l'elezione di Pietro del Morrone al soglio pontificio[328]. I documenti regi sono costituiti da 52 atti, tra *privilegia* e *mandata*, usciti dalla cancelleria angioina durante i regni di Carlo I d'Angiò (1266-1285)[329], Carlo II d'Angiò (1285-1309)[330] e Roberto d'Angiò (1309-1343)[331].

Tra i documenti semipubblici vi sono 8 privilegi concessi da autorità laiche[332] – come Tommaso di Marzano, conte di Squillace, Giovanni Pipino, maestro razionale del regno di Sicilia, Federico *de Tullo*, signore di Manoppello e nipote di Gualtiero *de Palearia* – e 40, tra mandati, privilegi e sentenze, emanati da istituzioni religiose, come il capitolo della basilica di S. Pietro di Roma[333], il capitolo della cattedrale di Milano[334], Tommaso da Ocre, cardinale prete di S. Cecilia[335], Landolfo Brancaccio, cardinale diacono di S. Angelo[336], vescovi[337] e altre autorità[338].

Nella macrocategoria dei documenti privati rientrano tutti quegli *instrumenta* redatti *in publicam formam* da un notaio, anche quando l'autore sia rappresentato da un'autorità pubblica[339]. Nello specifico, dal punto di vista della loro natura giuridica, si possono raggruppare nel modo che segue:

Instrumenta donationis	144 unità[340]
Instrumenta venditionis	130 unità[341]

[318] Doc. n. 13, 14.

[319] Doc. n. 17.

[320] Doc. n. 39.

[321] Doc. n. 91.

[322] Doc. n. 120, 121, 124, 125, 128, 145.

[323] Doc. n. 201, 202, 203, 204, 209, 212, 213, 215, 217, 218, 219, 221, 228, 230, 231, 233, 234, 235, 237, 238, 239, 240, 241, 242, 243, 244, 245, 247, 248, 250.

[324] Doc. n. 257, 258, 261, 262, 263, 264, 268, 278, 292, 354, 359.

[325] Doc. n. 395, 396.

[326] Doc. n. 450, 503, 504, 505, 506.

[327] Doc. n. 545, 546, 594, 595, 601, 612.

[328] Doc. n. 195, 196.

[329] Doc. n. 47, 48, 49, 52.

[330] Doc. n. 77, 78, 181, 182, 183, 191, 192, 194, 197, 198, 206, 207, 210, 211, 223, 224, 225, 226, 227, 229, 236, 249, 277, 283, 289, 321, 322, 357, 360, 379, 414, 422 (*Roberti Calabriae ducis mandatum*), 433, 437, 447.

[331] Doc. n. 449, 533, 560, 561 (*Caroli Calabriae ducis privilegium*), 575, 577, 581, 582, 583, 591 (*Caroli Calabriae ducis mandatum*), 607 (*Caroli Calabriae ducis mandatum*), 627 (*Caroli Calabriae ducis mandatum*), 629 (*Caroli Calabriae ducis mandatum*).

[332] Doc. n. 21, 102, 103, 361, 398, 507, 528, 593.

[333] Doc. n. 22, 220.

[334] Doc. n. 550, 558.

[335] Doc. n. 297.

[336] Doc. n. 304, 311.

[337] Doc. n. 15, 43, 44, 46, 95, 108, 109, 113, 115, 116, 119, 127, 130, 131, 137, 141, 143, 172, 189, 208, 294, 428, 430, 486, 489, 567, 606, 609.

[338] Doc. n. 45, 306, 619, 626, 634.

[339] Per la distinzione tra documenti pubblici, semipubblici e privati vedi Pratesi 1987, p. 29-34. Si tenga presente, ad esempio, che fra Tommaso da Ocre, già abate del monastero di S. Giovanni in Piano, nominato cardinale prete di S. Cecilia da Celestino V, in relazione alla controversia tra morronesi e pulsanesi, emanò una sentenza che rientra tra i documenti semipubblici (doc. n. 297); al contrario, il testamento del medesimo cardinale, rogato da Anello *Vespuli*, notaio per autorità apostolica, appartiene alla categoria dei documenti privati (doc. n. 347).

[340] Doc. n. 7, 9, 16, 18, 19, 24, 27, 31, 35, 36, 37, 40, 41, 42, 51, 54, 56, 59, 60, 64, 65, 67, 69, 72, 73, 79, 88, 89, 92, 98, 99, 101, 104, 105, 106, 107, 111, 112, 117, 122, 123, 133, 134, 138, 140, 147, 148, 153, 156, 157, 159, 161, 163, 164, 168, 169, 170, 177, 185, 186, 214, 251, 252, 253, 256, 259, 260, 265, 273, 280, 281, 284, 285, 288, 295, 298, 299, 300, 312, 314, 316, 318, 319, 320 (*Instrumentum donationis et procurae*), 323, 324, 331, 332, 335, 336, 337, 339, 344, 348, 349, 365, 370, 374, 378, 380, 383, 386, 387, 388, 413, 416, 417, 418, 419, 420, 438, 441, 463, 465, 473, 474, 482, 484, 491, 497, 509, 530, 531, 536, 537, 538, 540 (*Instrumentum donationis et conventionis*), 549, 553, 554, 555, 559, 562, 564, 565, 586, 592, 596, 600, 610, 615, 622, 628, 633.

[341] Doc. n. 20, 30, 32, 33, 38, 53, 57, 61, 62, 63, 66, 68, 71, 75, 76, 83, 85, 87, 93, 96, 118, 135, 136, 142, 144, 149, 151, 152, 155, 158, 160, 162, 166, 171, 174, 175, 176, 178, 179, 190, 193, 254, 255, 267, 269, 270, 271, 272, 286, 296,

Instrumenta testamenti	32 unità[342]
Instrumenta permutationis	27 unità[343]
Instrumenta donationis et oblationis	20 unità[344]
Instrumenta procurae	15 unità[345]
Instrumenta sententiae	6 unità[346]
Instrumenta transactionis	6 unità[347]
Instrumenta assignationis	4 unità[348]
Instrumenta corporalis possessionis	4 unità[349]
Instrumenta executionis testamenti	4 unità[350]
Instrumenta cessionis	3 unità[351]
Instrumenta confessionis	3 unità[352]
Instrumenta executionis mandati regis	3 unità[353]
Instrumenta confirmationis	2 unità[354]
Instrumenta electionis abbatis	2 unità[355]
Instrumenta promissionis	2 unità[356]
Instrumenta protestationis	2 unità[357]
Instrumenta quietationis	2 unità[358]
Instrumenta restitutionis	2 unità[359]
Instrumenta submissionis et unionis	2 unità[360]
Instrumenta varia	23 unità[361]

La maggior parte dei documenti privati, quindi, è costituita da donazioni (33%), vendite (30%), testamenti (7%), oblazioni (5%) e procure (4%).

309, 333, 334, 340, 341, 342, 343, 345, 346, 351, 353, 355, 356, 364, 367, 371, 372, 375, 376, 389, 390, 391, 393, 397, 400, 402, 403, 404, 408, 411, 425, 426, 432, 439, 443, 446, 448, 462, 467, 468, 468, 476, 477, 481, 485, 487, 488, 489, 490, 493, 496, 498, 501, 511, 512, 516, 517, 521, 524, 527, 532, 534, 543, 544, 547, 556, 563, 569, 576, 585, 588, 589, 597, 599, 603, 614, 617, 620 (*Instrumentum venditionis et traditionis*), 621, 625.

[342] Doc. n. 29, 55, 114, 205, 266, 275, 276, 279, 291, 310, 347, 377, 385, 394, 399, 401, 405, 410, 412, 429, 456, 460, 471, 475, 513, 522, 535, 539, 541, 542, 618, 630.

[343] Doc. n. 84, 86, 90, 100, 126, 139, 165, 167, 173, 180, 184, 274, 307, 308, 313, 315, 327, 330, 373, 382, 384, 435, 453, 457, 472, 510, 635.

[344] Doc. n. 150, 154, 303, 317, 329, 366, 406, 415, 421, 423, 431, 440, 451, 461, 508, 518, 523, 529, 616, 623.

[345] Doc. n. 188, 287, 293, 458, 464, 466, 492, 494, 499, 514, 515, 525, 579, 590, 598.

[346] Doc. n. 301, 328, 566, 604, 605, 608.

[347] Doc. n. 26, 70, 97, 305, 381, 632.

[348] Doc. n. 368, 444, 445, 568.

[349] Doc. n. 23, 502, 570, 602.

[350] Doc. n. 58, 369, 454, 557.

[351] Doc. n. 338, 442, 520.

[352] Doc. n. 350, 573, 613.

[353] Doc. n. 199, 362, 580.

[354] Doc. n. 427, 436.

[355] Doc. n. 74, 94.

[356] Doc. n. 129, 548.

[357] Doc. n. 495, 574.

[358] Doc. n. 578, 584.

[359] Doc. n. 232, 572.

[360] Doc. n. 80, 81.

[361] Doc. n. 8, 110, 132, 146, 187, 282, 302, 325, 352, 358, 363, 392, 409, 452, 459, 470, 478, 519, 552, 571, 587, 611, 624.

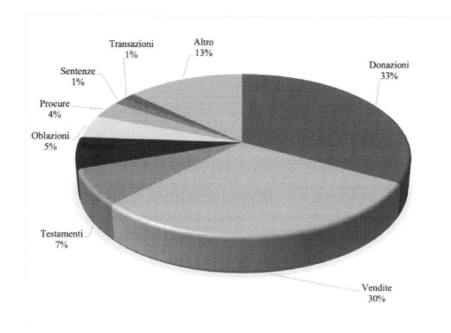

Natura giuridica dei documenti privati

3.7 Distribuzione crono-topografica

Il più antico documento celestino è una presunta indulgenza pontificia, in favore di S. Spirito di Sulmona e delle sue dipendenze, datata 25 febbraio 1249 e attribuita a Innocenzo IV (*Splendor paterne glorie*)[362]. Escludendo i documenti non genuini, il primo atto autentico è un *instrumentum donationis* rogato a Sulmona il 23 maggio 1259[363], mentre l'ultimo documento ricompreso nella presente raccolta diplomatica è un *instrumentum permutationis* redatto il 24 novembre 1320 a Celano[364].

Ad eccezione dei documenti pontifici, la cui *datatio* segue ovviamente l'«era del papato», la maggior parte dei documenti è datata seguendo l'«era cristiana» sulla base dello «stile della natività»[365] e dello «stile dell'incarnazione» secondo il computo fiorentino[366] e pisano[367]. Non mancano documenti con una datazione incerta[368] oppure privi della data cronica e topica[369]. Un aspetto interessante emerge dall'analisi della distribuzione cronologica dei documenti. Espungendo per ovvi motivi gli atti non genuini, si nota che, dal 1259 al 1320, c'è un costante aumento numerico degli atti, segno della contestuale crescita dell'ordine monastico dal punto di vista economico e insediativo. A fronte della linea di tendenza verso l'alto, con una media annua di 10 documenti, nel solo 1294, ovvero dopo l'elevazione al soglio pontificio di fra Pietro del Morrone, si registrano ben 67 documenti, più del doppio di quelli del 1317, quando ormai l'ordine di san Pietro confessore vantava un'organizzazione stabile e ben strutturata. Tralasciando il contenuto dei documenti, da trattarsi in sede storiografica, già solo questo dato, meramente quantitativo, evidenzia uno sviluppo anomalo dell'ordine, soprattutto sul piano insediativo e di conseguenza economico, durante il pontificato di Celestino V. La transitoria crescita esponenziale delle dipendenze dell'abbazia di S. Spirito del Morrone, con l'accorpamento per mandato del papa di chiese[370], monasteri[371], canoniche[372]

---

[362] Doc. n. †1.

[363] Doc. n. 7.

[364] Doc. n. 635.

[365] Cfr., a titolo esemplificativo, doc. n. 144.

[366] Cfr., a titolo esemplificativo, doc. n. 491.

[367] Cfr., a titolo esemplificativo, doc. n. 94.

[368] Cfr., a titolo esemplificativo, doc. n. 445.

[369] Cfr., a titolo esemplificativo, doc. n. 130.

[370] Cfr., a titolo esemplificativo, doc. n. 201.

[371] Cfr., a titolo esemplificativo, doc. n. 213.

[372] Cfr., a titolo esemplificativo, doc. n. 212.

e ospedali[373], seppur non fosse stata annullata dai provvedimenti di Bonifacio VIII[374], sarebbe stata insostenibile almeno nel breve periodo.

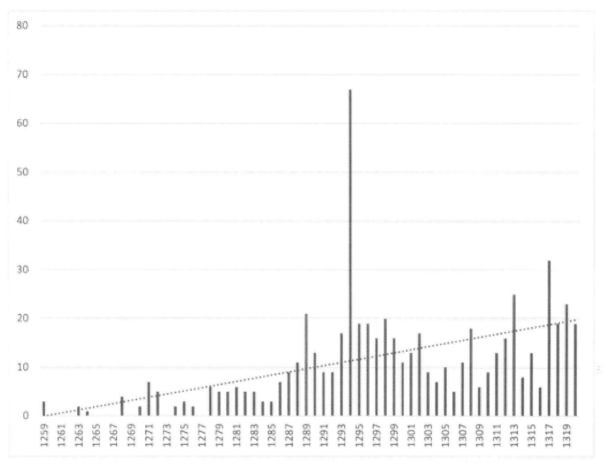

Distribuzione cronologica dei documenti

Anche dalla distribuzione geografica dei documenti, sulla base delle date topiche, si possono trarre dati interessanti. Esclusi i falsi (23)[375] e gli atti privi della data topica (18)[376], i 594 documenti restanti sono stati rogati all'interno del territorio di 70 comuni italiani[377] e 4 francesi[378]:

---

[373] Cfr., a titolo esemplificativo, doc. n. 242.

[374] Cfr. doc. n. 257.

[375] Doc. n. †1, †2, †3, †4, †5, †6, †10, †11, †12, †25, †28, †34, †50, †82, †200, †216, †222, †246, †290, †326, †407, †434, †455.

[376] Doc. n. 130, 131, 172, 424, 479, 480, 483, 488, 500, 507, 526, 551, 574, 591, 593, 613, 614, 619.

[377] Essenziali riferimenti geo-toponomastici in *Dizionario di toponomastica* 1990, p. 3 (Abbateggio), p. 12 (Aielli), p. 14 (Alatri), p. 27 (Anagni), p. 33 (Apricena), p. 48-49 (Aversa), p. 49 (Avigliano), p. 58-59 (Balsorano), p. 72-73 (Benevento), p. 73-74 (Bergamo), p. 83 (Boiano), p. 84 (Bolognano), p. 95 (Boville Ernica), p. 105 (Bucchianico), p. 109 (Bussi sul Tirino), p. 125 (Campo di Giove), p. 136 (Caporciano), p. 139 (Capua), p. 139-140 (Caramanico Terme), p. 147 (Carpinone), p. 152 (Casalincontrada), p. 160 (Cassino), p. 176 (Castelvecchio Subequo), p. 177 (Castiglione a Casauria), p. 187 (Celano), p. 203 (Chieti), p. 266 (Fara Filiorum Petri), p. 269-270 (Ferentino), p. 288 (Frosinone), p. 322 (Guardiagrele), p. 331 (Isernia), p. 344 (L'Aquila), p. 342 (Lanciano), p. 352 (Lettomanoppello), p. 363 (Lucera), p. 374 (Manoppello), p. 388 (Melfi), p. 391 (Mercogliano), p. 395 (Milano), p. 423 (Monte Sant'Angelo), p. 437 (Napoli), p. 459 (Ortona), p. 460 (Orvieto), p. 480 (Penne), p. 483 (Perugia), p. 511 (Popoli), p. 519 (Pratola Peligna), p. 522 (Priverno), p. 537 (Rieti), p. 544 (Roccacasale), p. 546 (Roccamontepiano), p. 546 (Roccamorice), p. 551 (Roma), p. 568 (San Benedetto dei Marsi), p. 587 (San Paolo di Civitate), p. 589 (San Pio delle Camere), p. 603 (San Valentino in Abruzzo Citeriore), p. 601 (Sant'Eufemia a Maiella), p. 595 (Santa Maria Capua Vetere), p. 619-620 (Serramonacesca), p. 631 (Sora), p. 641 (Sulmona), p. 647 (Teano), p. 654 (Tivoli), p. 654 (Tocco da Casauria), p. 663 (Trani), p. 670 (Trivento), p. 689 (Vasto), p. 691 (Venafro), p. 712 (Viterbo). Per ogni comune viene riportato tra parentesi, sulla base della data topica, il numero di documenti ivi redatti.

[378] Essenziali riferimenti geo-toponomastici in *Dictionnaire topographique de la France* disponibile all'url <https://bit.ly/413gtHv> (data consultazione: 17 febbraio 2023).

Abbateggio (2)[379], Aielli (2)[380], Aix-en-Provence (3)[381], Alatri (1)[382], Anagni (6)[383], Apricena (1)[384], Aversa (3)[385], Avigliano (1)[386], Avignone 12[387], Balsorano (1)[388], Benevento (1)[389], Bergamo (2)[390], Boiano (24)[391], Bolognano (1)[392], Boville Ernica (1)[393], Bucchianico (13)[394], Bussi sul Tirino (1)[395], Campo di Giove (1)[396], Caporciano (4)[397], Capua (1)[398], Caramanico Terme (4)[399], Carpinone (2)[400], Casalincontrada (1)[401], Cassino (1)[402], Castelvecchio Subequo (1)[403], Castiglione a Casauria (1)[404], Celano (5)[405], Chieti (6)[406], Fara Filiorum Petri (1)[407], Ferentino (36)[408], Frosinone (1)[409], Guardiagrele (7)[410], Isernia (70)[411], L'Aquila (73)[412], Lanciano (9)[413], Lettomanoppello (1)[414], Lione (1)[415], Lucera (6)[416], Manoppello (18)[417], Marsiglia (1)[418], Melfi (2)[419], Mercogliano (1)[420], Milano (2)[421],

[379] Doc. n. 26, 45.

[380] Doc. n. 180, 385.

[381] Doc. n. 181, 182, 183.

[382] Doc. n. 496.

[383] Doc. n. 261, 262, 263, 264, 278, 359.

[384] Doc. n. 492.

[385] Doc. n. 560, 561, 608.

[386] Doc. n. 47.

[387] Doc. n. 450, 466, 503, 504, 505, 506, 545, 546, 594, 595, 601, 612.

[388] Doc. n. 464.

[389] Doc. n. 46.

[390] Doc. n. 470, 631.

[391] Doc. n. 137, 138, 157, 163, 205, 274, 280, 308, 330, 369, 374, 391, 416, 418, 419, 427, 452, 485, 517, 527, 532, 537, 623, 633.

[392] Doc. n. 118.

[393] Doc. n. 489.

[394] Doc. n. 79, 104, 151, 152, 153, 154, 156, 161, 320, 441, 597, 620, 621.

[395] Doc. n. 134.

[396] Doc. n. 394.

[397] Doc. n. 303, 421, 571, 572.

[398] Doc. n. 192.

[399] Doc. n. 29, 38, 80, 81.

[400] Doc. n. 386, 408.

[401] Doc. n. 21.

[402] Doc. n. 241. Il documento presenta una discrasia tra la data cronica e la data topica, pertanto pur essendo datato «San Germano», la data topica reale potrebbe essere un'altra.

[403] Doc. n. 107.

[404] Doc. n. 588.

[405] Doc. n. 112, 164, 345, 410, 635.

[406] Doc. n. 15, 44, 295, 310, 448, 461.

[407] Doc. n. 482.

[408] Doc. n. 16, 18, 19, 266, 287, 288, 316, 317, 323, 327, 336, 337, 338, 355, 377, 404, 409, 428, 429, 430, 431, 435, 436, 457, 462, 469, 490, 498, 499, 501, 502, 508, 547, 567, 570, 599.

[409] Doc. n. 634.

[410] Doc. n. 110, 111, 299, 438, 439, 471, 481.

[411] Doc. n. 36, 37, 42, 43, 53, 54, 56, 57, 58, 59, 60, 62, 63, 65, 69, 70, 71, 73, 75, 76, 88, 89, 99, 122, 123, 127, 135, 144, 146, 150, 160, 169, 170, 173, 175, 177, 178, 179, 184, 187, 190, 252, 253, 255, 269, 305, 332, 339, 341, 342, 346, 351, 353, 366, 376, 378, 381, 382, 397, 401, 406, 443, 474, 487, 493, 509, 565, 589, 615, 628.

[412] Doc. n. 95, 96, 103, 108, 109, 113, 147, 149, 162, 186, 189, 197, 198, 201, 202, 203, 204, 206, 207, 208, 209, 210, 211, 212, 213, 214, 215, 217, 218, 219, 221, 223, 254, 259, 265, 286, 291, 298, 313, 324, 329, 334, 335, 340, 343, 349, 363, 365, 370, 371, 384, 387, 388, 390, 392, 393, 426, 432, 445, 446, 467, 478, 510, 511, 512, 519, 524, 539, 559, 568, 573, 616, 630.

[413] Doc. n. 176, 296, 400, 402, 403, 417, 420, 475, 476.

[414] Doc. n. 610.

[415] Doc. n. 39.

[416] Doc. n. 352, 352, 368, 444, 491, 495, 557.

[417] Doc. n. 74, 83, 87, 90, 92, 97, 98, 100, 101, 102, 105, 117, 126, 232, 256, 300, 399, 622.

[418] Doc. n. 433.

[419] Doc. n. 48, 49.

[420] Doc. n. 422.

[421] Doc. n. 550, 558.

Monte Sant'Angelo (2)[422], Napoli (50)[423], Ortona (7)[424], Orvieto (5)[425], Penne (3)[426], Perugia (3)[427], Popoli (1)[428], Pratola Peligna (3)[429], Priverno (1)[430], Rieti (6)[431], Roccacasale (1)[432], Roccamontepiano (21)[433], Roccamorice (17)[434], Roma (21)[435], San Benedetto dei Marsi (2)[436], San Paolo di Civitate (1)[437], San Pio delle Camere (1)[438], San Valentino in Abruzzo Citeriore (1)[439], Sant'Eufemia a Maiella (1)[440], Santa Maria Capua Vetere (1)[441], Serramonacesca (4)[442], Sora (4)[443], Sulmona (86)[444], Teano (3)[445], Tivoli (1)[446], Tocco da Casauria (9)[447], Trani (2)[448], Trivento (3)[449], Vasto (1)[450], Venafro (1)[451], Viterbo (1)[452].

Tale elenco non va interpretato come uno specchio, più o meno fedele, della geografia insediativa dell'ordine dei celestini nel periodo di riferimento, poiché alcune date topiche, come Aix-en-Provence, Marsiglia o Trani, indicano semplicemente il luogo in cui si trovava in quel periodo la curia regia di Carlo II d'Angiò, mentre località come Orvieto, Teano o Viterbo sono indicative della sede temporanea della curia pontificia. Cionondimeno, se si incrociano i dati, rilevando la frequenza dei documenti in rapporto alle singole località, si ha già una cartina approssimativa dell'*orbis coelestinorum* dalle origini al 1320. Difatti, la località maggiormente rappresentativa è Sulmona, sede del monastero di S. Spirito del Morrone (14% circa dei documenti), seguita dall'Aquila, sede del monastero di S. Maria di Collemaggio (12% circa dei documenti), e da Isernia, sede del monastero di S. Spirito (12% circa dei documenti). Allargando la visuale, si può notare che l'area in cui maggiormente furono

[422] Doc. n. 293, 302.

[423] Doc. n. 194, 233, 234, 235, 236, 237, 238, 239, 240, 242, 243, 244, 245, 247, 248, 249, 250, 277, 304, 311, 321, 322, 347, 357, 360, 361, 379, 398, 414, 437, 447, 449, 533, 566, 569, 575, 577, 578, 579, 581, 582, 583, 604, 605, 606, 607, 609, 626, 627, 629.

[424] Doc. n. 285, 319, 367, 372, 375, 383, 425.

[425] Doc. n. 13, 14, 145, 297, 301.

[426] Doc. n. 159, 267, 325.

[427] Doc. n. 195, 196, 396.

[428] Doc. n. 133.

[429] Doc. n. 51, 199, 602.

[430] Doc. n. 598.

[431] Doc. n. 119, 120, 121, 124, 125, 294.

[432] Doc. n. 580.

[433] Doc. n. 484, 497, 518, 521, 530, 531, 535, 536, 543, 544, 553, 554, 555, 556, 563, 564, 576, 586, 592, 596, 603.

[434] Doc. n. 20, 23, 24, 27, 30, 31, 32, 33, 40, 94, 158, 165, 167, 281, 282, 306, 459.

[435] Doc. n. 22, 91, 128, 129, 132, 220, 257, 258, 268, 276, 283, 289, 292, 354, 395, 456, 513, 514, 515, 520, 541. Per evitare di complicare inutilmente l'elenco, gli atti rogati in quello che oggi sarebbe il territorio di Città del Vaticano sono stati inseriti sotto la voce Roma.

[436] Doc. n. 115, 141.

[437] Doc. n. 523.

[438] Doc. n. 611.

[439] Doc. n. 35.

[440] Doc. n. 318.

[441] Doc. n. 52.

[442] Doc. n. 412, 548, 549, 625.

[443] Doc. n. 529, 538, 585, 587.

[444] Doc. n. 7, 8, 9, 55, 61, 64, 66, 67, 68, 72, 84, 85, 86, 93, 114, 116, 136, 139, 140, 148, 155, 166, 168, 171, 174, 185, 188, 191, 193, 224, 225, 226, 227, 228, 251, 260, 275, 279, 284, 307, 309, 312, 314, 315, 328, 331, 333, 344, 348, 350, 356, 358, 362, 364, 373, 380, 389, 405, 411, 413, 415, 423, 440, 442, 451, 453, 454, 458, 460, 468, 472, 473, 477, 486, 494, 522, 525, 534, 540, 542, 552, 562, 584, 618, 624, 632. Il doc. n. 228 presenta una discrasia tra la data cronica e la data topica, pertanto pur essendo datato «Sulmona», la data topica reale potrebbe essere un'altra.

[445] Doc. n. 229, 230, 231.

[446] Doc. n. 142.

[447] Doc. n. 41, 270, 271, 272, 273, 463, 516, 528, 590.

[448] Doc. n. 77, 78.

[449] Doc. n. 143, 465, 600.

[450] Doc. n. 617.

[451] Doc. n. 106.

[452] Doc. n. 17.

attivi fra Pietro del Morrone e i suoi seguaci in questo periodo copre, principalmente, alcune zone di Abruzzo, Campania, Lazio, Molise e Puglia.

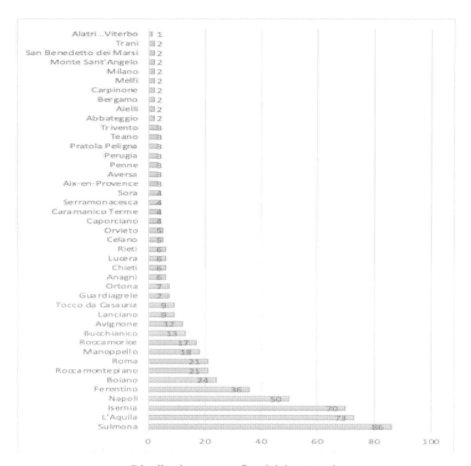

Distribuzione geografica dei documenti

4. Criteri di edizione

Non è un caso che, dal 1900 in poi, i diplomatisti abbiano elaborato e perfezionato le norme per l'edizione dei testi documentari[453]. Ogni nuovo progetto editoriale, infatti, pone nuovi problemi e impone soluzioni coerenti. Com'è noto, una «raccolta diplomatica»[454] può contenere gli atti emanati da una medesima cancelleria, i documenti relativi a una città o a un territorio, le carte di una chiesa e così via[455]. Il presente «codice diplomatico» è dedicato a una «persona giuridica»: l'ordine monastico fondato da fra Pietro del Morrone. L'obiettivo di raccogliere tutti i «documenti celestini» anteriori al 1320 ha imposto, innanzitutto, un'edizione in regesto[456].

[453] Vedi in proposito Bartoli Langeli 1991, p. 116-118.

[454] Per il significato di tale espressione vedi Cárcel Ortí 1997, p. 24 n. 21.

[455] Consultando i repertori bibliografici specializzati, come *Medioevo latino* – disponibile all'url <https://bit.ly/3WHk1M1> (data consultazione: 29 gennaio 2023) – o anche il Catalogo del servizio bibliotecario nazionale – disponibile all'url <https://bit.ly/3Y8RmR5> (data consultazione: 29 gennaio 2023) – si nota un deciso incremento, con l'inizio del nuovo millennio, di edizioni documentarie sotto forma di «codice diplomatico» – per la precisione, nel suddetto Catalogo vi sono 118 pubblicazioni relative al periodo 2001-2022. Nella *Presentazione* del *Codice diplomatico della Lombardia medievale* 2000 – disponibile all'url <https://bit.ly/3HorzOq> (data consultazione: 29 gennaio 2023) –, M. Ansani, coordinatore del progetto, ha precisato che si tratta per certi aspetti di un «ritorno al passato», ai «grandi codici diplomatici».

[456] Sulle edizioni in regesto vedi Scalfati 1993, p. 42-46. Per i criteri di edizione e trascrizione vedi Pratesi 1957; Petrucci 1963; Tognetti 1982; Lori Sanfilippo 1984; Bartoli Langeli 1991; Scalfati 1991. Sulle edizioni di fonti nel Novecento vedi Ciaralli 2009; De Angelis 2017. Per l'edizione digitale dei documenti vedi Ansani 1999; Ansani 2006; Ansani-Ghignoli 2011. I testi dei documenti più significativi verranno editati nel prossimo volume, dedicato alla storia dell'ordine.

Tutti i documenti, compresi gli atti non genuini – questi ultimi contrassegnati da una croce latina (†)[457] – sono stati ordinati cronologicamente e contrassegnati da un numero arabo.

Segue un'espressione, in latino, che indica la natura del documento ricavata dal contesto, come, ad esempio, *instrumentum donationis*, *instrumentum venditionis*, *Urbani IV papae litterae de gratia*, *Matthaei episcopi Iserniensis privilegium*, *Caroli Ierusalem et Siciliae regis mandatum*[458]. Per i documenti falsi e falsificati vengono utilizzate espressioni come *instrumentum falsum*, *privilegium falsum*, *litterae falsae*, omettendo per ovvi motivi, nel caso di atti pubblici, il nome del presunto autore giuridico.

La data cronica, il più delle volte, è completa e coincide con il computo moderno. La sua esatta individuazione, tuttavia, ha comportato, in non pochi casi, la risoluzione di problemi riconducibili, in sintesi, a due casistiche: data cronica incompleta[459] o mancante[460]; data cronica non corrispondente allo «stile comune»[461]. Nel primo caso – dovuto a un'abrasione del supporto scrittorio[462] o a una strana prassi notarile[463] –, si è tentata nei limiti del possibile un'integrazione, ponendola tra parentesi quadre[464] o angolari[465]. Nel secondo caso – per effetto di diversi stili per l'era cristiana o a causa di errori materiali da parte del notaio –, la data è stata adeguata al computo moderno, segnalando contestualmente in nota il perché delle scelte operate.

La data topica, considerando la non omogeneità della documentazione, può essere di due tipi: semplice (costituita da un unico elemento topografico)[466] o composta (costituita da più elementi)[467]. In entrambi i casi, essa può risultare certa (quando la località indicata nel documento coincide con quella odierna)[468], dubbia (quando la località indicata non coincide con quella odierna[469] o non esiste più[470] o non è individuabile con precisione[471]) o ricostruita (quando la località non è indicata nel documento, ma può essere desunta dal contesto)[472]. Le date semplici dubbie[473] o composte ricostruite (che possono includere un elemento topografico dubbio)[474] prevedono l'indicazione, tra parentesi tonde, del comune nel cui territorio ricade la località espressa nel documento[475]. Inoltre, quando una

[457] I falsi seguono la data attribuita dal falsario (cfr. Pratesi 1957, p. 20-21; Lori Sanfilippo 1984, p. 492).

[458] Per questo criterio cfr. Pratesi 1957, p. 20.

[459] Cfr., ad esempio, doc. n. 63.

[460] Cfr., ad esempio, doc. n. 130.

[461] Cfr., ad esempio, doc. n. 110.

[462] Cfr., ad esempio, doc. n. 72.

[463] Cfr., ad esempio, doc. n. 69.

[464] Quando gli elementi della *datatio*, presenti nel documento originale, sono leggibili con difficoltà, anche con il supporto della lampada di Wood, oppure sono stati integrati attraverso note dorsali, trascrizioni o regesti.

[465] Quando gli elementi della *datatio*, assenti nel documento originale, sono il frutto di una integrazione da parte dell'editore sulla base di altri fattori; in questo caso, non ci si è attenuti a quanto indicato da A. Pratesi, che prescrive l'uso delle parentesi quadre (Pratesi 1957, p. 22).

[466] Ad esempio: «Aquile» (doc. n. 201), «Viterbii» (doc. n. 17), «apud Roccam Moricem» (doc. n. 27).

[467] Ad esempio: «in Sulmona ante ecclesiam Sancti Iohannis» (doc. n. 7), «apud Roccam Morici in domo domni Thomasii» (doc. n. 24).

[468] Ad esempio: «in ipsa civitate Isernie» = Isernia (doc. n. 36).

[469] Ad esempio: «in Civitate Marsicana» = San Benedetto dei Marsi (doc. n. 115).

[470] Ad esempio: «in castro Urse» = località nel comune di Pratola Peligna (doc. n. 51).

[471] Ad esempio: «in campo quod dicitur Vallis Rustici in pertinentiis Fucis» = località nel comune di Aielli (doc. n. 180).

[472] Cfr., a titolo esemplificativo, doc. n. 22.

[473] Ad esempio: «in predicta ecclesia Sancte Marie de Murrone» = chiesa di S. Maria del Morrone (Sulmona) (doc. n. 12).

[474] Ad esempio: «in Casale Comitis in domo iudicis Ray(naldi) de Casale» = «Casale del Conte, in domo iudicis Ray(naldi) de Casale» (Casalincontrada) (doc. n. 21).

[475] L'indicazione del comune ha lo scopo di orientare nello spazio ed evitare possibili confusioni con località omonime. Per quanto tale pratica rischi di apparire pleonastica, non è infrequente che toponimi di epoca medievale vengano confusi con località odierne omonime. È il caso, ad esempio, della chiesa di S. Martino *ad Plebem*, un'importante istituzione pievana di origine altomedievale di cui oggi non restano tracce, se non nella toponomastica. Situata nell'odierno comune di Abbateggio è stata spesso ubicata, in passato, in quello di San Martino sulla Marrucina. Un altro esempio potrebbe venire dall'impeccabile studio di U. Paoli (Paoli 2004, p. 660) che, nell'*Indice dei nomi di luogo*, pone l'abbazia di S. Spirito del Morrone nel comune di Pratola Peligna anziché in quello di Sulmona.

data topica[476] o un toponimico[477] coincidono con una località che ha parzialmente o totalmente modificato la propria denominazione in epoca moderna o, soprattutto, nel periodo postunitario per evitare omonimie tra le località, viene conservato il nome anteriore alla fondazione del regno d'Italia[478].
Nelle tre tabelle che seguono, al fine di esplicitare con più chiarezza le scelte editoriali, vengono
riportati: i casi più significativi di località medievali che hanno modificato parzialmente o totalmente
il proprio nome in epoca moderna e contemporanea (tabella 1), esempi di «data topica semplice»
(tabella 2), esempi di «data topica composta» (tabella 3).

Tabella 1 – Località che hanno cambiato nome

Aquila[479]	→	L'Aquila[480]
Babuco[481]	→	Boville Ernica[482]
Boiano[483]	→	Bojano[484]
Bussi[485]	→	Bussi sul Tirino[486]
Caramanico[487]	→	Caramanico Terme[488]
Castelvecchio[489]	→	Castelvecchio Subequo[490]
Castiglione[491]	→	Castiglione a Casauria[492]
Gesso[493]	→	Gessopalena[494]

[476] Cfr. a titolo esemplificativo doc. n. 35, la cui data topica è «San Valentino, *in domo filiorum domini Ionathe de
Luco*», poiché l'indicazione «San Valentino in Abruzzo Citeriore» sarebbe anacronistica in riferimento alla medesima
località nel secolo XIII. Al contrario, quando si segnala, tra parentesi tonde, il comune odierno nel cui territorio ricadeva
la località corrispondente alla data topica menzionata nel documento, si utilizza il nome attuale.

[477] Cfr. a titolo esemplificativo doc. n. 296, dove tra i destinatari dell'azione giuridica c'è «fra Biagio da Taranta»;
anche in questo caso, qualora si esprimesse il toponimico con la località odierna (Taranta Peligna), si commetterebbe un
anacronismo.

[478] Sul fenomeno storico-linguistico del cambio dei nomi dei comuni italiani dopo l'unità d'Italia si veda Caffarelli-
De Albentiis 2019 (con ulteriore bibliografia).

[479] Cfr. a titolo esemplificativo doc. n. 95.

[480] Il nome «Aquila» venne modificato dapprima in «Aquila degli Abruzzi» (R.D. n. 1273 del 21 aprile 1863) e
successivamente in «L'Aquila» (R.D. n. 1891 del 23 novembre 1939).

[481] Cfr. doc. n. 137.

[482] Il nome «Babuco», presente nelle fonti medievali, venne modificandosi nel corso dei secoli in «Bauco», attestato
al momento dell'unità d'Italia; nel 1907 il paese assunse definitivamente il nome di «Boville Ernica» (R.D. n. 11 del 20
gennaio 1907).

[483] Cfr. doc. n. 489.

[484] Il nome «Boiano», in tutti i documenti dei secoli XIII-XIV da me consultati, è attestato nella forma *Boianum* (con
la «-i-»); al momento dell'unità d'Italia si riscontra la forma «Bojano» (con la «-j-»), affiancatasi alla precedente in epoca
moderna. Sull'antica capitale dei Sanniti Pentri – chiamata *Bovaianom* prima della romanizzazione e *Bovianum* dopo –
vedi Scaroina-Somma 2015. È da notare che, ad oggi, c'è una certa oscillazione tra le due forme anche in ambito istituzionale; se il nome del comune è «Bojano» [cfr. il sito dell'ente, disponibile all'url <https://bit.ly/3RTpbDV> (data consultazione: 10 febbraio 2023)], il nome ufficiale dell'arcidiocesi è «Campobasso-Boiano» [cfr. il sito ufficiale della Conferenza episcopale italiana, disponibile all'url <https://bit.ly/40MLD5B> (data consultazione: 10 febbraio 2023)].

[485] Cfr. doc. n. 134.

[486] Il nome «Bussi» venne modificato in «Bussi sul Tirino» con R.D. n. 6489 del 25 ottobre 1889.

[487] Cfr. doc. n. 29.

[488] Il nome «Caramanico» venne modificato in «Caramanico Terme» con D.P.R. n. 978 del 2 settembre 1960.

[489] Cfr. doc. n. 107.

[490] Il nome «Castelvecchio» (*Castrum Vetus*) venne modificato in «Castelvecchio Subequo», con diverse varianti, a
partire dal secolo XVI (cfr. *Castelvecchio Subequo* 2014, p. 36), giacché al 18 marzo 1861 il paese aveva già quest'ultimo
nome; su tale toponimo vedi Pratesi-Cherubini 2017-2019, I, p. 313-314.

[491] Cfr. doc. n. 588.

[492] Il nome «Castiglione» (*Castelione, Castellione*), attestato nelle fonti medievali (vedi Pratesi-Cherubini 2017-
2019, I, p. 314-315) venne modificato dapprima in «Castiglione alla Pescara», attestato al momento dell'unità d'Italia, e
poi in «Castiglione a Casauria» (R.D. n. 1425 del 26 luglio 1863).

[493] Cfr. doc. n. †455.

[494] In tutti i documenti dei secoli XIV-XVII da me consultati, la località viene indicata con le seguenti espressioni:
*apud castrum lu Gissi, apud Gissum, apud lu Gipsum, apud lu Gissum, de Gipso, de lu Gipso, de lu Gisso, in castello lu
Gissi, in castro Gipsi, in castro lu Gissi, in lu Gipsio, in lu Gisso, in terra Gipsi, in terra lu Gissi* etc. (tale elenco, che

Pratola[495]	→	Pratola Peligna[496]
San Germano[497]	→	Cassino[498]
San Valentino[499]	→	San Valentino in Abruzzo Citeriore[500]
Taranta[501]	→	Taranta Peligna[502]
Tocco[503]	→	Tocco da Casauria[504]

Tabella 2 – Data topica semplice

apud Urbem Veterem	→	Orvieto[505]
apud Roccam Moricem	→	Roccamorice[506]
in Caramanico	→	Caramanico[507]
Viterbii	→	Viterbo[508]
in predicta ecclesia Sancte Marie de Murrone	→	chiesa di S. Maria del Morrone (Sulmona)[509]
in ecclesia Sancti Martini ad Plebem	→	chiesa di S. Martino ad Plebem (Abbateggio)[510]
in castro Urse	→	in castro Urse (Pratola Peligna)[511]
apud Turrim Sancti Herasmi	→	Torre di Sant'Erasmo (Santa Maria Capua Vetere)[512]
<manca>	→	<Ferentino>[513]
<manca>	→	<Roma>[514]
<manca>	→	<Roccamorice>[515]
<manca>	→	<Isernia>[516]

Tabella 3 – Data topica composta

ad predictam ecclesiam SanctiPanphili de Sulmona	→	Sulmona, chiesa di S. Panfilo[517]
in Sulmona in platea maiori	→	Sulmona, in platea maiori <*così*>[518]

non ha nessuna pretesa di completezza, è stato estrapolato da Zanotti, *Archivia*, VI.2, p. 763-793). Il nome «Gessopalena» (cfr. *Dizionario di toponomastica* 1990, p. 303), attestato già al momento dell'unità d'Italia, è comunque di epoca moderna e deriva dalla posposizione della locuzione *prope Palenam*, per evitare confusione con l'ómonimo «Gissi» (vedi *Dizionario di toponomastica* 1990, p. 308).

[495] Cfr. doc. n. 199.

[496] Il nome «Pratola» venne modificato in «Pratola Peligna» con R.D. n. 1273 del 21 aprile 1863.

[497] Cfr. doc. n. 241.

[498] Il nome «San Germano» venne modificato in «Cassino» con R.D. n. 1425 del 26 luglio 1863.

[499] Cfr. doc. n. 35.

[500] Il nome «San Valentino» venne modificato in «San Valentino in Abruzzo Citeriore» con R.D. n. 1140 del 22 gennaio 1963.

[501] Cfr. doc. n. 296.

[502] Il nome «Taranta» venne modificato in «Taranta Peligna» con R.D. n. 395 del 20 agosto 1881.

[503] Cfr. doc. n. 41.

[504] Il nome «Tocco» venne modificato in «Tocco da Casauria» con R.D. n. 1140 del 22 gennaio 1863.

[505] Doc. n. 13.

[506] Doc. n. 20.

[507] Doc. n. 29.

[508] Doc. n. 17.

[509] Doc. n. 12.

[510] Doc. n. 26.

[511] Doc. n. 51.

[512] Doc. n. 52.

[513] Doc. n. 16.

[514] Doc. n. 22.

[515] Doc. n. 30.

[516] Doc. n. 53.

[517] Doc. n. 8.

[518] Doc. n. 9.

in Sulmona ante ecclesiam Sancti Iohannis → Sulmona, ante ecclesiam Sancti Iohannis[519]

apud Roccam Morici in domo domni → Roccamorice, in domo domni Thomasii[520]
Thomasii

in sacratissimo episcopio → \<Benevento\>, in sacratissimo episcopio[521]

Il regesto – non essendo integrativo (Kopfregest), ma sostitutivo dell'edizione integrale[522] – fornisce, oltre ai dati essenziali, anche elementi aggiuntivi e, talora, stralci dell'atto. Per i documenti emanati dalla cancelleria pontificia o dalla cancelleria regia si riporta anche l'incipit dell'arenga, mentre per i documenti privati vengono indicati i nomi del giudice ai contratti (ove presente e indicato), del notaio e, quando si tratti di religiosi celestini, dei testi.

Ogni documento – conservato o deperdito, autentico o falso – può avere la seguente tradizione[523]: originale[524], atto registrato[525], minuta[526], copia autentica[527], copia semplice[528], inserto[529], estratto[530] e menzione[531]. Gli atti falsi o falsificati che si presentano in forma di originale vengono indicati con la dicitura pseudo-originale[532]. La maggior parte dei documenti ha una tradizione elementare, rappresentata dal solo originale. Non pochi *negotia*[533], però, hanno una tradizione complessa: originali multipli[534], atti registrati multipli – soprattutto nel caso della cancelleria angioina[535] –, copie autentiche, copie semplici etc. Al fine di ricostruire la storia di un documento viene segnalata anche l'esistenza di esemplari (originale, copia etc.) deperditi. Nel caso di copia, inserto, estratto e menzione viene indicato, laddove possibile, la provenienza (dall'originale, da altra copia, dall'atto registrato etc.), in modo tale da fornire informazioni utili per la ricostruzione dello *stemma chartarum*[536]. Per semplificare tale compito, ogni esemplare della tradizione viene indicato con una lettera dell'alfabeto. Nel caso di esemplari deperditi, alla lettera viene preposto un asterisco: *A = originale deperdito; *B = copia deperdita; *R = atto registrato deperdito; etc. Nel caso di originali multipli, atti registrati multipli o copie semplici o autentiche derivanti dal medesimo esemplare, anziché utilizzare un apice come prescritto dalle norme (A, A'; B, B'), viene posposto alla lettera un numero in pedice (A, A_2; B, B_2)[537].

Alla tradizione del documento, seguono: *stemma chartarum*, edizioni, traduzioni, facsimili, regesti, bibliografia e note[538].

[519] Doc. n. 7.

[520] Doc. n. 24.

[521] Doc. n. 46.

[522] Cfr. in proposito De Lasala-Rabikauskas 2003, p. 122-123.

[523] Cárcel Ortí 1997, p. 27 n. 24.

[524] Cárcel Ortí 1997, p. 30 n. 42.

[525] Cárcel Ortí 1997, p. 33 n. 58. All'espressione «copia nel registro», ivi riportata, è da preferirsi «atto registrato», come indicato in Pratesi 1957, p. 23.

[526] Cárcel Ortí 1997, p. 39 n. 98.

[527] Cárcel Ortí 1997, p. 32 n. 54.

[528] Cárcel Ortí 1997, p. 32 n. 55.

[529] Cárcel Ortí 1997, p. 34 n. 66.

[530] Cárcel Ortí 1997, p. 38 n. 87.

[531] Cárcel Ortí 1997, p. 38 n. 88.

[532] Cárcel Ortí 1997, p. 43 n. 117.

[533] Cárcel Ortí 1997, p. 21-22 n. 4.

[534] Cárcel Ortí 1997, p. 30 n. 43.

[535] Sulle procedure della cancelleria angioina, che prevedevano la registrazione di un atto in più registri, si veda la sintesi di Kiesewetter 1998.

[536] Cárcel Ortí 1997, p. 27 n. 25.

[537] Non pochi diplomatisti potrebbero avere un travaso di bile a causa dell'introduzione di questo criterio, che si discosta dalle norme messe a punto da autorevoli studiosi. Tuttavia, nel caso in cui si abbiano sei copie derivanti dall'originale (cfr. doc. n. †1), la grafia B, B', B'', B''', B'''', B''''', sarebbe decisamente meno leggibile e immediata di B, B_2, B_3, B_4, B_5, B_6. Sebbene riferite all'«articolazione grafica o testuale del documento», mi sembrano applicabili a tutti i livelli di un'edizione critica le parole di A. Bartoli Langeli: «Nell'ambito di un'operazione programmaticamente interpretativa, volta a capire e a far capire il documento, non c'è dubbio che spetti all'editore, e non alla normativa astratta, di trovare volta per volta la soluzione migliore» (Bartoli Langeli 1991, p. 130).

[538] Poiché il contenuto dei documenti sarà ampiamente utilizzato e discusso nel volume dedicato alla storia dell'ordine celestino, le note di carattere storico relative a personaggi, istituzioni e località sono state limitate all'essenziale.

Nel testo dei regesti, come già accennato, vengono trascritte *ad litteram* locuzioni o parti significative del documento, al fine di consentire una migliore comprensione del contenuto degli atti. I criteri per la trascrizione sono, sostanzialmente, quelli ampiamente utilizzati ormai da diverse decadi dalla maggior parte degli studiosi[539]. Ciononondimeno, data la non omogeneità della documentazione – pergamene originali dei secoli XIII e XIV, copie semplici del secolo XVII etc. –, appare opportuno fare alcune precisazioni, allo scopo di evitare possibili equivoci e rendere più intelligibile l'intero volume.

• L'uso delle parentesi nello scioglimento delle abbreviazioni è stato limitato a pochissimi casi, come «Caldar(i)», «d(omi)nus», «d(ominus)», «do(m)pnus», «li(cte)ris», «murronen(sis)», «quaecu(m)que», «Rai(naldi)», «Ricca(rdi)», «Stram(m)i».

• La «ę», presente soprattutto nei manoscritti di Ludovico Zanotti, è stata resa con i rispettivi digrafi «ae» (es. «abbatię» = «abbatiae»; «Cęlestinus» = «Caelestinus») e «oe» (es. «dięcesis» = «dioecesis»; «pęna» = «poena»).

• I termini latini «congregatio», «ordo»[540] e «religio», con i corrispettivi in lingua italiana «congregazione», «ordine»[541] e «religione», hanno sempre l'iniziale minuscola[542].

• I termini latini «sancta» e «sanctus», con i corrispettivi in lingua italiana «santa» e «santo» – e relative forme contratte «san» e «sant'» –, hanno l'iniziale minuscola quando si riferiscono a una persona fisica («sanctus Benedictus», «san Benedetto»)[543], mentre hanno l'iniziale maiuscola quando indicano un ente ecclesiastico («ecclesia Sancti Spiritus de Maiella», «chiesa di S. Spirito della Maiella»)[544] o a una località («Sanctus Valentinus», «San Valentino»)[545].

• I termini latini «beata», «beate», «beati» e «beatus», con i corrispettivi in lingua italiana «beata», «beate», «beati» e «beato», hanno l'iniziale minuscola, in quanto si riferiscono a una persona fisica[546].

• I termini italiani «celestina», «celestini», «celestino», «maiellese», «maiellesi», «morronese» e «morronesi», quando sono aggettivi, hanno sempre l'iniziale minuscola («congregazione celestina», «monaci celestini», «ordine maiellese», «eremiti maiellesi», «archivio morronese», «monasteri morronesi»).

• I termini italiani «celestini», «maiellesi» e «morronesi», quando sono aggettivi sostantivati, hanno sempre l'iniziale minuscola[547].

• Il termine latino «virgo», con il corrispettivo in lingua italiana «vergine», riferito alla madre di Dio, ha l'iniziale maiuscola quando sostantivo («la Vergine») e l'iniziale minuscola quando aggettivo («la vergine Maria»).

• I termini latini e italiani che indicano le feste hanno sempre l'iniziale maiuscola.

• I santi, in latino e in italiano, sono espressi in modo tale che solo il nome di battesimo sia maiuscolo («san Pietro confessore», «san Giovanni battista»); fanno eccezione «san Pietro Celestino» (Celestino = secondo nome) e «santa Maria Maddalena» (Maddalena = antonomastico equivalente a «di Magdala»).

• Il termine latino «ecclesia», con il corrispettivo in lingua italiana «chiesa», ha l'iniziale maiuscola quando si riferisce all'istituzione universale – anche quando preceduto o seguito da parole anch'esse

---

[539] Il testo di riferimento è Tognetti 1982.

[540] Sulla polisemia del termine «ordo», nel latino medievale, vedi Du Cange 1883-1887, VI, col. 60b-62c; voce disponibile all'url <https://bit.ly/3RQj57w> (data consultazione: 9 febbraio 2023). Per le varie accezioni del termine in relazione alla storia religiosa medievale vedi Dubois 1968, p. 283-309; Dubois 1980.

[541] Per i diversi significati del termine nella lingua italiana vedi Battaglia 1961-2002, XII, p. 44-58.

[542] Il criterio non si applica, ovvero si utilizza la grafia con l'iniziale maiuscola, nel caso in cui il termine indichi un toponimo (cfr. doc. n. 112).

[543] La scrittura è estesa sia in latino che in italiano.

[544] La scrittura è estesa in latino e abbreviata in italiano attraverso l'uso della «S.».

[545] La scrittura è estesa sia in latino che in italiano. Il criterio si applica anche in quei casi in cui una medesima locuzione può indicare una chiesa oppure un toponimo: «ecclesia Sancti Georgii», «chiesa di S. Giorgio», «in loco ubi dicitur fons Sancti Georgi», «nel luogo detto fonte di San Giorgio».

[546] La scrittura è estesa sia in latino che in italiano.

[547] Qui mi discosto da quanto scritto in Morizio 2019a, p. 225-226 nota 102. I criteri sopraesposti non si applicano nel caso di citazioni letterali da altri autori.

in maiuscola[548] – e l'iniziale minuscola quando indica un'istituzione specifica («chiesa di S. Spirito della Maiella»).

• Segnalazione o integrazione di lacune del testo causate dal deterioramento del supporto scrittorio sono poste tra parentesi quadre[549].

• Le integrazioni introdotte dall'editore per migliorare la comprensione del testo sono poste di norma tra parentesi angolari[550], ad eccezione del numero ordinale posposto al nome di un pontefice[551].

---

[548] In questo caso mi sono discostato da Tognetti 1982, p. 27 n. 27.

[549] Cfr. doc. n. 79, 97.

[550] Cfr. doc. n. 13.

[551] Esempio: «Innocenzo IV», al posto di «Innocenzo <IV>»; d'altronde, essendo noto che l'*intitulatio* dei documenti pontifici è costituita dal nome del pontefice e dall'attributo *episcopus*, è implicito che il numero ordinale riportato nel regesto sia un'integrazione dell'editore.

ELENCO CRONOLOGICO DEI DOCUMENTI

1. Cava de' Tirreni, Archivio della SS. Trinità

DATA CRONICA	COLLOCAZIONE	NUMERO
1294 set. 27	Arca 82, 100	215

2. Chieti, Archivio arcivescovile

DATA CRONICA	COLLOCAZIONE	NUMERO
1249 feb. 25	Fondo pergamenaceo, Teate 286 bis	1†
1252 giu. 22	Fondo pergamenaceo, Teate 39	3†
1252 giu. 22	Fondo pergamenaceo, Teate 38	4†
1253 ago. 4	Fondo pergamenaceo, Teate 40	5†
1255 mag. 27	Fondo pergamenaceo, Teate 286 bis	6†
1263 giu. 2	Fondo pergamenaceo, Teate 70	14
1271 feb. 1	Fondo pergamenaceo, Teate 53	22
1271 feb. 28	Fondo pergamenaceo, Teate 53	23
1271 mar. 1	Fondo pergamenaceo, Teate 155	25†
1271 mar. 3	Fondo pergamenaceo, Teate 55	26
1271 mar. 3	Fondo pergamenaceo, Teate 54	27
1271 apr. 12	Fondo pergamenaceo, Teate 155	28†
1272 gen. 4	Fondo pergamenaceo, Teate 63	31
1272 gen. 4	Fondo pergamenaceo, Teate 62	32
1272 gen. 4	Fondo pergamenaceo, Teate 61	33
1272 apr. 8	Fondo pergamenaceo, Teate 286 bis	34†
1274 set. 29	Fondo pergamenaceo, Teate 69	38
1275 lug. 25	Fondo pergamenaceo, Teate 68	40
1275 set. 15	Fondo pergamenaceo, Teate 71	41
1278 gen. 29	Fondo pergamenaceo, Teate 73	45
1284 nov. 9	Fondo pergamenaceo, Teate 79	79
1285 nov. 6	Fondo pergamenaceo, Teate 80	82†
1285 nov. 6	Fondo pergamenaceo, Teate 81	82†
1285 nov. 6	Fondo pergamenaceo, Teate 82	82†
128[7] set. 14	Fondo pergamenaceo, Teate 85	94
1288 mag. 23	Fondo pergamenaceo, Teate 86	104
1288 giu. 30	Fondo pergamenaceo, Teate 87	105
1288 lug.	Fondo pergamenaceo, Teate 88	106
12[89 mag. 15]	Fondo pergamenaceo, Teate 107	117
1291 giu. 24	Fondo pergamenaceo, Teate 91	151
1291 giu. 24	Fondo pergamenaceo, Teate 92	152
1291 nov. 12	Fondo pergamenaceo, Teate 93	153
1292 feb. 15	Fondo pergamenaceo, Teate 94	154
1292 set. 3	Fondo pergamenaceo, Teate 96	158
1292 set. 30	Fondo pergamenaceo, Teate 95	161
1293 gen. 19	Fondo pergamenaceo, Teate 96	165
1293 mar. 3	Fondo pergamenaceo, Teate 96	167
1294 ago. 26	Fondo pergamenaceo, Teate 286 bis	200†
1294 set. 11	Fondo pergamenaceo, Teate 98	206
1294 set. 27	Fondo pergamenaceo, Teate 286 bis	216†
1294 set. 28	Fondo pergamenaceo, Teate 99	220
1294 nov. 27	Fondo pergamenaceo, Teate 286 bis	246†
1296 set. 5	Fondo pergamenaceo, Teate 100	281
1297 mar. 10	Fondo pergamenaceo, Teate 286 bis	290†

DATA CRONICA	COLLOCAZIONE	NUMERO
1298 apr. 7	Fondo pergamenaceo, Teate 103	310
1298	Fondo pergamenaceo, Teate 286 bis	326†
1306 mar. 21	Fondo pergamenaceo, Teate 113	413
1309 mag. 15	Fondo pergamenaceo, Teate 114	448
1310 giu. 19	Fondo pergamenaceo, Teate 119	458
1310 set. 18	Fondo pergamenaceo, Teate 117	461
13[11] apr. 4	Fondo pergamenaceo, Teate 286	465
1312 ago. 14	Fondo pergamenaceo, Teate 123	481
1312 [mag.-ago.] 24	Fondo pergamenaceo, Teate 125	482
1312 set. 23	Fondo pergamenaceo, Teate 124	484
1313 gen. 11	Fondo pergamenaceo, Teate 121	491
1313 mar. 11	Fondo pergamenaceo, Teate 128	497
1314 lug. 11	Fondo pergamenaceo, Teate 131	518
1315 ott. 5	Fondo pergamenaceo, Teate 136	530
1315 [mag.-dic.] 25	Fondo pergamenaceo, Teate 134	536
1317 apr. 15	Fondo pergamenaceo, Teate 137	548
1317 apr. 15	Fondo pergamenaceo, Teate 138	549
1317 giu. 9	Fondo pergamenaceo, Teate 139	553
1317 giu. 9	Fondo pergamenaceo, Teate 140	554
1317 giu. 9	Fondo pergamenaceo, Teate 141	555
1317 ott. 3	Fondo pergamenaceo, Teate 142	563
1318 feb. 22	Fondo pergamenaceo, Teate 146	576
1318 giu. 25	Fondo pergamenaceo, Teate 144	586
1318 dic. 20	Fondo pergamenaceo, Teate 145	592
1319 gen. 20	Fondo pergamenaceo, Teate 147	596
1319 feb. 18	Fondo pergamenaceo, Teate 148	597
1319 mag. [...]	Fondo pergamenaceo, Teate 150	603
1320 feb. 29	Fondo pergamenaceo, senza segnatura	620

3.1 Città del Vaticano, Archivio apostolico vaticano, Archivum Arcis

DATA CRONICA	COLLOCAZIONE	NUMERO
1285 nov. 6	Archivum Arcis, Armadio C, 157	82†
1294 lug. 5	Archivum Arcis, Armadi I-XVIII, 2177	195
1294 lug. 11	Archivum Arcis, Armadi I-XVIII, 2178	196
1294 ago. 30	Archivum Arcis, Armadio C, 162	201
1294 ago. 30	Archivum Arcis, Armadio C, 163	202
1294 ago. 31	Archivum Arcis, Armadio C, 161	203
1294 set. 2	Archivum Arcis, Armadio C, 165	204
1294 set. 20	Archivum Arcis, Armadio C, 164	209
1294 set. 27	Archivum Arcis, Armadio C, 159	217
1294 set. 27	Archivum Arcis, Armadio C, 158	218
1294 ott. 14	Archivum Arcis, Armadio C, 167	228
1294 ott. 28	Archivum Arcis, Armadio C, 157	231
1294 nov. 15	Archivum Arcis, Armadio C, 160	237
1294 nov. 17	Archivum Arcis, Armadio C, 168	238

3.2 Città del Vaticano, Archivio apostolico vaticano, Fondo celestini I

DATA CRONICA	COLLOCAZIONE	NUMERO
1268 apr. 23	Fondo celestini I, 1	16
1268 giu. 10	Fondo celestini I, 2-3	18
1268 lug. 1	Fondo celestini I, 2-3	19
1289 dic. 18	Fondo celestini I, 10	129
1290 gen. 6	Fondo celestini I, 11	132
1290 nov. 5	Fondo celestini I, 12	142
1294 set. 29	Fondo celestini I, 14	222†
1294 set. 29	Fondo celestini I, 15	222†

DATA CRONICA	COLLOCAZIONE	NUMERO
1294 nov. 27	Fondo celestini I, 16	246†
1295 set. 1	Fondo celestini I, 17	266
1296 lug. 1	Fondo celestini I, 18	276
1296 dic. 9	Fondo celestini I, 19	287
1296 dic. 18	Fondo celestini I, 20	288
1298 lug. 13	Fondo celestini I, 23	316
1298 lug. 13	Fondo celestini I, 24	317
1298 nov. 2	Fondo celestini I, 25	323
1299 gen. 12	Fondo celestini I, 26	327
1299 ago. 8	Fondo celestini I, 27	336
1299 ago. 8	Fondo celestini I, 28	337
1299 ago. 8	Fondo celestini I, 29	338
1301 mag. 17	Fondo celestini I, 32	355
1302 lug. 12	Fondo celestini I, 33	377
1305 mag. 9	Fondo celestini I, 34	404
1305 ott. 19	Fondo celestini I, 35	409
1308 mar. 1	Fondo celestini I, 37	428
1308 mar. 2	Fondo celestini I, 38	429
1308 mar. 7	Fondo celestini I, 39	430
1308 mar. 12	Fondo celestini I, 40	431
1308 mag. 14	Fondo celestini I, 41	435
1308 mag. 16	Fondo celestini I, 41	436
1310 mar. 3	Fondo celestini I, 42	456
1310 mar. 3	Fondo celestini I, 43	456
1310 mar. 8	Fondo celestini I, 44	457
1311 feb. [8]	Fondo celestini I, 45	462
1311 mar. 31	Fondo celestini I, 46	464
1311 lug. 18	Fondo celestini I, 47	469
1312 [set.-dic.] 4	Fondo celestini I, 48	488
1312 dic. 13	Fondo celestini I, 49	489
1312 dic. 17	Fondo celestini I, 50	490
1313 feb. 11	Fondo celestini I, 51	496
1313 mar. 13	Fondo celestini I, 52	498
1313 mar. 25	Fondo celestini I, 53	499
1313 apr. 18	Fondo celestini I, 54	501
1313 apr. 20	Fondo celestini I, 54	502
1313 apr. 27	Fondo celestini I, 55	504
1313 lug. 13	Fondo celestini I, 58	508
1313 dic. 21	Fondo celestini I, 56	513
1313 dic. 25	Fondo celestini I, 57	514
1313 dic. 29	Fondo celestini I, 60	515
1314 set. 10	Fondo celestini I, 59	520
1316 lug. 26	Fondo celestini I, 62	541
1317 feb. 14	Fondo celestini I, 69	545
1317 feb. 16	Fondo celestini I, 63	547
1317 dic. 10	Fondo celestini I, 64	570
13[17] [set.-dic.]	Fondo celestini I, 65	574
1319 mar. 25	Fondo celestini I, 66	598
1319 mar. 29	Fondo celestini I, 67	599
1319 mar. 29	Fondo celestini I, 68	599
1319 ago. 8	Fondo celestini I, 69	608
1320 nov. 9	Fondo celestini I, 70	634

3.3 Città del Vaticano, Archivio apostolico vaticano, Fondo celestini II

DATA CRONICA	COLLOCAZIONE	NUMERO
1249 feb. 25	Fondo celestini II, 44, f. 54r-v	1†
1263 giu. 1	Fondo celestini II, 18, f. 21r	13

DATA CRONICA	COLLOCAZIONE	NUMERO
1263 giu. 1	Fondo celestini II, 44, f. 72r	13
1263 giu. 2	Fondo celestini II, 18, f. 21v-22r	14
1264 giu. 21	Fondo celestini II, 18, f. 21r-v	15
1271 mar. 3	Fondo celestini II, 45, f. 219r-221r	26
1272 apr. 8	Fondo celestini II, 44, f. 88r-v	34†
1275 mar. 22	Fondo celestini II, 18, f. 22r-23v	39
1275 mar. 22	Fondo celestini II, 44, f. 97r-100r	39
1278 gen. 29	Fondo celestini II, 45, f. 215r-216v	45
1285 nov. 6	Fondo celestini II, 43, f. 262v-264r	82†
1289 dic. 17	Fondo celestini II, 44, f. 113r-v	128
1290 ott. 19	Fondo celestini II, 45, f. 211r-v	141
1294 lug. 11	Fondo celestini II, 43, f. 32r-v	196
1294 ago. 26	Fondo celestini II, 43, f. 52r-v	200†
1294 set. 22	Fondo celestini II, 43, f. 118r-119v	212
1294 set. 27	Fondo celestini II, 18, f. 94r-99v	215
1294 set. 27	Fondo celestini II, 43, f. 152r-160r	215
1294 set. 27	Fondo celestini II, 18, f. 105r-v	215
1294 set. 27	Fondo celestini II, 18, f. 172r	215
1294 set. 27	Fondo celestini II, 43, f. 144r	216†
1294 set. 28	Fondo celestini II, 40, f. 403-404	220
1294 set. 29	Fondo celestini II, 43, f. 171r	221
1294 ott. 25	Fondo celestini II, 43, f. 249r-v	230
1294 ott. 28	Fondo celestini II, 43, f. 262r-264r	231
1294 nov. 9	Fondo celestini II, 43, f. 280r-v	233
1294 nov. 13	Fondo celestini II, 18, f. 120r	234
1294 nov. 13	Fondo celestini II, 43, f. 285r	234
1294 nov. 18	Fondo celestini II, 43, f. 299r	239
1294 nov. 18	Fondo celestini II, 43, f. 307r-v	240
1294 nov. 19	Fondo celestini II, 43, f. 243r	241
1294 nov. 27	Fondo celestini II, 43, f. 329r-v	245
1294 nov. 27	Fondo celestini II, 43, f. 335r-336r	247
1294 dic. 2	Fondo celestini II, 43, f. 341r-v	248
1297 mar. 10	Fondo celestini II, 44, f. 151r	290†
1297 giu. 3	Fondo celestini II, 45, f. 209r-210r	294
1297 lug. 11	Fondo celestini II, 45, f. 203r-206v	297
1297 set. 24	Fondo celestini II, 45, f. 199r-202r	301
1297 nov. 9	Fondo celestini II, 45, f. 197r-v	304
1298 gen. 8	Fondo celestini II, 45, f. 195r-v	306
1300 ott. 15	Fondo celestini II, 45, f. 193r-194r	352
1301 mar. 14	Fondo celestini II, 44, f. 189r-v	354
1304 mar. 14	Fondo celestini II, 44, f. 200r-202v	395
1304 mar. 14	Fondo celestini II, 44, f. 205r-207v	395
1304 giu. 1	Fondo celestini II, 44, f. 217r-v	396
1305 ott. 3	Fondo celestini II, 44, f. 224r	407†
1308 mag. 1	Fondo celestini II, 44, f. 237r	434†
1313 gen. 27	Fondo celestini II, 45, f. 191r-192v	494
1313 feb. 4	Fondo celestini II, 45, f. 189r-190r	495
1313 apr. 24	Fondo celestini II, 44, f. 241r-v	503
1313 apr. 27	Fondo celestini II, 44, f. 245r-v	504
1313 mag. 5	Fondo celestini II, 44, f. 254r-257v	505
1313 mag. 26	Fondo celestini II, 44, f. 264r-v	506
1317 feb. 14	Fondo celestini II, 18, f. 154-155	546
1319 gen. 5	Fondo celestini II, 45, f. 185r-186r	594
1319 ott. 13	Fondo celestini II, 38, f. 219-223	613
1319 ott. 13	Fondo celestini II, 38, f. 237-242	613
1320 giu. 26	Fondo celestini II, 45, f. 183r	626

3.4 Città del Vaticano, Archivio apostolico vaticano, Instrumenta miscellanea

DATA CRONICA	COLLOCAZIONE	NUMERO
1294 nov. 13	Instrumenta miscellanea, 262	235
1294 nov. 22	Instrumenta miscellanea, 263	242

3.5 Città del Vaticano, Archivio apostolico vaticano, Registra avenionensia

DATA CRONICA	COLLOCAZIONE	NUMERO
1317 feb. 14	Registra avenionensia, 5, f. 263r	545
1317 feb. 14	Registra avenionensia, 5, f. 263r	546
1319 gen. 11	Registra avenionensia, 11, f. 228r	595
1319 apr. 23	Registra avenionensia, 12, f. 210r	601
1320 mag. 18	Registra avenionensia, 14, f. 247v	624

3.6 Città del Vaticano, Archivio apostolico vaticano, Registra vaticana

DATA CRONICA	COLLOCAZIONE	NUMERO
1276 set.	Registra vaticana, 45, f. 149r-150r	43
1278 gen. 6	Registra vaticana, 45, f. 149r-150r	44
1287 ott. 6	Registra vaticana, 45, f. 149r-150r	95
1289 giu. 11	Registra vaticana, 44, f. 159r	120
1289 ago. 17	Registra vaticana, 44, f. 190r	124
1289 ago. 17	Registra vaticana, 44, f. 190r	125
1289 dic. 17	Registra vaticana, 44, f. 269v	128
1290 nov. 29	Registra vaticana, 45, f. 149r-150r	143
1291 feb. 20	Registra vaticana, 45, f. 149r-150r	145
1295 apr. 8	Registra vaticana, 47, f. 183v	257
1295 apr. 18	Registra vaticana, 47, f. 23r-v	258
1295 ago. 18	Registra vaticana, 47, f. 196v	261
1295 ago. 18	Registra vaticana, 47, f. 196v	262
1295 ago. 18	Registra vaticana, 47, f. 196v-197r	263
1295 ago. 18	Registra vaticana, 47, f. 196v-197r	264
1295 nov. 20	Registra vaticana, 47, f. 204v-205r	268
1296 lug. 23	Registra vaticana, 48, f. 177r	278
1297 mag. 15	Registra vaticana, 48, f. 237r-v	292
1301 mar. 14	Registra vaticana, 50, f. 34v	354
1304 mar. 14	Registra vaticana, 51, f. 96r-97r	395
1313 mag. 5	Registra vaticana, 60, f. 198r-199v	505
1317 feb. 14	Registra vaticana, 65, f. 44r-v	545
1317 feb. 14	Registra vaticana, 65, f. 44v	546
1319 gen. 11	Registra vaticana, 69, f. 101r-v	595
1319 apr. 23	Registra vaticana, 69, f. 378v	601
1319 set. 27	Registra vaticana, 70, f. 82r	612
1320 mag. 18	Registra vaticana, 71, f. 253r-254v	624

4.1 Città del Vaticano, Biblioteca apostolica vaticana, Barb. lat.

DATA CRONICA	COLLOCAZIONE	NUMERO
1300 mag. 23	Barb. lat. 3221, f. 212r-221r	347

4.2 Città del Vaticano, Biblioteca apostolica vaticana, Vat. lat.

DATA CRONICA	COLLOCAZIONE	NUMERO
1289 feb. 14	Vat. lat. 14198, f. 65v-68r	112
1293 gen. 19	Vat. lat. 14198, f. 68r-69v	164
1294 gen. 7	Vat. lat. 14198, f. 69v-72r	180
<1299-1300> apr. 22	Vat. lat. 14198, f. 72r-74v	345
1303 mar. 15	Vat. lat. 14198, f. 74v-75v	385

DATA CRONICA	COLLOCAZIONE	NUMERO
1305 dic. 2	Vat. lat. 14198, f. 75v-78r	410
1320 nov. 24	Vat. lat. 14198, f. 78r-81r	635

5. Firenze, Archivio di Stato

DATA CRONICA	COLLOCAZIONE	NUMERO
1294 set. 27	Diplomatico, Firenze, S. Michele Visdomini (celestini), 1294 settembre 27	215
1294 dic. 11	Diplomatico, Adespote (coperte di libri), 1294 dicembre 11	250

6. Isernia, Archivio della curia vescovile

DATA CRONICA	COLLOCAZIONE	NUMERO
1276 set.	Fondo pergamenaceo, fasc. XXX bis, n. 3	43
1289 ott. 1	Fondo pergamenaceo, fasc. V, n. 1	127

7. L'Aquila, Archivio comunale

DATA CRONICA	COLLOCAZIONE	NUMERO
1294 set. 29	senza segnatura	221

8.1 Montecassino, Archivio dell'abbazia, Codex diplomaticus aeserniensis

DATA CRONICA	COLLOCAZIONE	NUMERO
1272 ott. 10	Codex diplomaticus aeserniensis, f. 700r-701r	36
1276 apr. 7	Codex diplomaticus aeserniensis, f. 698r-v	42
1279 ago. 17	Codex diplomaticus aeserniensis, f. 696r-v	54
1280 feb. 18	Codex diplomaticus aeserniensis, f. 684r-685v	56
1280 mag. 27	Codex diplomaticus aeserniensis, f. 686r-687v	57
1280 giu. 5	Codex diplomaticus aeserniensis, f. 688r-v	58
1280 giu. 5	Codex diplomaticus aeserniensis, f. 692r-v	59
1280 giu. 26	Codex diplomaticus aeserniensis, f. 690r-691r	60
1281 giu. 4	Codex diplomaticus aeserniensis, f. 678r-679r	62
1281 <*post* giu. 26-*ante* ott. 14?>	Codex diplomaticus aeserniensis, f. 682r-683v	63
1281 nov. 24	Codex diplomaticus aeserniensis, f. 680r-681r	65
1282 ott. 26	Codex diplomaticus aeserniensis, f. 676r-677r	71
1283 giu. 16	Codex diplomaticus aeserniensis, f. 674r-v	73
1283 ott. 17	Codex diplomaticus aeserniensis, f. 672r-673v	75
1283 nov. 9	Codex diplomaticus aeserniensis, f. 702r-703v	76
1286 ago. 26	Codex diplomaticus aeserniensis, f. 670r-671r	88
1287 ott. 27	Codex diplomaticus aeserniensis, f. 668r-669r	99
1289 ago. 4	Codex diplomaticus aeserniensis, f. 694r-695v	122
1289 ago. 8	Codex diplomaticus aeserniensis, f. 666r-667r	123
1290 mar. 24	Codex diplomaticus aeserniensis, f. 636r-637r	135
1290 dic. 27	Codex diplomaticus aeserniensis, f. 664r-665v	144
1291 mag. 29	Codex diplomaticus aeserniensis, f. 660r-v	150
1293 set. 10	Codex diplomaticus aeserniensis, f. 648r-649r	169
1293 set. 30	Codex diplomaticus aeserniensis, f. 650r-651r	170
1293 nov. 20	Codex diplomaticus aeserniensis, f. 658r-659v	173
1293 nov. 25	Codex diplomaticus aeserniensis, f. 654r-655v	175
1293 dic. 9	Codex diplomaticus aeserniensis, f. 656r-657r	177
1293 dic. 20	Codex diplomaticus aeserniensis, f. 640r-641r	178
1293 dic. 31	Codex diplomaticus aeserniensis, f. 646r-647v	179
1294 gen. 15	Codex diplomaticus aeserniensis, f. 644r-645r	184
1294 feb. 20	Codex diplomaticus aeserniensis, f. 642r-643r	187
1294 mar. 17	Codex diplomaticus aeserniensis, f. 662r-663v	190

DATA CRONICA	COLLOCAZIONE	NUMERO
1295 gen. 5	Codex diplomaticus aeserniensis, f. 652r-653r	252
1295 gen. 5	Codex diplomaticus aeserniensis, f. 634r-635r	253
1295 feb. 14	Codex diplomaticus aeserniensis, f. 638r-639v	255
1295 dic. 3	Codex diplomaticus aeserniensis, f. 632r-633r	269
1297 dic. 29	Codex diplomaticus aeserniensis, f. 630r-631r	305
1299 mag. 6	Codex diplomaticus aeserniensis, f. 626r-627r	332
1299 ott. 18	Codex diplomaticus aeserniensis, f. 624r-v	339
1299 dic. 20	Codex diplomaticus aeserniensis, f. 628r-629r	342
1300 set. 6	Codex diplomaticus aeserniensis, f. 622r-623v	351
1300 nov. 26	Codex diplomaticus aeserniensis, f. 618r-620r	353
1301 dic. 5	Codex diplomaticus aeserniensis, f. 616r-v	366
1302 giu. 27	Codex diplomaticus aeserniensis, f. 614r-615v	376
1302 set. 9	Codex diplomaticus aeserniensis, f. 608r-609r	378
1302 dic. 15	Codex diplomaticus aeserniensis, f. 612r-613v	381
1302 dic. 22	Codex diplomaticus aeserniensis, f. 610r-611v	382
1303 apr. 15	Codex diplomaticus aeserniensis, f. 606r-606v	386
1305 set. 30	Codex diplomaticus aeserniensis, f. 604r-605v	406
1308 dic. 6	Codex diplomaticus aeserniensis, f. 602r- 603v	443
1312 nov. 18	Codex diplomaticus aeserniensis, f. 598r-600v	487
1313 gen. 24	Codex diplomaticus aeserniensis, f. 596r-597v	493
1313 lug. 15	Codex diplomaticus aeserniensis, f. 594r-595r	509
1318 ott. 28	Codex diplomaticus aeserniensis, f. 588r-589r	589
1320 lug. 26	Codex diplomaticus aeserniensis, f. 586r-587r	628

8.2 Montecassino, Archivio dell'abbazia, Documenta ad monasterium Sancti Spiritus de Aesernia spectantia

DATA CRONICA	COLLOCAZIONE	NUMERO
1276 apr. 7	Documenta ad monasterium Sancti Spiritus de Aesernia spectantia, p. 1-3	42
1280 feb. 18	Documenta ad monasterium Sancti Spiritus de Aesernia spectantia, p. 5-8	56
1281 <*post* giu. 26-*ante* ott. 14?>	Documenta ad monasterium Sancti Spiritus de Aesernia spectantia, p. 9-12	63
1283 giu. 16	Documenta ad monasterium Sancti Spiritus de Aesernia spectantia, p. 13-15	73
1283 ott. 17	Documenta ad monasterium Sancti Spiritus de Aesernia spectantia, p. 17-20	75
1295 gen. 5	Documenta ad monasterium Sancti Spiritus de Aesernia spectantia, p. 25-27	252
1295 gen. 5	Documenta ad monasterium Sancti Spiritus de Aesernia spectantia, p. 21-23	253
1297 dic. 29	Documenta ad monasterium Sancti Spiritus de Aesernia spectantia, p. 29-32	305
1300 set. 6	Documenta ad monasterium Sancti Spiritus de Aesernia spectantia, p. 33-36	351
1305 ott. 15	Documenta ad monasterium Sancti Spiritus de Aesernia spectantia, p. 37-39	408
1318 ott. 28	Documenta ad monasterium Sancti Spiritus de Aesernia spectantia, p. 41-43	589

8.3 Montecassino, Archivio dell'abbazia, Fondo di S. Spirito di Isernia

DATA CRONICA	COLLOCAZIONE	NUMERO
1272 ott. 10	Fondo di S. Spirito di Isernia, fasc. I, n. 1	36
1274 mag. 16	Fondo di S. Spirito di Isernia, fasc. I, n. 2	37
1276 apr. 7	Fondo di S. Spirito di Isernia, fasc. I, n. 3	42
1279 ago. 17	Fondo di S. Spirito di Isernia, fasc. I, n. 4	54
1280 feb. 18	Fondo di S. Spirito di Isernia, fasc. I, n. 5	56
1280 mag. 27	Fondo di S. Spirito di Isernia, fasc. I, n. 6	57
1280 giu. 5	Fondo di S. Spirito di Isernia, fasc. I, n. 7	58
1280 giu. 5	Fondo di S. Spirito di Isernia, fasc. I, n. 8	59
1280 giu. 26	Fondo di S. Spirito di Isernia, fasc. I, n. 9	60
1281 giu. 4	Fondo di S. Spirito di Isernia, fasc. I, n. 10	62
1281 <*post* giu. 26-*ante* ott. 14?>	Fondo di S. Spirito di Isernia, fasc. I, n. 11	63
1281 nov. 24	Fondo di S. Spirito di Isernia, fasc. II, n. 12	65
1282 <*post* giu. 26-*ante* ott. 14?>	Fondo di S. Spirito di Isernia, fasc. II, n. 13	69
1282 ott. 14	Fondo di S. Spirito di Isernia, fasc. II, n. 14	70
1282 ott. 26	Fondo di S. Spirito di Isernia, fasc. II, n. 15	71

DATA CRONICA	COLLOCAZIONE	NUMERO
1283 giu. 16	Fondo di S. Spirito di Isernia, fasc. II, n. 16	73
1283 ott. 17	Fondo di S. Spirito di Isernia, fasc. II, n. 17	75
1283 nov. 9	Fondo di S. Spirito di Isernia, fasc. II, n. 18	76
1286 ago. 26	Fondo di S. Spirito di Isernia, fasc. II, n. 19	88
1287 ott. 27	Fondo di S. Spirito di Isernia, fasc. II, n. 20	99
1289 ago. 4	Fondo di S. Spirito di Isernia, fasc. II, n. 21	122
1289 ago. 8	Fondo di S. Spirito di Isernia, fasc. III, n. 22	123
1290 mar. 24	Fondo di S. Spirito di Isernia, fasc. III, n. 23	135
1290 dic. 27	Fondo di S. Spirito di Isernia, fasc. III, n. 24	144
1291 mag. 29	Fondo di S. Spirito di Isernia, fasc. III, n. 25	150
1293 set. 10	Fondo di S. Spirito di Isernia, fasc. III, n. 26	169
1293 set. 30	Fondo di S. Spirito di Isernia, fasc. III, n. 27	170
1293 nov. 20	Fondo di S. Spirito di Isernia, fasc. III, n. 28	173
1293 nov. 25	Fondo di S. Spirito di Isernia, fasc. III, n. 29	175
1293 dic. 9	Fondo di S. Spirito di Isernia, fasc. III, n. 30	177
1293 dic. 20	Fondo di S. Spirito di Isernia, fasc. III, n. 31	178
1293 dic. 31	Fondo di S. Spirito di Isernia, fasc. III, n. 32	179
1294 gen. 15	Fondo di S. Spirito di Isernia, fasc. IV, n. 33	184
1294 feb. 20	Fondo di S. Spirito di Isernia, fasc. IV, n. 34	187
1294 mar. 17	Fondo di S. Spirito di Isernia, fasc. IV, n. 35	190
1295 gen. 5	Fondo di S. Spirito di Isernia, fasc. IV, n. 36	252
1295 gen. 5	Fondo di S. Spirito di Isernia, fasc. IV, n. 37	253
1295 feb. 14	Fondo di S. Spirito di Isernia, fasc. IV, n. 38	255
1295 dic. 3	Fondo di S. Spirito di Isernia, fasc. IV, n. 39	269
1297 dic. 29	Fondo di S. Spirito di Isernia, fasc. IV, n. 40	305
1299 mag. 6	Fondo di S. Spirito di Isernia, fasc. IV, n. 41	332
1299 ott. 18	Fondo di S. Spirito di Isernia, fasc. IV, n. 42	339
1299 dic. 20	Fondo di S. Spirito di Isernia, fasc. IV, n. 43	342
1300 set. 6	Fondo di S. Spirito di Isernia, fasc. V, n. 44	351
1300 nov. 26	Fondo di S. Spirito di Isernia, fasc. V, n. 45	353
1301 dic. 5	Fondo di S. Spirito di Isernia, fasc. V, n. 46	366
1302 giu. 27	Fondo di S. Spirito di Isernia, fasc. V, n. 47	376
1302 set. 9	Fondo di S. Spirito di Isernia, fasc. V, n. 48	378
1302 dic. 15	Fondo di S. Spirito di Isernia, fasc. V, n. 49	381
1302 dic. 22	Fondo di S. Spirito di Isernia, fasc. V, n. 50	382
1303 apr. 15	Fondo di S. Spirito di Isernia, fasc. V, n. 51	386
1305 set. 30	Fondo di S. Spirito di Isernia, fasc. V, n. 52	406
1305 ott. 15	Fondo di S. Spirito di Isernia, fasc. V, n. 53	408
1308 dic. 6	Fondo di S. Spirito di Isernia, fasc. V, n. 54	443
1312 nov. 18	Fondo di S. Spirito di Isernia, fasc. V, n. 55	487
1313 gen. 24	Fondo di S. Spirito di Isernia, fasc. VI, n. 56	493
1313 lug. 15	Fondo di S. Spirito di Isernia, fasc. VI, n. 57	509
1318 ott. 28	Fondo di S. Spirito di Isernia, fasc. VI, n. 59	589
1319 ott. 21	Fondo di S. Spirito di Isernia, fasc. VI, n. 60	615

8.4 Montecassino, Archivio dell'abbazia, Fondo di S. Spirito del Morrone

DATA CRONICA	COLLOCAZIONE	NUMERO
1249 feb. 25	Fondo di S. Spirito del Morrone, 1930	1†
1252 giu. 22	Fondo di S. Spirito del Morrone, 212	3†
1252 giu. 22	Fondo di S. Spirito del Morrone, 351	3†
1252 giu. 22	Fondo di S. Spirito del Morrone, 616	3†
1255 mag. 27	Fondo di S. Spirito del Morrone, 989	6†
1255 mag. 27	Fondo di S. Spirito del Morrone, 1057	6†
1259 mag. 23	Fondo di S. Spirito del Morrone, 73	7
1259 ott. 26	Fondo di S. Spirito del Morrone, 75	9
1262 set. 8	Fondo di S. Spirito del Morrone, 80	10†
1262 set. 8	Fondo di S. Spirito del Morrone, 81	11†

DATA CRONICA	COLLOCAZIONE	NUMERO
1262 set. 8	Fondo di S. Spirito del Morrone, 82	12†
1262 set. 8	Fondo di S. Spirito del Morrone, 720	12†
1262 set. 8	Fondo di S. Spirito del Morrone, 775	12†
1263 giu. 1	Fondo di S. Spirito del Morrone, 79	13
1263 giu. 1	Fondo di S. Spirito del Morrone, 103	13
1263 giu. 2	Fondo di S. Spirito del Morrone, 104	14
1264 giu. 21	Fondo di S. Spirito del Morrone, 103	15
1271 set. 10	Fondo di S. Spirito del Morrone, 96	29
1279 mar. 2	Fondo di S. Spirito del Morrone, 118	51
1279 nov. 10	Fondo di S. Spirito del Morrone, 122	55
1281 nov. 22	Fondo di S. Spirito del Morrone, 135	64
1281 dic. 6	Fondo di S. Spirito del Morrone, 134	66
1282 gen. 11	Fondo di S. Spirito del Morrone, 136	67
1283 [mag. 18]	Fondo di S. Spirito del Morrone, 143	72
1283 ago. 13	Fondo di S. Spirito del Morrone, 145	74
1285 nov. 6	Fondo di S. Spirito del Morrone, 152	80
1285 nov. 6	Fondo di S. Spirito del Morrone, 151	81
1285 nov. 6	Fondo di S. Spirito del Morrone, 204	82†
1285 nov. 6	Fondo di S. Spirito del Morrone, 215	82†
128[5] nov. 7	Fondo di S. Spirito del Morrone, 153	83
1286 gen. 13	Fondo di S. Spirito del Morrone, 155	84
1286 lug. 21	Fondo di S. Spirito del Morrone, 158	87
1286 dic. 12	Fondo di S. Spirito del Morrone, 159	90
1287 mar. 9	Fondo di S. Spirito del Morrone, 160	92
1287 ott. 26	Fondo di S. Spirito del Morrone, 162	97
1287 ott. 26	Fondo di S. Spirito del Morrone, 163	98
1288 feb. 14	Fondo di S. Spirito del Morrone, 165	100
1288 feb. 14	Fondo di S. Spirito del Morrone, 166	101
1288 mag. 19	Fondo di S. Spirito del Morrone, 172	102
1288 ago. 18	Fondo di S. Spirito del Morrone, 174	107
1288 nov. 28	Fondo di S. Spirito del Morrone, 181	110
1289 apr. 25	Fondo di S. Spirito del Morrone, 177	114
1289 giu. 11	Fondo di S. Spirito del Morrone, 179	120
1289 set. 11	Fondo di S. Spirito del Morrone, 180	126
1289 dic. 17	Fondo di S. Spirito del Morrone, 182	128
1290 feb. 7	Fondo di S. Spirito del Morrone, 184	133
1290 feb. 15	Fondo di S. Spirito del Morrone, 185	134
1290 lug. 13	Fondo di S. Spirito del Morrone, 187	139
1291 mar. 3	Fondo di S. Spirito del Morrone, 190	146
1291 mag. 1	Fondo di S. Spirito del Morrone, 191	148
1292 set. 14	Fondo di S. Spirito del Morrone, 199	159
1293 feb. 1	Fondo di S. Spirito del Morrone, 200	166
1293 lug. 20	Fondo di S. Spirito del Morrone, 201	168
1294 gen. 15	Fondo di S. Spirito del Morrone, 202	181
1294 feb. 10	Fondo di S. Spirito del Morrone, 203	185
1294 feb. 28	Fondo di S. Spirito del Morrone, 205	188
1294 apr. 6	Fondo di S. Spirito del Morrone, 206	191
1294 ago. 3	Fondo di S. Spirito del Morrone, 207	198
1294 ago. 12	Fondo di S. Spirito del Morrone, 207	199
1294 ago. 26	Fondo di S. Spirito del Morrone, 1930	200†
1294 set. 15	Fondo di S. Spirito del Morrone, 208	208
1294 set. 20	Fondo di S. Spirito del Morrone, 209	210
1294 set. 20	Fondo di S. Spirito del Morrone, 263	210
1294 set. 20	Fondo di S. Spirito del Morrone, 939	210
1294 set. 20	Fondo di S. Spirito del Morrone, 422	211
1294 set. 20	Fondo di S. Spirito del Morrone, 562	211
1294 set. 20	Fondo di S. Spirito del Morrone, 689	211
1294 set. 20	Fondo di S. Spirito del Morrone, 939	211

DATA CRONICA	COLLOCAZIONE	NUMERO
1294 set. 27	Fondo di S. Spirito del Morrone, 868	215
1294 set. 27	Fondo di S. Spirito del Morrone, 1930	216†
1294 set. 28	Fondo di S. Spirito del Morrone, 210	220
1294 set. 29	Fondo di S. Spirito del Morrone, 1930	221
1294 ott. 9	Fondo di S. Spirito del Morrone, 211	224
1294 ott. 9	Fondo di S. Spirito del Morrone, 336	224
1294 ott. 9	Fondo di S. Spirito del Morrone, 212	225
1294 ott. 9	Fondo di S. Spirito del Morrone, 351	225
1294 ott. 28	Fondo di S. Spirito del Morrone, 215	231
1294 nov. 5	Fondo di S. Spirito del Morrone, 216	232
1294 nov. 5	Fondo di S. Spirito del Morrone, 217	232
1294 nov. 13	Fondo di S. Spirito del Morrone, 218	234
1294 nov. 19	Fondo di S. Spirito del Morrone, 214	241
1294 dic. 8	Fondo di S. Spirito del Morrone, 219	249
1294 dic. 8	Fondo di S. Spirito del Morrone, 422	249
1295 gen. 1	Fondo di S. Spirito del Morrone, 220	251†
1295 apr. 8	Fondo di S. Spirito del Morrone, 225	256
1295 giu. 18	Fondo di S. Spirito del Morrone, 227	260
1296 lug. 10	Fondo di S. Spirito del Morrone, 232	277
1296 lug. 31	Fondo di S. Spirito del Morrone, 230	279
1296 ott. 23	Fondo di S. Spirito del Morrone, 232	283
1296 nov. 1	Fondo di S. Spirito del Morrone, 233	284
1296 nov. 15	Fondo di S. Spirito del Morrone, 234	285
1297 mar. 10	Fondo di S. Spirito del Morrone, 1930	290†
1297 mag. 15	Fondo di S. Spirito del Morrone, 236	292
1297 giu. 3	Fondo di S. Spirito del Morrone, 237	294
1297 giu. 23	Fondo di S. Spirito del Morrone, 238	296
1297 ago. 12	Fondo di S. Spirito del Morrone, 239	299
1297 set. 2	Fondo di S. Spirito del Morrone, 240	300
1298 apr. 13	Fondo di S. Spirito del Morrone, 248	312
1298 giu. 25	Fondo di S. Spirito del Morrone, 249	314
1298 ago. 10	Fondo di S. Spirito del Morrone, 252	318
1298 set. 6	Fondo di S. Spirito del Morrone, 253	319
1298 ott. 16	Fondo di S. Spirito del Morrone, 259	321
1298 ott. 16	Fondo di S. Spirito del Morrone, 260	321
1298 ott. 23	Fondo di S. Spirito del Morrone, 255	322
1298 ott. 23	Fondo di S. Spirito del Morrone, 271	322
1298 ott. 23	Fondo di S. Spirito del Morrone, 273	322
1298	Fondo di S. Spirito del Morrone, 1930	326†
1299 mar. 16	Fondo di S. Spirito del Morrone, 259	328
1299 mar. 16	Fondo di S. Spirito del Morrone, 260	328
1300 ott. 15	Fondo di S. Spirito del Morrone, 266	352
1301 mar. 14	Fondo di S. Spirito del Morrone, 274	354
1301 giu. 12	Fondo di S. Spirito del Morrone, 271	357
1301 giu. 12	Fondo di S. Spirito del Morrone, 273	357
1301 lug. 4	Fondo di S. Spirito del Morrone, 272	360
1301 lug. 4	Fondo di S. Spirito del Morrone, 275	360
1301 ago. 7	Fondo di S. Spirito del Morrone, 275	362
1302 gen. 5	Fondo di S. Spirito del Morrone, 277	367
1302 mar. 16	Fondo di S. Spirito del Morrone, 278	372
1302 apr. 14	Fondo di S. Spirito del Morrone, 279	373
1303 set. 25	Fondo di S. Spirito del Morrone, 283	389
1304 feb. 25	Fondo di S. Spirito del Morrone, 285	394
1304 mar. 14	Fondo di S. Spirito del Morrone, 286	395
1304 mar. 14	Fondo di S. Spirito del Morrone, 287	395
1304 ott. 11	Fondo di S. Spirito del Morrone, 290	397
1304 dic. 5	Fondo di S. Spirito del Morrone, 293	398
1304 [...]	Fondo di S. Spirito del Morrone, 284	399

DATA CRONICA	COLLOCAZIONE	NUMERO
1305 apr. [3]	Fondo di S. Spirito del Morrone, 295	400
1305 apr. 25	Fondo di S. Spirito del Morrone, 296	402
1305 apr. 25	Fondo di S. Spirito del Morrone, 297	403
1305 ott. 3	Fondo di S. Spirito del Morrone, 1930	407†
1306 feb. 12	Fondo di S. Spirito del Morrone, 298	411
1306 feb. 20	Fondo di S. Spirito del Morrone, 299	412
1307 feb. 26	Fondo di S. Spirito del Morrone, 302	417
1307 ott. 2	Fondo di S. Spirito del Morrone, 307	425
1308 mag. 1	Fondo di S. Spirito del Morrone, 1930	434†
1308 set. 5	Fondo di S. Spirito del Morrone, 310	440
1309 ago. 5	Fondo di S. Spirito del Morrone, 314	450
1309 ago. 5	Fondo di S. Spirito del Morrone, 355	450
1310 gen. 25	Fondo di S. Spirito del Morrone, 317	453
1310 lug. 3	Fondo di S. Spirito del Morrone, 319	459
1310 lug. 25	Fondo di S. Spirito del Morrone, 321	460
1311 set. 20	Fondo di S. Spirito del Morrone, 327	472
1312 gen. 25	Fondo di S. Spirito del Morrone, 328	475
1312 ott. 20	Fondo di S. Spirito del Morrone, 331	486
1313 apr. 24	Fondo di S. Spirito del Morrone, 335	503
1313 mag. 26	Fondo di S. Spirito del Morrone, 337	506
1314 ott. 1	Fondo di S. Spirito del Morrone, 342	523
1315 set. 23	Fondo di S. Spirito del Morrone, 347	529
1315 nov. 25	Fondo di S. Spirito del Morrone, 348	535
1316 gen. 27	Fondo di S. Spirito del Morrone, 350	538
1316 ago. 17	Fondo di S. Spirito del Morrone, 35	542
1317 feb. 13	Fondo di S. Spirito del Morrone, 360	543
1317 feb. 13	Fondo di S. Spirito del Morrone, 361	544
1317 feb. 14	Fondo di S. Spirito del Morrone, 579	545
1317 mag. 17	Fondo di S. Spirito del Morrone, 363	552
1317 giu. 16	Fondo di S. Spirito del Morrone, 364	557
1318 mar. 3	Fondo di S. Spirito del Morrone, 367	578
1318 mar. 26	Fondo di S. Spirito del Morrone, 369	582
1318 mag. 13	Fondo di S. Spirito del Morrone, 371	585
1318 lug. 2	Fondo di S. Spirito del Morrone, 372	587
1318 nov. 28	Fondo di S. Spirito del Morrone, 374	590
1319 gen. 5	Fondo di S. Spirito del Morrone, 375	594
1319 mag. 31	Fondo di S. Spirito del Morrone, 377	602
1319 giu. 18	Fondo di S. Spirito del Morrone, 379	607
1320 mag. 18	Fondo di S. Spirito del Morrone, 385	624
1320 mag. 18	Fondo di S. Spirito del Morrone, 384	625
1320 giu. 26	Fondo di S. Spirito del Morrone, 387	626

8.5 Montecassino, Archivio dell'abbazia, Zanotti, Digestum

DATA CRONICA	COLLOCAZIONE	NUMERO
1249 feb. 25	Zanotti, Digestum, II.1, p. 149-150	1†
1249 feb. 25	Zanotti, Digestum, II.1, p. 153-154	1†
1249 feb. 25	Zanotti, Digestum, II.1, p. 155	1†
1249 feb. 25	Zanotti, Digestum, II.1, p. 156	1†
1249 feb. 25	Zanotti, Digestum, II.1, p. 157	1†
1249 feb. 25	Zanotti, Digestum, II.1, p. 158	1†
1251 mag. 9	Zanotti, Digestum, II.1, p. 223-228	2†
1251 mag. 9	Zanotti, Digestum, II.1, p. 219-221	2†
1252 giu. 22	Zanotti, Digestum, II.1, p. 161-163	3†
1252 giu. 22	Zanotti, Digestum, II.1, p. 165-167	4†
1253 ago. 4	Zanotti, Digestum, II.1, p. 169-171	5†
1259 mag. 23	Zanotti, Digestum, II.1, p. 205-206	7
1259 giu. 5	Zanotti, Digestum, II.1, p. 207-208	8

DATA CRONICA	COLLOCAZIONE	NUMERO
1262 set. 8	Zanotti, Digestum, II.1, p. 229-230	10†
1270 nov. 16	Zanotti, Digestum, II.1, p. 245-247	21
1271 feb. 1	Zanotti, Digestum, II.1, p. 249	22
1271 mar. 1	Zanotti, Digestum, II.1, p. 251-253	24
1271 mar. 1	Zanotti, Digestum, II.1, p. 255-256	25†
1271 mar. 3	Zanotti, Digestum, II.1, p. 257-260	26
1272 ott. 2	Zanotti, Digestum, II.1, p. 263-266	35
1272 ott. 10	Zanotti, Digestum, II.1, p. 269-271	36
1275 mar. 22	Zanotti, Digestum, V.2, p. 675	39
1278 gen. 29	Zanotti, Digestum, II.1, p. 277-280	45
1278 set. 27	Zanotti, Digestum, II.1, p. 285	49
1278 set. 27	Zanotti, Digestum, II.1, p. 283-284	50†
1283 [mag. 18]	Zanotti, Digestum, II.1, p. 295-297	72
1283 ago. 13	Zanotti, Digestum, II.1, p. 301-303	74
1285 nov. 6	Zanotti, Digestum, II.1, p. 305-310	81
128[7] set. 14	Zanotti, Digestum, II.1, p. 331-338	94
1288 mag. 19	Zanotti, Digestum, II.1, p. 327-328	102
1288 mag. 20	Zanotti, Digestum, II.1, p. 321-324	103
1289 feb. 14	Zanotti, Digestum, II.1, p. 345-347	112
1289 dic. 17	Zanotti, Digestum, II.1, p. 289-290	128
1290 ott. 19	Zanotti, Digestum, II.1, p. 357-358	141
1292 set. 18	Zanotti, Digestum, II.1, p. 361-365	160
1293 dic. 5	Zanotti, Digestum, II.2, p. 371-377	176
1294 gen. 15	Zanotti, Digestum, II.2, p. 381-382	181
1294 gen. 15	Zanotti, Digestum, II.2, p. 379-380	182
1294 feb. 28	Zanotti, Digestum, II.2, p. 383-385	188
1294 apr. 6	Zanotti, Digestum, II.2, p. 391	191
1294 lug. 5	Zanotti, Digestum, II.2, p. 393-395	195
1294 lug. 31	Zanotti, Digestum, II.2, p. 399-401	197
1294 lug. 31	Zanotti, Digestum, II.2, p. 397-398	197
1294 ago. 3	Zanotti, Digestum, II.2, p. 403-404	198
1294 ago. 12	Zanotti, Digestum, II.2, p. 405-407	199
1294 set. 11	Zanotti, Digestum, II.2, p. 411-412	206
1294 set. 20	Zanotti, Digestum, II.2, p. 433-434	210
1294 set. 20	Zanotti, Digestum, II.2, p. 427	210
1294 set. 20	Zanotti, Digestum, II.2, p. 429-431	211
1294 set. 22	Zanotti, Digestum, II.2, p. 435-438	212†
1294 set. 27	Zanotti, Digestum, V.2, p. 675	215
1294 ott. 1	Zanotti, Digestum, II.2, p. 439-441	223
1294 ott. 9	Zanotti, Digestum, II.2, p. 447-448	224
1294 ott. 9	Zanotti, Digestum, II.2, p. 443-444	225
1294 ott. 9	Zanotti, Digestum, II.2, p. 445-446	226
1294 nov. 5	Zanotti, Digestum, II.2, p. 449-452	232
1294 dic. 8	Zanotti, Digestum, II.2, p. 457-459	249
1296 lug. 10	Zanotti, Digestum, II.2, p. 465-466	277
1296 ott. 23	Zanotti, Digestum, II.2, p. 469-470	283
1297 giu. 3	Zanotti, Digestum, II.2, p. 471-472	294
1297 lug. 11	Zanotti, Digestum, II.2, p. 479-486	297
1297 set. 24	Zanotti, Digestum, II.2, p. 487-493	301
1297 nov. 9	Zanotti, Digestum, II.2, p. 495-497	304
1298 gen. 8	Zanotti, Digestum, II.2, p. 499-500	306
1298 set. 28	Zanotti, Digestum, II.2, p. 505-511	320
1298 ott. 16	Zanotti, Digestum, II.2, p. 513-514	321
1298 ott. 23	Zanotti, Digestum, III.1, p. 69-70	322
1298 ott. 23	Zanotti, Digestum, II.2, p. 517-518	322
1299 mar. 16	Zanotti, Digestum, II.2, p. 523-537	328
1300 mag. 23	Zanotti, Digestum, III.1, p. 27-39	347
1300 ott. 15	Zanotti, Digestum, III.1, p. 57-60	352

DATA CRONICA	COLLOCAZIONE	NUMERO
1301 mar. 14	Zanotti, Digestum, III.1, p. 67-68	354
1301 giu. 12	Zanotti, Digestum, III.1, p. 69-71	357
1301 giu. 16	Zanotti, Digestum, III.1, p. 73-76	358
1301 lug. 4	Zanotti, Digestum, III.1, p. 77-78	360
1301 lug. 5	Zanotti, Digestum, III.1, p. 79-83	361
1301 ago. 7	Zanotti, Digestum, III.1, p. 89-91	362
1302 set. 12	Zanotti, Digestum, III.1, p. 109-113	379
1304 mar. 14	Zanotti, Digestum, V.2, p. 675-676	395
1304 giu. 1	Zanotti, Digestum, III.1, p. 119-120	396
1304 dic. 5	Zanotti, Digestum, III.1, p. 121-123	398
1306 giu. 1	Zanotti, Digestum, III.1, p. 131-132	414
1307 lug. 27	Zanotti, Digestum, III.1, p. 137-138	422
1308 apr. 16	Zanotti, Digestum, III.1, p. 139-140	433
1308 giu. 18	Zanotti, Digestum, III.1, p. 141-143	437
1309 apr. 30	Zanotti, Digestum, III.1, p. 155-157	447
1309 giu. 8	Zanotti, Digestum, III.1, p. 161	449
1311 apr. 12	Zanotti, Digestum, III.1, p. 166-167	466
1311 ago. 29	Zanotti, Digestum, III.1, p. 165-171	470
1313 gen. 11	Zanotti, Digestum, III.1, p. 177-178	491
1313 gen. 27	Zanotti, Digestum, III.1, p. 179-182	494
1313 feb. 4	Zanotti, Digestum, III.1, p. 185-188	495
1313 apr. 24	Zanotti, Digestum, III.1, p. 189-190	503
1313 apr. 27	Zanotti, Digestum, III.1, p. 191-192	504
1313 mag. 26	Zanotti, Digestum, III.1, p. 193-194	506
1313 lug. 8	Zanotti, Digestum, III.1, p. 195-196	507
1316 mag. 15	Zanotti, Digestum, III.1, p. 207-214	540
1317 giu. 16	Zanotti, Digestum, III.1, p. 215-219	557
1317 ago. 30	Zanotti, Digestum, III.1, p. 223-224	560
1317 set. 9	Zanotti, Digestum, III.1, p. 225-226	561
1317 dic. 2	Zanotti, Digestum, III.1, p. 229-232	569
1318 gen. 25	Zanotti, Digestum, III.1, p. 233-235	575
1318 feb. 25	Zanotti, Digestum, III.1, p. 241-243	577
1318 mar. 3	Zanotti, Digestum, III.1, p. 245-251	578
1318 mar. 15	Zanotti, Digestum, III.1, p. 253-256	580
1318 mar. 26	Zanotti, Digestum, III.1, p. 257-258	582
1318 apr. 5	Zanotti, Digestum, III.1, p. 259-260	583
1318 apr. 9	Zanotti, Digestum, III.1, p. 261-267	584
<1318>	Zanotti, Digestum, III.1, p. 271-272	593
1319 gen. 5	Zanotti, Digestum, III.1, p. 273-275	594
1319 giu. 18	Zanotti, Digestum, III.1, p. 277-278	607
1320 mag. 18	Zanotti, Digestum, III.1, p. 285-291	624
1320 giu. 26	Zanotti, Digestum, III.1, p. 293	626
1320 lug. 7	Zanotti, Digestum, III.1, p. 295-296	627
1320 lug. 27	Zanotti, Digestum, III.1, p. 297-298	629

9. Napoli, Archivio di Stato

DATA CRONICA	COLLOCAZIONE	NUMERO
1287 ott. 6	Diplomatico, Pergamene dell'Aquila e di altri luoghi d'Abruzzo, busta 186, fasc. III, n. 1	95

10. Parigi, Archive nationale

DATA CRONICA	COLLOCAZIONE	NUMERO
1294 set. 27	L 278 (Bullaire des papes), 1	215

11.1 Parigi, Bibliotèque de l'Arsenal, ms. 929

DATA CRONICA	COLLOCAZIONE	NUMERO
1275 mar. 22	ms. 929, f. 128r-130r	39
1294 set. 27	ms. 929, f. 121r-127v	215
1304 mar. 14	ms. 929, f. 131r-133v	395

11.2 Parigi, Bibliotèque de l'Arsenal, ms. 1071

DATA CRONICA	COLLOCAZIONE	NUMERO
1294 set. 29	ms. 1071, f. 31r-v	221
1296 set. 7	ms. 1071, f. 31v-33v	282
1313 mag. 5	ms. 1071, f. 27r-31r	505

12. Parigi, Bibliotèque Sainte-Genevieve

DATA CRONICA	COLLOCAZIONE	NUMERO
1294 set. 27	ms. 2978, f. 195	215

13.1 Sulmona, Archivio capitolare di S. Panfilo, Archivio nuovo, Fondi e serie di archivi aggregati, Amministrazione

DATA CRONICA	COLLOCAZIONE	NUMERO
1296 feb. 11	Archivio nuovo, Fondi e serie di archivi aggregati, Amministrazione, I.2.139	275
1305 set. 23	Archivio nuovo, Fondi e serie di archivi aggregati, Amministrazione, I.5.49	405
1320 feb. 4	Archivio nuovo, Fondi e serie di archivi aggregati, Amministrazione, I.4.71	618

13.2 Sulmona, Archivio capitolare di S. Panfilo, Archivio nuovo, Fondi e serie di archivi aggregati, S. Spirito del Morrone

DATA CRONICA	COLLOCAZIONE	NUMERO
1249 feb. 25	Archivio nuovo, Fondi e serie di archivi aggregati, S. Spirito del Morrone, I.3.29	1†
1255 mag. 27	Archivio nuovo, Fondi e serie di archivi aggregati, S. Spirito del Morrone, I.3.29	6†
1268 mag. 28	Archivio nuovo, Fondi e serie di archivi aggregati, S. Spirito del Morrone, I.5.1	17
1268 mag. 28	Archivio nuovo, Fondi e serie di archivi aggregati, S. Spirito del Morrone, II.5.42.21	17
1272 apr. 8	Archivio nuovo, Fondi e serie di archivi aggregati, S. Spirito del Morrone, I.3.29	34†
1275 mar. 22	Archivio nuovo, Fondi e serie di archivi aggregati, S. Spirito del Morrone, I.2.61	39
1276 set.	Archivio nuovo, Fondi e serie di archivi aggregati, S. Spirito del Morrone, II.1.36	43
1278 gen. 6	Archivio nuovo, Fondi e serie di archivi aggregati, S. Spirito del Morrone, II.1.36	44
1287 ott. 6	Archivio nuovo, Fondi e serie di archivi aggregati, S. Spirito del Morrone, II.1.36	95
1290 nov. 29	Archivio nuovo, Fondi e serie di archivi aggregati, S. Spirito del Morrone, II.1.36	143
1291 feb. 20	Archivio nuovo, Fondi e serie di archivi aggregati, S. Spirito del Morrone, II.1.36	145
1294 lug. 5	Archivio nuovo, Fondi e serie di archivi aggregati, S. Spirito del Morrone, II.4.230	195
1294 lug. 11	Archivio nuovo, Fondi e serie di archivi aggregati, S. Spirito del Morrone, II.5.143	196
1294 ago. 26	Archivio nuovo, Fondi e serie di archivi aggregati, S. Spirito del Morrone, I.3.29	200†
1294 set. 22	Archivio nuovo, Fondi e serie di archivi aggregati, S. Spirito del Morrone, II.1.34	212
1294 set. 27	Archivio nuovo, Fondi e serie di archivi aggregati, S. Spirito del Morrone, II.1.35	215
1294 set. 27	Archivio nuovo, Fondi e serie di archivi aggregati, S. Spirito del Morrone, I.5.28	215
1294 set. 27	Archivio nuovo, Fondi e serie di archivi aggregati, S. Spirito del Morrone, I.3.29	216†
1294 nov. 9	Archivio nuovo, Fondi e serie di archivi aggregati, S. Spirito del Morrone, I.5.5	233
1294 nov. 13	Archivio nuovo, Fondi e serie di archivi aggregati, S. Spirito del Morrone, I.5.125	234
1294 nov. 18	Archivio nuovo, Fondi e serie di archivi aggregati, S. Spirito del Morrone, I.5.4	239
1294 nov. 18	Archivio nuovo, Fondi e serie di archivi aggregati, S. Spirito del Morrone, I.5.6	240
1294 nov. 19	Archivio nuovo, Fondi e serie di archivi aggregati, S. Spirito del Morrone, I.5.3	241
1294 nov. 27	Archivio nuovo, Fondi e serie di archivi aggregati, S. Spirito del Morrone, I.5.7	245
1294 nov. 27	Archivio nuovo, Fondi e serie di archivi aggregati, S. Spirito del Morrone, I.4.93	245
1294 nov. 27	Archivio nuovo, Fondi e serie di archivi aggregati, S. Spirito del Morrone, I.3.29	246†
1297 mar. 10	Archivio nuovo, Fondi e serie di archivi aggregati, S. Spirito del Morrone, I.3.29	290†
1297 mag. 15	Archivio nuovo, Fondi e serie di archivi aggregati, S. Spirito del Morrone, I.3.89	292

DATA CRONICA	COLLOCAZIONE	NUMERO
1297 mag. 15	Archivio nuovo, Fondi e serie di archivi aggregati, S. Spirito del Morrone, I.5.2	292
1297 mag. 15	Archivio nuovo, Fondi e serie di archivi aggregati, S. Spirito del Morrone, I.4.101	292
1313 mag. 5	Archivio nuovo, Fondi e serie di archivi aggregati, S. Spirito del Morrone, I.3.108	505
1313 mag. 5	Archivio nuovo, Fondi e serie di archivi aggregati, S. Spirito del Morrone, I.5.29	505
1313 mag. 5	Archivio nuovo, Fondi e serie di archivi aggregati, S. Spirito del Morrone, I.5.104	505
1313 mag. 5	Archivio nuovo, Fondi e serie di archivi aggregati, S. Spirito del Morrone, II.1.10.30, p. 1 n. 2	505
1313 mag. 26	Archivio nuovo, Fondi e serie di archivi aggregati, S. Spirito del Morrone, II.1.10.30, p. 16 n. 15	506
1317 feb. 14	Archivio nuovo, Fondi e serie di archivi aggregati, S. Spirito del Morrone, II.1.10.30, p. 2-4 n. 3	545
1317 feb. 14	Archivio nuovo, Fondi e serie di archivi aggregati, S. Spirito del Morrone, II.1.10.30, p. 2	546

14. Sulmona, Archivio Pansa

DATA CRONICA	COLLOCAZIONE	NUMERO
1251 mag. 9	senza segnatura	2†
1251 mag. 9	senza segnatura	2†
1251 mag. 9	senza segnatura	2†

15. Teramo, Biblioteca provinciale

DATA CRONICA	COLLOCAZIONE	NUMERO
1300 mag. 23	Carte Palma, Manoscritti di Francesco Brunetti, 4ª categoria, n. 32, p. 7-16	347
1300 mag. 23	Carte Palma, Manoscritti di Francesco Brunetti, 1ª categoria, n. 2, p. 173-191	347

16. Trivento, Archivio della curia vescovile

DATA CRONICA	COLLOCAZIONE	NUMERO
1319 apr. 5	Fondo pergamenaceo, 4	600

1. Archivi celestini

1.1 Archivio del monastero della SS. Trinità di S. Severo

DATA CRONICA	FONTE	NUMERO
1294 ott. 25	Città del Vaticano, Archivio apostolico vaticano, Fondo celestini II, 43, f. 249v)	230

1.2 Archivio del monastero di S. Angelo di Celano

DATA CRONICA	FONTE	NUMERO
1289 feb. 14	Città del Vaticano, Archivio apostolico vaticano, Vat. lat. 14198, f. 649r	112
1293 gen. 19	Città del Vaticano, Archivio apostolico vaticano, Vat. lat. 14198, f. 649r	164
1294 gen. 7	Città del Vaticano, Archivio apostolico vaticano, Vat. lat. 14198, f. 649r	180
<1299-1300> apr. 22	Città del Vaticano, Archivio apostolico vaticano, Vat. lat. 14198, f. 649r	345
1303 mar. 15	Città del Vaticano, Archivio apostolico vaticano, Vat. lat. 14198, f. 649r	385
1305 dic. 2	Città del Vaticano, Archivio apostolico vaticano, Vat. lat. 14198, f. 649r	410
1320 nov. 24	Città del Vaticano, Archivio apostolico vaticano, Vat. lat. 14198, f. 649r	635

1.3 Archivio del monastero di S. Giorgio di Novi

DATA CRONICA	FONTE	NUMERO
1249 feb. 25	Zanotti, Digestum, II.1, p. 157	1†
1294 set. 27	Carlone 2008, p. 67 n. 131	215

1.4 Archivio del monastero di S. Giovanni battista di Gesso

DATA CRONICA	FONTE	NUMERO
1310 mar. 1	Zanotti, Archivia, VI.2, p. 763	455†

1.5 Archivio del monastero di S. Girolamo di Cesena

DATA CRONICA	FONTE	NUMERO
1294 set. 27	Zanotti, Archivia, VI.2, p. 827	215

1.6 Archivio del monastero di S. Maria della Civitella di Chieti

DATA CRONICA	FONTE	NUMERO
1297 giu. 10	Zanotti, Digestum, II.2, p. 473	295
1298 set. 28	Zanotti, Digestum, II.2, p. 511	320

1.7 Archivio del monastero di S. Maria di Agnone

DATA CRONICA	FONTE	NUMERO
1292 set. 18	Zanotti, Digestum, II.1, p. 359	160
1294 gen. 15	Zanotti, Digestum, II.2, p. 379-380	182

1.8 Archivio del monastero di S. Maria di Capua

DATA CRONICA	FONTE	NUMERO
1307 set. 12	Zanotti, Digestum, V.2, p. 599	424
1312 set. 4	Zanotti, Digestum, V.2, p. 599	483
1317 mag. 16	Zanotti, Digestum, V.2, p. 599	551

1.9 Archivio del monastero di S. Maria di Collemaggio

Diversorum

DATA CRONICA	FONTE	NUMERO
1312 giu. 17	Zanotti, Archivia, VI.2, p. 737	478
1314 ago. 3	Zanotti, Archivia, VI.2, p. 737	519

Iura in civitate Pennensi

DATA CRONICA	FONTE	NUMERO
1295 set. 17	Zanotti, Archivia, VI.2, p. 593	267
1298 dic. 15	Zanotti, Archivia, VI.2, p. 593	325

Iura quaecunque in Pizzolo, Poppleto et aliis locis

DATA CRONICA	FONTE	NUMERO
1317 dic. 12	Zanotti, Archivia, VI.2, p. 727	572

Iura Sancti Caesidii, Caporciani et Sancti Pii: pro Sancto Caesidio et aliis

DATA CRONICA	FONTE	NUMERO
1297 nov. 8	Zanotti, Archivia, VI.2, p. 629	303
1297 nov. 8	Zanotti, Archivia, VI.2, p. 629	303
1298 giu. 6	Zanotti, Archivia, VI.2, p. 629-630	313
1299 giu. 6	Zanotti, Archivia, VI.2, p. 630	334
1299 lug. 2	Zanotti, Archivia, VI.2, p. 630	335
1299 nov. 1	Zanotti, Archivia, VI.2, p. 630	340
1300 feb. 7	Zanotti, Archivia, VI.2, p. 630	343
1302 feb. 10	Zanotti, Archivia, VI.2, p. 631	371
1303 ago. 20	Zanotti, Archivia, VI.2, p. 631	387
1303 ott. 18	Zanotti, Archivia, VI.2, p. 631	390
1307 giu. 7	Zanotti, Archivia, VI.2, p. 631-632	421
1311 apr. 22	Zanotti, Archivia, VI.2, p. 632	467
1313 nov. 9	Zanotti, Archivia, VI.2, p. 632	512

Iura Sancti Caesidii, Caporciani et Sancti Pii: pro Sancto Pio

DATA CRONICA	FONTE	NUMERO
1317 dic. 12	Zanotti, Archivia, VI.2, p. 644-645	571
1317 feb. 14	Zanotti, Archivia, VI.2, p. 646	546

1317 ott. 22	Zanotti, Archivia, VI.2, p. 644	566
1317 nov. 11	Zanotti, Archivia, VI.2, p. 644	567
1317 dic. 2	Zanotti, Archivia, VI.2, p. 644	568
1317 dic. 16	Zanotti, Archivia, VI.2, p. 645-646	573
1318 dic. 4	Zanotti, Archivia, VI.2, p. 646	591
1319 giu. 1	Zanotti, Archivia, VI.2, p. 646	604
1319 giu. 1	Zanotti, Archivia, VI.2, p. 646	605
1319 giu. 2	Zanotti, Archivia, VI.2, p. 646	606
1319 set. 1	Zanotti, Archivia, VI.2, p. 646	609
1319 set. 18	Zanotti, Archivia, VI.2, p. 646-647	611
1319 ott. 13	Zanotti, Archivia, VI.2, p. 647	613

Litterae apostolicae, induglentiae et privilegia

DATA CRONICA	FONTE	NUMERO
<*post* 1304 giu. 5-*ante* 1312 giu. 23>	Zanotti, Archivia, VI.2, p. 717	489
<post 1288 ago. 25-*intra* 1289>	Zanotti, Archivia, VI.2, p. 717-718	131
1287 ott. 6	Zanotti, Archivia, VI.2, p. 717	95
<1288 ago. 25>	Zanotti, Archivia, VI.2, p. 718	108
1288 ago. 26	Zanotti, Archivia, VI.2, p. 717	109
1289 feb. 16	Zanotti, Archivia, VI.2, p. 717	113
1289 apr. 27	Zanotti, Archivia, VI.2, p. 717	115
1289 mag. 12	Zanotti, Archivia, VI.2, p. 717	116
1289 mag. 27	Zanotti, Archivia, VI.2, p. 717	119
<*post* 1288 ago. 25-*intra* 1289>	Zanotti, Archivia, VI.2, p. 717	130
1290 ott. 19	Zanotti, Archivia, VI.2, p. 718	141
1293 nov. 3	Zanotti, Archivia, VI.2, p. 717	172
1294 mar. 10	Zanotti, Archivia, VI.2, p. 717	189
1294 set. 27	Zanotti, Archivia, VI.2, p. 718	215
1294 set. 29	Zanotti, Archivia, VI.2, p. 718-719	221
1297 mag. 15	Zanotti, Archivia, VI.2, p. 719	292
1297 mag. 15	Zanotti, Archivia, VI.2, p. 719	292
1304 mar. 14	Zanotti, Archivia, VI.2, p. 719	395
1304 giu. 1	Zanotti, Archivia, VI.2, p. 719	396
1320 feb. 25	Zanotti, Archivia, VI.2, p. 720	619

Privilegia regum et pro annuis unciis aureis 40

DATA CRONICA	FONTE	NUMERO
1294 ott. 1	Zanotti, Archivia, VI.2, p. 651	223
1294 ott. 1	Zanotti, Archivia, VI.2, p. 651	223
1301 ago. 29	Zanotti, Archivia, VI.2, p. 651	363

Pro molendinis et terris in Turre, Balneo, Bazzano et Paganica: pro molendinis

DATA CRONICA	FONTE	NUMERO
1313 ago. 19	Zanotti, Archivia, VI.2, p. 565	511
1315 feb. 5	Zanotti, Archivia, VI.2, p. 565	524

Pro molendinis et terris in Turre, Balneo, Bazzano et Paganica: pro terris ibidem

DATA CRONICA	FONTE	NUMERO
1287 ott. 11	Zanotti, Archivia, VI.2, p. 569	96
1291 mag. 27	Zanotti, Archivia, VI.2, p. 569	149
1292 dic. 22	Zanotti, Archivia, VI.2, p. 569	162
1295 gen. 16	Zanotti, Archivia, VI.2, p. 569-570	254
1296 nov. 18	Zanotti, Archivia, VI.2, p. 570	286

1303 feb. 1	Zanotti, Archivia, VI.2, p. 570	384
1304 feb. 3	Zanotti, Archivia, VI.2, p. 570-571	393
1307 dic. 10	Zanotti, Archivia, VI.2, p. 571	426
1308 mar. 19	Zanotti, Archivia, VI.2, p. 571	432
<1307-1308> dic. 31	Zanotti, Archivia, VI.2, p. 571	445
1309 apr. 3	Zanotti, Archivia, VI.2, p. 571-572	446
1313 ago. 16	Zanotti, Archivia, VI.2, p. 572	510

Pro Sancto Thoma de Barisano et domibus in civitate Aquilae: pro domibus in civitate Aquilae

DATA CRONICA	FONTE	NUMERO
1303 dic.	Zanotti, Archivia, VI.2, p. 709	392

Testamenta, donationes et legata

DATA CRONICA	FONTE	NUMERO
1291 apr. 22	Zanotti, Archivia, VI.2, p. 667	147
1294 feb. 15	Zanotti, Archivia, VI.2, p. 667	186
1294 set. 25	Zanotti, Archivia, VI.2, p. 667	214
1295 apr. 24	Zanotti, Archivia, VI.2, p. 667	259
1295 ago. 21	Zanotti, Archivia, VI.2, p. 667	265
1297 mar. 23	Zanotti, Archivia, VI.2, p. 667	291
1297 lug. 16	Zanotti, Archivia, VI.2, p. 667-668	298
<1297-1298> nov. 16	Zanotti, Archivia, VI.2, p. 668	324
1299 mar. 31	Zanotti, Archivia, VI.2, p. 668	329
1300 ago. 7	Zanotti, Archivia, VI.2, p. 668	349
1301 ott. 30	Zanotti, Archivia, VI.2, p. 668	365
1302 gen. 20	Zanotti, Archivia, VI.2, p. 668	370
1303 set. 14	Zanotti, Archivia, VI.2, p. 668-669	388
1316 apr. 26	Zanotti, Archivia, VI.2, p. 669	539
1317 ago. 4	Zanotti, Archivia, VI.2, p. 669	559
1319 dic.	Zanotti, Archivia, VI.2, p. 669	616
1320 ago. 25	Zanotti, Archivia, VI.2, p. 669-670	630

1.10 Archivio del monastero di S. Pietro a Maiella di Napoli

DATA CRONICA	FONTE	NUMERO
1249 feb. 25	Zanotti, Digestum, II.1, p. 158	1†

1.11 Archivio del monastero di S. Pietro Celestino di Firenze

DATA CRONICA	FONTE	NUMERO
1315 mag. 30	Zanotti, Digestum, V.2, p. 621	526
1320 ott. 13	Zanotti, Digestum, V.2, p. 621	631

1.12 Archivio del monastero di S. Pietro Celestino di Urbino

DATA CRONICA	FONTE	NUMERO
1249 feb. 25	Zanotti, Digestum, II.1, p. 156	1†

1.13 Archivio del monastero di S. Pietro apostolo di Aversa

DATA CRONICA	FONTE	NUMERO
1317 ago. 30	Zanotti, Digestum, III.1, p. 224	560
1309 apr. 30	Zanotti, Digestum, III.1, p. 157	447
1309 giu. 8	Zanotti, Digestum, III.1, p. 161	449
1312 lug. 5	Zanotti, Digestum, V.2, p. 591	480
1313 apr. 14	Zanotti, Digestum, V.2, p. 591	500

1.14 Archivio del monastero di S. Spirito del Morrone

Iura Sancti Spiritus in Magella et Roccae Moricis

DATA CRONICA	FONTE	NUMERO
1252 giu. 22	Zanotti, Archivia, VI.1, p. 337	3†

Indulta sedis apostolicae

DATA CRONICA	FONTE	NUMERO
1275 mar. 22	Zanotti, Archivia, VI.1, p. 179	39
1317 feb. 14	Zanotti, Archivia, VI.1, p. 180	545
1319 apr. 23	Zanotti, Archivia, VI.1, p. 180	601
1319 apr. 23	Zanotti, Archivia, VI.1, p. 180	601
1319 apr. 23	Zanotti, Archivia, VI.1, p. 180	601
1320 mag. 18	Zanotti, Archivia, VI.1, p. 180	624

Iura castri Pratularum

DATA CRONICA	FONTE	NUMERO
1294 ago. 12	Zanotti, Archivia, VI.1, p. 79	199
1294 set. 20	Zanotti, Archivia, VI.1, p. 79	211
1306 giu. 1	Zanotti, Archivia, VI.1, p. 80	414

Iura castri Roccae Casalis

DATA CRONICA	FONTE	NUMERO
1317 dic. 2	Zanotti, Archivia, VI.1, p. 129	569
1318 gen. 25	Zanotti, Archivia, VI.1, p. 129	575
1318 feb. 25	Zanotti, Archivia, VI.1, p. 129-130	577
1318 mar. 3	Zanotti, Archivia, VI.1, p. 129	579
1318 mar. 15	Zanotti, Archivia, VI.1, p. 129-130	580
1318 apr. 9	Zanotti, Archivia, VI.1, p. 130	584

Iura de domibus et terris in civitate et territorio Sulmonis et alibi: diversorum in eadem capsula

DATA CRONICA	FONTE	NUMERO
1290 ago. 11	Zanotti, Archivia, VI.1, p. 172	140
1306 ago. 11	Zanotti, Archivia, VI.1, p. 172	415
1307 set. 8	Zanotti, Archivia, VI.1, p. 173	423
1307 set. 8	Zanotti, Archivia, VI.1, p. 173	423
1309 set. 18	Zanotti, Archivia, VI.1, p. 173	451
1317 set. 19	Zanotti, Archivia, VI.1, p. 173	562

Iura de domibus et terris in civitate et territorio Sulmonis et alibi: pro domibus

DATA CRONICA	FONTE	NUMERO
1300 mag. 31	Zanotti, Archivia, VI.1, p. 161	348

Iura de domibus et terris in civitate et territorio Sulmonis et alibi: pro terris

DATA CRONICA	FONTE	NUMERO
1290 apr. 15	Zanotti, Archivia, VI.1, p. 164	136
1286 mar. 17	Zanotti, Archivia, VI.1, p. 163	86
1292 apr. 16	Zanotti, Archivia, VI.1, p. 164	155
1294 apr. 17	Zanotti, Archivia, VI.1, p. 164	193
1298 giu. 28	Zanotti, Archivia, VI.1, p. 165	315
1299 apr. 7	Zanotti, Archivia, VI.1, p. 165	331
1299 giu. 1	Zanotti, Archivia, VI.1, p. 165	333
1300 mar. 25	Zanotti, Archivia, VI.1, p. 165	344
1302 dic. 14	Zanotti, Archivia, VI.1, p. 166	380
1310 feb. 4	Zanotti, Archivia, VI.1, p. 166	454
1311 giu. 19	Zanotti, Archivia, VI.1, p. 166	468
1311 set. 20	Zanotti, Archivia, VI.1, p. 166	472
1311 set. 20	Zanotti, Archivia, VI.1, p. 166-167	473

Iura diversorum

DATA CRONICA	FONTE	NUMERO
1300 mag. 23	Zanotti, Archivia, VI.1, p. 453-454	347
1300 ago. 7	Zanotti, Archivia, VI.1, p. 454-455	350
1314 set. 23	Zanotti, Archivia, VI.1, p. 455	522
1315 mar. 27	Zanotti, Archivia, VI.1, p. 455	525

Iura Murronis

DATA CRONICA	FONTE	NUMERO
1259 giu. 5	Zanotti, Archivia, VI.1, p. 111	8
1293 nov. 22	Zanotti, Archivia, VI.1, p. 113	174
1298 gen. 15	Zanotti, Archivia, VI.1, p. 113	307
1298 mar. 27	Zanotti, Archivia, VI.1, p. 113	309
1301 set. 8	Zanotti, Archivia, VI.1, p. 113	364

Iura Saizani

DATA CRONICA	FONTE	NUMERO
1293 ott. 27	Zanotti, Archivia, VI.1, p. 151	171
1281 giu. 1	Zanotti, Archivia, VI.1, p. 151	61
1282 gen. 25	Zanotti, Archivia, VI.1, p. 151	68
1301 mag. 24	Zanotti, Archivia, VI.1, p. 152	356
1312 apr. 25	Zanotti, Archivia, VI.1, p. 152	477
1315 nov. 5	Zanotti, Archivia, VI.1, p. 152	534

Iura Saizani: diversorum in eadem capsula

DATA CRONICA	FONTE	NUMERO
1286 feb. 13	Zanotti, Archivia, VI.1, p. 153	85
1287 apr. 7	Zanotti, Archivia, VI.1, p. 153	93

Iura Sanctae Mariae Inter-montes

DATA CRONICA	FONTE	NUMERO
1272 ott. 2	Zanotti, Archivia, VI.1, p. 123	35
1296 gen. 28	Zanotti, Archivia, VI.1, p. 123-124	270
1296 gen. 28	Zanotti, Archivia, VI.1, p. 123-124	271
1296 gen. 28	Zanotti, Archivia, VI.1, p. 123-124	272
1296 gen. 28	Zanotti, Archivia, VI.1, p. 123-124	273
1298 apr. 12	Zanotti, Archivia, VI.1, p. 124	311
1308 apr. 16	Zanotti, Archivia, VI.1, p. 124	433
1314 giu. 6	Zanotti, Archivia, VI.1, p. 124	516
1315 giu. 8	Zanotti, Archivia, VI.1, p. 124	528
1318 lug. 13	Zanotti, Archivia, VI.1, p. 124	588

Iura Sancti Ioannis in Plano et monasterii de Sancto Severo

DATA CRONICA	FONTE	NUMERO
1294 dic. 2	Zanotti, Archivia, VI.1, p. 432	248
1313 gen. 23	Zanotti, Archivia, VI.1, p. 432	492

Iura Sancti Ioannis in Plano et monasterii de Sancto Severo: pro Sancto Ioanne in Plano

DATA CRONICA	FONTE	NUMERO
1313 gen. 27	Zanotti, Archivia, VI.1, p. 433	494
1313 feb. 4	Zanotti, Archivia, VI.1, p. 433	495

Iura Sancti Spiritus in Magella et Roccae Moricis

DATA CRONICA	FONTE	NUMERO
1270 nov. 16	Zanotti, Archivia, VI.1, p. 337-338	21
1270 nov. 16	Zanotti, Archivia, VI.1, p. 338	21
1294 ott. 9	Zanotti, Archivia, VI.1, p. 338	226

Iura Turris et Cerrani

DATA CRONICA	FONTE	NUMERO
1298 ott. 23	Zanotti, Archivia, VI.1, p. 141	322
1301 giu. 16	Zanotti, Archivia, VI.1, p. 141-142	358

Iura Vallisbonae et Manuppelli

DATA CRONICA	FONTE	NUMERO
1297 mag. 30	Zanotti, Archivia, VI.1, p. 283	293
1297 lug. 11	Zanotti, Archivia, VI.1, p. 283	297
1297 set. 24	Zanotti, Archivia, VI.1, p. 283-284	301
1297 ott. 28	Zanotti, Archivia, VI.1, p. 284	302
1297 nov. 9	Zanotti, Archivia, VI.1, p. 284	304
1298 gen. 8	Zanotti, Archivia, VI.1, p. 284	306
1320 ott. 28	Zanotti, Archivia, VI.1, p. 284	632

Privilegia regia

DATA CRONICA	FONTE	NUMERO
1294 lug. 31	Zanotti, Archivia, VI.1, p. 223-224	197
1294 lug. 31	Zanotti, Archivia, VI.1, p. 224	197
1294 set. 20	Zanotti, Archivia, VI.1, p. 224	210
1294 ott. 9	Zanotti, Archivia, VI.1, p. 224	224
1296 lug. 10	Zanotti, Archivia, VI.1, p. 224	277
1308 giu. 18	Zanotti, Archivia, VI.1, p. 225	437
1317 set. 9	Zanotti, Archivia, VI.1, p. 225	561
1320 lug. 7	Zanotti, Archivia, VI.1, p. 225	627
1320 lug. 27	Zanotti, Archivia, VI.1, p. 225	629

Pro monasteriis Bergomi, Eugubii et Urbini: pro monasterio Bergomi

DATA CRONICA	FONTE	NUMERO
1311 apr. 12	Zanotti, Archivia, VI.1, p. 437	466
1311 ago. 29	Zanotti, Archivia, VI.1, p. 437	470

Pro monasteriis civitatis Theatinae, Guardiae Grelis, Montis Plani et Bucclani: pro monasterio Guardiaegrelis

DATA CRONICA	FONTE	NUMERO
1289 gen. 15	Zanotti, Archivia, VI.1, p. 342	111

Pro monasteriis civitatis Theatinae, Guardiae Grelis, Montis Plani et Bucclani: pro monasterio Roccae Montisplani

DATA CRONICA	FONTE	NUMERO
1314 set. 14	Zanotti, Archivia, VI.1, p. 344	521
1315 ott. 5	Zanotti, Archivia, VI.1, p. 345	531
1317 giu. 9	Zanotti, Archivia, VI.1, p. 345	556
1317 ott. 3	Zanotti, Archivia, VI.1, p. 345	564
1318 apr. 5	Zanotti, Archivia, VI.1, p. 345	583
<1318>	Zanotti, Archivia, VI.1, p. 347	593
1319 set. 4	Zanotti, Archivia, VI.1, p. 346	610
1319 ott. 18	Zanotti, Archivia, VI.1, p. 346	614
1320 feb. 29	Zanotti, Archivia, VI.1, p. 347	621
1320 mar. 1	Zanotti, Archivia, VI.1, p. 347	622

Pro monasteriis Luceriae, Montisgargani, Manfredoniae et Baruli: pro monasterio Luceriae

DATA CRONICA	FONTE	NUMERO
1302 set. 12	Zanotti, Archivia, VI.1, p. 409	379

Pro monasteriis Luceriae, Montisgargani, Manfredoniae et Baruli: pro monasterio Sancti Bartholomaei de Luceria

DATA CRONICA	FONTE	NUMERO
1301 lug. 5	Zanotti, Archivia, VI.1, p. 411	361
1301 lug. 5	Zanotti, Archivia, VI.1, p. 411	361
1302 gen. 8	Zanotti, Archivia, VI.1, p. 411	368
1308 dic. 25	Zanotti, Archivia, VI.1, p. 412	444

Pro monasteriis Mediolani, Florentiae et Bononiae: pro monasterio Mediolani

DATA CRONICA	FONTE	NUMERO
1319 gen. 11	Zanotti, Archivia, VI.1, p. 441	595

Pro monasteriis Montorii, Murronis et de Vestis: pro monasterio Guasti Aymonis

DATA CRONICA	FONTE	NUMERO
1320 gen. 3	Zanotti, Archivia, VI.1, p. 435	617

Pro monasterio Anxiani

DATA CRONICA	FONTE	NUMERO
1293 dic. 5	Zanotti, Archivia, VI.1, p. 367	176
1307 apr. 12	Zanotti, Archivia, VI.1, p. 368	420
1308 ott. 5	Zanotti, Archivia, VI.1, p. 368	441
1312 mar. 31	Zanotti, Archivia, VI.1, p. 368	476

Pro monasterio Boiani

DATA CRONICA	FONTE	NUMERO
1290 apr. 22	Zanotti, Archivia, VI.1, p. 395	137
1290 lug. 3	Zanotti, Archivia, VI.1, p. 395	138
1292 giu.	Zanotti, Archivia, VI.1, p. 395	157
1293 gen. 9	Zanotti, Archivia, VI.1, p. 395	163
1294 set. 3	Zanotti, Archivia, VI.1, p. 395	205
1296 feb. 8	Zanotti, Archivia, VI.1, p. 395	274
1296 ago. 3	Zanotti, Archivia, VI.1, p. 395	280
1298 feb.	Zanotti, Archivia, VI.1, p. 395-396	308
1299 mar.	Zanotti, Archivia, VI.1, p. 396	330
1302 gen. 14	Zanotti, Archivia, VI.1, p. 396	369
1302 apr. 15	Zanotti, Archivia, VI.1, p. 396	374
1303 dic. 20	Zanotti, Archivia, VI.1, p. 396	391
1307 feb. 6	Zanotti, Archivia, VI.1, p. 396	416
1307 mar. 13	Zanotti, Archivia, VI.1, p. 396	418
1307 mar. 18	Zanotti, Archivia, VI.1, p. 396	419
1308 gen. 20	Zanotti, Archivia, VI.1, p. 396-397	427
1308 ott. 19	Zanotti, Archivia, VI.1, p. 397	442
1310 gen. 8	Zanotti, Archivia, VI.1, p. 397	452
1312 ott. 2	Zanotti, Archivia, VI.1, p. 397	485
1314 lug. 3	Zanotti, Archivia, VI.1, p. 397	517
1315 giu. 8	Zanotti, Archivia, VI.1, p. 397	527
1315 ott. 26	Zanotti, Archivia, VI.1, p. 397	532
1316 gen. 7	Zanotti, Archivia, VI.1, p. 397	537
1320 mar. 21	Zanotti, Archivia, VI.1, p. 397-398	623
1320 nov. 5	Zanotti, Archivia, VI.1, p. 398	633

Pro monasterio Iserniae

DATA CRONICA	FONTE	NUMERO
1311 [...]	Zanotti, Archivia, VI.1, p. 383	474
1276 set.	Zanotti, Archivia, VI.1, p. 377	43
1279 lug. 5	Zanotti, Archivia, VI.1, p. 377	53

1286 ott. 29	Zanotti, Archivia, VI.1, p. 379	89
1287 gen. 18	Zanotti, Archivia, VI.1, p. 379	91
1299 nov. 2	Zanotti, Archivia, VI.1, p. 381	341
1300 mag. 23	Zanotti, Archivia, VI.1, p. 381	346
1305 apr. 22	Zanotti, Archivia, VI.1, p. 382	401
1317 ott. 5	Zanotti, Archivia, VI.1, p. 383	565

Pro monasterio Sancti Eusebii de Urbe et grangiis: pro monasterio Sancti Eusebii

DATA CRONICA	FONTE	NUMERO
1289 giu. 22	Zanotti, Archivia, VI.1, p. 333	121

Pro monasterio Sancti Spiritus de Ortona

DATA CRONICA	FONTE	NUMERO
<1298-1302> mag. 9	Zanotti, Archivia, VI.1, p. 313	375
<1298-1302>	Zanotti, Archivia, VI.1, p. 313	383

Pro Sancto Petro confessore de Sulmona

DATA CRONICA	FONTE	NUMERO
1316 mag. 15	Zanotti, Archivia, VI.1, p. 158	540

Transumpta apostolica

DATA CRONICA	FONTE	NUMERO
1301 giu. 23	Zanotti, Archivia, VI.1, p. 187	359
1301 giu. 23	Zanotti, Archivia, VI.1, p. 187	359
1304 mar. 14	Zanotti, Archivia, VI.1, p. 188	395
1317 feb. 14	Zanotti, Archivia, VI.1, p. 188	546

Transumpta regia

DATA CRONICA	FONTE	NUMERO
1307 lug. 27	Zanotti, Archivia, VI.1, p. 231	422

Capsa *non indicata*

DATA CRONICA	FONTE	NUMERO
1278 set. 27	Zanotti, Digestum, II.1, p. 285	49

1.15 Archivio del monastero di S. Spirito della Maiella

Donationes, oblationes et legata

DATA CRONICA	FONTE	NUMERO
1292 giu. 13	Zanotti, Archivia, VI.1, p. 15	156
1308 lug. 1	Zanotti, Archivia, VI.1, p. 35	438
1311 feb. 27	Zanotti, Archivia, VI.1, p. 39	463
1311 set. 15	Zanotti, Archivia, VI.1, p. 15	471

Emptiones et permutationes bonorum

DATA CRONICA	FONTE	NUMERO
1270 apr. 9	Zanotti, Archivia, VI.1, p. 35-36	20
1271 nov. 21	Zanotti, Archivia, VI.1, p. 36	30
1289 mag. 25	Zanotti, Archivia, VI.1, p. 36	118
1308 lug. 24	Zanotti, Archivia, VI.1, p. 43	439

Privilegia apostolica, regia et baronalia

DATA CRONICA	FONTE	NUMERO
1270 nov. 16	Zanotti, Archivia, VI.1, p. 36	21
1275 mar. 22	Zanotti, Archivia, VI.1, p. 15-16	39
1275 mar. 22	Zanotti, Archivia, VI.1, p. 36	39
1278 set. 27	Zanotti, Archivia, VI.1, p. 25	50†
1288 mag. 20	Zanotti, Archivia, VI.1, p. 26	103
1291 feb. 20	Zanotti, Archivia, VI.1, p. 16	145

Pro ecclesia Sancti Georgii de Roccamorice

DATA CRONICA	FONTE	NUMERO
1271 mar. 1	Zanotti, Archivia, VI.1, p. 26	24

Pro monasterio Vallisbonae

DATA CRONICA	FONTE	NUMERO
1286 dic. 12	Zanotti, Archivia, VI.1, p. 26	90

Capsa *non indicata*

DATA CRONICA	FONTE	NUMERO
1249 feb. 25	Zanotti, Digestum, II.1, p. 153-154	1†

1.16 Archivio personale di Ludovico Zanotti

DATA CRONICA	FONTE	NUMERO
1249 feb. 25	Zanotti, Digestum, II.1, p. 155	1†
1294 set. 22	Zanotti, Digestum, II.2, p. 438	212

2. Archivi non celestini

Archivio del monastero di S. Maria del Soccorso dell'Aquila

DATA CRONICA	FONTE	NUMERO
1294 nov. 27	Città del Vaticano, Archivio apostolico vaticano, Fondo celestini II, 43, f. 336r	247

Archivio del notaio Nicola Magrante de Aquila

DATA CRONICA	FONTE	NUMERO
1300 mag. 23	Città del Vaticano, Biblioteca apostolica vaticana, Barb. lat. 3221, f. 221v	347

Archivio della cattedrale di Benevento

DATA CRONICA	FONTE	NUMERO
1278 apr. 24	Cantera 1892, p. 21-22 nota 1	46

Archivio della cattedrale di Capua

DATA CRONICA	FONTE	NUMERO
1313 lug. 8	Zanotti, Digestum, III.1, p. 195	507

Archivio della cattedrale di Sulmona

DATA CRONICA	FONTE	NUMERO
1297 mag. 15	Faraglia 1888, p. 122-124 n. 98	292

3. Archivi non individuabili

Archivio segreto vaticano?

DATA CRONICA	FONTE	NUMERO
1294 set. 22	Muratori 1742, col. 189-XI	213
1294 set. 27	Muratori 1742, col. 189-XIII	219
1294 nov. 22	Muratori 1742, col. 190-XIV	243
1294 nov. 22	Muratori 1742, col. 190-XIV	244

Archivio arcivescovile dell'Aquila?

DATA CRONICA	FONTE	NUMERO
1294 set. 29	Paoli 2004, p. 123-124 n. 14	221

Archivio di S. Eusebio di Roma?

DATA CRONICA	FONTE	NUMERO
1294 nov. 13	Paoli 2004, p. 278	234

Archivio di S. Maria di Collemaggio?

DATA CRONICA	FONTE	NUMERO
1300 mag. 23	Città del Vaticano, Biblioteca apostolica vaticana, Barb. lat. 3221, f. 221r	347

Archivio di S. Pietro Celestino di Milano?

DATA CRONICA	FONTE	NUMERO
1317 apr. 26	Zanotti, Digestum, II.1, p. 22	550
1317 lug. 4	Zanotti, Digestum, II.1, p. 22	558

Archivio di S. Spirito del Morrone?

DATA CRONICA	FONTE	NUMERO
1300 mag. 23	Città del Vaticano, Biblioteca apostolica vaticana, Barb. lat. 3221, f. 221v	347

Archivio di S. Spirito di Isernia?

DATA CRONICA	FONTE	NUMERO
1320 lug. 26	Codex diplomaticus aeserniensis, f. 586r-587r	628

4. Archivio di Stato di Napoli

Diplomatico

DATA CRONICA	Collocazione	FONTE	NUMERO
1297 gen. 8	*Pergamene della regia Zecca, Arche, XII, 1130	Faraglia 1888, p. 121	289

Registri angioini

DATA CRONICA	Collocazione	FONTE	NUMERO
1252 giu. 22	77, f. 12r-v	Cantera 1892, p. 11-12 nota 1	3†
1270 nov. 16	67, f. 7r-v	Cantera 1892, p. 14-16 nota 4	21
1270 nov. 16	77, f. 10v-11v	Cantera 1892, p. 14-16 nota 4	21
1278 lug. 16	26, f. 145v	Cantera 1892, p. 22-23 nota 1	47
1278 set. 27	33, f. 43r-v	Cantera 1892, p. 23-24 nota 2	48
1278 set. 27	30, f. 16v	Cantera 1892, p. 23 nota 1	49
1279 mar. 8	33, f. 57v	Cantera 1892, p. 24-25 nota 2	52
1284 feb. 9	45, f. 93	Cantera 1893, p. 6 n. 3	77
1284 feb. 10	45, f. 93	Cantera 1893, p. 7 n. 4	78
1294 gen. 15	70, f. 117v	Cantera 1892, p. 28-29 nota 1	181
1294 gen. 15	70, f. 1	Cantera 1892, p. 27-28 nota 2	182
1294 gen. 15	70, f. 117v	Cantera 1892, p. 28 nota 1	183
1294 apr. 6	63, f. 66v	Cantera 1892, p. 29 nota 1	191
1294 apr. 11	63, f. 71v	Cantera 1892, p. 29-30 nota 2	192
1294 mag. 22	63, f. 109v	Cantera 1892, p. 30-31 nota 5	194
1294 mag. 22	68, f. 12v	Cantera 1892, p. 30-31 nota 5	194
1294 mag. 22	68, f. 151v	Cantera 1892, p. 30-31 nota 5	194
1294 lug. 31	68, f. 97v	Cantera 1892, p. 47 nota 2	197
1294 lug. 31	69, f. 247	Cantera 1892, p. 47 nota 2	197
1294 ago. 3	63, f. 197	Cantera 1892, p. 48 nota 1	198
1294 ago. 3	68, f. 101	Cantera 1892, p. 48 nota 1	198
1294 ago. 3	69, f. 249	Cantera 1892, p. 48 nota 1	198
1294 ago. 3	75, f. 173	Cantera 1892, p. 48 nota 1	198
1294 set. 13	65, f. 20v	Cantera 1892, p. 57 nota 1	207
1294 set. 13	75, f. 193v	Cantera 1892, p. 57 nota 1	207
1294 set. 20	67, f. 2v	Cantera 1892, p. 57-58 nota 2	210
1294 set. 20	67, f. 4	Cantera 1892, p. 57-58 nota 2	210
1294 set. 20	77, f. 6v	Cantera 1892, p. 57-58 nota 2	210
1294 set. 20	77, f. 58	Cantera 1892, p. 57-58 nota 2	210
1294 set. 20	77, f. 64	Cantera 1892, p. 57-58 nota 2	210
1294 set. 20	67, f. 3v	Cantera 1892, p. 58 nota 1	211
1294 set. 20	77, f. 6v	Cantera 1892, p. 58 nota 1	211
1294 set. 20	77, f. 59	Cantera 1892, p. 58 nota 1	211
1294 set. 20	77, f. 64	Cantera 1892, p. 58 nota 1	211
1294 ott. 1	74, f. 28	Cantera 1892, p. 61 nota 3	223
1294 ott. 1	79, f. 105	Cantera 1892, p. 61 nota 3	223
1294 ott. 9	67, f. 8	Cantera 1892, p. 63 nota 9	224
1294 ott. 9	77, f. 11v	Cantera 1892, p. 63 nota 9	224
1294 ott. 9	77, f. 62	Cantera 1892, p. 63 nota 9	224
1294 ott. 9	67, f. 7-8	Cantera 1892, p. 63 nota 8	225
1294 ott. 9	77, f. 10v	Cantera 1892, p. 63 nota 8	225
1294 ott. 9	77, f. 12	Cantera 1892, p. 63 nota 8	225
1294 ott. 9	67, f. 7-8	Cantera 1892, p. 63 nota 8	226
1294 ott. 9	77, f. 10v	Cantera 1892, p. 63 nota 8	226

1294 ott. 9	77, f. 12	Cantera 1892, p. 63 nota 8	226
1294 ott. 9	66, f. 252v	Cantera 1892, p. 63 nota 8	227
1294 ott. 24	77, f. 202	Cantera 1892, p. 66 nota 6	229
1294 nov. 14	66, f. 172	Cantera 1892, p. 65 nota 4	236
1294 nov. 14	162, f. 17v	Cantera 1892, p. 65 nota 4	236
1315 nov. 4	205, f. 17v-19	Faraglia 1888, p. 146	533
1318 mar. 22	212, f. 213v-214r	Faraglia 1888, p. 148	581

GIUDICI AI CONTRATTI[1]

Alferio: Carpinone, 1303-1305 (doc. n. 386, 408)

Altogrado di Doblerio: Chieti, 1310 (doc. n. 461)

Andrea di Pasquale da Loreto, cittadino di Penne: Penne, 1292 (doc. n. 159)

Andrea[2]: Isernia, 1313 (doc. n. 509)

Angelo di Giovanni Mancino[3]: Sulmona, 1310-1319 (doc. n. 460, 552, 602, 607)

Angelo, medico[4]: Isernia, 1292 (doc. n. 160)

Angelo[5]: Isernia, 1274-1290 (doc. n. 37, 56, 65, 88, 135)

Bartolomeo di Pietro: Popoli, 1290 (doc. n. 133)

Bartolomeo: <Serramonacesca>[6], 1320 (doc. n. 625)

Benedetto *Ferrarius*: Celano, 1299-1303 (doc. n. 345, 385)

Benedetto: Isernia, 1274-1283 (doc. n. 37, 42, 62, 63, 75, 76)

Benimbene *de Civitella*: Città di Santa Maria, 1313 (doc. n. 491, 495)

Berardo di Gualtiero: Bucchianico, 1292-1319 (doc. n. 161, 597)

Boemondo: Isernia, 1282-1294 (doc. n. 70, 71, 179, 190)

Cambio di Gionata[7]: Sulmona, 1295-1296 (doc. n. 260, 275)

Docibile: Isernia, 1295-1300 (doc. n. 252, 253, 332, 353)

Eliseo: Caramanico, 1271 (doc. n. 29)

Eustasio, *magister*: Tocco, 1275 (doc. n. 41)

Federico del *dominus* Goffredo: Bucchianico, 1291-1292 (doc. n. 153, 154)

Federico di Giovanni di Martino: Sulmona, 1293 (doc. n. 166)

Filippo *Saygualis*: Lanciano, 1297 (doc. n. 296)

Filippo, medico chirurgo: Isernia, 1272-1302 (doc. n. 36, 54, 382)

Francesco del notaio Roberto[8]: Lanciano, 1312 (doc. n. 475)

---

[1] Per ogni giudice viene indicato: il nome di battesimo, seguito da eventuale patronimico, toponimico, soprannome o titolo; la località; l'anno o il lasso temporale in cui è attestato nella documentazione; i documenti. Quando la località di esercizio della professione notarile non è verificabile nel documento, ma desunta dal contesto (toponimico o data topica), essa viene espressa all'interno di parentesi angolari. In margine all'elenco, vengono riportati quei giudici menzionati solo in documenti falsi o falsificati. Non sono stati inseriti nell'elenco quei personaggi che, pur avendo il titolo di giudice, compaiono nella documentazione solo ad altro titolo. Per un inquadramento storico sulla figura del giudice ai contratti vedi Caravale 1982, p. 102-110; Caravale 1994, p. 340-341; Amelotti 1994.

[2] In una donazione rogata a Isernia nel 1291, compare, in qualità di procuratore di S. Spirito di Isernia, tale Andrea da Isernia, professore di diritto civile e giudice della curia regia, tuttavia, è difficile dire se possa trattarsi della stessa persona (doc. n. 150).

[3] Attestato anche come notaio.

[4] Potrebbe identificarsi con l'omonimo giudice attestato a Isernia nel periodo 1274-1290, al quale tuttavia non viene mai attribuito il titolo di *medicus*.

[5] Vedi la nota precedente.

[6] La località è stata attribuita sulla base della data topica, poiché il supporto scrittorio, particolarmente rovinato, è illeggibile in diverse parti.

[7] Nel 1316, è autore di un *instrumentum donationis et conventionis* con l'abbazia di S. Spirito del Morrone, per l'edificazione in Sulmona di un monastero intitolato a san Pietro confessore, con una cappella munita di altare dedicata a sant'Oliva, per onorare la memoria della figlia Oliva, prematuramente scomparsa (doc. n. 540). Qualche mese più tardi, fa redigere il proprio testamento, eleggendo per la propria sepoltura la suddetta cappella di sant'Oliva e lasciando al medesimo monastero di san Pietro alcuni beni immobili ubicati nella città e nel contado di Sulmona (doc. n. 542). Aveva almeno due fratelli: Berardo di Gionata, notaio, e Matteo di Gionata, procuratore di fra Pietro del Morrone e del monastero di S. Spirito di Sulmona (doc. n. 64, 67, 68, 72, 84, 86, 136, 139, 155).

[8] Compare anche, in qualità di notaio, in una vendita rogata a Lanciano nel 1312, tuttavia è possibile che, nel regestare l'atto, L. Zanotti possa aver confuso il giudice ai contratti con il notaio (doc. n. 476).

Francesco di Benvenuto[9]: Celano, 1289-1305 (doc. n. 112, 410)

Francesco di Gentile: Roccamontepiano, 1317-1318 (doc. n. 563, 576, 586)

Francesco di Giovanni *de Valle*[10]: Isernia, 1293-1297 (doc. n. 170, 175, 177, 187, 269, 305)

Francesco di Offreduzio[11]: Sulmona, 1259-1279 (doc. n. 9, 55)

Francesco: Isernia, 1283-1305 (doc. n. 73, 339, 406)

Giacomino Capillato[12]: Città di Santa Maria, 1317 (doc. n. 557)

Giacomo di Giacomo di Consolo: Ortona, 1307 (doc. n. 425)

Giacomo di Pietro *de Civitella*: Lanciano, 1293 (doc. n. 176)

Giacomo: Roccamontepiano, 1319 (doc. n. 596)

Gionata *de Campo Canalis*[13]: Bussi, 1290 (doc. n. 134)

Giordano di *magister* Nicola: Roccamontepiano, 1312-1313 (doc. n. 484, 497)

Giorgio di Bartolomeo: Ortona, 1302 (doc. n. 367, 372)

Giovanni Campanario: Isernia, 1295 (doc. n. 255)

Giovanni da Comino[14], *miles*: Chieti, 1298-1309 (doc. n. 310, 448)

Giovanni *de Rocca*[15]: Guardiagrele, 1297 (doc. n. 299)

Giovanni di Oderisio[16]: Sulmona, 1310 (doc. n. 460)

Giovanni del giudice Oderisio[17]: Sulmona, 1320 (doc. n. 624)

Giovanni di Oddone[18]: Sulmona, 1298 (doc. n. 314)

Giovanni di Tommaso, *illitteratus*: Balsorano, 1311 (doc. n. 464)

Giovannino di *dominus* Ugone, *sir*: Bucchianico, 1320 (doc. n. 620)

Gizio del notaio Roberto, notaio: Guardiagrele, 1312 (doc. n. 481)

Gregorio di Roberto di Angelo, *illitteratus*: Roccamorice, 1296 (doc. n. 281, 282)

Gregorio Mancino, *magister*[19]: Sora, 1315-1318 (doc. n. 529, 585, 587)

Gualtiero di Gualtiero di Biagio: Lanciano, 1307 (doc. n. 417)

Gualtiero di Rinaldo, *illitteratus*: Serramonacesca, 1306 (doc. n. 412)

Gualtiero di Tommaso: Sulmona, 1283 (doc. n. 72)

Guglielmo di Lupone[20]: Bucchianico, 1288 (doc. n. 104)

---

[9] Compare anche, in qualità di teste, in una permuta rogata nelle pertinenze di Foce, nell'odierno comune di Aielli, nel 1294, ma pubblicata in Celano, *ante domum Francisci Benvenuti*, nel 1298 (doc. n. 180).

[10] Compare anche come autore di una vendita rogata a Isernia nel 1293 (doc. n. 179), come coautore, insieme alla madre donna Gemma e alla moglie donna Tommasa, di una vendita rogata a Isernia nel 1294 (doc. n. 190); muore prima del 2 novembre 1299, data in cui donna Tommasa, ormai vedova, e sua figlia Pellegrina vendono una terra al monastero di S. Spirito di Isernia (doc. n. 341).

[11] Nel doc. n. 9 il giudice è indicato con il solo nome di battesimo, mentre nel doc. n. 55 anche con il patronimico; che non si tratti di un caso di omonimia lo si è desunto dall'analisi del *signum iudicis*, costituito, in entrambi i documenti, dalla prime due lettere del nome in nesso; il medesimo giudice è menzionato anche in due falsi datati 1262 settembre 8 (doc. n. †11, †12).

[12] Probabilmente fratello di Manfredi Capillato, notaio della Città di Santa Maria.

[13] Località ubicata tra i territori degli odierni comuni di Tocco da Casauria e Bussi sul Tirino; il toponimo *Campo* è attestato nel territorio di Tocco in un documento dell'anno 874 (cfr. Pratesi-Cherubini 2017-2019, I, p. 285). Dalla medesima località proviene il giudice Rinaldo *de Canali*, che nel 1318 presiede alla stesura di un atto a Tocco; non è da escludersi che Gionata possa essere il padre di Rinaldo.

[14] Frazione dell'odierno comune di Guardiagrele.

[15] È impossibile individuare con certezza il *castrum* di provenienza del giudice: tra le località con questo nome più vicine a Guardiagrele, dove venne rogato l'atto, c'è Roccamontepiano, ma non sono da escludere a priori Rocca San Giovanni, Roccamorice o Roccascalegna.

[16] Morto prima del 25 luglio 1310, durante il proprio mandato annuale (1° settembre 1309-31 agosto 1310), e rimpiazzato da Angelo di Giovanni Mancino.

[17] Da non confondere con l'omonimo Giovanni di Oderisio, morto nel 1310. Oderisio del giudice Giovanni è attestato come notaio di Sulmona dal 1298 al 1310.

[18] Suo figlio, Oddone del giudice Giovanni, è attestato come notaio in una donazione rogata a Sulmona nel 1306: se ne deduce che, a questa data, il giudice Giovanni era ancora in vita (doc. n. 413).

[19] È attestato anche come *Gregorius Mancus*.

[20] Compare anche, in qualità di procuratore del monastero di S. Spirito della Maiella, in un *instrumentum donationis et oblationis* rogato a Bucchianico nel 1292 (doc. n. 154); una donazione del 1290 venne rogata a Bucchianico, *in domo iudicis Guillelmi Luponi* (doc. n. 161).

Guglielmo di Ogerio[21]: Ortona, 1296 (doc. n. 285)

Guinisio[22]: Caramanico-Manoppello, 1285 (doc. n. 80, 81, 83)

Ippolito: San Pietro delle Monache[23], 1317 (doc. n. 543, 544)

Leonardo di Nicola del giudice Biagio da Sulmona[24]: Sulmona, 1318 (doc. n. 580)

Lorenzo del giudice Abramo: Sulmona, 1310-1318 (doc. n. 453, 458, 494, 542, 584)

Lorenzo di Gualtiero[25]: Manoppello, 1286-1289 (doc. n. 87, 97, 98, 100, 101, 126)

Lorenzo di *magister* Matteo: Manoppello, 1304 (doc. n. 399)

Maggiore: Guardiagrele, 1288 (doc. n. 110)

Marino del giudice Matteo[26]: Sulmona, 1279-1306 (doc. n. 51, 64, 66, 67, 148, 394, 405, 411, 413)

Matteo di Ferracavallo[27]: Manoppello, 1271-1289 (doc. n. 23, 24, 26, 27, 74, 87, 90, 92, 105, 117)

Matteo di Giacomo: Serramonacesca, 1317 (doc. n. 548, 549)

Matteo di Rinaldo *de Savino*: Trivento, 1319 (doc. n. 600)

Matteo, medico: Isernia, 1282-1287 (doc. n. 69, 99)

Montanario di Simeone: Sulmona, 1301 (doc. n. 358, 362)

Nicola da Popoli: Caramanico, 1274 (doc. n. 38)

Nicola di Angelo: Isernia, 1318 (doc. n. 589)

Nicola di Giovanni da Bagno[28]: Aquila, 1319 (doc. n. 613)

Nicola di Giovanni: Manoppello, 1295 (doc. n. 256)

Nicola di Maccabeo, *ser*: Bucchianico, 1291 (doc. n. 151, 152)

Nicola di Pietro *de Citade*: Sulmona, 1320 (doc. n. 618)

Nicola di Roberto: Civitate, 1314 (doc. n. 523)

Nicola di Roberto: San Severo, 1300 (doc. n. 352)

Nicola *Pezutus*: Celano, 1320 (doc. n. 635)

Nicola[29]: Isernia, 1280-1289 (doc. n. 57, 58, 59, 60, 122, 123)

Nicolangelo, medico: Isernia, 1280 (doc. n. 56)

Oderisio del giudice Giovanni[30]: Sulmona, 1300-1302 (doc. n. 352, 373)

Oderisio di Tommaso di *dominus* Guglielmo: Castelvecchio, 1288 (doc. n. 107)

Onofrio di Giovanni di Gerardo[31]: Sulmona, 1316 (doc. n. 450)

Palmerio, *miles*: Roccamorice, 1272 (doc. n. 31, 32)

Paolo di Cataldo: Manoppello, 1294 (doc. n. 232)

Pellegrino[32]: Isernia, 1290-1291 (doc. n. 144, 150)

Pellegrino: Sulmona, 1259 (doc. n. 7, 8)

---

[21] Suo figlio, Angelo del giudice Guglielmo, è attestato come notaio in una vendita rogata a Ortona nel 1302: se ne deduce che, a questa data, il giudice Guglielmo era ancora in vita (doc. n. 367).

[22] Il medesimo giudice è menzionato anche in una falsificazione datata 6 novembre 1285 (doc. n. †82).

[23] Agiotopimo indicante un casale creatosi attorno al monastero femminile di San Pietro, ubicato nei pressi di Roccamontepiano (vedi Pellegrini 2016).

[24] Sua moglie, donna Granata, è autrice di una donazione rogata a Sulmona nel 1295 (doc. n. 251); un testamento del 1296 venne rogato a Sulmona, *in domo iudicis Leonardi* (doc. n. 279).

[25] Una donazione del 1297 venne rogata a Manoppello, *in domo Panfili iudicis Laurentii* (doc. n. 300).

[26] Nel 1281, insieme a *magister* Migliorato di Giovanni da Sulmona, è fidecommesso testamentario di suo fratello, Onofrio del giudice Matteo da Sulmona (doc. n. 61).

[27] Suo figlio, Berardo del fu giudice Matteo di Ferracavallo da Manoppello, è autore di un *instrumentum restitutionis* rogato a Manoppello nel 1294: se ne deduce che, a questa data, il giudice Matteo era defunto (doc. n. 232).

[28] Comune autonomo dal 1861 al 1927; divenne frazione di Aquila degli Abruzzi, oggi L'Aquila, con R.D. n. 1564 del 29 luglio 1927.

[29] Compare anche, in qualità di procuratore del monastero di S. Spirito di Isernia, in altri quattro documenti rogati a Isernia nel biennio 1282-1283 (doc. n. 70, 71, 73, 76).

[30] Attestato anche come notaio; aveva almeno due fratelli: Pietro del giudice Giovanni, giudice, e Oddone del giudice Giovanni, notaio.

[31] Attestato anche come notaio di Sulmona.

[32] Compare anche, in qualità di procuratore del monastero di S. Chiara di Isernia, in un atto di vendita rogato a Isernia nel 1292 (doc. n. 160).

Pietro del giudice Giovanni, *ser*[33]: Sulmona, 1308 (doc. n. 440)

Pietro di Nicola di Alberto: Celano, 1293-1294 (doc. n. 164, 180)

Pietro Massarello[34], *illicteratus*: *castrum Lecti*[35], 1314 (doc. n. 518)

Rampino[36]: Isernia, 1291-1308 (doc. n. 146, 169, 173, 178, 184, 443)

Riccardo da Barisciano: Manoppello, 1297 (doc. n. 300)

Rinaldo *de Canali*[37]: Tocco, 1318 (doc. n. 590)

Rinaldo di Bartolomeo: Sulmona, 1293 (doc. n. 168)

Rinaldo di Pietro: Guardiagrele, 1312 (doc. n. 482)

Roberto *de Casaly*[38]: Lanciano, 1305 (doc. n. 402, 403)

Roberto del giudice Rinaldo: Trivento, 1311 (doc. n. 465)

Roberto di Giovanni *de Giacca*: Sulmona, 1289 (doc. n. 114)

Roberto di Giovanni: Bucchianico, 1284 (doc. n. 79)

Roberto di Simone: Isernia, 1299-1313 (doc. n. 342, 487, 493)

Ruggero di *dompnus* Giacomo: Roccamorice, 1272-1287 (doc. n. 33, 94)

Ruggero[39]: Isernia, 1301-1304 (doc. n. 366, 397)

Salerno di Roberto: Roccamontepiano, 1315 (doc. n. 536)

Simone di Luca: Roccamontepiano, 1317 (doc. n. 553, 554, 555)

Simone, *magister*: Roccamontepiano, 1315-1318 (doc. n. 530, 535, 592)

Simone, medico: Isernia, 1300-1320 (doc. n. 351, 378, 381, 615, 626, 628)

Sinibaldo di Gentile: Sulmona, 1316 (doc. n. 540)

Tancredi da Rivogualdo[40]: Abruzzo[41], 1299 (doc. n. 328)

Tancredi: Venafro, 1288 (doc. n. 106)

Tommaso del giudice Gionata[42]: Sulmona, 1274-1311 (doc. n. 14, 15, 39, 40, 84, 139, 185, 199, 251, 279, 284, 312, 389, 472, 473)

Tommaso di Berardo di Damiano, *inlicteratus*: Roccacaramanico[43], 1298 (doc. n. 318)

Tommaso di Giovanni di Pietro, *illiteratus et nesciens scribere*: Salle, 1272 (doc. n. 35)

Tommaso di Guglielmo *Zaczi*: Lanciano, 1305 (doc. n. 400)

Tommaso Runchello: Napoli, 1318 (doc. n. 578)

***

Gualtiero: Sulmona, 1251 (doc. n. †2)

Gualtiero di Amedeo[44]: Orsa[45], 1262 (doc. n. †10)

---

[33] Fratello del giudice Oderisio del giudice Giovanni.

[34] Pietro Massarello del fu Adelardo, cittadino di Isernia, compare in diversi documenti rogati a Isernia tra il 1295 e il 1320 (doc. n. 269, 332, 342, 381, 589, 628).

[35] Odierno comune di Lettomanoppello, in provincia di Pescara.

[36] Compare anche, in qualità di procuratore del monastero di S. Spirito di Isernia, in una vendita rogata a Isernia nel 1294 (doc. n. 190).

[37] Vedi quanto scritto a proposito di Gionata *de Campocanalis*.

[38] Attestato anche come notaio.

[39] Mercurio, figlio del giudice Ruggero, e sua moglie, donna Maria, compaiono in diversi atti rogati a Isernia tra il 1276 e il 1293; tuttavia, poiché il giudice Ruggero è attestato dal 1301 al 1304, potrebbe anche trattarsi di un omonimo o del figlio di Mercurio (doc. n. 42, 75, 76, 173, 175, 177, 178, 179).

[40] *Castrum* attestato per la prima volta nel 1113, ubicato nell'odierno comune di Sepino (cfr. Di Rocco 2009, p. 179-180 n. 92)

[41] Tancredi da Rivogualdo è definito *regii in Aprutio iudicis et assessoris* del *miles* Nicola Caracciolo da Capua, *regius iustitiarius Aprutii citra flumen Piscarie*.

[42] Una permuta del 1290 venne rogata a Sulmona, *in platea maiori ante domum iudicis Thome* (doc. n. 139).

[43] Comune autonomo dal 1861 al 1929; divenne frazione di Sant'Eufemia a Maiella con R.D. n. 236 del 7 febbraio 1929.

[44] In altri due atti con la medesima data (1262 settembre 8), *Gualt(erius) Amodei de Ursa* è menzionato in qualità di teste (doc. n. †11, †12)

[45] Il *castrum* di Orsa era ubicato a nord dell'abbazia di S. Spirito del Morrone, nel territorio dell'odierno comune di Pratola Peligna; a circa 640 m di altitudine sono tuttora visibili alcuni ruderi (coordinate: 42.11352°, 13.90679°). Per alcuni riferimenti storici essenziali vedi Jamison 1972, p. 243 n. 1188; Pratesi-Cherubini 2017-2019, I, p. 448: Morrone.

NOTAI[1]

Adamo di Gerardo[2]: Sulmona, 1274-1296 (doc. n. 14, 15, 40, 55, 61, 64, 66, 67, 68, 72, 84, 86, 93, 166, 182, 251, 279, 284)

Agostino di Luca: <Roma>, 1313-1316 (doc. n. 514, 515, 520, 541)

Agostino: Venafro, 1288 (doc. n. 106)

Albertazzo da Parma, canonico di Caserta, notaio per autorità imperiale e notaio dell'abate di S. Lorenzo di Aversa: Aversa, 1319 (doc. n. 608)

Amato di Egidio *de Barisano*[3]: <Aquila>, 1303 (doc. n. 388)

Ambrogio da Ferentino, detto Cerramonte: <Ferentino>, 1298-1319 (doc. n. 323, 336, 337, 338, 409, 499, 598, 599)

Andrea di Simone: Tocco, 1275 (doc. n. 41)

Anello *Vespuli*, cittadino di Napoli, notaio per autorità apostolica: <Napoli>, 1300 (doc. n. 347)

Angelo del giudice Guglielmo: Ortona, 1302 (doc. n. 367)

Angelo del notaio Fusco: Guardiagrele, 1308-1315 (doc. n. 438, 471, 482)

Angelo di Benvenuto: Ortona, 1296-1298 (doc. n. 285, 319)

Angelo di Bonvolto da Ferentino: <Ferentino>, 1313 (doc. n. 501)

Angelo di Giovanni *Adonay* da Trivigliano: <Alatri>, 1313 (doc. n. 496)

Angelo di Giovanni di Andrea: Sulmona, 1291 (doc. n. 148)

Angelo di Giovanni Mancino[4]: Sulmona, 1303-1305 (doc. n. 389, 394, 405)

Angelo di *magister* Roberto: Isernia, 1313 (doc. n. 509)

Ansellotto da Chieti: Chieti, 1299 (doc. n. 321, 328)

Antonino di Berardo[5]: Caramanico-Manoppello, 1285-1287 (doc. n. 80, 81, 83, 94)

Bandiscio di Nicola da Anagni: Morrea[6], 1311 (doc. n. 464)

Barnaba di Gualtiero: Sulmona, 1314-1320 (doc. n. 522, 624)

Bartolomeo di Arcangelo *de Bazzano*[7]: <Aquila>, 1299-1300 (doc. n. 329, 334, 335, 340, 349, 445)

Bartolomeo di Bartolomeo *de Pizzulo*[8]: <Aquila>, 1302 (doc. n. 370)

Bartolomeo di Guglielmo: Bucchianico, 1284 (doc. n. 79)

---

[1] Per ogni notaio viene indicato: il nome di battesimo, seguito da eventuale patronimico, toponimico, soprannome o titolo; la località; l'anno o il lasso temporale in cui è attestato nella documentazione; i documenti. Quando la località di esercizio della professione notarile non è verificabile nel documento, ma desunta dal contesto (toponimico o data topica), essa viene espressa all'interno di parentesi angolari. In margine all'elenco, vengono riportati quei notai menzionati solo in documenti falsi o falsificati. Non sono stati inseriti nell'elenco quei personaggi che, pur avendo il titolo di notaio, compaiono nella documentazione solo ad altro titolo. I notai che hanno redatto copie autentiche dopo il 1320, non inseriti nell'elenco, sono i seguenti: Antonio *de Collellis* da Pratola (doc. n. 347); Giacomo di Pietro, *dominus* (doc. n. †25); Giovanni *Vesperti* dall'Aquila (doc. n. 347); Nicola Magrante dall'Aquila (doc. n. 347); Roberto, *sir* (doc. n. 359); Stefano di Tommaso di Bono (doc. n. 361). Sul notariato nel regno di Sicilia in epoca normanno-sveva vedi Caravale 1982; Caravale 1994; Novarese-Romano 2005; Moscone 2006; per il periodo successivo vedi Condorelli 2009; Capriolo 2017. Per l'Italia settentrionale vedi Bartoli Langeli 2006; Piergiovanni 2009.

[2] Aveva almeno due fratelli (Nicola di Gerardo, notaio, e Giovanni di Gerardo) e un nipote (Onofrio di Giovanni di Gerardo, notaio).

[3] Barisciano, comune in provincia dell'Aquila.

[4] Attestato anche come giudice ai contratti.

[5] È attestato sia come Antonino di Berardo, notaio di Caramanico, sia come Antonio di Berardo, notaio di Manoppello. Il medesimo notaio è menzionato anche in una falsificazione datata 6 novembre 1285 (doc. n. †82).

[6] Frazione dell'odierno comune di San Vincenzo Valle Roveto, in provincia dell'Aquila.

[7] Bazzano, frazione dell'odierno comune dell'Aquila.

[8] Pizzoli, comune in provincia dell'Aquila.

Bartolomeo di *magister* Tommaso da Serramonacesca: Roccamontepiano-Serramonacesca, 1312-1319 (doc. n. 484, 497, 521, 530, 531, 536, 563, 564, 576, 586, 592, 596, 603)

Bartolomeo di Orlando[9]: Pretoro, 1319 (doc. n. 614, 620)

Bartolomeo di Riccardo: Lanciano, 1305-1307 (doc. n. 402, 420)

Bembingate da Ferentino[10]: <Ferentino>, 1298 (doc. n. 316, 317)

Benedetto di Angelo: <Boiano>, 1290 (doc. n. 137)

Benedetto di Luca: Sulmona, 1315-1320 (doc. n. 525, 552, 562, 618)

Berardo di Domenico *de Furfone de Aquila*[11], notaio per autorità apostolica: <Aquila>, 1297 (doc. n. 301)

Berardo di *dominus* Bartolomeo *de Guardia*: <Guardiagrele>, 1311 (doc. n. 471)

Berardo di Gionata[12]: <Sulmona>, 1275-1286 (doc. n. 39, 85)

Berardo di Oddone: Trivento, 1311 (doc. n. 465)

Berardo[13]: Caramanico, 1271 (doc. n. 29)

Berardo: Trivento, 1319 (doc. n. 600)

Bertoldo da San Potito[14]: Celano, 1289-1305 (doc. n. 112, 164, 180, 385, 410)

Bruno di Bartolomeo: <Penne>, 1298 (doc. n. 325)

Corrado *de Mutrilaro*: <Aquila>, 1311 (doc. n. 467)

Corrado di Ruggero: Bucchianico, 1320 (doc. n. 620, 621)

Domenico di Leone: Ortona, 1298-1302 (doc. n. 319, 383)

Duraguerra di Gulferame da Priverno[15]: <Priverno>, 1319 (doc. n. 598)

Filippo di Giovanni: <Boiano>, 1292 (doc. n. 157)

Filippo di *magister* Giovanni *de Sancta Anxia*[16]: <Aquila>, 1297 (doc. n. 298)

Filippo *domini Strammi*[17]: Sulmona, 1259 (doc. n. 7, 8)

Filippo: Isernia, 1301-1305 (doc. n. 359, 406)

Francesco *Bonhominis*[18]: Tocco, 1314-1318 (doc. n. 516, 588, 590)

Francesco *de Laureto*: <Napoli>, 1317-1319 (doc. n. 566, 604, 605)

Francesco del notaio Roberto *de Lanzano*[19]: <Lanciano>, 1312 (doc. n. 476)

Francesco di Andrea: Penne, 1292-1295 (doc. n. 159, 267)

Francesco di Bertoldo: Sulmona, 1301 (doc. n. 358, 362)

Francesco di Giovanni di Marcello *de Civitaesutis*[20]: <Aquila>, 1297 (doc. n. 291)

Francesco di *magister* Giovanni *de Collebrincioni*[21]: <Aquila>, 1298 (doc. n. 313).

---

[9] Redige anche il testamento di Nicola di Giacomo da Fara, cui viene data esecuzione, per mezzo dei fidecommessi, nel 1320 (doc. n. 620).

[10] Cfr. anche doc. n. 338.

[11] Il *castrum* di Forfona era ubicato a sud-est della città dell'Aquila, nel territorio dell'odierno comune di Barisciano.

[12] Aveva almeno due fratelli: Cambio di Gionata, giudice, e Matteo di Gionata, procuratore di fra Pietro del Morrone e del monastero di S. Spirito di Sulmona (doc. n. 64, 67, 68, 72, 84, 86, 136, 139, 155).

[13] Da identificarsi, probabilmente, con il padre di Antonino di Berardo, notaio di Caramanico, attestato qualche anno più tardi.

[14] Frazione dell'odierno comune di Ovindoli, in provincia dell'Aquila.

[15] Cfr. anche doc. n. 599.

[16] Il *castrum* di Sant'Anza era ubicato a nord-ovest dell'odierna città dell'Aquila, sull'omonimo Monte Sant'Anza (attestato ancora all'inizio del secolo XIX in Rizzi Zannoni 1806, 3.2), oggi chiamato Monte Castelvecchio-La Crocetta. Il feudo di *Rocca Sententie* è attestato nel secolo XII (cfr. Jamison 1972, p. 232 n. 1158 e nota 9).

[17] Salvo omonimie, *dompnus* Filippo *de Strammo*, canonico di Valva e Sulmona, nel 1310 fa redigere il proprio testamento, con il quale lascia la propria casa, *in districtu Porte Iohannis Passarum*, l'odierna Porta Japasseri, al monastero di S. Spirito del Morrone, per l'alloggio dei *fratres*, e un'oncia d'oro al monastero di S. Spirito della Maiella, per gli abiti dei *fratres* che vi dimorano (doc. n. 460).

[18] Attestato anche con le varianti Francesco *Bonushomo* e Francesco *Bonhomus*.

[19] Nel medesimo anno, Francesco del notaio Roberto è attestato in qualità di giudice ai contratti di Lanciano (doc. n. 475), pertanto potrebbe trattarsi di un errore nella trascrizione del documento da parte di L. Zanotti.

[20] Località non individuata. Non è da escludere che il notaio Francesco di Giovanni di Marcello *de Civitaesutis* e il notaio Francesco di *magister* Giovanni *de Collebrinc(ioni)*, entrambi attestati all'Aquila negli anni 1297-1298, siano la stessa persona.

[21] Frazione dell'odierno comune dell'Aquila.

Francesco di Matteo da Babuco[22]: <Babuco>, 1312 (doc. n. 489)

Gentile di Biagio: Bucchianico, 1298 (doc. n. 320)

Giacomo di Andrea: Sulmona, 1294-1299 (doc. n. 198, 199, 275, 309, 331)

Giacomo di Marione: Guardiagrele, 1308-1312 (doc. n. 439, 481)

Giovanni *Buccamelis*, notaio per autorità della prefettura di Roma: <Roma>, 1296 (doc. n. 276)

Giovanni da Fiumefreddo[23]: <Lucera>, 1301 (doc. n. 354)

Giovanni di Francesco: <Vasto>, 1320 (doc. n. 617)

Giovanni di Guarino: <Roma>, 1313 (doc. n. 513)

Giovanni di Paolo *de Pizzulo*: <Aquila>, 1312 (doc. n. 478)

Giovanni di Rinaldo da Ferentino: <Ferentino>, 1301-1317 (doc. n. 355, 377, 404, 431, 435, 436, 457, 462, 469, 490, 498, 547, 570, 574)

Giovanni di Rinaldo[24]: <Sulmona>, 1290-1300 (doc. n. 140, 307, 344)

Giovanni di Vitale da Fossa: Aquila, 1307-1315 (doc. n. 426, 432, 510, 511, 512, 524)

Giovanni Guarnerio da Cosenza: Città di Santa Maria, 1313 (doc. n. 494, 495)

Giovanni *Malag(i)*, notaio per autorità della prefettura di Roma: <Roma>, 1310 (doc. n. 456)

Giovanni: <Boiano>, 1293-1315 (doc. n. 163, 205, 280, 308, 330, 374, 416, 418, 419, 452, 485, 532)

Giovanni: Isernia, 1272 (doc. n. 36)

Gizio del notaio Roberto: Guardiagrele, 1288-1297 (doc. n. 110, 299)

Goffredo del notaio Pietro: <Boiano>, 1314-1320 (doc. n. 517, 527, 623, 633)

Gualtiero di Guglielmo: Chieti, 1310 (doc. n. 461)

Gualtiero *Mensi*: San Valentino, 1272 (doc. n. 35)

Guglielmo di Benedetto: Bucchianico, 1288-1308 (doc. n. 104, 151, 152, 320, 441)

Guglielmo di *dominus* Andrea: Francavilla, 1315 (doc. n. 535)

Guglielmo Fasanello[25]: San Severo, 1300-1310 (doc. n. 352, 422)

Guglielmo *Mathalioni de Serra*[26]: <Serramonacesca>, 1306-1320 (doc. n. 412, 543, 544, 548, 549, 553, 554, 555, 556, 625)

Landolfo, scriniario: Napoli, 1318 (doc. n. 578, 579)

Manfredi Capillato[27]: Città di Santa Maria (Lucera), 1313-1317 (doc. n. 491, 557)

Marco da Ferentino: <Ferentino>, 1295 (doc. n. 266)

Marco di Giovanni da Tivoli: <Tivoli>, 1290 (doc. n. 142)

Martino di Cristoforo[28]: Isernia, 1308-1317 (doc. n. 443, 565)

Matteo *de Balviano*: Chieti, 1309 (doc. n. 448)

Matteo di Bartolomeo *de Sulmona*: <Sulmona>, 1307-1309 (doc. n. 423, 451)

Matteo di Bernardo di Ruggero *de Barisano*[29]: Aquila, 1300-1317 (doc. n. 343, 559, 568, 571, 572, 573)

---

[22] Cfr. anche doc. n. 490.

[23] Esistevano almeno due località con questo nome nel regno, corrispondenti agli attuali comuni di Fiumefreddo Bruzio, in provincia di Cosenza (cfr. *Dizionario di toponomastica* 1990 , p. 275), e Fiumefreddo di Sicilia, in provincia di Catania (*Dizionario di toponomastica* 1990 , p. 275); al momento dell'unità d'Italia, entrambi avevano il medesimo nome e pertanto assunsero la specificazione Bruzio (con R.D. n. 1026 del 27 novembre 1862) e di Sicilia (con R.D. n. 1078 del 14 dicembre 1862). Il notaio Giovanni da Fiumefreddo era nunzio e familiare di Giovanni Pipino da Barletta, maestro razionale del regno di Sicilia (cfr. Pinto 2013).

[24] Poiché tutti e tre i documenti in cui è attestato sono deperditi, non è da escludere che L. Zanotti possa aver commesso qualche errore di trascrizione; pertanto, il personaggio potrebbe essere identificato con il notaio Giovanni di Riccardo di Panfilo da Sulmona, procuratore del monastero di S. Spirito di Sulmona, morto prima del 4 febbraio 1310, quando sua moglie Catania, fidecommessa del marito, dà esecuzione al suo testamento (doc. n. 251, 284, 309, 454).

[25] Attestato anche come Guglielmo *de Fasanella*.

[26] In una donazione rogata all'Aquila nel 1297 compare, in qualità di procuratore del monastero di S. Maria di Collemaggio, un certo notaio Ruggero *de Mathilone* (doc. n. 298), ma è difficile capire se possa trattarsi di un parente del notaio Guglielmo.

[27] Probabilmente fratello di Giacomino Capillato, giudice della Città di Santa Maria.

[28] Probabilmente fratello del notaio Pietro di Cristoforo.

[29] Barisciano, comune in provincia dell'Aquila.

Matteo di Giovanni di *sir* Gualtiero: Bazzano[30], 1287 (doc. n. 96)
Matteo di *ser* Nicola: Manoppello, 1286-1304 (doc. n. 87, 90, 92, 97, 98, 100, 101, 105, 126, 399)
Milano di Saraceno da Anagni, notaio per autorità imperiale: <Anagni>, 1320 (doc. n. 634)
Nicola da Siracusa: <Ferentino>, 1312 (doc. n. 488)
Nicola *de Manfredonia*: <Manfredonia>, 1297 (doc. n. 293, 302)
Nicola del giudice Silvestro: <Sulmona>, 1306 (doc. n. 415)
Nicola di Alberto: Manoppello, 1283-1320 (doc. n. 74, 117, 281, 282, 300, 518, 610, 622)
Nicola di Gerardo: Sulmona, 1259 (doc. n. 9)
Nicola di Tancredi: Sulmona, 1306-1310 (doc. n. 411, 460)
Nicola *Iohannis abbatis*: Isernia, 1301-1320 (doc. n. 366, 376, 381, 397, 474, 589, 626, 628)
Nicola: Isernia, 1281 (doc. n. 62)
Oddone del giudice Aquilone: Sulmona, 1298-1300 (doc. n. 314, 315, 318, 333, 348)
Oddone del giudice Giovanni[31]: Sulmona, 1306 (doc. n. 413)
Oddone di Nicola: Sulmona, 1289-1290 (doc. n. 114, 136, 139)
Oderisio del giudice Giovanni[32]: Sulmona, 1298-1310 (doc. n. 312, 453, 454)
Oderisio di Tommaso di *magister* Michele: Castelvecchio, 1288 (doc. n. 107)
Onofrio di Giovanni di Gerardo[33]: Sulmona, 1292-1315 (doc. n. 155, 168, 171, 174, 185, 193, 260, 350, 356, 360, 364, 373, 380, 395, 423, 440, 442, 458, 468, 472, 473, 477, 494, 534)
Pace di Giacomo da Bazzano: Aquila, 1301-1320 (doc. n. 215, 363, 365, 390, 611, 613, 616, 619)
Palmerio: Celano, 1298-1300 (doc. n. 180, 345)
Panfilo di Barone: Lanciano, 1293 (doc. n. 176)
Paolo di Tomeo *de Bazzano*: <Aquila>, 1303 (doc. n. 392)
Paolo: <Boiano>, 1308 (doc. n. 427)
Pasquale: <Boiano>, 1303 (doc. n. 391)
Pellegrino: Isernia, 1279-1282 (doc. n. 53, 69)
Perotto di Guglielmo *de Caporciano*: <Caporciano>, 1307 (doc. n. 421)
Pietro Conte: <Boiano>, 1316 (doc. n. 537)
Pietro da Ferentino, detto Torciano: <Ferentino>, 1296-1308 (doc. n. 287, 288, 429)
Pietro da Ferentino: <Ferentino>, 1268 (doc. n. 16, 18, 19)
Pietro *de Collepetro*: <Collepietro>, 1296 (doc. n. 270, 271, 272, 273)
Pietro del fu Riccardo da Bucchianico[34]: <Bucchianico>, 1289-1290 (doc. n. 129, 132)
Pietro del notaio Terrizio *de Litio*: *castrum Litii*[35], 1320 (doc. n. 635)
Pietro di Andrea da Ferentino: <Ferentino>, 1313 (doc. n. 508)
Pietro di Andrea *de Sancta Ansia*: <Aquila>, 1316 (doc. n. 539)
Pietro di Cristoforo[36]: Isernia, 1299-1313 (doc. n. 332, 339, 341, 342, 346, 351, 378, 382, 487, 493)
Pietro di Giacomo *de Balneo*[37]: <Aquila>, 1292-1304 (doc. n. 162, 186, 393)
Pietro di Giovanni da Manoppello: Manoppello, 1270-1272 (doc. n. 20, 22, 23, 24, 26, 27, 30, 31, 32, 33)
Pietro di Gualtiero di Berardo *de Asserico*:[38] <Aquila>, 1320 (doc. n. 630)
Pietro di Gualtiero di *magister* Paolo *de Aquila*: <Aquila>, 1297 (doc. n. 303)
Pietro di Simone *Theodisce*: Lanciano, 1312 (doc. n. 475)

---

[30] Frazione dell'odierno comune dell'Aquila.

[31] Suo padre, Giovanni di Oddone, è attestato come giudice ai contratti.

[32] Attestato anche come giudice ai contratti.

[33] Attestato anche come giudice ai contratti di Sulmona; sul notaio Onofrio di Giovanni di Gerardo vedi anche doc. n. 352; suo padre Gerardo risulta morto prima del 15 luglio 1301 (doc. n. 360).

[34] *Magister* Pietro del fu Riccardo, notaio di Bucchianico, è attestato anche come procuratore dell'*universitas* di Bucchianico in un documento rogato a Bucchianico nel 1298 (doc. n. 320).

[35] Da identificarsi, quasi certamente, anche sulla base della data topica del documento (Celano), con l'odierno comune di Lecce nei Marsi.

[36] Probabilmente fratello del notaio Martino di Cristoforo.

[37] Bagno, frazione dell'odierno comune dell'Aquila.

[38] Assergi, frazione dell'odierno comune dell'Aquila.

Pietro: <Boiano>, 1296-1302 (doc. n. 274, 369)

Pietro: Isernia, 1274-1295 (doc. n. 37, 42, 43, 54, 56, 57, 58, 59, 60, 63, 65, 70, 71, 73, 75, 76, 88, 89, 99, 122, 123, 135, 144, 150, 160, 170, 173, 175, 177, 178, 179, 184, 187, 190, 252, 253, 269)

Plevano *de [...]*, notaio per autorità imperiale: Bergamo, 1311 (doc. n. 470)

Rao: Caramanico, 1274 (doc. n. 38)

Riccardo *de Bisiniano*[39]: <Città di Santa Maria>, 1308 (doc. n. 444)

Riccardo di *dominus* Bartolomeo: Guardiagrele, 1289 (doc. n. 111)

Riccardo di *magister* Passavanti: Bucchianico, 1291-1292 (doc. n. 153, 154, 156, 161)

Rinaldo da Celano, cittadino di Chieti: <Chieti>, 1289 (doc. n. 118)

Rinaldo di *dominus* Francesco: Popoli, 1290 (doc. n. 133, 134)

Rinaldo di Oderisio da Sora: Sora, 1315-1318 (doc. n. 529, 538, 585, 587)

Roberto *de Casaly*[40]: Lanciano, 1297 (doc. n. 296)

Roberto di *magister* Simone: Sulmona, 1279 (doc. n. 51)

Roberto: Carpinone, 1303-1305 (doc. n. 386, 408)

Roberto[41]: Isernia, 1291-1297 (doc. n. 146, 169, 255, 305)

Ruggero di Guglielmo[42]: Ortona, 1302-1307 (doc. n. 372, 375, 425)

Salimbene da Catania: <Città di Santa Maria>, 1302 (doc. n. 368)

Santoro di Oderisio *Ray(naldi) de Sancto Victorino*[43]: Aquila, 1302 (doc. n. 371)

Sarraceno da Ferentino: <Ferentino>, 1299 (doc. n. 327)

Sergio di Simone: Sulmona, 1316-1320 (doc. n. 450, 540, 542, 602, 632)

Silvestro *de Ophana*[44]: <Aquila>, 1291-1296 (doc. n. 147, 149, 214, 254, 259, 265, 286)

Simeone di Andrea: Isernia, 1319 (doc. n. 615)

Simeone di Benedetto *de Podio de Aquila*[45]: <Aquila>, 1314 (doc. n. 519)

Sinibaldo di Gentile: Sulmona, 1318-1319 (doc. n. 577, 580, 584, 607)

Spagnolo di *magister* Giovanni *de Ispania de Aquila*: <Aquila>, 1303 (doc. n. 387)

Taddeo di Matteo *de Victorito*[46]: <Tocco>, 1311 (doc. n. 463)

Teobaldo di *magister* Giovanni: Lanciano, 1305-1307 (doc. n. 400, 403, 417)

Teodemaro: Civitate, 1314 (doc. n. 523)

Teodino: Isernia, 1300-1305 (doc. n. 353, 401)

Tommaso di Rosso: Chieti, 1298 (doc. n. 310)

Tommaso di Ruggero da Roccamorice: Roccamorice, 1294-1295 (doc. n. 232, 256)

Tondimetro: <Apricena>, 1313 (doc. n. 492)

Valletto di Ruggero: Bucchianico, 1319 (doc. n. 597)

Vitale di Pietro *de Turribus*[47]: <Aquila>, 1297-1309 (doc. n. 324, 384, 446)

***

Martino: Collepietro, 1251 (doc. n. †2)

---

[39] Bisignano, comune in provincia di Cosenza.

[40] Attestato anche come giudice. È possibile che sia il padre di Francesco del notaio Roberto, giudice di Lanciano (doc. 475 476) e del notaio Gizio del notaio Roberto, giudice di Guardiagrele (doc. n. 481).

[41] Muore prima del 22 aprile 1305, quando donna Filippa, figlia del fu notaio Roberto di Nicola *Solimardi*, fa redigere il proprio testamento (doc. n. 401).

[42] Una vendita del 1302 venne rogata a Ortona, in casa del notaio Ruggero, *que est in terra nova*, espressione che probabilmente indica un'area di espansione della città (doc. n. 372).

[43] San Vittorino, frazione dell'odierno comune dell'Aquila.

[44] Ofena, comune in provincia dell'Aquila.

[45] Località identificabile con Poggio Santa Maria o con Poggio di Roio, entrambe frazioni dell'odierno comune dell'Aquila.

[46] Vittorito, comune in provincia dell'Aquila.

[47] La località *Turris* o *Turres*, attestata in diversi atti (doc. n. 96, 149, 162, 186, 214, 254, 286, 324, 333, 384, 432, 445, 446, 510, 511, 524, 624), si estendeva al di fuori della città dell'Aquila, in direzione est, e comprendeva l'area entro la quale era stata costruita la chiesa di S. Maria di Collemaggio.

Cataldo di Oddone: Manoppello, 1251 (doc. n. †4)
Lancillotto di Rinaldo: Pretoro, 1253 (doc. n. †5)
Matteo di Gesmondo: Sulmona, 1262 (doc. n. †10, †11, †12)
Nicola di Giacomo: Roccamorice, 1310 (doc. n. †455)

Innocenzo IV (1243-1254): doc. n. †1 (1249 febbraio 25, Roma, S. Pietro: *Splendor paterne glorie*). Cfr. Paravicini Bagliani 2000.

Alessandro IV (1254-1261): doc. n. †6 (1255 maggio 27, Roma, S. Maria Maggiore: *Cupientes vestri ordinis*). Cfr. Manselli 2000.

Urbano IV (1261-1264): doc. n. 13 (1263 giugno 1, Orvieto: *Cum sicut*), 14 (1263 giugno 2, Orvieto: *Sacrosancta Romana Ecclesia*). Cfr. Cerrini 2000.

Clemente IV (1265-1268): doc. n. 17 (1268 maggio 28, Viterbo: *Quoniam ut ait*). Cfr. Kamp 2000.

Gregorio X (1271-1276): doc. n. 39 (1275 marzo 22, Lione: *Religiosam vitam eligentibus*), †34 (1272 aprile 8, Avignone: *Nos itaque zelo*). Cfr. Gatto 2000.

Onorio IV (1285-1287): doc. n. 91 (1287 gennaio 18, <Roma>). Cfr. Vendittelli 2000.

Niccolò IV (1288-1292): doc. n. 120 (1289 giugno 11, Rieti: *Ad divini cultus*), 121 (1289 giugno 22, Rieti), 124 (1289 agosto 17, Rieti: *Petitio vestra*), 125 (1289 agosto 17, Rieti: *Petitio dilectorum filiorum*), 128 (1289 dicembre 17, Roma, S. Maria Maggiore: *Significaverunt nobis*), 145 (1291 febbraio 20, Orvieto: *Debite providentie*). Cfr. Barone 2000.

Celestino V (1294): doc. n. 201 (1294 agosto 30, Aquila: *Dilectus filius*), 202 (1294 agosto 30, Aquila: *Dilectus filius*), 203 (1294 agosto 30, Aquila: *Dilectus filius*), 204 (1294 settembre 2, Aquila: *Licet sanctorum*), 209 (1294 settembre 20, Aquila: *Quoniam ut ait*), 212 (1294 settembre 22, Aquila: *Favor vestre religionis*), 213 (1294 settembre 22, Aquila), 215 (1294 settembre 27, Aquila: *Etsi cunctos*), 217 (1294 settembre 27, Aquila: *Meditatio cordis*), 218 (1294 settembre 27, Aquila: *Meditatio cordis*), 219 (1294 settembre 27, Aquila), 221 (1294 settembre 29, Aquila: *Inter sanctorum*), 228 (1294 ottobre 14, Sulmona: *Exultat mater*), 230 (1294 ottobre 25, Teano: *Licet ecclesiarum*), 231 (1294 ottobre 28, Teano: *Gloria multa*), 233 (1294 novembre 9, Napoli: *Dum operum*), 234 (1294 novembre 13, Napoli: *Dum infra mentis*), 235 (1294 novembre 13, Napoli: *Dum infra mentis*), 237 (1294 novembre 15, Napoli: *Quoniam ut ait*), 238 (1294 novembre 17, Napoli: *Dum virtutum*), 239 (1294 novembre 18, Napoli: *Quoniam holocausta*), 240 (1294 novembre 18, Napoli: *Quoniam holocausta*), 241 (1294 novembre 19, San Germano: *Inter cetera*), 242 (1294 novembre 22, Napoli: *Inter ecclesiastica loca*), 243 (1294 novembre 22, Napoli), 244 (1294 novembre 22, Napoli), 245 (1294 novembre 27, Napoli: *Licet is*), 247 (1294 novembre 27, Napoli: *Sane nostre religionis*), 248 (1294 dicembre 2, Napoli: *Veneranda religio*), 250 (1294 dicembre 11, Napoli: *Meminimus nos dudum*), †200 (1294 agosto 26, Aquila: *Splendor paterne glorie*), †216 (1294 settembre 27, Aquila: *Qui pro redemptione*), †222 (1294 settembre 29, Aquila: *Inter sanctorum*), †246 (1294 novembre 27, Napoli: *Licet hiis*). Cfr. Herde 2000.

Bonifacio VIII (1294-1303): doc. n. 257 (1295 aprile 8, Roma, S. Giovanni in Laterano: *Olim Celestinus*), 258 (1295 aprile 18, Roma, S. Giovanni in Laterano: *Venerabile monasterium*), 261 (1295 agosto 18, Anagni: *Sicut plurimorum*), 262 (1295 agosto 18, Anagni: *Sicut plurimorum*), 263 (1295 agosto 18, Anagni: *Sicut plurimorum*), 264 (1295 agosto 18, Anagni: *Sicut plurimorum*), 268 (1295 novembre 20, Roma, S. Pietro: *Sicut plurimorum*), 278 (1296 luglio 23, Anagni: *Ad audientiam nostram*), 292 (1297 maggio 15, Roma, S. Pietro: *In eminenti*), 354 (1301 marzo 14, Roma, S. Giovanni in Laterano: *Vite perennis gloria*), 359 (1301 giugno 23, <Anagni>), †290

---

[1] Per un orientamento bibliografico sul papato nel secolo XIII vedi Paravicini Bagliani 2010. Per il funzionamento della cancelleria pontificia in epoca medievale e moderna vedi Frenz 1998. Per completezza sono stati inseriti nell'elenco anche i pontefici che, storicamente, non hanno mai avuto a che fare con i celestini, ai quali tuttavia questi ultimi hanno attribuito delle false *litterae de gratia*: Innocenzo IV e Alessandro IV. Anche a Celestino V, Bonifacio VIII e Clemente V i celestini hanno attribuito delle *litterae* false o falsificate, che, sempre contraddistinte dal simbolo †, sono elencate in appendice a quelle autentiche.

(1297 marzo 10, Roma: *Provisionis vestre*), †326 (1298, Roma, S. Pietro: *Solet annuere*). Cfr. Dupré Theseider 2000.

Benedetto XI (1303-1304): doc. n. 395 (1304 marzo 14, Roma, S. Giovanni in Laterano: *Religiosam vitam eligentibus*), 396 (1304 giugno 1, Perugia: *Ad audientiam nostram*). Cfr. Walter 2000.

Clemente V (1305-1314): doc. n. 450 (1309 agosto 5, Avignone: *Cum a nobis*), 503 (1313 aprile 24, Avignone: *Ad audientiam nostram*), 504 (1313 aprile 27, Avignone: *Ad audientiam nostram*), 505 (1313 maggio 5, Avignone: *Qui facit magna*), 506 (1313 maggio 26, Avignone: *Ad audientiam nostram*), †407 (1305 ottobre 3, Avignone: *Augmentum et profectum*), †434 (1308 maggio 1, Avignone: *Congruis honoribus*). Cfr. Paravicini Bagliani 2000.

Giovanni XXII (1316-1334): doc. n. 545 (1317 febbraio 14, Avignone: *Etsi quibuslibet religiosis*), 546 (1317 febbraio 14, Avignone: *Etsi quibuslibet religiosis*), 594 (1319 gennaio 5, Avignone: *Cum nonnulle ecclesiastice* (doc. n.), 595 (1319 gennaio 11, Avignone: *Inter cunctas religiones*), 601 (1319 aprile 23, Avignone: *Pro parte*), 612 (1319 settembre 27, Avignone: *Solet apostolice sedis*). Cfr. Trottmann 2000.

CARDINALI[1]

Benedetto, cardinale prete di S. Martino (Benedetto Caetani): doc. n. 195 (1294 luglio 5, Perugia: *Demum inter nos*), 196 (1294 luglio 11, Perugia: *Si diffusam*). Cfr. Eubel 1913, p. 10; Dupré Theseider 2000.

Francesco, cardinale diacono di S. Lucia in Selci (Francesco di Napoleone Orsini): doc. n. 196 (1294 luglio 11, Perugia: *Si diffusam*). Cfr. Eubel 1913, p. 12; Silanos 2013. Cardinale dal 1295 al 1311, nel 1294, ovvero antecedentemente al cardinalato, in qualità di *magister et notarius* della sede apostolica, ricevette l'incarico dal collegio cardinalizio di comunicare a fra Pietro del Morrone la sua nomina a sommo pontefice.

Gerardo, cardinale vescovo di Sabina (Gerardo Bianchi): doc. n. 195 (1294 luglio 5, Perugia: *Demum inter nos*), 196 (1294 luglio 11, Perugia: *Si diffusam*). Cfr. Eubel 1913, p. 10; Herde 1968.

Giacomo, cardinale diacono di S. Maria in Via Lata (Giacomo Colonna): doc. n. 195 (1294 luglio 5, Perugia: *Demum inter nos*), 196 (1294 luglio 11, Perugia: *Si diffusam*). Cfr. Eubel 1913, p. 10; Waley 1982.

Giovanni, cardinale vescovo di Tuscolo (Giovanni Boccamazza): doc. n. 195 (1294 luglio 5, Perugia: *Demum inter nos*), 196 (1294 luglio 11, Perugia: *Si diffusam*). Cfr. Eubel 1913, p. 11; Walter 1969.

Guglielmo, cardinale diacono di S. Nicola in Carcere (Guglielmo Longhi): doc. 395 (1304 marzo 14, Roma, S. Giovanni in Laterano: *Religiosam vitam eligentibus*), 466 (1311 aprile 12, Avignone), 470 (1311 agosto 29, Bergamo, *in suburbio Sancti Andreae ubi dicitur in Plorzano in quadam petia terrae*), 612 (1319 settembre 27, Avignone). Cfr. Eubel 1913, p. 12; Cariboni 2005. Cardinale dal 1294 al 1319, fondò un monastero morronese, intitolato a san Nicola, nel suburbio di Sant'Andrea, poco fuori dalla città di Bergamo, in direzione nord, nell'odierno Borgo Santa Caterina.

Guglielmo, cardinale vescovo di Palestrina (Guillaume de Mandagout): doc. n. 196 (1294 luglio 11, Perugia: *Si diffusam*). Cfr. Eubel 1913, p. 14. Cardinale dal 1312 al 1321, nel 1294, ovvero antecedentemente al cardinalato, in qualità di *magister et notarius* della sede apostolica, ricevette l'incarico dal collegio cardinalizio di comunicare a fra Pietro del Morrone la sua nomina a sommo pontefice.

Landolfo, cardinale diacono di S. Angelo (Landolfo Brancaccio): doc. n. 297 (1297 luglio 11, Orvieto, chiesa di S. Giovanni, *in camera domini fratris Thomae cardinalis*), 304 (1297 novembre 9, Napoli), 306 (1298 gennaio 8, Roccamorice), 311 (1298 aprile 12, Napoli), 395 (1304 marzo 14, Roma, S. Giovanni in Laterano). Cfr. Eubel 1913, p. 12; Walter 1971. Cardinale dal 1294 al 1312, nel 1297 promulgò una sentenza di conferma dell'arbitrato di Tommaso, cardinale prete di S. Cecilia, relativo alla controversia tra i morronesi e i pulsanesi per il possesso del monastero di S. Pietro di Vallebona.

Latino, cardinale vescovo di Ostia (Latino Malabranca): doc. n. 195 (1294 luglio 5, Perugia: *Demum inter nos*), 196 (1294 luglio 11, Perugia: *Si diffusam*). Cfr. Eubel 1913, p. 9; Vendittelli 2006.

Matteo, cardinale diacono di S. Maria in Portico (Matteo Rosso Orsini): doc. n. 195 (1294 luglio 5, Perugia: *Demum inter nos*), 196 (1294 luglio 11, Perugia: *Si diffusam*). Cfr. Eubel 1913, p. 8; Pavan 2013.

Matteo, cardinale vescovo di Porto (Matteo d'Acquasparta): doc. n. 195 (1294 luglio 5, Perugia: *Demum inter nos*), 196 (1294 luglio 11, Perugia: *Si diffusam*). Cfr. Eubel 1913, p. 11; Barone 2008.

Napoleone, cardinale diacono di S. Adriano (Napoleone Orsini): doc. n. 195 (1294 luglio 5, Perugia: *Demum inter nos*), 196 (1294 luglio 11, Perugia: *Si diffusam*). Cfr. Eubel 1913, p. 11; Barone 2013.

---

[1] Sui cardinali del secolo XIII, oltre a Paravicini Bagliani 1972 e Paravicini Bagliani 1980, vedi Brancone 2009 e Brancone 2010, con ampia bibliografia.

Pietro, cardinale diacono di S. Eustachio (Pietro Colonna): doc. n. 195 (1294 luglio 5, Perugia: *Demum inter nos*), 196 (1294 luglio 11, Perugia: *Si diffusam*). Cfr. Eubel 1913, p. 11; Waley 1982.

Pietro, cardinale prete di S. Marco (Pietro Peregrosso): doc. n. 195 (1294 luglio 5, Perugia: *Demum inter nos*), 196 (1294 luglio 11, Perugia: *Si diffusam*). Cfr. Eubel 1913, p. 11; Andenna 2015.

Tommaso, cardinale prete di S. Cecilia (Tommaso da Ocre): doc. n. 293 (1297 maggio 30, monastero di S. Maria di Pulsano), 297 (1297 luglio 11, Orvieto, chiesa di S. Giovanni, *in camera domini fratris Thomae cardinalis*), 301 (1297 settembre 24, Orvieto, chiesa di S. Giovanni, *in camera domini cardinalis*), 302 (1297 ottobre 28, Pulsano), 304 (1297 novembre 9, Napoli), 306 (1298 gennaio 8, Roccamorice), 347 (1300 maggio 23, Napoli, *in hospitio Sancti Demetri in camera domini cardinalis*), 350 (1300 agosto 7, Sulmona). Cfr. Eubel 1913, p. 11. Cardinale dal 1294 al 1300; almeno dal 1290 e fino al 1294, fu abate del monastero di S. Giovanni in Piano (doc. n. 137, 138, 208). Suo padre, Vitale, aveva almeno altri due figli, Rinaldo e Pietro, i quali furono tra gli esecutori testamentari del fratello. Il cardinale fra Tommaso da Ocre morì dopo il 23 maggio e prima del 7 agosto 1300.

Ugo, cardinale prete di S. Sabina (Hugues Aycelin): doc. n. 195 (1294 luglio 5, Perugia: *Demum inter nos*), 196 (1294 luglio 11, Perugia: *Si diffusam*). Cfr. Eubel 1913, p. 11; *Dizionario biografico degli italiani* 1962a.

VESCOVI[1]

Aimardo, vescovo di Lucera: doc. n. 230, 352. Cfr. Eubel 1913, p. 315.

Aimone, vescovo di Tarentaise: doc. n. 131. Cfr. Eubel 1913, p. 472.

Andrea, vescovo di Capua: doc. n. 479. Cfr. Eubel 1913, p. 149, 165.

Azzo, vescovo di Caserta: doc. n. 108, 130. Cfr. Eubel 1913, p. 169. *Dizionario Biografico degli Italiani* 1962b.

Bartolomeo, vescovo di Gaeta: doc. n. 131. Cfr. Eubel 1913, p. 258.

Benedetto, vescovo di Avellino: doc. n. 108, 130. Cfr. Eubel 1913, p. 122; Walter 1966.

Berardo, vescovo di Ferentino: doc. n. 409, 428, 545, 567. Cfr. Eubel 1913, p. 246.

Berardo, vescovo di Lione: doc. n. 196. Cfr. Eubel 1913, p. 316.

Berardo, vescovo di Palestrina: doc. n. 128. Cfr. Eubel 1913, p. 11; Zafarana 1966.

Berardo, vescovo di Rieti: doc. n. 294. Cfr. Eubel 1913, p. 416.

Capoferro, vescovo di Benevento: doc. n. 46. Cfr. Eubel 1913, p. 133; Kamp 1975.

Cipriano, vescovo di Bergamo: doc. n. 470. Cfr. Eubel 1913, p. 396.

Corrado, vescovo di Toul: doc. n. 131. Cfr. Eubel 1913, p. 502.

Egidio, vescovo di Sulmona: doc. n. 108, 116, 130. Cfr. Eubel 1913, p. 513.

Filippo, vescovo di Ferentino: doc. n. 634. Cfr. Eubel 1913, p. 246.

Filippo, vescovo di Salerno: doc. n. 131. Cfr. Eubel 1913, p. 429.

Francesco, vescovo di Orvieto: doc. n. 196. Cfr. Eubel 1913, p. 508.

García, vescovo di Siviglia: doc. n. 131. Cfr. Eubel 1913, p. 277.

Giacomo, vescovo dei Marsi: doc. n. 108, 109, 115, 130, 131, 141. Cfr. Eubel 1913, p. 327.

Giacomo, vescovo di Isernia: doc. n. 381. Cfr. Eubel 1913, p. 287.

Giacomo, vescovo di Lucera: doc. n. 494. Cfr. Eubel 1913, p. 315.

Giacomo, vescovo di Sulmona: doc. n. 8. Cfr. Eubel 1913, p. 65.

Giacomo, vescovo di Thérouanne: doc. n. 131. Cfr. Eubel 1913, p. 351.

Giacomo, vescovo di Trivento: doc. n. 143, 145. Cfr. Eubel 1913, p. 495.

Giovanni, vescovo di Benevento: doc. n. 208, 213, 230, 248. Cfr. Eubel 1913, p. 12, 48, 133; Mercantini 2001.

Giovanni, vescovo di Jesi: doc. n. 125. Cfr. Eubel 1913, p. 75.

Guglielmo, vescovo di Bojano: doc. n. 137. Cfr. Eubel 1913, p. 140.

Landolfo, vescovo di Ferentino: doc. n. 327. Cfr. Eubel 1913, p. 246.

Landolfo, vescovo di Sulmona: doc. n. 486. Cfr. Eubel 1913, p. 514.

Leonardo, vescovo di Anagni: doc. n. 608. Cfr. Eubel 1913, p. 87.

Leonardo, vescovo di Siponto: doc. n. 570. Cfr. Eubel 1913, p. 453.

Lorenzo, vescovo di Conza: doc. n. 131. Cfr. Eubel 1913, p. 202.

Loterio, vescovo di Veroli: doc. n. 131. Cfr. Eubel 1913, p. 523.

Marcellino, vescovo di Tortiboli: doc. n. 108, 130, 131. Cfr. Eubel 1913, p. 505.

Matteo, vescovo di Isernia: doc. n. 43, 56, 91, 145. Cfr. Eubel 1913, p. 287.

Nicola, vescovo dell'Aquila: doc. n. 95, 96, 108, 109, 113, 145, 261, 262, 263, 264. Cfr. Eubel 1913, p. 98.

---

[1] Sull'episcopato italiano in epoca medievale vedi i due volumi miscellanei *Vescovi e diocesi* 1964; *Vescovi e diocesi in Italia* 1990. Sui vescovi del Duecento in relazione al potere papale vedi Paravicini Bagliani 1995. Sull'episcopato in Italia meridionale nel periodo normanno-svevo è fondamentale Kamp 1973-1982, mentre per il periodo angioino (fino al 1310), in relazione a Basilicata, Molise e Puglia, si veda il recente contributo di Antonetti 2019.

Nicola, vescovo di Alatri: doc. n. 430. Cfr. Eubel 1913, p. 80.

Nicola, vescovo di Chieti: doc. n. 13, 15, 44, 145. Cfr. Eubel 1913, p. 481.

Pandolfo, vescovo di Patti: doc. n. 196. Cfr. Eubel 1913, p. 384.

Petrone, vescovo di Larino: doc. n. 131. Cfr. Eubel 1913, p. 294.

Pietro, vescovo di Isernia: doc. n. 487. Cfr. Eubel 1913, p. 287.

Pietro, vescovo di Monreale: doc. n. 287, 288. Cfr. Eubel 1913, p. 348.

Pietro, vescovo di Oristano: doc. n. 131. Cfr. Eubel 1913, p. 101.

Pietro, vescovo di Tarazona: doc. n. 131. Cfr. Eubel 1913, p. 486.

Roberto, vescovo di Isernia: doc. n. 108, 127, 130, 184, 359. Cfr. Eubel 1913, p. 287.

Ruggero, vescovo di Rapolla: doc. n. 108, 130, 172. Cfr. Eubel 1913, p. 412.

Ruggero, vescovo di S. Severina: doc. n. 131. Cfr. Eubel 1913, p. 448.

Tiotisto, vescovo di Adrianopoli: doc. n. 131. Cfr. Eubel 1913, p. 71 (è menzionata la sola diocesi).

Tommaso, vescovo di Chieti: doc. n. 108, 109, 130. Cfr. Eubel 1913, p. 481.

Umberto, vescovo di Napoli: doc. n. 546, 566, 604, 605, 606, 609, 611. Cfr. Eubel 1913, p. 359-360.

SOVRANI ANGIOINI[1]

Carlo, re di Gerusalemme e di Sicilia (Carlo I d'Angiò), 1266-1285: doc. n. 47 (1278 luglio 16, Lagopesole: *Pro parte religiosi*), 48 (1278 settembre 27, Melfi: *Ex parte religiosi*), 49 (1278 settembre 27, Melfi: *Vite laudabilis merita*), 52 (1279 marzo 8, Torre di Sant'Erasmo: *Recolit excellentia nostra*), †50 (1278 settembre 27, Melfi: *Etsi munificentie*). Cfr. Herde 1977.

Carlo, re di Gerusalemme e di Sicilia (Carlo II d'Angiò), 1285-1309: doc. n. 77 (1284 febbraio 9, Trani: *Ex parte religiosorum*), 78 (1284 febbraio 10, Trani: *Cum ad supplicationem*), 181 (1294 gennaio 15, Aix-en-Provence: *Contemplatione viri*), 182 (1294 gennaio 15, Aix-en-Provence: *Etsi ad benemeritos*), 183 (1294 gennaio 15, Aix-en-Provence: *Certa ratio*), 191 (1294 aprile 6, Sulmona: *Si obsequentium*), 192 (1294 aprile 11, Capua: *Cum nos*), 194 (1294 maggio 22, Napoli: *Ex parte religiosorum*), 197 (1294 luglio 31, Aquila: *Vera devotio*), 198 (1294 agosto 3, Aquila: *Si premia conferuntur*), 206 (1294 settembre 11, Aquila: *Ex parte religiosorum*), 207 (1294 settembre 13, Aquila: *Fidelitati vestre*), 210 (1294 settembre 20, Aquila: *Si benemeritis*), 211 (1294 settembre 20, Aquila: *Si premia conferuntur*), 223 (1294 ottobre 1, Aquila: *Pridem in ecclesia*), 224 (1294 ottobre 9, Sulmona: *Ad monasteria*), 225 (1294 ottobre 9, Sulmona: *Si benemeritis*), 226 (1294 ottobre 9, Sulmona: *Si benemeritis*), 227 (1294 ottobre 9, Sulmona), 229 (1294 ottobre 24, Teano), 236 (1294 novembre 14, <Napoli>), 249 (1294 dicembre 8, Napoli: *Scire vos volumus*), 277 (1296 luglio 10, Napoli: *Ad monasterium*), 283 (1296 ottobre 23, Roma: *Pro monasterio*), 289 (1297 gennaio 8, Roma: *Habuit religiosorum*), 321 (1298 ottobre 16, Napoli: *Porrecta culmini nostro*), 322 (1298 ottobre 23, Napoli: *Dum piorum locorum*), 357 (1301 giugno 12, Napoli: *Pridem secretis*), 360 (1301 luglio 4, Napoli: *Ad monasterium*), 379 (1302 settembre 12, Napoli: *Si premia conferuntur*), 414 (1306 giugno 1, Napoli: *Habet querela*), 422 (1307 luglio 27, *in hospitali Montis Virginis*: *Concessit ab olim*), 433 (1308 aprile 16, Marsiglia: *Qui ad venerandas*), 437 (1308 giugno 18, Napoli: *Pro parte religiosorum*), 447 (1309 aprile 30, Napoli: *Disponentes intercessores*). Cfr. Nitschke 1977.

Roberto, re di Gerusalemme e di Sicilia (Roberto d'Angiò), 1309-1343: doc. n. 449 (1309 giugno 8, Napoli: *Pridem clare memorie*), 533 (1315 novembre 4, Napoli: *Exaltat potentiam*), 560 (1317 agosto 30, Aversa: *Dudum vobis*), 561 (1317 settembre 9, Aversa: *Quod generaliter*), 575 (1318 gennaio 25, Napoli: *Sacrorum edium apta*), 577 (1318 febbraio 25, Napoli: *Sicut novis*), 581 (1318 marzo 22, Napoli: *Ad presidentis*), 582 (1318 marzo 26, Napoli: *Sua nobis religiosi*), 583 (1318 aprile 5, Napoli: *Ad presidentis*), 591 (1318 dicembre 4), 607 (1319 giugno 18, Napoli: *Ad presidentis*), 627 (1320 luglio 7, Napoli: *Sane habuit*), 629 (1320 luglio 27, Napoli: *Iuris presidium*); per il periodo antecedente all'incoronazione, quando era duca di Calabria: doc. n. 422 (1307 luglio 27, *in hospitali Montis Virginis*: *Concessit ab olim*). Cfr. Boyer 2017.

Carlo, duca di Calabria (Carlo d'Angiò), 1309-1328: doc. n. 561 (1317 settembre 9, Aversa: *Quod generaliter*), 591 (1318 dicembre 4), 607 (1319 giugno 18, Napoli: *Ad presidentis*), 627 (1320 luglio 7, Napoli: *Sane habuit*), 629 (1320 luglio 27, Napoli: *Iuris presidium*). Cfr. Coniglio 1961.

---

[1] In relazione a Carlo I, per completezza, è stato inserito anche il presunto privilegio datato 1278 settembre 27 (doc. n. †50). Per un quadro storico sul regno angioino vedi Léonard 1954; De Frede 1969; Vitolo 1986; Galasso 1992. Su Carlo I d'Angiò: Herde 1979; Dunbabin 1998. Su Carlo II d'Angiò: Kiesewetter 1992. Su Roberto d'Angiò: Caggese 1922; Caggese 1930. Sulla cancelleria angioina: Kiesewetter 1998. Sull'amministrazione angioina: Cadier 1891; Sthamer 1994. Sulla legislazione: Trifone 1921. Sulla guerra del vespro: Runciman 1976. Per le fonti vedi *I registri della cancelleria angioina*.

OPERE CITATE IN FORMA ABBREVIATA

Acta sanctorum 1685 = *Acta sanctorum maii*, IV, Antuerpiae 1685 [ristampa anastatica, Bruxelles 1968].

Alessio-De Giovanni 1983 = G. Alessio-M. de Giovanni, *Preistoria e protostoria linguistica dell'Abruzzo*, Lanciano 1983 (Linguistica, 1).

Allegrezza 2000 = F. Allegrezza, *Niccolò III*, in *Enciclopedia dei papi*, Roma 2000 [testo disponibile all'url <https://bit.ly/3Ocqjmj> (data consultazione: 19 maggio 2023)].

Amelotti 1994 = M. Amelotti, *Il giudice ai contratti*, in *Civiltà del Mezzogiorno d'Italia. Libro, scrittura, documento in età normanno-sveva*. Atti del convegno dell'Associazione italiana dei paleografi e diplomatisti, Napoli-Badia di Cava dei Tirreni, 14-18 ottobre 1991, a cura di F. D'Oria, Salerno 1994 (Cultura scritta e memoria storica. Studi di paleografia diplomatica archivistica, 1), p. 359-367.

Andenna 2015 = G. Andenna, *Peregrosso, Pietro*, in *Dizionario biografico degli italiani*, 82, Roma 2015 [testo disponibile all'url <https://bit.ly/3pGCrlp> (data consultazione: 19 maggio 2023)].

Ansani 1999 = M. Ansani, *Diplomatica (e diplomatisti) nell'arena digitale*, «Scrineum», 1 (1999), p. 1-11 [testo disponibile all'url <https://bit.ly/3XgSCSc> (data consultazione: 19 maggio 2023)].

Ansani 2006 = M. Ansani, *Sul tema del falso in diplomatica. Considerazioni generali e due dossier documentari a confronto*, in *Secoli XI e XII: l'invenzione della memoria*. Atti del seminario internazionale, Montepulciano, 27-29 aprile 2006, a cura di S. Allegria-F. Cenni, Montepulciano 2006, p. 9-50 [testo disponibile all'url <https://bit.ly/3kipuvm> (data consultazione: 19 maggio 2023)].

Ansani-Ghignoli 2011 = M. Ansani-A. Ghignoli, *Testi digitali: nuovi media e documenti medievali*, in *Les historiens et l'informatique: un métier à réinventer*, a cura di J.-P. Genet-A. Zorzi, Rome 2011 (Collection de l'École française de Rome, 444), p. 73-86 [testo disponibile all'url <https://bit.ly/3H82w2R> (data consultazione: 19 maggio 2023)].

Antinori, *Annali* = A.L. Antinori, *Annali degli Abruzzi*. Manoscritto del secolo XVIII, L'Aquila, Biblioteca provinciale "Salvatore Tommasi" [riproduzione anastatica, Bologna 1971].

Antonetti 2019 = A. Antonetti, *Per una prosopografia episcopale nel Mezzogiorno angioino. I risultati di Puglia, Molise e Basilicata (1266-1310)*, «Mélanges de l'École française de Rome-Moyen Âge», 131/1 (2019) [testo disponibile all'url <https://bit.ly/3BrWVB0> (data consultazione: 19 maggio 2023)].

Antonini 1997 = O. Antonini, *Manoscritti d'interesse celestiniano in biblioteche di Francia*, L'Aquila 1997 (Deputazione abruzzese di storia patria. Quaderni del bullettino, 16).

Araldi 2005 = G. Araldi, *Verginiani*, in *Federiciana*, Roma 2005 [testo disponibile all'url <https://bit.ly/42MzHRM> (data consultazione: 19 maggio 2023)].

Aurélien de Saint Alode 1873 = J. Aurélien de Saint Alode, *La vie admirable de nôtre glorieux père saint Pierre Célestin pape, cinquième du nom, fondateur de l'ordre des Célestins*, Bar-le-Duc 1873 [testo disponibile all'url <https://bit.ly/3Xv7HPW> (data consultazione: 19 maggio 2023)].

Avagliano 1971 = F. Avagliano, *Le più antiche carte di S. Spirito d'Isernia nell'archivio di Montecassino*, «Benedictina», 18 (1971), p. 46-71.

Avagliano 1996 = F. Avagliano, *Documenti celestini a Montecassino*, in *I Celestini in Abruzzo. Figure, luoghi, influssi religiosi, culturali e sociali*. Atti del convegno, L'Aquila, 19-20 maggio 1995, L'Aquila 1996 (Deputazione abruzzese di storia patria), p. 21-27.

Avagliano 2000 = F. Avagliano, *L'archivio dell'abbazia di Montecassino*, in *La memoria silenziosa. Formazione, tutela e status giuridico degli archivi monastici nei monumenti nazionali*. Atti del convegno, Veroli-Abbazia di Casamari, 6-7 novembre 1998, Ferentino-Palazzo comunale, 8 novembre 1998, Roma 2000 (Pubblicazioni degli Archivi di Stato. Saggi, 62), p. 113-118 [testo disponibile all'url <https://bit.ly/3ZxjdvN> (data consultazione: 19 maggio 2023)].

Baethgen 1934 = F. Baethgen, *Beiträge zur Geschichte Cölestins V.*, Halle 1934 (Schriften der Königsberger gelehrten Gesellschaft, geisteswissenschaftliche Klasse, 10. Jahr, Heft 4).

Balducci 1926 = A. Balducci, *Regesto delle pergamene della curia arcivescovile di Chieti*, I *(1006-1400)*, Casalbordino 1926.

Balducci 1929 = A. Balducci, *Regesto delle pergamene e codici del capitolo metropolitano di Chieti*, Casalbordino 1929.

Barone 2000 = G. Barone, *Niccolò IV*, in *Enciclopedia dei papi*, Roma 2000 [testo disponibile all'url <https://bit.ly/3W5WllT> (data consultazione: 19 maggio 2023)].

Barone 2008 = G. Barone, *Matteo d'Acquasparta*, in *Dizionario biografico degli italiani*, 72, Roma 2008 [testo disponibile all'url <https://bit.ly/42CbNbR> (data consultazione: 19 maggio 2023)].

Barone 2013 = G. Barone, *Orsini, Napoleone*, in *Dizionario biografico degli italiani*, 79, Roma 2013 [testo disponibile all'url <https://bit.ly/3W8rcOH> (data consultazione: 19 maggio 2023)].

Bartoli Langeli 1991 = A. Bartoli Langeli, *L'edizione dei testi documentari. Riflessioni sulla filologia diplomatica*, «Schede medievali», 20-21 (1991), p. 116-131 [testo disponibile all'url <https://bit.ly/3ZFKr3x> (data consultazione: 19 maggio 2023)].

Bartoli Langeli 2006 = A. Bartoli Langeli, *Notai. Scrivere documenti nell'Italia medievale*, Roma 2006 (I libri di Viella, 56).

Bartolomei Romagnoli 1999 = A. Bartolomei Romagnoli, *Le bolle di Celestino V cassate da Bonifacio VIII*, «Archivum historiae pontificiae», 37 (1999), p. 61-83 [ristampa in *Celestino V nel settimo centenario della morte*. Atti del convegno, Ferentino, 10-12 maggio 1996, a cura di B. Valeri, Casamari 2001 (Associazione culturale «Gli Argonauti». Ferentino), p. 207-233].

Bartolomei Romagnoli-Marini 2015 = *Il processo di canonizzazione di Celestino V*, 1, a cura di A. Bartolomei Romagnoli-A. Marini. Premessa di A. Paravicini Bagliani, Firenze 2015 (Corpus coelestinianum, I/1).

Battaglia 1961-2002 = S. Battaglia, *Grande dizionario della lingua italiana*, I-XXI, Torino 1961-2002.

Battaglia 2004 = S. Battaglia, *Grande dizionario della lingua italiana*, Supplemento 2004, diretto da E. Sanguineti, Torino 2004.

Battaglia 2009 = S. Battaglia, *Grande dizionario della lingua italiana*, Supplemento 2009, diretto da E. Sanguineti, Torino 2009.

Becquet 1719 = [A. Becquet], *Gallicae coelestinorum congregationis, ordinis s. Benedicti, monasteriorum fundationes, virorumque vita aut scriptis illustrium, elogia historica. Servato ordine chronologico, Opus bipartitum*, Parisiis 1719 [testo disponibile all'url <https://bit.ly/3IJkREJ> (data consultazione: 19 maggio 2023)].

Bentivoglio-Colangelo 1981 = M. Bentivoglio-A. Colangelo, *San Francesco della Scarpa in Sulmona. Storia ed arte di un monumento*, L'Aquila 1981.

Berger 1881-1921 = *Les registres d'Innocent IV*, a cura di E. Berger, Paris 1881-1921.

Beurrier 1634 = L. Beurrier, *Histoire du monastère et convent des pères célestins de Paris, contenant ses antiquités et privilèges ensemble les tombeaus et épitaphes des rois, des ducs d'Orléans et autres illustres personnes, avec le testament de Louys, duc d'Orléans*, Paris 1634 [testo disponibile all'url <https://bit.ly/3IFKQwL> (data consultazione: 19 maggio 2023)].

Blasetti 1894 = F. Blasetti, *La grotta di Sant'Angelo sopra il monte omonimo presso Balsorano in Valleroveto*, Firenze 1894.

Bloch 1949 = M. Bloch, *Apologie pour l'histoire ou Métier d'historien*, Paris 1949 (Cahier des Annales, 3).

Bloch 2009 = M. Bloch, *Apologia della storia o Mestiere di storico*, Torino 2009 (Piccola Biblioteca Einaudi. Nuova serie. Storia, 460).

Boaga 1971 = E. Boaga, *La soppressione innocenziana dei piccoli conventi in Italia*, Roma 1971 (Politica e storia, 26).

Borchardt 2006 = K. Borchardt, *Die Cölestiner. Eine Mönchsgemeinschaft des späteren Mittelalters*, Husum 2006 (Historische Studien, 488).

Borgia-Granata 2005 = G. Borgia-G. Granata, *La chiesa di San Biagio a Lanciano*. Prefazione di V. Renzetti, Lanciano 2005.

Bosco 1999 = B. Bosco, *Celestino V e Carlo II d'Angiò*, in *Da Pietro del Morrone a Celestino V*. Atti del IX convegno storico, L'Aquila, 26-27 agosto 1994 (settimo centenario dell'elezione e della rinuncia al pontificato), a cura di W. Capezzali, L'Aquila 1999 (Convegni celestiniani, 9), p. 35-52.

Boyer 2017 = J.-P. Boyer, *Roberto d'Angiò, re di Sicilia-Napoli*, in *Dizionario biografico degli italiani*, 87, Roma 2017 [testo disponibile all'url <https://bit.ly/3IaTJ0i> (data consultazione: 19 maggio 2023)].

Brancone 2009 = V. Brancone, *Il tesoro dei cardinali del Duecento. Inventari e beni mobili*, Firenze 2009 (Micrologus library, 31).

Brancone 2010 = V. Brancone, *Le domus dei cardinali nella Roma del Duecento. Gioielli, mobili, libri*, Roma 2010 (La corte dei papi, 10).

Bullarium Romanum 1859 = *Bullarum, diplomatum et privilegiorum sanctorum romanorum pontificum taurinensis editio*, IV, Augustae Taurinorum 1859.

Cadier 1891 = L. Cadier, *Essai sur l'administration du royaume de Sicile sous Charles Ier et Charles II d'Anjou*, Paris 1891 (Bibliothèque des Ècoles françaises d'Athènes et de Rome, 59).

Caffarelli-De Albentiis 2019 = E. Caffarelli-E. De Albentiis, *Fiumi, nomi e politica nei Comuni dell'Italia postunitaria (1861-2018)*, «Onomàstica», 5 (2019), p. 39-63 [testo disponibile all'url <https://bit.ly/3ZxiXgv> (data consultazione: 19 maggio 2023)].

Caggese 1922 = R. Caggese, *Roberto d'Angiò e i suoi tempi*, I, Firenze 1922.

Caggese 1930 = R. Caggese, *Roberto d'Angiò e i suoi tempi*, II, Firenze 1930.

Caiazza 2011 = D. Caiazza, *Monaci, pellegrini e cavalieri ospedalieri sui cammini medievali di Molise ed alta Terra di Lavoro*, in Terra laboris felix terra. Atti delle prime, seconde e terze giornate celestiniane edite in onore della *peregrinatio* celestiniana in Terra di Lavoro, a cura di D. Caiazza, s.l. 2011, p. 163-198.

Camera 1860 = M. Camera, *Annali delle due Sicilie dall'origine e fondazione della monarchia fino a tutto il regno dell'augusto sovrano Carlo III Borbone*, II, Napoli 1860.

Campi 1651 = P.M. Campi, *Dell'historia ecclesiastica di Piacenza*, Piacenza 1651 [ristampa anastatica, Piacenza 1995].

Cantera 1892 = B. Cantera, *Cenni storici-biografici risguardanti s. Pier Celestino*, Napoli 1892.

Cantera 1893 = B. Cantera, *Nuovi documenti risguardanti s. Pier Celestino*, Napoli 1893.

Capograssi 1962 = A. Capograssi, *Le pergamene del monastero di S. Spirito del Morrone negli archivi dell'Annunziata e della cattedrale di Sulmona*, «Rassegna degli Archivi di Stato», 22 (1962), p. 323-330.

Capriolo 2017 = G. Capriolo, *Pratiche redazionali nel regno di Napoli in età aragonese: realtà territoriali a confronto*, «Scrineum», 14 (2017), p. 501-530 [testo disponibile all'url <https://bit.ly/3IS6LAV> (data consultazione: 19 maggio 2023)].

Caputo 2017 = A. Caputo, *Un antiluterano leccese. L'abate generale celestino Iacopo Moronessa*, «L'Idomeneo», 24 (2017), p. 139-158 [testo disponibile all'url <https://bit.ly/3CHW3cs> (data consultazione: 19 maggio 2023)].

Carabellese 1895 = F. Carabellese, *Una bolla inedita e sconosciuta di Celestino V*, «Archivio storico italiano», quinta serie, 16 (1895), p. 161-176.

Caravale 1982 = M. Caravale, *La legislazione del regno di Sicilia sul notariato durante il medio evo*, in Per una storia del notariato meridionale, contributi di M. Amelotti-H. Bresc-M. Caravale-G. Cassandro-V. von Falkenhausen-M. Galante-A. Leone, Roma 1982 (Studi storici sul notariato italiano, 6), p. 95-176 [ristampa anastatica, Id., *Scritti*, a cura di P. Alvazzi del Frate, II, Roma 2013, p. 11-92; testo disponibile all'url <https://bit.ly/3ZCbPPY> (data consultazione: 16 maggio 2023)].

Caravale 1994 = M. Caravale, *Notaio e documento notarile nella legislazione normanno-sveva*, in Civiltà del Mezzogiorno d'Italia. Libro, scrittura, documento in età normanno-sveva. Atti del convegno dell'Associazione italiana dei paleografi e diplomatisti, Napoli-Badia di Cava dei Tirreni, 14-18 ottobre 1991, a cura di F. D'Oria, Salerno 1994 (Cultura scritta e memoria storica. Studi di paleografia diplomatica archivistica, 1), p. 333-358.

Cárcel Ortí 1997 = *Vocabulaire international de la diplomatique*, a cura di M.M. Cárcel Ortí, València 1997 [testo disponibile all'url <https://bit.ly/3w2QVMr> (data consultazione: 19 maggio 2023)].

Cariboni 2005 = G. Cariboni, *Longhi, Guglielmo*, in Dizionario biografico degli italiani, 65, Roma 2005 [testo disponibile all'url <https://bit.ly/430gvjr> (data consultazione: 19 maggio 2023)].

Carlone 2008 = *Regesti dei Celestini di Novi (1243-1792)*, a cura di C. Carlone, Salerno 2008 (Fonti per la storia del Mezzogiorno medievale, 20).

Castelvecchio Subequo 2014 = *Castelvecchio Subequo. La città dei Superaequani*. Testi a cura di M. Santilli-C. Varagnoli-C. Verazzo-R. Zaccagnini, Sulmona 2014.

Cataldi 1984 = R. Cataldi, *Fonti per la storia del monastero di S. Antonio Abate di Ferentino*, «Latium», 1 (1984), p. 67-134.

Cataldi 1985 = R. Cataldi, *Introduzione alla storia del monastero di S. Antonio abate attraverso l'analisi delle fonti*, in Territorio e ricerca. Prospettive programmatiche per lo studio e la tutela dei monumenti di Ferentino. Atti del convegno «I Celestini a Ferentino», Ferentino, 8-9 maggio 1982, Casamari 1985, p. 79-109.

Cau 1989 = E. Cau, *Il falso nel documento privato fra XII e XIII secolo*, in Civiltà comunale: libro, scrittura, documento. Atti del convegno, Genova, 8-11 novembre 1988, Genova 1989 [«Atti della Società ligure di storia patria», nuova serie, 29/2 (1989)], p. 215-277 [testo disponibile all'url <https://bit.ly/3XgwJ5s> (data consultazione: 19 maggio 2023)].

Celidonio 1896 = G. Celidonio, *S. Pietro del Morrone Celestino V*. Nuova edizione, a cura di M. Capodicasa, Pescara 1954 [prima edizione: *Vita di S. Pietro del Morrone*, Sulmona 1896].

Celidonio 1897 = G. Celidonio, *L'archivio di S. Panfilo in Sulmona. Una bolla inedita di pp. Nicola IV*, «Rassegna abruzzese di storia ed arte», 1 (1897), p. 29-44.

Celidonio 1911 = G. Celidonio, *La diocesi di Valva e Sulmona*, III, Sulmona 1911.

Celidonio 1912 = G. Celidonio, *La diocesi di Valva e Sulmona*, IV, Sulmona 1912.

Celidonio1899 = G. Celidonio, *Breve risposta alle nuove osservazioni dei ch.mi Bollandisti sopra alcuni passi della vita di pp. Celestino V*, «Rassegna abruzzese di storia ed arte», 3/9 (1899), p. 232-247 [testo disponibile all'url <https://bit.ly/3IgcW0R> (data consultazione: 19 maggio 2023)].

Cerrini 2000 = S. Cerrini, *Urbano IV*, in *Enciclopedia dei papi*, Roma 2000 [testo disponibile all'url <https://bit.ly/3OhwqGc> (data consultazione: 19 maggio 2023)].

Chacón 1601 = A. Chacón, *Vitae et gesta summorum pontificum a Christo domino usque ad Clementem VIII, necnon S.R.E. cardinalium cum eorundem insignibus*, I, Romae 1601 [testo disponibile all'url <https://bit.ly/3H9wfZq> (data consultazione: 19 maggio 2023)].

Chiappini 1915 = A. Chiappini, *Regesto delle pergamene del nuovo archivio di San Panfilo in Sulmona*, «Bullettino della regia Deputazione abruzzese di storia patria», terza serie, 6 (1915), p. 125-226.

Chiappini 1927 = A. Chiappini, *Nella patria di Celestino V*, «Rassegna di storia e d'arte d'Abruzzo e Molise», 3 (1927), p. 81-93.

Chiaverini 1974 = A. Chiaverini, *L'archivio della cattedrale basilica di S. Panfilo in Sulmona e un epistolario rinvenuto*, «Bullettino della Deputazione abruzzese di storia patria», 64 (1974), p. 227-264.

Chiaverini 1976 = A. Chiaverini, *La cattedrale basilica di S. Panfilo in Sulmona*, Sulmona 1976 (Quaderni dell'Accademia cateriniana di cultura, 22).

Chiaverini 1977 = A. Chiaverini, *La diocesi di Valva e Sulmona*, V, Sulmona 1977.

Ciaralli 2009 = A. Ciaralli, *La diplomatica e il metodo per l'edizione delle fonti documentarie durante il Novecento*, in *Filologia e storia. Scuola nazionale di edizioni di fonti*. IV settimana di studi medievali, Roma, 28-30 maggio 2009. Edizione elettronica, a cura di I. Bonincontro, Roma 2009 (Istituto storico italiano per il medio evo. Pubblicazioni elettroniche), p. 1-17 [testo disponibile all'url <https://bit.ly/3ZCjX2N> (data consultazione: 19 maggio 2023)].

Ciarlanti 1823 = G.V. Ciarlanti, *Memorie historiche del Sannio*, IV, Campobasso 1823 [prima edizione: Isernia 1644].

Cicerchia 2013 = A. Cicerchia, *La congregazione celestina in età moderna. Storia e nuove prospettive di ricerca*, in *La provincia celestina di Romagna. Indagini storiche locali e nuove prospettive di studio*. Atti del convegno di studi, Museo del Balì-Saltara (PU), 14 maggio 2011, a cura di A. Cicerchia-S. Giombi-U. Paoli, Ancona 2013 (Fonti e studi, 14), p. 39-79.

Cielo 1995 = L.R. Cielo, *L'abbaziale normanna di S. Salvatore* de Telesia, Napoli 1995 (Biblioteca del Molise e del Sannio, 4).

Clementi 1988 = A. Clementi, *Tra monasteri cisterciensi e celestini: la transumanza*, in *Celestino V papa angelico*. Atti del convegno storico internazionale, L'Aquila, 26-27 agosto 1987, a cura di W. Capezzali, L'Aquila 1988 (Convegni celestiniani, 2), p. 233-256.

Clementi 1996 = A. Clementi, *I Celestini all'Aquila*, in *I Celestini in Abruzzo. Figure, luoghi, influssi religiosi, culturali e sociali*. Atti del convegno, L'Aquila, 19-20 maggio 1995, L'Aquila 1996 (Deputazione abruzzese di storia patria), p. 57-81.

Clementi-Berardi 1980 = *Regesto delle fonti archivistiche degli Annali antinoriani (voll. III-XVII)*, a cura di A. Clementi-M.R. Berardi, L'Aquila 1980 (Deputazione abruzzese di storia patria. Documenti per la storia d'Abruzzo, 2).

Codice diplomatico della Lombardia medievale 2000 = *Codice diplomatico della Lombardia medievale (secoli VIII-XII)*, a cura di M. Ansani, Milano 2000- [testo disponibile all'url <https://bit.ly/3HorzOq> (data consultazione: 19 maggio 2023)].

Condorelli 2009 = O. Condorelli, *Profili del notariato in Italia meridionale, Sicilia e Sardegna (secoli XII-XIX)*, in *Handbuch zur Geschichte des Notariats der europäischen Traditionen*, a cura di M. Schmoeckel-W. Schubert, Baden-Baden 2009 (Rheinische Schriften zur Rechtsgeschichte, 12), p. 65-124.

Coniglio 1961 = G. Coniglio, *Angiò, Carlo d'*, in *Dizionario biografico degli italiani*, 3, Roma 1961 [testo disponibile all'url <https://bit.ly/3o6n3yh> (data consultazione: 19 maggio 2023)].

Consegnare la memoria 2003 = *Consegnare la memoria. Manuale di archivistica ecclesiastica*, a cura di E. Boaga-S. Palese-G. Zito, Firenze 2003.

Constitutiones 1534 = *Constitutiones monachorum sancti Benedicti congregationis coelestinorum nunquam hactenus impraessae et multis locis a labeculis quibusdam emaculatae*, Neapoli 1534.

Constitutiones 1579 = *Constitutiones monachorum ordinis s. Benedicti sub reformatione s. Petri confessoris olim Coelestini papae quinti, ab illustrissimo et reverendissimo d(omino) cardinali de Aragona, protectore, ad praescriptum regulae reformatae et auctae, atque a reverendissimo d(omino) magistro Petro Capocitto*

Circensi, abbate generali, compilatae, eiusque cura excussae, anno tertio sui tertii triennii, MDLXXIX, Romae 1579 [testo disponibile all'url <https://bit.ly/3ISTF6O> (data consultazione: 19 maggio 2023)].

Constitutiones 1590 = *Constitutiones monachorum ordinis sancti Benedicti congregationis coelestinorum, ab illustriss(imo) et reverendiss(imo) d(omino) domino Inico De Avalos cardinali de Aragona, dictae congregationis protectore, ad praescriptum regulae reformatae et auctae, ac demum eiusdem iussu in faciliorem formam redactae et purgatae, a reverendiss(imo) domino magistro Petro Capocitto Circensi, abbate generali, compilatae et descriptae*, Bononiae 1590 [testo disponibile all'url <https://bit.ly/3H9CzjJ> (data consultazione: 19 maggio 2023)].

Constitutiones 1627 = *Constitutiones monachorum ordinis s. Benedicti congregationis coelestinorum, sanctissimi domini nostri Urbani pp. VIII iussu recognitae et eiusdem auctoritate approbatae et confirmatae*, Romae 1627 [testo disponibile all'url <https://bit.ly/3INumTv> (data consultazione: 19 maggio 2023)].

Constitutiones 1629 = *Constitutiones coelestinorum ordinis sancti Benedicti, serenissimi principis Mauritii, card. Sabaudiae protectoris, iussu optimoq(ue) consilio, emendatae, et sanctissimi domini nostri papae Urbani VIII authoritate promulgatae et confirmatae*, Romae 1629 [testo disponibile all'url <https://bit.ly/3CSslBx> (data consultazione: 19 maggio 2023)].

Constitutiones 1670 = *Constitutiones fratrum celestinorum provinciae Franco-Gallicanae*, Parisiis 1670 [testo disponibile all'url <https://bit.ly/3QKEdeK> (data consultazione: 19 maggio 2023)].

Cordasco 2015 = P. Cordasco, *Il vero e il falso nei documenti medievali. Un'ambigua frontiera*, in *Per Enzo. Studi in memoria di Vincenzo Matera*, a cura di L. Capo-A. Ciaralli, Firenze 2015 (Reti medievali. E-book, 25), p. 59-67 [testo disponibile all'url <https://bit.ly/3H5uCw0> (data consultazione: 19 maggio 2023)].

Cortese 2010 = S. Cortese, *Il ciclo di affreschi con le storie della vera croce in San Nicola a Lanciano*. Tesi di laurea, Chieti 2010.

Costa 1912 = G. Costa, *Il convento di S. Angelo di Ocre e sue adiacenze. Saggi di storia e di arte abruzzese*, Aquila 1912.

Crea 2021 = Francesco Pipino, *Chronicon. Libri XXII-XXXI*. Edizione critica e commento a cura di S. Crea, Firenze 2021 (Edizione nazionale dei testi mediolatini d'Italia, 59. Serie I, 30).

De Angelis 2017 = G. De Angelis, *«Raccogliere, pubblicare, illustrare carte». Editori ed edizioni di documenti medievali in Lombardia tra Otto e Novecento*, Firenze 2017 (Reti medievali. E-book, 28) [testo disponibile all'url <https://bit.ly/3ILl4aD> (data consultazione: 19 maggio 2023)].

De Caro 2000 = G. De Caro, *Benedetto XIII*, in *Enciclopedia dei papi*, Roma 2000 [testo disponibile all'url <https://bit.ly/454TeyO> (data consultazione: 19 maggio 2023)].

De Frede 1969 = C. De Frede, *Da Carlo I d'Angiò a Giovanna I (1263-1382)*, in *Storia di Napoli*, III, Napoli 1969, p. 1-333.

De Frede 1975 = C. De Frede, *Capece Minutolo, Filippo*, in *Dizionario biografico degli italiani*, 18, Roma 1975 [testo disponibile all'url <https://bit.ly/43l2Ofp> (data consultazione: 19 maggio 2023)].

De Lasala-Rabikauskas 2003 = F. De Lasala-P. Rabikauskas, *Il documento medievale e moderno. Panorama storico della diplomatica generale e pontificia*, Roma 2003.

Dell'Omo 2003 = *Le carte di S. Liberatore alla Maiella conservate nell'archivio di Montecassino, I. Introduzione storica, paleografica e archivistica. Edizione dei documenti più antichi (†798-1000) e regesti di quelli posteriori di età medievale (1005-1500)*, a cura di M. Dell'Omo. Prefazione di L. Pellegrini, Montecassino 2003 (Miscellanea cassinese, 84).

Dell'Omo 2006 = *Le carte di S. Liberatore alla Maiella conservate nell'archivio di Montecassino, II. I regesti dei documenti di età moderna (1501-1735) con un'aggiunta sui signa dei notai nelle carte di S. Liberatore dal 950 al 1735*, a cura di M. Dell'Omo, Montecassino 2006 (Miscellanea cassinese, 85).

Dell'Omo 2010 = M. Dell'Omo, *Montecassino e Celestino V. L'unico carisma, le diverse prospettive monastiche e il colophon del manoscritto Casin. 68*, «Benedictina», 57 (2010), p. 263-284.

Dell'Omo 2014 = M. Dell'Omo, *L'archivio di Montecassino e don Faustino Avagliano*, «Studi cassinati», 14/4 (2014), p. 302-311 [testo disponibile all'url <https://bit.ly/3ZDk7qU> (data consultazione: 19 maggio 2023)].

Dell'Omo 2016 = M. Dell'Omo, *Bio-bibliografia di don Faustino (Aniello) Avagliano*, in *Sodalitas. Studi in memoria di don Faustino Avagliano*, a cura di M. Dell'Omo-F. Marazzi-F. Simonelli-C. Crova, Montecassino 2016 (Miscellanea cassinese, 86), p. XXIII-LXXV.

Dell'Omo 2022 = M. Dell'Omo, *Montecassino negli anni di Dante. Un'abbazia tra Celestino V e Bonifacio VIII*, in *Dante, Bonifacio VIII e il Lazio meridionale. Confronti peninsulari ed europei*. Atti del convegno di studi storici, Anagni-Ferentino, 4-6 dicembre 2020, Anagni 2022 (Biblioteca di Latium, 23), p. 91-103.

Delle Donne 2001 = F. Delle Donne, *Giovanni da Tocco*, in *Dizionario biografico degli italiani*, 56, Roma 2001 [testo disponibile all'url <https://bit.ly/3MbXtQz> (data consultazione: 19 maggio 2023)].

Di Clemente 2005 = M. Di Clemente, *L'abbazia benedettina di Santa Maria e San Pellegrino Martire in Bominaco. Lineamenti storici*, Sulmona 2005.

Di Rocco 2009 = G. Di Rocco, *Castelli e borghi murati della contea di Molise (secoli X-XIV)*, Firenze 2009 (Quaderni di archeologia medievale, 10).

Dizionario biografico degli italiani 1962a = [Anonimo], *Aycelin, Ugo*, in *Dizionario biografico degli italiani*, 4, Roma 1962 [testo disponibile all'url <https://bit.ly/432hsrD> (data consultazione: 19 maggio 2023)].

Dizionario biografico degli italiani 1962b = [Anonimo], *Azzo*, in *Dizionario biografico degli italiani*, 4, Roma 1962 [testo disponibile all'url <https://bit.ly/3MxVYNT> (data consultazione: 19 maggio 2023)].

Dizionario di toponomastica 1990 = *Dizionario di toponomastica. Storia e significato dei nomi geografici italiani*, a cura di G. Gasca Queirazza-C. Marcato-G.B. Pellegrini-G. Petracco Sicardi-A. Rossebastiano, Torino 1990.

Du Cange 1883-1887 = *Glossarium mediae et infimae latinitatis conditum a Carolo Du Fresne domino Du Cange, auctum a monachis ordinis s. Benedicti, cum supplementis integris d. P. Carpenterii, Adelungii, aliorum suisque digessit G.A.L. Henschel, sequuntur glossarium gallicum, tabulae, indices auctorum et rerum, dissertationes. Editio nova aucta pluribus verbis aliorum scriptorum a Léopold Favre*, Niort 1883-1887 [testo disponibile all'url <https://bit.ly/3iEuDgN> (data consultazione: 19 maggio 2023)].

Dubois 1968 = J. Dubois, *Les ordres religieux au XIIe siècle selon la curie romaine*, «Revue bénédictine», 78 (1968), p. 283-309.

Dubois 1980 = J. Dubois, *Ordo*, in *Dizionario degli istituti di perfezione*, 6, Roma 1980, col. 806-820.

Dunbabin 1998 = J. Dunbabin, *Charles I of Anjou*, Singapore 1998.

Dupré Theseider 2000 = E. Dupré Theseider, *Bonifacio VIII*, in *Enciclopedia dei papi*, Roma 2000 [testo disponibile all'url <https://bit.ly/45jNph8> (data consultazione: 19 maggio 2023)].

Dykmans 2000 = M. Dykmans, *Clemente VII, antipapa*, in *Enciclopedia dei papi*, Roma 2000 [testo disponibile all'url <https://bit.ly/3QUCO5z> (data consultazione: 19 maggio 2023)].

Espositi 2023 = M. Espositi, *Damianite, clarisse*, sorores minores*: fondazioni duecentesche nel regno di Sicilia*, Roma 2023 (Biblioteca seraphico-capuccina, 112).

Eubel 1913 = C. Eubel, *Hierarchia catholica medii aevi sive summorum pontificum, S.R.E. cardinalium, ecclesiarum antistitum series ab anno 1198 usque ad annum 1431 perducta*, editio altera, Monasterii 1913.

Fälschungen im Mittelalter 1988 = *Fälschungen im Mittelalter*. Internationaler Kongress der Monumenta Germaniae Historica, München, 16-19 September 1986, Hannover 1988 (Monumenta Germaniae Historica. Schriften, 33.1-5).

Faraglia 1888 = *Codice diplomatico sulmonese*, raccolto da N.F. Faraglia, Lanciano 1888 [ristampa anastatica, a cura di G. Papponetti, Sulmona 1988].

Faustoferri-Aquilano 2010 = A. Faustoferri-D. Aquilano, *La "fabbrica" dei Santi Vito e Salvo*, in *Cantieri e maestranze nell'Italia medievale*. Atti del convegno di studio, Chieti-San Salvo, 16-18 maggio 2008, a cura di M.C. Somma, Spoleto 2010, p. 135-156.

Federici 1938 = *Chronicon Vulturnense del monaco Giovanni*, a cura di V. Federici, III, Roma 1938 (Fonti per la storia d'Italia, 60).

Figliuolo 2005 = B. Figliuolo, *Origini e primi sviluppi dei priorati celestini molisani di S. Maria della Maiella a Trivento e Agnone (seconda metà del XIII secolo-1350)*, in *Da Celestino V all'«Ordo Coelestinorum»*, a cura di M.G. Del Fuoco-L. Pellegrini, L'Aquila 2005 (Deputazione abruzzese di storia patria. Studi e testi, 29), p. 235-250.

Figliuolo 2013 = B. Figliuolo, *I priorati celestiniani molisani di Trivento e Agnone dalle origini alla soppressione (secoli XIII-XIX)*, in *Ricerca come incontro. Archeologi, paleografi e storici per Paolo Delogu*, a cura di G. Barone-A. Esposito-C. Frova, Roma 2013 (Studi del Dipartimento di storia culture religioni, 10), p. 309-328.

Figliuolo-Pilone 2013 = B. Figliuolo-R. Pilone, *Codice diplomatico molisano (964-1349)*, Campobasso 2013 [testo disponibile all'url <https://bit.ly/3GH0aqx> (data consultazione: 19 maggio 2023)].

François 1935 = M. François, *Histoire des comtes et du comté de Vaudémont des origines à 1473*, Nancy 1935.

Frenz 1998 = T. Frenz, *I documenti pontifici nel medioevo e nell'età moderna*. Seconda edizione italiana, a cura di S. Pagano, Città del Vaticano 1998 (Littera antiqua, 6).

Frugoni 1954 = A. Frugoni, *Celestiniana*, Roma 1954 [ristampa anastatica, Introduzione di C. Gennaro, Roma 1991 (Istituto storico italiano per il medio evo. Nuovi studi storici, 16)].

Fucinese 1996 = D.V. Fucinese, *La chiesa di Santo Spirito del Morrone*, in *I Celestini in Abruzzo. Figure, luoghi, influssi religiosi, culturali e sociali*. Atti del convegno, L'Aquila, 19-20 maggio 1995, L'Aquila 1996 (Deputazione abruzzese di storia patria), p. 41-56.

Galasso 1992 = G. Galasso, *Il regno di Napoli. Il Mezzogiorno angioino e aragonese (1266-1494)*, Torino 1992.

Gatto 2000 = L. Gatto, *Gregorio X, beato*, in *Enciclopedia dei papi*, Roma 2000 [testo disponibile all'url <https://bit.ly/4556weD> (data consultazione: 19 maggio 2023)].

Gauvain 2011 = A. Gauvain, *Il Capitolo di San Pietro in Vaticano dalle origini al XX secolo*, II. *Il patrimonio*, Città del Vaticano 2011.

Giacomo da Lecce 1549 = [Giacomo da Lecce], *Le cerimonie dei monaci celestini, con la vita di Celestino quinto loro primo padre*, Bologna 1549 [testo disponibile all'url <https://bit.ly/3CRvdPd> (data consultazione: 19 maggio 2023)].

Giammaria 1984 = G. Giammaria, *Tre monasteri celestini in Anagni, Sgurgola e Supino*, «Latium», 1 (1984), p. 53-66.

Golinelli 1996 = P. Golinelli, *Il papa contadino. Celestino V e il suo tempo*, Firenze 1996.

Golinelli 2007 = P. Golinelli, *Celestino V. Il papa contadino*, Milano 2007.

Grandjean 1883-1905 = *Le registre de Benoit XI*, a cura di C. Grandjean, Paris 1883-1905.

Grégoire 1985 = R. Grégoire, *Introduzione*, in *Territorio e ricerca. Prospettive programmatiche per lo studio e la tutela dei monumenti di Ferentino*. Atti del convegno «I Celestini a Ferentino», Ferentino, 8-9 maggio 1982, Casamari 1985, p. 71-77.

Grégoire 1988 = R. Grégoire, *I Celestini nella storia del monachesimo medievale*, in *Celestino V papa angelico*. Atti del convegno storico internazionale, L'Aquila, 26-27 agosto 1987, a cura di W. Capezzali, L'Aquila 1988 (Convegni celestiniani, 2), p. 155-163.

Grégoire 1995 = R. Grégoire, *S. Silvestro e s. Pietro del Morrone: due eremitismi a confronto*, in *S. Pietro Celestino nel settimo centenario dell'elezione pontificia*. Atti del convegno, Ferentino, 21-22 maggio 1994, a cura di B. Valeri, Casamari 1995 (Associazione culturale «Gli Argonauti»), p. 47-62.

Grégoire 1996 = R. Grégoire, *L'espansione dei Celestini in Italia dalle origini alla fine del Medio Evo*, in *I Celestini in Abruzzo. Figure, luoghi, influssi religiosi, culturali e sociali*. Atti del convegno, L'Aquila, 19-20 maggio 1995, L'Aquila 1996 (Deputazione abruzzese di storia patria), p. 11-20.

Grossi 1986 = M. Grossi, *S. Spirito a Maiella attraverso le pergamene dell'archivio arcivescovile di Chieti: alcuni appunti*, in *Ricerche di storia abruzzese offerte a Vincenzo Monachino*, Chieti 1986, p. 192-202.

Guerri 1918 = Giovanni Boccaccio, *Il comento alla divina commedia e gli altri scritti intorno a Dante*, a cura di D. Guerri, I-III, Bari 1918.

Guida 2019 = M. Guida, *La lettera* Qui facit *di Clemente V per la canonizzazione di san Pietro del Morrone*, «Antonianum», 94 (2019), p. 809-832.

Guida degli archivi diocesani d'Italia 1990 = *Guida degli archivi diocesani d'Italia*, I, a cura di V. Monachino-E. Boaga-L. Osbat-S. Palese, Roma 1990 (Quaderni della rassegna degli Archivi di Stato, 61).

Guiraud 1892-1958 = *Les registres d'Urbain IV*, a cura di J. Guiraud, L. Dorez, S. Clémencet, Paris 1892-1958.

Hay 2000 = D. Hay, *Eugenio IV*, in *Enciclopedia dei papi*, Roma 2000 [testo disponibile all'url <https://bit.ly/41HumKw> (data consultazione: 19 maggio 2023)].

Hayez 1975a = M. Hayez, *Cantelmo, Restaino*, in *Dizionario biografico degli italiani*, 18, Roma 1975 [testo disponibile all'url <https://bit.ly/3OgPfsY> (data consultazione: 19 maggio 2023)].

Hayez 1975b = M. Hayez, *Cantelmo, Giacomo*, in *Dizionario biografico degli italiani*, 18, Roma 1975 [testo disponibile all'url <https://bit.ly/3OoM1DJ> (data consultazione: 19 maggio 2023)].

Herde 1968 = P. Herde, *Bianchi, Gerardo*, in *Dizionario biografico degli italiani*, 10, Roma 1968 [testo disponibile all'url <https://bit.ly/3OjCiOW> (data consultazione: 19 maggio 2023)].

Herde 1977 = P. Herde, *Carlo I d'Angiò, re di Sicilia*, in *Dizionario biografico degli italiani*, 20, Roma 1977 [testo disponibile all'url <https://bit.ly/3MCnSIF> (data consultazione: 19 maggio 2023)].

Herde 1979 = P. Herde, *Karl I. von Anjou*, Stoccarda 1979.

Herde 1981 = P. Herde, *Cölestin V. (1294) (Peter von Morrone). Der Engelpapst. Mit einem Urkundenanhang und Edition zweier Viten*, Stuttgart 1981 (Päpste und Papsttum, 16).

Herde 2000 = P. Herde, *Celestino V, santo*, in *Enciclopedia dei papi*, Roma 2000 [testo disponibile all'url <https://bit.ly/3MCnHgA> (data consultazione: 19 maggio 2023)].

Herde 2004 = P. Herde, *Celestino V (Pietro del Morrone), 1294. Il papa angelico*, a cura di Q. Salomone. Traduzione di A.M. Voci, L'Aquila 2004.

Herde 2005 = P. Herde, *Die Herkunft Papst Cölestins V. Eine quellenkritisch-diplomatische Untersuchung*, in *Da Celestino V all'«Ordo Coelestinorum»*, a cura di M.G. Del Fuoco-L. Pellegrini, L'Aquila 2005 (Deputazione abruzzese di storia patria. Studi e testi, 29), p. 285-330.

Herde 2008 = *Die ältesten Viten Papst Cölestins V. (Peters vom Morrone)*, a cura di P. Herde, Hannover 2008 (Monumenta Germaniae Historica. Scriptores rerum Germanicarum. Nova series, 23).

Houben 2005 = H. Houben, *Gualtiero di Palearia, conte di Manoppello*, in *Federiciana*, Roma 2005 [testo disponibile all'url <https://bit.ly/3pMIpRJ> (data consultazione: 19 maggio 2023)].

I registri della cancelleria angioina = *I registri della cancelleria angioina ricostruiti da Riccardo Filangieri con la collaborazione degli archivisti napoletani*, 1. (1265-1269), a cura di R. Filangieri, Napoli 1950 [seconda edizione: Napoli 1963]; 2. (1265-1281), a cura di R. Filangieri, Napoli 1951 [seconda edizione: Napoli 1967]; 3. (1269-1270), a cura di R. Filangieri: Napoli 1951 [ristampa: Napoli 1968]; 4. (1266-1270), a cura di J. Mazzoleni, Napoli 1952 [ristampa: Napoli 1967]; 5. (1266-1272), a cura di R. Filangieri, Napoli 1953 [ristampa: Napoli 1968]; 6. (1270-1271), a cura di R. Filangieri, Napoli 1954 [ristampa: Napoli 1970]; 7. (1269-1272), a cura di J. Mazzoleni, Napoli 1955 [ristampa: Napoli 1970]; 8. (1271-1272), a cura di J. Donsì Gentile, Napoli 1957; 9. (1272-1273), a cura di R. Filangieri, Napoli 1957; 10. (1272-1273), a cura di R. Filangieri, Napoli 1957; 11. (1273-1277), a cura di R. Filangieri, Napoli 1958; 12. (1273-1276), a cura di R. Filangieri, Napoli 1959; 13. (1275-1277), a cura di R. Filangieri, Napoli 1959; 14. (1275-1277), a cura di J. Mazzoleni, Napoli 1961; 15. (1266-1277), a cura di J. Mazzoleni, Napoli 1961; 16. (1274-1277), a cura di J. Mazzoleni, Napoli 1962; 17. (1275-1277), a cura di J. Mazzoleni, Napoli 1963; 18. (1277-1278), a cura di J. Mazzoleni, Napoli 1964; 19. (1277-1278), a cura di R. Orefice De Angelis, Napoli 1964; 20. (1277-1279), a cura di J. Mazzoleni, Napoli 1966; 21. (1278-1279), a cura di R. Orefice De Angelis, Napoli 1967; 22. (1279-1280), a cura di J. Mazzoleni, Napoli 1967; 23. (1279-1280), a cura di R. Orefice De Angelis, Napoli 1971; 24. (1280-1281), a cura di J. Mazzoleni-R. Orefice, Napoli 1976; 25. (1280-1282), a cura di J. Mazzoleni-R. Orefice, Napoli 1978; 26. (1282-1283), a cura di J. Mazzoleni-R. Orefice, Napoli 1979; 27.1. (1283-1285), a cura di J. Mazzoleni-R. Orefice, Napoli 1979; 27.2. (1282-1283), a cura di J. Mazzoleni-R. Orefice, Napoli 1980; 27.Appendice. Quadro riassuntivo generale dei registri ricostruiti, a cura di J. Mazzoleni-R. Orefice, Napoli 1981; 28. (1285-1286), a cura di J. Mazzoleni, Napoli 1969; 29. (1284-1288), a cura di B. Mazzoleni, Napoli 1969; 30. (1289-1290), a cura di J. Mazzoleni, Napoli 1971; 31. (1306-1307). Formularium curie Caroli secundi, a cura di B. Mazzoleni, Napoli 1980; 32. (1289-1290), a cura di A. Maresca Compagna, Napoli 1982; 33. (1280-1281), a cura di M.A. Martullo Arpago, Napoli 1984; 34. (1431-1434). Registrum Ludovici tercii, a cura di I. Orefice. Introduzione di E. Pontieri, Napoli 1982; 35. (1289-1291), a cura di I. Orefice, Napoli 1985; 36. (1290-1292), a cura di S. Palmieri, Napoli 1987; 37. (1265-1434). Storia della ricostruzione della cancelleria angioina, a cura di J. Mazzoleni, Napoli 1987; 38. (1291-1292), a cura di S. Palmieri, Napoli 1991; 39. (1291-1292), a cura di J. Mazzoleni, Napoli 1992; 40. (1291-1292), a cura di I. Ascione, Napoli 1993; 41. (1291-1292), a cura di S. Palmieri, Napoli 1994; 42. (1268-1292), a cura di S. Palmieri, Napoli 1995; 43. (1270-1293), a cura di M. Cubellis, Napoli 1996; 44.1. (1269-1293), a cura di M.L. Storchi, Napoli 1998; 44.2. (1265-1293), a cura di S. Palmieri, Napoli 1999; 45. (1292-1293), a cura di A. Scalera, Napoli 2000; 46. (1276-1294), a cura di M. Cubellis, Napoli 2002; 47. (1268-1294), a cura di R. Pilone, Napoli 2003; 48. (1293-1294), a cura di E. Castellano, Napoli 2005; 49. (1293-1294), a cura di L. Esposito, Napoli 2006; 50. (1267-1295), a cura di S. Palmieri, Napoli 2010.

Inguanez 1918 = M. Inguanez, *Le bolle pontificie di S. Spirito del Morrone conservate nell'archivio di Montecassino*, «Gli archivi italiani», 5 (1918), p. [dall'estratto con numerazione indipendente] 1-43.

Inguanez 1919 = M. Inguanez, *Carte medievali abruzzesi con firme in versi*, «Gli archivi italiani», 6 (1919), p. [dall'estratto con numerazione indipendente] 1-10.

Inguanez 1921 = M. Inguanez, *Notizie di codici di monasteri e chiese medievali*, «Gli archivi italiani», 8 (1921), p. 3-8.

Jacovitti 1954 = E. Jacovitti, *Il santuario di Sant'Angelo presso Balsorano. Leggenda, storia, sviluppo*, Isola del Liri 1954.

Jamison 1972 = *Catalogus Baronum*, a cura di E. Jamison, Roma 1972 (Istituto storico italiano per il medio evo. Fonti per la storia d'Italia, 101).

Johrendt 2012 = J. Johrendt, *Il Capitolo di San Pietro, i papi e Roma nei secoli XI-XIII*, Città del Vaticano 2012.

Jordan 1893-1955 = *Les registres de Clément IV*, a cura di E. Jordan, Paris 1893-1955.

Josi-Celletti 1961 = E. Josi-M.C. Celletti, *Agapito, santo martire di Preneste*, in *Bibliotheca sanctorum*, I, Roma 1961, col. 313-315.

Kamp 1971 = N. Kamp, *Brancaleoni, Andrea*, in *Dizionario biografico degli italiani*, 13, Roma 1971 [testo disponibile all'url <https://bit.ly/3Ok9wxK> (data consultazione: 19 maggio 2023)].

Kamp 1973-1982 = N. Kamp, *Kirche und Monarchie im staufischen Königreich Sizilien*, I. *Prosopographische Grundlegung: Bistümer und Bischöfe des Königreichs 1194-1266*, I-IV, München 1973-1982 (Münstersche Mittelalter-Schriften, 10/I.1-4).

Kamp 1975 = N. Kamp, *Capoferro*, in *Dizionario biografico degli italiani*, 18, Roma 1975 [testo disponibile all'url <https://bit.ly/3BCH4zv> (data consultazione: 19 maggio 2023)].

Kamp 2000 = N. Kamp, *Clemente IV*, in *Enciclopedia dei papi*, Roma 2000 [testo disponibile all'url <https://bit.ly/41NHkGz> (data consultazione: 19 maggio 2023)].

Kiesewetter 1992 = A. Kiesewetter, *Karl II. von Anjou, Konig von Neapel und Graf der Provence. Das Konigreich Neapel und der Mittelmeerraum zu Ausgang des 13. Jahrhunderts*, Wurzburg 1992.

Kiesewetter 1998 = A. Kiesewetter, *La cancelleria angioina*, in *L'état angevin. Pouvoir, culture et société entre XIIIe et XIVe siècle*. Actes du colloque international, Rome-Naples, 7-11 novembre 1995, Roma 1998 (Istituto storico italiano per il medio evo. Nuovi studi storici, 45. Collection de l'École française de Rome, 245), p. 361-415 [testo disponibile all'url <https://bit.ly/3iF2LJq> (data consultazione: 19 maggio 2023)].

Koller 2007 = W. Koller, *Manfredi, re di Sicilia*, in *Dizionario biografico degli italiani*, 68, Roma 2007 [testo disponibile all'url <https://bit.ly/3oaGgyL> (data consultazione: 19 maggio 2023)].

La cattedrale di San Panfilo 1980 = *La cattedrale di San Panfilo a Sulmona*, Milano 1980.

La memoria silenziosa 2000 = *La memoria silenziosa. Formazione, tutela e status giuridico degli archivi monastici nei monumenti nazionali*. Atti del convegno, Veroli-Abbazia di Casamari, 6-7 novembre 1998, Ferentino-Palazzo comunale, 8 novembre 1998, Roma 2000 (Pubblicazioni degli Archivi di Stato. Saggi, 62) [testo disponibile all'url <https://bit.ly/3ZxjdvN> (data consultazione: 19 maggio 2023)].

La provincia celestina 2013 = *La provincia celestina di Romagna. Indagini storiche locali e nuove prospettive di studio*. Atti del convegno di studi, Museo del Balì-Saltara (PU), 14 maggio 2011, a cura di A. Cicerchia-S. Giombi-U. Paoli, Ancona 2013 (Fonti e studi, 14).

La Roncière 1895-1959 = *Les registres d'Alexandre IV*, a cura di C. Bourel de La Roncière-J. de Loye-A. Coulon, Paris 1895-1959.

Langlois 1886-1893 = *Les registres de Nicolas IV*, a cura di E. Langlois, Paris 1886-1893.

Lauri 1910 = A. Lauri, *La grotta di Sant'Angelo in Balsorano. Guida illustrata*, Sora 1910.

Leccisotti 1966 = *Abbazia di Montecassino. I regesti dell'archivio, III. (Aula II: Capsule I-VII), Fondo di S. Spirito del Morrone (Parte I: sec. XI-XV)*, a cura di T. Leccisotti, Roma 1966 (Pubblicazioni degli Archivi di Stato, 58).

Leccisotti 1968 = *Abbazia di Montecassino. I regesti dell'archivio, IV. (Aula II: Capsule VIII-XII), Fondo di S. Spirito del Morrone (Parte II: sec. XVI)*, a cura di T. Leccisotti, Roma 1968 (Pubblicazioni degli Archivi di Stato, 60).

Leccisotti 1969 = *Abbazia di Montecassino. I regesti dell'archivio, V. (Aula II: Capsule XIII-XVII), Fondo di S. Spirito del Morrone (Parte III: sec. XVII-XVIII - Schede di professione sec. XV-XVIII)*, a cura di T. Leccisotti, Roma 1969 (Pubblicazioni degli Archivi di Stato, 64).

Léonard 1954 = E.G. Léonard, *Les Angevins de Naples*, Paris 1954 [edizione italiana: *Gli angioini di Napoli*, Milano 1967 e 1987].

Lepore 1995 = C. Lepore, Monasticon beneventanum. *Insediamenti monastici di regola benedettina in Benevento*, «Studi beneventani», 6 (1995), p. 25-168.

Licitra-Schiavetto 1995 = Stefano da Lecce, *Vita del beatissimo confessore Pietro Angelerio*, a cura di V. Licitra-F.L. Schiavetto, Isernia 1995.

Lori Sanfilippo 1984 = [I. Lori Sanfilippo], *Progetto di norme per l'edizione delle fonti documentarie*, «Bullettino dell'Istituto storico italiano per il medio evo e archivio muratoriano», 91 (1984), p. 491-503.

Maiorino 2015 = M. Maiorino, *Gli antefatti. L'archivio papale fra Quattro e Cinquecento negli antichi inventari*, in Religiosa Archivorum Custodia. *IV centenario della fondazione dell'Archivio Segreto Vaticano (1612-2012)*. Atti del convegno di studi, Città del Vaticano, 17-18 aprile 2012, Città del Vaticano 2015 (Collectanea Archivi Vaticani, 98), p. 23-64.

Manselli 2000 = R. Manselli, *Alessandro IV*, in *Enciclopedia dei papi*, Roma 2000 [testo disponibile all'url <https://bit.ly/3BAMISL> (data consultazione: 19 maggio 2023)].

Marazzi 2012 = F. Marazzi, *San Vincenzo al Volturno. L'abbazia e il suo* territorium *fra VIII e XII secolo. Note per la storia insediativa nell'Alta Valle del Volturno*. Presentazione di F. Avagliano, Montecassino 2012 (Archivio storico di Montecassino. Studi e documenti sul Lazio meridionale, 15).

Marinangeli 1996 = G. Marinangeli, *I Celestini nella Marsica*, in *I Celestini in Abruzzo. Figure, luoghi, influssi religiosi, culturali e sociali*. Atti del convegno, L'Aquila, 19-20 maggio 1995, L'Aquila 1996 (Deputazione abruzzese di storia patria), p. 277-308.

Marini 1630 = *Vita et miracoli di san Pietro del Morrone già Celestino papa V, autore della congreg(atione) de monaci celestini dell'ordine di san Benedetto, raccolta dal p. don Lelio Marino lodeggiano, abbate generale della medesima congregatione, dedicata al serenissimo sig(no)re principe Mauricio cardinale di Savoia del titolo di S. M(aria) in Via Lata, protettore de celestini*, Milano 1630 [testo disponibile all'url <https://bit.ly/3H9nsXp> (data consultazione: 19 maggio 2023)].

Marini 1999 = A. Marini, *L'instrumentum notarile attestante un miracolo relativo alla perdonanza di Celestino V. Introduzione ed edizione*, «Bullettino dell'Istituto storico italiano per il medio evo e archivio muratoriano», 102 (1999), p. 81-98.

Marini 2016 = *Il processo di canonizzazione di Celestino V*, 2, a cura di A. Marini, Firenze 2016 (Corpus coelestinianum, I/2).

Mattiocco 1989 = E. Mattiocco, *La secolare contesa per il possesso del territorio delle Campora di Sulmona*, «Bullettino della Deputazione abruzzese di storia patria», Numero speciale del centenario (1989), p. 247-320.

Mattiocco 1994 = E. Mattiocco, *Sulmona. Città e contado nel catasto del 1376*, Pescara 1994.

Mattiocco 1996 = E. Mattiocco, *Il complesso abbaziale di Santo Spirito al Morrone in un disegno del XVII secolo*, in *I Celestini in Abruzzo. Figure, luoghi, influssi religiosi, culturali e sociali*. Atti del convegno, L'Aquila, 19-20 maggio 1995, L'Aquila 1996 (Deputazione abruzzese di storia patria), p. 309-324.

Mattiocco-Sabatini 1996 = E. Mattiocco-G. Sabatini, *Il patrimonio dei Celestini del Morrone*, in *I Celestini in Abruzzo. Figure, luoghi, influssi religiosi, culturali e sociali*. Atti del convegno, L'Aquila, 19-20 maggio 1995, L'Aquila 1996 (Deputazione abruzzese di storia patria), p. 175-198.

Mercantini 2001 = A. Mercantini, *Giovanni da Castrociclo*, in *Dizionario biografico degli italiani*, 55, Roma 2001 [testo disponibile all'url <https://bit.ly/3OrhXaq> (data consultazione: 19 maggio 2023)].

Mercati 1932 = A. Mercati, *Il decreto e la lettera dei cardinali per l'elezione di Celestino V*, «Bullettino dell'Istituto storico italiano per il medio evo e archivio muratoriano», 48 (1932), p. 1-16.

Meriggi 2005 = A. Meriggi, *Corrado I d'Antiochia*, in *Federiciana*, Roma 2005 [testo disponibile all'url <https://bit.ly/3IoFFQZ> (data consultazione: 19 maggio 2023)].

Milani 1969 = M. Milani, *La chiesa parrocchiale di S. Bartolomeo ap. in Sora*, Casamari 1969.

Millin 1790 = A.L. Millin, *Antiquités nationales ou recueil de monumens pour servir à l'histoire générale et particulière de l'empire françois, tels que tombeaux, inscriptions, statues*, I, Paris 1790 [testo disponibile all'url <https://bit.ly/3iBmg5T> (data consultazione: 19 maggio 2023)].

Mollat 1904-1947 = *Lettres communes de Jean XXII (1316-1334)*, a cura di G. Mollat, Paris 1904-1947.

Morelli 1999 = G. Morelli, *L'Abruzzo nei manoscritti della Biblioteca Apostolica Vaticana*, L'Aquila 1999 (Documenti per la storia d'Abruzzo, 14).

Morizio 2003 = A. Morizio, *Un'istituzione religiosa dell'Abruzzo adriatico nel medioevo: la chiesa di S. Tommaso* de Verana *(1202-1334)*. Tesi di laurea, Chieti 2002.

Morizio 2007 = A. Morizio, *I Celestini dall'erudizione alla storiografia*, «Benedictina», 54 (2007), p. 133-161.

Morizio 2008 = A. Morizio, *Eremitismo e monachesimo in Italia tra XIII e XIV secolo: i «Celestini» di fra Pietro del Morrone. Storia e documenti (metà sec. XIII-1320)*. Tesi di dottorato, Padova 2008 [testo disponibile all'url <https://bit.ly/3IOvFkU> (data consultazione: 19 maggio 2023)].

Morizio 2016 = A. Morizio, Ad regulam congruentem convolare. *Riforma monastica di una canonica regolare abruzzese nel XIV secolo*, in Sodalitas. *Studi in memoria di don Faustino Avagliano*, a cura di M. Dell'Omo-F. Marazzi-F. Simonelli-C. Crova, Montecassino 2016 (Miscellanea cassinese, 86), p. 757-770.

Morizio 2019a = A. Morizio, *Codice diplomatico celestino. Introduzione*, «Benedictina», 66 (2019), p. 211-238.

Morizio 2019b = A. Morizio, *Un'epigrafe medievale nella chiesa di S. Tommaso di Paterno*, «Studi medievali e moderni», 23/2 (2019), p. 241-254.

Morizio 2020a = A. Morizio, *Codice diplomatico celestino (†1249-1280)*, «Benedictina», 67 (2020), p. 25-79.

Morizio 2020b = A. Morizio, *Codice diplomatico celestino (1281-1290)*, «Benedictina», 67 (2020), p. 233-296.

Morizio 2022 = A. Morizio, *Codice diplomatico celestino (1291-1295)*, «Benedictina», 69 (2022), p. 95-186.

Moroni 1841 = G. Moroni, *Dizionario di erudizione storico-ecclesiastica*, XI, Venezia 1841 [testo disponibile all'url <https://bit.ly/3COEM1u> (data consultazione: 19 maggio 2023)].

Moscati 1955 = A. Moscati, *Le vicende romane di Pietro del Morrone*, «Archivio della Società romana di storia patria», 78 (1955), p. 107-117.

Moscati 1956 = A. Moscati, *I monasteri di Pietro Celestino*, «Bullettino dell'Istituto storico italiano per il medio evo e archivio muratoriano», 68 (1956), p. 91-163.

Moscati 1957 = A. Moscati, *Due monasteri e le loro relazioni: S. Spirito di Maiella e S. Maria di Pulsano*, «Bullettino dell'Istituto storico italiano per il medio evo e archivio muratoriano», 69 (1957), p. 275-301.

Moscone 2006 = M. Moscone, *A proposito di delega di scrittura e* publica fides *del notaio: un'inedita consuetudine palermitana della seconda metà del XIII secolo*, «Mediterranea», 3/7 (2006), p. 315-330 [testo disponibile all'url <https://bit.ly/3COazQ4> (data consultazione: 19 maggio 2023)].

Muratori 1726 = *Chronicon fratris Francisci Pipini*, in L.A. Muratori, *Rerum italicarum scriptores*, IX, Mediolani 1726, col. 587-752 [testo disponibile all'url <https://bit.ly/3IOLzMg> (data consultazione: 19 maggio 2023)].

Muratori 1742 = L.A. Muratori, *Antiquitates italicae medii aevi*, VI, Mediolani 1742 [testo disponibile all'url <https://bit.ly/3Wf60oO> (data consultazione: 19 maggio 2023)].

Nessi 2019 = S. Nessi, *L'abbazia ducale di San Pietro di Ferentillo*, Spoleto 2019 (Quaderni del Centro per il collegamento degli studi medievali e umanistici in Umbria, 60).

Nicolaj 2002 = G. Nicolaj, Originale, authenticum, publicum: *una sciarada per il documento diplomatico*, in *Charters, Cartularies, and Archives. The Preservations and Transmission of Documents in the Medieval West*. Proceedings of a Colloquium of the Commission Internationale de Diplomatique, Princeton-New York, 16-18 September 1999, a cura di A.J. Kosto-A. Winroth, Toronto 2002, p. 8-21.

Nitschke 1977 = A. Nitschke, *Carlo II d'Angiò, re di Sicilia*, in *Dizionario biografico degli italiani*, 20, Roma 1977 [testo disponibile all'url <https://bit.ly/3MAtvae> (data consultazione: 19 maggio 2023)].

Novarese-Romano 2005 = D. Novarese-A. Romano, *Notai, Regno di Sicilia*, in *Federiciana*, Roma 2005 [testo disponibile all'url <https://bit.ly/3CQuOwp> (data consultazione: 19 maggio 2023)].

Novelli 1973 = L. Novelli, *Un manoscritto celestino della Biblioteca Malatestiana di Cesena*, «Benedictina», 20 (1973), p. 231-270.

Orsini 1723 = V.M. Orsini, *Synodicon dioecesanum S. Beneventanae Ecclesiae*, I, Beneventi 1723 [testo disponibile all'url <https://bit.ly/3CLiIVp> (data consultazione: 19 maggio 2023)].

Orsini 2001 = P. Orsini, *Celestini dentro le mura. I monasteri di S. Lucia e S. Pietro confessore a Sulmona*, in *Tra memoria e futuro. Sulmona e il suo territorio dall'archeologia ad internet*, Corfinio 2001, p. 9-24.

Orsini 2003 = *Inventario dell'archivio capitolare di S. Panfilo a Sulmona*, a cura di P. Orsini, Sulmona 2003.

Orsini 2005a = *Archivio capitolare della cattedrale di San Pelino a Corfinio. Inventario*, a cura di P. Orsini, Sulmona 2005.

Orsini 2005b = *Archivio storico della curia diocesana di Sulmona. Inventario*, a cura di P. Orsini, Sulmona 2005.

Pacichelli 1703 = G.B. Pacichelli, *Il regno di Napoli in prospettiva diviso in dodeci provincie*, Napoli 1703.

Paciocco 1994 = R. Paciocco, *I monasteri cistercensi in Abruzzo: le linee generali di uno sviluppo (fine sec. XII-inizi sec. XIV)*, in *I Cistercensi nel Mezzogiorno medioevale*. Atti del convegno internazionale di studio in occasione del IX centenario della nascita di Bernardo di Claivaux, Martiano-Latiano-Lecce, 25-27 febbraio 1991, a cura di H. Houben-B. Vetere, Galatina 1994 (Università degli Studi di Lecce. Saggi e ricerche, 24), p. 205-242.

Pagano 2012 = [S. Pagano], *Alla clemenza della santità vostra. Bolla di elezione di papa Celestino V*, Todi 2012.

Pagano 2015 = S. Pagano, *Paolo V e la fondazione del moderno Archivio Segreto Vaticano (1611-1612)*, in Religiosa Archivorum Custodia. *IV centenario della fondazione dell'Archivio Segreto Vaticano (1612-2012)*. Atti del convegno di studi, Città del Vaticano, 17-18 aprile 2012, Città del Vaticano 2015 (Collectanea Archivi Vaticani, 98), p. 15-22.

Palazzi 2005 = L. Palazzi, *Sulle tracce di Ludovico Zanotti da Cesena attraverso la documentazione celestina degli archivi abruzzesi*, in *Da Celestino V all'«Ordo Coelestinorum»*, a cura di M.G. Del Fuoco-L. Pellegrini, L'Aquila 2005 (Deputazione abruzzese di storia patria. Studi e testi, 29), p. 115-202.

Palazzi 2013 = L. Palazzi, *Sopravvivenze celestine. Le carte e gli archivi: storia, memoria, identità*, in *La provincia celestina di Romagna. Indagini storiche locali e nuove prospettive di studio*. Atti del convegno di studi, Museo del Balì-Saltara (PU), 14 maggio 2011, a cura di A. Cicerchia-S. Giombi-U. Paoli, Ancona 2013 (Fonti e studi, 14), p. 81-125.

Palumbo 2011 = C. Palumbo, *Intorno a Pietro del Morrone/Celestino V. Considerazioni storiografiche circa il luogo natale del santo e sulla sua spiritualità*, in Terra laboris felix terra. Atti delle prime, seconde e terze giornate celestiniane edite in onore della *peregrinatio* celestiniana in Terra di Lavoro, a cura di D. Caiazza, s.l. 2011, p. 273-322.

Panarelli 1997 = F. Panarelli, *Dal Gargano alla Toscana: il monachesimo riformato latino dei Pulsanesi (secoli XII-XIV)*, Roma 1997 (Istituto storico italiano per il medio evo. Nuovi studi storici, 38).

Panarelli 2005 = F. Panarelli, Quantum sit subiectionis bonum: *S. Maria di Pulsano, S. Pietro di Vallebona e S. Spirito a Maiella*, in *Da Celestino V all'«Ordo Coelestinorum»*, a cura di M.G. Del Fuoco-L. Pellegrini, L'Aquila 2005 (Deputazione abruzzese di storia patria. Studi e testi, 29), p. 251-266.

Pansa 1899 = G. Pansa, *L'antico regesto del monastero di Vallebona (an. 1149-1383)*, «Rassegna abruzzese di storia ed arte», 8 (1899), p. 182-191.

Pansa 1899-1900 = G. Pansa, *Regesto antico dell'insigne monastero di Collemaggio presso Aquila*, «Rassegna abruzzese di storia ed arte», 9 (1899), p. 248-262; 10 (1900), p. 73-89; 11-12 (1900), p. 234-251.

Pansa 1920 = G. Pansa, *Spigolature umanistiche abruzzesi. Inventarii di codici e mss. de' sec. XI-XV*, «Bollettino del bibliofilo», 2 (1920), p. 213-228.

Paoli 2004 = U. Paoli, *Fonti per la storia della congregazione celestina nell'Archivio Segreto Vaticano*, Cesena 2004 (Italia benedettina, 25).

Paoli 2013 = U. Paoli, *San Pietro Celestino e la sua congregazione monastica: dalle origini al Quattrocento*, in *La provincia celestina di Romagna. Indagini storiche locali e nuove prospettive di studio*. Atti del convegno di studi, Museo del Balì-Saltara (PU), 14 maggio 2011, a cura di A. Cicerchia-S. Giombi-U. Paoli, Ancona 2013 (Fonti e studi, 14), p. 3-37.

Paravicini Bagliani 1972 = A. Paravicini Bagliani, *Cardinali di curia e 'familiae' cardinalizie dal 1227 al 1254*, I-II, Padova 1972 (Italia sacra, 18-19).

Paravicini Bagliani 1980 = A. Paravicini Bagliani, *I testamenti dei cardinali del Duecento*, Roma 1980 (Miscellanea della Società romana di storia patria, 25).

Paravicini Bagliani 1995 = A. Paravicini Bagliani, *I vescovi del Duecento ed il papato*, in *Chiesa e società in Sicilia: i secoli XII-XVI*. Atti del II convegno internazionale organizzato dall'arcidiocesi di Catania, [Catania], 25-27 novembre 1993, a cura di G. Zito, Torino 1995, p. 21-36.

Paravicini Bagliani 2000 = A. Paravicini Bagliani, *Innocenzo IV*, in *Enciclopedia dei papi*, Roma 2000 [testo disponibile all'url <https://bit.ly/3Inb5aw> (data consultazione: 19 maggio 2023)].

Paravicini Bagliani 2010 = A. Paravicini Bagliani, *Il papato nel secolo XIII. Cent'anni di bibliografia (1875-2009)*, Firenze 2010 (Millennio medievale, 83. Strumenti e studi, nuova serie, 23).

Paris 1634 [testo disponibile all'url <https://bit.ly/3IFKQwL> (data consultazione: 19 maggio 2023)].

Pasztor 1987 = E. Pasztor, *Celestino V e Bonifacio VIII*, in *Indulgenza nel medioevo e perdonanza di papa Celestino*. Atti del convegno storico internazionale, L'Aquila, 5-6 ottobre 1984, a cura di A. Clementi, L'Aquila 1987 (Convegni celestiniani, 1), p. 61-78.

Paulus 1923 = N. Paulus, *Geschichte des Ablasses im Mittelalter*, II, Paderborn 1923.

Pavan 2013 = P. Pavan, *Orsini, Matteo Rosso*, in *Dizionario biografico degli italiani*, 79, Roma 2013 [testo disponibile all'url <https://bit.ly/41P2nst> (data consultazione: 19 maggio 2023)].

Pellegrini 1988 = L. Pellegrini, *Abruzzo medioevale. Un itinerario storico attraverso la documentazione*, Altavilla Silentina 1988 (Studi e ricerche sul Mezzogiorno medievale, 6).

Pellegrini 2000 = L. Pellegrini, *«Che sono queste novità?». Le* religiones novae *in Italia meridionale (secoli XIII e XIV)*, Napoli 2000 (Mezzogiorno medievale e moderno, 1).

Pellegrini 2005 = L. Pellegrini, *«Che sono queste novità?». Le* religiones novae *in Italia meridionale (secoli XIII e XIV)*. Seconda edizione riveduta, aggiornata e accresciuta, Napoli 2005 (Mezzogiorno medievale e moderno, 1).

Pellegrini 2016 = L. Pellegrini, *Da S. Pietro delle Monache all'Ordo S. Damiani. Le vicende di una dipendenza cassinese nell'Abruzzo adriatico*, in Sodalitas. *Studi in memoria di don Faustino Avagliano*, a cura di M. Dell'Omo-F. Marazzi-F. Simonelli-C. Crova, Montecassino 2016 (Miscellanea cassinese, 86), p. 909-920.

Pellegrini 2021 = L. Pellegrini, *Abruzzo medievale. Raccolta di studi*, Roma 2021 (Istituto storico italiano per il medio evo. Fonti e studi dell'Italia mediana. Studi, 1).

Penco 1997 = G. Penco, *I Celestini nella storia religiosa del Trecento*, «Benedictina», 44 (1997), p. 345-377.

Petraroia 1992 = P. Petraroia, *Bominaco*, in *Enciclopedia dell'arte medievale*, Roma 1992 [testo disponibile all'url <https://bit.ly/3BAqHUa> (data consultazione: 19 maggio 2023)].

Petrone 2021 = N. Petrone, *La chiesa e il convento di san Francesco in Castelvecchio Subequo dal 1288 al 2021*, Rocca San Giovanni 2021.

Petrucci 1963 = A. Petrucci, *L'edizione delle fonti documentarie: un problema sempre aperto*, «Rivista storica italiana», 75 (1963), p. 69-80 [ristampa in Id., *Scrittura, documentazione, memoria. Dieci scritti e un inedito (1963-2009)*. Premessa di A. Bartoli Langeli, Roma 2018 (Il mondo degli archivi. I quaderni, numero speciale), p. 21-36; testo disponibile all'url <https://bit.ly/3H69qpn> (data consultazione: 19 maggio 2023)].

Piergiovanni 2009 = *Il notaio e la città. Essere notaio: i tempi e i luoghi (secc. XII-XV)*. Atti del convegno di studi storici, Genova, 9-10 novembre 2007, a cura di V. Piergiovanni, Milano 2009 (Studi storici sul notariato italiano, 13).

Pietrantonio 1988 = U. Pietrantonio, *Il monachesimo benedettino nell'Abruzzo e nel Molise*, Lanciano 1988 (Documenti e storia, 5).

Pinto 2013 = F. Pinto, *Giovanni Pipino. Un barlettano alla corte di tre re*, Barletta 2013.

Pio 1998 = B. Pio, *Appunti per la storia di una grande dinastia feudale: i Pagliara*, «Aprutium», 16 (1998), p. 217-229.

Pistilli 2005 = *Santa Maria Maggiore a Guardiagrele. La vicenda medievale*, a cura di P.F. Pistilli, Guardiagrele 2005.

Potthast 1875 = A. Potthast, *Regesta pontificum Romanorum inde ab a. post Christum natum MCXCVIII ad a. MCCCIV*, II, Berolini 1875 [ristampa anastatica, Graz 1957].

Pratesi 1957 = A. Pratesi, *Una questione di metodo: l'edizione delle fonti documentarie*, «Rassegna degli Archivi di Stato», 17 (1957), p. 312-333 [ristampa in Id., *Tra carte e notai. Saggi di diplomatica dal 1951 al 1991*, Roma 1992 (Miscellanea della Società romana di storia patria, 35), p. 7-31; testo disponibile all'url <https://bit.ly/3iHgzDa> (data consultazione: 19 maggio 2023)].

Pratesi 1987 = A. Pratesi, *Genesi e forme del documento medievale*. Seconda edizione, Roma 1987 (Guide, 3).

Pratesi-Cherubini 2017-2019 = Iohannis Berardi *Liber instrumentorum seu chronicorum monasterii casauriensis seu chronicon casauriense*. Edizione critica a cura di A. Pratesi (†)-P. Cherubini, I-IV, Roma 2017-2019 (Istituto storico italiano per il medio evo. Fonti per la storia dell'Italia medievale. Rerum italicarum scriptores, Terza serie, 14-14****).

Prou 1886-1888 = *Les registres d'Honorius IV*, a cura di M. Prou, Paris 1886-1888.

Ranieri 1927 = F.P. Ranieri, *Guardiagrele. Memorie e monumenti paesani*, a cura di R. Ranieri, Lanciano 1927.

Rascato 2000 = E. Rascato, *L'abbazia di S. Lorenzo* ad Septimum *tra ieri e oggi*, in *Guitmondo di Aversa. La cultura europea e la riforma gregoriana nel Mezzogiorno*. Atti del convegno internazionale di studi, Cassino-Aversa, 13-15 novembre 1997, a cura di L. Orabona, III, Napoli 2000 (Chiese del Mezzogiorno, 15), p. 85-102.

Regestum 1884-1892 = *Regestum Clementis papae V*, editum cura et studio monachorum O.S.B., Romae 1885-1892.

Religiosa archivorum custodia 2015 = Religiosa Archivorum Custodia. *IV centenario della fondazione dell'Archivio Segreto Vaticano (1612-2012)*. Atti del convegno di studi, Città del Vaticano, 17-18 aprile 2012, Città del Vaticano 2015 (Collectanea Archivi Vaticani, 98).

Rezza-Stocchi 2008 = D. Rezza-M. Stocchi, *Il Capitolo di San Pietro in Vaticano dalle origini al XX secolo*, I. *La storia e le persone*, Città del Vaticano 2008.

Rizzi Zannoni 1806 = G.A. Rizzi Zannoni, *Atlante geografico del regno di Napoli. Abruzzo ultra II: Aquila*, Napoli 1806 [Napoli, Biblioteca universitaria; carta geografica disponibile all'url <https://bit.ly/3WfXZkY> (data consultazione: 19 maggio 2023)].

Runciman 1976 = S. Runciman, *I vespri siciliani. Storia del mondo mediterraneo alla fine del tredicesimo secolo*, Milano 1976 [edizione originale: Londra 1958].

Rusconi 2013 = R. Rusconi, *Il gran rifiuto. Perché un papa si dimette*, Brescia 2013.

Sabatini 1991 = G. Sabatini, *Documenti per la storia della proprietà ecclesiastica in Abruzzo: l'atto della donazione della quarta parte del monte Morrone*, «Bullettino della Deputazione abruzzese di storia patria», 81 (1991), p. 357-370.

Sabatini 1994 = G. Sabatini, *Una breve nota sui regesti manoscritti di Ludovico Zanotti nell'archivio Pansa di Sulmona*, in *Incontri culturali dei soci*, III, Scanno, 29 maggio 1994, L'Aquila 1994 (Deputazione abruzzese di storia patria), p. 65-69.

Saladino 1957 = A. Saladino, *Una singolare fonte di storia celestina*, «Atti della Accademia Pontaniana», nuova serie, 6 (1956-1957), p. 157-172.

Salvati 1973 = C. Salvati, *Note su alcuni documenti degli archivi capitolari di Isernia e di Troia*, «Benedictina», 20 (1973), p. 67-90.

Santoro 2008 = D. Santoro, *Marzano, Tommaso*, in *Dizionario biografico degli italiani*, 71, Roma 2008 [testo disponibile all'url <https://bit.ly/3XcR6Rd> (data consultazione: 19 maggio 2023)].

Savini 1898 = F. Savini, *Il cardinal Tommaso «de Ocra o de Aprutio» e il suo testamento del 1300*, «Archivio storico italiano», quinta serie, 22 (1898), p. 87-101.

Scalfati 1991 = S.P.P. Scalfati, *Per l'edizione delle fonti documentarie*, «Schede medievali», 20-21 (1991), p. 132-140 [testo disponibile all'url <https://bit.ly/3w5d7p3> (data consultazione: 19 maggio 2023)].

Scalfati 1993 = S.P.P. Scalfati, *Trascrizioni, edizioni, regesti. Considerazioni su problemi e metodi di pubblicazione delle fonti documentarie*, in Id., *La Forma e il Contenuto. Studi di scienza del documento*, Pisa 1993, p. 31-50 [testo disponibile all'url <https://bit.ly/3QFmnJW> (data consultazione: 19 maggio 2023)].

Scaroina-Somma 2015 = L. Scaroina-M.C. Somma, Bovianum *(Bojano)*. Introduzione, in *Fana, templa, delubra. Corpus dei luoghi di culto dell'Italia antica (FTD)*-3. *Regio IV: Alife, Bojano, Sepino*, Paris 2015 [testo disponibile all'url <https://bit.ly/3BIhsRL> (data consultazione: 15 maggio 2023)].

Schedario Baumgarten = *Schedario Baumgarten. Descrizione diplomatica di bolle e brevi originali da Innocenzo III a Pio IX*. Riproduzione anastatica, Introduzione e indici a cura di G. Battelli, I. *Innocenzo III-Innocenzo IV (An. 1198-1254)*, Città del Vaticano 1965, II. *Alessandro IV-Benedetto XI (An. 1254-1304)*, Città del Vaticano 1966, III. *Clemente V-Martino V (An. 1305-1431)*, Città del Vaticano 1983.

Schiavetto 1996 = F.L. Schiavetto, *Il codice Vat. Lat. 14517 con la «Vita beatissimi confessoris Petri Angelerii» di Stefano da Lecce*, in *I Celestini in Abruzzo. Figure, luoghi, influssi religiosi, culturali e sociali*. Atti del convegno, L'Aquila, 19-20 maggio 1995, L'Aquila 1996 (Deputazione abruzzese di storia patria), p. 325-330.

Sella 1936 = Rationes decimarum Italiae. Aprutium-Molisium. *Le decime dei secoli XIII-XIV*, a cura di P. Sella, Città del Vaticano 1936 (Studi e testi, 69).

Sella 1944 = Sella P., *Glossario latino-italiano. Stato della Chiesa, Veneto, Abruzzi*, Città del Vaticano 1944 (Studi e testi, 109).

Sena 1995 = L. Sena, *Storia e tradizione agiografica nella «Vita Silvestri»*, Fabriano 1995 (Bibliotheca Montisfani, 24).

Sensi 2001 = M. Sensi, *L'indulgenza della Porziuncola e la perdonanza di Celestino V*, in *I giubilei nella storia della chiesa*. Atti del congresso internazionale in collaborazione con l'École française de Rome sotto il patrocinio del Comitato centrale per il giubileo del 2000, Roma-Istituto Patristico Augustinianum, 23-26 giugno 1999, Città del Vaticano 2001 (Pontificio comitato di scienze storiche. Atti e documenti, 10), p. 179-223.

Seppelt 1921 = F.X. Seppelt, Monumenta Coelestiniana. *Quellen zur Geschichte des Papstes Coelestin V.*, Paderborn 1921 (Quellen und Forschungen aus dem Gebiete der Geschichte, 19).

Silanos 2013 = P. Silanos, *Orsini, Francesco di Napoleone, Dizionario biografico degli italiani*, 79, Roma 2013 [testo disponibile all'url <https://bit.ly/3MC62V5> (data consultazione: 19 maggio 2023)].

Simonelli 1997 = *Le carte di S. Spirito del Morrone (1010-1250)*, I, a cura di F. Simonelli. Prefazione di A. Pratesi, Montecassino 1997 (Miscellanea cassinese, 76).

Solvi 1999 = D. Solvi, *Per la storia del pontificato di Celestino V*, in *Da Pietro del Morrone a Celestino V*. Atti del IX convegno storico, L'Aquila, 26-27 agosto 1994 (settimo centenario dell'elezione e della rinuncia al pontificato), a cura di W. Capezzali, L'Aquila 1999 (Convegni celestiniani, 9), p. 19-34.

Spinelli 1664 = V. Spinelli, *Vita di s. Pietro del Morrone papa detto Celestino quinto*, Roma 1664 [testo disponibile all'url <https://bit.ly/3QKYvVl> (data consultazione: 19 maggio 2023)].

Spinelli 1976 = G. Spinelli, *I monasteri benedettini della diocesi di Bergamo. Repertorio*, Cesena 1976 (Centro storico benedettino italiano. Quinto bollettino informativo) [ristampa in *La presenza dei benedettini a Bergamo e nella Bergamasca*. Catalogo della mostra, Centro San Bartolomeo, 16 settembre-21 ottobre, Bergamo 1982 (Fonti per lo studio nel territorio bergamasco)].

Spinelli 1994 = *Il monastero di Pontida tra medioevo e rinascimento*. Atti della giornata di studio, Pontida, 16 novembre 1991, a cura di G. Spinelli, Bergamo 1994 (Contributi allo studio del territorio bergamasco, 12).

Spinelli 1996 = *San Giacomo di Pontida. Nove secoli di storia, arte e cultura*, a cura di G. Spinelli, Pontida 1996.

Squilla 1967 = G. Squilla, *La grotta di Sant'Angelo in Balsorano (L'Aquila) da Bonifacio VIII ad oggi*, Casamari 1967.

Sthamer 1994 = E. Sthamer, *Beitrage zur Verfassungsund Verwaltungsgeschichte des Konigreichs Sizilien im Mittelalter*, a cura di H. Houben, Aalen 1994.

Sticca 1987 = S. Sticca, *Pietro Celestino: l'anacoreta*, in *Indulgenza nel medioevo e perdonanza di papa Celestino*. Atti del convegno storico internazionale, L'Aquila, 5-6 ottobre 1984, a cura di A. Clementi, L'Aquila 1987 (Convegni celestiniani, 1), p. 103-131.

Stocchi 2010 = M. Stocchi, *Il Capitolo Vaticano e le "ecclesiae subiectae" nel Medioevo. I cataloghi dei secoli XIII-XIV*, Città del Vaticano 2010 (Quaderno d'archivio, 1).

Susi 1999 = E. Susi, *Tommaso da Sulmona biografo di Pietro Celestino*, in *Da Pietro del Morrone a Celestino V*. Atti del IX convegno storico, L'Aquila, 26-27 agosto 1994 (settimo centenario dell'elezione e della rinuncia al pontificato), a cura di W. Capezzali, L'Aquila 1999 (Convegni celestiniani, 9), p. 93-108.

Taleb 2007 = N.N. Taleb, *The black swan. The impact of the highly improbable*, New York 2007 [edizione italiana: *Il cigno nero. Come l'improbabile governa la nostra vita*. Traduzione di E. Nifosi, Milano 2008].

Tedeschi 2016 = C. Tedeschi, *Monasteri dell'Abruzzo adriatico: un dossier documentario (1019-1065)*, «Mélanges de l'École française de Rome-Moyen Âge», 128/2 (2016) [testo disponibile all'url <https://bit.ly/3oh1j2E> (data consultazione: 19 maggio 2023)].

Telera 1648 = *Historie sagre degli huomini illustri per santità della congregatione de celestini, dell'ordine di s. Benedetto, raccolte e descritte da d. Celestino Telera da Manfredonia, già abbate diffinitore e poi abbate generale della medesima congregatione*, Bologna 1648.

Telera 1689 = *Historie sagre degli huomini illustri per santità della congregatione de celestini, dell'ordine di s. Benedetto, raccolte e descritte da d. Celestino Telera da Manfredonia, già abbate diffinitore e poi abbate generale della medesima congregatione*, Napoli 1689 [testo disponibile all'url <https://bit.ly/3kkDrJh> (data consultazione: 19 maggio 2023)].

Telera 2017 = G. Telera, *L'abate Telera da Manfredonia, esegeta di Celestino V*, Manfredonia 2017 (Collana di ricerca storica, 7).

Terra Abrami 1980 = S. Terra Abrami, *Tre badie benedettine nel cuore dell'Abruzzo. S. Pietro ad Oratorium, S. Benedetto in Perillis, Bominaco*, «Bullettino della Deputazione abruzzese di storia patria», 70 (1980), p. 285-318.

Thomas 1884-1939 = *Les registres de Boniface VIII*, a cura di G. Digard, M. Faucon, A. Thomas, R. Fawtier, Paris 1884-1939.

Tognetti 1982 = G. Tognetti, *Criteri per la trascrizione di testi medievali latini e italiani*, Roma 1982 (Quaderni della rassegna degli Archivi di Stato, 51) [testo disponibile all'url <https://bit.ly/3GF80kt> (data consultazione: 19 maggio 2023)].

Toomaspoeg 2009 = *Decimae. Il sostegno economico dei sovrani alla Chiesa del Mezzogiorno nel XIII secolo. Dai lasciti di Eduard Sthamer e Norbert Kamp*, a cura di K. Toomaspoeg, Roma 2009 (Ricerche dell'Istituto storico germanico di Roma, 4).

Trifone 1921 = *La legislazione angioina*. Edizione critica a cura di R. Trifone, Napoli 1921 (Società napoletana di storia patria. Documenti per la storia dell'Italia meridionale, 1).

Tropeano 2005 = M.P. Tropeano, *Montevergine*, in *Federiciana*, Roma 2005 [testo disponibile all'url <https://bit.ly/3Ob7wbg> (data consultazione: 19 maggio 2023)].

Trottmann 2000 = C. Trottmann, *Giovanni XXII*, in *Enciclopedia dei papi*, Roma 2000 [testo disponibile all'url <https://bit.ly/3MEqnKC> (data consultazione: 19 maggio 2023)].

Ughelli 1720 = F. Ughelli, *Italia Sacra*, editio secunda aucta et emendata cura et studio N. Coleti, V, Venetiis 1720.

Ughelli 1721 = F. Ughelli, *Italia Sacra*, editio secunda aucta et emendata cura et studio N. Coleti, VIII, Venetiis 1721.

Ursini 2014 = F. Ursini, *Benedetto XVI*, in *Enciclopedia dei papi*, Roma 2014 [testo disponibile all'url <https://bit.ly/43bsPxz> (data consultazione: 19 maggio 2023)].

Valeri 1991 = B. Valeri, *La chiesa di S. Antonio Abate e i Celestini nella storia di Ferentino*, in *La chiesa di Celestino V: S. Antonio abate a Ferentino*. Atti dei convegni, Ferentino, 19 maggio 1991, 20-21 giugno 1991, Casamari 1991 (Associazione culturale «Gli Argonauti»), p. 5-15.

Vendittelli 2000 = M. Vendittelli, *Onorio IV*, in *Enciclopedia dei papi*, Roma 2000 [testo disponibile all'url <https://bit.ly/41RRiqu> (data consultazione: 19 maggio 2023)].

Vendittelli 2006 = M. Vendittelli, *Malabranca, Latino*, in *Dizionario biografico degli italiani*, 67, Roma 2006 [testo disponibile all'url <https://bit.ly/41QdQrH> (data consultazione: 19 maggio 2023)].

Vescovi e diocesi 1964 = *Vescovi e diocesi in Italia nel medioevo (sec. IX-XIII)*. Atti del II convengo di storia della Chiesa in Italia, Roma, 5-9 settembre 1961, Padova 1964 (Italia sacra, 5).

Vescovi e diocesi in Italia 1990 = *Vescovi e diocesi in Italia dal XIV alla metà del XVI secolo*. Atti del VII convegno di storia della Chiesa in Italia, Brescia, 21-25 settembre 1987, a cura di G. De Sandre Gasparini-A. Rigon-F. Trolese-G.M. Varanini, I-II, Roma 1990 (Italia sacra, 43-44).

Vian 2000 = P. Vian, *Innocenzo V, beato*, in *Enciclopedia dei papi*, Roma 2000 [testo disponibile all'url <https://bit.ly/41MgnTM> (data consultazione: 19 maggio 2023)].

Viti 1972 = A. Viti, *Note di diplomatica ecclesiastica sulla contea di Molise dalle fonti delle pergamene capitolari di Isernia. Città e diocesi dall'età longobarda alla aragonese*, Napoli 1972.

Vitolo 1986 = G. Vitolo, *Il regno angioino*, in *Storia del Mezzogiorno*, IV, Roma 1986, p. 11-86.

Vitolo 1998 = G. Vitolo, *Il monachesimo benedettino nel Mezzogiorno angioino: tra crisi e nuove esperienze religiose*, in *L'état angevin. Pouvoir, culture et société entre XIIIe et XIVe siècle*. Actes du colloque international, Rome-Naples, 7-11 novembre 1995, Roma 1998 (Istituto storico italiano per il medio evo. Nuovi studi storici, 45. Collection de l'École française de Rome, 245), p. 205-220.

Waley 1982 = D. Waley, *Colonna, Giacomo*, in *Dizionario biografico degli italiani*, 27, Roma 1982 [testo disponibile all'url <https://bit.ly/3Mk4eQ8> (data consultazione: 19 maggio 2023)].

Walter 1966 = I. Walter, *Benedetto*, in *Dizionario biografico degli italiani*, 8, Roma 1966 [testo disponibile all'url <https://bit.ly/3WiMIAD> (data consultazione: 19 maggio 2023)].

Walter 1969 = I. Walter, *Boccamazza, Giovanni*, in *Dizionario biografico degli italiani*, 11, Roma 1969 [testo disponibile all'url <https://bit.ly/3ofjxSi> (data consultazione: 19 maggio 2023)].

Walter 1971 = I. Walter, *Brancaccio, Landolfo*, in *Dizionario biografico degli italiani*, 13, Roma 1971 [testo disponibile all'url <https://bit.ly/41Js2Tm> (data consultazione: 19 maggio 2023)].

Walter 2000 = I. Walter, *Benedetto XI, beato*, in *Enciclopedia dei papi*, Roma 2000 [testo disponibile all'url <https://bit.ly/42Zok9c> (data consultazione: 19 maggio 2023)].

Zacchè 2012 = *Le conseguenze sugli archivi ecclesiastici del processo di unificazione nazionale: soppressioni, concentrazioni, dispersioni*. Atti del convegno, Modena, 19 ottobre 2011, a cura di G. Zacchè, Modena 2012 (Atti dei convegni del Centro studi nazionale sugli archivi ecclesiastici, 16).

Zafarana 1966 = Z. Zafarana, *Berardo*, in *Dizionario biografico degli italiani*, 8, Roma 1966 [testo disponibile all'url <https://bit.ly/45qe247> (data consultazione: 19 maggio 2023)].

Zanotti, *Archivia* = L. Zanotti, *Archivia coelestinorum. Registrum scripturarum quae in archivio sacri monasterii Sancti Spiritus de Magella conservantur*, (Monogramma) 1644. *Registrum scripturarum caelestinorum quae in archivio venerabilis abbatiae Sancti Spiritus de Murrone prope Sulmonem conservantur*, (Monogramma) 1650. *Registrum scripturarum quae in monasterio Sancti Salvatoris civitatis Pennensis conservantur*, senza data. *Registrum scripturarum quae in archivio venerabilis monasterii Sanctae Mariae de Collemadio prope Aquilam conservantur*, (Monogramma) 1653. *Registrum scripturarum quae conservantur in monasterio Sancti Ioannis baptistae caelestinorum de Gipso*, (Monogramma) 1654. *Registrum scripturarum quae in archivio venerabilis monasterii Sancti Hieronymi de Caesena conservantur*, 1663. *Registrum scripturarum monasterii Sancti Stephani de Bononia*, 1665. Manoscritto del secolo XVII, Montecassino, Archivio dell'abbazia, Fondo di S. Spirito del Morrone, senza segnatura [riproduzione anastatica, *Regesti celestini di Ludovico Zanotti*, VI, L'Aquila 1996 (Deputazione di storia patria negli Abruzzi. Abbazia benedettina Montecassino)].

Zanotti, *Digestum* = *Digestum scripturarum coelestinae congregationis iuxta temporum seriem collectarum a Ludovico Zanotto de Caesena sacrae theologiae professore in eadem congregatione abbate*, 1643. Manoscritto del secolo XVII, Montecassino, Archivio dell'abbazia, Fondo di S. Spirito del Morrone, senza segnatura [riproduzione anastatica, *Regesti celestini di Ludovico Zanotti*, II-V, L'Aquila 1994-1996 (Deputazione di storia patria negli Abruzzi. Abbazia benedettina Montecassino)].

Zecca 1858 = V. Zecca, *Memorie artistiche istoriche della badia di S. Spirito sul monte Maiella con cenni biografici degl'illustri monaci che vi dimorarono ed un'appendice sulla badia del Morrone presso Sulmona*, Napoli 1858 [ristampa anastatica, Toronto 1981].

Zimei 1999 = E. Zimei, *Fonti documentarie del pontificato di Celestino V*, in *Da Pietro del Morrone a Celestino V*. Atti del IX convegno storico, L'Aquila, 26-27 agosto 1994 (settimo centenario dell'elezione e della rinuncia al pontificato), a cura di W. Capezzali, L'Aquila 1999 (Convegni celestiniani, 9), p. 53-70.

Zullo 1996 = E. Zullo, *La cattedrale di Isernia. Il monumento simbolo della città attraverso i secoli: origini, distruzioni e restauri*, Venafro 1996.

CODICE DIPLOMATICO CELESTINO

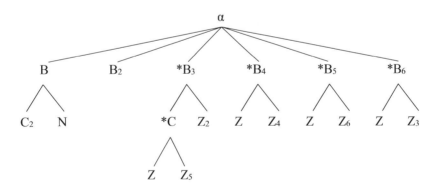

†1.

LITTERAE FALSAE

1249 febbraio 25, Roma, S. Pietro

Innocenzo IV concede un'indulgenza di duecento anni e duecento quarantene ai fedeli che, in determinate festività e ricorrenze, avranno visitato devotamente il monastero di S. Spirito presso Sulmona o un altro monastero, priorato o luogo a esso soggetto. Concede, inoltre, quaranta giorni di indulgenza a tutti i fedeli che saranno stati presenti alla predicazione.

Splendor paterne glorie.

Falso <del secolo XIV *exeunte?*> con la seguente tradizione: Copia semplice <del secolo XIV *exeunte?*> [B], Sulmona, Archivio capitolare di S. Panfilo, Archivio nuovo, Fondi e serie di archivi aggregati, S. Spirito del Morrone, I.3.29. Copia semplice <del secolo XIV *exeunte?*> [B₂], Chieti, Archivio arcivescovile, Fondo pergamenaceo, Teate 286 bis. Copia autentica del 1421 gennaio 2 deperdita [*B₃], già *Archivio del monastero di S. Spirito della Maiella (Zanotti, *Digestum*, II.1, p. 153-154). Copia autentica del 1430 deperdita [*C], già *Archivio del monastero di S. Giorgio di Novi (Zanotti, *Digestum*, II.1, p. 157; da *B₃). Copia semplice deperdita [*B₄], già *Archivio del monastero di S. Pietro Celestino di Urbino (Zanotti, *Digestum*, II.1, p. 156). Copia semplice deperdita [*B₅], già *Archivio del monastero di S. Pietro a Maiella di Napoli (Zanotti, *Digestum*, II.1, p. 158). Copia semplice deperdita [*B₆], già *Archivio personale di Ludovico Zanotti (Zanotti, *Digestum*, II.1, p. 155). Copia semplice del secolo XVII [Z], Zanotti, *Digestum*, II.1, p. 149-150 («ex tabella antiqua quae in ecclesia Sancti Petri Celestini <*così*> de Urbino conservantur. Item ex alia tabella antiqua quae in ecclesia Sancti Petri ad Maiellam de Neapoli conservatur. Item ex transumpto transumpti quod in monasterio Sancti Georgii de Novo conservatur. Item ex alio transumpto antiquo in carta bergamena apud me existenti» = *B₄, *B₅, *C, *B₆). Copia semplice del secolo XVII [Z₂], Zanotti, *Digestum*, II.1, p. 153-154 («ex […] imperfecta quae in monasterio Sancti Spiritus de Maiella conservatur» = *B₃). Copia semplice del secolo XVII [Z₃], Zanotti, *Digestum*, II.1, p. 155 («ex copia antiquissima quae cum aliis indulgentiis apud me asservatur» = *B₆). Copia semplice del secolo XVII [Z₄], Zanotti, *Digestum*, II.1, p. 156 («ex tabella antiqua in ecclesia Sancti Petri Caelestini de Urbino» = *B₄). Copia semplice del secolo XVII [Z₅], Zanotti, *Digestum*, II.1, p. 157 («ex transumpto authentico de anno 1430 quod in monasterio Sancti Georgii de Novo conservatur, facto ex alio transumpto authentico de anno 1421» = *C). Copia semplice del secolo XVII [Z₆], Zanotti, *Digestum*, II.1, p. 158 («ex tabella antiqua in ecclesia Sancti Petri ad Magellam de Neapoli» = *B₅). Copia semplice del secolo XVIII [C₂], Città del Vaticano, Archivio apostolico vaticano, Fondo celestini II, 44, f. 54r-v. Notizia del 1623 [N], Montecassino, Archivio dell'abbazia, Fondo di S. Spirito del Morrone, 1930.

Stemma chartarum:

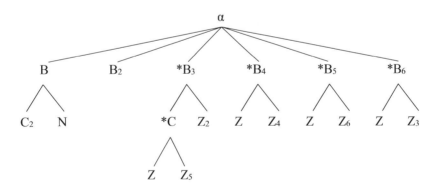

Edizioni: Beurrier 1634, p. 88-90 (con data 1248 febbraio 25). Faraglia 1888, p. 68-69 n. 54 (da B; con data 1248 febbraio 25). Cantera 1892, p. 9 nota 1 (da Faraglia 1888).

Regesti: Zanotti, *Digestum*, II.1, p. 11 (con data «1249 vel 1251, 25 februarii»). Zanotti, *Archivia*, –. Potthast 1875, p. 1112 n. 13232. Berger 1881-1921, –. Inguanez 1918, p. 11 n. 13 (con data 1276 febbraio 25). Leccisotti 1966, p. 42-43 (con data 1276 febbraio 25). Paoli 2004, p. 356. Morizio 2008, p. 281-282 n. 1. Morizio 2020a, p. 39-40 n. 1.

Bibliografia: Zanotti, *Digestum*, II.1, p. 151. Cantera 1892, p. 8-9. Celidonio 1896, p. 279 (con data 1248 febbraio 25). Paulus 1923, p. 16 nota 4. Baethgen 1934, p. 272 nota 3. Moscati 1956, p. 100. Capograssi 1962, p. 330 n. 23. Orsini 2003, p. 700 n. 23 (6111). Paoli 2004, p. 4 nota 4. Herde 2004, p. 13 nota 39. Pellegrini 2005, p. 320-322. Morizio 2008, *passim*.

L. Zanotti annota: «Li suddetti quattro transunti non solo sono alterati, scorretti e pieni di molti errori, ma anco diversi l'un dall'altro, et in veci di S. Spirito della Maiella, dicono S. Spirito di Sulmona, quale in quel tempo non era ancora edificato. Però si deve far diligenza di ritrovare l'originale e da quello estraherne fidelmente copia ad verbum. Come anco si devono ritrovare li proprii originali d'alcune altre indulgentie perpetue per chi visita le nostre chiese, concesse da altri sequenti sommi pontefici, il sommario delli quali fu stampato in Bologna l'anno 1592 et anco in Milano. Ma però sino ad hora non ho potuto ritrovare gl'originali» (Zanotti, *Digestum*, II.1, p. 151). Ciò indusse l'abate celestino a interpolare ulteriormente il documento correggendo «prope Sulmon(em)» con «de Maiella». Secondo L. Pellegrini il documento probabilmente fu «redatto sotto l'antipapa Clemente VII (Roberto da Ginevra), indicato come legittimo pontefice, l'ultimo della serie fra quelli elencati nell'autentica notarile fatta redigere nel 1421 dai monaci maiellesi. Dato che Clemente VII era stato ufficialmente riconosciuto nel regno di Napoli, il falso dovette essere elaborato in tale area prima del 1394, anno di morte di Roberto da Ginevra. Non è da escludere che il falso abbia avuto origine nell'ambito della circoscrizione monastica di S. Spirito a Maiella, dove erano conservati gli originali presentati al notaio nel 1421, perché ne fosse fatta copia autentica alla presenza del giudice e dei testimoni. Dal monastero maiellese dovette probabilmente diffondersi negli altri monasteri celestini per essere poi inserito nelle tabelle ufficiali delle indulgenze concesse all'Ordine» (Pellegrini 2005, p. 321-322. Sull'antipapa Clemente VII vedi Dykmans 2000).

A Bologna, tra la fine del secolo XVI e l'inizio del XVII, furono stampate due tabelle contenenti l'elenco delle indulgenze concesse ai celestini, destinate con ogni probabilità a essere esposte nelle chiese dell'ordine, ma, in entrambi i casi, tale concessione è attribuita a Innocenzo V (cfr. Zanotti, *Digestum*, II.1, p. 159. Su Innocenzo V vedi Vian 2000). Da N – fascicolo cartaceo del 1623 proveniente da S. Maria di Collemaggio (cfr. Leccisotti 1969, p. 65 n. 1930), nel quale è trascritta integralmente la «tabella impressa Bononiae de anno 1592… apud Ioannem Rossium… curiae archiepiscopalis e sanctae Inquisitionis concessu» – dipendono M. Inguanez e T. Leccisotti.

Nell'edizione di L. Beurrier l'incipit dell'arenga è *Cum ita* (Beurrier 1634, p. 88-90).

Per S. Spirito del Morrone vedi *Insediamenti celestini*, n. 112.

†2.

INSTRUMENTUM FALSUM

1251 maggio 9, chiesa di S. Maria del Morrone (Sulmona)

Luigi e Manfredi, signori di Collepietro e Roccacasale, e Isabella, signora *de Luco* e moglie di Luigi, per la remissione dei peccati propri e dei genitori, donano all'eremita fra Pietro del Morrone, ora priore e rettore della chiesa di S. Maria del monte Morrone, la quarta parte della montagna del Morrone.
Giudice: Gualtiero, giudice di Sulmona.
Notaio: Martino da Collepietro, pubblico notaio (S).

Falso <del secolo XV *ineunte?*> con la seguente tradizione: Pseudo-originale [A], Sulmona, Archivio Pansa, senza segnatura. Copia semplice del secolo XVII *ineunte* [B], Sulmona, Archivio Pansa, senza segnatura. Copia semplice del secolo XVIII *ineunte* [B2], Sulmona, Archivio Pansa, senza segnatura. Copia semplice del secolo XVII [Z], Zanotti, *Digestum*, II.1, p. 223-228 («ex proprio originali existenti in archivio venerabilis abbatiae Sancti Spiritus de Sulmone»; con data 1261 maggio 9). Copia semplice parziale del secolo XVII [Z2], Zanotti, *Digestum*, II.1, p. 219-221 («ex proprio originali existenti in monasterio Sancti Spiritus de Sulmona»; con data 1261 maggio 9).

Stemma chartarum:

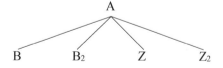

Edizione: Sabatini 1991, p. 368-370.

Regesti: Zanotti, *Digestum*, II.1, p. 12 (con data 1261 maggio 9). Zanotti, *Archivia*, VI.1, p. 111 (con data 1261 maggio 9). Morizio 2008, p. 282-283 n. 2. Morizio 2020a, p. 41 n. 2.

Bibliografia: Zanotti, *Digestum*, II.1, p. 221-222; II.2, p. 539 (con data 1261 maggio 9), 543 (con data 1261 maggio 9), 567-569, 575-577. Cantera 1892, p. 10-11 nota 3. Celidonio 1912, p. 73. Baethgen 1934, p. 272 nota 2. Frugoni 1954, p. 16 nota 3. Moscati 1956, p. 103. Mattiocco 1989, p. 251-253. Sabatini 1991, p. 357-367. Golinelli 1996, p. 67. Mattiocco 1994, p. 141-143. Mattiocco-Sabatini 1996, p. 183-184. Mattiocco 1996, p. 311. Paoli 2004, p. 4-5 nota 5. Herde 2004, p. 12 nota 35. Pellegrini 2005, p. 330 nota 102. Golinelli 2007, p. 71-72. Morizio 2008, *passim*.

Al millesimo indicato nel documento (1251) non si accordano né l'indizione (quinta) né l'anno di regno di Manfredi (terzo). Per tale motivo L. Zanotti datò il documento al 1261 (anno terzo di Manfredi); inoltre, nell'interlineo – sopra a «quintae ind(ictio)nis» – annotò «quartae» per concordare l'indizione con il millesimo (1261) e l'anno di regno (terzo). È possibile che il falsario volesse datare il documento al 1261 – poiché la chiesa di S. Maria del Morrone è successiva al 1259 – ma che per errore abbia scritto 1251. Per una sintesi biobibliografica su Manfredi, re di Sicilia, vedi Koller 2007.

Per S. Maria del Morrone vedi *Insediamenti celestini*, n. 55.

†3.

PRIVILEGIUM FALSUM

1252 giugno 22, Manoppello

Gualtiero *de Palearia*, conte di Manoppello, per la salvezza propria e dei genitori, rinuncia al diritto di patronato sulla chiesa di S. Spirito della Maiella, situata *in montanea de Magella, in loco qui dicitur Ligiu de territorio et districtu castri Rocce Morici*, in favore del priore e del convento del suddetto monastero, dell'ordine di san Benedetto, diocesi di Chieti. Concede loro, inoltre, il diritto di pascolare i propri animali, di utilizzare sorgenti e fiumi, di fare legna, di costruire gualchiere e mulini all'interno del suo dominio e di quello dei suoi sudditi; concede, infine, che questi ultimi possano donare, vendere o lasciare in eredità i propri beni mobili e immobili alla detta chiesa.

Falso <del secolo XIII *exeunte*?> con la seguente tradizione: Pseudo-originale? deperdito [*A], già *Archivio del monastero di S. Spirito del Morrone, «Iura Sancti Spiritus in Magella et Roccae Moricis» (Zanotti, *Archivia*, VI.1, p. 337). Copia semplice mutila <del secolo XIII *exeunte*?> [B], Chieti, Archivio arcivescovile, Fondo pergamenaceo, Teate 39 (da A). Inserto del 1294 ottobre 9 [C], Montecassino, Archivio dell'abbazia, Fondo di S. Spirito del Morrone, 212 (da B). Inserto del 1294 ottobre 9 deperdito [*C₂], già Napoli, Archivio di Stato, *Registri angioini, 77, f. 12r-v (Cantera 1892, p. 11-12 nota 1). Inserto del 1316 aprile 11 [D], Montecassino, Archivio dell'abbazia, Fondo di S. Spirito del Morrone, 351 (da C). Inserto del 1372 giugno 22 [D₂], Montecassino, Archivio dell'abbazia, Fondo di S. Spirito del Morrone, 616. Copia semplice del secolo XVII [Z], Zanotti, *Digestum*, II.1, p. 161-163 («ex copia autentica quae in catasto monasterii Sancti Spiritus de Magella asservatur, cum sigillo pendenti ex proprio originali. Originale est in archivio abbatiae Sancti Spiritus de Sulmona» = B).

Stemma chartarum:

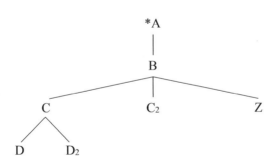

Edizione: Morizio 2008, p. 547 n. 1.

Regesti: Zanotti, *Digestum*, II.1, p. 11, 163. Zanotti, *Archivia*, VI.1, p. 35, 337. Balducci 1926, p. 12 n. 27. Leccisotti 1966, p. 24. Morizio 2008, p. 283-284 n. 3. Morizio 2020a, p. 41-43 n. 3.

Bibliografia: Zanotti, *Digestum*, II.1, p. 163-164. Frugoni 1954, p. 12. Moscati 1956, p. 103-104, 120. Grossi 1986, p. 194 nota 11. Sabatini 1991, p. 361-362. Golinelli 1996, p. 64-65, 67, 68 nota 2. Mattiocco-Sabatini 1996, p. 181 nota 11. Mattiocco 1996, p. 361-362. Paoli 2004, p. 5 nota 6. Herde 2004, p. 11 nota 31. Pellegrini 2005, p. 322-327. Golinelli 2007, p. 72. Morizio 2008, *passim*.

L. Zanotti annota l'esistenza di un originale, «cum sigillo pendenti», presso l'archivio di S. Spirito del Morrone e di una «copia simplex antiquissima» nell'archivio di S. Spirito della Maiella, nella quale era trascritto anche il privilegio di Federico *de Tullo* del 16 novembre 1270 («in eadem membrana est etiam copia infrascripti privilegii comitis Federici concessi de anno 1270»). Lo stesso abate celestino, a margine della trascrizione del documento, segnala «ex copia autentica quae in catasto monasterii Sancti Spiritus de Magella asservatur, cum sigillo pendenti ex proprio originali». La copia in questione (= B) ci è giunta mutila, ma di certo non era una copia autentica notarile; probabilmente L. Zanotti parla di «copia autentica» in riferimento all'apposizione del sigillo staccato dall'«originale». Anche la grafia non è quella di un atto notarile dell'epoca, bensì quella di uno *scriptor* della cancelleria regia o pontificia. Per rendersene conto è sufficiente mettere a confronto B con C, ovvero con il privilegio di Carlo II d'Angiò del 9 ottobre 1294: le grafie sono simili anche se la mano non sembra la stessa. B deve essere stato realizzato durante il pontificato di Celestino V per poi essere inserito nel privilegio di Carlo II d'Angiò (1294 ottobre 9) e nella conferma di Giovanni degli Orsini, conte di

Manoppello (1372 giugno 22). Le possibilità però sono due: B potrebbe essere un «documento falso» o un «documento falsificato», frutto di un ampio rimaneggiamento. L'esistenza del sigillo (traslato da *A a B) potrebbe far pensare a un qualche privilegio elargito dal conte di Manoppello, tuttavia, è possibile che il sigillo abbia un'altra provenienza. La perdita di *A non consente di verificare eventuali interpolazioni, ma L. Zanotti – di norma puntuale nell'annotare differenze tra i vari documenti – non segnala differenze tra *A e B. A porre in dubbio l'autenticità dell'atto – oltre alla forma – vi sono elementi sospetti anche nel contenuto: l'espressione «priori et conventui monasterii Sancti Spiritus de Magella, ordinis sancti Benedicti» è anacronistica; inoltre, l'entità delle elargizioni comitali è sproporzionata.

Su Gualtiero *de Palearia* (di Pagliara), conte di Manoppello, vedi Pio 1998, p. 227; Pellegrini 2005, p. 322-323; Houben 2005; cfr. anche doc. n. †4, †5, 21, †50, 225, 227.

Per S. Spirito della Maiella vedi *Insediamenti celestini*, n. 113.

†4.

INSTRUMENTUM FALSUM

1252 giugno 22, Manoppello

Gualtiero *de Pallearia*, conte di Manoppello, per la salvezza dell'anima propria e la remissione dei peccati suoi e dei genitori, dona a fra Placido, dell'ordine dei morronesi, dimorante nel monastero di S. Spirito della Maiella, che riceve in nome e per conto del venerabile fra Pietro del Morrone, priore del detto monastero, un feudo e un giardino situati nelle pertinenze di Roccamontepiano, riservandosene l'usufrutto vita natural durante.

Notaio: Cataldo di Oddone *de Manuppello*.

Falso <del secolo XVI?> con la seguente tradizione: Pseudo-originale [A], Chieti, Archivio arcivescovile, Fondo pergamenaceo, Teate 38 (SP). Copia semplice del secolo XVII [Z], Zanotti, *Digestum*, II.1, p. 165-167 («ex proprio originali existenti in archivio abbatiae Sancti Spiritus de Sulmone»).

Edizione: Morizio 2008, p. 547-548 n. 2.

Regesti: Zanotti, *Digestum*, II.1, p. 11. Zanotti, *Archivia*, VI.1, p. 337. Balducci 1926, p. 12-13 n. 28. Morizio 2008, p. 284-285 n. 4. Morizio 2020a, p. 43-44 n. 4.

Bibliografia: Zanotti, *Digestum*, II.2, p. 539, 543. Moscati 1956, p. 104. Golinelli 1996, p. 64-65, 68 nota 2. Paoli 2004, p. 5 nota 6. Herde 2004, p. 11 nota 31. Palazzi 2005, p. 182. Pellegrini 2005, p. 322-327. Morizio 2008, *passim*.

Documento elaborato, verosimilmente, nel secolo XVI, quando il monastero di S. Spirito della Maiella fu completamente riedificato a opera di Pietro Santucci da Manfredonia (su questo personaggio vedi la *Vita del venerabil padre d. Pietro Santutio da Manfredonia, abbate del sagro monastero di S. Spirito della Maiella de celestini*; Telera 1648, p. 416-520; Telera 1689, p. 236-296). La ricostruzione dell'antico patrimonio fondiario dell'abbazia, che si estendeva anche ai territori pedemontani degli odierni comuni di Pretoro, Casalincontrada e Roccamontepiano, fece nascere controversie, cui si tentò di porre rimedio creando delle pezze d'appoggio. Nonostante la presenza del notaio, la *roboratio* è affidata alla sottoscrizione del conte e al sigillo pendente. Nell'escatocollo, con *ductus* incerto e modulo grande, vi è la seguente sottoscrizione: «Nos Gualterius de Pallearia comes Ma(nu)pp(el)li ad certitudinem premissor(um) firmitate(m)q(ue) pe(r)petua(m) p(ro)p(ri)a manu s(ub)s(cripsimus)» (S). Il sigillo comitale è assicurato alla plica mediante filo di canapa. La mano non è del secolo XIII, ma sembra che lo scrittore si sia sforzato di riprodurre una grafia più antica. Nel secolo XVII la pergamena si trovava nell'archivio di S. Spirito del Morrone; successivamente deve essere stata collocata nell'archivio di S. Spirito della Maiella per poi confluire nell'archivio arcivescovile di Chieti. A porre in dubbio l'autenticità dell'atto – oltre alla forma – vi sono elementi sospetti anche nel contenuto. Sono anacronistiche le seguenti espressioni: «sacro monasterio Sancti Spiritus de Mayella», «ordinis morenentium», «fratris Petri de Murrona»; anche l'entità della donazione è sproporzionata rispetto al 1252, quando S. Spirito della Maiella era solo un piccolo eremo. È solo nel 1294 che i morronesi cominciano a incorporare proprietà a Roccamontepiano (vedi Morizio 2008, p. 164-166).

Su Gualtiero *de Palearia* (di Pagliara), conte di Manoppello, vedi la nota al doc. n. †3.

Per S. Spirito della Maiella vedi *Insediamenti celestini*, n. 113.

†5.

INSTRUMENTUM FALSUM

1253 agosto 4, Pretoro

Gualtiero *de Pallearia*, conte di Manoppello, per la salvezza dell'anima propria e la remissione dei peccati suoi e dei genitori, dona a fra Roberto da Salle, dell'ordine dei morronesi, dimorante nel monastero di S. Spirito della Maiella, che riceve in nome e per conto del venerabile fra Pietro del Morrone, priore del detto monastero, un feudo situato nelle pertinenze di Casale, in contrada *la Salara*, e un bosco da coltivare nelle pertinenze di Pretoro, in contrada *lo Colle Caldorello*.
Notaio: Lancillotto di Rinaldo *de Pretoro*.

Falso <del secolo XVI?> con la seguente tradizione: Pseudo-originale [A], Chieti, Archivio arcivescovile, Fondo pergamenaceo, Teate 40 (SD). Copia semplice del secolo XVII [Z], Zanotti, *Digestum*, II.1, p. 169-171 («ex proprio originali existenti in archivio abbatiae Sancti Spiritus de Sulmone»).

Edizione: Morizio 2008, p. 549-550 n. 3.

Regesti: Zanotti, *Digestum*, II.1, p. 11, 163. Zanotti, *Archivia*, VI.1, p. 337. Balducci 1926, p. 13 n. 29. Morizio 2008, p. 285 n. 5. Morizio 2020a, p. 44-45 n. 5.

Bibliografia: Zanotti, *Digestum*, II.1, p. 163-164; II.2, p. 539, 543; V.2, p. 548. Moscati 1956, p. 104 nota 3 (con data 1252 agosto 4). Golinelli 1996, p. 65 (con data 1252 agosto 4), 68 nota 2. Paoli 2004, p. 5 nota 6. Palazzi 2005, p. 182. Pellegrini 2005, p. 322-327. Morizio 2008, *passim*.

Documento elaborato, verosimilmente, nel secolo XVI, quando il monastero di S. Spirito della Maiella fu completamente riedificato a opera di Pietro Santucci da Manfredonia (su questo personaggio vedi la *Vita del venerabil padre d. Pietro Santutio da Manfredonia, abbate del sagro monastero di S. Spirito della Maiella de celestini*; Telera 1648, p. 416-520; Telera 1689, p. 236-296). La ricostruzione dell'antico patrimonio fondiario dell'abbazia, che si estendeva anche ai territori pedemontani degli odierni comuni di Pretoro, Casalincontrada e Roccamontepiano, fece nascere controversie, cui si tentò di porre rimedio creando delle pezze d'appoggio. Nonostante la presenza del notaio, la *roboratio* è affidata alla sottoscrizione del conte e al sigillo pendente. Nell'escatocollo, con *ductus* incerto e modulo grande, vi è la seguente sottoscrizione: «Nos Gualterius de Pallea(r)ia comes Manupp(el)li ad ce(r)titudine(m) premissor(um) firmitatemq(ue) perpetuam propia manu s(ub)s(cripsimus)» (S). Il sigillo pendente è deperdito. La mano è la stessa del doc. n. 4. Nel secolo XVII la pergamena si trovava nell'archivio di S. Spirito del Morrone; successivamente deve essere stata collocata nell'archivio di S. Spirito della Maiella per poi confluire nell'archivio arcivescovile di Chieti. A porre in dubbio l'autenticità dell'atto vi sono elementi sospetti anche nel contenuto. Sono anacronistiche le seguenti espressioni: «sacro monasterio Sancti Spiritus de Magella», «fratri Roberto de Sallo ordinis moronentium», «fratris Petri de Murrone prioris dicti monasterii»; anche l'entità della donazione è sproporzionata rispetto al 1252, quando S. Spirito della Maiella era solo un piccolo eremo. Inoltre, qui viene introdotto un personaggio, Roberto da Salle, che compare nella documentazione solo all'inizio del secolo XIV (vedi Morizio 2008, p. 187 e *passim*).
Nel documento non è segnata l'indizione.

Su Gualtiero *de Palearia* (di Pagliara), conte di Manoppello, vedi la nota al doc. n. †3.

Per S. Spirito della Maiella vedi *Insediamenti celestini*, n. 113.

†6.

LITTERAE FALSAE

1255 maggio 27, Roma, S. Maria Maggiore

Alessandro IV all'abate del monastero di S. Spirito del Morrone presso Sulmona, diocesi di Valva, dell'ordine dei celestini sotto la regola di san Benedetto, e a tutti i monasteri, annessi o da annettersi in futuro, a esso soggetti: concede un'indulgenza di centoquaranta [anni] e cento quarantene a tutti i fedeli che visitino un monastero o luogo del detto ordine nei giorni stabiliti dal suo predecessore <*scil.* Innocenzo IV>.
Cupientes vestri ordinis.

Falso <del secolo XIV *exeunte*?> con la seguente tradizione: Copia semplice <del secolo XIV *exeunte*?> [B], Sulmona, Archivio capitolare di S. Panfilo, Archivio nuovo, Fondi e serie di archivi aggregati, S. Spirito del Morrone, I.3.29. Copia semplice <del secolo XIV *exeunte*?> [B₂], Chieti, Archivio arcivescovile, Fondo pergamenaceo, Teate 286 bis. Notizia del 1513 novembre 24 [N], Montecassino, Archivio dell'abbazia, Fondo di S. Spirito del Morrone, 989. Notizia del 1525 novembre 12 [N₂], Montecassino, Archivio dell'abbazia, Fondo di S. Spirito del Morrone, 1057.

Stemma chartarum:

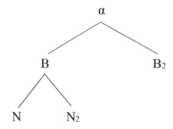

Regesti: Zanotti, *Digestum*, –. Zanotti, *Archivia*, –. Potthast 1875, –. La Roncière 1895-1959, –. Inguanez 1918, p. 9-10 n. 9 (con data 1254-1261). Leccisotti 1966, p. 31 (con data 1254-1261). Morizio 2008, p. 285-286 n. 6. Morizio 2020a, p. 45 n. 6.

Bibliografia: Capograssi 1962, p. 330 n. 23. Orsini 2003, p. 700 n. 23 (6111). Morizio 2008, *passim*.

Per le origini e le motivazioni di questo falso cfr. doc. n. 1. Si noti per inciso che, in quel periodo, il pontefice si trovava a Napoli (cfr. Potthast 1875, p. 1308-1309).

Per S. Spirito del Morrone vedi *Insediamenti celestini*, n. 112.

7.

INSTRUMENTUM DONATIONIS

1259 maggio 23, Sulmona, *ante ecclesiam Sancti Iohannis*

Simone *Gegonis*, Ovidio e *magister Bonushomo* da Sulmona, *sindici universitatis Sulmonis*, donano, in nome e per conto della detta università, agli eremiti fra Giacomo e fra Giovanni, riceventi in nome e per conto di fra Pietro eremita della Maiella, un terreno ubicato nel territorio di Sulmona, in contrada *Morron(e)*.
Giudice: Pellegrino, giudice di Sulmona (S).
Notaio: Filippo *domini Stram(m)i*, notaio di Sulmona (S).

Originale [A], Montecassino, Archivio dell'abbazia, Fondo di S. Spirito del Morrone, 73. Copia semplice del secolo XVII [Z], Zanotti, *Digestum*, II.1, p. 205-206 («ex proprio originali existenti in archivio venerabilis abbatiae Sancti Spiritus de Sulmone»; con data 1259 maggio 22).

Edizione: Morizio 2008, p. 550 n 4.

Regesti: Zanotti, *Digestum*, II.1, p. 11 (con data 1259 maggio 22), 201 (con data 1259 maggio 22). Zanotti, *Archivia*, VI.1, p. 111 (con data 1259 maggio 22). Cantera 1893, p. 5 n. 1 (con data 1259 settembre 22). Leccisotti 1966, p. 28-29 n. 73. Morizio 2008, p. 286-287 n 7. Morizio 2020a, p. 45-46 n. 7.

Facsimile: Leccisotti 1966, <p. 200 bis> tavola V.

Bibliografia: Zanotti, *Digestum*, II.1, p. 201-204; II.2, p. 543 (con data 1259 maggio 22). Moscati 1956, p. 104 (con data 1259 maggio 22). Paoli 2004, p. 5-6 nota 7, 8 nota 15, 477 nota 13. Herde 2004, p. 12 nota 35 (con data 1259 settembre 22). Pellegrini 2005, p. 327 nota 88. Morizio 2008, *passim*.

Il 26 ottobre 1259, i *syndici universitatis Sulmonis* donarono all'eremita fra Giacomo un altro terreno, sempre in contrada Morrone (cfr. doc. n. 9).

Per la chiesa di S. Giovanni, non più esistente, ma ubicata nel centro storico di Sulmona, verosimilmente nei pressi dell'attuale piazza XX settembre, vedi Mattiocco 1994, p. 110; per i documenti custoditi presso l'archivio capitolare di S. Panfilo a Sulmona vedi Orsini 2003, *ad indicem* <p. 758>.

Per S. Maria del Morrone vedi *Insediamenti celestini*, n. 55.

8.

INSTRUMENTUM CONCESSIONIS

1259 giugno 5, Sulmona, chiesa di S. Panfilo

Giacomo, vescovo di Sulmona, e il capitolo della chiesa di S. Panfilo di Sulmona concedono agli eremiti fra Giacomo e fra Pietro, in nome e per conto di fra Pietro eremita della Maiella, che il predetto fra Pietro possa edificare una chiesa in onore della vergine Maria in contrada *Murronis*.
Giudice: Pellegrino, giudice di Sulmona.
Notaio: Filippo *domini Stram(m)i*, notaio di Sulmona.

Originale deperdito [*A], già *Archivio del monastero di S. Spirito del Morrone, «Iura Murronis» (Zanotti, *Archivia*, VI.1, p. 111). Copia semplice del secolo XVII [Z], Zanotti, *Digestum*, II.1, p. 207-208 («ex proprio originali quod in archivio abbatiae Sancti Spiritus de Sulmona conservatur»).

Edizione: Morizio 2008, p. 551 n 5.

Regesti: Zanotti, *Digestum*, II.1, p. 11. Zanotti, *Archivia*, VI.1, p. 111. Morizio 2008, p. 287 n 8. Morizio 2020a, p. 46-47 n. 8.

Bibliografia: Zanotti, *Digestum*, II.1, p. 209, 210-212; II.2, p. 579-589, 543. Cantera 1892, p. 6, 11-12. Moscati 1956, p. 99, 104. Mattiocco-Sabatini 1996, p. 182. Mattiocco 1996, p. 318-321. Paoli 2004, p. 6 nota 8, 477 nota 14. Herde 2004, p. 11-12 nota 34. Morizio 2008, *passim*.

La copia semplice del secolo XVII (= Z) presenta una lacuna di quasi due righe; probabilmente, nella parte di testo mancante vi era la specificazione del «servitium et redditum» dovuto alla chiesa vescovile da parte di «frater Petrus heremita vel alius qui successive conversabitur seu morabitur in ecclesia supradicta in vita heremitarum».

Per la cattedrale di Sulmona, intitolata a san Panfilo, vedi Chiaverini 1976; *La cattedrale di San Panfilo* 1980; per i documenti custoditi presso l'archivio capitolare di S. Panfilo a Sulmona vedi Orsini 2003, *ad indicem* <p. 758>; cfr. anche doc. n. 116, 405.

Per S. Maria del Morrone vedi *Insediamenti celestini*, n. 55.

9.

INSTRUMENTUM DONATIONIS

1259 ottobre 26, Sulmona, *in platea maiori* <così>

Simone *Gegonis*, Ovidio e *magister Bonushomo* da Sulmona, *syndici universitatis Sulmonis*, donano, in nome e per conto della predetta università, all'eremita fra Giacomo, ricevente in nome e per conto di fra Pietro eremita della Maiella, un terreno ubicato nelle pertinenze di Sulmona, in contrada *Morron(e)*.
Giudice: Francesco, giudice di Sulmona (S).
Notaio: Nicola di Gerardo, notaio di Sulmona (S).

Originale [A], Montecassino, Archivio dell'abbazia, Fondo di S. Spirito del Morrone, 75.

Edizione: Morizio 2008, p. 552 n 6.

Regesti: Zanotti, *Digestum*, II.1, p. 202. Zanotti, *Archivia*, VI.1, p. 111. Cantera 1893, p. 5 n. 2. Leccisotti 1966, p. 29 n. 75. Morizio 2008, p. 287-288 n 9. Morizio 2020a, p. 47 n. 9.

Bibliografia: Zanotti, *Digestum*, II.1, p. 201-204; II.2, p. 543. Moscati 1956, p. 104. Paoli 2004, p. 6 nota 9, 477 nota 15. Pellegrini 2005, p. 323 nota 73, 327 nota 88, 328. Morizio 2008, *passim*.

Il 23 maggio 1259, i *sindici universitatis Sulmonis* donarono agli eremiti fra Giacomo e fra Giovanni un altro terreno, sempre in contrada Morrone (cfr. doc. n. 7).

Per S. Maria del Morrone vedi *Insediamenti celestini*, n. 55.

†10.

INSTRUMENTUM FALSUM

1262 settembre 8, S. Maria del Morrone (Sulmona)

Berardo, Gualtiero e Oderisio, signori di Acciano, per sé e i loro eredi, donano *inter vivos* al vice-priore fra Pietro e ai suoi successori ogni proprietà e azione che possiedono, o che potranno possedere, sulla chiesa di S. Maria del Morrone e sulle terre e gli orti a essa adiacenti.

Giudice: Gualtiero di Amedeo, giudice di Orsa (S).

Notaio: Matteo di Gesmondo, notaio di Sulmona (S).

Falso <del secolo XV *ineunte?*> con la seguente tradizione: Pseudo-originale [A], Montecassino, Archivio dell'abbazia, Fondo di S. Spirito del Morrone, 80. Copia semplice del secolo XVII [Z], Zanotti, *Digestum*, II.1, p. 229-230 («ex proprio originali existenti in archivio abbatiae Sancti Spiritus de Sulmone»).

Edizione: Morizio 2008, p. 553-554 n 8.

Regesti: Zanotti, *Digestum*, II.1, p. 12 (con data 1263 settembre 8), 202-203 (con data 1263 settembre 8). Zanotti, *Archivia*, VI.1, p. 111-112 (con data 1263 settembre 8). Leccisotti 1966, p. 32 n. 80 (con data 1263 settembre 8). Morizio 2008, p. 289-290 n. 12. Morizio 2020a, p. 47-48 n. 10.

Facsimile: Leccisotti 1966, <p. 280 bis> tavola VII.

Bibliografia: Zanotti, *Digestum*, II.1, p. 201-204, 230-231; II.2, p. 539, 543. Cantera 1892, p. 12 nota 2. Moscati 1956, p. 104 nota 7. Mattiocco-Sabatini 1996, p. 182-183 nota 14 (con data 1263 novembre 8). Paoli 2004, p. 8 nota 17, 477-478 nota 18. Herde 2004, p. 12 nota 35, 19 nota 66. Pellegrini 2005, p. 323 nota 73, 328 nota 93. Morizio 2008, *passim*.

Al millesimo espresso nella pergamena (1263) non si accordano né l'indizione (sesta) né l'anno di regno di Manfredi (quinto), che rimandano al 1262 (per gli anni di regno di Manfredi vedi Koller 2007). Sebbene nella *datatio* sia indicato lo stile della Natività, gli altri elementi sembrerebbero accordarsi con lo stile dell'Incarnazione secondo il computo pisano; è possibile, pertanto, che lo *scriptor* abbia commesso un errore. Questo documento, infatti, malgrado abbia le apparenze di un originale notarile, con sottoscrizioni e *signa* del notaio e del giudice, non sembra essere genuino. Oltre all'assenza delle sottoscrizioni dei *testes* e all'uso di un formulario inusuale, ciò che desta perplessità è l'esistenza di altre due stesure del medesimo atto con differenze significative (cfr. doc. n. 11, 12). Anche l'oggetto del *negotium* fu al centro di contese in epoca moderna tra i celestini e la città di Sulmona: la donazione da parte dei *domini* di Acciano, feudatari del *castrum* di Orsa, nell'odierno comune di Pratola Peligna, di terreni adiacenti alla chiesa di S. Maria del Morrone, fulcro della cosiddetta «quarta parte della montagna del Morrone» (cfr. doc. n. 2). La chiesa di S. Maria del Morrone, benché il suo atto fondativo risalga al 1259 (cfr. doc. n. 8), nel 1263 non esisteva ancora, in quanto non viene menzionata nella *Sacrosancta Romana Ecclesia* di Urbano IV del 2 giugno 1263 (cfr. doc. n. 14).

L. Zanotti elimina il primo «vicepriori» e aggiunge la congiunzione «et» tra il secondo «vicepriori» ed «heremite» (Zanotti, *Digestum*, II.1, p. 229-230). Secondo U. Paoli, «vicepriori fratri Petro, vicepriori heremite Magelle» è da tradursi «al vicepriore fra Pietro, vicepriore dell'eremo della Maiella» (Paoli 2004, p. 477-478 nota 18), mentre le annotazioni di L. Zanotti: «1263, 8 septembris. Frater Petrus viceprior et heremita de Maiella (credo quod hic non sit sanctus Petrus)» (Zanotti, *Digestum*, II.2, p. 539) e «1263, 8 septembris. Frater Petrus, viceprior Sanctae Mariae de Murrone et heremita de Maiella» (Zanotti, *Digestum*, II.2, p. 543), sono dovute a una certa «confusione» da parte dell'abate celestino (Paoli 2004, p. 477-478 nota 18). È certo che, tra i discepoli di Pietro del Morrone, vi fosse un suo omonimo (cfr. doc. n. 8), tuttavia, in quegli anni, i *fratres* di S. Spirito della Maiella avevano un'unica figura gerarchica: il *rector*, identificabile con Pietro del Morrone (cfr. doc. n. 13, 14, 15). Il termine *prior* compare solo nel 1268 (cfr. doc. n. 17).

Per S. Maria del Morrone vedi *Insediamenti celestini*, n. 55.

†11.

INSTRUMENTUM FALSUM

1262 settembre 8, chiesa di S. Maria del Morrone (Sulmona)

Berardo, Gualtiero e Oderisio, signori di Acciano, per sé e i loro eredi, donano *inter vivos* a fra Pietro e ai suoi successori, ogni proprietà e azione che possiedono, o che potranno possedere, sulla chiesa di S. Maria del Morrone e sulle terre e gli orti a essa adiacenti.

Giudice: Francesco, giudice di Sulmona (S).

Notaio: Matteo di Gesmondo, notaio di Sulmona (S).

Falso <del secolo XV *ineunte*?> con la seguente tradizione: Pseudo-originale [A], Montecassino, Archivio dell'abbazia, Fondo di S. Spirito del Morrone, 81.

Edizione: Morizio 2008, p. 554-555 n. 9.

Regesti: Zanotti, *Digestum*, II.1, p. 12, 202-203. Zanotti, *Archivia*, VI.1, p. 111-112. Leccisotti 1966, p. 32 n. 81. Morizio 2008, p. 290-291 n 13. Morizio 2020a, p. 48-49 n. 11.

Bibliografia: Zanotti, *Digestum*, II.1, p. 201-204; II.2, p. 539, 543. Morizio 2008, *passim*.

Costruito sulla base del doc. n. 10. La mano è simile, ma non la stessa. La *roboratio* è data dal *signum*, dalla sottoscrizione del giudice e dalle sottoscrizioni di tre dei quattro testimoni menzionati nell'atto: Benvenuto di Egidio, Rinaldo di Deodato, Anastasio da Sulmona; oltre al monogramma del notaio, anche per il giudice e per i primi due testimoni è presente un *signum* abbastanza elaborato, mentre per il terzo è presente il *signum crucis*. Manca, invece, la sottoscrizione del quarto testimone, «Gualt(erius) Amodei de Ursa» (nella pergamena vi è un ampio spazio bianco tra la terza e la quarta sottoscrizione); si tratta del giudice del doc. n. 10, la cui qualifica è qui omessa. Le differenze tra le due stesure sono più che altro di carattere formale; ad esempio, «vicepriori fratri Petro, vicepriori heremite Magelle», diventa «fratri Petro, vicepriori et heremite Magelle». I confini delle proprietà donate sono gli stessi.

Per S. Maria del Morrone vedi *Insediamenti celestini*, n. 55.

†12.

INSTRUMENTUM FALSUM

1262 settembre 8, chiesa di S. Maria del Morrone (Sulmona)

Berardo, Gualtiero e Oderisio, signori di Acciano, per sé e i loro eredi, donano *inter vivos* a fra Pietro e ai suoi successori ogni proprietà e azione che possiedono, o che potranno possedere, sulla chiesa di S. Maria del Morrone e sulle terre e gli orti, colti e incolti, a essa adiacenti.
Giudice: Francesco, giudice di Sulmona (S).
Notaio: Matteo di Gesmondo, notaio di Sulmona (S).

Falso <del secolo XV *ineunte*?> con la seguente tradizione: Pseudo-originale [A], Montecassino, Archivio dell'abbazia, Fondo di S. Spirito del Morrone, 82. Copia autentica del 1414 luglio 13 [B], Montecassino, Archivio dell'abbazia, Fondo di S. Spirito del Morrone, 720. Copia autentica del 1432 ottobre 9 [B₂], Montecassino, Archivio dell'abbazia, Fondo di S. Spirito del Morrone, 775.

Edizione: Morizio 2008, p. 555-556 n. 10.

Regesti: Zanotti, *Digestum*, II.1, p. 12, 202-203. Zanotti, *Archivia*, VI.1, p. 111-112. Leccisotti 1966, p. 33 n. 82. Morizio 2008, p. 291 n. 14. Morizio 2020a, p. 49-50 n. 12.

Bibliografia: Zanotti, *Digestum*, II.1, p. 201-204; II.2, p. 539, 543. Morizio 2008, *passim*.

Costruito sulla base del doc. n. 11. La mano è diversa. Anche in questo caso la *roboratio* è data dal *signum*, dalla sottoscrizione del giudice e dalle sottoscrizioni di tre dei quattro testimoni menzionati nell'atto: Benvenuto di Egidio, Rinaldo di Deodato, Anastasio da Sulmona; oltre al monogramma del notaio, anche per il giudice e per i primi due testimoni è presente un *signum* abbastanza elaborato, mentre per il terzo è presente il *signum crucis*. Manca invece la sottoscrizione del quarto testimone, «Gualt(erius) Amodei de Ursa», ma, a differenza del doc. n. 11 non vi è alcuno spazio bianco nell'escatocollo tra una sottoscrizione e l'altra. Il *signum* notarile non è ben fatto come negli altri due casi. Tra le due stesure vi sono differenze significative: l'ampliamento e la precisazione dei confini delle proprietà donate. Tali confini sono nella sostanza gli stessi presenti nella cosiddetta donazione della quarta parte del monte Morrone (cfr. doc. n. 2). Sulla base di questa pergamena, il 13 luglio 1414 e il 9 ottobre 1432, furono realizzate due copie autentiche (= B e B₂). Ciò consente di datare questo documento e gli altri due al medesimo periodo: secolo XV *ineunte*, allorché furono realizzate le copie autentiche. È più che probabile che sia stato questo documento – e non il doc. n. 2, anch'esso risalente al principio del secolo XV – a essere utilizzato come pezza d'appoggio nella lunga controversia che in epoca moderna contrappose l'abbazia morronese alla città di Sulmona, relativamente allo sfruttamento della montagna del Morrone.

Per S. Maria del Morrone vedi *Insediamenti celestini*, n. 55.

13.

URBANI IV PAPAE LITTERAE DE IUSTITIA

1263 giugno 1, Orvieto

Urbano IV incarica <Nicola>, vescovo di Chieti, di incorporare il rettore e i *fratres* dell'eremo di S. Spirito della Maiella, *qui nullius ordinis observantiis sunt astricti*, all'ordine di san Benedetto. *Cum sicut.*

Originale [A], Montecassino, Archivio dell'abbazia, Fondo di S. Spirito del Morrone, 79 (BD). Inserto del 1274 ottobre 28 [B], Montecassino, Archivio dell'abbazia, Fondo di S. Spirito del Morrone, 103. Copia semplice del secolo XVIII [B2], Città del Vaticano, Archivio apostolico vaticano, Fondo celestini II, 18, f. 21r. Copia semplice del secolo XVIII [B3], Città del Vaticano, Archivio apostolico vaticano, Fondo celestini II, 44, f. 72r.

Edizioni: Ughelli 1720, col. 728 (con data 1264 giugno 2). Zecca 1858, p. 179 n. 1 (da Ughelli 1720). Cantera 1892, p. 13 nota 1 (da Ughelli 1720). Moscati 1956, p. 105 nota 2 (da A). Herde 1981, p. 208-209 n. 2 (da A, B). Grégoire 1988, p. 156 (da Moscati 1956). Clementi 1996, p. 74 nota 26 (da Ughelli 1720). Herde 2004, p. 253 n. 2 (da A, B).

Regesti: Zanotti, *Digestum*, II.1, p. 12 (con data 1264 giugno 1). Zanotti, *Archivia*, VI.1, p. 337 (con data 1264 giugno 1). Potthast 1875, p. 1505 n. 18551. Guiraud 1892-1958, –. Inguanez 1918, p. 10 n. 10. Leccisotti 1966, p. 31 n. 79. Paoli 2004, p. 357. Morizio 2008, p. 288 n. 10. Morizio 2020a, p. 50-51 n. 13.

Facsimile: Leccisotti 1966, <p. 216 bis> tavola VI.

Bibliografia: Zanotti, *Digestum*, II.2, p. 539 (con data 1264). Baethgen 1934, p. 272 nota 3. Frugoni 1954, p. 16, 18. Moscati 1956, p. 105. Novelli 1973, p. 235 (con data 1264). Grégoire 1985, p. 73-74. Cataldi 1985, p. 84. Grossi 1986, p. 199. Sticca 1987, p. 123. Grégoire 1988, p. 156. Sena 1995, p. 324 (con data 1263 maggio 1). Grégoire 1995, p. 55. Golinelli 1996, p. 66, 68 nota 7. Grégoire 1996, p. 12, 14. Penco 1997, p. 367. Vitolo 1998, p. 211. Paoli 2004, p. 6-7 nota 12, 8 nota 16, 477 nota 16. Herde 2004, p. 12-13 nota 38, 15, 24. Pellegrini 2005, p. 324-325 nota 80, 328-329, 331. Golinelli 2007, p. 70. Morizio 2008, *passim*.

Per S. Spirito della Maiella vedi *Insediamenti celestini*, n. 113.

14.

URBANI IV PAPAE LITTERAE DE GRATIA

1263 giugno 2, Orvieto

Urbano IV prende sotto la protezione della sede apostolica il rettore e i *fratres* dell'eremo di S. Spirito della Maiella, dell'ordine di san Benedetto, confermandone tutti i beni presenti e futuri, *specialiter autem ortos, virgulta et alia bona*. *Sacrosancta Romana Ecclesia.*

Copia autentica del 1274 ottobre 28 [B], Chieti, Archivio arcivescovile, Fondo pergamenaceo, Teate 70. Copia autentica del 1274 ottobre 28 [B2], Montecassino, Archivio dell'abbazia, Fondo di S. Spirito del Morrone, 104. Copia semplice del secolo XVIII [C], Città del Vaticano, Archivio apostolico vaticano, Fondo celestini II, 18, f. 21v-22r (con data 1264 giugno 2).

Stemma chartarum:

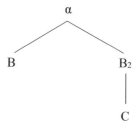

Edizione: Morizio 2008, p. 552-553 n. 7.

Regesti: Zanotti, *Digestum*, II.1, p. 12 (con data 1264 giugno 2). Zanotti, *Archivia*, VI.1, p. 35 (con data 1264 giugno 2), 337 (con data 1264 giugno 2). Potthast 1875, –. Guiraud 1892-1958, –. Inguanez 1918, p. 10 n. 11. Balducci 1926, p. 22 n. 55 (con data 1264 giugno 2). Leccisotti 1966, p. 31-32. Morizio 2008, p. 289 n. 11. Morizio 2020a, p. 51 n. 14.

Facsimile: Leccisotti 1966, <p. 296 bis> tavola VIII.

Bibliografia: Zanotti, *Digestum*, II.1, p. 273; II.2, p. 539 (con data 1264). Moscati 1956, p. 105, 115. Novelli 1973, p. 235 (con data 1264). Grégoire 1996, p. 14. Paoli 2004, p. 7 nota 14 e *passim*. Palazzi 2005, p. 182. Herde 2004, p. 13 nota 39, 16 nota 46. Golinelli 2007, p. 75. Morizio 2008, *passim*.

Le due copie autentiche furono redatte a Sulmona, su istanza di fra Roberto da Sulmona, per conto di fra Pietro, rettore della chiesa di S. Spirito della Maiella, da Tommaso, giudice di Sulmona (S), e Adamo di Gerardo, notaio di Sulmona (S).

Per S. Spirito della Maiella vedi *Insediamenti celestini*, n. 113.

15.

NICOLAI EPISCOPI THEATINI MANDATUM

1264 giugno 21, Chieti

Nicola, vescovo di Chieti, in obbedienza al mandato di Urbano IV del 1263 giugno 1, incorpora il rettore e i *fratres* dell'eremo di S. Spirito della Maiella all'ordine di san Benedetto.

Copia autentica del 1274 ottobre 28 [B], Montecassino, Archivio dell'abbazia, Fondo di S. Spirito del Morrone, 103. Copia semplice del secolo XVIII [C], Città del Vaticano, Archivio apostolico vaticano, Fondo celestini II, 18, f. 21r-v (da B).

Edizioni: Herde 1981, p. 209-210 n. 3 (da B). Herde 2004, p. 253-254 n. 3 (da B).

Regesti: Zanotti, *Digestum*, II.1, p. 12. Zanotti, *Archivia*, VI.1, p. 337. Leccisotti 1966, p. 34. Morizio 2008, p. 292 n. 15. Morizio 2020a, p. 51-52 n. 15.

Bibliografia: Zanotti, *Digestum*, II.1, p. 273; II.2, p. 539. Ughelli 1720, col. 728-729. Cantera 1892, p. 13-14 (con data 1264 giugno 20). Moscati 1956, p. 105 nota 4 (con data 1263 giugno 20). Golinelli 1996, p. 66, 68 nota 8. Grégoire 1988, p. 156 (con data 1263 giugno 20). Grégoire 1996, p. 12 (con data 1263 giugno 20). Clementi 1996, p. 74 nota 26 (con data 1264 giugno 20). Vitolo 1998, p. 211. Paoli 2004, p. 7 nota 12, 10 nota 34, 479 nota 27. Herde 2004, p. 15 nota 44, 16 nota 46, 24. Pellegrini 2005, p. 329 nota 99. Golinelli 2007, p. 70-71. Morizio 2008, *passim*.

La copia autentica fu redatta a Sulmona, su istanza di fra Roberto da Sulmona, per conto di fra Pietro, rettore della chiesa di S. Spirito della Maiella, da Tommaso, giudice di Sulmona (S), e Adamo di Gerardo, notaio di Sulmona (S).

Per S. Spirito della Maiella vedi *Insediamenti celestini*, n. 113.

16.

INSTRUMENTUM DONATIONIS

1268 aprile 23, <Ferentino>

Supercla, figlia del fu Brancolo, per la remissione dei peccati propri e per l'anima del padre e della madre, dona *inter vivos* a fra Antonio, che riceve per conto del monastero di S. Antonio, dell'ordine [di S. Spirito] *de Maiella*, sito al Colle della Guaita, quanto possiede sul Colle del Fico insieme con i consorti Massarone e gli eredi di Vita.
Notaio: Pietro da Ferentino (S).

Originale [A], Città del Vaticano, Archivio apostolico vaticano, Fondo celestini I, 1.

Regesti: Zanotti, *Digestum*, –. Zanotti, *Archivia*, –. Paoli 2004, p. 117 n. 1. Morizio 2008, p. 292 n. 16. Morizio 2020a, p. 52 n. 16.

Bibliografia: Paoli 2004, p. 8 nota 20. Morizio 2008, *passim*.

Per S. Antonio di Ferentino vedi *Insediamenti celestini*, n. 11. Per S. Spirito della Maiella vedi *Insediamenti celestini*, n. 113.

17.

Clementis IV papae litterae de gratia

1268 maggio 28, Viterbo

Clemente IV – poiché il priore e i *fratres* dell'eremo <di S. Spirito> della Maiella, diocesi di Chieti, e degli altri luoghi all'eremo medesimo soggetti, dell'ordine di san Benedetto, hanno scelto di *habitare in occultis et remotis locis nemorum atque montium et Christo pauperi sub extrema paupertate vitaque asperrima devotum impendere famulatum* – concede cento giorni di indulgenza, valevoli per un triennio, a tutti i fedeli delle diocesi di Sulmona, di Chieti e dei Marsi che aiuteranno il priore e i *fratres* dell'eremo del monte Morrone, diocesi di Sulmona, soggetti al predetto eremo <di S. Spirito> della Maiella, a costruire la chiesa dello stesso eremo in onore di santa Maria.
Quoniam ut ait.

Originale [A], Sulmona, Archivio capitolare di S. Panfilo, Archivio nuovo, Fondi e serie di archivi aggregati, S. Spirito del Morrone, I.5.1 (BD). Copia autentica del 1603 luglio 26 [B], Sulmona, Archivio capitolare di S. Panfilo, Archivio nuovo, Fondi e serie di archivi aggregati, S. Spirito del Morrone, II.5.42.21.

Edizione: Morizio 2008, p. 556 n. 11.

Traduzione: Celidonio 1896, p. 178 (con data 1268 maggio 26; parziale).

Regesti: Zanotti, *Digestum*, II.1, p. 12. Zanotti, *Archivia*, VI.1, p. 112 (con data 1268 giugno 1). Potthast 1875, –. Jordan 1893-1955, –. Celidonio 1896, p. 43 n. 1 (con data 1268 giugno 1). Chiappini 1915, p. 134 n. 22. Capograssi 1962, p. 328 n. 1. Morizio 2008, p. 293 n. 17. Morizio 2020a, p. 52-52 n. 17.

Bibliografia: Zanotti, *Digestum*, II.2, p. 539. Moscati 1956, p. 107 nota 2. Golinelli 1996, p. 67, 68 nota 11. Fucinese 1996, p. 41 nota 1 (con data 1268 maggio 26). Mattiocco-Sabatini 1996, p. 181 nota 11. Orsini 2003, p. 697 n. 1 (6089), 700 n. 28 (6116). Paoli 2004, p. 6 nota 8, 8 note 18-19, 478 note 19-20. Herde 2004, p. 12 nota 36. Golinelli 2007, p. 72. Morizio 2008, *passim*.

La *bulla pendens* venne staccata dall'originale e trasferita alla copia del 26 luglio 1603.

Per S. Maria del Morrone vedi *Insediamenti celestini*, n. 55. Per S. Spirito della Maiella vedi *Insediamenti celestini*, n. 113.

18.

Instrumentum donationis

1268 giugno 10, <Ferentino>

Pietro [...], cittadino di Ferentino, per la remissione dei peccati propri e per l'anima del padre e della madre, dona *inter vivos* a fra Andrea, che riceve per conto del monastero di S. Antonio, quanto possiede in località *Vallis de Alamannis*, nel territorio di Ferentino.

Notaio: Pietro da Ferentino (S).

Originale [A], Città del Vaticano, Archivio apostolico vaticano, Fondo celestini I, 2-3.

Regesti: Zanotti, *Digestum*, –. Zanotti, *Archivia*, –. Paoli 2004, p. 117-118 n. 2-3. Morizio 2008, p. 293 n. 18. Morizio 2020a, p. 53 n. 18.

Bibliografia: Morizio 2008, *passim*.

Per S. Antonio di Ferentino vedi *Insediamenti celestini*, n. 11.

19.

INSTRUMENTUM DONATIONIS

1268 luglio 1, <Ferentino>

Nicola di Filippo [...], per la remissione dei peccati propri e per l'anima del padre e della madre, dona al monastero di S. Antonio di Ferentino ogni diritto sullo sterpeto chiamato *Codettu*, che possiede in località Colle del Fico con il nipote Nicola, figlio del fu Bartolomeo, suo fratello.

Notaio: Pietro da Ferentino (S).

Originale [A], Città del Vaticano, Archivio apostolico vaticano, Fondo celestini I, 2-3.

Regesti: Zanotti, *Digestum*, –. Zanotti, *Archivia*, –. Paoli 2004, p. 117-118 n. 2-3. Morizio 2008, p. 294 n. 19. Morizio 2020a, p. 54 n. 19.

Bibliografia: Morizio 2008, *passim*.

Per S. Antonio di Ferentino vedi *Insediamenti celestini*, n. 11.

20.

INSTRUMENTUM VENDITIONIS

1270 aprile 9, Roccamorice

Tommaso, figlio del fu Leonardo di Pietro, Pietro, Stefano e Giacoma, figli del detto fu Leonardo, vendono a fra Giovanni, oblato della chiesa di S. Spirito della Maiella, che è governata dal venerabile fra Pietro del Morrone, per conto della detta chiesa, una casa in Roccamorice, al prezzo di due once d'oro.

Notaio: Pietro di Giovanni *de Manuppello*.

Originale deperdito [*A], già *Archivio del monastero di S. Spirito della Maiella, «Emptiones et permutationes bonorum» (Zanotti, *Archivia*, VI.1, p. 15).

Regesti: Zanotti, *Digestum*, –. Zanotti, *Archivia*, VI.1, p. 15. Morizio 2008, p. 294 n. 20. Morizio 2020a, p. 54 n. 20.

Bibliografia: Zanotti, *Digestum*, II.2, p. 539. Cantera 1892, p. 14 nota 3. Moscati 1956, p. 108 nota 5. Paoli 2004, p. 8 nota 19, 478 nota 21. Morizio 2008, *passim*.

L'erudito V. Zecca pubblicò un'iscrizione, esistente presso una casa di Roccamorice, il cui testo viene qui riprodotto con qualche aggiustamento: «9 d'aprile 1270. Il glorioso p(adre) s(an) Pietro Cele(stino) comprò questa casa da Pietro et Stefano fratelli et Giacoma sorella, figli di Leonardo di Pietro. Due onze d'oro» (Zecca 1858, p. 89 nota 2).

Per S. Spirito della Maiella vedi *Insediamenti celestini*, n. 113.

21.

FEDERICI DOMINI MANUPPELLI PRIVILEGIUM

1270 novembre 16, Casale del Conte, *in domo iudicis Ray(naldi) de Casale* (Casalincontrada)

Federico *de Tullo*, signore di Manoppello, per la propria anima e la redenzione dei peccati propri e del fu Gualtiero <*de Palearia*>, conte di Manoppello, suo avo, dona alla chiesa di S. Spirito della Maiella, che è governata dal venerabile fra Pietro del Morrone, e a fra Placido eremita, che riceve in nome e per conto della detta chiesa, i sottoscritti possedimenti: una vigna nel territorio di Roccamorice, confinante con un terreno di proprietà della chiesa di S. Giorgio; una *vicenna* nel territorio di Roccamorice; il diritto di patronato sulla chiesa di S. Giorgio di Roccamorice; un vassallo in Manoppello, ovvero Lorenzo di Roberto di Giovanni di Bernardo, e un vassallo in Tocco, chiamato Cono, con tutti i loro beni. Concede inoltre il diritto di pascolare i propri animali, utilizzare l'acqua di fonti e fiumi, fare legna, costruire gualchiere e mulini all'interno del dominio e distretto suo e dei suoi sudditi. Conferma, infine, le donazioni fatte alla predetta chiesa e a fra Pietro dal conte <Gualtiero *de Palearia*>, suo avo.

Originale deperdito [*A], già *Archivio del monastero di S. Spirito del Morrone, «Iura Sancti Spiritus in Magella et Roccae Moricis» (Zanotti, *Archivia*, VI.1, p. 337-338). Copia semplice del secolo XIII deperdita [*B], già *Archivio del monastero di S. Spirito della Maiella, «Privilegia apostolica, regia et baronalia» (Zanotti, *Archivia*, VI.1, p. 35). Inserto del 1294 ottobre 9 deperdito [*C], già *Archivio del monastero di S. Spirito del Morrone, «Iura Sancti Spiritus in Magella et Roccae Moricis» (Zanotti, *Archivia*, VI.1, p. 338). Inserto del 1294 ottobre 9 deperdito [*C$_2$], già Napoli, Archivio di Stato, *Registri angioini, 67, f. 7r-v (Cantera 1892, p. 14-16 nota 4). Inserto del 1294 ottobre 9 deperdito [*C$_3$], già Napoli, Archivio di Stato, *Registri angioini, 77, f. 10v-11v (Cantera 1892, p. 14-16 nota 4). Copia semplice del secolo XVII [Z], Zanotti, *Digestum*, II.1, p. 245-247 («ex copia simplici antiquissima absque data et absque die quae in monasterio Sancti Spiritus de Magella conservatur» = *B).

Stemma chartarum:

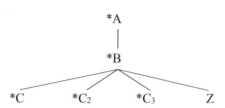

Edizione: Morizio 2008, p. 557-558 n. 12.

Regesti: Zanotti, *Digestum*, II.1, p. 12, 163-164. Zanotti, *Archivia*, VI.1, p. 35, 337-338. Morizio 2008, p. 294-295 n. 21. Morizio 2020a, p. 54-55 n. 21.

Bibliografia: Zanotti, *Digestum*, II.1, p. 163-164, 247-248; II.2, p. 543. Moscati 1956, p. 108-109 nota 1, 149 nota 3. Paoli 2004, p. 8 nota 19, 478 nota 22. Herde 2004, p. 11 nota 31, 18 nota 58, 20 nota 73. Pellegrini 2005, p. 325 nota 85. Morizio 2008, *passim*.

Nel secolo XVII, l'originale, «cum sigillo pendenti», era custodito nell'archivio del monastero di S. Spirito del Morrone. Nell'archivio del monastero di S. Spirito della Maiella, invece, si conservava una «copia simplici antiquissima absque data et absque die [...]. Sed iuxta ea quae annotavimus et diximus supra <Zanotti, *Digestum*, II.1, p. 163> in anno 1252. Originale huius privilegii est in archivio abbatiae Sancti Spiritus de Sulmona et est sub die 16 mensis novembris <Paoli 2004, p. 478 nota 22 legge *septembris*> 1270» (= *B). Originale e copia sono deperditi. *B era scritta in calce al privilegio di Gualtiero *de Palearia* conservato nell'archivio arcivescovile di Chieti (Teate 39), ma la pergamena è mutila (cfr. doc. n. 3). La presente donazione venne confermata da Carlo II d'Angiò, il 9 ottobre 1294, con il privilegio *Si benemeritis* (cfr. doc. n. 226), ma originale e atto registrato sono deperditi. Pertanto, il testo del documento è fruibile solo attraverso la copia secentesca (= Z).

Il termine *vicenna* o *venna*, soprattutto nei testi mediolatini di area francese, indica una peschiera (*septum ad intercipiendos pisces*), mentre il medesimo termine – e la sua variante linguistica *vicenda* – indica, nei testi di area italiana, un terreno feudale coltivato a turno (*locus qui alterius nomine occupatur*); vedi Du Cange 1883-1887, VIII, col. 271c-272a (venna), 319a (*vicenda, vicenna*); Sella 1944, p. 621-622.

Su Federico *de Tullo* (di Tollo), conte di Manoppello, vedi *I registri della cancelleria angioina*, 2 (1265-1281), p. 10 n. 15, 84 n. 295; 3 (1269-1270), p. 238 n. 712, 256-257 n. 813; 4 (1266-1270), p. 7 n. 39, 8 n. 46-47, 10 n. 64, 11 n. 68, 151 n. 1010; 6 (1270-1271), p. 70 n. 182; 7 (1269-1272), p. 114-115 n. 2 e 6, 120 n. 50; 8 (1271-1272), p. 117 n. 16, 152 n. 300; 10 (1272-1273), p. 177-178 n. 684; 19 (1277-1278), p. 208 n. 341; vedi anche doc. n. †50, 103, 226, 227.

Su Gualtiero *de Palearia* (di Pagliara), conte di Manoppello, vedi la nota al doc. n. †3.

Per S. Giorgio di Roccamorice vedi *Insediamenti celestini*, n. 29. Per S. Spirito della Maiella vedi *Insediamenti celestini*, n. 113.

22.

CAPITULI BASILICAE PRINCIPIS APOSTOLORUM DE URBE MANDATUM

1271 febbraio 1, <Roma>

Il capitolo della basilica di S. Pietro di Roma, avendo concesso la chiesa di S. Giorgio di Roccamorice, con tutti i diritti e le pertinenze, a fra Placido e fra Giovanni, dell'ordine di S. Spirito della

Maiella, in nome del detto ordine, incarica fra Teodino, abate di S. Maria di Bominaco, di immettere i suddetti *fratres* nel possesso della chiesa medesima.

Inserto del 1271 febbraio 28 [B], Chieti, Archivio arcivescovile, Fondo pergamenaceo, Teate 53. Copia semplice del secolo XVII [Z], Zanotti, *Digestum*, II.1, p. 249 («ex publico instrumento desuper confecto per Petrum Ioannis de Manuplello notarium cum insertione dicti mandati quod autenticum conservatur in monasterio Sancti Spiritus de Magella» = B).

Edizione: Morizio 2008, p. 558 n. 13.

Regesti: Zanotti, *Digestum*, II.1, p. 12. Zanotti, *Archivia*, –. Morizio 2008, p. 295-296 n. 22. Morizio 2020a, p. 56 n. 22.

Bibliografia: Zanotti, *Digestum*, II.2, p. 543. Moscati 1956, p. 109 nota 3. Paoli 2004, p. 8 nota 20. Morizio 2008, *passim*.

Su fra Teodino, abate di Bominaco e committente della decorazione dell'oratorio di S. Pellegrino nel 1263, vedi Petraroia 1992; cfr. anche doc. n. 23.

Per il capitolo della basilica di S. Pietro di Roma vedi Rezza-Stocchi 2008; Stocchi 2010; Gauvain 2011; Johrendt 2012; cfr. anche doc. n. 23, 26, 94, 215, 220.

Per il monastero di S. Maria di Bominaco, ubicato nell'odierno comune di Caporciano, vedi Pietrantonio 1988, p. 110-113 n. 40; Di Clemente 2005; per i documenti custoditi presso l'archivio capitolare di S. Panfilo a Sulmona vedi Orsini 2003, *ad indicem* <p. 755>; cfr. anche doc. n. 23.

Per S. Giorgio di Roccamorice vedi *Insediamenti celestini*, n. 29. Per S. Spirito della Maiella vedi *Insediamenti celestini*, n. 113.

23.

INSTRUMENTUM CORPORALIS POSSESSIONIS

1271 febbraio 28, Roccamorice, chiesa di S. Giorgio

Teodino, abate di S. Maria di Bominaco, dopo aver mostrato, letto e fatto leggere il mandato a lui diretto e inviato dal capitolo della basilica di S. Pietro di Roma, al quale la predetta chiesa di S. Maria era soggetta, sigillato con un sigillo di cera bianca – *in quo sigillo erat impressa quedam ymago humana cuius destra tenebat clavem, sinistra vero crucem* –, immette nel possesso della chiesa di S. Giorgio di Roccamorice, con tutti i diritti e le pertinenze, fra Placido, in nome e per conto della chiesa di S. Spirito della Maiella e dell'ordine della chiesa medesima.
Giudice: Matteo di Ferracavallo, giudice di Manoppello (S).
Notaio: Pietro di Giovanni, notaio di Manoppello (S).

Originale [A], Chieti, Archivio arcivescovile, Fondo pergamenaceo, Teate 53.

Edizione: Morizio 2008, p. 558-559 n. 14.

Regesti: Zanotti, *Digestum*, II.1, p. 249. Zanotti, *Archivia*, VI.1, p. 39. Balducci 1926, p. 17 n. 41. Morizio 2008, p. 296 n. 23. Morizio 2020a, p. 56-57 n. 23.

Bibliografia: Moscati 1956, p. 109. Paoli 2004, p. 8 nota 20. Palazzi 2005, p. 182. Pellegrini 2005, p. 324 nota 76, 332 nota 106, 335. Morizio 2008, *passim*.

Su fra Teodino, abate di Bominaco e committente della decorazione dell'oratorio di S. Pellegrino nel 1263, vedi la nota al doc. n. 22.

Per il capitolo della basilica di S. Pietro di Roma vedi la nota al doc. n. 22.

Per il monastero di S. Maria di Bominaco, ubicato nell'odierno comune di Caporciano, vedi la nota al doc. n. 22.

Per S. Giorgio di Roccamorice vedi *Insediamenti celestini*, n. 29. Per S. Spirito della Maiella vedi *Insediamenti celestini*, n. 113.

24.

Instrumentum donationis

1271 marzo 1, Roccamorice, *in domo domni Thomasii*

Raimondo del fu Nicola, Giacomo del notaio Ruggero, *domnus* Pietro di *magister* Riccardo, Giovanni di Gualtiero, Giacomo di Amico, Pietro *de Morico*, Roberto di Gualtiero di Pietro, Biagio, Marco, Andrea e Roberto di Angelo, Tommaso di Gualtiero di Angelo, Pietro di Simeone, Maria *de Antochia*, Pietro di Alberto, Giovanni *Alperici*, Gualtiero *Alperici*, *domnus* Pietro *de Sancto Georgio*, Berardo di Matteo, Giovanni *Fornarii*, Bartolomeo di Pietro e Berardo di Rinaldo, patroni della chiesa di S. Giorgio ubicata nel territorio di Roccamorice, donano a fra Placido, eremita della chiesa di S. Spirito della Maiella, che riceve in nome e per conto della detta chiesa e dei *fratres* che in essa servono Dio, il diritto di patronato della chiesa di S. Giorgio e dei beni che in essa posseggono.
Giudice: Matteo di Ferracavallo, giudice di Manoppello (S).
Notaio: Pietro di Giovanni, notaio di Manoppello (S).

Originale deperdito [*A], già *Archivio del monastero di S. Spirito della Maiella, «Pro ecclesia Sancti Georgii de Roccamorice» (Zanotti, *Archivia*, VI.1, p. 39). Copia semplice del secolo XVII [Z], Zanotti, *Digestum*, II.1, p. 251-253 («ex proprio originali existenti in sacro monasterio Sancti Spiritus de Maiella»).

Edizione: Morizio 2008, p. 559-561 n. 15.

Regesti: Zanotti, *Digestum*, II.1, p. 12. Zanotti, *Archivia*, VI.1, p. 39. Morizio 2008, p. 297 n. 24. Morizio 2020a, p. 57 n. 24.

Bibliografia: Moscati 1956, p. 109 nota 5. Morizio 2008, *passim*.

Cfr. doc. n. †25.

Per S. Giorgio di Roccamorice vedi *Insediamenti celestini*, n. 29. Per S. Spirito della Maiella vedi *Insediamenti celestini*, n. 113.

†25.

Privilegium falsum

1271 marzo 1, Roccamorice, *in domo dompni Thomasii*

Raimondo del fu Nicola, Giacomo del notaio Ruggero, *do(m)pnus* Pietro di *magister* Riccardo, Giovanni di Gualtiero, Giacomo di Amico, Pietro *de Morico*, Roberto di Gualtiero di Pietro, Biagio, Marco, Andrea e Roberto di Angelo, Tommaso di Gualtiero di Angelo, Pietro di Simeone, Maria *de Antochia*, Pietro di Alberto, Giovanni *Alperici*, Gualtiero *Alperici*, *dopnus* <così> Pietro *de Sancto Georgio*, Berardo di Matteo, Giovanni *Fornarius*, Bartolomeo di Pietro e Berardo di Rinaldo da Roccamorice, della diocesi di Chieti, patroni della chiesa di S. Giorgio di Roccamorice, per la salvezza dell'anima propria e dei loro predecessori, donano al venerabile monastero di S. Spirito della Maiella, alla santa vita di fra Pietro del Morrone abate, alla comunità del detto monastero e a fra Placido, procuratore di esso, il loro diritto di patronato sulla predetta chiesa di S. Giorgio e con tale documento, munito dei loro sigilli, chiedono al vescovo di Chieti di dare il suo assenso a tale donazione.

Falsificazione <del secolo XIV *ineunte*?> con la seguente tradizione: Copia autentica del 1322 agosto 2 [B], Chieti, Archivio arcivescovile, Fondo pergamenaceo, Teate 155. Copia semplice del secolo XVII [Z], Zanotti, *Digestum*, II.1, p. 255-256 («ex transumpto autentico apud monasterium Sancti Ioannis de Aquasanta <così> religionis beati Petri de Murrone confessoris prope Castrum Sangri, Triventin(ae) dioecesis, sub die 2 augusti 1322, ad instantiam religiosi viri fratris Guillielmi de Quinquemilliis, generalis procuratoris monasterii Sancti Spiritus de Sulmona et membrorum eius, rogato per manum domini Iacobi Petri de Castro Sangri notarii publici, in quo transumpto reperitur etiam transumptata confirmatio dictae donationis ecclesiae Sancti Georgii, facta ab episcopo Theatino sub die 12 aprilis 1271, quam habes per extensum in nostris privilegiis. Quod quidem transumptum autenticum conservatur in monasterio Sancti Spiritus de Magella»).

Regesti: Zanotti, *Digestum*, –. Zanotti, *Archivia*, VI.1, p. 40. Balducci 1926, p. 44-45 n. 128. Morizio 2008, p. 297-298 n. 25. Morizio 2020a, p. 57-58 n. 25.

Bibliografia: Moscati 1956, p. 109 nota 5. Paoli 2004, p. 10 nota 29, 478-479 nota 23. Palazzi 2005, p. 184. Pellegrini 2005, p. 332 nota 106. Morizio 2008, *passim*.

La donazione dello *ius patronatus* della chiesa di S. Giorgio avvenne effettivamente il 1° marzo 1271 (cfr. doc. n. 24). Quell'atto fu utilizzato per realizzare due falsificazioni: il presente documento e la presunta conferma del vescovo di Chieti datata 12 aprile 1271 (cfr. doc. n. 28). Nel primo caso si tratta palesemente di un «falso diplomatico», in quanto l'atto originale ha subito soprattutto interpolazioni formali. Qui la donazione è rivolta, oltre che a fra Placido – definito «procuratore» anziché semplicemente «eremita», che agisce in nome e per conto della chiesa di S. Spirito della Maiella –, «venerabili mon(asterio) S(anc)ti Sp(iritu)s de Magella et s(anc)te vite fr(atr)i Petro de Murrono <*su* -u- *vi è una* r *superflua*> abb(at)i et conve(n)tui p(re)d(ic)ti mon(asterii)». L'appellativo *monasterium* relativamente a S. Spirito della Maiella compare per la prima volta solo nel 1275 (cfr. doc. n. 39); nell'originale è presente l'espressione «chiesa di S. Spirito della Maiella». Anacronistico è il titolo di «abate» attribuito a fra Pietro del Morrone. Il documento in esame ci è pervenuto attraverso una copia autentica del 1322 in cui è riportata anche la presunta conferma del vescovo di Chieti (cfr. doc. n. 28). In quegli anni vi fu una vertenza con il capitolo della basilica di S. Pietro di Roma (cfr. Leccisotti 1966, p. 164 n. 401, doc. del 1322 novembre 4), che precedentemente aveva posseduto la chiesa di S. Giorgio e al quale i maiellesi erano rimasti gerarchicamente soggetti fino al 1294, allorché Celestino V aveva cassato ogni legame tra il suo ordine e l'ente ecclesiastico romano.

La copia autentica fu realizzata presso il monastero di S. Giovanni di Acquasanta, diocesi di Trivento, a istanza di fra Guglielmo *de Quinquemilliis*, procuratore generale del monastero di S. Spirito di Sulmona, da *dominus* Giacomo di Pietro, notaio di Castel di Sangro (S).

Nel 1271, il vescovo *pro tempore* di Chieti era Nicola da Fossa (Eubel 1913, p. 481).

Per S. Giorgio di Roccamorice vedi *Insediamenti celestini*, n. 29. Per S. Spirito della Maiella vedi *Insediamenti celestini*, n. 113.

26.

INSTRUMENTUM TRANSACTIONIS

1271 marzo 3, chiesa di S. Martino *ad Plebem* (Abbateggio)

Landolfo <*alias* Adenolfo>, venerabile abate, e il capitolo dei chierici di S. Martino *ad Plebem*, da una parte, e la chiesa e i *fratres* di S. Spirito della Maiella, dall'altra – essendo nata una controversia riguardo alla chiesa di S. Giorgio situata nel territorio di Roccamorice, poiché l'abate e i chierici della detta chiesa di S. Martino asserivano di avere sulla chiesa di S. Giorgio il diritto di visita, costituzione, ordinazione e concessione di cappellani e chierici, nonché altri diritti *tam de iure quam de approbata consuetudine* –, dinanzi a numerosi testimoni chierici e laici, giungono a un accordo. L'abate e i canonici di S. Martino, riconoscendo che la predetta chiesa di S. Giorgio, con tutti i suoi beni e diritti, deve appartenere ed essere soggetta *plene et rationabiliter* alla chiesa di S. Spirito *ex collatione et concessione venerabilis capituli basilice Principis apostolorum de Urbe, cuius iuris dicta ecclesia Sancti Georgii censebatur*, rinunciano a essa in favore di fra Placido, eremita e procuratore della chiesa di S. Spirito <della Maiella>.

Giudice: Matteo di Ferracavallo, giudice di Manoppello (S).

Notaio: Pietro di Giovanni, notaio di Manoppello (S).

Originale [A], Chieti, Archivio arcivescovile, Fondo pergamenaceo, Teate 55. Copia semplice del secolo XVII [Z], Zanotti, *Digestum*, II.1, p. 257-260 («ex proprio originali existenti in sacro monasterio Sancti Spiritus de Maiella»). Copia semplice del secolo XVIII [B], Città del Vaticano, Archivio apostolico vaticano, Fondo celestini II, 45, f. 219r-221r.

Edizione: Morizio 2008, p. 561-563 n. 16.

Regesti: Zanotti, *Digestum*, II.1, p. 13. Zanotti, *Archivia*, VI.1, p. 40. Balducci 1926, p. 18 n. 42. Paoli 2004, p. 375. Morizio 2008, p. 298-299 n. 26. Morizio 2020a, p. 59 n. 26.

Bibliografia: Moscati 1956, p. 109 nota 6. Palazzi 2005, p. 182. Morizio 2008, *passim*.

Su Landolfo o Adenolfo, abate di S. Martino *ad Plebem* e canonico teatino, vedi anche doc. n. 45.

Per il capitolo della basilica di S. Pietro di Roma vedi la nota al doc. n. 22.

La chiesa pievana di S. Martino, confermata al vescovo di Chieti nel 1115 da Pasquale II (vedi il testo del documento in Balducci 1926, p. 97-99: «In Abateio plebem sancti Martini cum pertinentiis suis»), era ubicata entro il *districtus* del *castrum* di Abbateggio (cfr. anche Pratesi-Cherubini 2017-2019, I, p. 239-240: Abbateggio); non ne restano tracce se non nella toponomastica: frazione o contrada San Martino; cfr. anche doc. n. 45.

Per S. Giorgio di Roccamorice vedi *Insediamenti celestini*, n. 29. Per S. Spirito della Maiella vedi *Insediamenti celestini*, n. 113.

27.

INSTRUMENTUM DONATIONIS

1271 marzo 3, Roccamorice

Pietro *de Morico*, Pietro e Gualtiero di Giovanni, fratelli e nipoti del detto Pietro *de Morico*, donano alla chiesa di S. Spirito della Maiella e a fra Placido, eremita della stessa chiesa di S. Spirito, in nome e per conto di essa, una vigna situata nel territorio di Roccamorice, *in contrata Sancti Georgii*. Giudice: Matteo di Ferracavallo, giudice di Manoppello (S). Notaio: Pietro di Giovanni, notaio di Manoppello (S).

Originale [A], Chieti, Archivio arcivescovile, Fondo pergamenaceo, Teate 54.

Regesti: Zanotti, *Digestum*, –. Zanotti, *Archivia*, VI.1, p. 23. Balducci 1926, p. 18 n. 43. Morizio 2008, p. 299 n. 27. Morizio 2020a, p. 59-60 n. 27.

Bibliografia: Moscati 1956, p. 108 nota 5. Palazzi 2005, p. 182. Morizio 2008, *passim*.

Per S. Giorgio di Roccamorice vedi *Insediamenti celestini*, n. 29. Per S. Spirito della Maiella vedi *Insediamenti celestini*, n. 113.

†28.

PRIVILEGIUM FALSUM

1271 aprile 12, Chieti

Nicola, vescovo di Chieti, in seguito alla richiesta presentata, riguardante la donazione del diritto di patronato della chiesa di S. Giorgio di Roccamorice, diocesi di Chieti, fatta al monastero di S. Spirito della Maiella da Raimondo del fu Nicola, Giacomo del notaio Ruggero, *do(m)pnum* Pietro di *magister* Riccardo e molti altri di Roccamorice, patroni di quella chiesa, con il consenso del capitolo cattedrale, conferma a fra Pietro del Morrone, abate, e alla comunità del monastero di S. Spirito della Maiella la predetta donazione. Concede, inoltre, che nella predetta chiesa di S. Giorgio viga *in perpetuum vester ordo monasticus... secundum Deum et beati Benedicti regulam ac vestri ordinem et disciplinam ita quod ex nunc in antea per priorem vel fratres alios faciatis secundum quod vobis videbitur dictam ecclesiam gubernari.* Dona, infine, alla chiesa di S. Spirito *in perpetuum* la quarta parte delle decime, delle oblazioni dei morti e dei proventi della chiesa di S. Giorgio spettanti *de iure ac de consuetudine antiquata* alla chiesa teatina.

Falso <del secolo XIV *ineunte?*> con la seguente tradizione: Copia autentica del 1322 agosto 2 [B], Chieti, Archivio arcivescovile, Fondo pergamenaceo, Teate 155.

Regesti: Zanotti, *Digestum*, II.1, p. 13. Zanotti, *Archivia*, VI.1, p. 40. Balducci 1926, p. 44-45 n. 128. Morizio 2008, p. 299-300 n. 28. Morizio 2020a, p. 60 n. 28.

Bibliografia: Zanotti, *Digestum*, II.2, p. 539. Paoli 2004, p. 8 nota 20, 479 nota 24. Palazzi 2005, p. 184. Pellegrini 2005, p. 324 nota 76. Morizio 2008, *passim*.

Sulle origini e motivazioni del presente falso cfr. doc. n. 25, tradito nella stessa pergamena.

Per S. Giorgio di Roccamorice vedi *Insediamenti celestini*, n. 29. Per S. Spirito della Maiella vedi *Insediamenti celestini*, n. 113.

29.

INSTRUMENTUM TESTAMENTI

1271 settembre 10, Caramanico

Magister Angelerio del fu *miles* Berardo di Ugo da Caramanico, nel redigere il proprio testamento, chiama a esecutori testamentari, qualora vengano meno i suoi eredi diretti, il vescovo di Tuscolo, il vescovo di Chieti, l'abate di Casanova, il priore di S. Spirito della Maiella e il priore di S. Tommaso *de Verana*.

Giudice: Eliseo, giudice di Caramanico (S).

Notaio: Berardo, notaio di Caramanico (S).

Originale [A], Montecassino, Archivio dell'abbazia, Fondo di S. Spirito del Morrone, 96.

Regesti: Zanotti, *Digestum*, –. Zanotti, *Archivia*, VI.1, p. 338. Leccisotti 1966, p. 38 n. 96. Morizio 2008, p. 300 n. 29. Morizio 2020a, p. 61 n. 29.

Bibliografia: Paoli 2004, p. 8 nota 19, 479 nota 25. Pellegrini 2005, p. 328 nota 94, 333-334. Morizio 2008, *passim*.

A redigere il documento è il medesimo testatore, *magister* Angelerio.

Nel 1271, il vescovo *pro tempore* di Tuscolo era Eudes de Châteauroux («Odo de Castro Radulfi»), appartenente all'ordine cistercense (Eubel 1913, p. 7, 38). Nel 1271, il vescovo *pro tempore* di Chieti era Nicola da Fossa (Eubel 1913, p. 481).

Per l'abbazia cistercense di S. Maria di Casanova, ubicata nell'odierno comune di Villa Celiera, in provincia di Pescara, vedi Paciocco 1994; per i documenti custoditi presso l'archivio capitolare di S. Panfilo a Sulmona vedi Orsini 2003, *ad indicem* <p. 757>.

Per la canonica agostiniana di S. Tommaso *de Verana* o *de Paterno*, ubicata nell'odierno comune di Caramanico Terme, in provincia di Pescara, annessa all'abbazia di S. Spirito del Morrone nel 1334, vedi Morizio 2003; Morizio 2016; Morizio 2019b.

Per S. Spirito della Maiella vedi *Insediamenti celestini*, n. 113.

30.

INSTRUMENTUM VENDITIONIS

1271 novembre 21, <Roccamorice>

Roberto di Tommaso da Roccamorice vende a fra Berardo, eremita della chiesa di S. Spirito della Maiella, per conto della detta chiesa, un terreno nel territorio di Roccamorice, *in contrata Sancti Georgii*, che confina su tutti i lati con le proprietà della chiesa di S. Giorgio, al prezzo di tre once d'oro.

Notaio: Pietro di Giovanni, <notaio> di Manoppello.

Originale deperdito [*A], già *Archivio del monastero di S. Spirito della Maiella, «Emptiones et permutationes bonorum» (Zanotti, *Archivia*, VI.1, p. 15).

Regesti: Zanotti, *Digestum*, –. Zanotti, *Archivia*, VI.1, p. 15. Morizio 2008, p. 300-301 n. 30. Morizio 2020a, p. 61 n. 30.

Bibliografia: Zanotti, *Digestum*, II.2, p. 543. Morizio 2008, *passim*.

Per S. Giorgio di Roccamorice vedi *Insediamenti celestini*, n. 29. Per S. Spirito della Maiella vedi *Insediamenti celestini*, n. 113.

31.

INSTRUMENTUM DONATIONIS

1272 gennaio 4, Roccamorice, chiesa di S. Giorgio

Magister Roberto di Angelo, in presenza e con il consenso dei figli, il notaio Pietro e Gregorio, e del genero, *magister* Ladasio, gli stessi Pietro, Gregorio e Ladasio, Tommaso *Granelli*, nipote di *magister* Roberto, Tommaso di Gualtiero di Angelo e suo fratello Martino, donano a fra Placido, eremita della chiesa di S. Spirito della Maiella, ricevente in nome e per conto della detta chiesa, una vigna situata nel territorio di Roccamorice, in contrada *Legium*, confinante su tre lati con le proprietà della chiesa di S. Spirito, *propter grata servicia que receperunt a fratribus dicte ecclesie et sperabantur recipere in futurum.*
Giudice: Palmerio, *miles*, giudice di Roccamorice (S).
Notaio: Pietro di Giovanni, notaio di Manoppello (S).

Originale [A], Chieti, Archivio arcivescovile, Fondo pergamenaceo, Teate 63.

Regesti: Zanotti, *Digestum*, –. Zanotti, *Archivia*, VI.1, p. 23. Balducci 1926, p. 19-20 n. 48. Morizio 2008, p. 301 n. 31. Morizio 2020a, p. 62 n. 31.

Bibliografia: Zanotti, *Digestum*, II.2, p. 543. Moscati 1956, p. 108 nota 5. Palazzi 2005, p. 182. Morizio 2008, *passim*.

Per S. Giorgio di Roccamorice vedi *Insediamenti celestini*, n. 29. Per S. Spirito della Maiella vedi *Insediamenti celestini*, n. 113.

32.

INSTRUMENTUM VENDITIONIS

1272 gennaio 4, Roccamorice, S. Giorgio

Maria, moglie di Giovanni di Gualtiero, con l'autorizzazione di quest'ultimo, suo legittimo mundoaldo, vende a fra Placido, eremita della chiesa di S. Spirito della Maiella, per conto della detta chiesa, una vigna, con il territorio a essa adiacente, sita nelle pertinenze di Roccamorice, nel luogo chiamato *Planum*, al prezzo di tre once d'oro, che Maria ammette di aver già ricevuto dal detto fra Placido.
Giudice: Palmerio, *miles*, giudice di Roccamorice (S).
Notaio: Pietro di Giovanni, notaio di Manoppello (S).

Originale [A], Chieti, Archivio arcivescovile, Fondo pergamenaceo, Teate 62.

Regesti: Zanotti, *Digestum*, –. Zanotti, *Archivia*, VI.1, p. 15. Balducci 1926, p. 19 n. 47. Morizio 2008, p. 301-302 n. 32. Morizio 2020a, p. 62 n. 32.

Bibliografia: Zanotti, *Digestum*, II.2, p. 543. Moscati 1956, p. 108 nota 5. Palazzi 2005, p. 182. Morizio 2008, *passim*.

Per S. Giorgio di Roccamorice vedi *Insediamenti celestini*, n. 29. Per S. Spirito della Maiella vedi *Insediamenti celestini*, n. 113.

33.

INSTRUMENTUM VENDITIONIS

1272 gennaio 4, Roccamorice, *in domo domini Palmerii*

Donna Margherita, moglie di *dominus* Palmerio, con l'autorizzazione di quest'ultimo, suo legittimo mundoaldo, vende alla chiesa e ai *fratres* di S. Spirito della Maiella, rappresentati da fra Giovanni di Pietro, oblato della detta chiesa, una pezza di terra posta nel territorio di Roccamorice, in contrada *Legium*, confinante su un lato con le proprietà della chiesa di S. Spirito, al prezzo di venti tarì d'oro, che Margherita ammette di aver già ricevuto.

Giudice: Ruggero di *dompnus* Giacomo, giudice di Roccamorice (S).
Notaio: Pietro di Giovanni da Manoppello, notaio di Manoppello (S).

Originale [A], Chieti, Archivio arcivescovile, Fondo pergamenaceo, Teate 61.

Regesti: Zanotti, *Digestum*, –. Zanotti, *Archivia*, VI.1, p. 15. Balducci 1926, p. 19 n. 46. Morizio 2008, p. 302 n. 33. Morizio 2020a, p. 63 n. 33.

Bibliografia: Moscati 1956, p. 108 nota 5. Palazzi 2005, p. 182. Pellegrini 2005, p. 362 nota 234. Morizio 2008, *passim*.

Per S. Spirito della Maiella vedi *Insediamenti celestini*, n. 113.

†34.

LITTERAE FALSAE

1272 aprile 8, Avignone

Gregorio X concede un'indulgenza di duecento anni e duecento quarantene *de iniunctis paenintentii* <così> ai fedeli che visitino una chiesa <dell'ordine>, e in essa ascoltino la messa e l'ufficio divino, nei seguenti giorni: tutti i festivi e le loro ottave, tutte le domeniche e dalla prima domenica dell'Avvento fino all'ottava di Pentecoste.
Nos itaque zelo.

Falso <del secolo XIV *exeunte*?> con la seguente tradizione: Copia semplice <del secolo XIV *exeunte*?> [B], Sulmona, Archivio capitolare di S. Panfilo, Archivio nuovo, Fondi e serie di archivi aggregati, S. Spirito del Morrone, I.3.29. Copia semplice <del secolo XIV *exeunte*?> [B₂], Chieti, Archivio arcivescovile, Fondo pergamenaceo, Teate 286 bis. Copia semplice del secolo XVIII [C], Città del Vaticano, Archivio apostolico vaticano, Fondo celestini II, 44, f. 88r-v (da Beurrier 1634).

Stemma chartarum:

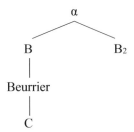

Edizione: Beurrier 1634, p. 90-91.

Regesti: Zanotti, *Digestum*, –. Zanotti, *Archivia*, –. Guiraud 1892-1958, –. Potthast 1875, –. Paoli 2004, p. 357. Morizio 2008, p. 302-303 n. 34. Morizio 2020a, p. 63-64 n. 34.

Bibliografia: Capograssi 1962, p. 330 n. 23. Orsini 2003, p. 700 n. 23 (6111). Herde 2004, p. 133 nota 185. Morizio 2008, *passim*.

Gregorio X «risulta molto avaro nel concedere indulgenze a chiese, mentre punta soprattutto sulla crociata, obiettivo primario della sua politica ecclesiastica, assieme al problema della riunificazione con le chiese d'Oriente, che rappresenteranno anche gli obiettivi di fondo del Concilio da lui convocato, il Lionese II» (Pellegrini 2005, p. 321). L'entità dell'indulgenza, duecento anni e duecento quarantene lucrabili in un numero spropositato di festività, conferma che si tratta di un falso sulle cui origini cfr. doc. n. 1.

Per S. Spirito del Morrone vedi *Insediamenti celestini*, n. 112.

35.

INSTRUMENTUM DONATIONIS

1272 ottobre 2, San Valentino, *in domo filiorum domini Ionathe de Luco*

Il nobile Francesco, figlio ed erede del fu *dominus* Gionata *de Luco*, per sé e Federico, suo fratello minorenne, patrono della chiesa di S. Maria *de Intermontibus, sitae in territorio Farae*, dona a fra Placido, eremita e procuratore della chiesa di S. Spirito della Maiella, che riceve in nome e per conto di essa, il diritto di patronato sulla chiesa di S. Maria *de Intermontibus* e i beni che ivi possiede in comune con suo fratello.

Giudice: Tommaso di Giovanni di Pietro, *illiteratus et nesciens scribere*, giudice di Salle.

Notaio: Gualtiero *Mensi*, notaio di San Valentino.

Originale deperdito [*A], già *Archivio del monastero di S. Spirito del Morrone, «Iura Sanctae Mariae Intermontes» (Zanotti, *Archivia*, VI.1, p. 123). Copia semplice del secolo XVII [Z], Zanotti, *Digestum*, II.1, p. 263-266 («ex proprio originali existenti in archivio abbatiae Sancti Spiritus de Sulmone»).

Regesti: Zanotti, *Digestum*, II.1, p. 13, 261. Zanotti, *Archivia*, VI.1, p. 123. Morizio 2008, p. 303 n. 35. Morizio 2020a, p. 64 n. 35.

Bibliografia: Zanotti, *Digestum*, II.1, p. 261-262. Moscati 1956, p. 109 nota 7. Herde 2004, p. 18 nota 62. Morizio 2008, *passim*.

L'indizione (prima) e l'anno di regno di Carlo I d'Angiò (ottavo) confermano il millesimo. Non concorda il giorno indicato nella pergamena (martedì), poiché il 2 ottobre 1272 era domenica; è ipotizzabile un errore di trascrizione da parte di L. Zanotti.

Sul *castrum* di Luco, ubicato nel territorio dell'odierno comune di Caramanico Terme, frazione San Tommaso, vedi Pratesi-Cherubini 2017-2019, I, p. 422-423.

Per S. Maria di Tremonti vedi *Insediamenti celestini*, n. 70. Per S. Spirito della Maiella vedi *Insediamenti celestini*, n. 113.

36.

INSTRUMENTUM DONATIONIS

1272 ottobre 10, Isernia

Il giudice Filippo *Beneventi*, nato e abitante a Isernia, e sua moglie Glorietta donano a fra Placido, procuratore della chiesa di S. Spirito della Maiella, in nome e per conto di essa, una vigna situata entro i confini della città di Isernia, a oriente, nel luogo detto *Pons de Arcu*, con l'obbligo da parte dei *fratres* di S. Spirito della Maiella di costruirvi una chiesa intitolata allo Spirito Santo. Nel caso in cui detta chiesa non venisse costruita o *si ipsi fratres a regula cessarent*, la vigna dovrà tornare liberamente ai donatori o, in mancanza di loro eredi, all'ospizio della chiesa di S. Giovanni dei gerosolimitani.

Giudice: Filippo, giudice di Isernia (S).

Notaio: Giovanni, notaio di Isernia (S).

Originale [A], Montecassino, Archivio dell'abbazia, Fondo di S. Spirito di Isernia, fasc. I, n. 1. Copia semplice del secolo XVII [Z], Zanotti, *Digestum*, II.1, p. 269-271 («ex proprio originali quod in archivio abbatiae Sancti Spiritus de Sulmona asservatur» = A). Copia semplice del secolo XIX [B], Montecassino, Archivio dell'abbazia, Fondo di S. Spirito di Isernia, *Codex diplomaticus aeserniensis*, f. 700r-701r (da A).

Edizione: Avagliano 1971, p. 70-71.

Regesti: Zanotti, *Digestum*, II.1, p. 13, 267. Zanotti, *Archivia*, VI.1, p. 377. Avagliano 1971, p. 53 n. 1. Morizio 2008, p. 303-304 n. 36. Morizio 2020a, p. 64-65 n. 36.

Bibliografia: Zanotti, *Digestum*, II.1, p. 267; II.2, p. 543. Moscati 1956, p. 110 (con data 1272 ottobre 8). Avagliano 1971, p. 47-48. Herde 2004, p. 19 nota 67 (con data 1272 ottobre 8). Figliuolo 2005, p. 235. Morizio 2008, *passim*.

La chiesa di S. Giovanni dei gerosolimitani era ubicata fuori le mura di Isernia, ingresso sud dell'attuale Parco della Rimembranza (cfr. Caiazza 2011, p. 184-185); cfr. anche doc. n. 56, 65.

Per S. Spirito della Maiella vedi *Insediamenti celestini*, n. 113. Per S. Spirito di Isernia vedi *Insediamenti celestini*, n. 117.

37.

1274 maggio 16, Isernia

Maria, vedova di Domenico da San Vito, nata e abitante a Isernia, dona a Rinaldo da Montedimez-zo, cittadino di Isernia, che riceve in nome e per conto della chiesa di S. Spirito della Maiella in Isernia, una casa situata nella parrocchia di S. Michele e due vigne in località *Cerreta*.

Giudici: Benedetto, giudice di Isernia (S); Angelo, giudice di Isernia (S).

Notaio: Pietro, notaio di Isernia (S).

Originale [A], Montecassino, Archivio dell'abbazia, Fondo di S. Spirito di Isernia, fasc. I, n. 2.

Regesti: Zanotti, *Digestum*, –. Zanotti, *Archivia*, VI.1, p. 377. Avagliano 1971, p. 53 n. 2. Morizio 2008, p. 304 n. 37. Morizio 2020a, p. 65 n. 37.

Bibliografia: Avagliano 1971, p. 49. Morizio 2008, *passim*.

Per la chiesa di S. Michele di Isernia vedi Sella 1936, p. 351 n. 5134.

Per S. Spirito di Isernia vedi *Insediamenti celestini*, n. 117.

38.

1274 settembre 29, Caramanico

Nicola *Nicolai Ia(n)nonis* da Roccamorice vende a fra Roberto da Sulmona, monaco della chiesa di S. Spirito della Maiella, in nome e per conto di essa, un tomolo di terra seminativa nel territorio di Roccamorice, *in contrata Sancti Georgii*, al prezzo di ventiquattro tarì d'oro, che Nicola ammette di aver già ricevuto da fra Roberto. Nel caso in cui detta terra valesse di più dona *inter vivos* la plusva-lenza alla chiesa di S. Spirito, per la remissione dei peccati suoi e dei genitori.

Giudice: Nicola da Popoli, giudice di Caramanico (S).

Notaio: Rao, notaio di Caramanico (S).

Originale [A], Chieti, Archivio arcivescovile, Fondo pergamenaceo, Teate 69.

Regesti: Zanotti, *Digestum*, –. Zanotti, *Archivia*, VI.1, p. 15. Balducci 1926, p. 21 n. 54. Morizio 2008, p. 304-305 n. 38. Morizio 2020a, p. 65-66 n. 38.

Bibliografia: Zanotti, *Digestum*, II.2, p. 543. Moscati 1956, p. 108 nota 5. Palazzi 2005, p. 182. Morizio 2008, *passim*.

Per S. Giorgio di Roccamorice vedi *Insediamenti celestini*, n. 29. Per S. Spirito della Maiella vedi *Insediamenti celesti-ni*, n. 113.

39.

1275 marzo 22, Lione

Gregorio X concede la protezione apostolica al monastero di S. Spirito della Maiella, diocesi di Chie-ti, il quale *abbatem proprium non habens, set per priorem solitum gubernari*; stabilisce che in esso si osservi la regola di san Benedetto e conferma tutti i possessi: il luogo in cui il monastero è ubicato con tutte le sue pertinenze, la chiesa di S. Giorgio di Roccamorice con le decime, le terre, i possedimenti, le vigne e tutte le sue pertinenze; le chiesa di S. Giovanni della Maiella, S. Bartolomeo di Legio, S. Cleto di Musellaro e S. Maria e S. Angelo di Tremonti con le terre, il mulino, la gualchiera, i posse-dimenti e tutte le pertinenze; le chiese di S. Maria del Morrone, S. Antonino di Campo di Giove, S. Giovanni di Acquasanta, S. Comizio di Acciano, S. Spirito di Isernia, S. Maria di Aielli, S. Antonio di

Ferentino, S. Antonino di Anagni, S. Leonardo di Sgurgola e S. Francesco di Civita d'Antino, con le terre, i possedimenti e tutte le pertinenze; inoltre, le decime, le terre, i possedimenti, le vigne, i mulini, i boschi, gli orti e i prati nel territorio di Sulmona, Roccamorice e Tocco e altre terre, possedimenti e diritti nelle diocesi di Chieti, Valva, Isernia, Anagni, Ferentino e Sora.
Religiosam vitam eligentibus.

Originale deperdito [*A], già *Archivio del monastero di S. Spirito del Morrone, «Indulta sedis apostolicae» (Zanotti, *Archivia*, VI.1, p. 179). Copia autentica del 1275 giugno 12 [B], Sulmona, Archivio capitolare di S. Panfilo, Archivio nuovo, Fondi e serie di archivi aggregati, S. Spirito del Morrone, I.2.61. Copia autentica del 1533 maggio 10 deperdita [*B2], già *Archivio del monastero di S. Spirito della Maiella, «Privilegia apostolica, regia et baronalia» (Zanotti, *Archivia*, VI.1, p. 35-36). Copia autentica del 1591 aprile 23 deperdita [*B3], già *Archivio del monastero di S. Spirito della Maiella, «Privilegia apostolica, regia et baronalia» (Zanotti, *Archivia*, VI.1, p. 36). Copia semplice del secolo XVI [B4], Parigi, Bibliotèque de l'Arsenal, ms. 929, f. 128r-130r. Copia semplice del secolo XVIII [C], Città del Vaticano, Archivio apostolico vaticano, Fondo celestini II, 18, f. 22r-23v. Copia semplice del secolo XVIII [C2], Città del Vaticano, Archivio apostolico vaticano, Fondo celestini II, 44, f. 97r-100r (da Beurrier 1634). Estratto del secolo XVII [E], Zanotti, *Digestum*, V.2, p. 675.

Stemma chartarum:

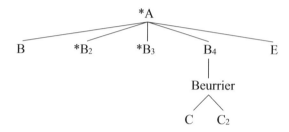

Edizioni: Marini 1630, p. 154-157. Beurrier 1634, p. 93-98. Campi 1651, p. 446-448 n. 169. Becquet 1719, p. XIV-XVII. Zecca 1858, p. 179-183 n. 2. Cantera 1892, p. 17-19 nota 2 (con data 1274 marzo 21). Moscati 1956, p. 116-117 nota 3 (da Campi 1651). Grégoire 1988, p. 157-159 (da Campi 1651). Paoli 2004, p. 405-408 n. 1 (da B). Borchardt 2006, p. 375-377 n. 1.

Traduzione: Celidonio 1896, p. 196-197 (con data 1274 marzo 21; parziale).

Regesti: Zanotti, *Digestum*, II.1, p. 13. Zanotti, *Archivia*, VI.1, p. 35-36, 179 (con data 1274 marzo 22), 187 (con data 1274 marzo 22). Guiraud 1892-1958, –. Potthast 1875, p. 1694 n. 21006. Celidonio 1896, p. 43 n. 2. Chiappini 1915, p. 137 n. 45. Capograssi 1962, p. 328 n. 2. Paoli 2004, p. 357. Morizio 2008, p. 305-306 n. 39. Morizio 2020a, p. 66-67 n. 39.

Bibliografia: Zanotti, *Digestum*, II.1, p. 273; II.2, p. 539 (con data 1274 marzo 22), 543. Cantera 1892, p. 14 nota 2. Frugoni 1954, p. 18. Moscati 1955, p. 110. Moscati 1956, p. 113-114, 116-119. Novelli 1973, p. 235-236. Cataldi 1984, p. 70 nota 4. Giammaria 1984, p. 57 nota 16 (con data 1274 marzo 22). Sticca 1987, p. 124-125. Valeri 1991, p. 5. Sena 1995, p. 325. Grégoire 1995, p. 55. Golinelli 1996, p. 65-66, 68 nota 5, 71. Grégoire 1996, p. 13-14, 17. Penco 1997, p. 367. Vitolo 1998, p. 211. Zimei 1999, p. 65-66. Orsini 2003, p. 697 n. 2 (6090). Paoli 2004, p. 479 nota 26 (con data 1274 marzo 22) e *passim*. Herde 2004, p. 17-20, 26 nota 104, 27 nota 109 (con data 1295 marzo 22). Panarelli 2005, p. 257 nota 14. Pellegrini 2005, p. 324 nota 76, 330 nota 101, 332-333. Golinelli 2007, p. 69, 76, 89-90. Morizio 2008, *passim*.

La copia autentica del 1275 (= B) venne rogata a Sulmona da Tommaso del giudice Gionata, giudice di Sulmona, e da Berardo di Gionata, notaio di Sulmona.

Acquasanta, *de Aquasancta*: idronimo – inerente al monastero di S. Giovanni, ubicato nell'odierna Villa Scontrone, frazione del comune di Scontrone, in provincia dell'Aquila – che deriva dalla presenza nelle vicinanze di una sorgente di acqua sulfurea; un toponimo identico è quello di Acquasanta Terme, in provincia di Ascoli Piceno, il cui nome dipende dalle acque sulfuree, note fin dall'antichità (cfr. *Dizionario di toponomastica* 1990, p. 7); cfr. anche doc. n. 197, 215, 624.

Musellaro è una frazione dell'odierno comune di Bolognano, in provincia di Pescara (vedi Pratesi-Cherubini 2017-2019, I, p. 451); cfr. anche doc. n. 610.

Per S. Angelo di Tremonti vedi *Insediamenti celestini*, n. 6. Per S. Antonino di Anagni vedi *Insediamenti celestini*, n. 8. Per S. Antonino di Campo di Giove vedi *Insediamenti celestini*, n. 9. Per S. Antonio di Ferentino vedi *Insediamenti celestini*, n. 11. Per S. Bartolomeo di Legio vedi *Insediamenti celestini*, n. 13. Per S. Cleto di Musellaro vedi *Insediamenti celestini*, n. 18. Per S. Comizio di Acciano vedi *Insediamenti celestini*, n. 20. Per S. Francesco di Civita d'Antino vedi *Insediamenti celestini*, n. 26. Per S. Giorgio di Roccamorice vedi *Insediamenti celestini*, n. 29. Per S. Giovanni della Maiella vedi *Insediamenti celestini*, n. 31. Per S. Giovanni di Acquasanta vedi *Insediamenti celestini*, n. 32. Per S. Leonardo di Sgurgola vedi *Insediamenti celestini*, n. 44. Per S. Maria del Morrone vedi *Insediamenti celestini*, n. 55. Per S. Maria di Aielli vedi *Insediamenti celestini*, n. 59. Per S. Maria di Tremonti vedi *Insediamenti celestini*, n. 70. Per S. Spirito della Maiella vedi *Insediamenti celestini*, n. 113. Per S. Spirito di Isernia vedi *Insediamenti celestini*, n. 117.

40.

INSTRUMENTUM DONATIONIS

1275 luglio 25, Roccamorice, *in domo Abuamonti Nicolai*

Pietro, notaio, Gregorio di Roberto, Tommaso *Granelli*, Tommaso di Gualtiero di Angelo, per sé e suo fratello Martino, tutti di Roccamorice, donano *inter vivos* a fra Placido, dell'ordine di S. Spirito della Maiella, procuratore di fra Pietro del Morrone, priore, nonché del consorzio, del collegio, dell'ordine e dei *fratres* dell'ordine medesimo, una vigna posta nel territorio di Roccamorice, nella contrada detta *la Valle Sancti Georgii*, confinante su tre lati con le proprietà della chiesa di S. Giorgio e su un lato con la via pubblica, *pro redemptione peccatorum suorum et ob grata et accepta servitia que ab eisdem fratre Petro priore, consortio, collegio, ordine et fratribus eiusdem ordinis dixeor se recepisse et sperabatur recipere in futurum.*
Giudice: Tommaso del giudice Gionata, giudice di Sulmona (S).
Notaio: Adamo di Gerardo, notaio di Sulmona.

Originale [A], Chieti, Archivio arcivescovile, Fondo pergamenaceo, Teate 68.

Regesti: Zanotti, *Digestum*, –. Zanotti, *Archivia*, VI.1, p. 23. Balducci 1926, p. 21 n. 53 (con data 1274 luglio 25). Morizio 2008, p. 306-307 n. 40. Morizio 2020a, p. 67-68 n. 40.

Bibliografia: Zanotti, *Digestum*, II.2, p. 543. Moscati 1956, p. 108 nota 5. Paoli 2004, p. 8 nota 19, 480 nota 31. Palazzi 2005, p. 182 (con data 1274 luglio 25). Pellegrini 2005, p. 324 nota 76. Morizio 2008, *passim*.

Instrumentum infectum: manca il *signum* notarile e, nell'escatocollo, è presente solo la sottoscrizione del giudice.

Per S. Giorgio di Roccamorice vedi *Insediamenti celestini*, n. 29. Per S. Spirito della Maiella vedi *Insediamenti celestini*, n. 113.

41.

INSTRUMENTUM DONATIONIS

1275 settembre 15, Tocco, *in domo Coni*

Donna Maria, moglie di Cono da Tocco, con l'autorità di quest'ultimo, suo marito e legittimo mundoaldo, e con la lode e in presenza di Giovanni *Iohannis Sabasti* e di Andrea di Berardo da Tocco, suoi prossimi consanguinei, dona *inter vivos* al monastero di S. Spirito della Maiella, dell'ordine di san Benedetto, al priore, ai *fratres* e a fra Placido del medesimo monastero, che riceve in nome e per conto di esso, del priore e dei *fratres*, una vigna posta nelle pertinenze del *castrum* di Tocco, *in loco qui dicitur Sanctus Comitius*, e tutti gli altri beni immobili e mobili che possiede.
Giudice: Eustasio, *magister*, giudice di Tocco (S).
Notaio: Andrea di Simone, notaio di Tocco (S).

Originale [A], Chieti, Archivio arcivescovile, Fondo pergamenaceo, Teate 71.

Regesti: Zanotti, *Digestum*, –. Zanotti, *Archivia*, VI.1, p. 23 (con data 1274 settembre 15). Balducci 1926, p. 22 n. 56. Morizio 2008, p. 307 n. 41. Morizio 2020a, p. 68-69 n. 41.

Bibliografia: Zanotti, *Digestum*, II.2, p. 543 (con data 1274 settembre 15). Moscati 1956, p. 108 nota 5. Palazzi 2005, p. 182. Morizio 2008, *passim*.

Il presente documento presenta un'incongruenza significativa nella *datatio*. Il millesimo (1275) non coincide con l'indizione (seconda) e l'anno di regno di Carlo I d'Angiò (nono), che rimandano al 1273. È ipotizzabile che la donazione sia avvenuta nel 1273, ma rimasta in forma di minuta presso il notaio; due anni dopo, nel redigere l'atto *in publicam formam*, il notaio potrebbe non aver aggiornato gli altri due elementi della *datatio*. La discrasia rilevata, quindi, deriverebbe da un mero errore materiale. D'altra parte, l'appellativo *monasterium* non è anteriore al 1275 marzo 22, quando viene utilizzato per la prima volta nella *Religiosam vitam eligentibus* di Gregorio X (cfr. doc. n. 39). L'espressione «obtulit, dedit… monast(erio) S(anc)ti Sp(irit)us de Maiella» non era certamente presente nella minuta, ma fu introdotta solo nella stesura definitiva realizzata all'indomani del passaggio istituzionale dei *fratres* di S. Spirito della Maiella dall'eremitismo al monachesimo avvenuto nel 1275 marzo 22 (cfr. doc. n. 39).

Per S. Spirito della Maiella vedi *Insediamenti celestini*, n. 113.

42.

1276 aprile 7, Isernia

Mercurio, figlio del giudice Ruggero, nato e abitante a Isernia, per la salvezza della propria anima, dona a Rinaldo da Montedimezzo, cittadino di Isernia, che agisce in nome e per conto della chiesa di S. Spirito della Maiella *de novo constructa* nelle pertinenze della città di Isernia, una vigna nelle pertinenze della detta città, in località *Pons de Arcu*, a condizione che i monaci la coltivino e la circondino con una siepe, perché lo stesso Mercurio non riceva danni in una vigna contigua.

Giudice: Benedetto, giudice di Isernia (S).

Notaio: Pietro, notaio di Isernia (S).

Originale [A], Montecassino, Archivio dell'abbazia, Fondo di S. Spirito di Isernia, fasc. I, n. 3. Copia semplice del secolo XIX [B], Montecassino, Archivio dell'abbazia, Fondo di S. Spirito di Isernia, *Codex diplomaticus aeserniensis*, f. 698r-v. Copia semplice del secolo XIX [B₂], Montecassino, Archivio dell'abbazia, Fondo di S. Spirito di Isernia, *Documenta ad monasterium Sancti Spiritus de Aesernia spectantia*, p. 1-3.

Regesti: Zanotti, *Digestum*, II.1, p. 267. Zanotti, *Archivia*, VI.1, p. 377. Avagliano 1971, p. 53-54 n. 3. Morizio 2008, p. 307-308 n. 42. Morizio 2020a, p. 69 n. 42.

Bibliografia: Zanotti, *Digestum*, II.1, p. 267. Morizio 2008, *passim*.

Per S. Spirito di Isernia vedi *Insediamenti celestini*, n. 117.

43.

1276 settembre, Isernia, *in episcopio*

Matteo, vescovo di Isernia, con il consenso di tutto il capitolo cattedrale, esenta dalla giurisdizione episcopale la chiesa *de novo constructa* in onore dello Spirito Santo e di san Benedetto nel territorio di Isernia, in località *Pons de Arcu*, da fra Pietro del Morrone, abate della chiesa di S. Maria di Faifoli, diocesi di Benevento, e dai suoi *fratres* residenti presso Isernia, nella chiesa di S. Spirito, dell'ordine di san Benedetto, con la promessa di ricevere ogni anno, nella festa di san Pietro apostolo, un censo di una libbra di cera. Il vescovo conserva la *debita iustitia* sulle elargizioni alla detta chiesa date da diocesani o altri che in essa sceglieranno di essere sepolti.

Notaio: Pietro, notaio di Isernia (S).

Originale deperdito [*A], già *Archivio del monastero di S. Spirito del Morrone, «Pro monasterio Iserniae» (Zanotti, *Archivia*, VI.1, p. 377). Originale [A₂], Isernia, Archivio della curia vescovile, Fondo pergamenaceo, fasc. XXX bis, n. 3. Inserto del 1291 febbraio 20 [B], Sulmona, Archivio capitolare di S. Panfilo, Archivio nuovo, Fondi e serie di archivi aggregati, S. Spirito del Morrone, II.1.36. Inserto del 1291 febbraio 20 [B₂], Città del Vaticano, Archivio apostolico vaticano, *Registra vaticana*, 45, f. 149r-150r.

Stemma chartarum:

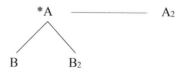

Edizioni: Langlois 1886-1893, n. 4217 (da B₂). Celidonio 1897, p. 41-42 (da B). Moscati 1956, p. 110 nota 5 (da Celidonio 1897). Viti 1972, p. 378-380 (da A₂). Salvati 1973, p. 82-84 n. 5 (da A₂). Figliuolo-Pilone 2013, p. 198-200 n. 17 (da A₂).

Regesti: Zanotti, *Digestum*, II.1, p. 13. Zanotti, *Archivia*, VI.1, p. 377. Morizio 2008, p. 308-309 n. 43. Morizio 2020a, p. 69-70 n. 43.

Bibliografia: Zanotti, *Digestum*, II.1, p. 275-276; II.2, p. 539. Cantera 1892, p. 20 nota 4. Moscati 1956, p. 110 nota 5, 122 nota 3, 134. Orsini 2003, p. 697 n. 4 (6092). Paoli 2004, p. 11 nota 39. Herde 2004, p. 19 nota 67, 26 nota 107. Morizio 2008, *passim*.

Per S. Maria di Faifoli vedi *Insediamenti celestini*, n. 65. Per S. Spirito di Isernia vedi *Insediamenti celestini*, n. 117.

44.

NICOLAI EPISCOPI THEATINI PRIVILEGIUM

1278 gennaio 6, Chieti, *in episcopatu*

Nicola, vescovo di Chieti, a fra Pietro del Morrone, abate del monastero di S. Maria di Faifoli, diocesi di Benevento, e a tutti i suoi *fratres* residenti *apud Magellam* nel monastero di S. Spirito *de novo constructo* nel territorio di Roccamorice, *in loco ubi dicitur Legio*, dell'ordine di san Benedetto: con il consenso di tutto il capitolo cattedrale, esenta dalla giurisdizione episcopale il suddetto monastero di S. Spirito recentemente costruito e le chiese di S. Giorgio di Roccamorice, S. Bartolomeo di Legio, S. Giovanni della Maiella, S. Maria e S. Angelo di Tremonti, soggette al predetto monastero, e restaurate da fra Pietro e dai suoi *fratres*, poiché *in temporalibus et spiritualibus collapsas, dirutas et nimia paupertate gravatas*, con la promessa di ricevere ogni anno, nella festa di san Giustino un censo di una libbra di cera. Il vescovo conserva *iustitia debita* sulle elargizioni alle dette chiese date da diocesani o altri che in esse sceglieranno di essere sepolti.

Inserto del 1291 febbraio 20 [B], Sulmona, Archivio capitolare di S. Panfilo, Archivio nuovo, Fondi e serie di archivi aggregati, S. Spirito del Morrone, II.1.36. Inserto del 1291 febbraio 20 [B₂], Città del Vaticano, Archivio apostolico vaticano, *Registra vaticana*, 45, f. 149r-150r.

Edizioni: Langlois 1886-1893, n. 4217 (da B₂). Celidonio 1897, p. 39-40 (da B). Moscati 1956, p. 97 nota 4 (da Celidonio 1897).

Traduzione: Celidonio 1896, p. 104.

Regesti: Zanotti, *Digestum*, II.1, p. 13. Zanotti, *Archivia*, –. Morizio 2008, p. 309 n. 44. Morizio 2020a, p. 70-71 n. 44.

Bibliografia: Zanotti, *Digestum*, II.1, p. 275-276; II.2, p. 539. Moscati 1956, p. 97 nota 4, 122 nota 7. Clementi 1996, p. 73-74 nota 26. Golinelli 1996, p. 58, 63 nota 3. Orsini 2003, p. 697 n. 4 (6092). Paoli 2004, p. 11 nota 39. Herde 2004, p. 10 nota 29 e *passim*. Pellegrini 2005, p. 329 nota 100, 333 nota 109, 336. Golinelli 2007, p. 62, 77. Morizio 2008, *passim*.

Per S. Angelo di Tremonti vedi *Insediamenti celestini*, n. 6. Per S. Bartolomeo di Legio vedi *Insediamenti celestini*, n. 13. Per S. Giorgio di Roccamorice vedi *Insediamenti celestini*, n. 29. Per S. Giovanni della Maiella vedi *Insediamenti celestini*, n. 31. Per S. Maria di Faifoli vedi *Insediamenti celestini*, n. 65. Per S. Maria di Tremonti vedi *Insediamenti celestini*, n. 70. Per S. Spirito della Maiella vedi *Insediamenti celestini*, n. 113.

45.

ADENULFI ABBATIS SANCTI MARTINI AD PLEBEM PRIVILEGIUM

1278 gennaio 29, chiesa di S. Martino *ad Plebem*, *in capitulo* (Abbateggio)

Adenolfo, canonico teatino e abate di S. Martino *ad Plebem*, con il consenso di tutto il capitolo, concede al priore e ai *fratres* del monastero di S. Spirito della Maiella, dell'ordine di san Benedetto, l'esenzione dal diritto parrocchiale per il suddetto monastero, recentemente costruito, e per le chiese di S. Giorgio di Roccamorice e S. Bartolomeo di Legio, da essi restaurate poiché *in temporalibus et spiritualibus collapsas, dirutas et nimia paupertate gravatas*, soggette al predetto monastero e situate entro i confini della parrocchia di S. Martino *ad Plebem*. Adenolfo conserva la *iustitia debita* sulle elargizioni alle dette chiese date da parrocchiani della chiesa di S. Martino o altri che in esse sceglieranno di essere sepolti.

Originale [A], Chieti, Archivio arcivescovile, Fondo pergamenaceo, Teate 73 (SD). Copia semplice del secolo XVII [Z], Zanotti, *Digestum*, II.1, p. 277-280 («ex proprio originali existenti in monasterio Sancti Spiritus de Magella»). Copia semplice del secolo XVIII [B], Città del Vaticano, Archivio apostolico vaticano, Fondo celestini II, 45, f. 215r-216v.

Regesti: Zanotti, *Digestum*, II.1, p. 13. Zanotti, *Archivia*, VI.1, p. 40. Balducci 1926, p. 23 n. 58 (con data 1278 gennaio 28). Paoli 2004, p. 375. Morizio 2008, p. 309-310 n. 45. Morizio 2020a, p. 71 n. 45.

Bibliografia: Paoli 2004, p. 375 nota 285, 480 nota 32. Palazzi 2005, p. 182. Pellegrini 2005, p. 332 nota 106, 336 nota 121. Morizio 2008, *passim*.

Su Landolfo o Adenolfo, abate di S. Martino _ad Plebem_ e canonico teatino, vedi anche doc. n. 26.

Per la chiesa di S. Martino _ad Plebem_ vedi la nota al doc. n. 26.

Per S. Bartolomeo di Legio vedi _Insediamenti celestini_, n. 13. Per S. Giorgio di Roccamorice vedi _Insediamenti celestini_, n. 29. Per S. Spirito della Maiella vedi _Insediamenti celestini_, n. 113.

46.

CAPUFERRI EPISCOPI BENEVENTANI SENTENTIA

1278 aprile 24, <Benevento>, _in sacratissimo episcopio_

Capoferro, arcivescovo di Benevento, si pronuncia contro l'economo della chiesa di S. Nicola, a proposito dell'uso di un corso d'acqua, in favore di fra Pietro <del Morrone>, abate di S. Maria di Faifoli.

Originale deperdito [*A], già *Archivio della cattedrale di Benevento (Cantera 1892, p. 21-22 nota 1).

Edizioni: Ughelli 1721, col. 140. Cantera 1892, p. 21-22 nota 1 (da Ughelli 1721).

Regesti: Zanotti, _Digestum_, –. Zanotti, _Archivia_, –. Morizio 2008, p. 310 n. 46. Morizio 2020a, p. 72 n. 46.

Bibliografia: Cantera 1892, p. 21. Moscati 1956, p. 123 nota 1. Morizio 2008, _passim_.

L'anno di pontificato di Niccolò III indicato nel documento (secondo) è errato (su Niccolò III vedi Allegrezza 2000).

Per S. Maria di Faifoli vedi _Insediamenti celestini_, n. 65.

47.

CAROLI IERUSALEM ET SICILIAE REGIS MANDATUM

1278 luglio 16, Lagopesole (Avigliano)

Carlo, re di Gerusalemme e di Sicilia, essendo fra Pietro del Morrone, abate del monastero di S. Maria di Faifoli, dell'ordine di san Benedetto, gravemente malato, incarica il giustiziere di Terra di Lavoro di recarsi da lui per ricevere il giuramento di fedeltà per due _casalia_ dello stesso monastero situati nel comitato del Molise, _casale Corneti_ e _casale Sancti Benedicti_, esentando fra Pietro dal recarsi personalmente presso la curia regia per prestare tale giuramento in qualità di procuratore. _Pro parte religiosi._

Atto registrato deperdito [*R], già Napoli, Archivio di Stato, *Registri angioini, 26, f. 145v (Cantera 1892, p. 22-23 nota 1).

Edizione: Cantera 1892, p. 22-23 nota 1.

Regesti: Zanotti, _Digestum_, –. Zanotti, _Archivia_, –. _I registri della cancelleria angioina_, 18 (1277-1278), p. 181 n. 394. Morizio 2008, p. 310-311 n. 47. Morizio 2020a, p. 72 n. 47.

Bibliografia: Moscati 1956, p. 123 nota 2. Herde 2004, p. 28 nota 112. Morizio 2008, _passim_.

Per S. Maria di Faifoli vedi _Insediamenti celestini_, n. 65.

48.

CAROLI IERUSALEM ET SICILIAE REGIS PRIVILEGIUM

1278 settembre 27, Melfi

Carlo, re di Gerusalemme e di Sicilia, a seguito della petizione di fra Pietro, abate di S. Maria di Faifoli, a proposito delle molestie perpetrate dal _miles_ Simone da Sant'Angelo contro il detto abate e i suoi _fratres_ per il fatto che non a lui, _sicut ipse volebat_, ma al giustiziere, in nome del re, avessero prestato giuramento, riceve sotto la sua protezione l'abate _cum personis, monasteriis et locis sibi_

subiectis e incarica il giustiziere di Terra di Lavoro di far desistere Simone dall'infliggere ingiustizie e molestie *ita quod idem abbas et fratres ab huiusmodi iniuriis et violentiis omnino securi liberius et quietius famulari Domino valeant.*
Ex parte religiosi.

Atto registrato deperdito [*R], già Napoli, Archivio di Stato, *Registri angioini, 33, f. 43r-v (Cantera 1892, p. 23-24 nota 2).

Edizione: Cantera 1892, p. 23-24 nota 2.

Regesti: Zanotti, *Digestum*, –. Zanotti, *Archivia*, –. Morizio 2008, p. 311 n. 48. Morizio 2020a, p. 73 n. 48.

Bibliografia: Zanotti, *Digestum*, II.2, p. 540. Moscati 1956, p. 123 nota 4. Vitolo 1998, p. 207, 210. Herde 2004, p. 27 nota 110, 28 nota 114. Golinelli 2007, p. 90. Morizio 2008, *passim*.

Sant'Angelo, oggi Sant'Angelo in Grotte, è una frazione dell'odierno comune di Santa Maria del Molise, in provincia di Isernia; cfr. anche doc. n. 122.

Per S. Maria di Faifoli vedi *Insediamenti celestini*, n. 65.

49.

CAROLI IERUSALEM ET SICILIAE REGIS PRIVILEGIUM

1278 settembre 27, Melfi

Carlo, re di Gerusalemme e di Sicilia, riceve sotto la protezione regia fra Pietro del Morrone, abate di S. Maria di Faifoli, *cum personis, monasteriis et locis sibi subiectis*, e ordina a tutti i suoi ufficiali e fedeli di non arrecare molestie né permettere che altri le arrechino al detto abate *ut igitur ipse a quorumlibet iniuriosorum molestatione quietus contemplationi divine vacare liberius valeat.*
Vite laudabilis merita.

Atto registrato deperdito [*R], già Napoli, Archivio di Stato, *Registri angioini, 30, f. 16v (Cantera 1892, p. 23 nota 1). Copia autentica del 1610 ottobre 16 deperdita [*B], già *Archivio del monastero di S. Spirito del Morrone (Zanotti, *Digestum*, II.1, p. 285). Copia semplice del secolo XVII [Z], Zanotti, *Digestum*, II.1, p. 285 (da *B).

Edizione: Cantera 1892, p. 23 nota 1 (da *R). *I registri della cancelleria angioina*, 21 (1278-1279), p. 54-55 n. 3.

Regesti: Zanotti, *Digestum*, II.1, p. 13. Zanotti, *Archivia*, –. Morizio 2008, p. 311-312 n. 49. Morizio 2020a, p. 73-74 n. 49.

Bibliografia: Zanotti, *Digestum*, II.1, p. 275-276; II.2, p. 540. Moscati 1956, p. 123 nota 3. Orsini 2003, p. 697 n. 3 (6091). Paoli 2004, p. 9 nota 25. Herde 2004, p. 27 nota 110, 28 nota 113. Morizio 2008, *passim*.

Presso l'archivio capitolare di S. Panfilo di Sulmona, con la segnatura II.1.1.95 (fascicolo cartaceo), si conserva la coperta che avvolgeva il documento, con la seguente indicazione: «Die 27 septembris 1278. Religiosus vir frater Petrus de Murron(e), abbas S(ancte) Marie in [Fai]fula, recipitur sub regia [protectio]ne cum personis, monaste[riis et lo]cis a rege Carolo I».

Per S. Maria di Faifoli vedi *Insediamenti celestini*, n. 65.

†50.

PRIVILEGIUM FALSUM

1278 settembre 27, Melfi

Carlo, re di Gerusalemme e di Sicilia, conferma le donazioni fatte da Gualtiero *de Palearia*, conte di Manoppello, e da Federico *de Tullo*, suo nipote, a fra Pietro del Morrone, dell'ordine di san Benedetto, diocesi di Chieti, priore di S. Spirito della Maiella, e allo stesso monastero e comunità: una *vicenna* posta presso le mura di Roccamorice e una vigna ubicata in località *Legio*, vicino alla chiesa di S. Giorgio; conferma ogni altra donazione, fino a cento once d'oro, fatta o da farsi agli stessi *fratres*; concede la protezione regia per il monastero e la comunità di S. Spirito della Maiella e per ogni altro luogo o pertinenza di esso all'interno del dominio regio.
Etsi munificentie.

Falso <del secolo XIII *exeunte*?> con la seguente tradizione: Pseudo-originale? deperdito [*A], già *Archivio del monastero di S. Spirito della Maiella, «Privilegia apostolica, regia et baronalia» (Zanotti, *Archivia*, VI.1, p. 36). Copia semplice del secolo XVII [Z], Zanotti, *Digestum*, II.1, p. 283-284 («ex proprio originali existenti in monasterio Sancti Spiritus de Magella»).

Regesti: Zanotti, *Digestum*, II.1, p. 13. Zanotti, *Archivia*, VI.1, p. 36. Morizio 2008, p. 312-313 n. 50. Morizio 2020a, p. 74-75 n. 50.

Bibliografia: Zanotti, *Digestum*, II.2, p. 540 (con data 1278 aprile 27). Paoli 2004, p. 8 nota 19, 480 note 33-34. Morizio 2008, *passim*.

Il 27 settembre 1278 la cancelleria di Carlo I d'Angiò ha emanato due documenti indirizzati a «fra Pietro, abate di S. Maria di Faifoli» (*Ex parte religiosi*) e a «fra Pietro del Morrone, abate di S. Maria di Faifoli» (*Vite laudabilis merita*), entrambi registrati in cancelleria (cfr. doc. n. 48, 49). Il documento in esame sembrerebbe assente nei registri angioini, poiché l'erudito ottocentesco B. Cantera non lo menziona; ciò sarebbe già un indizio di falsificazione, in quanto nel 1278 tutti gli atti venivano registrati (sulla questione vedi Kiesewetter 1998). Un altro elemento dubbio è l'*inscriptio*, essendo indirizzato a «fra Pietro del Morrone, priore di S. Spirito della Maiella», che in quel periodo era abate di S. Maria di Faifoli. Il documento, inoltre, conferma le donazioni di Gualtiero *de Palearia* e di Federico *de Tullo* (cfr. doc. n. 3, 21). Tali privilegi – il primo dei quali è un falso – garantivano diritti e proprietà attorno alle quali c'erano sicuramente dispute e controversie; lo dimostra il fatto che, durante il pontificato di Celestino V, ne fu richiesta la conferma a Carlo II d'Angiò (*Si benemeritis* del 9 ottobre 1294; cfr. doc. n. 225, 226).

Per il significato del termine *vicenna* o *vicenda* vedi la nota al doc. n. 21.

Su Federico *de Tullo* (di Tollo), conte di Manoppello, vedi la nota al doc. n. 21.

Su Gualtiero *de Palearia* (di Pagliara), conte di Manoppello, vedi la nota al doc. n. †3.

Per S. Giorgio di Roccamorice vedi *Insediamenti celestini*, n. 29. Per S. Spirito della Maiella vedi *Insediamenti celestini*, n. 113.

51.

INSTRUMENTUM DONATIONIS

1279 marzo 2, *in castro Urse* (Pratola Peligna)

Gualtiero di Nicola *de Pacile*, abitante in Sulmona, dona a fra Roberto da Castel di Sangro, dell'ordine di fra Pietro del Morrone, per conto dello stesso ordine, una casa e una *clusa*, in parte vitata e in parte arativa, situate nel territorio di Sulmona, in contrada *Vadus de Vella*; una *cesa* arativa ubicata *in Morrono*; un *carrarium in loco Sancti Nicolai de Ferrato*; alcune masserizie, tra le quali una forca, e quindici arnie di api.
Giudice: Marino, giudice di Sulmona (S).
Notaio: Roberto di *magister* Simone, notaio di Sulmona (S).

Originale [A], Montecassino, Archivio dell'abbazia, Fondo di S. Spirito del Morrone, 118.

Regesti: Zanotti, *Digestum*, II.1, p. 203, 210. Zanotti, *Archivia*, VI.1, p. 112. Leccisotti 1966, p. 47 n. 118. Morizio 2008, p. 313 n. 51. Morizio 2020a, p. 75 n. 51.

Bibliografia: Zanotti, *Digestum*, II.1, p. 201-204, 210-212; II.2, p. 543. Moscati 1956, p. 130 nota 3. Paoli 2004, p. 9 nota 26, 106 nota 154. Pellegrini 2005, p. 323 nota 73. Morizio 2008, *passim*.

Il termine *clausa* o *clusa* o *clausura* indica un terreno recintato da siepi: *ager clausus sepibus* (vedi Du Cange 1883-1887, II, col. 361b, 364b). Il termine «chiusa», con il medesimo significato di «terreno, per lo più coltivato, compreso entro un riparo, di staccionate, siepi, ecc., che ne delimita i confini», è presente anche nelle cronache di R. Malispini e G. Villani (vedi Battaglia 1961-2002, III, p. 98).

Il termine *cesa* indica un bosco di latifoglie, come il faggio o la quercia, che veniva tagliato ciclicamente per ricavarne legna da ardere, da costruzione o da lavoro: *silva caedua*, 'bosco ceduo' (vedi Du Cange 1883-1887, II, col. 278b).

Il *castrum* di Orsa era ubicato a nord dell'abbazia di S. Spirito del Morrone, nel territorio dell'odierno comune di Pratola Peligna; a circa 640 m di altitudine sono tuttora visibili alcuni ruderi (coordinate: 42.11352°, 13.90679°); per alcuni riferimenti storici essenziali vedi Jamison 1972, p. 243 n. 1188; Pratesi-Cherubini 2017-2019, I, p. 448: Morrone; cfr. anche doc. n. 166, 275, 359, 453, 476, 477, 486, 582.

Per S. Maria del Morrone vedi *Insediamenti celestini*, n. 55. Per S. Spirito della Maiella vedi *Insediamenti celestini*, n. 113.

52.

CAROLI IERUSALEM ET SICILIAE REGIS MANDATUM

1279 marzo 8, Torre di Sant'Erasmo (Santa Maria Capua Vetere)

Carlo, re di Gerusalemme e di Sicilia, poiché fra Filippo, abate del monastero di S. Maria di Faifoli, ha recentemente esposto alla sua presenza che fra Pietro <del Morrone>, suo predecessore nella stessa abbazia, si è trasferito al monastero di S. Giovanni in Piano, incarica il giustiziere di Terra di Lavoro di ricevere il giuramento di fedeltà per due *casalia* dello stesso monastero situati nel comitato del Molise, *casale Corneti* e *casale Sancti Benedicti*, da Filippo, *canonice instituto* abate del monastero di S. Maria <di Faifoli>.

Recolit excellentia nostra.

Atto registrato deperdito [*R], già Napoli, Archivio di Stato, *Registri angioini, 33, f. 57v (Cantera 1892, p. 24-25 nota 2).

Edizione: Cantera 1892, p. 24-25 nota 2. *I registri della cancelleria angioina*, 47 (1268-1294), p. 394 n. 124.

Regesti: Zanotti, *Digestum*, –. Zanotti, *Archivia*, –. Morizio 2008, p. 313-314 n. 52. Morizio 2020a, p. 75-76 n. 52.

Bibliografia: Moscati 1956, p. 123 nota 5. Herde 2004, p. 27 nota 110, 28 nota 116. Golinelli 2007, p. 90. Morizio 2008, *passim*.

Per S. Giovanni in Piano vedi *Insediamenti celestini*, n. 41. Per S. Maria di Faifoli vedi *Insediamenti celestini*, n. 65.

53.

INSTRUMENTUM VENDITIONIS

1279 luglio 5, <Isernia>

Leonardo, figlio del fu Roberto presbitero, vende al giudice Filippo *Beneventi*, procuratore della chiesa di S. Spirito della Maiella in territorio di Isernia, una vigna nel detto territorio, in località *Rivus*, al prezzo di due once.

Notaio: Pellegrino, <notaio di Isernia>.

Originale deperdito [*A], già *Archivio del monastero di S. Spirito del Morrone, «Pro monasterio Iserniae» (Zanotti, *Archivia*, VI.1, p. 377).

Regesti: Zanotti, *Digestum*, –. Zanotti, *Archivia*, VI.1, p. 377. Morizio 2008, p. 314 n. 53. Morizio 2020a, p. 76 n. 53.

Bibliografia: Morizio 2008, *passim*.

Per S. Spirito di Isernia vedi *Insediamenti celestini*, n. 117.

54.

INSTRUMENTUM DONATIONIS

1279 agosto 17, Isernia

Giovanni, figlio del fu Fiore di Raimondo, nato e abitante a Isernia, a causa del suo ingresso nel monastero di S. Spirito della Maiella della stessa sua città natale, dona a fra Nicola, del medesimo ordine e vicepriore del monastero di S. Spirito, la metà di una pezza di terra in località *Castellone*.

Giudice: Filippo, medico, giudice di Isernia (S).

Notaio: Pietro, notaio di Isernia (S).

Originale [A], Montecassino, Archivio dell'abbazia, Fondo di S. Spirito di Isernia, fasc. I, n. 4. Copia semplice del secolo XIX [B], Montecassino, Archivio dell'abbazia, Fondo di S. Spirito di Isernia, *Codex diplomaticus aeserniensis*, f. 696r-v.

Regesti: Zanotti, *Digestum*, –. Zanotti, *Archivia*, VI.1, p. 377-378. Avagliano 1971, p. 54 n. 4. Morizio 2008, p. 314 n. 54. Morizio 2020a, p. 76 n. 54.

Bibliografia: Zanotti, *Digestum*, II.2, p. 543. Morizio 2008, *passim.*

Per S. Spirito di Isernia vedi *Insediamenti celestini*, n. 117.

55.

INSTRUMENTUM TESTAMENTI

1279 novembre 10, Sulmona, *in domo testatoris.*

Rinaldo *Sulmontini* da Sulmona fa redigere il proprio testamento e, tra gli altri legati, lascia un tarì alla chiesa di S. Maria del Morrone.
Giudice: Francesco di Offreduzio, giudice di Sulmona (S).
Notaio: Adamo di Gerardo, notaio di Sulmona (S).

Originale [A], Montecassino, Archivio dell'abbazia, Fondo di S. Spirito del Morrone, 122.

Regesti: Zanotti, *Digestum*, –. Zanotti, *Archivia*, VI.1, p. 112 (con data 1279 dicembre 10). Leccisotti 1966, p. 49 n. 122. Morizio 2008, p. 314 n. 55. Morizio 2020a, p. 76-77 n. 55.

Bibliografia: Morizio 2008, *passim.*

Per S. Maria del Morrone vedi *Insediamenti celestini*, n. 55.

56.

INSTRUMENTUM DONATIONIS

1280 febbraio 18, Isernia

Il giudice Filippo *Beneventi* e sua moglie Glorietta, nati e abitanti a Isernia, per la salvezza delle loro anime, donano alla chiesa di S. Spirito, alcune case con orto contiguo nel quale la detta chiesa è costruita, site nella parte orientale della città, una casa con orto nella parrocchia della chiesa di S. Maria *de Vicinato*, e una vigna in località *Plana*, con il consenso e la volontà di Matteo, vescovo di Isernia, e dei canonici del capitolo cattedrale, obbligandosi i suddetti donatori, i loro eredi e il rettore della chiesa di S. Spirito di Isernia a dare ogni anno, nella festa dello Spirito Santo *in recognitionem episcopii*, una libbra di cera. Nel caso però di rivendicazioni da parte del vescovo o dei canonici sui beni donati alla chiesa di S. Spirito, questi perderanno ogni diritto sulla libbra di cera, che andrà alla chiesa di S. Giovanni dei gerosolimitani.
Giudici: Nicolangelo, medico, giudice di Isernia (S); Angelo, giudice di Isernia (S).
Notaio: Pietro, notaio di Isernia (S).

Originale [A], Montecassino, Archivio dell'abbazia, Fondo di S. Spirito di Isernia, fasc. I, n. 5. Copia semplice del secolo XIX [B], Montecassino, Archivio dell'abbazia, Fondo di S. Spirito di Isernia, *Codex diplomaticus aeserniensis*, f. 684r-685v. Copia semplice del secolo XIX [B₂], *Documenta ad monasterium Sancti Spiritus de Aesernia spectantia*, p. 5-8.

Regesti: Zanotti, *Digestum*, II.1, p. 267. Zanotti, *Archivia*, VI.1, p. 378. Avagliano 1971, p. 54-55 n. 5. Morizio 2008, p. 315 n. 56. Morizio 2020a, p. 77 n. 56.

Bibliografia: Zanotti, *Digestum*, II.1, p. 267. Morizio 2008, *passim.*

Nelle decime dell'anno 1309, in Isernia, sono elencate cinque chiese intitolate a santa Maria: S. Maria, S. Maria vecchia, S. Maria *de Aquis*, S. Maria Maddalena, S. Maria delle monache (vedi Sella 1936, p. 351-352, n. 5136, 5138, 5140, 5144, 5146).

Per la chiesa di S. Giovanni dei gerosolimitani di Isernia vedi la nota al doc. n. 36.

Per S. Spirito di Isernia vedi *Insediamenti celestini*, n. 117.

57.

INSTRUMENTUM VENDITIONIS

1280 maggio 27, Isernia

Rinaldo *Racca*, abitante di Isernia, con il consenso della moglie Maria per la quarta parte a lei spettante, vende a Rinaldo da Montedimezzo, procuratore della chiesa di S. Spirito della Maiella sita nel territorio di Isernia, che riceve in nome e per conto della detta chiesa, una vigna in località *Pons de Arcu*, al prezzo di tre once d'oro e quindici tarì.

Giudice: Nicola, giudice di Isernia (S).

Notaio: Pietro, notaio di Isernia (S).

Originale [A], Montecassino, Archivio dell'abbazia, Fondo di S. Spirito di Isernia, fasc. I, n. 6. Copia semplice del secolo XIX [B], Montecassino, Archivio dell'abbazia, Fondo di S. Spirito di Isernia, *Codex diplomaticus aeserniensis*, f. 686r-687v.

Regesti: Zanotti, *Digestum*, –. Zanotti, *Archivia*, VI.1, p. 378. Avagliano 1971, p. 55 n. 6. Morizio 2008, p. 315 n. 57. Morizio 2020a, p. 77-78 n. 57.

Bibliografia: Morizio 2008, *passim*.

Per S. Spirito di Isernia vedi *Insediamenti celestini*, n. 117.

58.

INSTRUMENTUM EXECUTIONIS TESTAMENTI

1280 giugno 5, Isernia

Carpinone da Carpinone, abitante di Isernia, esecutore testamentario di suo fratello Carpinone, cittadino di Isernia, consegna a Rinaldo da Montedimezzo, che riceve in nome e per conto della chiesa di S. Spirito della Maiella della medesima città, una vigna nelle pertinenze di Isernia.

Giudice: Nicola, giudice di Isernia (S).

Notaio: Pietro, notaio di Isernia (S).

Originale [A], Montecassino, Archivio dell'abbazia, Fondo di S. Spirito di Isernia, fasc. I, n. 7. Copia semplice del secolo XIX [B], Montecassino, Archivio dell'abbazia, Fondo di S. Spirito di Isernia, *Codex diplomaticus aeserniensis*, f. 688r-v.

Regesti: Zanotti, *Digestum*, –. Zanotti, *Archivia*, VI.1, p. 378 (con data 1280 giugno 4). Avagliano 1971, p. 55 n. 7. Morizio 2008, p. 315-316 n. 58. Morizio 2020a, p. 78 n. 58.

Bibliografia: Morizio 2008, *passim*.

Per S. Spirito di Isernia vedi *Insediamenti celestini*, n. 117.

59.

INSTRUMENTUM DONATIONIS

1280 giugno 5, Isernia

Magister Landolfo da Mignano, residente in Isernia, con il consenso di sua moglie Palma per la quarta parte a lei spettante, dona a Rinaldo da Montedimezzo, che riceve in nome e per conto della chiesa di S. Spirito della Maiella in Isernia, una vigna sita in località *Pons de Arcu*, riservandosene l'usufrutto vita natural durante.

Giudice: Nicola, giudice di Isernia (S).

Notaio: Pietro, notaio di Isernia (S).

Originale [A], Montecassino, Archivio dell'abbazia, Fondo di S. Spirito di Isernia, fasc. I, n. 8. Copia semplice del secolo XIX [B], Montecassino, Archivio dell'abbazia, Fondo di S. Spirito di Isernia, *Codex diplomaticus aeserniensis*, f. 692r-v.

Regesti: Zanotti, *Digestum*, –. Zanotti, *Archivia*, VI.1, p. 378. Avagliano 1971, p. 56 n. 8. Morizio 2008, p. 316 n. 59. Morizio 2020a, p. 78-79 n. 59.

Bibliografia: Morizio 2008, *passim*.

Per S. Spirito di Isernia vedi *Insediamenti celestini*, n. 117.

60.

INSTRUMENTUM DONATIONIS

1280 giugno 26, Isernia

Altruda, vedova di Milizio, nata e abitante a Isernia, dona a Rinaldo da Montedimezzo, che riceve in nome e per conto della chiesa di S. Spirito della Maiella in Isernia, una casa sita nella parrocchia di S. Paolo, riservandosi l'usufrutto vita natural durante; con la condizione che se sua figlia Todesca, alla sua morte, volesse riscattarla, dovrà pagare alla chiesa di S. Spirito ventidue tarì d'oro e dieci grani entro un anno dal giorno della morte; se invece dovesse morire prima la figlia, allora la casa resterà al monastero di S. Spirito.
Giudice: Nicola, giudice di Isernia (S).
Notaio: Pietro, notaio di Isernia (S).

Originale [A], Montecassino, Archivio dell'abbazia, Fondo di S. Spirito di Isernia, fasc. I, n. 9. Copia semplice del secolo XIX [B], Montecassino, Archivio dell'abbazia, Fondo di S. Spirito di Isernia, *Codex diplomaticus aeserniensis*, f. 690r-691r.

Regesti: Zanotti, *Digestum*, –. Zanotti, *Archivia*, –. Avagliano 1971, p. 56 n. 9. Morizio 2008, p. 316 n. 60. Morizio 2020a, p. 79 n. 60.

Bibliografia: Morizio 2008, *passim*.

Per la chiesa di S. Paolo di Isernia vedi Sella 1936, p. 351 n. 5132.

Per S. Spirito di Isernia vedi *Insediamenti celestini*, n. 117.

61.

INSTRUMENTUM VENDITIONIS

1281 giugno 1, Sulmona

Il giudice Marino del giudice Matteo da Sulmona e *magister* Migliorato di Giovanni da Sulmona, fedecommissari testamentari di Onofrio del giudice Matteo da Sulmona, vendono a fra Matteo *de Scintinali*, dell'ordine di S. Spirito della Maiella, che acquista per conto di fra Pietro del Morrone, priore, e del consorzio, collegio e ordine suo e dei *fratres* dello stesso ordine, tutte le case e le terre, colte e incolte, nelle pertinenze di Sulmona, in contrada *Padules, ultra Rivum Maiorem, tam in montibus quam in plano*, che furono del detto Onofrio, nonché il diritto che egli deteneva sulle chiese *de Saizano*, ovvero S. Maria, S. Silvestro e S. Erasmo, *salva representatione facta* nelle stesse chiese dal detto Onofrio in favore di Alessandro di Berardo e del chierico suo vice, al prezzo di diciotto once d'oro, sei tarì e quindici grani.
Notaio: Adamo <di Gerardo, notaio> di Sulmona.

Originale deperdito [*A], già *Archivio del monastero di S. Spirito del Morrone, «Iura Saizani» (Zanotti, *Archivia*, VI.1, p. 151).

Regesti: Zanotti, *Digestum*, II.1, p. 13, 291. Zanotti, *Archivia*, VI.1, p. 151. Morizio 2008, p. 317 n. 62. Morizio 2020b, p. 248 n. 61.

Bibliografia: Zanotti, *Digestum*, II.1, p. 291-294; II.2, p. 540, 543, 583-584. Mattiocco-Sabatini 1996, p. 180 nota 10. Paoli 2004, p. 480 nota 35. Herde 2004, p. 29 nota 122 (da Marini 1630, p. 170). Morizio 2008, *passim*.

Tra i due regesti di L. Zanotti (Zanotti, *Digestum*, II.1, p. 291 e Zanotti, *Archivia*, VI.1, p. 151) vi sono delle piccole varianti testuali.

Per S. Erasmo di Saizano vedi *Insediamenti celestini*, n. 23. Per S. Maria di Saizano vedi *Insediamenti celestini*, n. 68. Per S. Silvestro di Saizano vedi *Insediamenti celestini*, n. 111. Per S. Spirito della Maiella vedi *Insediamenti celestini*, n. 113.

62.

INSTRUMENTUM VENDITIONIS

1281 giugno 4, Isernia

Margherita, Pellegrino e Giovanni, figli di Giovanni *Racca*, con l'autorità del padre e di Filippo di Giovanni, loro tutori in quanto minorenni, vendono al giudice Filippo *Beneventi*, economo e procuratore della chiesa di S. Spirito della Maiella, sita nel territorio di Isernia, che acquista in nome e per conto della chiesa medesima, una vigna in località *Pons de Arcu*, al prezzo di quattro once d'oro e quindici tarì d'oro.

Giudice: Benedetto, giudice di Isernia (S).

Notaio: Nicola, notaio di Isernia (S).

Originale [A], Montecassino, Archivio dell'abbazia, Fondo di S. Spirito di Isernia, fasc. I, n. 10. Copia semplice del secolo XIX [B], Montecassino, Archivio dell'abbazia, Fondo di S. Spirito di Isernia, *Codex diplomaticus aeserniensis*, f. 678r-679r.

Regesti: Zanotti, *Digestum*, –. Zanotti, *Archivia*, VI.1, p. 378. Avagliano 1971, p. 56-57 n. 10. Morizio 2008, p. 317 n. 63. Morizio 2020b, p. 248-249 n. 62.

Bibliografia: Morizio 2008, *passim*.

Gli anni di regno di Carlo I d'Angiò – XVII per il regno di Sicilia e V per il regno di Gerusalemme – seguono il computo dell'*annus incipiens* abbreviato.

Per S. Spirito di Isernia vedi *Insediamenti celestini*, n. 117.

63.

INSTRUMENTUM VENDITIONIS

1281 <*post* giugno 26-*ante* ottobre 14?>, Isernia

Mabilia, vedova di Ruggero da Brindisi, nata e abitante a Isernia, vende a Rinaldo da Montedimezzo, cittadino di Isernia, che acquista in nome e per conto della chiesa di S. Spirito della Maiella, *de novo constructa* nel territorio della detta città, una vigna situata *ubi dicitur Sanctus Iulianus*, al prezzo di nove tarì d'oro.

Giudice: Benedetto, giudice di Isernia (S).

Notaio: Pietro, notaio di Isernia (S).

Originale [A], Montecassino, Archivio dell'abbazia, Fondo di S. Spirito di Isernia, fasc. I, n. 11. Copia semplice del secolo XIX [B], Montecassino, Archivio dell'abbazia, Fondo di S. Spirito di Isernia, *Codex diplomaticus aeserniensis*, f. 682r-683v. Copia semplice del secolo XIX [B₂], Montecassino, Archivio dell'abbazia, Fondo di S. Spirito di Isernia, *Documenta ad monasterium Sancti Spiritus de Aesernia spectantia*, p. 9-12.

Regesti: Zanotti, *Digestum*, –. Zanotti, *Archivia*, VI.1, p. 378. Avagliano 1971, p. 57 n. 12. Morizio 2008, p. 316-317 n. 61. Morizio 2020b, p. 249 n. 63.

Bibliografia: Morizio 2008, *passim*.

Nel documento mancano il mese, il giorno e l'indizione, mentre sono indicati gli anni di regno di Carlo I: XVI per il regno di Sicilia e V per il regno di Gerusalemme. Poiché il re angioino fu incoronato re di Sicilia il 6 gennaio 1266, mentre si chiamò re di Gerusalemme dal luglio 1277 (vedi Herde 1977), il documento dovrebbe essere successivo al luglio 1281. Va tenuto conto, tuttavia, del fatto che spesso gli anni di regno venivano computati secondo l'*annus incipiens* abbreviato o allungato (cfr. doc. n. 62). Cionondimeno, dall'analisi di un numero discreto di documenti redatti del notaio Pietro di Isernia, e tenendo presente che un suo atto del 26 giugno 1280 riporta l'anno XV del regno di Sicilia, mentre un altro del 14 ottobre 1282 riporta l'anno XVIII, è ipotizzabile una datazione tra il 26 giugno e il 14 ottobre, sebbene anche questo modo di procedere non sia immune da errori. Non mancano incongruenze cronologiche, infatti, anche tra documenti redatti da un medesimo notaio: in due atti di Adamo di Gerardo, notaio di Sulmona, datati 20 novembre 1280 e 6 dicembre 1280, gli anni di regno di Sicilia di Carlo I sono, rispettivamente, XVI e XV (cfr. Leccisotti 1966, p. 51 n. 127-128).

Per S. Spirito di Isernia vedi *Insediamenti celestini*, n. 117.

64.

Instrumentum donationis

1281 novembre 22, Sulmona, *in domo donatoris*

Bartolomeo da Scanno, cittadino e abitante di Sulmona, dona *inter vivos* a Matteo di Gionata da Sulmona, che riceve in nome e per conto di fra Pietro del Morrone, priore e rettore della chiesa di S. Spirito della Maiella, e del consorzio, collegio o ordine suo e dei *fratres* dello stesso ordine, in qualità di procuratore, sindaco o attore a ciò ordinato, un terreno nelle pertinenze di Sulmona, in contrada *Padules*.
Giudice: Marino, giudice di Sulmona (S).
Notaio: Adamo di Gerardo, notaio di Sulmona (S).

Originale [A], Montecassino, Archivio dell'abbazia, Fondo di S. Spirito del Morrone, 135.

Regesti: Zanotti, *Digestum*, II.1, p. 210. Zanotti, *Archivia*, VI.1, p. 163. Leccisotti 1966, p. 54 n. 135. Morizio 2008, p. 318 n. 64. Morizio 2020b, p. 249-250 n. 64.

Bibliografia: Zanotti, *Digestum*, II.1, p. 210-212. Moscati 1956, p. 120 nota 4 (con data 1281 novembre 20), 130 nota 4 (con data 1281 novembre 22). Paoli 2004, p. 9 nota 27, 106 nota 154, 480 nota 37. Herde 2004, p. 34 nota 145. Morizio 2008, *passim*.

Per S. Spirito della Maiella vedi *Insediamenti celestini*, n. 113.

65.

Instrumentum donationis

1281 novembre 24, Isernia

Il prete Leonardo di Giovanni *de Fusco*, nato e residente a Isernia, dona a Rinaldo da Montedimezzo, cittadino di Isernia, che riceve in nome e per conto del monastero di S. Spirito della Maiella di Isernia, una casa nel suburbio della medesima città, sita nella parrocchia di S. Maria *de Aqua*, a condizione che essa resti sempre di proprietà del monastero e che il reddito derivante venga utilizzato per il vestiario dei monaci; nel caso tali clausole non vengano rispettate, la donazione dovrà passare alla chiesa di S. Giovanni dei gerosolimitani.
Giudice: Angelo, giudice di Isernia (S).
Notaio: Pietro, notaio di Isernia (S).

Originale [A], Montecassino, Archivio dell'abbazia, Fondo di S. Spirito di Isernia, fasc. II, n. 12. Copia semplice del secolo XIX [B], Montecassino, Archivio dell'abbazia, Fondo di S. Spirito di Isernia, *Codex diplomaticus aeserniensis*, f. 680r-681r.

Regesti: Zanotti, *Digestum*, –. Zanotti, *Archivia*, VI.1, p. 378. Avagliano 1971, p. 57 n. 11. Morizio 2008, p. 318 n. 65. Morizio 2020b, p. 250 n. 65.

Bibliografia: Morizio 2008, *passim*.

Per la chiesa di S. Maria *de Aquis* vedi Sella 1936, p. 351 n. 5140.

Per la chiesa di S. Giovanni dei gerosolimitani di Isernia vedi la nota al doc. n. 36.

Per S. Spirito di Isernia vedi *Insediamenti celestini*, n. 117.

66.

INSTRUMENTUM VENDITIONIS

1281 dicembre 6, Sulmona, *ante domum Gualterii Rogerii*

Donna Carsena, moglie di Gualtiero di Ruggero da Sulmona, con l'autorità di quest'ultimo, suo legittimo mundoaldo, vende a *magister* Migliorato di Giovanni da Sulmona, che acquista in nome e per conto di fra Pietro del Morrone, priore e rettore della chiesa di S. Spirito della Maiella, e del consorzio, collegio o ordine suo e dei *fratres* dello stesso ordine, una pezza di terra posta nelle pertinenze di Sulmona, in contrada *Padulis – ab una parte possidet ecclesia Sancti Spiritus, ab alia decurrit Rivus Maior, ab alia parte possidet Iohannes Vetulus et ab alia parte est via publica –*, al prezzo di quindici tarì d'oro.

Giudice: Marino, giudice di Sulmona (S).

Notaio: Adamo di Gerardo, notaio di Sulmona (S).

Originale [A], Montecassino, Archivio dell'abbazia, Fondo di S. Spirito del Morrone, 134.

Regesti: Zanotti, *Digestum*, II.1, p. 210. Zanotti, *Archivia*, VI.1, p. 163 (con data 1281 ottobre 6). Leccisotti 1966, p. 53-54 n. 134 (con data 1281 ottobre 6). Morizio 2008, p. 318-319 n. 66. Morizio 2020b, p. 250-251 n. 66.

Bibliografia: Zanotti, *Digestum*, II.1, p. 210-212. Moscati 1956, p. 120 nota 4 (con data 1281 ottobre 6). Paoli 2004, p. 9 nota 27, 106 nota 154, 480 nota 36 (con data 1281 ottobre 6). Herde 2004, p. 29 nota 122, 34 nota 145. Pellegrini 2005, p. 323 nota 73. Morizio 2008, *passim*.

Per S. Spirito della Maiella vedi *Insediamenti celestini*, n. 113.

67.

INSTRUMENTUM DONATIONIS

1282 gennaio 11, Sulmona, *ante apotheca filiorum quondam Benedicti Maximi*

Benvenuto di Egidio da Sulmona dona *inter vivos* a Matteo di Gionata da Sulmona, che riceve in nome e per conto di fra Pietro del Morrone, priore e rettore della chiesa di S. Spirito della Maiella, e del consorzio, collegio o ordine suo e dei *fratres* dello stesso ordine, in qualità di procuratore, sindaco o attore a ciò ordinato, la metà di una pezza di terra indivisa situata nelle pertinenze di Sulmona, in contrada *Padules*.

Giudice: Marino, giudice di Sulmona (S).

Notaio: Adamo di Gerardo, notaio di Sulmona (S).

Originale [A], Montecassino, Archivio dell'abbazia, Fondo di S. Spirito del Morrone, 136.

Regesti: Zanotti, *Digestum*, II.1, p. 210. Zanotti, *Archivia*, VI.1, p. 163. Leccisotti 1966, p. 54-55 n. 136. Morizio 2008, p. 319 n. 68. Morizio 2020b, p. 251 n. 67.

Bibliografia: Zanotti, *Digestum*, II.1, p. 210-212; II.2, p. 540. Moscati 1956, p. 120 nota 4 (con data 1286 gennaio 11), 130 nota 4 (con data 1282 gennaio 11 e 1282 febbraio 2). Paoli 2004, p. 9 nota 27, 106 nota 154, 480 nota 38. Herde 2004, p. 34 nota 145. Pellegrini 2005, p. 323 nota 73. Morizio 2008, *passim*.

Per S. Spirito della Maiella vedi *Insediamenti celestini*, n. 113.

68.

INSTRUMENTUM VENDITIONIS

1282 gennaio 25, Sulmona

Giovanni di Martino da Sulmona vende a Matteo di Gionata da Sulmona, per conto di fra Pietro del Morrone, priore di S. Spirito della Maiella, un terreno nelle pertinenze di Sulmona, *ubi dicitur Saizano*, al prezzo di dodici tarì.

Notaio: Adamo <di Gerardo, notaio> di Sulmona.

Originale deperdito [*A], già *Archivio del monastero di S. Spirito del Morrone, «Iura Saizani» (Zanotti, *Archivia*, VI.1, p. 151).

Regesti: Zanotti, *Digestum*, –. Zanotti, *Archivia*, VI.1, p. 151. Morizio 2008, p. 320 n. 69. Morizio 2020b, p. 252 n. 68.

Bibliografia: Paoli 2004, p. 480 nota 39. Morizio 2008, *passim*.

Per S. Spirito della Maiella vedi *Insediamenti celestini*, n. 113.

69.

INSTRUMENTUM DONATIONIS

1282 <*post* giugno 26-*ante* ottobre 14?>, Isernia

Il giudice Filippo *Beneventi* e Glorietta, sua moglie, donano al monastero di S. Spirito di Isernia un uliveto situato in contrada *Colle Brigioni*.
Giudice: Matteo, medico, giudice di Isernia (S).
Notaio: Pellegrino, notaio di Isernia (S).

Originale [A], Montecassino, Archivio dell'abbazia, Fondo di S. Spirito di Isernia, fasc. II, n. 13.

Regesti: Zanotti, *Digestum*, –. Zanotti, *Archivia*, –. Avagliano 1971, p. 58 n. 15. Morizio 2008, p. 319 n. 67. Morizio 2020b, p. 252 n. 69.

Bibliografia: Morizio 2008, *passim*.

Nel documento mancano il mese, il giorno e l'indizione, mentre sono indicati gli anni di regno di Carlo I: XVII per il regno di Sicilia e VI per il regno di Gerusalemme. La data cronica proposta, quindi, si basa sulle medesime considerazioni relative al doc. n. 63.

Per S. Spirito di Isernia vedi *Insediamenti celestini*, n. 117.

70.

INSTRUMENTUM TRANSACTIONIS

1282 ottobre 14, Isernia

Il giudice Nicola da Isernia, procuratore della chiesa di S. Spirito della Maiella sita nel territorio di Isernia, e Bartolomeo di Graziano, volendo porre fine alla lite circa una canapàia ubicata in località *Longano*, lasciata per testamento da Sikelgaita, raggiungono un accordo: la canapàia viene restituita a Bartolomeo dietro pagamento, in favore della chiesa, di tredici tarì d'oro, *convertendos pro opere putei quod in circuitu eisudem ecclesie fratres ecclesie ipisus facere intendebant*.
Giudice: Boemondo, giudice di Isernia (S).
Notaio: Pietro, notaio di Isernia (S).

Originale [A], Montecassino, Archivio dell'abbazia, Fondo di S. Spirito di Isernia, fasc. II, n. 14.

Regesti: Zanotti, *Digestum*, –. Zanotti, *Archivia*, VI.1, p. 378-379. Avagliano 1971, p. 58 n. 13. Morizio 2008, p. 320 n. 70. Morizio 2020b, p. 252-253 n. 70.

Bibliografia: Morizio 2008, *passim*.

Per S. Spirito di Isernia vedi *Insediamenti celestini*, n. 117.

71.

INSTRUMENTUM VENDITIONIS

1282 ottobre 26, Isernia

Donna Maria, moglie del fu Raone di Nicola da Miranda, nata e abitante a Isernia, vende al giudice Nicola da Isernia, procuratore della chiesa di S. Spirito della Maiella sita nel territorio di Isernia, che acquista in nome e per conto della detta chiesa, un vigneto in località *Rivus*, al prezzo di un'oncia d'oro e diciotto tarì.

Giudice: Boemondo, giudice di Isernia (S).

Notaio: Pietro, notaio di Isernia (S).

Originale [A], Montecassino, Archivio dell'abbazia, Fondo di S. Spirito di Isernia, fasc. II, n. 15. Copia semplice del secolo XIX [B], Montecassino, Archivio dell'abbazia, Fondo di S. Spirito di Isernia, *Codex diplomaticus aeserniensis*, f. 676r-677r.

Regesti: Zanotti, *Digestum*, –. Zanotti, *Archivia*, VI.1, p. 379. Avagliano 1971, p. 58 n. 14. Morizio 2008, p. 320 n. 71. Morizio 2020b, p. 253 n. 71.

Bibliografia: Morizio 2008, *passim*.

Per S. Spirito di Isernia vedi *Insediamenti celestini*, n. 117.

72.

INSTRUMENTUM DONATIONIS

1283 [maggio 18], Sulmona, *in loco Sancti Francisci*

Il nobile *dominus* Guerrasio da Aversa dona a Matteo di Gionata da Sulmona, che riceve per conto e quale procuratore di fra Pietro del Morrone, priore e rettore della chiesa di S. Spirito della Maiella, e del consorzio, collegio o ordine suo e dei *fratres* dell'ordine medesimo, tutti i diritti che possiede su casalini, orti, terre colte e incolte, prati, boschi, redditi e servizi vassallatici con i frutti demaniali *in Saizano* e nelle sue pertinenze; dona, inoltre, il diritto di patronato della terza parte *pro indiviso* delle chiese di S. Maria, S. Erasmo e S. Silvestro *de Saizano*, con l'obbligo di celebrare quotidianamente i *divina officia* nella detta chiesa di S. Maria *ad laudem et gloriam Dei*, per la salvezza delle anime di *dominus* Guerrasio, dei suoi genitori e consanguinei.

Giudice: Gualtiero di Tommaso, giudice di Sulmona (S).

Notaio: Adamo di Gerardo, notaio di Sulmona (S).

Originale [A], Montecassino, Archivio dell'abbazia, Fondo di S. Spirito del Morrone, 143. Copia semplice del secolo XVII [Z], Zanotti, *Digestum*, II.1, p. 295-297 («ex proprio originali existenti in archivio abbatiae Sancti Spiritus de Sulmone»).

Regesti: Zanotti, *Digestum*, II.1, p. 14, 291-292 (con data 1283 maggio). Zanotti, *Archivia*, VI.1, p. 151 (con data 1283). Leccisotti 1966, p. 57 n. 143 (con data 1283). Morizio 2008, p. 321 n. 72. Morizio 2020b, p. 253-254 n. 72.

Bibliografia: Zanotti, *Digestum*, II.1, p. 291-294; II.2, p. 584. Moscati 1956, p. 114 nota 3, 120 nota 4. Paoli 2004, p. 106 nota 154 (con data 1283), 481 nota 40. Herde 2004, p. 34 nota 145. Pellegrini 2005, p. 323 nota 73. Morizio 2008, *passim*.

La data cronica è completata attraverso la copia semplice in Zanotti, *Digestum*, II.1, p. 295-297, poiché nell'originale, a causa della scrittura sbiadita, il giorno e il mese sono illeggibili; a tal proposito cfr. anche Paoli 2004, p. 481 nota 40.

Aversa, da non confondere con la città di origine normanna nell'odierna provincia di Caserta, era il nome medievale dell'attuale Anversa degli Abruzzi, in provincia dell'Aquila; per i documenti custoditi presso l'archivio capitolare di S. Panfilo a Sulmona vedi Orsini 2003, *ad indicem* <p. 755>.

Per la chiesa di S. Francesco, ubicata nel centro storico di Sulmona e risalente al secolo XIII, vedi Bentivoglio-Colangelo 1981; Mattiocco 1994, p. 110, 120, 217; per i documenti custoditi presso l'archivio capitolare di S. Panfilo a Sulmona vedi Orsini 2003, *ad indicem* <p. 758>; cfr. anche doc. n. 389, 405.

Per S. Erasmo di Saizano vedi *Insediamenti celestini*, n. 23. Per S. Maria di Saizano vedi *Insediamenti celestini*, n. 68. Per S. Silvestro di Saizano vedi *Insediamenti celestini*, n. 111. Per S. Spirito della Maiella vedi *Insediamenti celestini*, n. 113.

73.

Instrumentum donationis

1283 giugno 16, Isernia

Berardo di Ogerio da Santa Maria *de Canonica* dona al giudice Nicola da Isernia, procuratore della chiesa di S. Spirito della Maiella *de novo constructa* nel territorio di Isernia, che riceve in nome e per conto della chiesa medesima, sette once d'oro, di cui gli era debitore Bartolomeo *Gilii* da Isernia, salvo la quarta parte spettante a donna Perna, sua moglie, e con riserva di usufrutto delle sette once vita natural durante.

Giudice: Francesco, giudice di Isernia (S).
Notaio: Pietro, notaio di Isernia (S).

Originale [A], Montecassino, Archivio dell'abbazia, Fondo di S. Spirito di Isernia, fasc. II, n. 16. Copia semplice del secolo XIX [B], Montecassino, Archivio dell'abbazia, Fondo di S. Spirito di Isernia, *Codex diplomaticus aeserniensis*, f. 674r-v. Copia semplice del secolo XIX [B2], Montecassino, Archivio dell'abbazia, Fondo di S. Spirito di Isernia, *Documenta ad monasterium Sancti Spiritus de Aesernia spectantia*, p. 13-15.

Regesti: Zanotti, *Digestum*, –. Zanotti, *Archivia*, VI.1, p. 379. Avagliano 1971, p. 59 n. 16. Morizio 2008, p. 321 n. 73. Morizio 2020b, p. 254 n. 73.

Bibliografia: Morizio 2008, *passim*.

Per S. Spirito di Isernia vedi *Insediamenti celestini*, n. 117.

74.

Instrumentum electionis abbatis

1283 agosto 13, chiesa di S. Pietro del monastero di Vallebona (Manoppello)

Gerardo, abate di Pulsano, al quale spetta il diritto di *cura, ordinatio* e *reformatio* del monastero <di S. Pietro> di Vallebona, *in multis diutius collassum*, poiché, a causa della rinuncia dell'abate e della licenza concessa ai monaci di passare *ad artiorem vitam*, lo stesso monastero era *abbatis et ministrorum suffragio destitutum*, istituisce una comunità di sei monaci – fra Filippo, fra Anastasio, fra Cristoforo, fra Tommaso, fra Gualtiero e fra Benedetto –, ordinando loro di trovare un abate. Essi eleggono fra Onofrio, monaco del monastero di S. Spirito della Maiella, e, ottenuto il suo consenso, chiedono all'abate di Pulsano di confermarne l'elezione.

Giudice: Matteo di Ferracavallo, giudice di Manoppello (S).
Notaio: Nicola di Alberto, notaio di Manoppello (S).

Originale [A], Montecassino, Archivio dell'abbazia, Fondo di S. Spirito del Morrone, 145. Copia semplice del secolo XVII [Z], Zanotti, *Digestum*, II.1, p. 301-303 («ex proprio originali existenti in archivio abbatiae Sancti Spiritus de Sulmone»).

Edizione: Moscati 1957, p. 283-285 n. 1 (da Z).

Regesti: Zanotti, *Digestum*, II.1, p. 14, 299. Zanotti, *Archivia*, VI.1, p. 280-281. Pansa 1899, p. 187. Leccisotti 1966, p. 58 n. 145. Morizio 2008, p. 322 n. 74. Morizio 2020b, p. 254-255 n. 74.

Bibliografia: Zanotti, *Digestum*, II.1, p. 299-300; II.2, p. 540 (con data 1283 agosto 19), 543; V.2, p. 535, 565 (con data 1283 agosto 19). Moscati 1956, p. 126. Moscati 1957, p. 277. Golinelli 1996, p. 78. Panarelli 1997, p. 131 nota 167. Simonelli 1997, p. XXIX-XXX, XXXV nota 101. Penco 1997, p. 371. Paoli 2004, p. 484. Panarelli 2005, p. 251-253, 258. Pellegrini 2005, p. 336-339. Golinelli 2007, p. 81. Morizio 2008, *passim*.

Per il monastero di S. Maria di Pulsano, nell'odierno comune di Monte Sant'Angelo, vedi Panarelli 1997; cfr. anche doc. n. 80, 81, †82, 128, 231, 293, 297, 302, 306.

Per S. Pietro di Vallebona vedi *Insediamenti celestini*, n. 103. Per S. Spirito della Maiella vedi *Insediamenti celestini*, n. 113.

75.

INSTRUMENTUM VENDITIONIS

1283 ottobre 17, Isernia

Donna Maria, figlia del fu Tommaso di Giovanni Bianco e ora moglie di Mercurio del giudice Ruggero, nativa e abitante di Isernia, vende a Rinaldo da Montedimezzo, abitante di Isernia, procuratore della chiesa di S. Spirito della Maiella *de novo constructa* nel territorio della detta città, che riceve in nome e per conto della chiesa medesima, un terreno in località *Pireta*, al prezzo di diciotto once d'oro.

Giudice: Benedetto, giudice di Isernia (S).

Notaio: Pietro, notaio di Isernia (S).

Originale [A], Montecassino, Archivio dell'abbazia, Fondo di S. Spirito di Isernia, fasc. II, n. 17. Copia semplice del secolo XIX [B], Montecassino, Archivio dell'abbazia, Fondo di S. Spirito di Isernia, *Codex diplomaticus aeserniensis*, f. 672r-673v. Copia semplice del secolo XIX [B2], Montecassino, Archivio dell'abbazia, Fondo di S. Spirito di Isernia, *Documenta ad monasterium Sancti Spiritus de Aesernia spectantia*, p. 17-20.

Regesti: Zanotti, *Digestum*, –. Zanotti, *Archivia*, –. Avagliano 1971, p. 59 n. 17. Morizio 2008, p. 322 n. 75. Morizio 2020b, p. 255 n. 75.

Bibliografia: Morizio 2008, *passim*.

Per S. Spirito di Isernia vedi *Insediamenti celestini*, n. 117.

76.

INSTRUMENTUM VENDITIONIS

1283 novembre 9, Isernia

Il giudice Nicola, abitante di Isernia, dichiara di aver comprato, per conto della chiesa di S. Spirito della Maiella *de novo constructa* nel territorio di Isernia, da donna Maria, moglie di Mercurio del giudice Ruggero, un terreno in località *Pireta*.

Giudice: Benedetto, giudice di Isernia (S).

Notaio: Pietro, notaio di Isernia (S).

Originale [A], Montecassino, Archivio dell'abbazia, Fondo di S. Spirito di Isernia, fasc. II, n. 18. Copia semplice del secolo XIX [B], Montecassino, Archivio dell'abbazia, Fondo di S. Spirito di Isernia, *Codex diplomaticus aeserniensis*, f. 702r-703v.

Regesti: Zanotti, *Digestum*, –. Zanotti, *Archivia*, –. Avagliano 1971, p. 59-60 n. 18. Morizio 2008, p. 323 n. 76. Morizio 2020b, p. 256 n. 76.

Bibliografia: Morizio 2008, *passim*.

Per S. Spirito di Isernia vedi *Insediamenti celestini*, n. 117.

77.

CAROLI IERUSALEM ET SICILIAE REGIS MANDATUM

1284 febbraio 9, Trani

Carlo II, re di Gerusalemme e di Sicilia, ordina a Enrico, conte di Vaudemont, di restituire o far restituire all'abate e alla comunità del monastero di S. Giovanni in Piano, dell'ordine di san Benedetto, una terra, appartenente alla chiesa di S. Nicola di Civitate, grangia del detto monastero, loro sottratta in passato da alcuni tiranni e ora appartenente al demanio regio.

Ex parte religiosorum.

Atto registrato deperdito [*R], già Napoli, Archivio di Stato, *Registri angioini, 45, f. 93r-v (Cantera 1893, p. 6 n. 3).

Edizione: Cantera 1893, p. 6 n. 3.

Regesti: Zanotti, *Digestum*, –. Zanotti, *Archivia*, –. Morizio 2008, p. 323 n. 77. Morizio 2020b, p. 256 n. 77.

Bibliografia: Morizio 2008, *passim*.

B. Cantera cita altri documenti riguardanti il monastero di S. Giovanni in Piano risalenti al XIII secolo e presenti nei registri angioini (cfr. Cantera 1893, p. 6 nota 1); tra questi vanno segnalati 1289 settembre 27 [già Napoli, Archivio di Stato, *Registri angioini, 52, f. 9v] e 1294 agosto 3 [già Napoli, Archivio di Stato, *Registri angioini, 56, f. 338r-v].

Su Enrico II – figlio di Enrico I di Vaudemont, che aveva ricevuto da Carlo I d'Angiò anche la contea di Ariano (l'odierno comune di Ariano Irpino, in provincia di Avellino) – e i primi conti di Vaudemont vedi François 1935, p. 3-140.

Per S. Giovanni in Piano vedi *Insediamenti celestini*, n. 41. Per S. Nicola di Civitate vedi *Insediamenti celestini*, n. 78.

78.

CAROLI IERUSALEM ET SICILIAE REGIS MANDATUM

1284 febbraio 10, Trani

Carlo II, re di Gerusalemme e di Sicilia, a seguito della supplica ricevuta dall'eremita fra Pietro del Morrone, affinché l'abate e la comunità del monastero di S. Giovanni in Piano, dell'ordine di san Benedetto, sito nelle pertinenze di Apricena, possano tagliare la legna verde nella foresta di Apricena e ivi far pascolare i loro animali liberamente senza campane, ordina ai maestri forestari e ai forestari della foresta di Apricena di permettere ai detti *fratres* del monastero di S. Giovanni in Piano di tagliare la legna verde, di raccogliere quella secca, di avere libero accesso al bosco di Apricena e di far pascolare liberamente i propri animali.
Cum ad supplicationem.

Atto registrato deperdito [*R], già Napoli, Archivio di Stato, *Registri angioini, 45, f. 93r-v (Cantera 1893, p. 7 n. 4).

Edizione: Cantera 1893, p. 7 n. 4. *I registri della cancelleria angioina*, 44.2 (1265-1293), p. 666 n. 377.

Regesti: Zanotti, *Digestum*, –. Zanotti, *Archivia*, –. Morizio 2008, p. 323-324 n. 78. Morizio 2020b, p. 256-257 n. 78.

Bibliografia: Morizio 2008, *passim*.

Per S. Giovanni in Piano vedi *Insediamenti celestini*, n. 41.

79.

INSTRUMENTUM DONATIONIS

1284 novembre 9, <Bucchianico>, *in domo procuratoris*

Pietro, figlio del fu Gualtiero di Gerardo da Bucchianico, per la remissione dei peccati propri e dei genitori, dona *inter vivos* a Gizio di *dominus* Riccardo da Bucchianico – nominato procuratore generale in Bucchianico del monastero della chiesa di S. Spirito di Legio dal venerabile fra Pietro del Morrone, con il consenso del capitolo o dei *fratres* dello stesso ordine – alcuni suoi beni mobili e immobili. I beni mobili sono: *arca una, vegentus [...], tina vindemialis una, scannum unum.* I beni immobili, tutti ubicati nel territorio di Bucchianico, sono: una *clusa* in contrada *de Via Plana*, un *pastinum* in contrada *de Cefis*, mezzo orto in contrada *Caperoli*, un bosco in contrada *Cefis*, una *clusa* in contrada *de Forcella*, *medietas pro indiviso cuiusdem* <così> *putea* sita nella *clusa* di suo fratello Bartolomeo *ad Forcella*, una pezza di terra in contrada *de Marzano*, la metà di una terra indivisa *ad flumen Fori*, una pezza di terra *in contrata Sancti Letherii*. Il detto Pietro, tuttavia, stabilisce che l'usufrutto su tali beni resti vita natural durante a sua madre *Altaveduta*, la quale rinuncia alla parte di detti beni che ha ereditato dal marito Gualtiero.
Giudice: Roberto di Giovanni, giudice di Bucchianico (S).
Notaio: Bartolomeo di Guglielmo, notaio di Bucchianico (S).

Originale [A], Chieti, Archivio arcivescovile, Fondo pergamenaceo, Teate 79.

Regesti: Zanotti, *Digestum*, –. Zanotti, *Archivia*, VI.1, p. 23-24. Balducci 1926, p. 24 n. 62. Morizio 2008, p. 324 n. 79. Morizio 2020b, p. 257-258 n. 79.

Bibliografia: Paoli 2004, p. 106 nota 154, 481 nota 41. Palazzi 2005, p. 182. Pellegrini 2005, p. 324 nota 76. Morizio 2008, *passim*.

Per il significato del termine *clausa* o *clusa* o *clausura* vedi la nota al doc. n. 51.

Il termine *pastinum* o *pastina* – dal latino classico *pastinum* 'zappa' – indica un terreno ben dissodato, pronto per essere piantato, soprattutto a vigna, ma anche vigneto giovane, non ancora produttivo (vedi Du Cange 1883-1887, VI, col. 201c: *sub voce* pastina, pastinum; Battaglia 1961-2002, XII, p. 794: *sub voce* pastino).

Per S. Spirito della Maiella vedi *Insediamenti celestini*, n. 113.

80.

INSTRUMENTUM SUBMISSIONIS ET UNIONIS

1285 novembre 6, Caramanico

Fra Onofrio, abate, e la comunità del monastero di S. Pietro di Vallebona, dell'ordine di san Benedetto, per mezzo di fra Matteo, monaco e procuratore, sottopongono il monastero di S. Pietro, con tutte le sue dipendenze, a fra Francesco, priore, e a fra Placido, procuratore, della comunità del monastero di S. Spirito della Maiella. Fra Filippo, venerabile abate, e fra Benedetto, procuratore, del monastero di Pulsano, danno il loro assenso e ricevono in cambio la chiesa di S. Antonino di Campo di Giove e cento once d'oro.

Giudice: Guinisio, giudice di Caramanico (S).

Notaio: Antonino di Berardo, notaio di Caramanico (S).

Originale [A], Montecassino, Archivio dell'abbazia, Fondo di S. Spirito del Morrone, 152 (*Sigilla deperdita sex*).

Edizione: Moscati 1957, p. 286-289 n. 2.

Regesti: Zanotti, *Digestum*, II.1, p. 14, 299. Zanotti, *Archivia*, VI.1, p. 281. Pansa 1899, p. 187-188. Leccisotti 1966, p. 61 n. 152. Morizio 2008, p. 324-325 n. 80. Morizio 2020b, p. 258 n. 80.

Bibliografia: Zanotti, *Digestum*, II.1, p. 299-300, 311; II.2, p. 540, 543, 544; V.2, p. 535, 565. Moscati 1956, p. 118, 126. Moscati 1957, p. 277-278. Panarelli 1997, p. 132. Simonelli 1997, p. XXX, XXXV nota 101. Golinelli 1996, p. 78. Paoli 2004, p. 9 nota 28 e *passim*. Herde 2004, p. 19 nota 64, 32 nota 135. Palazzi 2005, p. 182. Panarelli 2005, p. 258-263. Pellegrini 2005, p. 339-342. Golinelli 2007, p. 81. Morizio 2008, *passim*.

Per il monastero di S. Maria di Pulsano vedi la nota al doc. n. 74.

Per S. Antonino di Campo di Giove vedi *Insediamenti celestini*, n. 9. Per S. Pietro di Vallebona vedi *Insediamenti celestini*, n. 103. Per S. Spirito della Maiella vedi *Insediamenti celestini*, n. 113.

81.

INSTRUMENTUM SUBMISSIONIS ET UNIONIS

1285 novembre 6, Caramanico

Fra Francesco, priore, e la comunità del monastero di S. Spirito della Maiella, dell'ordine di san Benedetto, per mezzo di fra Placido, procuratore, sottomettono il loro monastero a fra Filippo, abate, e alla comunità del monastero di Pulsano, attraverso fra Benedetto, loro procuratore.

Giudice: Guinisio, giudice di Caramanico (S).

Notaio: Antonino di Berardo, notaio di Caramanico (S).

Originale [A], Montecassino, Archivio dell'abbazia, Fondo di S. Spirito del Morrone, 151 (*Sigilla deperdita tria*). Copia semplice del secolo XVII [Z], Zanotti, *Digestum*, II.1, p. 305-310 («ex proprio originali quod absque sigillis conservatur in archivio venerabilis abbatiae Sancti Spiritus de Sulmone»).

Edizione: Moscati 1957, p. 290-293 n. 3 (da A, Z).

Regesti: Zanotti, *Digestum*, II.1, p. 14. Zanotti, *Archivia*, VI.1, p. 338. Pansa 1899, p. 187-188. Leccisotti 1966, p. 60-61 n. 151. Morizio 2008, p. 325 n. 81. Morizio 2020b, p. 258-259 n. 81.

Facsimile: Leccisotti 1966, <p. 376 bis> tavola X.

Bibliografia: Zanotti, *Digestum*, II.1, p. 299-300, 311; II.2, p. 540, 543, 544. Frugoni 1954, p. 21. Moscati 1956, p. 126. Moscati 1957, p. 278-279. Panarelli 1997, p. 247. Simonelli 1997, p. XXX nota 70. Paoli 2004, p. 9 nota 28, 481 nota 44, 484. Panarelli 2005, p. 258-263. Pellegrini 2005, p. 339-342. Morizio 2008, *passim*.

Per il monastero di S. Maria di Pulsano vedi la nota al doc. n. 74.

Per S. Spirito della Maiella vedi *Insediamenti celestini*, n. 113.

†82.

INSTRUMENTUM FALSUM

1285 novembre 6, Caramanico

Fra Onofrio, abate, e la comunità del monastero di S. Pietro di Vallebona, dell'ordine di san Benedetto, per mezzo di fra Matteo, monaco e procuratore, sottopongono il detto monastero di S. Pietro a fra Francesco, abate, e a fra Placido, procuratore, della comunità del monastero di S. Spirito della Maiella. Fra Filippo, venerabile abate, e fra Benedetto, procuratore, del monastero di Pulsano danno il loro assenso e ricevono in cambio la chiesa di S. Antonino di Campo di Giove e cento once, metà in oro e metà in vasi d'argento, libri, paramenti liturgici etc.
Giudice: Guinisio, giudice di Caramanico (S).
Notaio: Antonino di Berardo, notaio di Caramanico (S).

Falsificazione <*ante* 1294 febbraio 15> con la seguente tradizione: Pseudo-originale [A], Chieti, Archivio arcivescovile, Fondo pergamenaceo, Teate 80. Pseudo-originale [A2], Chieti, Archivio arcivescovile, Fondo pergamenaceo, Teate 81. Pseudo-originale [A3], Chieti, Archivio arcivescovile, Fondo pergamenaceo, Teate 82. Copia autentica del 1294 febbraio 15 [B], Montecassino, Archivio dell'abbazia, Fondo di S. Spirito del Morrone, 204. Inserto del 1294 ottobre 28 [B2], Città del Vaticano, Archivio apostolico vaticano, *Archivum Arcis*, Armadio C, 157. Inserto del 1294 ottobre 28 [B3], Montecassino, Archivio dell'abbazia, Fondo di S. Spirito del Morrone, 215. Inserto del secolo XVIII [C], Città del Vaticano, Archivio apostolico vaticano, Fondo celestini II, 43, f. 262v-264r.

Stemma chartarum:

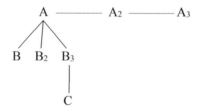

Edizioni: Moscati 1957, p. 294-297 n. 4 (da A, A2, A3, B, B2, B3). Paoli 2004, p. 409-411 n. 2 (da B2).

Regesti: Zanotti, *Digestum*, II.1, p. 14, 299. Zanotti, *Archivia*, VI.1, p. 281. Pansa 1899, p. 187-188. Balducci 1926, p. 24-25 n. 63. Paoli 2004, p. 352. Morizio 2008, p. 325-326 n. 82. Morizio 2020b, p. 259-260 n. 82.

Bibliografia: Zanotti, *Digestum*, II.1, p. 299-300, 311; II.2, p. 540, 543, 544; V.2, p. 535, 565, 568-569. Panarelli 1997, p. 132. Simonelli 1997, p. XXX. Panarelli 2005, p. 258-263. Morizio 2008, *passim*.

Il presente atto è una versione interpolata del doc. n. 80. L'appellativo «abate di S. Spirito della Maiella» è anacronistico, poiché l'erezione del monastero maiellese ad abbaziato, con la contestuale elezione del primo abate nella persona di fra Francesco da Atri, risale al 14 settembre 1287 (cfr. doc. n. 94). Al di là delle varianti testuali e contenutistiche rispetto al doc. n. 80, anche la tradizione del documento – con tre stesure in forma di originale e l'inserzione nella *Gloria multa* di Celestino V (1294 ottobre 28), nel vano tentativo di risolvere definitivamente la lunga vertenza tra maiellesi e pulsanesi per il possesso del monastero di S. Pietro di Vallebona – desta non pochi dubbi sulla sua genuinità.

Per il monastero di S. Maria di Pulsano vedi la nota al doc. n. 74.

Per S. Antonino di Campo di Giove vedi *Insediamenti celestini*, n. 9. Per S. Pietro di Vallebona vedi *Insediamenti celestini*, n. 103. Per S. Spirito della Maiella vedi *Insediamenti celestini*, n. 113.

83.

INSTRUMENTUM VENDITIONIS

128[5] novembre 7, Manoppello

Matteo di Rinaldo da Manoppello vende a fra Nicola, priore del monastero di S. Pietro di Vallebona, che acquista in nome e per conto del detto monastero, una pezza di terra posta nelle pertinenze di Manoppello, in contrada *Archesani*, in località *Colle Rubeo*, confinante su un lato con le proprietà del monastero di S. Pietro, al prezzo di dodici once d'oro, in carlini, che Matteo riceve in presenza del giudice e del notaio da fra Nicola; nel caso in cui la terra valesse di più, Matteo dona *inter vivos* la plusvalenza al monastero di S. Pietro di Vallebona.

Giudice: Guinisio, giudice di Manoppello (S).

Notaio: Antonio di Berardo, notaio di Manoppello (S).

Originale [A], Montecassino, Archivio dell'abbazia, Fondo di S. Spirito del Morrone, 153.

Regesti: Zanotti, *Digestum*, –. Zanotti, *Archivia*, VI.1, p. 281 (con data 1284 novembre 6). Pansa 1899, p. 187 (con data 1284 novembre 6). Leccisotti 1966, p. 61-62 n. 153. Morizio 2008, p. 326-327 n. 83. Morizio 2020b, p. 260 n. 83.

Bibliografia: Simonelli 1997, p. XXXV nota 102. Morizio 2008, *passim.*

Il millesimo non è leggibile per intero a causa di un foro nella pergamena: «In Dei nomine, amen. Anno Nativitatis eiusdem millesimo ducentesimo octuagesimo [...]o»; tuttavia, l'indizione (XIV) e l'anno primo di reggenza di Gerardo, legato apostolico, e di Roberto d'Artois per il regno di Sicilia, durante la prigionia di Carlo II d'Angiò (cfr. Nitschke 1977), consentono di datare il documento al 1285.

Archesani: toponimo la cui radice è da ricondurre verosimilmente al latino *arca*, nel significato specifico della terminologia gromatica di 'segno terminale quadrangolare' (vedi Du Cange 1883-1887, I, col. 357b: «voces gromaticis et agrimensoribus familiares apud quos *Arcae* dicuntur signa finalia per possessionum extremitates constituta sive constructa»); cfr. anche doc. n. 459.

Per S. Pietro di Vallebona vedi *Insediamenti celestini*, n. 103.

84.

INSTRUMENTUM PERMUTATIONIS

1286 gennaio 13, Sulmona

Matteo di Gionata da Sulmona, in qualità di procuratore di fra Pietro del Morrone, priore della chiesa di S. Spirito della Maiella, e dei *fratres* del medesimo consorzio, collegio o ordine, permuta con Gualtiero di Nicola *de Pacile*, un terreno nelle pertinenze di Sulmona, in contrada *ad Aram Dompnicam* <così>, con un altro terreno nelle stesse pertinenze, in contrada *Fabrica*.

Giudice: Tommaso del giudice Gionata, giudice di Sulmona (S).

Notaio: Adamo di Gerardo, notaio di Sulmona (S).

Originale [A], Montecassino, Archivio dell'abbazia, Fondo di S. Spirito del Morrone, 155.

Regesti: Zanotti, *Digestum*, II.1, p. 212. Zanotti, *Archivia*, VI.1, p. 163. Leccisotti 1966, p. 62 n. 155. Morizio 2008, p. 327 n. 84. Morizio 2020b, p. 261 n. 84.

Bibliografia: Zanotti, *Digestum*, II.1, p. 210-212; II.2, p. 540. Paoli 2004, p. 10, 106 nota 154, 481 nota 42. Herde 2004, p. 34 nota 145. Pellegrini 2005, p. 323 nota 73. Morizio 2008, *passim.*

Per S. Spirito della Maiella vedi *Insediamenti celestini*, n. 113.

85.

INSTRUMENTUM VENDITIONIS

1286 febbraio 13, <Sulmona>

Giovanni *Vetulus*, Simone di Adamo e donna Paoluccia, moglie di Bartolomeo, vendono a Gualtiero *Filator* da Sulmona un orto con alberi di fico *prope Gruttas de Saizano*, confinante su un lato con le proprietà dei *fratres* della chiesa di S. Maria del Morrone, al prezzo di otto tarì.
Notaio: Berardo di Gionata.

Originale deperdito [*A], già *Archivio del monastero di S. Spirito del Morrone, «Iura Saizani. Diversorum in eadem capsula» (Zanotti, *Archivia*, VI.1, p. 153).

Regesti: Zanotti, *Digestum*, II.1, p. 210. Zanotti, *Archivia*, VI.1, p. 153. Morizio 2008, p. 327 n. 85. Morizio 2020b, p. 261 n. 85.

Bibliografia: Zanotti, *Digestum*, II.1, p. 210-212. Morizio 2008, *passim*.

Per S. Maria del Morrone vedi *Insediamenti celestini*, n. 55.

86.

INSTRUMENTUM PERMUTATIONIS

1286 marzo 17, Sulmona

Matteo di Gionata da Sulmona, procuratore di fra Pietro del Morrone, priore di S. Spirito della Maiella, permuta con Gualtiero di Nicola *de Pacile* due terreni, in località *le Querquete* e *ad Aram Dominicam*, con una vigna, in località *Fabrica*, confinante su un lato con le proprietà dei *fratres* della chiesa di S. Maria del Morrone, e tre once d'oro pagate allo stesso procuratore dal detto Gualtiero.
Notaio: Adamo di Gerardo, <notaio di Sulmona>.

Originale deperdito [*A], già *Archivio del monastero di S. Spirito del Morrone, «Iura de domibus et terris in civitate et territorio Sulmonis et alibi. Pro terris» (Zanotti, *Archivia*, VI.1, p. 163).

Regesti: Zanotti, *Digestum*, II.1, p. 210. Zanotti, *Archivia*, VI.1, p. 163. Morizio 2008, p. 327-328 n. 86. Morizio 2020b, p. 261-262 n. 86.

Bibliografia: Zanotti, *Digestum*, II.1, p. 210-212; II.2, p. 540. Morizio 2008, *passim*.

Per S. Maria del Morrone vedi *Insediamenti celestini*, n. 55. Per S. Spirito della Maiella vedi *Insediamenti celestini*, n. 113.

87.

INSTRUMENTUM VENDITIONIS

1286 luglio 21, Manoppello, *in platea publica ante domum Odorisii Egidi*

Nicola di Migliore da Manoppello vende a fra Gualtiero, monaco del monastero di S. Pietro di Vallebona, che acquista per conto dello stesso monastero, un vigneto nelle pertinenze di Manoppello, in contrada *la Foce*, al prezzo di diciotto tarì d'oro.
Giudici: Matteo di Ferracavallo, giudice di Manoppello (S); Lorenzo di Gualtiero, giudice di Manoppello.
Notaio: Matteo di *ser* Nicola, notaio di Manoppello (S).

Originale [A], Montecassino, Archivio dell'abbazia, Fondo di S. Spirito del Morrone, 158.

Regesti: Zanotti, *Digestum*, –. Zanotti, *Archivia*, VI.1, p. 281. Pansa 1899, p. 188. Leccisotti 1966, p. 63 n. 158. Morizio 2008, p. 328 n. 87. Morizio 2020b, p. 262 n. 87.

Facsimile: Leccisotti 1966, <p. 376 bis> tavola X.

Bibliografia: Zanotti, *Digestum*, II.2, p. 544. Moscati 1956, p. 126 nota 3. Morizio 2008, *passim*.

Per S. Pietro di Vallebona vedi *Insediamenti celestini*, n. 103.

88.

INSTRUMENTUM DONATIONIS

1286 agosto 26, Isernia

Donna Romana, moglie di Sergio di Nicola Solimanno, nata e abitante a Isernia, dona a Rinaldo da Montedimezzo, procuratore del monastero di S. Spirito della Maiella di Isernia, che riceve in nome e per conto del detto monastero, un terreno in località *Casale*, obbligando i monaci a darle la terza parte del raccolto proveniente da quella terra e conservando il diritto di usufrutto sulle piante da frutta.

Giudice: Angelo, giudice di Isernia (S).

Notaio: Pietro, notaio di Isernia (S).

Originale [A], Montecassino, Archivio dell'abbazia, Fondo di S. Spirito di Isernia, fasc. II, n. 19. Copia semplice del secolo XIX [B], Montecassino, Archivio dell'abbazia, Fondo di S. Spirito di Isernia, *Codex diplomaticus aeserniensis*, f. 670r-671r.

Regesti: Zanotti, *Digestum*, –. Zanotti, *Archivia*, VI.1, p. 379. Avagliano 1971, p. 60 n. 19. Morizio 2008, p. 328 n. 88. Morizio 2020b, p. 262-263 n. 88.

Bibliografia: Morizio 2008, *passim*.

Per S. Spirito di Isernia vedi *Insediamenti celestini*, n. 117.

89.

INSTRUMENTUM DONATIONIS

1286 ottobre 29, Isernia

Ruggero, *filius magistri Maniani de castro Maniani* <così>, dona a Rinaldo da Montedimezzo, che riceve in nome e per conto della chiesa di S. Spirito di Isernia, una casa *in castro Maniani*, nella parrocchia di S. Angelo, la metà di un uliveto nelle pertinenze del detto *castrum*, in località *Lingua-rani*, e una *clusa* in località *Banioto*.

Notaio: Pietro, <notaio di Isernia>.

Originale deperdito [*A], già *Archivio del monastero di S. Spirito del Morrone, «Pro monasterio Iserniae» (Zanotti, *Archivia*, VI.1, p. 379).

Regesti: Zanotti, *Digestum*, –. Zanotti, *Archivia*, VI.1, p. 379. Morizio 2008, p. 329 n. 89. Morizio 2020b, p. 263 n. 89.

Bibliografia: Morizio 2008, *passim*.

Per il significato del termine *clausa* o *clusa* o *clausura* vedi la nota al doc. n. 51.

Per S. Spirito di Isernia vedi *Insediamenti celestini*, n. 117.

90.

INSTRUMENTUM PERMUTATIONIS

1286 dicembre 12, monastero di Vallebona, *in refectorio* (Manoppello)

Matteo di Rinaldo *Boccardi* da Manoppello permuta con fra Nicola, priore del monastero di S. Pietro di Vallebona, e con i *fratres* dello stesso monastero – fra Matteo, fra Guglielmo, fra Elia, fra Nicola, monaci, fra Pietro, fra Gualtiero, fra Pietro *de Madio*, fra Nicola *de Marsia*, fra Gualtiero da Roccamorice, fra Pietro *dello Colle*, conversi – una pezza di terra nelle pertinenze di Manoppello, in contrada *Boccaceta*, con una vigna del detto monastero, con alberi, nelle medesime pertinenze, in contrada *Casale*, e con un terreno in contrada *Albola*.

Giudice: Matteo di Ferracavallo, giudice di Manoppello (S).

Notaio: Matteo di *ser* Nicola, notaio di Manoppello (S).

Originale [A], Montecassino, Archivio dell'abbazia, Fondo di S. Spirito del Morrone, 159. Originale deperdito [*A₂], già *Archivio del monastero di S. Spirito della Maiella, «Pro monasterio Vallisbonae» (Zanotti, *Archivia*, VI.1, p. 43).

Regesti: Zanotti, *Digestum*, –. Zanotti, *Archivia*, VI.1, p. 43, 281. Pansa 1899, p. 188. Leccisotti 1966, p. 64 n. 159. Morizio 2008, p. 329 n. 90. Morizio 2020b, p. 263 n. 90.

Bibliografia: Zanotti, *Digestum*, II.2, p. 540, 543. Moscati 1956, p. 126 nota 2. Morizio 2008, *passim*.

Albola: contrada nelle pertinenze di Manoppello, ma anche affluente del fiume Pescara, identificabile con il ruscello attualmente denominato Fosso di Manoppello; vedi Pratesi-Cherubini 2017-2019, I, p. 245: *Albula*, *Albule*; cfr. anche doc. n. 92.

Per S. Pietro di Vallebona vedi *Insediamenti celestini*, n. 103.

91.

ONORII IV PAPAE LITTERAE DE GRATIA

1287 gennaio 18, <Roma>

Onorio IV conferma l'esenzione concessa da <Matteo>, vescovo di Isernia, alla chiesa di S. Spirito di Isernia.

Originale deperdito [*A], già *Archivio del monastero di S. Spirito del Morrone, «Pro monasterio Iserniae» (Zanotti, *Archivia*, VI.1, p. 379).

Regesti: Zanotti, *Digestum*, II.1, p. 14. Zanotti, *Archivia*, VI.1, p. 379. Potthast 1875, –. Prou 1886-1888, –. Morizio 2008, p. 329-330 n. 91. Morizio 2020b, p. 264 n. 91.

Bibliografia: Zanotti, *Digestum*, II.2, p. 540. Paoli 2004, p. 12 nota 43. Herde 2004, p. 34 nota 143. Morizio 2008, *passim*.

M. Inguanez e T. Leccisotti inseriscono sotto la data 1285-1287 il seguente regesto: «Onorio IV concede privilegi al monastero di S. Spirito di Sulmona» (Inguanez 1918, p. 11 n. 14; Leccisotti 1966, p. 66), ma un tale documento non è mai stato emesso dalla cancelleria papale. In un passo della *Suadet honestas* di Giovanni XXII del 7 aprile 1326, si legge (trascrizione da Zanotti, *Digestum*, III.1, p. 369): «Ioannes episcopus servus servorum Dei. Dilectis filiis . . abbati et conventui monasterii Sancti Spiritus de Murrone prope Sulmonam ad Romanam Ecclesiam nullo medio pertinentis, ordinis sancti Benedicti, Valvensis dioecesis, salutem et apostolicam benedictionem. Suadet honestas et debitum […]. Sane petitio vestra nobis exhibita continebat quod felicis recordationis Honorius .IIII., Nicolaus .IIII. Bonifacius .VIII. et Benedictus .XI. Romani pontifices predecessores nostri, ob specialis dilectionis et devotionis affectum quem ad monasterium vestrum, cuius beatus Petrus de Murrone confessor mirificus extitit institutor, et singula ipsius monasterii membra gerebant, illa multis immunitatibus libertatibus et privilegiis muniverunt [...]». Appare evidente, dunque, che detti privilegi non dovessero necessariamente essere rivolti al monastero di S. Spirito del Morrone, che in quegli anni era ancora un piccolo monastero, bensì «singula ipsius monasterii membra». È certo, al contrario, che, il 18 gennaio 1287, Onorio IV confermò l'esenzione dalla giurisdizione dell'ordinario diocesano per la chiesa di S. Spirito di Isernia. Molto probabilmente, quindi, nel passo della *Suadet honestas* riportato si allude al presente documento.

Per S. Spirito di Isernia vedi *Insediamenti celestini*, n. 117.

92.

INSTRUMENTUM DONATIONIS

1287 marzo 9, Manoppello, *in domo Marie <Grimaldi>*

Maria di Grimaldo – con l'autorità di Franco, suo marito, e con il consenso di Corrado, suo consanguineo, per la salvezza dell'anima propria e per la remissione dei suoi peccati – dona a fra Matteo, monaco del monastero di S. Pietro di Vallebona, che riceve in nome del monastero medesimo, un terreno nelle pertinenze di Manoppello, in contrada *Legetum*, riservandosene l'usufrutto. Inoltre, dovesse morire senza un erede legittimo, lascia in eredità al detto monastero un terreno nelle pertinenze di Manoppello, confinante su due lati con le proprietà della chiesa di S. Quirico, e un terreno *de focem* <così> *de Albola*.

Giudice: Matteo di Ferracavallo, giudice di Manoppello (S).

Notaio: Matteo di *ser* Nicola, notaio di Manoppello (S).

Originale [A], Montecassino, Archivio dell'abbazia, Fondo di S. Spirito del Morrone, 160.

Regesti: Zanotti, *Digestum*, –. Zanotti, *Archivia*, VI.1, p. 281. Pansa 1899, p. 188. Leccisotti 1966, p. 64 n. 160. Morizio 2008, p. 330 n. 92. Morizio 2020b, p. 264-265 n. 92.

Bibliografia: Zanotti, *Digestum*, II.2, p. 544. Moscati 1956, p. 126 nota 4. Morizio 2008, *passim*.

Per S. Pietro di Vallebona vedi *Insediamenti celestini*, n. 103. Per S. Quirico *in Cumulo* vedi *Insediamenti celestini*, n. 106.

93.

INSTRUMENTUM VENDITIONIS

1287 aprile 7, <Sulmona>

Donna Alessandra, moglie di Pietro da Sulmona, vende a Gualtiero di Nicola due pezze di terra: una *in Saizano*, confinante con le proprietà dei *fratres* del Morrone, l'altra *ad Aram Dominicam*, confinante con le proprietà dei medesimi *fratres*, al prezzo di ventiquattro tarì.

Notaio: Adamo di Gerardo, <notaio di Sulmona>.

Originale deperdito [*A], già *Archivio del monastero di S. Spirito del Morrone, «Iura Saizani. Diversorum in eadem capsula» (Zanotti, *Archivia*, VI.1, p. 153).

Regesti: Zanotti, *Digestum*, –. Zanotti, *Archivia*, VI.1, p. 153. Morizio 2008, p. 331 n. 93. Morizio 2020b, p. 265 n. 93.

Bibliografia: Morizio 2008, *passim*.

Per S. Maria del Morrone vedi *Insediamenti celestini*, n. 55.

94.

INSTRUMENTUM ELECTIONIS ABBATIS

128[7] settembre 14, monastero di S. Spirito della Maiella, *in capitulo* (Roccamorice)

Fra Roberto, priore, e la comunità del monastero di S. Spirito della Maiella, dell'ordine di san Benedetto, diocesi di Chieti, soggetti *immediate* al capitolo della basilica di S. Pietro di Roma, riuniti in capitolo il giorno 13 settembre *super futuri abbatis electione celebranda*, essendo il loro monastero privo del *regimen abbatis*, stabiliscono che essa debba avvenire il giorno 14 settembre, avvertendo sia coloro i quali sono presenti in quel momento, sia tutti gli altri che devono, vogliono e possono intervenire. Il giorno stabilito, il predetto priore e la comunità – fra Giovanni sagrista, fra Tommaso da Bucchianico, fra Stefano da Carovilli, fra Giovanni da Cocullo, fra Gualtiero da Guardiagrele, fra Giacomo da Penne, fra Placido da Morrea, fra Roberto da Guardiagrele, fra Anselmo da Guardiagrele, fra Giacomo *de Molisis*, fra Ruggero *de Monte Rubeo*, fra Nicola da Pacentro, fra Roberto da Lama, fra Nicola da Caramanico, fra Filippo da Rionero, fra Gualtiero da Serramonacesca, fra Pietro da Aversa, fra Matteo da Manoppello, fra Pietro da Roccamontepiano, fra Giacomo da Manoppello, fra Giorgio da Genova e fra Giovanni da Bucchianico – decidono di procedere all'elezione per compromesso e a tal fine nominano fra Stefano da Carovilli, fra Gualtiero da Guardiagrele e fra Giovanni da Cocullo, i quali, *in locum honestum et secreutm iuxta maius altare videlicet monasterii supradicti secedentes*, eleggono fra Francesco da Atri, monaco del detto monastero di S. Spirito della Maiella, assente in quel momento. Quindi fra Giovanni da Cocullo pubblica la detta elezione e, assieme a fra Berardo *de Cornu*, viene nominato procuratore per chiedere la conferma di tale elezione al priore e al capitolo della basilica di S. Pietro di Roma.

Giudice: Ruggero, giudice di Roccamorice <*signum* non rilevabile a causa di uno strappo>.
Notaio: Antonino di Berardo, notaio di Caramanico (S).

Originale [A], Chieti, Archivio arcivescovile, Fondo pergamenaceo, Teate 85. Copia semplice del secolo XVII [Z], Zanotti, *Digestum*, II.1, p. 331-338 («ex proprio originali quod in monasterio Sancti Spiritus de Magella conservatur»).

Regesti: Zanotti, *Digestum*, II.1, p. 14. Zanotti, *Archivia*, VI.1, p. 38. Balducci 1926, p. 26 n. 69. Morizio 2008, p. 331-332 n. 94. Morizio 2020b, p. 265-267 n. 94.

Bibliografia: Zanotti, *Digestum*, II.1, p. 338, 341-344; II.2, p. 540, 545-546; V.1, p. 165; V.2, p. 517, 535, 536, 564, 565-566. Cantera 1892, p. 26 nota 3. Frugoni 1954, p. 21-22 (con data 1288 ottobre 13). Moscati 1956, p. 128-129 (con data 1288 ottobre 13). Baethgen 1934, p. 11 nota 5. Novelli 1973, p. 237. Sticca 1987, p. 127 (con data 1288 ottobre). Panarelli 1997, p. 248. Penco 1997, p. 368 (con data 1288 ottobre 13). Paoli 2004, p. 11 e *passim*. Herde 2004, p. 34-35 nota 148. Palazzi 2005, p. 182. Pellegrini 2005, p. 335 nota 119, 341 (con data 1288 ottobre 13). Morizio 2008, *passim*.

La data cronica del documento necessita di qualche precisazione. In A, l'ultima cifra del millesimo non è leggibile in maniera incontrovertibile, a causa di uno strappo che interessa ampi tratti del margine destro della pergamena. Nel XVII secolo, allorché L. Zanotti trascrisse integralmente il documento (Z), la pergamena doveva già essere rovinata, poiché alcune parti del testo sono omesse e sostituite da puntini di sospensione. In Z, il millesimo è espresso nel seguente modo: «Anno D(omi)ni 1288». Ciò porta a leggere il millesimo in A così: «Anno D(omi)ni mill(esim)o ducentes(imo) octuages(imo) [octavo]» Tuttavia, l'indizione (prima), secondo lo stile bizantino, utilizzato dal medesimo notaio anche in due atti del 1285 novembre 6 (cfr. doc. n. 80-81), riporta all'anno 1287. L'anno di regno di Carlo II d'Angiò, invece, nell'originale non è leggibile, a causa delle lacerazioni del supporto scrittorio di cui s'è già detto, mentre nella copia è sostituito da puntini di sospensione. È probabile che, per il millesimo, il notaio abbia utilizzato lo stile dell'Incarnazione secondo il computo pisano. A confermare la datazione al 14 settembre 1287, però, vi sono anche ragioni di carattere storico. Escludendo un documento falsificato del 1285 in cui Francesco da Atri viene presentato come abate (cfr. doc. n. 82), è il 6 ottobre 1287 che viene menzionata per la prima volta la figura dell'abate di S. Spirito della Maiella (cfr. doc. n. 95), senza esplicitarne il nome, mentre in un documento del 1288 maggio 20 è attestato «d(omi)nus Franciscus abbas monasterii Sancti Spiritus de Magella» (cfr. doc. n. 103).

La località Corno, oggi Sella di Corno, frazione dell'odierno comune di Scoppito, in provincia dell'Aquila, non va confusa con Fano a Corno, frazione dell'odierno comune di Isola del Gran Sasso d'Italia, in provincia di Teramo; sul toponimo vedi Pratesi-Cherubini 2017-2019, I, p. 356; cfr. anche doc. n. 329, 334, 335, 358, 361, 373, 451, 500, 624.

Morrea è una frazione del comune di San Vincenzo Valle Roveto, in provincia dell'Aquila; cfr. anche doc. n. 129, 464.

Per il capitolo della basilica di S. Pietro di Roma vedi la nota al doc. n. 22.

Per S. Spirito della Maiella vedi *Insediamenti celestini*, n. 113.

95.

Nicolai episcopi Aquilani privilegium

1287 ottobre 6, Aquila, *in ecclesia Aquilensi*

Nicola, vescovo dell'Aquila, a fra Pietro del Morrone e all'abate e alla comunità del monastero di S. Spirito della Maiella, diocesi di Chieti, dell'ordine di san Benedetto: con il consenso di tutto il capitolo cattedrale, esenta dalla giurisdizione episcopale l'oratorio o chiesa che essi stanno costruendo *de novo* in onore della vergine Maria e del beato Benedetto, nel territorio della città dell'Aquila, *in loco ubi dicitur Collemaiu*, con tutti i beni presenti e futuri; in cambio, fra Pietro del Morrone, l'abate e la comunità di S. Spirito della Maiella si impegnano, in nome e per conto della medesima chiesa, a versare all'episcopio, quale imposta o censo, una libbra di cera all'anno, nella festa del beato Massimo. Tuttavia, qualora dovesse essere comminato l'interdetto generale, essi, come tutti coloro che sono soggetti alla legge diocesana, saranno obbligati a rispettarlo. Il vescovo, infine, conserva la *iustitia debita* sulle elargizioni alla detta chiesa date da diocesani o altri che in essa sceglieranno di essere sepolti.

Originale [A], Napoli, Archivio di Stato, Diplomatico, Pergamene dell'Aquila e di altri luoghi d'Abruzzo, busta 186, fasc. III, n. 1 (*Sigilla deperdita duo*). Originale deperdito [*A₂], già *Archivio del monastero di S. Maria di Collemaggio, «Litterae apostolicae, indulgentiae et privilegia» (Zanotti, *Archivia*, VI.2, p. 717). Inserto del 1291 febbraio 20 [B], Sulmona, Archivio capitolare di S. Panfilo, Archivio nuovo, Fondi e serie di archivi aggregati, S. Spirito del Morrone, II.1.36. Inserto del 1291 febbraio 20 [B₂], Città del Vaticano, Archivio apostolico vaticano, *Registra vaticana*, 45, f. 149r-150r.

Edizione: Morizio 2008, p. 563-564 n. 17.

Regesti: Zanotti, *Digestum*, II.1, p. 14. Zanotti, *Archivia*, VI.2, p. 717. Morizio 2008, p. 332-333 n. 95. Morizio 2020b, p. 267-268 n. 95.

Bibliografia: Moscati 1956, p. 127 nota 2. Golinelli 1996, p. 78. Orsini 2003, p. 697 n. 4 (6092). Paoli 2004, p. 10 nota 33, 482 nota 48. Herde 2004, p. 32-33 nota 136. Golinelli 2007, p. 82. Morizio 2008, *passim*.

Alla metà del secolo XVII, nell'archivio del monastero di S. Maria di Collemaggio, all'interno della scansia «Litterae apostolicae, indulgentiae et privilegia», vi erano due originali del documento in esame, «cum sigillis pendentibus» (cfr. Zanotti, *Archivia*, VI.2, p. 717), entrambi considerati deperditi, sebbene il privilegio vescovile fosse noto per mezzo dell'inserzione nella *Debite providentie* di Niccolò IV del 20 febbraio 1291 (cfr. doc. n. 145). Recentemente, uno dei due originali è stato rintracciato da chi scrive a Napoli, presso l'archivio di Stato, e verrà presto pubblicato.

Per S. Maria di Collemaggio vedi *Insediamenti celestini*, n. 64. Per S. Spirito della Maiella vedi *Insediamenti celestini*, n. 113.

96.

INSTRUMENTUM VENDITIONIS

1287 ottobre 11, Aquila, *in episcopali palatio*

Rogata, figlia del fu *dominus* Berardo *de Turribus*, in presenza di Nicola, vescovo dell'Aquila, e di altri testimoni, vende a fra Stefano da Carovilli e fra Bartolomeo da Trasacco, monaci della chiesa di S. Spirito della Maiella, che acquistano in nome e per conto di essa, una pezza di terra sita nel territorio *de Turribus, ubi dicitur Collemadium*, al prezzo di venti fiorini d'oro e quattro tarì.

Notaio: Matteo di Giovanni di *sir* Gualtiero, <notaio> di Bazzano.

Originale deperdito [*A], già *Archivio del monastero di S. Maria di Collemaggio, «Pro molendinis et terris in Turre, Balneo, Bazzano et Paganica. Pro terris ibidem» (Zanotti, *Archivia*, VI.2, p. 569).

Regesti: Zanotti, *Digestum*, II.1, p. 326. Zanotti, *Archivia*, VI.2, p. 569. Pansa 1899-1900, p. 256-257. Morizio 2008, p. 333 n. 96. Morizio 2020b, p. 268 n. 96.

Bibliografia: Zanotti, *Digestum*, II.1, p. 325-326. Moscati 1956, p. 127-128 nota 6 (con data 1287 ottobre 2). Clementi 1996, p. 58-59 (con data 1287 ottobre 2). Morizio 2008, *passim*.

Bazzano è una frazione dell'odierno comune dell'Aquila; cfr. anche doc. n. 329, 334, 335, 340, 349, 363, 365, 387, 390, 392, 445, 445, 539, 611, 613, 616.

Per S. Spirito della Maiella vedi *Insediamenti celestini*, n. 113.

97.

INSTRUMENTUM TRANSACTIONIS

1287 ottobre 26, <Manoppello>, *in domo syr Nicolai*

Corrado [...] e Giovanni, figlio di Teodisco e nipote minorenne di Corrado, da una parte, e fra Nicola, priore del monastero di S. Pietro di Vallebona, in nome e per conto dello stesso monastero, dall'altra, dirimono una controversia relativa ad alcune proprietà, ovvero un terreno posto nelle pertinenze di Manoppello, *ad montem*, in contrada *Planelle*, confinante su tutti i lati con proprietà del detto monastero, un altro terreno posto nelle medesime pertinenze, in contrada *Piscaria Magna*, e un orto posto sempre nelle pertinenze di Manoppello, in contrada *le Plage*, stabilendo che i suddetti beni vadano a titolo di proprietà al monastero di Vallebona, ma con riserva di usufrutto per Corrado e Giovanni vita natural durante.

Giudice: Lorenzo di Gualtiero, giudice di Manoppello.

Notaio: Matteo di *ser* Nicola, notaio di Manoppello (S).

Originale [A], Montecassino, Archivio dell'abbazia, Fondo di S. Spirito del Morrone, 162.

Regesti: Zanotti, *Digestum*, –. Zanotti, *Archivia*, VI.1, p. 282. Pansa 1899, p. 188. Leccisotti 1966, p. 65 n. 162. Morizio 2008, p. 333 n. 97. Morizio 2020b, p. 268-269 n. 97.

Bibliografia: Zanotti, *Digestum*, II.2, p. 540, 544. Morizio 2008, *passim*.

Per S. Pietro di Vallebona vedi *Insediamenti celestini*, n. 103.

98.

INSTRUMENTUM DONATIONIS

1287 ottobre 26, Manoppello, *in domo syr Nicolai*

Loreta di Giovanni di Carlo da Manoppello – con l'autorità di Giovanni da Abbateggio, suo marito, e con il consenso di Matteo di Rinaldo e *magister* Arcangelo, suoi consanguinei –, per la salvezza dell'anima propria e la remissione dei suoi peccati, dona a fra Nicola, priore del monastero di S. Pietro di Vallebona, in nome e per conto del detto monastero, alcune proprietà poste nelle pertinenze di Manoppello: un terreno in contrada *Cese Carpelli*, un terreno nella medesima contrada, la metà di una canapàia – che possiede indivisa con Matteo di Nicola di Berardone, in contrada *Pescaria de Lapenna* – e un terreno in contrada *la Strangolata*, confinante su un lato con le proprietà della chiesa di S. Maria di Manoppello, riservandosi l'usufrutto dei terreni posti in contrada *Cese Carpelli* e della canapàia in contrada *Piscaria de Lapenna*.
Giudice: Lorenzo di Gualtiero, giudice di Manoppello.
Notaio: Matteo di *ser* Nicola, notaio di Manoppello (S).

Originale [A], Montecassino, Archivio dell'abbazia, Fondo di S. Spirito del Morrone, 163.

Regesti: Zanotti, *Digestum*, –. Zanotti, *Archivia*, VI.1, p. 282. Pansa 1899, p. 188. Leccisotti 1966, p. 65 n. 163 (con data 1287 ottobre 27). Morizio 2008, p. 334 n. 98. Morizio 2020b, p. 269 n. 98.

Bibliografia: Moscati 1956, p. 126 nota 5. Morizio 2008, *passim*.

Per S. Pietro di Vallebona vedi *Insediamenti celestini*, n. 103.

99.

INSTRUMENTUM DONATIONIS

1287 ottobre 27, Isernia

Magister Nicola di Giovanni Re, nato e abitante a Isernia, dona a Rinaldo da Montedimezzo, procuratore della chiesa di S. Spirito della Maiella di Isernia, che riceve in nome e per conto della detta chiesa, un terreno *ubi dicitur Sanctus Iulianus*, con la clausola che dovrà ricevere per quattro anni la metà di tutti i frutti prodotti dalla terra donata.
Giudice: Matteo, giudice di Isernia (S).
Notaio: Pietro, notaio di Isernia (S).

Originale [A], Montecassino, Archivio dell'abbazia, Fondo di S. Spirito di Isernia, fasc. II, n. 20. Copia semplice del secolo XIX [B], Montecassino, Archivio dell'abbazia, Fondo di S. Spirito di Isernia, *Codex diplomaticus aeserniensis*, f. 668r-669r.

Regesti: Zanotti, *Digestum*, –. Zanotti, *Archivia*, VI.1, p. 379. Avagliano 1971, p. 60 n. 20. Morizio 2008, p. 334 n. 99. Morizio 2020b, p. 269-270 n. 99.

Bibliografia: Morizio 2008, *passim*.

Per S. Spirito di Isernia vedi *Insediamenti celestini*, n. 117.

100.

INSTRUMENTUM PERMUTATIONIS

1288 febbraio 14, Manoppello, *in domo syr Nicolai*

Filippa, figlia del fu Pietro *Cassandre* da Manoppello, con l'autorità di suo marito Gualtiero e con il consenso di Matteo di Rinaldo e Lorenzo del notaio Diodato, suoi consanguinei, dà a fra Nicola, priore del monastero di S. Pietro di Vallebona, un terreno posto nelle pertinenze di Manoppello, *in contrata Sancti Quirici*, in cambio di un terreno del detto monastero posto nelle medesime pertinenze, in contrada *Coste Canucie*.

Giudice: Lorenzo di Gualtiero, giudice di Manoppello.

Notaio: Matteo di *ser* Nicola, notaio di Manoppello (S).

Originale [A], Montecassino, Archivio dell'abbazia, Fondo di S. Spirito del Morrone, 165.

Regesti: Zanotti, *Digestum*, –. Zanotti, *Archivia*, VI.1, p. 282. Pansa 1899, p. 188. Leccisotti 1966, p. 66 n. 165. Morizio 2008, p. 334-335 n. 100. Morizio 2020b, p. 270 n. 100.

Bibliografia: Zanotti, *Digestum*, II.2, p. 544. Moscati 1956, p. 126 nota 6. Morizio 2008, *passim*.

Per S. Pietro di Vallebona vedi *Insediamenti celestini*, n. 103. Per S. Quirico *in Cumulo* vedi *Insediamenti celestini*, n. 106.

101.

INSTRUMENTUM DONATIONIS

1288 febbraio 14, Manoppello, *in domo syr Nicolai*

Matteo di Rinaldo da Manoppello, per la salvezza dell'anima propria e la remissione dei suoi peccati, dona a fra Nicola, priore del monastero di S. Pietro di Vallebona, in nome del detto monastero, una vigna posta nelle pertinenze di Manoppello, in contrada *Carpellum*.

Giudice: Lorenzo di Gualtiero, giudice di Manoppello.

Notaio: Matteo di *ser* Nicola notaio di Manoppello (S).

Originale [A], Montecassino, Archivio dell'abbazia, Fondo di S. Spirito del Morrone, 166.

Regesti: Zanotti, *Digestum*, –. Zanotti, *Archivia*, VI.1, p. 282. Pansa 1899, p. 188. Leccisotti 1966, p. 67 n. 166. Morizio 2008, p. 335 n. 101. Morizio 2020b, p. 270-271 n. 101.

Bibliografia: Zanotti, *Digestum*, II.2, p. 544. Morizio 2008, *passim*.

Per S. Pietro di Vallebona vedi *Insediamenti celestini*, n. 103.

102.

MATTHAEI DOMINI MANUPPELLI ET MONTORII PRIVILEGIUM

1288 maggio 19, Manoppello, *in palatio curie <Mathei de Plexiaco>*

Matteo *de Plexiaco*, *miles*, signore di Manoppello e Montorio, per la remissione dei suoi peccati e la salvezza della anima propria e del suo defunto padre, conferma la donazione fatta a fra Gualtiero da Serramonacesca, procuratore generale ed economo del monastero di S. Spirito della Maiella, dell'ordine di san Benedetto, in nome e per conto di fra Pietro del Morrone e dei suoi *fratres*, da Matteo di Rinaldo *Boccardi* da Manoppello e da suo figlio Giacomo di tutti i beni che il predetto Matteo possedeva, a nome suo e dei suoi figli, in Manoppello, consistenti in case, orti, terre coltivate e incolte, dando loro licenza di entrare in quell'ordine e rilasciando anche un debito di cinque grani d'oro per una certa terra.

Originale [A], Montecassino, Archivio dell'abbazia, Fondo di S. Spirito del Morrone, 172 (SD). Copia semplice del secolo XVII [Z], Zanotti, *Digestum*, II.1, p. 327-328 («ex proprio originali existenti in archivio abbatiae Sancti Spiritus de Sulmone»).

Regesti: Zanotti, *Digestum*, II.1, p. 14, 164. Zanotti, *Archivia*, VI.1, p. 338. Leccisotti 1966, p. 69 n. 172. Morizio 2008, p. 335-336 n. 102. Morizio 2020b, p. 271 n. 102.

Bibliografia: Zanotti, *Digestum*, II.1, p. 163-164; II.2, p. 544. Moscati 1956, p. 130 nota 3. Paoli 2004, p. 10 nota 36, 106 nota 154. Herde 2004, p. 34 nota 146. Pellegrini 2005, p. 332 nota 104. Morizio 2008, *passim*.

Su Matteo *de Plessiaco* vedi *I registri della cancelleria angioina*, 2 (1265-1281), p. 260 n. 102; 5 (1266-1272), p. 251 n. 198, 253 n. 207, 266 n. 285; 6 (1270-1271), p. 21 n. 77, 127 n. 611, 338 n. 1814; 7 (1269-1272), p. 82 n. 99, 119 n. 40, 120 n. 50; 8 (1271-1272), p. 5 n. 9 e 11, 136 n. 176, 152 n. 306, 157-158 n. 341, 181 n. 460; 9 (1272-1273), 195 n. 19, 235 n. 54; 10 (1272-1273), p. 5-6 n. 9-10, 231 n. 79; 11 (1273-1277), p. 12-13 n. 31, 287 n. 140, 293 n. 168; 12 (1273-1276), p. 193 n. 21, 198 n. 54; 13 (1275-1277), p. 11-12 n. 57, 169 n. 484; 14 (1275-1277), p. 142 n. 74; 16 (1274-1277), p. 22-24 n. 68; 18 (1277-1278), p. 52-54 n. 112; 20 (1277-1279), p. 71-72 n. 110, 79 n. 15; 21 (1278-1279), p. 314 n. 422; 26 (1282-1283), p. 24 n. 165; 27.1 (1283-1285), p. 15 n. 68, 16 n. 76, 20 n. 105, 64 n. 408, 75 n. 480, 127 n. 231, 129 n. 241; 30 (1289-1290), p. 69 n. 188; 32 (1289-1290), p., 20-21 n. 110, 115 n. 11; 33 (1289-1290), p. 149 n. 20; 35 (1289-1291), p. 43-44 n. 108, 101 n. 246; 36 (1290-1292), p. 40 n. 149, 41 n. 154; 38 (1291-1292), p. 67 n. 313; 43 (1270-1293), p. 4 n. 8, 5 n. 15, 12 n. 63; 44.2 (1265-1293), p. 609 n. 263 e 265; 45 (1292-1293), p. 38 n. 61, 120-121 n. 85; 47 (1268-1294), p. 32-33 n. 121; 48 (1293-1294), p. 3 n. 1, 15-18 n. 25, 142 n. 17, 153 n. 49; 50 (1267-1295), p. 499-500 n. 1125.

Per S. Spirito della Maiella vedi *Insediamenti celestini*, n. 113.

103.

PETRI DOMINI CAMPLI PRIVILEGIUM

1288 maggio 20, Aquila, *in domo domini Berardi de Rodio*

Pietro da Isola, *miles*, signore di Campli, facendo seguito alla supplica ricevuta da *d(omi)nus* Francesco, abate del monastero di S. Spirito della Maiella, per la salvezza della propria anima, conferma all'abate e ai *fratres* del detto monastero i possedimenti, ovvero vigne, orti e terre arative (quest'ultime con una capacità seminativa di cinquanta tomoli e una coppa), con gli alberi, i diritti e le pertinenze, ubicati nel territorio del *castrum* di Roccamorice, di cui egli è il feudatario, e sue pertinenze, acquisiti dal monastero per mezzo di compravendite, permute, donazioni *inter vivos* o *causa mortis*, dall'epoca del defunto Federico <*de Tullo*>, feudatario di Roccamorice, fino ad oggi. Tuttavia, se le terre arative dovessero superare l'estensione dichiarata, la parte eccedente verrà requisita dal *dominus*.

Originale deperdito [*A], già *Archivio del monastero di S. Spirito della Maiella, «Privilegia apostolica, regia et baronalia» (Zanotti, *Archivia*, VI.1, p. 36). Copia semplice del secolo XVII [Z], Zanotti, *Digestum*, II.1, p. 321-324 («ex proprio originali existentin in monasterio Sancti Spiritus de Magella»).

Regesti: Zanotti, *Digestum*, II.1, p. 14. Zanotti, *Archivia*, VI.1, p. 36. Morizio 2008, p. 336 n. 103. Morizio 2020b, p. 271-272 n. 103.

Bibliografia: Zanotti, *Digestum*, II.2, p. 540, 544; V.2, p. 535, 565. Moscati 1956, p. 129 nota 3 (con data 1287 maggio 20), 130 nota 3 (con data 1287 ottobre 20). Paoli 2004, p. 10, 482 nota 47. Morizio 2008, *passim*.

La data cronica del documento necessita di qualche precisazione. In Z, essa è espressa nel seguente modo: «Anno Domini 1287, mense madii, die 20 eiusdem, primae indictionis». L'indizione (prima), secondo lo stile bizantino, riporta al 1288, mentre la mancanza dell'anno di regno di Carlo II d'Angiò non consente una convalida nell'uno o nell'altro senso. È possibile che L. Zanotti abbia commesso un errore nel trascrivere il mese, confondendo «mense madii» con «mense martii»: se così fosse, il millesimo segnerebbe correttamente un'unità in meno, ipotizzando l'utilizzo dell'anno dell'Incarnazione secondo il computo fiorentino. A confermare la datazione al 1288 maggio 20, però, vi sono anche ragioni di carattere storico. Escludendo un documento falsificato del 1285 in cui Francesco da Atri viene presentato come abate (cfr. doc. n. 82), è il 6 ottobre 1287 che viene menzionata per la prima volta la figura dell'abate di S. Spirito della Maiella (cfr. doc. n. 95), senza esplicitarne il nome, mentre l'erezione del monastero maiellese ad abbaziato, con la contestuale elezione di fra Francesco da Atri a primo abate, risale al 14 settembre 1287 (cfr. doc. n. 94). Infine, non è nemmeno da escludere a priori l'ipotesi che il documento possa essere stato interpolato.

Su Pietro *de Insula* vedi *I registri della cancelleria angioina*, 30 (1289-1290), p. 4 n. 19, 115 n. 402; 32 (1289-1290), p. 114 n. 2, 165 n. 192; 35 (1289-1291), p. 226 n. 264, 251 n. 412, 279-280 n. 17, 294 n. 23; 36 (1290-1292), p. 5 n. 22, 42-43 n. 164, 45-46 n. 174, 50-51 n. 188; 38 (1291-1292), p. 6 n. 12, 21 n. 67, 122 n. 503; 40 (1291-1292), p. 5-6 n. 14; 42 (1268-1292), p. 65-66 n. 150, 69-70 n. 160; 43 (1270-1293), p. 30-31 n. 165; 44.1 (1269-1293), p. 61 n. 211-212, 132-133 n. 352; 44.2 (1265-1293), p. 695-696 n. 438, 694-695 n. 436, 697-698 n. 440; 45 (1292-1293), p. 195-196 n.

108; 46 (1276-1294), p. 69-70 n. 298, 74 n. 313; 47 (1268-1294), p. 158 n. 460, 128-129 n. 387, 159 n. 467, 172 n. 507, 194 n. 545, 195-196 n. 548, 207-208 n. 582, 254 n. 11; 48 (1293-1294), p. 66 n. 122.

Su Federico *de Tullo* (di Tollo), conte di Manoppello, vedi la nota al doc. n. 21.

Il comune di Roio cambiò denominazione in Roio Piano nel 1863 (R.D. n. 1273 del 21 aprile 1863) e fu aggregato al comune dell'Aquila nel 1927 (R.D. n. 1564 del 29 luglio 1927); il suo territorio è costituito da quattro frazioni: Colle di Roio, Poggio di Roio, Roio Piano e Santa Rufina di Roio; cfr. anche doc. n. 265, 303, 458, 483, 492, 510, 524, 608, 624, 635.

Per S. Spirito della Maiella vedi *Insediamenti celestini*, n. 113.

104.

INSTRUMENTUM DONATIONIS

1288 maggio 23, Bucchianico

Palma *Bucclanici* da Bucchianico, per la salvezza dell'anima propria e dei genitori, con l'autorità di Biagio di Benedetto, suo mundoaldo, a lei assegnato dal giudice Guglielmo di Lupone, e con il consenso di Giacomo di Nicola, che la stessa Palma afferma essere suo prossimo consanguineo, dona *inter vivos* alla chiesa di S. Spirito della Maiella o chiesa di S. Spirito di Legio e a fra Simone, monaco della stessa chiesa, ricevente in nome e per conto di essa, una casa posta in Bucchianico, *in burgo Sancti Marcelli*, riservandone l'usufrutto a sé e alla madre Tommasa, che accetta tale donazione per la parte a lei spettante.

Giudice: Guglielmo di Lupone, giudice di Bucchianico (S).

Notaio: Guglielmo di Benedetto, notaio di Bucchianico (S).

Originale [A], Chieti, Archivio arcivescovile, Fondo pergamenaceo, Teate 86.

Regesti: Zanotti, *Digestum*, –. Zanotti, *Archivia*, –. Balducci 1926, p. 25 n. 66. Morizio 2008, p. 336-337 n. 104. Morizio 2020b, p. 272-273 n. 104.

Bibliografia: Moscati 1956, p. 130 nota 3. Palazzi 2005, p. 182. Morizio 2008, *passim*.

Per S. Spirito della Maiella vedi *Insediamenti celestini*, n. 113.

105.

INSTRUMENTUM DONATIONIS

1288 giugno 30, Manoppello, *in platea publica*

Matteo di Rinaldo *Boccardi* da Manoppello, per la salvezza dell'anima propria e di quelle dei suoi predecessori e per la remissione dei loro peccati, in presenza di fra Gualtiero, converso o monaco di S. Spirito della Maiella, dell'ordine di san Benedetto, diocesi di Chieti, asserendo di aver donato il 3 maggio della prima indizione <*scil.* 1288> alcuni suoi beni a quest'ultimo, procuratore o economo della chiesa di S. Spirito e del venerabile fra Pietro del Morrone che la governa, ora a maggior cautela della chiesa e della comunità, insieme a suo figlio Giacomo, dona *inter vivos* a fra Gualtiero tutti i suoi beni immobili consistenti in case, orti e vigne, con la clausola che quando sua nipote, figlia del suo defunto figlio Angelo e di sua nuora Pietruccia, quest'ultima rappresentata da suo padre Matteo di Pietro, notaio, avrà raggiunto l'età da marito, la chiesa e il convento predetti dovranno provvedere alla sua dote, consistente in beni mobili e denaro oppure, se ella preferirà, nei beni immobili che le spettano quale eredità del suo defunto padre Angelo.

Giudice: Matteo di Ferracavallo, giudice di Manoppello (S).

Notaio: Matteo di *ser* Nicola, notaio di Manoppello (S).

Originale [A], Chieti, Archivio arcivescovile, Fondo pergamenaceo, Teate 87.

Regesti: Zanotti, *Digestum*, –. Zanotti, *Archivia*, –. Balducci 1926, p. 26 n. 67. Morizio 2008, p. 337 n. 105. Morizio 2020b, p. 273 n. 105.

Bibliografia: Moscati 1956, p. 130 nota 3. Palazzi 2005, p. 182. Morizio 2008, *passim*.

Per S. Spirito della Maiella vedi *Insediamenti celestini*, n. 113.

106.

INSTRUMENTUM DONATIONIS

1288 luglio, Venafro

Nicola del fu Ugo, abitante di Venafro, per la remissione dei peccati suoi e dei genitori, dona a fra Roberto da Sant'Agapito, dell'ordine del monastero di S. Spirito della Maiella, che riceve in nome e per conto del detto monastero, un terreno ubicato nella valle di Venafro, in località *ad Palatium*, confinante su due lati con la terra della chiesa di S. Matteo *de Cayra*.
Giudice: Tancredi, giudice di Venafro (S).
Notaio: Agostino, notaio di Venafro (S).

Originale [A], Chieti, Archivio arcivescovile, Fondo pergamenaceo, Teate 88.

Regesti: Zanotti, *Digestum*, –. Zanotti, *Archivia*, VI.1, p. 46. Balducci 1926, p. 26 n. 68. Morizio 2008, p. 337-338 n. 106. Morizio 2020b, p. 273-274 n. 106.

Bibliografia: Zanotti, *Digestum*, II.2, p. 544. Moscati 1956, p. 130 nota 3. Palazzi 2005, p. 182. Morizio 2008, *passim*.

Per la chiesa di S. Matteo *de Cayra* di Venafro vedi Sella 1936, p. 360 n. 5256.

Per S. Spirito della Maiella vedi *Insediamenti celestini*, n. 113.

107.

INSTRUMENTUM DONATIONIS

1288 agosto 18, Castelvecchio, *ante ecclesiam Sancte Marie fratrum minorum*

Gentile da Taranta, abitante di Acciano, per la remissione dei peccati suoi e dei genitori, dona *inter vivos* alla chiesa di S. Comizio di Acciano, diocesi di Valva, ricevente fra Luca, rettore della chiesa medesima, alcune terre nelle pertinenze di Acciano, delle quali una, vitata, è posta in località *Fons Cupa*, un'altra in località *Vallis*, un'altra *ad Fontem Cupam*, confinante su un lato con le proprietà della chiesa di S. Lorenzo, un'altra in località *Colles*, un'altra ancora *in Froscetis*, confinante su un lato con le proprietà della chiesa di S. Comizio, e una canapàia *ad Molendinum Vecclum*. Dona, inoltre, al detto fra Luca, che riceve in nome e per conto della chiesa di S. Comizio, tutti i beni mobili che verranno trovati al momento della sua morte.
Giudice: Oderisio di Tommaso di *dominus* Guglielmo, giudice di Castelvecchio (S).
Notaio: Oderisio di Tommaso di *magister* Michele, notaio di Castelvecchio (S).

Originale [A], Montecassino, Archivio dell'abbazia, Fondo di S. Spirito del Morrone, 174.

Regesti: Zanotti, *Digestum*, –. Zanotti, *Archivia*, VI.1, p. 329. Leccisotti 1966, p. 70 n. 174. Morizio 2008, p. 338 n. 107. Morizio 2020b, p. 274 n. 107.

Bibliografia: Zanotti, *Digestum*, II.2, p. 544. Moscati 1956, p. 119 nota 2. Morizio 2008, *passim*.

Per la chiesa di S. Francesco, ubicata nell'odierno comune di Castelvecchio Subequo, vedi Petrone 2021.

Per S. Comizio di Acciano vedi *Insediamenti celestini*, n. 20.

108.

Nicolai episcopi Aquilani et aliorum episcoporum privilegium

<1288 agosto 25, Aquila>

Nicola, vescovo dell'Aquila, Giacomo, vescovo dei Marsi, Egidio, vescovo di Sulmona, Roberto, vescovo di Isernia, Benedetto, vescovo di Avellino, Ruggero, vescovo di Rapolla, Azzo, vescovo di Caserta, Tommaso, vescovo di Chieti, e Marcellino, vescovo di Tortiboli, concedono ciascuno un anno e due quarantene di indulgenza nel giorno della consacrazione della chiesa di S. Maria di Collemaggio e fino all'ottava.

Notizia <del secolo XIII *exeunte*?> deperdita [*N], già *Archivio del monastero di S. Maria di Collemaggio, «Litterae apostolicae, indulgentiae et privilegia» (Zanotti, *Archivia*, VI.2, p. 718).

Regesti: Zanotti, *Digestum*, –. Zanotti, *Archivia*, VI.2, p. 718. Antinori, *Annali*, X.1, *sub anno* 1288, *sub voce* Collemaggio [p. 214-215]. Clementi-Berardi 1980, p. 211-212. Morizio 2020b, p. 274-275 n. 108.

Bibliografia: Morizio 2008, *passim*.

Per S. Maria di Collemaggio vedi *Insediamenti celestini*, n. 64.

109.

Nicolai episcopi Aquilani et aliorum episcoporum privilegium

1288 agosto 26, Aquila

Nicola, vescovo dell'Aquila, Tommaso, vescovo di Chieti, Giacomo, vescovo dei Marsi, e un quarto vescovo <*absque nomen*> concedono ciascuno quaranta giorni di indulgenza a coloro i quali offriranno aiuto per la costruzione della chiesa di S. Maria che i *fratres* di fra Pietro del Morrone stanno costruendo fuori le mura della città dell'Aquila.

Originale deperdito [*A], già *Archivio del monastero di S. Maria di Collemaggio, «Litterae apostolicae, indulgentiae et privilegia» (Zanotti, *Archivia*, VI.2, p. 717).

Regesti: Zanotti, *Digestum*, –. Zanotti, *Archivia*, VI.2, p. 717. Antinori, *Annali*, X.1, *sub anno* 1288, *sub voce* Collemaggio [p. 215]. Clementi-Berardi 1980, p. 212. Morizio 2008, p. 338-339 n. 108. Morizio 2020b, p. 275 n. 109.

Bibliografia: Morizio 2008, *passim*.

L. Zanotti, in calce al regesto, annota: «Cum quatuor sigillis pendentibus»; secondo A.L. Antinori, i vescovi erano tre.

Per S. Maria di Collemaggio vedi *Insediamenti celestini*, n. 64.

110.

Transumptum chartulae libertatis

1288 novembre 28, Guardiagrele, *in platea ante domum Rogerii magistri Andree*

Fra Elia, monaco del monastero di S. Spirito di Legio, abate della chiesa di S. Giorgio, sita nel territorio del *castrum* di San Martino, e *dompnus Gratia* <così> da San Martino, abitante di Guardiagrele, rettore della chiesa di S. Giovanni *de Maccla*, sita nel territorio del detto *castrum*, fanno rilevare copia autentica di un documento del 1188, riguardante una franchigia o libertà concessa da Gerardo *de Laroma*, un tempo *dominus* della metà del detto *castrum*, da Ugolino figlio del fu Pietro di Giovanni da San Martino e dai suoi eredi.
Giudice: Maggiore, giudice di Guardiagrele (S).
Notaio: Gizio del notaio Roberto, notaio di Guardiagrele (S).

Originale [A], Montecassino, Archivio dell'abbazia, Fondo di S. Spirito del Morrone, 181.

Edizione: Simonelli 1997, p. 60-62 n. 24.

Regesti: Zanotti, *Digestum*, –. Zanotti, *Archivia*, VI.1, p. 342 (con data 1289 novembre 28). Leccisotti 1966, p. 72-73 n. 181 (con data 1289 novembre 28). Morizio 2008, p. 339 n. 109. Morizio 2020b, p. 275-276 n. 110.

Bibliografia: Zanotti, *Digestum*, II.1, p. 299-300; II.2, p. 540 (con data 1289 novembre 28), 546 (con data 1289 novembre 28). Morizio 2008, *passim*.

La data cronica del documento necessita di qualche precisazione. L'indizione (terza) e l'anno di regno di Carlo II (quinto) collimano con il millesimo riportato nel protocollo (1289). Nel documento, tuttavia, è anche indicato il giorno della settimana (domenica), che riporta al 1288 novembre 28. Dunque, il millesimo e l'indizione sono espressi secondo lo stile bizantino, mentre per l'anno di regno di Carlo II d'Angiò il notaio ha utilizzato il computo dell'*annus incipiens* abbreviato (cfr. anche Simonelli 1997, p. 60).

Laroma è una frazione dell'odierno comune di Casoli, in provincia di Chieti; vedi Pratesi-Cherubini 2017-2019, I, p. 412.

La chiesa di S. Giovanni *de Maccla*, oggi non più esistente, era ubicata verosimilmente nei pressi di Bocca di Valle, nell'odierno comune di Guardiagrele, dove è tuttora esistente il toponimo Cascata di San Giovanni.

Per S. Giorgio di Rapino vedi *Insediamenti celestini*, n. 28. Per S. Spirito della Maiella vedi *Insediamenti celestini*, n. 113.

111.

INSTRUMENTUM DONATIONIS

1289 gennaio 15, Guardiagrele

Ruggero di *dominus* Riccardo da San Martino dona a fra Elia, rettore della chiesa di S. Giorgio ubicata nel territorio di San Martino, un terreno nel detto territorio, *in contrata di S(anc)to Vincenzo* <così>.

Notaio: Riccardo di *dominus* Bartolomeo, <notaio> di Guardiagrele.

Originale deperdito [*A], già *Archivio del monastero di S. Spirito del Morrone, «Pro monasteriis civitatis Theatinae, Guardiae Grelis, Montis Plani et Bucclani. Pro monasterio Guardiaegrelis» (Zanotti, *Archivia*, VI.1, p. 342).

Regesti: Zanotti, *Digestum*, –. Zanotti, *Archivia*, VI.1, p. 342. Morizio 2008, p. 340 n. 111. Morizio 2020b, p. 276 n. 111.

Bibliografia: Zanotti, *Digestum*, II.2, p. 546. Morizio 2008, *passim*.

Villa San Vincenzo è una frazione dell'odierno comune di Guardiagrele, in provincia di Chieti.

Per S. Giorgio di Rapino vedi *Insediamenti celestini*, n. 28.

112.

INSTRUMENTUM DONATIONIS

1289 febbraio 14, Celano, *ante palatium Tomasii de Celano*

Dominus Bartolomeo Strazato *de Piceno*, *dominus* Albino *de Pontibus* e Paolo da Amatrice, patroni della chiesa di S. Maria *delli Seniuri*, diocesi dei Marsi, situata nel territorio di Celano nel luogo chiamato *Ordinis*, donano la detta chiesa a fra Bartolomeo da Trasacco, procuratore del monastero di S. Spirito della Maiella, dell'ordine di san Benedetto, diocesi di Chieti. Fra Bartolomeo promette che verrà riparata e che in essa dimorerà con continuità almeno un sacerdote con il compito di celebrare i *divina officia*; in caso contrario, la chiesa ritornerà ai detti donatori.

Giudice: Francesco di Benvenuto, giudice di Celano.

Notaio: Bertoldo da San Potito, notaio di Celano.

Originale deperdito [*A], già *Archivio del monastero di S. Angelo di Celano (Città del Vaticano, Archivio apostolico vaticano, Vat. lat. 14198, f. 649r). Copia semplice del secolo XVII [B], Città del Vaticano, Archivio apostolico vaticano, Vat. lat. 14198, f. 65v-68r (da A). Copia semplice del secolo XVII [Z], Zanotti, *Digestum*, II.1, p. 345-347 («ex libro authentico instrumentorum monasterii Sancti Angeli de Celano de anno 1647 confecto manu domini Hiacynthi Romani» = B).

Regesti: Città del Vaticano, Archivio apostolico vaticano, Vat. lat. 14198, f. 5r. Zanotti, *Digestum*, II.1, p. 15. Zanotti, *Archivia*, –. Morizio 2008, p. 340-341 n. 112. Morizio 2020b, p. 277 n. 112.

Bibliografia: Zanotti, *Digestum*, V.2, p. 631. Paoli 2004, p. 11 nota 36. Morizio 2008, *passim*.

Per S. Maria dei Signori vedi *Insediamenti celestini*, n. 54. Per S. Spirito della Maiella vedi *Insediamenti celestini*, n. 113.

113.

NICOLAI EPISCOPI AQUILANI PRIVILEGIUM

1289 febbraio 16, Aquila

Nicola, vescovo dell'Aquila, concede quaranta giorni di indulgenza a coloro i quali offriranno aiuto per la costruzione della chiesa di S. Maria che i *fratres* di fra Pietro del Morrone stanno costruendo fuori le mura della città dell'Aquila.

Originale deperdito [*A], già *Archivio del monastero di S. Maria di Collemaggio, «Litterae apostolicae, indulgentiae et privilegia» (Zanotti, *Archivia*, VI.2, p. 717).

Regesti: Zanotti, *Digestum*, –. Zanotti, *Archivia*, VI.2, p. 717 (con data 1288 febbraio 16). Antinori, *Annali*, X.1, *sub anno* 1288, *sub voce* Collemaggio [p. 216]. Clementi-Berardi 1980, p. 211. Morizio 2008, p. 341 n. 113. Morizio 2020b, p. 277-278 n. 113.

Bibliografia: Morizio 2008, *passim*.

L. Zanotti esprime la data cronica nel seguente modo: «1288, 16 februarii». A.L. Antinori, al contrario, annota anche l'indizione (seconda) e l'anno del pontificato di Niccolò IV (primo). Di conseguenza, sulla base del computo indizionale (secondo lo stile bizantino) e dell'era del papato (cfr., a titolo esemplificativo, il documento in Langlois 1886-1893, n. 488), è possibile datare con certezza tale lettera di indulgenza al 16 febbraio 1289. Va precisato che, essendo la pergamena deperdita, non è possibile sapere in che modo fosse espressa la data cronica, se solo con l'anno del pontificato – e in questo caso il millesimo riportato da L. Zanotti si spiegherebbe ipotizzando un errore di calcolo – oppure se anche con il millesimo – e quindi si dovrebbe supporre l'utilizzo dello stile dell'Incarnazione e del computo fiorentino.
Nel medesimo supporto scrittorio erano riportate le indulgenze concesse dal vescovo dei Marsi (1289 aprile 27), dal vescovo di Sulmona (1289 maggio 12), dal vescovo di Rapolla (1293 novembre 3) e dal vescovo di Caserta (1294 marzo 10). L. Zanotti, in calce al regesto, annota: «Cum septem sigillis pendentibus».

Per S. Maria di Collemaggio vedi *Insediamenti celestini*, n. 64.

114.

INSTRUMENTUM TESTAMENTI

1289 aprile 25, Sulmona, *in ecclesia Sancti Augustini*

Gualtiero di Nicola *de Pacile*, detto *Filator*, cittadino di Sulmona, redige il proprio testamento istituendo erede universale la chiesa di S. Spirito di Sulmona, *de ordine fratrum de Murrone*, lasciando ad essa tutti i suoi beni mobili e immobili e disponendo vari legati in denaro ad alcune chiese di Sulmona.
Giudice: Roberto di Giovanni *de Giacca* <lettura dubbia>, giudice di Sulmona (S).
Notaio: Oddone di Nicola, notaio di Sulmona (S).

Originale [A], Montecassino, Archivio dell'abbazia, Fondo di S. Spirito del Morrone, 177.

Regesti: Zanotti, *Digestum*, II.1, p. 210. Zanotti, *Archivia*, VI.1, p. 172. Leccisotti 1966, p. 71 n. 177. Morizio 2008, p. 341-342 n. 115. Morizio 2020b, p. 278 n. 114.

Bibliografia: Zanotti, *Digestum*, II.1, p. 210-212. Moscati 1956, p. 130 nota 3 (con data 1289 aprile 15). Paoli 2004, p. 12 nota 44. Pellegrini 2005, p. 324 nota 75. Morizio 2008, *passim*.

La chiesa di S. Agostino era ubicata a Sulmona, tra l'odierna piazza Carlo Tresca e corso Ovidio; nel 1258, i frati eremitani di sant'Agostino, ottenendo dal vescovo un terreno per fondarvi un oratorio, si insediarono con il loro convento *intra moenia*, a ridosso di una delle porte d'ingresso della città, che prese il nome di Porta S. Agostino; per via dei danni riportati a seguito del terremoto del 1706, la Porta S. Agostino – visibile nel disegno della città pubblicato nel *Regno di Napoli in prospettiva*, l'opera postuma (1703) di G.B. Pacichelli – venne demolita, mentre l'edificio della chiesa di S. Agostino venne abbattuto alla fine dell'Ottocento, a eccezione del portale gotico che fu smontato e applicato alla facciata della chiesa di S. Filippo Neri; vedi Faraglia 1888, p. 69-70 n. 55, 71-73 n. 57; Pellegrini 2005, p. 228-229; per i documenti custoditi presso l'archivio capitolare di S. Panfilo a Sulmona vedi Orsini 2003, *ad indicem* <p. 757>; cfr. anche doc. n. 405.

Per S. Spirito del Morrone vedi *Insediamenti celestini*, n. 112.

115.

IACOBI EPISCOPI MARSICANI PRIVILEGIUM

1289 aprile 27, *in Civitate Marsicana* (San Benedetto dei Marsi)

Giacomo, vescovo dei Marsi, concede quaranta giorni di indulgenza a coloro i quali offriranno aiuto per la costruzione della chiesa di S. Maria che i *fratres* di fra Pietro del Morrone stanno costruendo fuori le mura della città dell'Aquila.

Originale deperdito [*A], già *Archivio del monastero di S. Maria di Collemaggio, «Litterae apostolicae, indulgentiae et privilegia» (Zanotti, *Archivia*, VI.2, p. 717).

Regesti: Zanotti, *Digestum*, –. Zanotti, *Archivia*, VI.2, p. 717 (con data 1288 aprile 27). Antinori, *Annali*, X.1, *sub anno* 1288, *sub voce* Collemaggio [p. 216]. Clementi-Berardi 1980, p. 211. Morizio 2008, p. 341 n. 114. Morizio 2020b, p. 278-279 n. 115.

Bibliografia: Morizio 2008, *passim*.

Il documento era scritto in calce alla concessione del vescovo dell'Aquila del 16 febbraio 1289 (cfr. doc. n. 113). L. Zanotti esprime la data cronica nel seguente modo: «sub die 27 aprilis», sottintendendo il millesimo (1288) già espresso per il documento precedente. A.L. Antinori, al contrario, annota anche l'indizione (seconda). Di conseguenza, sulla base del computo indizionale (secondo lo stile bizantino) e del fatto che il documento era in calce alla concessione del vescovo aquilano del 16 febbraio 1289, è possibile datare con certezza tale lettera di indulgenza al 27 aprile 1289.

Per S. Maria di Collemaggio vedi *Insediamenti celestini*, n. 64.

116.

AEGIDII EPISCOPI VALVENSIS PRIVILEGIUM

1289 maggio 12, *in ecclesia Valvensi* (Sulmona)

Egidio, vescovo di Valva, concede quaranta giorni di indulgenza a coloro i quali offriranno aiuto per la costruzione della chiesa di S. Maria che i *fratres* di fra Pietro del Morrone stanno costruendo fuori le mura della città dell'Aquila.

Originale deperdito [*A], già *Archivio del monastero di S. Maria di Collemaggio, «Litterae apostolicae, indulgentiae et privilegia» (Zanotti, *Archivia*, VI.2, p. 717).

Regesti: Zanotti, *Digestum*, –. Zanotti, *Archivia*, VI.2, p. 717 (con data 1288 maggio 12). Antinori, *Annali*, X.1, *sub anno* 1288, *sub voce* Collemaggio [p. 216]. Clementi-Berardi 1980, p. 211. Morizio 2008, p. 342 n. 116. Morizio 2020b, p. 279 n. 116.

Bibliografia: Morizio 2008, *passim*.

Il documento era in calce alla concessione del vescovo dell'Aquila del 16 febbraio 1289 (cfr. doc. n. 113) e del vescovo dei Marsi del 27 aprile 1289 (cfr. doc. n. 115). L. Zanotti esprime la data cronica nel seguente modo: «12 maii», sottintendendo il millesimo (1288) già espresso per il primo documento riportato nella pergamena. A.L. Antinori, al contrario, annota anche l'indizione (seconda) e l'anno del pontificato di Niccolò IV (secondo). Di conseguenza, sulla base del computo indizionale (secondo lo stile bizantino) e dell'era del papato, è possibile datare con certezza tale lettera di indulgenza al 12 maggio 1289.

Per la cattedrale di Sulmona, intitolata a san Panfilo, vedi la nota al doc. n. 8.

Per S. Maria di Collemaggio vedi *Insediamenti celestini*, n. 64.

117.

INSTRUMENTUM DONATIONIS

12[89 maggio 15], Manoppello, *ante domum Gualterii Caldarari*

Giacomo di Maria di Cesario da Serramonacesca, per la salvezza della propria anima e dei suoi predecessori, nonché per la remissione dei loro peccati, dona *inter vivos* a fra Giacomo *de Ponte*, converso del monastero di S. Spirito della Maiella, per conto e in nome del detto monastero, i seguenti beni: una casa posta in Serramonacesca, una vigna nelle pertinenze del medesimo *castrum Serre*, in contrada *Molendinum de Campo*, una pila lapidea per olio e una *vegeta* per vino, con l'obbligo di consegnare ogni anno al monastero di S. Liberatore *de Maiella*, per la predetta casa, sei denari *usuali monete* e con riserva di usufrutto a suo favore su tali beni vita natural durante.
Giudice: Matteo di Ferracavallo, giudice di Manoppello (S).
Notaio: Nicola di Alberto, notaio di Manoppello (S).

Originale [A], Chieti, Archivio arcivescovile, Fondo pergamenaceo, Teate 107.

Regesti: Zanotti, *Digestum*, –. Zanotti, *Archivia*, VI.1, p. 24. Balducci 1926, p. 26-27 n. 70 (con data 1289 maggio 14). Morizio 2008, p. 342-343 n. 117. Morizio 2020b, p. 279-280 n. 117.

Bibliografia: Zanotti, *Digestum*, II.2, p. 546. Moscati 1956, p. 130 nota 3. Palazzi 2005, p. 183 (con data 1298 maggio 1). Morizio 2008, *passim*.

La data cronica è parzialmente illeggibile a causa di uno strappo della pergamena; il mese e il giorno sono in parte ricavati dal regesto di L. Zanotti (cfr. Zanotti, *Archivia*, VI.1, p. 24), che poté vedere il documento in condizioni migliori. L'anno (1289) è confermato dall'indizione (seconda), secondo lo stile bizantino. Per l'era di Carlo II d'Angiò, invece, il notaio indica l'anno primo («regnorum eius anno primo»); tale incongruenza potrebbe essere spiegata ipotizzando un computo a partire dalla liberazione del re angioino avvenuta nel novembre del 1288, a seguito del trattato di Canfranc (cfr. Nitschke 1977).

Per la documentazione relativa al priorato cassinese di S. Liberatore a Maiella vedi Dell'Omo 2003; Dell'Omo 2006; cfr. anche doc. n. 233, 412, 458.

Per S. Spirito della Maiella vedi *Insediamenti celestini*, n. 113.

118.

INSTRUMENTUM VENDITIONIS

1289 maggio 25, Bolognano

Donna Giovanna, moglie di Maineto del *dominus* Odorisio, vende a fra Stefano, procuratore di S. Spirito della Maiella, dell'ordine di fra Pietro del Morrone, in nome e per conto del detto monastero, un terreno *in territorio castri de Cusano*, confinante su un lato con il fiume Lavino, al prezzo di quattro once.
Notaio: Rinaldo da Celano, cittadino di Chieti.

Originale deperdito [*A], già *Archivio del monastero di S. Spirito della Maiella, «Emptiones et permutationes bonorum» (Zanotti, *Archivia*, VI.1, p. 15-16).

Regesti: Zanotti, *Digestum*, –. Zanotti, *Archivia*, VI.1, p. 15-16. Morizio 2008, p. 343 n. 118. Morizio 2020b, p. 280 n. 118.

Bibliografia: Zanotti, *Digestum*, II.2, p. 546. Morizio 2008, *passim*.

Per S. Spirito della Maiella vedi *Insediamenti celestini*, n. 113.

119.

Nonnullorum Episcoporum Privilegium

1289 maggio 27, Rieti

Alcuni vescovi concedono ciascuno quaranta giorni di indulgenza a coloro i quali visiteranno il monastero o chiesa di S. Maria di Collemaggio in alcune festività o offriranno aiuto per la sua costruzione.

Originale deperdito [*A], già *Archivio del monastero di S. Maria di Collemaggio, «Litterae apostolicae, indulgentiae et privilegia» (Zanotti, *Archivia*, VI.2, p. 717).

Regesti: Zanotti, *Digestum*, –. Zanotti, *Archivia*, VI.2, p. 717. Morizio 2008, p. 343 n. 119. Morizio 2020b, p. 281 n. 119.

Bibliografia: Morizio 2008, *passim*.

L. Zanotti, in calce al regesto, annota: «Cum septem sigillis pendentibus et multi alii desunt»; se ne deduce che i vescovi, i cui nomi non sono riportati, erano più di sette. Tale concessione di indulgenza venne rilasciata a Rieti dove, presso la curia papale, erano confluiti numerosi vescovi per l'incoronazione di Carlo II d'Angiò, avvenuta il 29 maggio 1289 (vedi Nitschke 1977).

Per S. Maria di Collemaggio vedi *Insediamenti celestini*, n. 64.

120.

Nicolai IV Papae Litterae de Gratia

1289 giugno 11, Rieti

Niccolò IV concede all'abate e alla comunità del monastero di S. Spirito della Maiella, dell'ordine di san Benedetto, diocesi di Chieti, la chiesa di S. Eusebio sita vicino alla chiesa di S. Maria Maggiore di Roma, riservandone il titolo cardinalizio e tutti i possedimenti ai romani pontefici e obbligando l'abate e la comunità di S. Spirito a prestare obbedienza e riverenza al cardinale *pro tempore* che presiederà la chiesa medesima di S. Eusebio.
Ad divini cultus.

Originale [A], Montecassino, Archivio dell'abbazia, Fondo di S. Spirito del Morrone, 179 (BD). Atto registrato [R], Città del Vaticano, Archivio apostolico vaticano, *Registra vaticana*, 44, f. 159r.

Edizioni: Moscati 1955, p. 115-116 n. 1. Herde 1981, p. 207-208 n. 1 (da A, R). Herde 2004, p. 251-252 n. 1 (da A, R).

Regesti: Zanotti, *Digestum*, II.1, p. 15. Zanotti, *Archivia*, VI.1, p. 333. Potthast 1875, –. Langlois 1886-1893, n. 969. Inguanez 1918, p. 12 n. 16. Leccisotti 1966, p. 71-72 n. 179. Morizio 2008, p. 343-344 n. 120. Morizio 2020b, p. 281 n. 120.

Bibliografia: Moscati 1955, p. 113. Moscati 1956, p. 129-130 nota 1. Paoli 2004, p. 483 nota 51. Herde 2004, p. 20, 31-32 nota 133. Panarelli 2005, p. 264. Morizio 2008, *passim*.

Per S. Eusebio di Roma vedi *Insediamenti celestini*, n. 24. Per S. Spirito della Maiella vedi *Insediamenti celestini*, n. 113.

121.

Nicolai IV Papae Litterae de Iustitia

1289 giugno 22, <Rieti>

Niccolò IV dà incarico di immettere i *fratres* del monastero di S. Spirito della Maiella, dell'ordine di san Benedetto, nel possesso della chiesa di S. Eusebio di Roma.

Originale deperdito [*A], già *Archivio del monastero di S. Spirito del Morrone, «Pro monasterio Sancti Eusebii de Urbe et grangiis. Pro monasterio Sancti Eusebii» (Zanotti, *Archivia*, VI.1, p. 333).

Regesti: Zanotti, *Digestum*, –. Zanotti, *Archivia*, VI.1, p. 333. Potthast 1875, –. Langlois 1886-1893, –. Morizio 2008, p. 344 n. 121. Morizio 2020b, p. 282 n. 121.

Bibliografia: Morizio 2008, *passim*.

L. Zanotti, in calce al regesto, annota: «Cum bullo plumbeo».

Per S. Eusebio di Roma vedi *Insediamenti celestini*, n. 24. Per S. Spirito della Maiella vedi *Insediamenti celestini*, n. 113.

122.

INSTRUMENTUM DONATIONIS

1289 agosto 4, Isernia

Dominus Francesco, figlio del fu *dominus* Simone da Sant'Angelo in Grotte, cittadino di Isernia, dona a fra Placido, procuratore generale di S. Spirito della Maiella, che riceve in nome e per conto della medesima chiesa sita nel giustizierato d'Abruzzo, nel territorio di Roccamorice, due mulini con annesse canapàie in località *flumen Maraldi*, costruiti nel territorio della città di Isernia, in possesso del monastero di S. Spirito di Isernia, riservandone l'usufrutto a Nicola di Buzzone per sei anni, trascorsi i quali diventeranno definitivamente di proprietà del monastero di S. Spirito di Isernia.
Giudice: Nicola, giudice di Isernia (S).
Notaio: Pietro, notaio di Isernia (S).

Originale [A], Montecassino, Archivio dell'abbazia, Fondo di S. Spirito di Isernia, fasc. II, n. 21. Copia semplice del secolo XIX [B], Montecassino, Archivio dell'abbazia, Fondo di S. Spirito di Isernia, *Codex diplomaticus aeserniensis*, f. 694r-695v.

Regesti: Zanotti, *Digestum*, –. Zanotti, *Archivia*, VI.1, p. 377 (con data 1279 agosto 4). Avagliano 1971, p. 61 n. 21. Morizio 2008, p. 344-345 n. 122. Morizio 2020b, p. 282 n. 122.

Bibliografia: Zanotti, *Digestum*, II.2, p. 543 (con data 1279 agosto 4). Paoli 2004, p. 106 nota 154 (con data 1279 agosto 4). Morizio 2008, *passim*.

La pergamena è molto consumata nella parte superiore e, di conseguenza, la data è parzialmente illeggibile; il millesimo è confermato dall'indizione (seconda), secondo lo stile bizantino, e dall'anno quinto di regno di Carlo II, re di Gerusalemme e di Sicilia.

Per S. Spirito della Maiella vedi *Insediamenti celestini*, n. 113. Per S. Spirito di Isernia vedi *Insediamenti celestini*, n. 117.

123.

INSTRUMENTUM DONATIONIS

1289 agosto 8, Isernia

Stermito di Bonó, nato e abitante a Isernia, dona a fra Placido, procuratore generale di S. Spirito della Maiella, ricevente in nome e per conto del monastero di S. Spirito della Maiella in Isernia, la metà di un mulino posto nelle pertinenze della detta città, *in flumine Vallis Caprine*, con la metà di una canapàia sita vicino al mulino medesimo, con l'obbligo di dargli ogni anno, nel giorno di Natale, otto tomoli di frumento.
Giudice: Nicola, giudice di Isernia (S).
Notaio: Pietro, notaio di Isernia (S).

Originale [A], Montecassino, Archivio dell'abbazia, Fondo di S. Spirito di Isernia, fasc. III, n. 22. Copia semplice del secolo XIX [B], Montecassino, Archivio dell'abbazia, Fondo di S. Spirito di Isernia, *Codex diplomaticus aeserniensis*, f. 666r-667r.

Regesti: Zanotti, *Digestum*, –. Zanotti, *Archivia*, VI.1, p. 379. Avagliano 1971, p. 61 n. 22. Morizio 2008, p. 345 n. 123. Morizio 2020b, p. 283 n. 123.

Bibliografia: Zanotti, *Digestum*, II.2, p. 543. Paoli 2004, p. 106 nota 154. Morizio 2008, *passim*.

Per S. Spirito della Maiella vedi *Insediamenti celestini*, n. 113. Per S. Spirito di Isernia vedi *Insediamenti celestini*, n. 117.

124.

NICOLAI IV PAPAE LITTERAE DE GRATIA

1289 agosto 17, Rieti

Niccolò IV – a seguito della *petitio* del priore e dei *fratres* della chiesa di S. Eusebio di Roma, dell'ordine di san Benedetto, nella quale si ricordava la concessione della detta chiesa, con riserva dei possedimenti alla sede apostolica, all'abate e alla comunità del monastero di S. Spirito della Maiella, dell'ordine di san Benedetto, diocesi di Chieti – concede al priore e alla comunità di S. Eusebio, di poter coltivare orti, vigne, terre e possedimenti appartenenti alla chiesa e di poterne percepire i frutti, *iure cardinalis qui ecclesiam ipsam intitulatam vel commendatam habuerit semper salvo. Petitio vestra.*

Atto registrato [R], Città del Vaticano, Archivio apostolico vaticano, *Registra vaticana*, 44, f. 190r.

Edizione: Moscati 1955, p. 116-117 n. 2.

Regesti: Zanotti, *Digestum*, –. Zanotti, *Archivia*, –. Potthast 1875, –. Langlois 1886-1893, n. 1210-1211. Morizio 2008, p. 345 n. 124. Morizio 2020b, p. 283 n. 124.

Bibliografia: Moscati 1955, p. 113. Paoli 2004, p. 122. Herde 2004, p. 31-32 nota 133. Morizio 2008, *passim.*

Per S. Eusebio di Roma vedi *Insediamenti celestini*, n. 24. Per S. Spirito della Maiella vedi *Insediamenti celestini*, n. 113.

125.

NICOLAI IV PAPAE LITTERAE DE IUSTITIA

1289 agosto 17, Rieti

Niccolò IV incarica <Giovanni>, vescovo di Jesi e vicario papale in Roma, il priore del capitolo di S. Giovanni in Laterano e Pietro di Giacomo degli Annibaldi, canonico di Reims, di immettere il priore e i *fratres* della chiesa di S. Eusebio di Roma, dell'ordine di san Benedetto, nel possesso di orti, vigne, terre e possedimenti appartenenti alla chiesa di S. Eusebio e loro concessi dal papa. *Petitio dilectorum filiorum.*

Atto registrato [R], Città del Vaticano, Archivio apostolico vaticano, *Registra vaticana*, 44, f. 190r.

Edizione: Moscati 1955, p. 117 n. 3.

Regesti: Zanotti, *Digestum*, –. Zanotti, *Archivia*, –. Potthast 1875, –. Langlois 1886-1893, n. 1210-1211. Morizio 2008, p. 346 n. 125. Morizio 2020b, p. 284 n. 125.

Bibliografia: Moscati 1955, p. 114. Morizio 2008, *passim.*

Per S. Eusebio di Roma vedi *Insediamenti celestini*, n. 24.

126.

INSTRUMENTUM PERMUTATIONIS

1289 settembre 11, Manoppello, *in platea magna publica ante domum syr Nicolai*

Filippa di Nicola di Egidio da Manoppello, con l'autorità di Oddone, suo marito e legittimo mundoaldo, e con il consenso di Matteo di Gentile e Rinaldo *Çoçe*, suoi più vicini consanguinei, permuta con fra Nicola, priore del monastero di S. Pietro di Vallebona, che agisce in nome e per conto dello stesso monastero, un terreno posto nelle pertinenze del *castrum* di Manoppello, *in contrata Sancti Quirici*, con un altro terreno di proprietà del monastero posto nelle stesse pertinenze, in contrada *la Strangolata*, e di un ulivo ubicato *in Tarineo*, nell'orto di Diotiguardi, confinante con l'orto dei figli di Nicola di Pietro di Stefano.

Giudice: Lorenzo di Gualtiero, giudice di Manoppello.

Notaio: Matteo di *ser* Nicola, notaio di Manoppello (S).

Originale [A], Montecassino, Archivio dell'abbazia, Fondo di S. Spirito del Morrone, 180.

Regesti: Zanotti, *Digestum*, –. Zanotti, *Archivia*, VI.1, p. 282. Pansa 1899, p. 188. Leccisotti 1966, p. 72 n. 180. Morizio 2008, p. 346 n. 126. Morizio 2020b, p. 284 n. 126.

Bibliografia: Zanotti, *Digestum*, II.2, p. 544. Moscati 1956, p. 127 nota 1. Simonelli 1997, p. XXXV nota 102. Morizio 2008, *passim*.

Per S. Pietro di Vallebona vedi *Insediamenti celestini*, n. 103. Per S. Quirico *in Cumulo* vedi *Insediamenti celestini*, n. 106.

127.

Roberti episcopi Iserniensis privilegium

1289 ottobre 1, Isernia

Roberto, vescovo di Isernia, poiché alcuni cittadini di Isernia e altri forestieri – *in unum coniuncti gluctino caritatis, opera et labore religiosi viri fratris Petri de Murone* <così>, *huius civitatis Ysernie civis, ut certo tempore eorum operibus ipsis et pauperibus convivia preparent, ut nemini per eos lesio fiat, ut sacrificia Deo libeant, ut infirmi visitentur, pauperes ex ipsis in necessitatis tempore substeneantur et aliis bonis operibus insistant* – hanno creato una *fratariam seu fraternitatem* e per riunirsi hanno costruito una casa nella parte alta della città, vicino alla Porta Maggiore, e hanno stabilito dei *capitula*, vedendo le loro richieste consone alle sanzioni canoniche, conferma la predetta confraternita, con gli statuti e le indulgenze già concesse da vescovi e pontefici.

Copia semplice del secolo XVI [B], Isernia, Archivio della curia vescovile, Fondo pergamenaceo, fasc. V, n. 1.

Edizioni: Chiappini 1927, p. 91-93. Viti 1972, p. 381-383. Salvati 1973, p. 84-86 n. 6. Figliuolo-Pilone 2013, p. 208-210 n. 22.

Regesti: Zanotti, *Digestum*, II.1, p. 15. Zanotti, *Archivia*, –. Morizio 2008, p. 346-347 n. 127. Morizio 2020b, p. 285 n. 127.

Facsimile: Viti 1972, <p. 232 bis> tavola XV.

Bibliografia: Cantera 1892, p. 6. Herde 2004, p. 2-3 nota 5. Morizio 2008, *passim*.

Per S. Spirito di Isernia vedi *Insediamenti celestini*, n. 117.

128.

Nicolai IV papae litterae de iustitia

1289 dicembre 17, Roma, S. Maria Maggiore

Niccolò IV – poiché l'abate e la comunità del monastero di S. Spirito della Maiella, diocesi di Chieti, e l'abate e la comunità del monastero di S. Maria di Pulsano, diocesi di Siponto, entrambi dell'ordine di san Benedetto e appartenenti *nullo medio* alla Chiesa di Roma, intendono permutare il monastero di S. Pietro di Vallebona, diocesi di Chieti, soggetto al monastero di Pulsano, e il monastero di S. Antonino di Campo di Giove, diocesi di Valva, soggetto al monastero di S. Spirito, e a tal fine, si sono rivolti al romano pontefice – incarica <Berardo>, vescovo di Palestrina e legato della sede apostolica, di indagare scrupolosamente sulla verità di quanto premesso e – qualora dalla permuta derivi un vantaggio a qualsivoglia monastero – di concedere il permesso per tale operazione.
Significaverunt nobis.

Originale [A], Montecassino, Archivio dell'abbazia, Fondo di S. Spirito del Morrone, 182 (BD). Atto registrato [R], Città del Vaticano, Archivio apostolico vaticano, *Registra vaticana*, 44, f. 269v. Copia semplice del secolo XVII [Z], Zanotti, *Digestum*, II.1, p. 289-290 («ex proprio originali existenti in archivio venerabilis abbatiae Sancti Spiritus de

Sulmone»; con data 1278 dicembre 17). Copia semplice del secolo XVIII [C], Città del Vaticano, Archivio apostolico vaticano, Fondo celestini II, 44, f. 113r-v (con data 1278 dicembre 17).

Stemma chartarum:

Edizione: Moscati 1957, p. 298-299 n. 5 (da A, R, Z).

Regesti: Zanotti, *Digestum*, II.1, p. 13 (con data 1278 dicembre 17). Zanotti, *Archivia*, VI.1, p. 280 (con data 1278 dicembre 17). Potthast 1875, –. Langlois 1886-1893, n. 1889. Pansa 1899, p. 187 (con data 1278 dicembre 17). Inguanez 1918, p. 12 n. 17. Leccisotti 1966, p. 73 n. 182. Paoli 2004, p. 357-358. Morizio 2008, p. 347-348 n. 128. Morizio 2020b, p. 285-286 n. 128.

Bibliografia: Zanotti, *Digestum*, II.1, p. 290; II.2, p. 541 (con data 1289). Moscati 1957, p. 280. Simonelli 1997, p. XXXI. Paoli 2004, p. 483 nota 52. Morizio 2008, *passim*.

Per il monastero di S. Maria di Pulsano vedi la nota al doc. n. 74.

Per S. Antonino di Campo di Giove vedi *Insediamenti celestini*, n. 9. Per S. Pietro di Vallebona vedi *Insediamenti celestini*, n. 103. Per S. Spirito della Maiella vedi *Insediamenti celestini*, n. 113.

129.

INSTRUMENTUM PROMISSIONIS

1289 dicembre 18, *in claustro interiori Sancti Laurentii in Paliperna* (Roma)

Filippuccio e Nicola, figli del nobile fu Giovanni di Naso, promettono a fra Filippo da Pacentro, dell'ordine di san Benedetto e dei monaci di S. Spirito della Maiella, priore di S. Eusebio di Roma, di vendergli entro un mese il casale di loro proprietà in contrada *de Bulagariis*, tra il *flumen Tiburtinum* e la *sirata Tiburtina*, con dieci appezzamenti di terra, al prezzo di tremilacinquecento fiorini d'oro, ricevendo da fra Filippo una caparra di cento fiorini.
Testi: fra Placido da Morrea, *nesciens scribere*, monaco di S. Spirito della Maiella; fra Giovanni da Cocullo, monaco di S. Spirito della Maiella.
Notaio: Pietro del fu Riccardo da Bucchianico (S).

Originale [A], Città del Vaticano, Archivio apostolico vaticano, Fondo celestini I, 10.

Regesti: Zanotti, *Digestum*, –. Zanotti, *Archivia*, –. Paoli 2004, p. 121-122 n. 10. Morizio 2008, p. 348 n. 129. Morizio 2020b, p. 286 n. 129.

Bibliografia: Paoli 2004, p. 122. Morizio 2008, *passim*.

Per la chiesa di S. Lorenzo in Panisperna o in Formoso, alla quale era annesso un monastero dipendente dall'abbazia di Cava de' Tirreni, vedi Paoli 2004, p. 122.

Per S. Eusebio di Roma vedi *Insediamenti celestini*, n. 24. Per S. Spirito della Maiella vedi *Insediamenti celestini*, n. 113.

130.

IACOBI EPISCOPI MARSICANI ET ALIORUM EPISCOPORUM PRIVILEGIUM

<*post* 1288 agosto 25-*intra* 1289>

Giacomo, vescovo dei Marsi, Egidio, vescovo di Sulmona, Roberto, vescovo di Isernia, Benedetto, vescovo di Avellino, Ruggero, vescovo di Rapolla, Azzo, vescovo di Caserta, Tommaso, vescovo di Chieti, e Marcellino, vescovo di Tortiboli, concedono ciascuno quaranta giorni di indulgenza a coloro i quali visiteranno il monastero o chiesa di S. Maria di Collemaggio in alcune festività o offriranno aiuto per la sua costruzione.

Originale deperdito [*A], già *Archivio del monastero di S. Maria di Collemaggio, «Litterae apostolicae, indulgentiae et privilegia» (Zanotti, *Archivia*, VI.2, p. 717).

Regesti: Zanotti, *Digestum*, –. Zanotti, *Archivia*, VI.2, p. 717. Antinori, *Annali*, X.1, *sub anno* 1288, *sub voce* Collemaggio [p. 214-215]. Clementi-Berardi 1980, p. 212. Morizio 2020b, p. 286-287 n. 130.

Bibliografia: Morizio 2008, *passim*.

L. Zanotti, in calce al regesto, annota: «Absque die et anno. Cum tribus sigillis pendentibus, sed desunt multi alii». Il documento, quindi, era privo della data cronica, sebbene negli *Archivia coelestinorum* sia collocato tra il 1289 maggio 27 e il 1290 ottobre 19. Benché l'abate celestino non riporti i nomi dei vescovi, da un confronto con i manoscritti antinoriani, si deduce che essi erano gli otto vescovi presenti alla consacrazione della chiesa, la cui data (1288 agosto 25) costituisce il *terminus post quem* per l'emissione di tale lettera di indulgenza.
Va precisato, inoltre, che, nel XVIII secolo, nell'archivio del monastero di S. Maria di Collemaggio, il documento era collocato secondo il numero 93, cioè tra il 1299 novembre 1 (n. 91) e il 1301 agosto 29 (n. 95).

Per S. Maria di Collemaggio vedi *Insediamenti celestini*, n. 64.

131.

PHILIPPI EPISCOPI SALERNITANI ET ALIORUM EPISCOPORUM PRIVILEGIUM

<*post* 1288 agosto 25-*intra* 1289>

Filippo, vescovo di Salerno, García, vescovo di Siviglia, Ruggero, vescovo di Santa Severina, Giacomo, vescovo dei Marsi, Giacomo, vescovo di Thérouanne, Tiotisto, vescovo di Adrianopoli, Bartolomeo, vescovo di Gaeta, Pietro, vescovo di Oristano, Pietro, vescovo di Tarazona, Corrado, vescovo di Toul, Loterio, vescovo di Veroli, Aimone, vescovo di Tarentaise, Marcellino, vescovo di Tortiboli, Petrone, vescovo di Larino, e Lorenzo, vescovo di Conza, concedono ciascuno quaranta giorni di indulgenza a coloro i quali visiteranno il monastero o chiesa di S. Maria di Collemaggio in alcune festività o offriranno aiuto per la sua costruzione.

Copia semplice deperdita [*B], già *Archivio del monastero di S. Maria di Collemaggio, «Litterae apostolicae, indulgentiae et privilegia» (cfr. Zanotti, *Archivia*, VI.2, p. 717-718).

Regesti: Zanotti, *Digestum*, –. Zanotti, *Archivia*, VI.2, p. 717-718. Antinori, *Annali*, X.1, *sub anno* 1288, *sub voce* Collemaggio [p. 213-214]. Clementi-Berardi 1980, p. 211-212. Morizio 2020b, p. 287-288 n. 131.

Bibliografia: Morizio 2008, *passim*.

L. Zanotti annota: «Absque die et anno [...]. Absque sigillis» Il documento, quindi, era privo della data cronica, sebbene negli *Archivia coelestinorum* sia collocato tra il 1289 maggio 27 e il 1290 ottobre 19. Benché l'abate celestino non riporti i loro nomi, da un confronto con i manoscritti antinoriani, è possibile ricostruire l'elenco dei vescovi che concessero l'indulgenza. L'eterogeneità geografica della loro provenienza, dall'Andalusia alla Tracia, consente di ipotizzare che tale lettera sia stata emessa a Rieti nella primavera del 1289, dove numerosi vescovi erano convenuti per l'incoronazione di Carlo II d'Angiò (29 maggio 1289). In calce alla pergamena era riportata la concessione di indulgenza rilasciata dai vescovi presenti alla consacrazione della chiesa (25 agosto 1288): un anno e due quarantene «in die consecrationis usque in octavam». L'indulgenza era lucrabile nelle seguenti festività e loro ottave: Natale, Resurrezione, Ascensione, Pentecoste, tutte le feste in onore della Vergine, degli Apostoli e di san Giovanni battista, Venerdì santo, Domenica delle Palme, Invenzione della Croce, Esaltazione della Croce, san Michele arcangelo, santo Stefano, san Lorenzo, san Nicola, san Benedetto, santa Maria Maddalena, santa Lucia e «in tutti i giorni nei quali si congregasse quivi confraternita» (cfr. Antinori, *Annali*, X.1, *sub anno* 1288, *sub voce* Collemaggio [p. 214]). È molto probabile, quindi, che il documento avesse subìto un rimaneggiamento.
Va precisato, inoltre, che, nel XVIII secolo, nell'archivio del monastero di S. Maria di Collemaggio, il documento era collocato secondo il numero 92, cioè tra il 1299 novembre 1 (n. 91) e il 1301 agosto 29 (n. 95).

Per S. Maria di Collemaggio vedi *Insediamenti celestini*, n. 64.

132.

Instrumentum exactionis

1290 gennaio 6, Roma, _in ecclesia Sancte Lucie in Montibus_

Fra Filippo da Pacentro, priore della chiesa di S. Eusebio di Roma, dell'ordine di san Benedetto e dei monaci di S. Spirito della Maiella, esige che Filippuccio e Nicola del fu Giovanni di Naso rispettino il contratto di vendita del casale _de Bulagariis_, dichiarandosi disposto ad aumentare il prezzo pattuito; a tale scopo presenta alcuni mercanti di Roma che mostrano un sacchetto contenente il denaro necessario.
Notaio: Pietro del fu Riccardo da Bucchianico (S).

Originale [A], Città del Vaticano, Archivio apostolico vaticano, Fondo celestini I, 11.

Regesti: Zanotti, _Digestum_, –. Zanotti, _Archivia_, –. Paoli 2004, p. 122-123 n. 11. Morizio 2008, p. 348-349 n. 130. Morizio 2020b, p. 289 n. 132.

Bibliografia: Morizio 2008, _passim_.

Per la chiesa di S. Lucia _in Montibus_, detta anche S. Lucia _in Orfea_ o _in Selci_, vedi Paoli 2004, p. 123.

Per S. Eusebio di Roma vedi _Insediamenti celestini_, n. 24. Per S. Spirito della Maiella vedi _Insediamenti celestini_, n. 113.

133.

Instrumentum donationis

1290 febbraio 7, Popoli.

Donna Attenesta da Navelli, abitante a Popoli, moglie di Manuele, e sua figlia donna Acquaviva, moglie di Ottaviano di Gentile da Popoli, donano a fra Pietro _de Rocca Gilberti_, priore dell'ospedale di S. Maria _de Salto_, dell'ordine del venerabile padre fra Pietro del Morrone, per conto dello stesso ospedale, un fondo arativo nelle pertinenze del _castrum_ di Bussi, in località _le Cese_.
Giudice: Bartolomeo di Pietro, giudice di Popoli (S).
Notaio: Rinaldo di _dominus_ Francesco, notaio di Popoli (S).

Originale [A], Montecassino, Archivio dell'abbazia, Fondo di S. Spirito del Morrone, 184.

Regesti: Zanotti, _Digestum_, –. Zanotti, _Archivia_, VI.1, p. 123. Leccisotti 1966, p. 74 n. 184. Morizio 2008, p. 349 n. 131. Morizio 2020b, p. 289 n. 133.

Bibliografia: Zanotti, _Digestum_, II.2, p. 546. Moscati 1956, p. 110 nota 2. Herde 2004, p. 34 nota 146. Morizio 2008, _passim_.

Per S. Maria di Tremonti vedi _Insediamenti celestini_, n. 70.

134.

Instrumentum donationis

1290 febbraio 15, Bussi

Cancellario di _dominus_ Filippo da Bussi dona a fra Nicola, procuratore dell'ospedale della chiesa di S. Maria _de Salto de Intermontibus_, dell'ordine del venerabile padre fra Pietro del Morrone, per conto dello stesso ospedale, un fondo arativo nelle pertinenze di Bussi, in località _le Cese_.
Giudice: Gionata _de Campo Canalis_, giudice di Bussi.
Notaio: Rinaldo di _dominus_ Francesco, notaio di Popoli (S).

Originale [A], Montecassino, Archivio dell'abbazia, Fondo di S. Spirito del Morrone, 185.

Regesti: Zanotti, _Digestum_, –. Zanotti, _Archivia_, VI.1, p. 123. Leccisotti 1966, p. 74 n. 185. Morizio 2008, p. 349-350 n. 132. Morizio 2020b, p. 289-290 n. 134.

Bibliografia: Zanotti, *Digestum*, II.2, p. 546. Moscati 1956, p. 110 nota 3. Herde 2004, p. 34 nota 146. Morizio 2008, *passim*.

Per S. Maria di Tremonti vedi *Insediamenti celestini*, n. 70.

135.

INSTRUMENTUM VENDITIONIS

1290 marzo 24, Isernia

Servio Manicella e Giovanni Manicella, nati e abitanti a Isernia, vendono a Pietro di Primicerio, che acquista in nome e per conto della chiesa di S. Spirito della Maiella di Isernia, una pezza di terra sita nelle pertinenze della detta città, in località *Collis Rizzonis*, al prezzo di un'oncia d'oro.

Giudice: Angelo, giudice di Isernia (S).

Notaio: Pietro, notaio di Isernia (S).

Originale [A], Montecassino, Archivio dell'abbazia, Fondo di S. Spirito di Isernia, fasc. III, n. 23. Copia semplice del secolo XIX [B], Montecassino, Archivio dell'abbazia, Fondo di S. Spirito di Isernia, *Codex diplomaticus aeserniensis*, f. 636r-637r.

Regesti: Zanotti, *Digestum*, –. Zanotti, *Archivia*, –. Avagliano 1971, p. 61-62 n. 23. Morizio 2008, p. 350 n. 133. Morizio 2020b, p. 290 n. 135.

Bibliografia: Morizio 2008, *passim*.

Per S. Spirito di Isernia vedi *Insediamenti celestini*, n. 117.

136.

INSTRUMENTUM VENDITIONIS

1290 aprile 15, Sulmona

Rinaldo *Sanitate* da Sulmona vende a Matteo di Gionata, procuratore della chiesa di S. Spirito del Morrone presso Sulmona, un terreno *in Padulibus*, al prezzo di sette once d'oro.

Notaio: Oddone di Nicola, <notaio di Sulmona>.

Originale deperdito [*A], già *Archivio del monastero di S. Spirito del Morrone, «Iura de domibus et terris in civitate et territorio Sulmonis et alibi. Pro terris» (Zanotti, *Archivia*, VI.1, p. 164).

Regesti: Zanotti, *Digestum*, II.1, p. 211. Zanotti, *Archivia*, VI.1, p. 164. Morizio 2008, p. 350 n. 134. Morizio 2020b, p. 290 n. 136.

Bibliografia: Zanotti, *Digestum*, II.1, p. 210-212. Moscati 1956, p. 130 nota 4 (con data 1290 aprile 10). Morizio 2008, *passim*.

Per S. Spirito del Morrone vedi *Insediamenti celestini*, n. 112.

137.

GUILLELMI EPISCOPI BOIANENSIS ET CAPITULI CATHEDRALIS PRIVILEGIUM

1290 aprile 22, Boiano

Guglielmo, vescovo di Boiano, e il capitolo cattedrale concedono a fra Tommaso da Ocre, abate del monastero di S. Giovanni in Piano, dell'ordine di san Benedetto, diocesi di Lucera, la chiesa di S. Martino, situata nel territorio di Boiano, con tutti i suoi diritti, per costruirvi un monastero del detto ordine.

Notaio: Benedetto di Angelo.

Originale deperdito [*A], già *Archivio del monastero di S. Spirito del Morrone, «Pro monasterio Boiani» (Zanotti, *Archivia*, VI.1, p. 395).

Edizioni: Telera 1648, p. 202. Telera 1689, p. 115. Moscati 1956, p. 133 nota 4 (da Telera 1689).

Regesti: Zanotti, *Digestum*, II.1, p. 15. Zanotti, *Archivia*, VI.1, p. 395. Morizio 2008, p. 350-351 n. 135. Morizio 2020b, p. 291 n. 137.

Bibliografia: Zanotti, *Digestum*, II.2, p. 541, 546, 561; V.2, p. 570. Moscati 1956, p. 133 nota 4. Morizio 2008, *passim*.

Per S. Giovanni in Piano vedi *Insediamenti celestini*, n. 41. Per S. Martino di Boiano vedi *Insediamenti celestini*, n. 74.

138.

INSTRUMENTUM DONATIONIS

1290 luglio 3, Boiano

Donna Maria, moglie del fu notaio Roberto, dona a fra Tommaso da Ocre, abate del monastero di S. Giovanni in Piano, preposito della chiesa di S. Martino di Boiano, grangia del detto monastero, in nome e per conto della chiesa medesima, un terreno nel territorio di Boiano, in località *Torneredi*, un terreno in località *Mons Viridus* e un altro terreno.

Originale deperdito [*A], già *Archivio del monastero di S. Spirito del Morrone, «Pro monasterio Boiani» (Zanotti, *Archivia*, VI.1, p. 395).

Regesti: Zanotti, *Digestum*, –. Zanotti, *Archivia*, VI.1, p. 395. Morizio 2008, p. 351 n. 136. Morizio 2020b, p. 291 n. 138.

Bibliografia: Zanotti, *Digestum*, II.2, p. 546. Morizio 2008, *passim*.

Per S. Giovanni in Piano vedi *Insediamenti celestini*, n. 41. Per S. Martino di Boiano vedi *Insediamenti celestini*, n. 74.

139.

INSTRUMENTUM PERMUTATIONIS

1290 luglio 13, Sulmona, *in platea maiori ante domum iudicis Thome*

Bonavita di Simone da Sulmona permuta con Matteo di Gionata da Sulmona, procuratore, sindaco o attore del monastero della chiesa di S. Spirito del Morrone, sito nel territorio di Sulmona, che riceve in nome e per conto del detto monastero, un terreno arativo ubicato nel territorio di Sulmona, in località *Pastina*, con un terreno di proprietà del monastero, in parte vitato e in parte arativo, nello stesso territorio, *in Campo ultra flumen*; inoltre, poiché quest'ultima terra ha un valore maggiore, Bonavita dà al procuratore Matteo di Gionata due once d'oro.

Giudice: Tommaso di *ser* Gionata, giudice di Sulmona (S).

Notaio: Oddone di Nicola, notaio di Sulmona (S).

Originale [A], Montecassino, Archivio dell'abbazia, Fondo di S. Spirito del Morrone, 187.

Regesti: Zanotti, *Digestum*, –. Zanotti, *Archivia*, VI.1, p. 164. Leccisotti 1966, p. 75 n. 187. Morizio 2008, p. 351 n. 137. Morizio 2020b, p. 291-292 n. 139.

Bibliografia: Moscati 1956, p. 130 nota 3. Morizio 2008, *passim*.

Per S. Spirito del Morrone vedi *Insediamenti celestini*, n. 112.

140.

INSTRUMENTUM DONATIONIS

1290 agosto 11, monastero di S. Spirito di Valva (Sulmona)

Tommaso da Sulmona, figlio del fu Matteo da Todi, dona tutti i suoi beni mobili e immobili a fra Onofrio, priore del monastero di S. Spirito di Valva, dell'ordine di fra Pietro del Morrone, che li riceve in nome e per conto del monastero.

Notaio: Giovanni di Rinaldo.

Originale deperdito [*A], già *Archivio del monastero di S. Spirito del Morrone, «Iura de domibus et terris in civitate et territorio Sulmonis et alibi. Diversorum in eadem capsula» (Zanotti, *Archivia*, VI.1, p. 172).

Regesti: Zanotti, *Digestum*, II.1, p. 211. Zanotti, *Archivia*, VI.1, p. 172. Morizio 2008, p. 351-352 n. 138. Morizio 2020b, p. 292 n. 140.

Bibliografia: Zanotti, *Digestum*, II.1, p. 210-212; II.2, p. 541, 546; V.2, p. 535, 569. Moscati 1956, p. 131 nota 1 (con data 1290 agosto 20), 133 nota 2 (con data 1290 agosto 2). Paoli 2004, p. 484. Morizio 2008, *passim*.

È possibile che il documento originale deperdito prevedesse, oltre alla donazione di tutti i beni, anche un atto di oblazione.

Per S. Spirito del Morrone vedi *Insediamenti celestini*, n. 112.

141.

Iacobi episcopi Marsicani privilegium

1290 ottobre 19, *apud ecclesiam Marsicanam* (San Benedetto dei Marsi)

Giacomo, vescovo dei Marsi, *cum fratres fratris Petri viri religiosissimi de Murrona in partibus Aquilae locum aedificent et oratorium*, concede loro, per l'edificio dell'oratorio, che tutti coloro i quali, al tempo del conflitto di Corradino, depredarono dei beni e ora non sanno a chi restituirli, possano donarli per la costruzione della detta chiesa, in cambio dell'assoluzione. Concede, inoltre, ai medesimi *fratres*, per un valore massimo di tre once d'oro, che se qualche fedele della diocesi dei Marsi, al tempo della venuta di Corrado di Antiochia, abbia sottratto dei beni e, non sapendo a chi restituirli, voglia elargirli per il medesimo oratorio, ne abbia facoltà, ricevendo l'assoluzione.

Originale deperdito [*A], già *Archivio del monastero di S. Maria di Collemaggio, «Litterae apostolicae, indulgentiae et privilegia» (Zanotti, *Archivia*, VI.2, p. 718). Copia semplice del secolo XVII [Z], Zanotti, *Digestum*, II.1, p. 357-358 («ex proprio originali existenti in archivio monasterii Collismadii de Aquila»). Copia semplice del secolo XVIII [B], Città del Vaticano, Archivio apostolico vaticano, Fondo celestini II, 45, f. 211r-v.

Edizione: Clementi 1996, p. 61-62 (da Z; parziale).

Regesti: Zanotti, *Digestum*, II.1, p. 15. Zanotti, *Archivia*, VI.2, p. 718. Antinori, *Annali*, X.1, *sub anno* 1290, *sub voce* Collemaggio [p. 263]. Clementi-Berardi 1980, p. 212. Morizio 2008, p. 352 n. 139. Morizio 2020b, p. 292-293 n. 141.

Bibliografia: Moscati 1956, p. 130 nota 3. Morizio 2008, *passim*.

Per un sintetico profilo bio-bibliografico su Corradino di Svevia vedi Herde 2005.

Nel 1286, Corrado d'Antiochia, nipote illegittimo di Federico II, approfittando della difficile situazione creatasi nel regno di Sicilia a causa della morte di Carlo I d'Angiò, occupò alcuni castelli in Abruzzo e soprattutto la contea di Albe, nella Marsica. Sconfitto da un esercito papale guidato dal capitano Giovanni d'Appia, fu costretto a ritirarsi ad Anticoli (l'odierno comune di Anticoli Corrado, nei pressi di Roma); per un sintetico profilo bio-bibliografico su Corrado I d'Antiochia vedi Meriggi 2005.

Per S. Maria di Collemaggio vedi *Insediamenti celestini*, n. 64.

142.

Instrumentum venditionis

1290 novembre 5, Tivoli

Angelo di Lorenzo di Giovanni di Tebaldo, cittadino di Tivoli, con il consenso della moglie Maria e dei fratelli Nicola, Tomeo, Pietro e Giovanni, vende a fra Francesco e a fra Gualtiero, procuratori del priore e dei monaci dell'ordine di S. Spirito della Maiella che dimorano in S. Eusebio di Roma, un oliveto nella tenuta di Tivoli, in località Sant'Angelo *in Placilis*, al prezzo di cinquantasei fiorini d'oro.

Notaio: Marco di Giovanni da Tivoli (S).

Originale [A], Città del Vaticano, Archivio apostolico vaticano, Fondo celestini I, 12.

Regesti: Zanotti, *Digestum*, –. Zanotti, *Archivia*, –. Paoli 2004, p. 123 n. 12. Morizio 2008, p. 352-353 n. 140. Morizio 2020b, p. 293 n. 142.

Bibliografia: Morizio 2008, *passim*.

Per S. Eusebio di Roma vedi *Insediamenti celestini*, n. 24. Per S. Spirito della Maiella vedi *Insediamenti celestini*, n. 113.

143.

IACOBI EPISCOPI TREVENTINI PRIVILEGIUM

1290 novembre 29, Trivento

Giacomo, vescovo di Trivento, con il consenso del capitolo cattedrale, concede a fra Pietro del Morrone e all'abate e alla comunità del monastero di S. Spirito della Maiella, diocesi di Chieti, dell'ordine di san Benedetto, l'esenzione dall'autorità diocesana per l'oratorio o chiesa che essi stanno costruendo *de novo* in onore della vergine Maria e del beato Benedetto, nel territorio della città di Trivento, *in loco ubi dicitur Monte Plano*. Tuttavia, in caso di interdetto generale, essi, come tutti coloro soggetti all'autorità diocesana, saranno tenuti ad osservarlo; inoltre, il vescovo conserva la *iustitia debita* sulle elargizioni alle dette chiese date da diocesani o altri che in esse sceglieranno di essere sepolti. In cambio, i detti fra Pietro del Morrone, l'abate e la comunità di S. Spirito della Maiella si impegnano, in nome e per conto della medesima chiesa, a versare all'episcopio, quale imposta o censo, tre libbre di cera all'anno, nella festa dei beati martiri Nazario e Celso.

Inserto del 1291 febbraio 20 [B], Sulmona, Archivio capitolare di S. Panfilo, Archivio nuovo, Fondi e serie di archivi aggregati, S. Spirito del Morrone, II.1.36. Inserto 1291 febbraio 20 [B₂], Città del Vaticano, Archivio apostolico vaticano, *Registra vaticana*, 45, f. 149r-150r.

Edizione: Morizio 2008, p. 564-565 n. 18.

Regesti: Zanotti, *Digestum*, II.1, p. 15. Zanotti, *Archivia*, –. Morizio 2008, p. 353 n. 141. Morizio 2020b, p. 293-294 n. 143.

Bibliografia: Moscati 1956, p. 134 nota 2 (con data 1290 novembre). Orsini 2003, p. 697 n. 4 (6092). Paoli 2004, p. 10 nota 33, 483 nota 53. Figliuolo 2005, p. 235-236 (con data 1290 settembre 9). Morizio 2008, *passim*.

Per S. Maria di Trivento vedi *Insediamenti celestini*, n. 71. Per S. Spirito della Maiella vedi *Insediamenti celestini*, n. 113.

144.

INSTRUMENTUM VENDITIONIS

1290 dicembre 27, Isernia

Donna Altruda, moglie di Alessandro da Ferrazzano, nata e abitante a Isernia, vende a Pietro di Primicerio da Isernia, che riceve in nome e per conto della chiesa di S. Spirito della Maiella di Isernia, una terra in località *Fropi*, al prezzo di dodici once d'oro, fermo restando il diritto di servitù di passaggio in favore di Giovanni di Roberto *Claritia* per poter raggiungere il suo terreno.
Giudice: Pellegrino, giudice di Isernia (S).
Notaio: Pietro, notaio di Isernia (S).

Originale [A], Montecassino, Archivio dell'abbazia, Fondo di S. Spirito di Isernia, fasc. III, n. 24. Copia semplice del secolo XIX [B], Montecassino, Archivio dell'abbazia, Fondo di S. Spirito di Isernia, *Codex diplomaticus aeserniensis*, f. 664r-665v.

Regesti: Zanotti, *Digestum*, –. Zanotti, *Archivia*, VI.1, p. 379 (con data 1291 dicembre 27). Avagliano 1971, p. 62 n. 25 (con data 1291 dicembre 27). Morizio 2008, p. 357-358 n. 151. Morizio 2020b, p. 294 n. 144.

Bibliografia: Morizio 2008, *passim*.

Per l'era cristiana è usato lo stile della Natività, giacché il millesimo indicato nel documento è 1291. L'indizione (quarta), secondo lo stile bizantino, e l'anno sesto di regno di Carlo II, re di Gerusalemme e di Sicilia, confermano che la data corretta è 27 dicembre 1290.

Per S. Spirito di Isernia vedi *Insediamenti celestini*, n. 117.

145.

NICOLAI IV PAPAE LITTERAE DE GRATIA

1291 febbraio 20, Orvieto

Niccolò IV, a seguito della petizione dell'abate e della comunità del monastero di S. Spirito della Maiella, dell'ordine di san Benedetto, diocesi di Chieti, riguardante l'esenzione dalla giurisdizione episcopale di Nicola, vescovo di Chieti, Nicola, vescovo dell'Aquila, Matteo, vescovo di Isernia e Giacomo, vescovo di Trivento, con il consenso dei rispettivi capitoli cattedrali (le cui *litterae patentes*, munite di sigilli, vengono inserte *de verbo ad verbum*), prende *in ius et proprietatem* della sede apostolica il monastero di S. Spirito, con le pertinenze (*monasteria, prioratus, membra*) e i beni che possiede o potrà acquisire nelle predette diocesi; tali pertinenze e beni vengono esentati sia dalla giurisdizione dei vescovi e dei capitoli cattedrali, sia dalla giurisdizione di qualunque altro prelato o ecclesiastico. L'abate e la comunità del monastero di S. Spirito si impegnano a versare ogni anno, nella festa dei beati Pietro e Paolo, alla curia romana due libbre di cera.
Debite providentie.

Originale [A], Sulmona, Archivio capitolare di S. Panfilo, Archivio nuovo, Fondi e serie di archivi aggregati, S. Spirito del Morrone, II.1.36 (BD). Atto registrato [R], Città del Vaticano, Archivio apostolico vaticano, *Registra vaticana*, 45, f. 149r-150r. Copia semplice deperdita [*B], già *Archivio del monastero di S. Spirito della Maiella, «Privilegia apostolica, regia et baronalia» (Zanotti, *Archivia*, VI.1, p. 36).

Edizioni: Langlois 1886-1893, n. 4217 (da R). Celidonio 1897, p. 38-44 (da A).

Regesti: Zanotti, *Digestum*, II.1, p. 15. Zanotti, *Archivia*, VI.1, p. 36, 179. Potthast 1875, –. Celidonio 1896, p. 43 n. 3 (con data 1290 febbraio 20). Chiappini 1915, p. 140 n. 66 (con data 1290 febbraio 20). Capograssi 1962, p. 328 n. 3 (con data 1290 febbraio 20). Morizio 2008, p. 353-354 n. 142. Morizio 2022, p. 121 n. 145.

Bibliografia: Zanotti, *Digestum*, II.2, p. 541 (con data 1291). Moscati 1956, p. 97-98 e *passim*. Clementi 1988, p. 250-251. Orsini 2003, p. 697 n. 4 (6092). Paoli 2004, p. 11 nota 39, 482 nota 48, 483 nota 53. Herde 2004, p. 11 nota 30, 25 nota 103, 34 nota 144. Morizio 2008, *passim*.

Per il privilegio del vescovo dell'Aquila cfr. doc. 95. Per il privilegio del vescovo di Chieti cfr. doc. 44. Per il privilegio del vescovo di Isernia cfr. doc. 43. Per il privilegio del vescovo di Trivento cfr. doc. 143.

Per S. Spirito della Maiella vedi *Insediamenti celestini*, n. 113.

146.

INSTRUMENTUM LIVELLI

1291 marzo 3, Isernia

Fra Nicola, priore del monastero della chiesa di S. Spirito della Maiella, sito nel territorio della città di Isernia, possedendo il detto monastero una vigna nel territorio di Isernia, in località *Pons de Arcu*, per mandato di fra Pietro del Morrone, priore generale dell'ordine di S. Spirito della Maiella, concede, *libellario iure* per ventinove anni, a Dionigi da Sulmona, cittadino di Isernia, la detta vigna, con l'onere di un censo annuo, da versare il giorno della festa di Pentecoste, di una libbra di incenso.
Giudice: Rampino, giudice di Isernia (S).
Notaio: Roberto, notaio di Isernia (S).

Originale [A], Montecassino, Archivio dell'abbazia, Fondo di S. Spirito del Morrone, 190.

Regesti: Zanotti, *Digestum*, –. Zanotti, *Archivia*, VI.1, p. 380. Leccisotti 1966, p. 76 n. 190. Morizio 2008, p. 354 n. 143. Morizio 2022, p. 121-122 n. 146.

Bibliografia: Zanotti, *Digestum*, II.2, p. 541, 546. Paoli 2004, p. 11 nota 40, 481 nota 43. Herde 2004, p. 34 nota 147. Morizio 2008, *passim*.

Per S. Spirito della Maiella vedi *Insediamenti celestini*, n. 113. Per S. Spirito di Isernia vedi *Insediamenti celestini*, n. 117.

147.

INSTRUMENTUM DONATIONIS

1291 aprile 22, Aquila

Angelo di Lorenzo da Sant'Anza dona al monastero di S. Maria di Collemaggio un terreno vitato situato nel territorio di Sant'Anza, in località *Valle de Vineis*.
Notaio: Silvestro *de Ophana*.

Originale deperdito [*A], già *Archivio del monastero di S. Maria di Collemaggio, «Testamenta, donationes et legata» (Zanotti, *Archivia*, VI.2, p. 667).

Regesti: Zanotti, *Digestum*, –. Zanotti, *Archivia*, VI.2, p. 667. Antinori, *Annali*, X.1, *sub anno* 1291, *sub voce* Collemaggio [p. 263]; X.2, *sub anno* 1291, *sub voce* Collemaggio [p. 611]. Clementi-Berardi 1980, p. 212-213. Morizio 2008, p. 354-355 n. 144. Morizio 2022, p. 122 n. 147.

Bibliografia: Morizio 2008, *passim*.

Per S. Maria di Collemaggio vedi *Insediamenti celestini*, n. 64.

148.

INSTRUMENTUM DONATIONIS

1291 maggio 1, Sulmona, monastero di S. Spirito

Donna Sulmona, moglie di Pietro di *magister* Adamo di Pietro *Battocchi* da Sulmona, dona a fra Onofrio, priore del monastero di S. Spirito di Sulmona, dell'ordine di fra Pietro del Morrone, in nome e per conto del detto monastero, i seguenti beni: una casa in Sulmona, *in Porta Iohannis Passari*; una casa nello stesso luogo; una casa in Sulmona, *in Porta Sancti Panphili*; un terreno nelle pertinenze di Sulmona, in contrada *delli Paduli*; un terreno nella stessa località; un altro terreno nella stessa località; una vigna nella medesima località; un terreno in località *Campo de Medio*; un terreno in località *Fabrica*; un terreno *supra Fontem Iohannis Petri*; un terreno *ad Quercus de Battaglia*; un terreno nei pressi della chiesa di *Sancta Maria de Ianella*; un terreno *in Querquetis*; un terreno nello stesso luogo; un terreno in località *Pastina*; un terreno *ad Sanctum Herasmum*; un terreno nello stesso luogo; un terreno in località *Marana*; un terreno nello stesso luogo; un terreno nello stesso luogo; la terza parte *viatii pro currando canape siti in Padulibus*; un querceto in contrada *Marane*; un giardino con una quercia *supra Gruttas de Saizano*; una *cesa* in località *Morrone*; una *cesa* nella stessa località, *prope Sanctam Crucem de Murrone*. Tali beni vengono donati con riserva di usufrutto vita natural durante in favore di donna Sulmona.
Giudice: Marino del giudice Matteo, giudice di Sulmona (S).
Notaio: Angelo di Giovanni di Andrea, notaio di Sulmona (S).

Originale [A], Montecassino, Archivio dell'abbazia, Fondo di S. Spirito del Morrone, 191.

Regesti: Zanotti, *Digestum*, II.1, p. 203, 211. Zanotti, *Archivia*, VI.1, p. 112-113. Leccisotti 1966, p. 76-77 n. 191. Morizio 2008, p. 355 n. 145. Morizio 2022, p. 122-123 n. 148.

Bibliografia: Zanotti, *Digestum*, II.1, p. 201-204, 210-212; II.2, p. 541, 546; V.2, p. 535, 569. Moscati 1956, p. 133 nota 2 (con data 1291 maggio). Paoli 2004, p. 484. Herde 2004, p. 34 nota 146. Morizio 2008, *passim*.

Per il significato del termine *cesa* vedi la nota al doc. n. 51.

Per la chiesa di S. Maria *de Ianella* vedi Mattiocco 1994, p. 168.

Per S. Croce del Morrone vedi *Insediamenti celestini*, n. 21. Per S. Erasmo di Saizano vedi *Insediamenti celestini*, n. 23. Per S. Spirito del Morrone vedi *Insediamenti celestini*, n. 112.

149.

Instrumentum venditionis

1291 maggio 27, Aquila

Giovanni di Pietro *de Turre* vende a *magister* Domenico di Guglielmo, procuratore del monastero di S. Maria di Collemaggio dell'Aquila, un terreno ubicato *in territorio Turrium, ubi dicitur Collemaiu,* vicino allo stesso monastero da una parte e alla chiesa di S. Vittore dall'altra, al prezzo di tre fiorini d'oro.
Notaio: Silvestro *de Ophana*.

Originale deperdito [*A], già *Archivio del monastero di S. Maria di Collemaggio, «Pro molendinis et terris in Turre, Balneo, Bazzano et Paganica. Pro terris ibidem» (Zanotti, *Archivia*, VI.2, p. 569).

Regesti: Zanotti, *Digestum*, –. Zanotti, *Archivia*, VI.2, p. 569. Pansa 1899-1900, p. 257. Morizio 2008, p. 355-356 n. 146. Morizio 2022, p. 123 n. 149.

Bibliografia: Morizio 2008, *passim*.

Per la chiesa di S. Vittore *de Turribus* vedi Sella 1936, p. 5 n. 44.

Per S. Maria di Collemaggio vedi *Insediamenti celestini*, n. 64.

150.

Instrumentum donationis et oblationis

1291 maggio 29, Isernia

Berardo di Ogerio dal casale di Santa Maria *de Canonica*, a motivo del suo ingresso in monastero, dona a *dominus* Andrea da Isernia, professore di diritto civile e giudice della curia regia, che riceve in nome e per conto della chiesa di S. Spirito della Maiella, sita nel territorio di Isernia, tutti i suoi beni mobili e immobili.
Giudice: Pellegrino, giudice di Isernia (S).
Notaio: Pietro, notaio di Isernia (S).

Originale [A], Montecassino, Archivio dell'abbazia, Fondo di S. Spirito di Isernia, fasc. III, n. 25. Copia semplice del secolo XIX [B], Montecassino, Archivio dell'abbazia, Fondo di S. Spirito di Isernia, *Codex diplomaticus aeserniensis*, f. 660r-v.

Regesti: Zanotti, *Digestum*, –. Zanotti, *Archivia*, VI.1, p. 380. Avagliano 1971, p. 62 n. 24. Morizio 2008, p. 356 n. 147. Morizio 2022, p. 123-124 n. 150.

Bibliografia: Morizio 2008, *passim*.

Per S. Spirito di Isernia vedi *Insediamenti celestini*, n. 117.

151.

INSTRUMENTUM VENDITIONIS

1291 giugno 24, Bucchianico, ospedale di S. Andrea

Masseo di Giovanni da Bucchianico vende a fra Angelino, procuratore del monastero di S. Spirito di Legio, in nome e per conto del detto monastero, una *clusa* posta nel territorio di Bucchianico, *in contrata Collis Sancti Blasii*, al prezzo di dodici once d'oro, che il detto procuratore dà a Masseo in fiorini d'oro.

Giudice: Nicola di Maccabeo, *ser*, giudice di Bucchianico (S).
Notaio: Guglielmo di Benedetto, notaio di Bucchianico (S).

Originale [A], Chieti, Archivio arcivescovile, Fondo pergamenaceo, Teate 91.

Regesti: Zanotti, *Digestum*, –. Zanotti, *Archivia*, –. Balducci 1926, p. 27 n. 73. Morizio 2008, p. 356 n. 148. Morizio 2022, p. 124 n. 151.

Bibliografia: Palazzi 2005, p. 182. Morizio 2008, *passim*.

Per il significato del termine *clausa* o *clusa* o *clausura* vedi la nota al doc. n. 51.

Per S. Andrea di Bucchianico vedi *Insediamenti celestini*, n. 1. Per S. Spirito della Maiella vedi *Insediamenti celestini*, n. 113.

152.

INSTRUMENTUM VENDITIONIS

1291 giugno 24, Bucchianico, ospedale di S. Andrea

Aldemaro di Tommaso da Bucchianico vende a fra Angelino, procuratore del monastero di S. Spirito di Legio, in nome e per conto del detto monastero, una *clusa* posta nel territorio di Bucchianico, *in contrata Collis Sancti Blasii*, al prezzo di undici once d'oro, che Aldemaro dice di aver già ricevuto dal detto procuratore per conto del monastero di S. Spirito.

Giudice: Nicola di Maccabeo, *ser*, giudice di Bucchianico (S).
Notaio: Guglielmo di Benedetto, notaio di Bucchianico (S).

Originale [A], Chieti, Archivio arcivescovile, Fondo pergamenaceo, Teate 92.

Regesti: Zanotti, *Digestum*, –. Zanotti, *Archivia*, –. Balducci 1926, p. 28 n. 74. Morizio 2008, p. 356-357 n. 149. Morizio 2022, p. 124-125 n. 152.

Bibliografia: Palazzi 2005, p. 183. Morizio 2008, *passim*.

Nel documento viene segnata l'indizione prima, anziché quarta, come nell'atto stilato dallo stesso notaio nel medesimo giorno (cfr. doc. n. 151); è ipotizzabile un *lapsus calami* da parte dello *scriptor*.

Per il significato del termine *clausa* o *clusa* o *clausura* vedi la nota al doc. n. 51.

Per S. Andrea di Bucchianico vedi *Insediamenti celestini*, n. 1. Per S. Spirito della Maiella vedi *Insediamenti celestini*, n. 113.

153.

INSTRUMENTUM DONATIONIS

1291 novembre 12, Bucchianico, *in domo sir Frederici*

Pietro di Gervasio da Bucchianico e suo figlio Barbato, *divini amoris intuitu et animarum suorum et parentum suorum respectu*, donano *in perpetuum* al monastero di S. Spirito della Maiella, dell'ordine di san Benedetto, e a Giacomello da Serramonacesca, procuratore di quel monastero, in nome e per conto di esso, i seguenti beni: la metà di una casa posta in Bucchianico, *in burgo Sancti*

Marcelli, l'altra metà della quale verrà acquisita dal monastero dopo la morte di Roberto, Berardo e Biagio, figli del detto Pietro, che ne detengono l'usufrutto vita natural durante; un terreno posto *in contrata Sancti Leutherii*, confinante *a capite* con le proprietà del monastero; una vigna posta *in contrata Capercli*; la terza parte *pro indiviso* di un orto posto nel territorio di Bucchianico, *in contrata Vie de Sole*.

Giudice: Federico di *dominus* Goffredo, giudice di Bucchianico (S).

Notaio: Riccardo di Passavanti, notaio di Bucchianico (S).

Originale [A], Chieti, Archivio arcivescovile, Fondo pergamenaceo, Teate 93.

Regesti: Zanotti, *Digestum*, –. Zanotti, *Archivia*, VI.1, p. 24-25. Balducci 1926, p. 28 n. 75. Morizio 2008, p. 357 n. 150. Morizio 2022, p. 125 n. 153.

Bibliografia: Palazzi 2005, p. 183. Morizio 2008, *passim*.

Per S. Spirito della Maiella vedi *Insediamenti celestini*, n. 113.

154.

INSTRUMENTUM DONATIONIS ET OBLATIONIS

1292 febbraio 15, Bucchianico, *ante domum sir Berardi Gualterii*

Giacomello da Serramonacesca, dovendo restituire al monastero di S. Spirito della Maiella, dell'ordine di fra Pietro del Morrone, dell'ordine di san Benedetto, diocesi di Chieti, la somma di otto once d'oro che teneva in deposito presso di sé, *divini amoris intuitu et animarum suorum et parentum suorum respectu, titulo donationis inter vivos*, dona *in perpetuum* al detto monastero e al suo procuratore, il giudice Guglielmo da Bucchianico, che riceve in nome e per conto di esso, tutti i suoi beni mobili e immobili – ovvero una casa nel *castrum* di Serramonacesca, con un orto adiacente, e una vigna nel medesimo territorio, in contrada *Molendinum de Campo* – e offre se stesso al monastero di S. Spirito.

Giudice: Federico del *dominus* Goffredo, giudice di Bucchianico (S).

Notaio: Riccardo di *magister* Passavanti, notaio di Bucchianico (S).

Originale [A], Chieti, Archivio arcivescovile, Fondo pergamenaceo, Teate 94.

Regesti: Zanotti, *Digestum*, –. Zanotti, *Archivia*, VI.1, p. 25. Balducci 1926, p. 28 n. 76. Morizio 2008, p. 358 n. 152. Morizio 2022, p. 125-126 n. 154.

Bibliografia: Palazzi 2005, p. 183. Morizio 2008, *passim*.

Per S. Spirito della Maiella vedi *Insediamenti celestini*, n. 113.

155.

INSTRUMENTUM VENDITIONIS

1292 aprile 16, Sulmona

Donna Florenzia, vedova di Nicola di Pietro di *magister* Giovanni da Sulmona, in nome e per conto di Paolo e Francesco, suoi figli pupilli, vende a Matteo di Gionata, procuratore del monastero di S. Spirito del Morrone, in nome e per conto dell'abate e della comunità di esso, un terreno *ubi dicitur Via Salaria*, al prezzo di otto tarì d'oro.

Notaio: Onofrio di Giovanni di Gerardo, <notaio di Sulmona>.

Originale deperdito [*A], già *Archivio del monastero di S. Spirito del Morrone, «Iura de domibus et terris in civitate et territorio Sulmonis et alibi. Pro terris» (Zanotti, *Archivia*, VI.1, p. 164).

Regesti: Zanotti, *Digestum*, II.1, p. 211. Zanotti, *Archivia*, VI.1, p. 164. Morizio 2008, p. 358 n. 153. Morizio 2022, p. 126 n. 155.

Bibliografia: Zanotti, *Digestum*, II.1, p. 210-212; II.2, p. 541. Paoli 2004, p. 483 nota 56. Morizio 2008, *passim*.

Per S. Spirito del Morrone vedi *Insediamenti celestini*, n. 112.

156.

INSTRUMENTUM DONATIONIS

1292 giugno 13, Bucchianico

Gentile del giudice Migliore da Serramonacesca dona a Giacomello da Serra, procuratore di S. Spirito della Maiella, i seguenti beni: la metà di una *clusa* nel territorio di Serra, in contrada *de Frattali*, l'altra metà della quale è di proprietà dei *fratres* di S. Spirito; la metà di una vigna, sita in contrada *Vallis Paganella*; un casalino in Serramonacesca; la terza parte di una terra in contrada *Vallis Aterlesani* e tutti i suoi beni immobili.
Notaio: Riccardo di Passavanti, <notaio di Bucchianico>.

Copia autentica del 1299 giugno 19 deperdita [*B], già *Archivio del monastero di S. Spirito della Maiella, «Donationes, oblationes et legata» (Zanotti, *Archivia*, VI.1, p. 25).

Regesti: Zanotti, *Digestum*, –. Zanotti, *Archivia*, VI.1, p. 25. Morizio 2008, p. 359 n. 155. Morizio 2022, p. 127 n. 157.

Bibliografia: Morizio 2008, *passim*.

È possibile che il documento originale deperdito prevedesse, oltre alla donazione di tutti i beni, anche un atto di oblazione.

Per il significato del termine *clausa* o *clusa* o *clausura* vedi la nota al doc. n. 51.

Per S. Spirito della Maiella vedi *Insediamenti celestini*, n. 113.

157.

INSTRUMENTUM DONATIONIS

1292 giugno, Boiano

Leonasio di Giovanni di Benedetto, con il consenso di donna Donabona, sua moglie, dona al monastero di S. Martino della Maiella di Boiano e a fra Francesco, priore del detto monastero, un terreno ubicato in località *Monte di Verde*.
Notaio: Filippo di Giovanni.

Originale deperdito [*A], già *Archivio del monastero di S. Spirito del Morrone, «Pro monasterio Boiani» (Zanotti, *Archivia*, VI.1, p. 395).

Regesti: Zanotti, *Digestum*, –. Zanotti, *Archivia*, VI.1, p. 395. Morizio 2008, p. 358-359 n. 154. Morizio 2022, p. 126-127 n. 156.

Bibliografia: Zanotti, *Digestum*, II.2, p. 546. Morizio 2008, *passim*.

Per S. Martino di Boiano vedi *Insediamenti celestini*, n. 74.

158.

INSTRUMENTUM VENDITIONIS

1292 settembre 3, Roccamorice, *coram hospitali*

Giovanni, Nicola e Gemma, figli del presbitero Giovanni *Giannelli*, vendono a fra Anselmo, procuratore del monastero di S. Spirito della Maiella, in nome e per conto di esso, una terra posta nelle pertinenze di Roccamorice, *in loco qui dicitur Fons Sancti Georgii*, confinante su tutti e quattro i lati con le proprietà della detta chiesa, al prezzo di sei fiorini d'oro.

Minuta [M], Chieti, Archivio arcivescovile, Fondo pergamenaceo, Teate 96.

Regesti: Zanotti, *Digestum*, –. Zanotti, *Archivia*, VI.1, p. 16. Balducci 1926, p. 29 n. 78 (con data 1293 gennaio 17). Morizio 2008, p. 363 n. 166. Morizio 2022, p. 127-128 n. 158.

Bibliografia: Zanotti, *Digestum*, II.2, p. 547. Palazzi 2005, p. 183. Morizio 2008, *passim*.

L'unità archivistica Teate 96 dell'archivio arcivescovile di Chieti consta di due supporti membranacei: il primo è di forma rettangolare (circa 30x20 cm), mentre il secondo è un ritaglio a forma di trapezio rettangolo, cucito alla base del primo con filo di canapa. Il primo supporto scrittorio riporta due atti in forma di minuta: una donazione e, in calce a essa, una vendita. La data cronica della donazione consta del millesimo (1293 gennaio 19) e dell'indizione (sesta). La data cronica della vendita, invece, è incompleta, poiché riporta solo mese e giorno (settembre 3) e indizione (sesta). Pertanto, sulla base dei dati a disposizione – giorno 3 settembre della sesta indizione, secondo lo stile bizantino –, il documento va datato al 3 settembre 1292. Il fatto che la vendita sia riportata in calce a un atto datato del 1293 gennaio 19, non ne implica necessariamente la posteriorità, sia perché l'indizione riporta al 1292, sia perché è probabile che i due atti siano una copia della minuta notarile. Per gli altri due documenti contenuti nella stessa unità archivistica cfr. doc. n. 165 e 167.

Per S. Giorgio di Roccamorice vedi *Insediamenti celestini*, n. 29. Per S. Spirito della Maiella vedi *Insediamenti celestini*, n. 113.

159.

INSTRUMENTUM DONATIONIS

1292 settembre 14, Penne, monastero di S. Salvatore

Fra Simone di Giacomello da Sulmona, dell'ordine di fra Pietro del Morrone, dona *inter vivos*, per la redenzione dei peccati suoi e dei genitori e per i servizi che ha ricevuto dai *fratres* di fra Pietro del Morrone, a fra Roberto da Sant'Angelo, priore del monastero di S. Salvatore di Penne, che riceve la donazione in nome e per conto del monastero di S. Spirito di Sulmona, dello stesso ordine di fra Pietro, la metà di una casa che possiede indivisa con la sorella Margherita ubicata in Sulmona, in Porta San Panfilo; la metà di una vigna posta nel territorio di Sulmona, in contrada *Campus fluminis*; la metà delle terre che possiede sempre nelle pertinenze di Sulmona in contrada *li Clirici* e tutti gli altri suoi beni mobili e immobili.
Giudice: Andrea di Pasquale da Loreto, cittadino di Penne, giudice di Penne (S).
Notaio: Francesco di Andrea, notaio di Penne (S).

Originale [A], Montecassino, Archivio dell'abbazia, Fondo di S. Spirito del Morrone, 199.

Regesti: Zanotti, *Digestum*, –. Zanotti, *Archivia*, VI.1, p. 161. Leccisotti 1966, p. 79-80 n. 199. Morizio 2008, p. 359 n. 156. Morizio 2022, p. 128 n. 159.

Bibliografia: Zanotti, *Digestum*, II.2, p. 546. Morizio 2008, *passim*.

Per S. Salvatore di Penne vedi *Insediamenti celestini*, n. 108. Per S. Spirito del Morrone vedi *Insediamenti celestini*, n. 112.

160.

INSTRUMENTUM VENDITIONIS

1292 settembre 18, Isernia

Filippa da Torricella d'Abruzzo, venerabile badessa del monastero di S. Chiara di Isernia, con il consenso di tutte le *sorores* e in presenza del giudice Pellegrino del fu Deodato da Isernia, procuratore dello stesso monastero, vende al notaio Tommaso da Agnone, che acquista e riceve in nome e per conto dei *fratres de Maiella*, dell'ordine di fra Pietro del Morrone, dell'ordine di san Benedetto, la chiesa di S. Maria di Agnone, sita nelle pertinenze della medesima terra di Agnone, in località *Foresta Parva*, o il fondo e la terra dove detta chiesa è situata, con le case, gli orti, le vigne e la *clusa* della chiesa e le case contigue, vicino alla via pubblica etc., al prezzo di dieci once d'oro pagate dal detto notaio Tommaso; quest'ultimo precisa che la somma di denaro è stata donata dall'*univer-*

sitas di Agnone ai predetti *fratres* dell'ordine di fra Pietro del Morrone, per acquistare quel luogo e costruirvi un monastero.

Giudice: Angelo, medico, giudice di Isernia.

Notaio: Pietro, notaio di Isernia.

Originale deperdito [*A], già *Archivio del monastero di S. Maria di Agnone (Zanotti, *Digestum*, II.1, p. 359). Copia semplice del secolo XVII [Z], Zanotti, *Digestum*, II.1, p. 361-365 («ex proprio originali existenti in monasterio Sanctae Mariae Maiellae de Anglono»).

Regesti: Zanotti, *Digestum*, II.1, p. 15, 359. Zanotti, *Archivia*, –. Morizio 2008, p. 360 n. 157. Morizio 2022, p. 128-129 n. 160.

Bibliografia: Zanotti, *Digestum*, II.1, p. 359. Moscati 1956, p. 134 nota 5 (con data 1292 ottobre 18). Herde 2004, p. 2-3 nota 5 (con data 1292 settembre 8). Figliuolo 2005, p. 236-237 (con data 1292 ottobre 18). Morizio 2008, *passim*.

Per il significato del termine *clausa* o *clusa* o *clausura* vedi la nota al doc. n. 51.

Per il monastero di S. Chiara di Isernia vedi Espositi 2023, p. 92-93.

Per S. Maria di Agnone vedi *Insediamenti celestini*, n. 57.

161.

INSTRUMENTUM DONATIONIS

1292 settembre 30, Bucchianico, *in domo iudicis Guillelmi Luponi*

Margherita di Marcuccio da Serramonacesca dona *inter vivos* al monastero di S. Spirito della Maiella, dell'ordine di san Benedetto, e a Giacomello da Serramonacesca, procuratore del detto monastero, che riceve in nome e per conto di esso, una casa ubicata in Serramonacesca, riservandosene l'usufrutto vita natural durante, con la clausola che, al momento della sua morte, il medesimo monastero spenda, nel modo che riterrà più opportuno, due fiorini d'oro per la sua anima. Margherita, inoltre, dona al monastero di S. Spirito tutti i beni mobili che verranno trovati al momento della sua morte.

Giudice: Berardo di Gualtiero, giudice di Bucchianico (S).

Notaio: Riccardo di *magister* Passavanti, notaio di Bucchianico (S).

Originale [A], Chieti, Archivio arcivescovile, Fondo pergamenaceo, Teate 95.

Regesti: Zanotti, *Digestum*, –. Zanotti, *Archivia*, VI.1, p. 25. Balducci 1926, p. 28 n. 77. Morizio 2008, p. 360-361 n. 158. Morizio 2022, p. 129 n. 161.

Bibliografia: Palazzi 2005, p. 183. Morizio 2008, *passim*.

Per S. Spirito della Maiella vedi *Insediamenti celestini*, n. 113.

162.

INSTRUMENTUM VENDITIONIS

1292 dicembre 22, Aquila, chiesa di S. Maria di Collemaggio

Nicola e Giovanni, figli del fu Pietro di Matteo *de Turribus*, vendono a fra Benedetto, priore del monastero e della chiesa di S. Maria di Collemaggio, che acquista in nome e per conto del detto monastero, un terreno, sito *in territorio Turrium filiorum Alberti*, in località *ad Fontem Collismadii*, confinante su un lato con le proprietà del monastero, al prezzo di sette fiorini d'oro.

Notaio: Pietro di Giacomo *de Balneo*.

Originale deperdito [*A], già *Archivio del monastero di S. Maria di Collemaggio, «Pro molendinis et terris in Turre, Balneo, Bazzano et Paganica. Pro terris ibidem» (Zanotti, *Archivia*, VI.2, p. 569).

Regesti: Zanotti, *Digestum*, –. Zanotti, *Archivia*, VI.2, p. 569. Pansa 1899-1900, p. 257. Morizio 2008, p. 361 n. 159. Morizio 2022, p. 130 n. 162.

Bibliografia: Morizio 2008, *passim*.

Bagno (*Balneum*) è una frazione dell'odierno comune dell'Aquila; sul toponimo, in relazione a una località omonima ubicata nei pressi di Alanno, vedi Pratesi-Cherubini 2017-2019, I, p. 265; cfr. anche doc. n. 186, 329, 393, 510, 513, 613, 624, 635.

Per S. Maria di Collemaggio vedi *Insediamenti celestini*, n. 64.

163.

INSTRUMENTUM DONATIONIS

1293 gennaio 9, Boiano

Matteo di Cristoforo, con il consenso di sua moglie Gemma, dona al monastero di S. Martino di Boiano e a fra Nicola, priore, un terreno ubicato in località *Pasculum*.
Notaio: Giovanni.

Originale deperdito [*A], già *Archivio del monastero di S. Spirito del Morrone, «Pro monasterio Boiani» (Zanotti, *Archivia*, VI.1, p. 395).

Regesti: Zanotti, *Digestum*, –. Zanotti, *Archivia*, VI.1, p. 395. Morizio 2008, p. 361 n. 160. Morizio 2022, p. 130 n. 163.

Bibliografia: Zanotti, *Digestum*, II.2, p. 546. Morizio 2008, *passim*.

Per S. Martino di Boiano vedi *Insediamenti celestini*, n. 74.

164.

INSTRUMENTUM DONATIONIS

1293 gennaio 19, Celano, *ante domum Perotti de Bisragio*

Gemma, moglie di Nicola di Benedetto da Celano, per la salvezza dell'anima propria e dei genitori, con l'autorità di Nicola, suo legittimo mundoaldo, dona *inter vivos* alla chiesa di S. Marco *inter Fuces* e ai *fratres* della chiesa medesima, dell'ordine di fra Pietro del Morrone, ricevente per lo stesso ordine Giovanni Crisostomo, canonico della chiesa di S. Giovanni di Celano, come procuratore della chiesa di S. Marco, dei *fratres* e dell'ordine predetti, una pezza di terra posta nelle pertinenze di Foce, nel luogo chiamato *li Capitosti*, confinante su un lato con le proprietà della chiesa di S. Marco.
Giudice: Pietro *Aye* <così, ma s'intenda *Nicolai*> di Alberto, giudice di Celano.
Notaio: Bertoldo, notaio di Celano.

Originale deperdito [*A], già *Archivio del monastero di S. Angelo di Celano (Città del Vaticano, Archivio apostolico vaticano, Vat. lat. 14198, f. 649r). Copia semplice del secolo XVII [B], Città del Vaticano, Archivio apostolico vaticano, Vat. lat. 14198, f. 68r-69v.

Regesti: Città del Vaticano, Archivio apostolico vaticano, Vat. lat. 14198, f. 5r. Zanotti, *Digestum*, –. Zanotti, *Archivia*, –. Morizio 2008, p. 361-362 n. 161. Morizio 2022, p. 130-131 n. 164.

Bibliografia: Zanotti, *Digestum*, II.2, p. 547; V.2, p. 631. Morizio 2008, *passim*.

Per la chiesa di S. Giovanni battista di Celano vedi Sella 1936, p. 25 n. 484.

Per S. Marco di Foce vedi *Insediamenti celestini*, n. 51.

165.

INSTRUMENTUM PERMUTATIONIS

1293 gennaio 19, Roccamorice, *coram hospitali*

Tommaso, Giovanni e Leonardo, *filii Ray(naldi)*, con l'autorità di quest'ultimo, danno a fra Anselmo, procuratore del monastero di S. Spirito della Maiella, una vigna posta *ad Fontem Sancti Georgii*, confinante su tutti e quattro i lati con le proprietà della chiesa di S. Spirito, permutandola con un terreno ubicato in contrada *de Cocto*.

Minuta [M], Chieti, Archivio arcivescovile, Fondo pergamenaceo, Teate 96.

Regesti: Zanotti, *Digestum*, –. Zanotti, *Archivia*, VI.1, p. 16. Balducci 1926, p. 29 n. 78 (con data 1293 gennaio 17). Morizio 2008, p. 362 n. 162. Morizio 2022, p. 131 n. 165.

Bibliografia: Palazzi 2005, p. 183 (con data 1293 gennaio 18). Morizio 2008, *passim*.

Per gli altri due documenti contenuti nella stessa unità archivistica cfr. doc. n. 158 e 167.

Per S. Giorgio di Roccamorice vedi *Insediamenti celestini*, n. 29. Per S. Spirito della Maiella vedi *Insediamenti celestini*, n. 113.

166.

INSTRUMENTUM VENDITIONIS

1293 febbraio 1, Sulmona, *extra Porta Salvatoris*

Gualtiero di Benedetto *de Ursa*, cittadino di Sulmona, e Tommaso di Gentile *de Ursa*, suo genero, vendono al giudice Filippo da Sulmona, procuratore, economo o attore del monastero di S. Spirito del Morrone, sito nel territorio di Sulmona, ricevente in nome e per conto del monastero e della comunità di esso, una pezza di terra nelle pertinenze di Sulmona, in contrada *li Paduli*, al prezzo di tre once d'oro e ventiquattro tarì.
Giudice: Federico di Giovanni di Martino, giudice di Sulmona (S).
Notaio: Adamo di Gerardo, notaio di Sulmona (S).

Originale [A], Montecassino, Archivio dell'abbazia, Fondo di S. Spirito del Morrone, 200.

Regesti: Zanotti, *Digestum*, –. Zanotti, *Archivia*, VI.1, p. 164. Leccisotti 1966, p. 80 n. 200. Morizio 2008, p. 362 n. 163. Morizio 2022, p. 131-132 n. 166.

Bibliografia: Morizio 2008, *passim*.

Per S. Spirito del Morrone vedi *Insediamenti celestini*, n. 112.

167.

INSTRUMENTUM PERMUTATIONIS

1293 marzo 3, <Roccamorice>

Giacomo *de Colle* e Giovanna di Giovanni *de Colle*, quest'ultima con l'autorità di Stefano, suo marito e legittimo mundoaldo, danno a fra Anselmo, procuratore del monastero di S. Spirito della Maiella, a titolo di permuta, una terra posta in contrada *de Colle*, con tutti gli alberi e i casalini annessi, in cambio di una terra posta *ad Fontem Sancti Georgii*, confinante su un lato con un terreno di proprietà del monastero di S. Spirito.

Minuta [M], Chieti, Archivio arcivescovile, Fondo pergamenaceo, Teate 96.

Regesti: Zanotti, *Digestum*, –. Zanotti, *Archivia*, VI.1, p. 16. Balducci 1926, p. 29 n. 78 (con data 1293 gennaio 17). Morizio 2008, p. 362-363 n. 164. Morizio 2022, p. 132 n. 167.

Bibliografia: Palazzi 2005, p. 183. Morizio 2008, *passim.*

Per gli altri due documenti contenuti nella stessa unità archivistica cfr. doc. n. 158 e 165.

Per S. Giorgio di Roccamorice vedi *Insediamenti celestini*, n. 29. Per S. Spirito della Maiella vedi *Insediamenti celestini*, n. 113.

168.

INSTRUMENTUM DONATIONIS

1293 luglio 20, Sulmona, *in apotheca domine Paulutie*

Pietro di Francesco *Sulmontini* da Sulmona dona *inter vivos* al giudice Filippo da Sulmona, procuratore del monastero di S. Spirito del Morrone, che riceve in nome e per conto di esso, la servitù sull'acquedotto che passa attraverso la sua terra, posta nel territorio di Sulmona, in contrada *li Paduli*, confinante su tre lati con le proprietà del monastero, nonché il diritto di condurre l'acqua al monastero e alle terre di esso per mezzo della forma che l'abate e la comunità faranno realizzare sotto la terra murata; concede, inoltre, il diritto di costruire la detta forma e ogni altro diritto su proprietà e uso dell'acqua.
Giudice: Rinaldo di Bartolomeo, giudice di Sulmona (S).
Notaio: Onofrio di Giovanni di Gerardo, notaio di Sulmona.

Originale [A], Montecassino, Archivio dell'abbazia, Fondo di S. Spirito del Morrone, 201.

Regesti: Zanotti, *Digestum*, II.1, p. 211. Zanotti, *Archivia*, VI.1, p. 164. Leccisotti 1966, p. 80-81 n. 201. Morizio 2008, p. 363 n. 165. Morizio 2022, p. 132-133 n. 168.

Bibliografia: Zanotti, *Digestum*, II.1, p. 210-212; II.2, p. 541. Moscati 1956, p. 130 nota 4. Mattiocco-Sabatini 1996, p. 185. Morizio 2008, *passim.*

Instrumentum infectum: manca il *signum* notarile.

Per S. Spirito del Morrone vedi *Insediamenti celestini*, n. 112.

169.

INSTRUMENTUM DONATIONIS

1293 settembre 10, Isernia

Bartolomeo di Amodio da Castelpetroso, cittadino d'Isernia, per la remissione dei peccati propri e dei genitori, dona *inter vivos* a Pietro di Primicerio, nato e residente a Isernia, procuratore del monastero della chiesa di S. Spirito, dell'ordine del Morrone, sito nel territorio di Isernia, che riceve in nome e per conto della detta chiesa, una vigna in località *Plana*.
Giudice: Rampino, giudice di Isernia (S).
Notaio: Roberto, notaio di Isernia (S).

Originale [A], Montecassino, Archivio dell'abbazia, Fondo di S. Spirito di Isernia, fasc. III, n. 26. Copia semplice del secolo XIX [B], Montecassino, Archivio dell'abbazia, Fondo di S. Spirito di Isernia, *Codex diplomaticus aeserniensis*, f. 648r-649r.

Regesti: Zanotti, *Digestum*, –. Zanotti, *Archivia*, VI.1, p. 380. Avagliano 1971, p. 63 n. 26. Morizio 2008, p. 364 n. 167. Morizio 2022, p. 133 n. 169.

Bibliografia: Morizio 2008, *passim.*

Per S. Spirito di Isernia vedi *Insediamenti celestini*, n. 117.

170.

INSTRUMENTUM DONATIONIS

1293 settembre 30, Isernia, monastero di S. Spirito

Il nobile *dominus* Francesco da Sant'Agapito, volendo provvedere alla salvezza della sua anima e per la remissione dei suoi peccati, dona *inter vivos* a fra Alessandro, priore del monastero della chiesa di S. Spirito della Maiella, sito nel territorio di Isernia, e a fra Gualtiero da Guardiagrele e fra Roberto *de Rocca Giberti*, visitatori di alcune località del monastero suddetto, dell'ordine di san Benedetto, una *vicenda* sita nel territorio del *castrum* di Sant'Agapito, in località *Vallis de Longano*; concede, inoltre, il libero passaggio e il diritto di pascolo per gli animali e i loro conducenti appartenenti al monastero di S. Spirito della Maiella in Isernia nel territorio dei *castra* di Sant'Agapito e di Riporso.
Giudice: Francesco di Giovanni *de Valle*, giudice di Isernia (S).
Notaio: Pietro, notaio di Isernia (S).

Originale [A], Montecassino, Archivio dell'abbazia, Fondo di S. Spirito di Isernia, fasc. III, n. 27. Copia semplice del secolo XIX [B], Montecassino, Archivio dell'abbazia, Fondo di S. Spirito di Isernia, *Codex diplomaticus aeserniensis*, f. 650r-651r.

Regesti: Zanotti, *Digestum*, –. Zanotti, *Archivia*, VI.1, p. 380. Avagliano 1971, p. 63 n. 27. Morizio 2008, p. 364 n. 168. Morizio 2022, p. 133 n. 170.

Bibliografia: Zanotti, *Digestum*, II.2, p. 547. Morizio 2008, *passim*.

Per il significato del termine *vicenna* o *vicenda* vedi la nota al doc. n. 21.

Per S. Spirito di Isernia vedi *Insediamenti celestini*, n. 117.

171.

INSTRUMENTUM VENDITIONIS

1293 ottobre 27, <Sulmona>

Donna Paoluccia, moglie di Menuzio di Bartolomeo, vende al giudice Filippo da Sulmona, procuratore del monastero di S. Spirito del Morrone, un giardino in località *Grotte di Saizano*, al prezzo di un'oncia e quindici tarì.
Notaio: Onofrio di Giovanni di Gerardo, <notaio di Sulmona>.

Originale deperdito [*A], già *Archivio del monastero di S. Spirito del Morrone, «Iura Saizani» (Zanotti, *Archivia*, VI.1, p. 151).

Regesti: Zanotti, *Digestum*, –. Zanotti, *Archivia*, VI.1, p. 151. Morizio 2008, p. 364-365 n. 169. Morizio 2022, p. 134 n. 171.

Bibliografia: Zanotti, *Digestum*, II.2, p. 541. Morizio 2008, *passim*.

Per S. Spirito del Morrone vedi *Insediamenti celestini*, n. 112.

172.

RUGGERI EPISCOPI RAPOLLANI PRIVILEGIUM

1293 novembre 3

Ruggero, vescovo di Rapolla, concede quaranta giorni di indulgenza a coloro i quali offriranno aiuto per la costruzione della chiesa di S. Maria che i *fratres* di fra Pietro del Morrone stanno costruendo fuori le mura della città dell'Aquila.

Originale deperdito [*A], già *Archivio del monastero di S. Maria di Collemaggio, «Litterae apostolicae, indulgentiae et privilegia» (Zanotti, *Archivia*, VI.2, p. 717).

Regesti: Zanotti, *Digestum*, –. Zanotti, *Archivia*, VI.2, p. 717. Antinori, *Annali*, X.2, *sub anno* 1294, *sub voce* Collemaggio [p. 341] (con data 1294 marzo 10). Clementi-Berardi 1980, p. 213 (con data 1294 marzo 10). Morizio 2008, p. 365 n. 170. Morizio 2022, p. 134 n. 172.

Bibliografia: Morizio 2008, *passim*.

A.L. Antinori confonde la concessione d'indulgenza del vescovo di Rapolla con quella del vescovo di Caserta (cfr. doc. n. 189); di conseguenza, l'errore è stato riprodotto anche nel regesto di Clementi-Berardi 1980.

Per S. Maria di Collemaggio vedi *Insediamenti celestini*, n. 64.

173.

INSTRUMENTUM PERMUTATIONIS

1293 novembre 20, Isernia

Donna Deulonola, moglie di Benincasa di Rinaldo da Fossacesia, e donna Risa, moglie di Giacomo di Benincasa da Todi, entrambe di Isernia, permutano con Mercurio, figlio del giudice Ruggero da Isernia, che agisce in nome e per conto del monastero di S. Spirito della Maiella in Isernia, un terreno di loro proprietà, sito in località *la Cappella*, con una vigna di proprietà del monastero di S. Spirito, sita in località *Plana*, fermo restando il diritto di usufrutto vita natural durante su detto terreno in favore di Gentiluccia, vedova e madre delle predette donne.
Giudice: Rampino, giudice di Isernia (S).
Notaio: Pietro, notaio di Isernia (S).

Originale [A], Montecassino, Archivio dell'abbazia, Fondo di S. Spirito di Isernia, fasc. III, n. 28. Copia semplice del secolo XIX [B], Montecassino, Archivio dell'abbazia, Fondo di S. Spirito di Isernia, *Codex diplomaticus aeserniensis*, f. 658r-659v.

Regesti: Zanotti, *Digestum*, –. Zanotti, *Archivia*, –. Avagliano 1971, p. 63-64 n. 28. Morizio 2008, p. 365 n. 171. Morizio 2022, p. 134-135 n. 173.

Bibliografia: Morizio 2008, *passim*.

Per S. Spirito di Isernia vedi *Insediamenti celestini*, n. 117.

174.

INSTRUMENTUM VENDITIONIS

1293 novembre 22, Sulmona

Finasso di Giuliano da Sulmona vende al giudice Filippo da Sulmona, procuratore del monastero di S. Spirito del Morrone, in nome e per conto dell'abate di esso, una *cesa* nelle pertinenze di Sulmona, in località *lo Murrone*, confinante su tutti i lati con le proprietà del detto monastero, al prezzo di un'oncia d'oro e sei tarì.
Notaio: Onofrio di Giovanni di Gerardo, <notaio di Sulmona>.

Originale deperdito [*A], già *Archivio del monastero di S. Spirito del Morrone, «Iura Murronis» (Zanotti, *Archivia*, VI.1, p. 113).

Regesti: Zanotti, *Digestum*, II.1, p. 203. Zanotti, *Archivia*, VI.1, p. 113. Morizio 2008, p. 365-366 n. 172. Morizio 2022, p. 135 n. 174.

Bibliografia: Zanotti, *Digestum*, II.1, p. 201-204. Morizio 2008, *passim*.

Per il significato del termine *cesa* vedi la nota al doc. n. 51.

Per S. Spirito del Morrone vedi *Insediamenti celestini*, n. 112.

175.

INSTRUMENTUM VENDITIONIS

1293 novembre 25, Isernia

Tommaso di Andrea del presbitero Alberto, nato e abitante a Isernia, e sua moglie Tommasa, per la quarta parte a lei spettante, vendono a Mercurio, figlio del giudice Ruggero da Isernia, che acquista in nome e per conto del monastero di S. Spirito della Maiella in Isernia, una pezza di terra in località *le Cappelle*, al prezzo di un'oncia d'oro.
Giudice: Francesco di Giovanni *de Valle*, giudice di Isernia (S).
Notaio: Pietro, notaio di Isernia (S).

Originale [A], Montecassino, Archivio dell'abbazia, Fondo di S. Spirito di Isernia, fasc. III, n. 29. Copia semplice del secolo XIX [B], Montecassino, Archivio dell'abbazia, Fondo di S. Spirito di Isernia, *Codex diplomaticus aeserniensis*, f. 654r-655v.

Regesti: Zanotti, *Digestum*, –. Zanotti, *Archivia*, VI.1, p. 380. Avagliano 1971, p. 64 n. 29. Morizio 2008, p. 366 n. 173. Morizio 2022, p. 135 n. 175.

Bibliografia: Morizio 2008, *passim*.

Per S. Spirito di Isernia vedi *Insediamenti celestini*, n. 117.

176.

INSTRUMENTUM VENDITIONIS

1293 dicembre 5, Lanciano, *in domo dominae Golatae et Guillielmi*

Donna Golata, moglie di Guglielmo, conte di Lanciano, con l'autorità di quest'ultimo, suo legittimo mundoaldo, il medesimo Guglielmo, di comune accordo con la moglie, e Riccardo Villano da Lanciano vendono a fra Onofrio, abate dell'ordine morronese, in nome e per conto del detto ordine, un terreno, sito nel territorio di Lanciano, *in contrata Bardellae*, al prezzo di nove once d'oro; presenti e consenzienti anche donna Giuliana, moglie di Riccardo, e donna Tommasa, madre di donna Golata, che rinunciano a ogni diritto su tale bene.
Giudice: Giacomo di Pietro *de Civitella*, giudice di Lanciano.
Notaio: Panfilo di Barone, notaio di Lanciano.

Originale deperdito [*A], già *Archivio del monastero di S. Spirito del Morrone, «Pro monasterio Anxiani» (Zanotti, *Archivia*, VI.1, p. 367). Copia semplice del secolo XVII [Z], Zanotti, *Digestum*, II.2, p. 371-377 («ex proprio originali existenti in archivio venerabilis abbatiae Sancti Spiritus de Sulmone»).

Regesti: Zanotti, *Digestum*, II.1, p. 15, 211. Zanotti, *Archivia*, VI.1, p. 367. Morizio 2008, p. 366 n. 174. Morizio 2022, p. 136 n. 176.

Bibliografia: Zanotti, *Digestum*, II.1, p. 210-212; II.2, p. 541, 547; V.2, p. 569. Moscati 1956, p. 133 nota 2 (con data 1293 ottobre 5), 135 nota 1. Paoli 2004, p. 15 nota 62. Morizio 2008, *passim*.

Per S. Spirito di Lanciano vedi *Insediamenti celestini*, n. 118.

177.

INSTRUMENTUM DONATIONIS

1293 dicembre 9, Isernia

Donna Cristina, vedova di Nicola di Giovanni Bianco, dona a Mercurio del giudice Ruggero da Isernia, che riceve in nome e per conto del monastero di S. Spirito della Maiella in Isernia, una pezza di terra in località *Imperaturi*; in cambio il monastero si impegna a dare alla vedova ogni anno dodici tomoli di grano.

Giudice: Francesco di Giovanni *de Valle*, giudice di Isernia (S).

Notaio: Pietro, notaio di Isernia (S).

Originale [A], Montecassino, Archivio dell'abbazia, Fondo di S. Spirito di Isernia, fasc. III, n. 30. Copia semplice del secolo XIX [B], Montecassino, Archivio dell'abbazia, Fondo di S. Spirito di Isernia, *Codex diplomaticus aeserniensis*, f. 656r-657r.

Regesti: Zanotti, *Digestum*, –. Zanotti, *Archivia*, –. Avagliano 1971, p. 64 n. 30. Morizio 2008, p. 366-367 n. 175. Morizio 2022, p. 136 n. 177.

Bibliografia: Morizio 2008, *passim*.

Per S. Spirito di Isernia vedi *Insediamenti celestini*, n. 117.

178.

INSTRUMENTUM VENDITIONIS

1293 dicembre 20, Isernia

Giacomo di Benincasa, cittadino e abitante di Isernia, con il consenso della moglie per la quarta parte a lei spettante, vende a Mercurio del giudice Ruggero, cittadino e abitante della città medesima, che agisce in nome e per conto del monastero della chiesa di S. Spirito della Maiella esistente nel territorio di Isernia, una pezza di terra, sita nelle pertinenze della detta città, in località *Cappelle*, confinante su un lato con le proprietà del monastero, al prezzo di un'oncia d'oro.

Giudice: Rampino, giudice di Isernia (S).

Notaio: Pietro, notaio di Isernia (S).

Originale [A], Montecassino, Archivio dell'abbazia, Fondo di S. Spirito di Isernia, fasc. III, n. 31. Copia semplice del secolo XIX [B], Montecassino, Archivio dell'abbazia, Fondo di S. Spirito di Isernia, *Codex diplomaticus aeserniensis*, f. 640r-641r.

Regesti: Zanotti, *Digestum*, –. Zanotti, *Archivia*, VI.1, p. 380 (con data 1294 dicembre 20). Avagliano 1971, p. 66 n. 34 (con data 1294 dicembre 20). Morizio 2008, p. 399-400 n. 245. Morizio 2022, p. 136-137 n. 178.

Bibliografia: Morizio 2008, *passim*.

La data cronica del documento necessita di una precisazione. In A essa è espressa nel seguente modo: «mill(esim)o duce(n)tes(imo) nonag(esim)o qua(r)to, vicesimo die mensis dece(m)br(is)». Tuttavia, l'indizione (settima), secondo lo stile bizantino, e l'anno di regno di Carlo II d'Angiò (nono), indicano chiaramente che la data corretta è 20 dicembre 1293.

Per S. Spirito di Isernia vedi *Insediamenti celestini*, n. 117.

179.

INSTRUMENTUM VENDITIONIS

1293 dicembre 31, Isernia

Il giudice Francesco del fu Giovanni *de Valle*, cittadino e abitante di Isernia, vende a Mercurio del giudice Ruggero, cittadino e abitante della medesima città, che agisce in nome e per conto del monastero della chiesa di S. Spirito della Maiella, sito nel territorio di Isernia, una piccola pezza di terra ubicata nelle pertinenze della detta città, nella località *Cappelle*, al prezzo di un'oncia d'oro; nel caso valesse di più dona la plusvalenza al monastero per l'anima del padre Giovanni *de Valle*.

Giudice: Boemondo, giudice di Isernia (S).

Notaio: Pietro, notaio di Isernia (S).

Originale [A], Montecassino, Archivio dell'abbazia, Fondo di S. Spirito di Isernia, fasc. III, n. 32. Copia semplice del secolo XIX [B], Montecassino, Archivio dell'abbazia, Fondo di S. Spirito di Isernia, *Codex diplomaticus aeserniensis*, f. 646r-647v.

Regesti: Zanotti, *Digestum*, –. Zanotti, *Archivia*, –. Avagliano 1971, p. 66 n. 35 (con data 1294 dicembre 31). Morizio 2008, p. 400 n. 246. Morizio 2022, p. 137 n. 179.

Bibliografia: Morizio 2008, *passim.*

La data cronica del documento necessita di una precisazione. Per l'era cristiana è usato lo stile della Natività, giacché il millesimo indicato nel documento è 1294. L'indizione (quarta), secondo lo stile bizantino, e l'anno di regno di Carlo II d'Angiò (nono), confermano che la data corretta è 1294 dicembre 31.

Per S. Spirito di Isernia vedi *Insediamenti celestini*, n. 117.

180.

INSTRUMENTUM PERMUTATIONIS

1294 gennaio 7, *in campo quod dicitur Vallis Rustici in pertinentiis Fucis* (Aielli)

Pietruccio di Pietro del *dominus* Matteo da Foce permuta con fra Pietro da Bucchianico, procuratore della chiesa di S. Marco *inter Fuces*, dell'ordine di fra Pietro del Morrone, ricevente in nome e per conto del detto ordine, tre pezze di terra poste nelle pertinenze di Foce, delle quali la prima si trova nella località *Terminus*, la seconda nella località *Felepede*, confinante su tre lati con le proprietà della chiesa di S. Marco, la terza nella medesima località, confinante su due lati con le proprietà della chiesa di S. Marco, con due pezze di terra poste nelle pertinenze di Celano, nelle località *Cannulu* e *Fons Lutosa.*
Giudice: Pietro di Nicola di Alberto, giudice di Celano.
Notaio: Bertoldo, notaio di Celano.

Copia autentica del 1298 marzo 8 deperdita [*B], già *Archivio del monastero di S. Angelo di Celano (Città del Vaticano, Archivio apostolico vaticano, Vat. lat. 14198, f. 649r). Copia semplice del secolo XVII [C], Città del Vaticano, Archivio apostolico vaticano, Vat. lat. 14198, f. 69v-72r.

Regesti: Città del Vaticano, Archivio apostolico vaticano, Vat. lat. 14198, f. 5r. Zanotti, *Digestum*, –. Zanotti, *Archivia*, –. Morizio 2008, p. 367 n. 176. Morizio 2022, p. 138 n. 180.

Bibliografia: Zanotti, *Digestum*, V.2, p. 631. Morizio 2008, *passim.*

L'atto, rimasto in forma di minuta presso Bertoldo, notaio di Celano – il quale, nel 1298, era impossibilitato a renderlo *in publicam formam* a causa di una malattia degli occhi –, venne pubblicato (su richiesta e in presenza di fra Pietro da Bucchianico, dell'ordine di fra Pietro del Morrone) in Celano, «ante domum Francisci Benvenuti», in presenza del giudice Francesco di Benvenuto e di numerosi testi, da Palmerio, «publicus Coelani auctoritate regia notarius», che ne aveva ricevuto espresso mandato «a nobili viro domino Ioanne de Cimitio magnifici viri Thomae comitis Coelani in eodem comitatus Coelani vicario generali».
In C, l'indizione segnata è la sesta, anziché la settima, mentre l'anno di regno decimo di Carlo II, re di Gerusalemme e di Sicilia, conferma il millesimo; è ipotizzabile un errore materiale, da parte del notaio o dello *scriptor* – e quindi presente già nella copia autentica – oppure da parte di G. Romano che trascrisse il documento nel secolo XVII.
Si noti, infine, che nella *datatio* dell'autentica dell'atto manca il mese («Anno Domini millesimo ducentesimo nonagesimo octavo, die octavo eiusdem, undecimae indictionis») – che è invece indicato nel regesto; anche in questo caso si tratta di un errore di trascrizione.

Per S. Marco di Foce vedi *Insediamenti celestini*, n. 51.

181.

CAROLI IERUSALEM ET SICILIAE REGIS PRIVILEGIUM

1294 gennaio 15, Aix-en-Provence

Carlo II, re di Gerusalemme e di Sicilia, concede al monastero di S. Spirito del Morrone, dell'ordine di fra Pietro del Morrone, e agli altri *loca* dello stesso ordine, ubicati nel regno di Sicilia, il diritto di spostare liberamente i propri animali (pecore, buoi e vacche) all'interno del regno o di condurli al di fuori di esso; ordina, inoltre, ai custodi dei passi di impedire ogni molestia nei confronti degli animali ap-partenenti ai monasteri del detto ordine durante la transumanza all'interno del regno o anche per l'uscita da esso.

Contemplatione viri.

Originale [A], Montecassino, Archivio dell'abbazia, Fondo di S. Spirito del Morrone, 202 (SD). Atto registrato deperdito [*R], già Napoli, Archivio di Stato, *Registri angioini, 70, f. 117v (Cantera 1892, p. 28-29 nota 1). Copia semplice del secolo XVII [Z], Zanotti, *Digestum*, II.2, p. 381-382 («ex proprio originali existenti in archivio venerabilis abbatiae Sancti Spiritus de Sulmone»).

Edizioni: Cantera 1892, p. 28-29 nota 1 (da *R). Herde 1981, p. 210-211 n. 4 (da A). Herde 2004, p. 254-255 n. 4 (da A). *I registri della cancelleria angioina*, 48 (1293-1294), p. 124-125 n. 40.

Regesti: Zanotti, *Digestum*, II.1, p. 15; II.2, p. 428. Zanotti, *Archivia*, VI.1, p. 223. Leccisotti 1966, p. 81 n. 202. Morizio 2008, p. 367-368 n. 177. Morizio 2022, p. 138-139 n. 181.

Facsimile: Leccisotti 1966, <p. 360 bis> tavola IX.

Bibliografia: Moscati 1956, p. 135 nota 4. Clementi 1988, p. 252-253. Clementi 1996, p. 75-76. Vitolo 1998, p. 213. Herde 2004, p. 35 nota 154, 72 nota 168. Golinelli 2007, p. 117. Morizio 2008, *passim*.

Per S. Spirito del Morrone vedi *Insediamenti celestini*, n. 112.

182.

CAROLI IERUSALEM ET SICILIAE REGIS PRIVILEGIUM

1294 gennaio 15, Aix-en-Provence

Carlo II, re di Gerusalemme e di Sicilia, conferma tutti i beni del monastero di S. Spirito <del Morrone>, dell'ordine di fra Pietro del Morrone, e degli altri *loca* dello stesso ordine ubicati entro i confini del regno di Sicilia, a eccezione dei beni feudali, fatti salvi i diritti della curia regia e di terzi.
Etsi ad benemeritos.

Atto registrato deperdito [*R], già Napoli, Archivio di Stato, *Registri angioini, 70, f. 1 (Cantera 1892, p. 27-28 nota 2). Copia autentica del 1294 ottobre 6 deperdita [*B], già *Archivio del monastero di S. Maria di Agnone (Zanotti, *Digestum*, II.2, p. 379-380). Copia semplice del secolo XVII [Z], Zanotti, *Digestum*, II.2, p. 379-380 («ex transumpto authentico per manum notarii Adam de Sulmona sub die 6 octobris 1294 quod in monasterio Sanctae Mariae Maiellae de Anglono asservatur»).

Edizione: Cantera 1892, p. 27-28 nota 2 (da *R). *I registri della cancelleria angioina*, 48 (1293-1294), p. 12 n. 20.

Regesti: Zanotti, *Digestum*, II.1, p. 15. Zanotti, *Archivia*, –. Morizio 2008, p. 368 n. 178. Morizio 2022, p. 139 n. 182.

Bibliografia: Moscati 1956, p. 135 nota 3. Herde 2004, p. 72 nota 168. Morizio 2008, *passim*.

La copia autentica fu redatta da Adamo di Gerardo, notaio di Sulmona.

Per S. Spirito del Morrone vedi *Insediamenti celestini*, n. 112.

183.

CAROLI IERUSALEM ET SICILIAE REGIS MANDATUM

1294 gennaio 15, Aix-en-Provence

Carlo II, re di Gerusalemme e di Sicilia, prende sotto la protezione regia il monastero di S. Spirito del Morrone, dell'ordine di fra Pietro del Morrone, con tutte le sue dipendenze, e ordina agli ufficiali del regno di Sicilia che i monaci, i conversi e tutti gli altri servitori, nonché i monasteri, le case, le grange e tutti i beni del monastero di S. Spirito non subiscano molestie né da parte loro né da parte di altri; ordina, infine, che il documento, dopo essere stato analizzato per il tempo necessario, venga restituito al procuratore o nunzio del predetto monastero.
Certa ratio.

Atto registrato deperdito [*R], già Napoli, Archivio di Stato, *Registri angioini, 70, f. 117v (Cantera 1892, p. 28 nota 1).

Edizione: Cantera 1892, p. 28 nota 1. *I registri della cancelleria angioina*, 48 (1293-1294), p. 124 n. 39.

Regesti: Zanotti, *Digestum*, –. Zanotti, *Archivia*, –. Morizio 2008, p. 368-369 n. 179. Morizio 2022, p. 139-140 n. 183.

Bibliografia: Moscati 1956, p. 135 nota 5. Herde 2004, p. 72 nota 168. Morizio 2008, *passim*.

Per S. Spirito del Morrone vedi *Insediamenti celestini*, n. 112.

184.

INSTRUMENTUM PERMUTATIONIS

1294 gennaio 15, Isernia

Fra Gualtiero da Guardiagrele, visitatore di alcuni monasteri dell'ordine del Morrone e fra Alessandro, priore del monastero della chiesa di S. Spirito del medesimo ordine, sita nel territorio della città di Isernia, in nome e per conto del detto monastero e con il consenso di tutta la comunità, danno a Roberto, vescovo di Isernia, due mulini, con gualchiera, acquedotto e canapàie annesse, ubicati nelle pertinenze di Isernia, in località *flumen Maraldi*, ricevendo in cambio dal vescovo, con il consenso del capitolo, la metà di una pezza di terra posta nelle medesime pertinenze, in località *Omnis Sanctus*.
Giudice: Rampino, giudice di Isernia (S).
Notaio: Pietro, notaio di Isernia (S).

Originale [A], Montecassino, Archivio dell'abbazia, Fondo di S. Spirito di Isernia, fasc. IV, n. 33. Copia semplice del secolo XIX [B], Montecassino, Archivio dell'abbazia, Fondo di S. Spirito di Isernia, *Codex diplomaticus aeserniensis*, f. 644r-645r.

Regesti: Zanotti, *Digestum*, –. Zanotti, *Archivia*, –. Avagliano 1971, p. 65 n. 31. Morizio 2008, p. 369 n. 180. Morizio 2022, p. 140 n. 184.

Bibliografia: Morizio 2008, *passim*.

Per S. Spirito di Isernia vedi *Insediamenti celestini*, n. 117.

185.

INSTRUMENTUM DONATIONIS

1294 febbraio 10, Sulmona, *in domo condam Leonardi Symoni*

Andrea di Oderisio da Sulmona dona *inter vivos* al giudice Filippo da Sulmona, procuratore del monastero di S. Spirito del Morrone, ricevente in nome e per conto dello stesso monastero, una pezza di terra arativa nel territorio di Sulmona, in località *la Miratore*, confinante su un lato con le proprietà della chiesa di S. Maria *de Corbonibus*.
Giudice: Tommaso di *ser* Gionata, giudice di Sulmona (S).
Notaio: Onofrio di Giovanni di Gerardo, notaio di Sulmona (S).

Originale [A], Montecassino, Archivio dell'abbazia, Fondo di S. Spirito del Morrone, 203.

Regesti: Zanotti, *Digestum*, –. Zanotti, *Archivia*, VI.1, p. 164. Leccisotti 1966, p. 81-82 n. 203. Morizio 2008, p. 369-370 n. 181. Morizio 2022, p. 140-141 n. 185.

Bibliografia: Morizio 2008, *passim*.

La chiesa di S. Maria *de Corbonibus*, ubicata ai piedi del monte Morrone, nell'odierna frazione Marane, nel 1232, fu ceduta dal vescovo e dal capitolo di Sulmona ai cistercensi di S. Maria di Casanova per 29 anni, con la clausola che non vi si istituisse un luogo conventuale; vedi Pietrantonio 1988, p. 293-294 n. 222; Mattiocco 1994, p. 144, 166, 167, 198, 199, 201, 206, 229, 231, 240; Orsini 2003, p. 91 n. 409; cfr. anche doc. n. 251, 364.

Per S. Spirito del Morrone vedi *Insediamenti celestini*, n. 112.

186.

INSTRUMENTUM DONATIONIS

1294 febbraio 15, chiostro del monastero di Collemaggio (L'Aquila)

Fra Francesco, figlio del fu *magister* Berardo *de Turribus*, dona al monastero di S. Maria di Colle-maggio e a fra Paolo da Bucchianico, priore di esso, tutti i suoi beni mobili e immobili.
Notaio: Pietro di Giacomo *de Balneo*.

Originale deperdito [*A], già *Archivio del monastero di S. Maria di Collemaggio, «Testamenta, donationes et legata» (Zanotti, *Archivia*, VI.2, p. 667).

Regesti: Zanotti, *Digestum*, –. Zanotti, *Archivia*, VI.2, p. 667. Antinori, *Annali*, X.2, *sub anno* 1294, *sub voce* Colle-maggio [p. 341]. Clementi-Berardi 1980, p. 213. Morizio 2008, p. 370 n. 182. Morizio 2022, p. 141 n. 186.

Bibliografia: Morizio 2008, *passim*.

È possibile che il documento originale deperdito prevedesse, oltre alla donazione di tutti i beni, anche un atto di obla-zione.

Per S. Maria di Collemaggio vedi *Insediamenti celestini*, n. 64.

187.

TRANSUMPTUM INSTRUMENTI QUIETATIONIS

1294 febbraio 20, Isernia

Giovanni di Alessandro da Isernia, su richiesta di fra Alessandro, priore, e della comunità del mona-stero di S. Spirito di Isernia, fa redigere copia autentica della ricevuta di pagamento per la somma che egli ha versato, per conto dell'erede del giudice Francesco da Isernia, al camerario di Giovanni Scotto, consigliere e familiare regio, in data 1293 marzo 14.
Giudice: Francesco *de Valle*, giudice di Isernia (S).
Notaio: Pietro, notaio di Isernia (S).

Originale [A], Montecassino, Archivio dell'abbazia, Fondo di S. Spirito di Isernia, fasc. IV, n. 34. Copia semplice del secolo XIX [B], Montecassino, Archivio dell'abbazia, Fondo di S. Spirito di Isernia, *Codex diplomaticus aeserniensis*, f. 642r-643r.

Regesti: Zanotti, *Digestum*, –. Zanotti, *Archivia*, VI.1, p. 380. Avagliano 1971, p. 65 n. 32. Morizio 2008, p. 370 n. 183. Morizio 2022, p. 141 n. 187.

Bibliografia: Zanotti, *Digestum*, II.2, p. 547. Morizio 2008, *passim*.

Su Jean Lescot (*Iohannes Scottus*, Giovanni Scotto), *miles*, giustiziere d'Abruzzo, gran siniscalco, signore di Flumeri e Trevico, vedi *I registri della cancelleria angioina*, 50 (1267-1295), p. 34 n. 120, 50-51 n. 164, 331-333 n. 815, 336-337 n. 822, 560 n. 1261.

Per S. Spirito di Isernia vedi *Insediamenti celestini*, n. 117.

188.

INSTRUMENTUM PROCURAE

1294 febbraio 28, monastero di S. Spirito di Valva (Sulmona)

Fra Onofrio, abate del monastero di S. Spirito di Valva, dell'ordine di san Benedetto, come capo dei monasteri di S. Spirito della Maiella e di S. Pietro di Vallebona e di tutte le celle, le chiese e i luoghi a essi soggetti, con il consenso della comunità, la comunità del luogo di S. Spirito di Valva, con il consenso dell'abate, i priori e le comunità dei monasteri di S. Spirito della Maiella e S. Pietro di Vallebona, diocesi di Chieti, nominano loro procuratore Mosburgo di *magister* Guglielmo da Bucchianico, perché rivendichi il possesso di alcune terre illecitamente occupate da alcuni uomini di Manoppello.

Originale [A], Montecassino, Archivio dell'abbazia, Fondo di S. Spirito del Morrone, 205 (SD). Copia semplice del secolo XVII [Z], Zanotti, *Digestum*, II.2, p. 383-385 («ex proprio originali existenti in archivio venerabilis abbatiae Sancti Spiritus de Sulmone»).

Regesti: Zanotti, *Digestum*, II.1, p. 16, 211-212. Zanotti, *Archivia*, VI.1, p. 282. Pansa 1899, p. 188-189. Leccisotti 1966, p. 82 n. 205. Morizio 2008, p. 370-371 n. 184. Morizio 2022, p. 142 n. 188.

Bibliografia: Zanotti, *Digestum*, II.1, p. 210-212; II.2, p. 541, 547; V.2, p. 569. Morizio 2008, *passim*.

Per S. Pietro di Vallebona vedi *Insediamenti celestini*, n. 103. Per S. Spirito del Morrone vedi *Insediamenti celestini*, n. 112. Per S. Spirito della Maiella vedi *Insediamenti celestini*, n. 113.

189.

AZZI EPISCOPI CASERTANI PRIVILEGIUM

1294 marzo 10, Aquila

Azzo, vescovo di Caserta, concede quaranta giorni di indulgenza a coloro i quali offriranno aiuto per la costruzione della chiesa di S. Maria che i *fratres* di fra Pietro del Morrone stanno costruendo fuori le mura della città dell'Aquila.

Originale? deperdito [*A], già *Archivio del monastero di S. Maria di Collemaggio, «Litterae apostolicae, indulgentiae et privilegia» (Zanotti, *Archivia*, VI.2, p. 717).

Regesti: Zanotti, *Digestum*, –. Zanotti, *Archivia*, VI.2, p. 717. Morizio 2008, p. 371 n. 185. Morizio 2022, p. 142 n. 189.

Bibliografia: Morizio 2008, *passim*.

Il documento era scritto in calce alla concessione del vescovo dell'Aquila del 16 febbraio 1289 (cfr. doc. n. 113).

Per S. Maria di Collemaggio vedi *Insediamenti celestini*, n. 64.

190.

INSTRUMENTUM VENDITIONIS

1294 marzo 17, Isernia

Il giudice Francesco di Giovanni *de Valle*, sua madre donna Gemma, vedova di Giovanni, e donna Tommasa, moglie di Francesco, tutti di Isernia, vendono al giudice Rampino, cittadino di Isernia, che acquista in nome e per conto del monastero di S. Spirito di Isernia, una pezza di terra in località *le Cappelle*, al prezzo di quattro once d'oro.
Giudice: Boemondo, giudice di Isernia (S).
Notaio: Pietro, notaio di Isernia (S).

Originale [A], Montecassino, Archivio dell'abbazia, Fondo di S. Spirito di Isernia, fasc. IV, n. 35. Copia semplice del secolo XIX [B], Montecassino, Archivio dell'abbazia, Fondo di S. Spirito di Isernia, *Codex diplomaticus aeserniensis*, f. 662r-663v.

Regesti: Zanotti, *Digestum*, –. Zanotti, *Archivia*, –. Avagliano 1971, p. 65-66 n. 33. Morizio 2008, p. 371 n. 186. Morizio 2022, p. 142-143 n. 190.

Bibliografia: Morizio 2008, *passim*.

Per S. Spirito di Isernia vedi *Insediamenti celestini*, n. 117.

191.

CAROLI IERUSALEM ET SICILIAE REGIS PRIVILEGIUM

1294 aprile 6, Sulmona

Carlo II, re di Gerusalemme e di Sicilia, per la speciale devozione che egli ha nei riguardi dell'ordine del venerabile fra Pietro del Morrone, assegna una rendita annua di dieci once d'oro in beni fiscali al monastero di S. Spirito, dello stesso ordine, che si sta costruendo *de novo* nelle pertinenze di Sulmona, diocesi di Valva.

Si obsequentium.

Originale [A], Montecassino, Archivio dell'abbazia, Fondo di S. Spirito del Morrone, 206 (SD). Atto registrato deperdito [*R], già Napoli, Archivio di Stato, *Registri angioini, 63, f. 66v (Cantera 1892, p. 29 nota 1). Copia semplice del secolo XVII [Z], Zanotti, *Digestum*, II.2, p. 391 («ex proprio originali existenti in archivio abbatiae Sancti Spiritus de Sulmone»).

Edizioni: Cantera 1892, p. 29 nota 1 (da *R). Herde 1981, p. 211-212 n. 5 (da A). *I registri della cancelleria angioina*, 47 (1268-1294), p. 47 n. 175. Herde 2004, p. 256 n. 5 (da A).

Regesti: Zanotti, *Digestum*, II.1, p. 16. Zanotti, *Archivia*, VI.1, p. 223. Leccisotti 1966, p. 83 n. 206. Morizio 2008, p. 372 n. 187. Morizio 2022, p. 143 n. 191.

Bibliografia: Zanotti, *Digestum*, II.2, p. 515-516. Moscati 1956, p. 135 nota 6. Herde 2004, p. 35 nota 154, 72 nota 170. Golinelli 2007, p. 117. Morizio 2008, *passim*.

Per S. Spirito del Morrone vedi *Insediamenti celestini*, n. 112.

192.

CAROLI IERUSALEM ET SICILIAE REGIS MANDATUM

1294 aprile 11, Capua

Carlo II, re di Gerusalemme e di Sicilia, ordina ai baiuli di Sulmona di pagare, ogni anno, al monastero di S. Spirito, sito presso Sulmona, diocesi di Valva, dell'ordine di fra Pietro del Morrone, le dieci once d'oro assegnate al monastero sui beni fiscali della medesima città.

Cum nos.

Atto registrato deperdito [*R], già Napoli, Archivio di Stato, *Registri angioini, 63, f. 71v (Cantera 1892, p. 29-30 nota 2).

Edizione: Cantera 1892, p. 29-30 nota 2. *I registri della cancelleria angioina*, 47 (1268-1294), p. 48 n. 178.

Regesti: Zanotti, *Digestum*, –. Zanotti, *Archivia*, –. Morizio 2008, p. 372 n. 188. Morizio 2022, p. 143-144 n. 192.

Bibliografia: Moscati 1956, p. 135 nota 7. Golinelli 2007, p. 117. Morizio 2008, *passim*.

Per S. Spirito del Morrone vedi *Insediamenti celestini*, n. 112.

193.

INSTRUMENTUM VENDITIONIS

1294 aprile 17, Sulmona

Pietro di Francesco *Sulmontini* vende a donna Paoluccia, moglie di Manuzio di Bartolomeo, una pezza di terra *ubi dicitur Fons Amoris*, un'altra pezza di terra nel medesimo luogo e un terreno *al Vado della Vella* al prezzo di cinque once d'oro, riservando al monastero di S. Spirito del Morrone la servitù di passaggio del canale che attraversa il terreno.

Notaio: Onofrio di Giovanni di Gerardo, <notaio di Sulmona>.

Originale deperdito [*A], già *Archivio del monastero di S. Spirito del Morrone, «Iura de domibus et terris in civitate et territorio Sulmonis et alibi. Pro terris» (Zanotti, *Archivia*, VI.1, p. 164).

Regesti: Zanotti, *Digestum*, –. Zanotti, *Archivia*, VI.1, p. 164. Morizio 2008, p. 372-373 n. 189. Morizio 2022, p. 144 n. 193.

Bibliografia: Morizio 2008, *passim*.

Per S. Spirito del Morrone vedi *Insediamenti celestini*, n. 112.

194.

CAROLI IERUSALEM ET SICILIAE REGIS MANDATUM

1294 maggio 22, Napoli

Carlo II, re di Gerusalemme e di Sicilia, ordina ai cabelloti dello stretto del lago di Varano di non impedire la pesca in due angoli del lago, chiamati *Piczi* e *Roselletum*, all'abate e alla comunità del monastero di S. Giovanni in Piano, dell'ordine di fra Pietro del Morrone.
Ex parte religiosorum.

Atto registrato deperdito [*R], già Napoli, Archivio di Stato, *Registri angioini, 63, f. 109v (Cantera 1892, p. 30-31 nota 5). Atto registrato deperdito [*R2], già Napoli, Archivio di Stato, *Registri angioini, 68, f. 12v (Cantera 1892, p. 30-31 nota 5). Atto registrato deperdito [*R3], già Napoli, Archivio di Stato, *Registri angioini, 68, f. 151v (Cantera 1892, p. 30-31 nota 5).

Edizione: Cantera 1892, p. 30-31 nota 5. *I registri della cancelleria angioina*, 47 (1268-1294), p. 101 n. 314.

Regesti: Zanotti, *Digestum*, –. Zanotti, *Archivia*, –. Morizio 2008, p. 373 n. 190. Morizio 2022, p. 144 n. 194.

Bibliografia: Moscati 1956, p. 135 nota 8. Morizio 2008, *passim*.

Per S. Giovanni in Piano vedi *Insediamenti celestini*, n. 41.

195.

DECRETUM DOMINORUM CARDINALIUM DE ELECTIONE PETRI DE MURRONE
IN PONTIFICEM

1294 luglio 5, Perugia

Latino, cardinale vescovo di Ostia, Gerardo, cardinale vescovo di Sabina, Giovanni, cardinale vescovo di Tuscolo, Matteo, cardinale vescovo di Porto, Ugo, cardinale prete di S. Sabina, Pietro, cardinale prete di S. Marco, Benedetto, cardinale prete di S. Martino, Matteo, cardinale diacono di S. Maria in Portico, Giacomo, cardinale diacono di S. Maria in Via Lata, Napoleone, cardinale diacono di S. Adriano, e Pietro, cardinale diacono di S. Eustachio, riuniti in concistoro, in assenza di Pietro, cardinale prete di S. Marco, eleggono fra Pietro del Morrone, dell'ordine di san Benedetto, a pontefice della Chiesa di Roma.
Demum inter nos.

Originale [A], Città del Vaticano, Archivio apostolico vaticano, *Archivum Arcis*, Armadi I-XVIII, 2177. Copia autentica del 1603 aprile 9 [B], Sulmona, Archivio capitolare di S. Panfilo, Archivio nuovo, Fondi e serie di archivi aggregati, S. Spirito del Morrone, II.4.230 (da A). Copia semplice del secolo XVII [Z], Zanotti, *Digestum*, II.2, p. 393-395 («ex transumpto authentico quod in archivio venerabilis abbatiae Sancti Spiritus de Sulmone conservatur» = B).

Edizioni: Beurrier 1634, p. 99-101. Zecca 1858, p. 183-186 n. 3. Cantera 1892, p. 38-40 nota 5. Mercati 1932, p. 10-13 n. 1 (da A).

Regesti: Zanotti, *Digestum*, II.1, p. 16. Zanotti, *Archivia*, VI.1, p. 187. Celidonio 1896, p. 43 n. 4 (con data 1294 luglio 16). Capograssi 1962, p. 330 n. 24 (con data 1294 luglio 4). Morizio 2008, p. 373-374 n. 191. Morizio 2022, p. 145 n. 195.

Facsimile: Mercati 1932, tavole I-II.

Bibliografia: Mercati 1932, p. 1-16. Solvi 1999, p. 26-27. Orsini 2003, p. 700 n. 27 (6115). Paoli 2004, p. 12. Herde 2004, p. 81 nota 206 e *passim*. Morizio 2008, *passim*.

In quel periodo, fra Pietro del Morrone si trovava presso l'eremo di S. Onofrio del Morrone – ubicato poco sopra l'abbazia di S. Spirito del Morrone (vedi *Insediamenti celestini*, n. 83) – nel quale si era ritirato dal giugno 1293.

Per S. Spirito del Morrone vedi *Insediamenti celestini*, n. 112.

196.

EPISTULA DOMINORUM CARDINALIUM AD PETRUM DE MURRONE DE EIUS ELECTIONE IN PONTIFICEM

1294 luglio 11, Perugia

I cardinali vescovi, presbiteri e diaconi della chiesa di Roma – Latino, cardinale vescovo di Ostia, Gerardo, cardinale vescovo di Sabina, Giovanni, cardinale vescovo di Tuscolo, Matteo, cardinale vescovo di Porto, Ugo, cardinale prete di S. Sabina, Pietro, cardinale prete di S. Marco, Benedetto, cardinale prete di S. Martino, Matteo, cardinale diacono di S. Maria in Portico, Giacomo, cardinale diacono di S. Maria in Via Lata, Napoleone, cardinale diacono di S. Adriano, e Pietro, cardinale diacono di S. Eustachio – comunicano a fra Pietro del Morrone, dell'ordine di san Benedetto, la sua elezione a sommo pontefice, per mezzo di <Berardo>, arcivescovo di Lione, <Francesco>, arcivescovo di Orvieto, <Pandolfo>, arcivescovo di Patti, e di Francesco di Napoleone *de Urbe* e Guglielmo *de Mandagoto*, *magistri* e notai della sede apostolica.
Si diffusam.

Originale [A], Città del Vaticano, Archivio apostolico vaticano, *Archivum Arcis* Armadi I-XVIII, 2178. Copia autentica del 1603 aprile 9 [B], Sulmona, Archivio capitolare di S. Panfilo, Archivio nuovo, Fondi e serie di archivi aggregati, S. Spirito del Morrone, II.5.143. Copia semplice del secolo XVIII [B2], Città del Vaticano, Archivio apostolico vaticano, Fondo celestini II, 43, f. 32r-v («ex originali quod asservatur in archivio apostolico in castro Sancti Angeli exemplatumque authenticum habet murronense archivium»).

Edizioni: Beurrier 1634, p. 102-104. Zecca 1858, p. 186-187 n. 4. Cantera 1892, p. 41-42 nota 5. Mercati 1932, p. 14-16 n. 2 (da A). Pagano 2012, p. 7-10.

Traduzione: Pagano 2012, p. 11-13.

Regesti: Zanotti, *Digestum*, –. Zanotti, *Archivia*, VI.1, p. 187. Celidonio 1896, p. 43 n. 5. Capograssi 1962, p. 330 n. 25 (con data 1294 luglio 5). Paoli 2004, p. 349. Morizio 2008, p. 374 n. 192. Morizio 2022, p. 145 n. 196.

Facsimile: Herde 2000, p. 461.

Bibliografia: Mercati 1932, p. 1-16. Solvi 1999, p. 26-27. Orsini 2003, p. 700 n. 26 (6114). Morizio 2008, *passim*.

In quel periodo, fra Pietro del Morrone si trovava presso l'eremo di S. Onofrio del Morrone – ubicato poco sopra l'abbazia di S. Spirito del Morrone (vedi *Insediamenti celestini*, n. 83) – nel quale si era ritirato dal giugno 1293.

Per S. Spirito del Morrone vedi *Insediamenti celestini*, n. 112.

197.

CAROLI IERUSALEM ET SICILIAE REGIS PRIVILEGIUM

1294 luglio 31, Aquila

Carlo II, re di Gerusalemme e di Sicilia, prende sotto la protezione regia il monastero di S. Spirito del Morrone, dell'ordine di san Benedetto, sito presso Sulmona, e i monasteri e le chiese a esso soggetti, ovvero le chiese di S. Maria del Morrone, S. Giovanni del Morrone, S. Antolino di Campo di Giove, S. Giovanni di Acquasanta, S. Spirito della Maiella, S. Giorgio di Roccamorice, S. Pietro di Vallebona, S. Angelo *in Pulverio*, S. Quirico, S. Giorgio di Rapino, S. Spirito di Bucchianico, S. Spirito di Ortona, S. Maria di Tremonti, S. Salvatore di Penne, S. Maria dell'Aquila, S. Cesidio di Caporciano, S. Maria di Trivento, S. Spirito di Lanciano, S. Maria di Agnone, S. Spirito di Isernia, S. Martino di Boiano, S. Spirito di Alife, S. Spirito di Venafro, S. Giovanni di Cerro, S. Bartolomeo di Legio, S. Giovanni *in Orfente de Magella*, S. Pietro di Roccamontepiano e il monastero di S.

Giovanni in Piano con tutte le sue grange, ovvero le chiese di S. Maria, S. Giacomo, S. Spirito, S. Pietro, S. Lorenzo, S. Nicola e S. Lucia di Apricena; S. Nicola e S. Lucia di Civitate; S. Giovanni di Banzi con il suo ospizio; S. Arcangelo e S. Nicola di Lesina; S. Angelo e S. Nicandro di San Nicandro; S. Giovanni di Rodi; inoltre due peschiere, una nel lago di Varano e l'altra nel lago di Lesina. *Vera devotio.*

Originale deperdito [*A], già *Archivio del monastero di S. Spirito del Morrone, «Privilegia regia» (Zanotti, *Archivia*, VI.1, p. 223-224). Originale deperdito [*A₂], già *Archivio del monastero di S. Spirito del Morrone, «Privilegia regia» (Zanotti, *Archivia*, VI.1, p. 224). Atto registrato deperdito [*R], già Napoli, Archivio di Stato, *Registri angioini, 68, f. 97v (Cantera 1892, p. 47 nota 2). Atto registrato deperdito [*R₂], già Napoli, Archivio di Stato, *Registri angioini, 69, f. 247r-v (Cantera 1892, p. 47 nota 2). Copia semplice del secolo XVII [Z], Zanotti, *Digestum*, II.2, p. 399-401 («ex proprio originali existenti in archivio abbatiae Sancti Spiritus de Sulmone»). Copia semplice parziale del secolo XVII [Z₂], Zanotti, *Digestum*, II.2, p. 397-398 («ex proprio originali privilegio quod in archivio venerabilis abbatiae Sancti Spiritus de Sulmone asservatur»).

Edizione: Cantera 1892, p. 47 nota 2 (da *R, *R₂; parziale). *I registri della cancelleria angioina*, 47 (1268-1294), p. 201 n. 565.

Regesti: Zanotti, *Digestum*, II.1, p. 16. Zanotti, *Archivia*, VI.1, p. 223-224. Morizio 2008, p. 374-375 n. 193. Morizio 2022, p. 145-147 n. 197.

Bibliografia: Zanotti, *Digestum*, II.2, p. 398. Cantera 1892, p. 14 nota 2. Moscati 1956, p. 133-134, 135-137, 147. Fucinese 1996, p. 43. Golinelli 1996, p. 133, 138 nota 2. Simonelli 1997, p. XXXI nota 73, XXXII. Paoli 2004, p. 13-14, 15 nota 64, 25 nota 117. Herde 2004, p. 95 nota 279. Panarelli 2005, p. 265. Pellegrini 2005, p. 324 nota 75, 345 nota 158. Morizio 2008, *passim*.

Per S. Angelo di San Nicandro vedi *Insediamenti celestini*, n. 4. Per S. Angelo *in Pulverio* vedi *Insediamenti celestini*, n. 7. Per S. Antonino di Campo di Giove vedi *Insediamenti celestini*, n. 9. Per S. Arcangelo di Lesina vedi *Insediamenti celestini*, n. 12. Per S. Bartolomeo di Legio vedi *Insediamenti celestini*, n. 13. Per S. Cesidio di Caporciano vedi *Insediamenti celestini*, n. 16. Per S. Giacomo di Apricena vedi *Insediamenti celestini*, n. 27. Per S. Giorgio di Rapino vedi *Insediamenti celestini*, n. 28. Per S. Giorgio di Roccamorice vedi *Insediamenti celestini*, n. 29. Per S. Giovanni del Morrone vedi *Insediamenti celestini*, n. 30. Per S. Giovanni della Maiella vedi *Insediamenti celestini*, n. 31. Per S. Giovanni di Acquasanta vedi *Insediamenti celestini*, n. 32. Per S. Giovanni di Banzi vedi *Insediamenti celestini*, n. 33. Per S. Giovanni di Cerro vedi *Insediamenti celestini*, n. 35. Per S. Giovanni di Rodi vedi *Insediamenti celestini*, n. 39. Per S. Giovanni in Piano vedi *Insediamenti celestini*, n. 41. Per S. Lorenzo di Apricena vedi *Insediamenti celestini*, n. 46. Per S. Lucia di Apricena vedi *Insediamenti celestini*, n. 47. Per S. Lucia di Civitate vedi *Insediamenti celestini*, n. 49. Per S. Maria del Morrone vedi *Insediamenti celestini*, n. 55. Per S. Maria di Agnone vedi *Insediamenti celestini*, n. 57. Per S. Maria di Apricena vedi *Insediamenti celestini*, n. 61. Per S. Maria di Collemaggio vedi *Insediamenti celestini*, n. 64. Per S. Maria di Tremonti vedi *Insediamenti celestini*, n. 70. Per S. Maria di Trivento vedi *Insediamenti celestini*, n. 71. Per S. Martino di Boiano vedi *Insediamenti celestini*, n. 74. Per S. Nicandro di San Nicandro vedi *Insediamenti celestini*, n. 76. Per S. Nicola di Apricena vedi *Insediamenti celestini*, n. 77. Per S. Nicola di Civitate vedi *Insediamenti celestini*, n. 78. Per S. Nicola di Lesina vedi *Insediamenti celestini*, n. 80. Per S. Pietro di Apricena vedi *Insediamenti celestini*, n. 96. Per S. Pietro di Roccamontepiano vedi *Insediamenti celestini*, n. 101. Per S. Pietro di Vallebona vedi *Insediamenti celestini*, n. 103. Per S. Quirico *in Cumulo* vedi *Insediamenti celestini*, n. 106. Per S. Salvatore di Penne vedi *Insediamenti celestini*, n. 108. Per S. Spirito del Morrone vedi *Insediamenti celestini*, n. 112. Per S. Spirito della Maiella vedi *Insediamenti celestini*, n. 113. Per S. Spirito di Alife vedi *Insediamenti celestini*, n. 114. Per S. Spirito di Apricena vedi *Insediamenti celestini*, n. 115. Per S. Spirito di Bucchianico vedi *Insediamenti celestini*, n. 116. Per S. Spirito di Isernia vedi *Insediamenti celestini*, n. 117. Per S. Spirito di Lanciano vedi *Insediamenti celestini*, n. 118. Per S. Spirito di Ortona vedi *Insediamenti celestini*, n. 119. Per S. Spirito di Venafro vedi *Insediamenti celestini*, n. 120.

198.

CAROLI IERUSALEM ET SICILIAE REGIS MANDATUM

1294 agosto 3, Aquila

Carlo II, re di Gerusalemme e di Sicilia, avendo donato il *castrum* di Pratola, sito nel giustizierato d'Abruzzo, all'abate e alla comunità di S. Spirito del Morrone presso Sulmona, dell'ordine di san Benedetto, in seguito alla riconsegna del *miles* Restaino Cantelmo, che lo aveva ricevuto in feudo dal re Carlo I, ordina al giudice Bartolomeo *de Galgano* da Sulmona di assegnare all'abate e alla comunità di S. Spirito, o a un loro procuratore, il detto *castrum* di Pratola senza alcuna dilazione e, ricevuto prima il dovuto giuramento di fedeltà al re da parte degli uomini di Pratola, di fare in modo che questo sia assicurato anche all'abate e alla comunità.

Si premia conferuntur.

Atto registrato deperdito [*R], già Napoli, Archivio di Stato, *Registri angioini, 63, f. 197r-v (Cantera 1892, p. 48 nota 1). Atto registrato deperdito [*R₂], già Napoli, Archivio di Stato, *Registri angioini, 68, f. 101r-v (Cantera 1892, p. 48 nota 1). Atto registrato deperdito [*R₃], già Napoli, Archivio di Stato, *Registri angioini, 69, f. 249r-v (Cantera 1892, p. 48 nota 1). Atto registrato deperdito [*R₄], già Napoli, Archivio di Stato, *Registri angioini, 75, f. 173r-v (Cantera 1892, p. 48 nota 1). Inserto del 1294 agosto 12 [B], Montecassino, Archivio dell'abbazia, Fondo di S. Spirito del Morrone, 207. Copia semplice del secolo XVII [Z], Zanotti, *Digestum*, II.2, p. 403-404 («ex publico instrumento executionis dicti mandati regii in quo de verbo ad verbum registratum est et corporalis possessionis dicti castri Pratularum assignatae religioso viro fratri Onufrio abbati monasterii Sancti Spiritus de Sulmona, rogato per manum notarii Iacobi Andreae de Sulmona, sub die 12 augusti 1294, quod in archivio dictae abbatiae conservatur»).

Edizione: Cantera 1892, p. 48 nota 1 (da *R, *R₂, *R₃, *R₄; parziale). *I registri della cancelleria angioina*, 47 (1268-1294), p. 211 n. 593.

Regesti: Zanotti, *Digestum*, II.1, p. 16. Zanotti, *Archivia*, –. Leccisotti 1966, p. 83. Morizio 2008, p. 375-376 n. 194. Morizio 2022, p. 147 n. 198.

Bibliografia: Moscati 1956, p. 147 nota 5. Golinelli 1996, p. 133, 138 nota 3. Paoli 2004, p. 16 nota 68. Herde 2004, p. 95 nota 280. Pellegrini 2005, p. 357. Morizio 2008, *passim*.

Cfr. doc. n. 199.

Su Restaino Cantelmo, *miles* e familiare di Carlo II d'Angiò, vedi *I registri della cancelleria angioina*, 49 (1293-1294), p. 130 n. 225; Hayez 1975a.

Per S. Spirito del Morrone vedi *Insediamenti celestini*, n. 112.

199.

INSTRUMENTUM EXECUTIONIS MANDATI CAROLI REGIS

1294 agosto 12, Pratola

Il giudice Bartolomeo *de Galgano* da Sulmona, in forza di un privilegio di Carlo II, re di Gerusalemme e di Sicilia, assegna a fra Onofrio, abate del monastero di S. Spirito del Morrone presso Sulmona, che agisce per conto del monastero medesimo e anche a nome della comunità, il *castrum* di Pratola, assicurando a essi il giuramento di fedeltà e ordinando agli uomini di detto *castrum* di obbedire all'abate e ai *fratres* di S. Spirito.
Giudice: Tommaso del giudice Gionata, giudice di Sulmona (S).
Notaio: Giacomo di Andrea, notaio di Sulmona (S).

Originale [A], Montecassino, Archivio dell'abbazia, Fondo di S. Spirito del Morrone, 207. Originale deperdito [*A₂], già *Archivio del monastero di S. Spirito del Morrone, «Iura castri Pratularum» (Zanotti, *Archivia*, VI.1, p. 79). Copia semplice del secolo XVII [Z], Zanotti, *Digestum*, II.2, p. 405-407 («ex proprio originali existenti in archivio abbatiae Sancti Spiritus de Sulmone»).

Regesti: Zanotti, *Digestum*, II.1, p. 16. Zanotti, *Archivia*, VI.1, p. 79. Leccisotti 1966, p. 83 n. 207. Morizio 2008, p. 376 n. 195. Morizio 2022, p. 148 n. 199.

Bibliografia: Zanotti, *Digestum*, II.2, p. 541. Paoli 2004, p. 16 nota 68. Morizio 2008, *passim*.

Cfr. doc. n. 198.

Per S. Spirito del Morrone vedi *Insediamenti celestini*, n. 112.

†200.

LITTERAE FALSAE

1294 agosto 26, Aquila

Celestino V concede un'indulgenza di duemila anni e duemila quarantene ai fedeli che visitino in determinate festività dell'anno le chiese del monastero di S. Spirito di Sulmona, diocesi di Valva, dell'ordine di san Benedetto, e dei monasteri a esso soggetti.
Splendor paterne glorie.

Falso <del secolo XIV *exeunte?*> con la seguente tradizione: Copia semplice <del secolo XIV *exeunte?*> [B], Sulmona, Archivio capitolare di S. Panfilo, Archivio nuovo, Fondi e serie di archivi aggregati, S. Spirito del Morrone, I.3.29. Copia semplice <del secolo XIV *exeunte?*> [B₂], Chieti, Archivio arcivescovile, Fondo pergamenaceo, Teate 286 bis. Copia semplice del secolo XVIII [B₃], Città del Vaticano, Archivio apostolico vaticano, Fondo celestini II, 43, f. 52r-v («ex archivio murronensi in capsula bullarum» = A). Notizia del 1623 [N], Montecassino, Archivio dell'abbazia, Fondo di S. Spirito del Morrone, 1930.

Edizione: Beurrier 1634, p. 105-106.

Regesti: Zanotti, *Digestum*, –. Zanotti, *Archivia*, –. Potthast 1875, p. 1918 n. 23975 (con data 1294 settembre 25). Cantera 1892, p. 101 n. 37 (con data 1294 settembre 24). Celidonio 1896, p. 340 n. 37 (con data 1294 settembre 24). Inguanez 1918, p. 13 n. 19. Leccisotti 1966, p. 85. Paoli 2004, p. 349 nota 136. Morizio 2008, p. 376-377 n. 196. Morizio 2022, p. 148-149 n. †200.

Bibliografia: Paulus 1923, p. 16 nota 4. Moscati 1956, p. 144 note 5-6. Bartolomei Romagnoli 1999, p. 75 nota 45. Orsini 2003, p. 700 n. 23 (6111). Herde 2004, p. 133 nota 186. Morizio 2008, *passim*.

Per le origini e le motivazioni di questo falso cfr. doc. n. 1.

Per S. Spirito del Morrone vedi *Insediamenti celestini*, n. 112.

201.

CAELESTINI V PAPAE LITTERAE DE GRATIA

1294 agosto 30, Aquila

Celestino V concede all'abate e alla comunità del monastero di S. Spirito del Morrone, dell'ordine di san Benedetto, diocesi di Valva, la chiesa di S. Severo *de Popleto*, diocesi dell'Aquila, in seguito alla rinuncia di Onofrio, rettore della detta chiesa, esentandola dalla giurisdizione del priore e del capitolo del Laterano e del vescovo dell'Aquila.
Dilectus filius.

Originale [A], Città del Vaticano, Archivio apostolico vaticano, *Archivum Arcis*, Armadio C, 162 (B).

Edizione: Paoli 2004, p. 411-412 n. 3.

Regesti: Zanotti, *Digestum*, –. Zanotti, *Archivia*, –. Potthast 1875, p. 1916 n. 23951. Cantera 1892, p. 96 n. 4. Celidonio 1896, p. 336 n. 4. *Schedario Baumgarten*, p. 567 n. 4369. Paoli 2004, p. 381. Morizio 2008, p. 377 n. 197. Morizio 2022, p. 149 n. 201.

Bibliografia: Moscati 1956, p. 142 nota 2. Golinelli 1996, p. 141. Morizio 2008, *passim*.

Nel 1294, il vescovo *pro tempore* dell'Aquila era Nicola da Sinizzo (Eubel 1913, p. 98).

Poppletum, oggi Coppito, è una frazione dell'odierno comune dell'Aquila (vedi Pratesi-Cherubini 2017-2019, I, p. 507); cfr. anche doc. n. 202, 619.

Per S. Severo di Coppito vedi *Insediamenti celestini*, n. 110. Per S. Spirito del Morrone vedi *Insediamenti celestini*, n. 112.

202.

CAELESTINI V PAPAE LITTERAE DE IUSTITIA

1294 agosto 30, Aquila

Celestino V incarica Nicola *de Trebis*, notaio apostolico e primicerio di Metz, di introdurre l'abate e la comunità del monastero di S. Spirito del Morrone, dell'ordine di san Benedetto, diocesi di Valva, nel possesso della chiesa di S. Severo *de Popleto*, diocesi dell'Aquila.
Dilectus filius.

Originale [A], Città del Vaticano, Archivio apostolico vaticano, *Archivum Arcis*, Armadio C, 163 (BD).

Edizione: Paoli 2004, p. 412-414 n. 4.

Regesti: Zanotti, *Digestum*, –. Zanotti, *Archivia*, –. Potthast 1875, –. Paoli 2004, p. 381. Morizio 2008, p. 377 n. 198. Morizio 2022, p. 149 n. 202.

Bibliografia: Morizio 2008, *passim*.

Per S. Severo di Coppito vedi *Insediamenti celestini*, n. 110. Per S. Spirito del Morrone vedi *Insediamenti celestini*, n. 112.

203.

CAELESTINI V PAPAE LITTERAE DE GRATIA

1294 agosto 31, Aquila

Celestino V concede all'abate e alla comunità del monastero di S. Spirito del Morrone, dell'ordine di san Benedetto, diocesi di Valva, la chiesa di S. Cesidio di Caporciano, diocesi di Valva, in seguito alla rinuncia di Onofrio, rettore della detta chiesa, esentandola dalla giurisdizione del vescovo dell'Aquila e del preposito e della comunità del monastero di S. Benedetto *in Perillis*, diocesi di Valva, dell'ordine di san Benedetto.
Dilectus filius.

Originale [A], Città del Vaticano, Archivio apostolico vaticano, *Archivum Arcis*, Armadio C, 161 (BD).

Edizioni: Celidonio 1911, p. 212-213 (con data 1294 agosto 30). Paoli 2004, p. 414-415 n. 5.

Regesti: Zanotti, *Digestum*, –. Zanotti, *Archivia*, –. Potthast 1875, –. *Schedario Baumgarten*, p. 567 n. 4370. Paoli 2004, p. 381. Morizio 2008, p. 377-378 n. 199. Morizio 2022, p. 150 n. 203.

Bibliografia: Moscati 1956, p. 142 nota 3. Paoli 2004, p. 14 nota 56. Herde 2004, p. 111 nota 72. Morizio 2008, *passim*.

Nel 1294, il vescovo *pro tempore* dell'Aquila era Nicola da Sinizzo (Eubel 1913, p. 98).

Per il monastero di S. Benedetto *in Perillis*, ubicato nell'odierno comune di San Benedetto in Perillis, in provincia dell'Aquila, originariamente chiamato S. Benedetto in Colle Rotondo, vedi Terra Abrami 1980; Pietrantonio 1988, p. 277-278 n. 207; Orsini 2003, p. 88 n. 381.

Per S. Cesidio di Caporciano vedi *Insediamenti celestini*, n. 16. Per S. Spirito del Morrone vedi *Insediamenti celestini*, n. 112.

204.

CAELESTINI V PAPAE LITTERAE DE GRATIA

1294 settembre 2, Aquila

Celestino V, per favorire la devozione alla Vergine, concede un'indulgenza di cinque anni e cinque quarantene a coloro i quali visiteranno la chiesa del monastero di S. Maria di Trivento, dell'ordine di san Benedetto, nelle festività della Vergine e loro ottave e nel giorno della dedicazione della chiesa.
Licet sanctorum.

Originale [A], Città del Vaticano, Archivio apostolico vaticano, *Archivum Arcis*, Armadio C, 165 (B).

Regesti: Zanotti, *Digestum*, –. Zanotti, *Archivia*, –. Potthast 1875, p. 1917 n. 23956. Celidonio 1896, p. 337 n. 10. Paoli 2004, p. 381-382. Morizio 2008, p. 378 n. 200. Morizio 2022, p. 150 n. 204.

Bibliografia: Moscati 1956, p. 142 nota 5. Figliuolo 2005, p. 236. Morizio 2008, *passim*.

Per S. Maria di Trivento vedi *Insediamenti celestini*, n. 71.

205.

INSTRUMENTUM TESTAMENTI

1294 settembre 3, Boiano

Francesco fa redigere il proprio testamento e lascia al monastero di S. Martino di Boiano, dell'ordine morronese, una *padule* e una pezza di terra.
Notaio: Giovanni.

Originale deperdito [*A], già *Archivio del monastero di S. Spirito del Morrone, «Pro monasterio Boiani» (Zanotti, *Archivia*, VI.1, p. 395).

Regesti: Zanotti, *Digestum*, –. Zanotti, *Archivia*, VI.1, p. 395. Morizio 2008, p. 378 n. 201. Morizio 2022, p. 150-151 n. 205.

Bibliografia: Paoli 2004, p. 15 nota 62. Morizio 2008, *passim*.

«Testamentum reassumptum ad instantiam Simonis Io(hann)is, procuratoris dicti monasterii, per notarium Io(hann)em» (Zanotti, *Archivia*, VI.1, p. 395).

Per S. Martino di Boiano vedi *Insediamenti celestini*, n. 74.

206.

CAROLI IERUSALEM ET SICILIAE REGIS MANDATUM

1294 settembre 11, Aquila

Carlo II, re di Gerusalemme e di Sicilia, ordina ai giustizieri d'Abruzzo di non far molestare l'abate e la comunità del monastero di S. Spirito di Valva nel possesso della chiesa di S. Angelo *in Pulverio*, sita nel territorio di Manoppello, *in contrata dicte ecclesie Sancti Angeli*, da alcuni uomini di Manoppello e Roccamontepiano.
Ex parte religiosorum.

Originale [A], Chieti, Archivio arcivescovile, Fondo pergamenaceo, Teate 98. Copia semplice del secolo XVII [Z], Zanotti, *Digestum*, II.2, p. 411-412 («ex proprio originali existenti in monasterio Sanctae Mariae Civitellae civitatis Theatinae»).

Regesti: Zanotti, *Digestum*, II.1, p. 16. Zanotti, *Archivia*, –. Balducci 1926, p. 29 n. 80. Morizio 2008, p. 378-379 n. 202. Morizio 2022, p. 151 n. 206.

Bibliografia: Moscati 1956, p. 148 nota 1. Palazzi 2005, p. 183. Morizio 2008, *passim*.

Nel secolo XVII, il documento era custodito «in monasterio Sanctae Mariae Civitellae civitatis Theatinae» (Zanotti, *Digestum*, II.1, p. 16).

Per S. Angelo *in Pulverio* vedi *Insediamenti celestini*, n. 7. Per S. Spirito del Morrone vedi *Insediamenti celestini*, n. 112.

207.

CAROLI IERUSALEM ET SICILIAE REGIS MANDATUM

1294 settembre 13, Aquila

Carlo II, re di Gerusalemme e di Sicilia, ordina ai custodi dei passi in Capitanata e Abruzzo di lasciare transitare liberamente cento buoi e vacche del monastero di S. Giovanni in Piano condotti dai familiari o nunzi del camerario del papa all'Aquila e destinati alla cucina del sommo pontefice.

Fidelitati vestre.

Atto registrato deperdito [*R], già Napoli, Archivio di Stato, *Registri angioini, 65, f. 20v (Cantera 1892, p. 57 nota 1).
Atto registrato deperdito [*R₂], già Napoli, Archivio di Stato, *Registri angioini, 75, f. 193v (Cantera 1892, p. 57 nota 1).

Edizione: Cantera 1892, p. 57 nota 1.

Regesti: Zanotti, *Digestum*, –. Zanotti, *Archivia*, –. Morizio 2008, p. 379 n. 203. Morizio 2022, p. 151 n. 207.

Bibliografia: Morizio 2008, *passim*.

Per S. Giovanni in Piano vedi *Insediamenti celestini*, n. 41.

208.

IOHANNIS EPISCOPI BENEVENTANI PRIVILEGIUM

1294 settembre 15, Aquila

Giovanni, arcivescovo di Benevento, comunica a fra Tommaso, abate, e alla comunità del monastero di S. Giovanni in Piano, dell'ordine di san Benedetto, diocesi di Lucera, di rinunciare a ogni diritto di giurisdizione sul loro monastero.

Originale [A], Montecassino, Archivio dell'abbazia, Fondo di S. Spirito del Morrone, 208 (SD).

Regesti: Zanotti, *Digestum*, II.1, p. 16. Zanotti, *Archivia*, VI.1, p. 432. Leccisotti 1966, p. 84 n. 208 (con data 1294 settembre 17). Morizio 2008, p. 379 n. 204. Morizio 2022, p. 152 n. 208.

Bibliografia: Zanotti, *Digestum*, II.2, p. 541, 546, 561; V.2, p. 570-571. Moscati 1956, p. 143 nota 8. Herde 2004, p. 29 nota 120. Morizio 2008, *passim*.

Per S. Giovanni in Piano vedi *Insediamenti celestini*, n. 41.

209.

CAELESTINI V PAPAE LITTERAE DE GRATIA

1294 settembre 20, Aquila

Celestino V, facendo seguito alla richiesta del priore e dei *fratres* del monastero di S. Spirito di Bucchianico, dell'ordine di san Benedetto, diocesi di Chieti, concede un anno e quaranta giorni di indulgenza ai fedeli che contribuiscano con offerte alla costruzione della chiesa e delle officine del monastero.

Quoniam ut ait.

Originale [A], Città del Vaticano, Archivio apostolico vaticano, *Archivum Arcis*, Armadio C, 164 (B).

Edizione: Paoli 2004, p. 416 n. 6.

Regesti: Zanotti, *Digestum*, –. Zanotti, *Archivia*, –. Potthast 1875, p. 1918 n. 23968. Cantera 1892, p. 99 n. 26. Celidonio 1896, p. 339 n. 26. Paoli 2004, p. 381. Morizio 2008, p. 379-380 n. 205. Morizio 2022, p. 152 n. 209.

Bibliografia: Moscati 1956, p. 144 nota 1. Paoli 2004, p. 13 nota 55. Morizio 2008, *passim*.

Per S. Spirito di Bucchianico vedi *Insediamenti celestini*, n. 116.

210.

CAROLI IERUSALEM ET SICILIAE REGIS PRIVILEGIUM

1294 settembre 20, Aquila

Carlo II, re di Gerusalemme e di Sicilia, concede ai *fratres* dei monasteri di san Benedetto che vivono sotto gli istituti del santissimo padre Celestino, sommo pontefice della Chiesa di Roma, un tempo chiamato fra Pietro del Morrone, che i loro animali possano pascolare e abbeverarsi ovunque nel regno di Sicilia; concede, inoltre, agli abati e alle comunità dei monasteri, delle grange e dei luoghi predetti la facoltà di fare legna liberamente nei boschi demaniali.

Si benemeritis.

Originale [A], Montecassino, Archivio dell'abbazia, Fondo di S. Spirito del Morrone, 209 (SD). Originale deperdito [*A₂], già *Archivio del monastero di S. Spirito del Morrone, «Privilegia regia» (Zanotti, *Archivia*, VI.1, p. 224). Atto registrato deperdito [*R], già Napoli, Archivio di Stato, *Registri angioini, 67, f. 2v (Cantera 1892, p. 57-58 nota 2). Atto registrato deperdito [*R₂], già Napoli, Archivio di Stato, *Registri angioini, 67, f. 4r-v (Cantera 1892, p. 57-58 nota 2). Atto registrato deperdito [*R₃], già Napoli, Archivio di Stato, *Registri angioini, 77, f. 6v (Cantera 1892, p. 57-58 nota 2). Atto registrato deperdito [*R₄], già Napoli, Archivio di Stato, *Registri angioini, 77, f. 58r-v (Cantera 1892, p. 57-58 nota 2). Atto registrato deperdito [*R₅], già Napoli, Archivio di Stato, *Registri angioini, 77, f. 64r-v (Cantera 1892, p. 57-58 nota 2). Copia autentica del 1300 gennaio 12 [B], Montecassino, Archivio dell'abbazia, Fondo di S. Spirito del Morrone, 263. Copia autentica del 1500 marzo 17 [B₂], Montecassino, Archivio dell'abbazia, Fondo di S. Spirito del Morrone, 939. Copia semplice del secolo XVII [Z], Zanotti, *Digestum*, II.2, p. 433-434 («ex proprio originali cum bullo aureo pendenti existenti in archivio venerabilis abbatiae Sancti Spiritus prope Sulmonem»). Copia semplice parziale del secolo XVII [Z₂], Zanotti, *Digestum*, II.2, p. 427 («ex proprio originali privilegio existenti in archivio abbatiae Sancti Spiritus de Sulmona, cum bullo aureo»).

Edizioni: Cantera 1892, p. 57-58 nota 2. Herde 1981, p. 212-213 n. 6 (da A). Herde 2004, p. 257-258 n. 6 (da A).

Regesti: Zanotti, *Digestum*, II.1, p. 17. Zanotti, *Archivia*, VI.1, p. 224, 231. Leccisotti 1966, p. 84 n. 209. Morizio 2008, p. 380 n. 206. Morizio 2022, p. 152-153 n. 210.

Bibliografia: Zanotti, *Digestum*, II.2, p. 427. Moscati 1956, p. 148 nota 2. Clementi 1988, p. 253. Clementi 1996, p. 76-77. Penco 1997, p. 360 nota 54. Morizio 2008, *passim*.

Per S. Spirito del Morrone vedi *Insediamenti celestini*, n. 112.

211.

CAROLI IERUSALEM ET SICILIAE REGIS PRIVILEGIUM

1294 settembre 20, Aquila

Carlo II, re di Gerusalemme e di Sicilia, dona all'abate e alla comunità del monastero di S. Spirito del Morrone presso Sulmona, dell'ordine di san Benedetto, il *castrum* di Pratola, sito nel giustizierato d'Abruzzo, che il *miles* Restaino Cantelmo aveva ricevuto in feudo da Carlo I e che ora aveva riconsegnato nelle mani del re.

Si premia conferuntur.

Originale deperdito [*A], già *Archivio del monastero di S. Spirito del Morrone, «Iura castri Pratularum» (Zanotti, *Archivia*, VI.1, p. 79). Atto registrato deperdito [*R], già Napoli, Archivio di Stato, *Registri angioini, 67, f. 3v (Cantera 1892, p. 58 nota 1). Atto registrato deperdito [*R₂], già Napoli, Archivio di Stato, *Registri angioini, 77, f. 6v (Cantera 1892, p. 58 nota 1). Atto registrato deperdito [*R₃], già Napoli, Archivio di Stato, *Registri angioini, 77, f. 59r-v (Cantera 1892, p. 58 nota 1). Atto registrato deperdito [*R₄], già Napoli, Archivio di Stato, *Registri angioini, 77, f. 64r-v (Cantera 1892, p. 58 nota 1). Copia autentica del 1326 novembre [B], Montecassino, Archivio dell'abbazia, Fondo di S. Spirito del Morrone, 422. Copia autentica del 1348 maggio 26 [B₂], Montecassino, Archivio dell'abbazia, Fondo di S. Spirito del Morrone, 562. Copia autentica del 1400 maggio 28 [B₃], Montecassino, Archivio dell'abbazia, Fondo di S. Spirito del Morrone, 689. Copia autentica del 1500 marzo 17 [B₄], Montecassino, Archivio dell'abbazia, Fondo di S. Spirito del Morrone, 939. Copia semplice del secolo XVII [Z], Zanotti, *Digestum*, II.2, p. 429-431 («ex proprio originali quod in archivio venerabilis abbatiae Sancti Spiritus de Sulmona asservatur»).

Edizione: Faraglia 1888, p. 113-114 n. 90 (da *R₃).

Regesti: Zanotti, *Digestum*, II.1, p. 16. Zanotti, *Archivia*, VI.1, p. 79. Leccisotti 1966, p. 85. Morizio 2008, p. 380-381 n. 207. Morizio 2022, p. 153-154 n. 211.

Bibliografia: Zanotti, *Digestum*, II.2, p. 431-432. Cantera 1892, p. 58 nota 1. Moscati 1956, p. 148 nota 3. Mattiocco-Sabatini 1996, p. 185 nota 18. Morizio 2008, *passim*.

Per quanto riguarda la tradizione del documento, va precisato che in Zanotti, *Archivia*, VI.1, p. 79 non è menzionata la copia autentica del 1326 novembre (= B), mentre viene elencata una copia autentica del 1403 luglio 11, che molto probabilmente corrisponde a B₃.

Su Restaino Cantelmo vedi la nota al doc. n. 198.

Per S. Spirito del Morrone vedi *Insediamenti celestini*, n. 112.

212.

CAELESTINI V PAPAE LITTERAE DE GRATIA

1294 settembre 22, Aquila

Celestino V prende il monastero di S. Pietro *ad Aram* fuori le mura di Napoli, nel quale anticamente era stata istituita la regola di sant'Agostino e che è soggetto alla giurisdizione dell'arcivescovo di Napoli, *in ius et proprietatem* della sede apostolica, con tutte le sue pertinenze, stabilendo d'ora in poi l'osservanza della regola di san Benedetto, esentando il detto monastero dalla giurisdizione dell'arcivescovo e del capitolo di Napoli e del monastero di S. Lorenzo di Aversa, dell'ordine di san Benedetto, e *sic exemptum* concedendolo all'abate e alla comunità del monastero di S. Spirito presso Sulmona, appartenente *nullo medio* alla Chiesa di Roma, dell'ordine di san Benedetto, diocesi di Valva.
Favor vestre religionis.

Originale [A], Sulmona, Archivio capitolare di S. Panfilo, Archivio nuovo, Fondi e serie di archivi aggregati, S. Spirito del Morrone, II.1.34 (BD). Copia semplice del secolo XVII deperdita [*B], già *Archivio personale di Ludovico Zanotti (Zanotti, *Digestum*, II.2, p. 438). Copia semplice del secolo XVII [Z], Zanotti, *Digestum*, II.2, p. 435-438 («ex copia mihi transmissa a reverendissimo patre domino Donato de Luceria abbate Sancti Severi et ab eo extracta suo proprio originali cum bullo plumbeo, quod in monasterio Sancti Severi asservatur»). Copia semplice del secolo XVIII [B₂], Città del Vaticano, Archivio apostolico vaticano, Fondo celestini II, 43, f. 118r-119v.

Stemma chartarum:

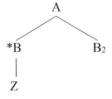

Edizione: Faraglia 1888, p. 115-116 n. 91 (da A).

Regesti: Zanotti, *Digestum*, II.1, p. 17; II.2, p. 438. Zanotti, *Archivia*, VI.1, p. 186. Potthast 1875, –. Cantera 1892, p. 99-100 n. 28. Celidonio 1896, p. 43 n. 6 (con data 1294 settembre 23), 339 n. 28. Chiappini 1915, p. 141 n. 70. Capograssi 1962, p. 328 n. 4. Paoli 2004, p. 350. Morizio 2008, p. 381-382 n. 208. Morizio 2022, p. 154 n. 212.

Bibliografia: Moscati 1956, p. 144 nota 3. Golinelli 1996, p. 141. Orsini 2003, p. 697 n. 5 (6093). Morizio 2008, *passim*.

Per quanto riguarda la tradizione del documento va precisato che *B, da cui deriva Z, era una copia inviata all'abate Zanotti da Donato da Lucera, abate del monastero celestino della SS. Trinità di San Severo.

Nel 1294, l'arcivescovo *pro tempore* di Napoli era Filippo Capece Minutolo (Eubel 1913, p. 359; De Frede 1975).

Per l'abbazia di S. Lorenzo *ad Septimum* vedi Rascato 2000.

Per S. Pietro ad Aram vedi *Insediamenti celestini*, n. 87. Per S. Spirito del Morrone vedi *Insediamenti celestini*, n. 112.

213.

CAELESTINI V PAPAE LITTERAE DE GRATIA

1294 settembre 22, Aquila

Celestino V unisce al monastero di S. Spirito del Morrone, appartenente *nullo medio* alla Chiesa di Roma, dell'ordine di san Benedetto, diocesi di Valva, il monastero di S. Pietro fuori Benevento, con il Monte di San Felice, i mulini, i possedimenti, le pertinenze e tutti i beni, esentandolo dalla giurisdizione dell'arcivescovo di Benevento e assegnando alle monache che ivi dimoravano il monastero di S. Diodato di Benevento, con tutti i possedimenti e i diritti, esimendo quest'ultimo dalla giurisdizione dell'abate e della comunità del monastero di S. Vincenzo *de Vulturno*.

Originale? deperdito [*A], già <Archivio segreto vaticano?> (Muratori 1742, col. 189-XI).

Regesti: Zanotti, *Digestum*, –. Zanotti, *Archivia*, –. Potthast 1875, p. 1918 n. 23970. Cantera 1892, p. 100 n. 30. Celidonio 1896, p. 339 n. 30. Morizio 2008, p. 382 n. 209. Morizio 2022, p. 155 n. 213.

Bibliografia: Moscati 1956, p. 144 nota 4. Golinelli 1996, p. 141. Herde 2004, p. 132 nota 181. Morizio 2008, *passim*.

Muratori 1742, col. 189-XI: «Litera continens, qualiter Dominus Coelestinus Papa V. Monasterio Sancti Spiritus de Murrone, ad Romanam Ecclesiam nullo medio pertinenti, Ordinis Sancti Benedicti, Valvensis dioecesis, univit et applicavit Monasterium Sancti Petri extra Beneventum, cum Monte Sancti Felicis, molendinis, possessionibus pertinentiis et juribus omnibus. Denique Monasterium a parte Archiepiscopi Beneventani exemit, ac Montalibus <così, ma s'intenda Monialibus>, quae in dicto Monasterio Sancti Petri morari solebant, Monasterium Monialium Sancti Deodoti <così> Beneventani cum omnibus possessionibus et juribus suis assignavit, illud eximendo a potestate Abbatis et Conventus Sancti Vincentii de Vulturno, quibus suberat. Datum Aquilae X. Calendas Octobris, Ponficatus sui Anno I.».

Nel 1294, l'arcivescovo *pro tempore* di Benevento era Giovanni da Castrociello (Eubel 1913, p. 12, 48, 133; Mercantini 2001).

Per il monastero di S. Diodato di Benevento, ubicato nei pressi della scomparsa Porta Rettore, in corrispondenza dell'odierno Palazzo Marinaro, vedi Lepore 1995, p. 54-62 n. 6.

Per l'abbazia di S. Vincenzo al Volturno vedi Marazzi 2012 (con ampia bibliografia).

Per S. Pietro di Benevento vedi *Insediamenti celestini*, n. 98. Per S. Spirito del Morrone vedi *Insediamenti celestini*, n. 112.

214.

INSTRUMENTUM DONATIONIS

1294 settembre 25, *in palatio ecclesiae Collismadii* (L'Aquila)

D(ominus) Pasquale, figlio del fu Paolo *Actescuri de Turribus*, dona alla chiesa di S. Maria di Collemaggio e a fra Pietro *de Rocca Giberti*, priore del monastero dell'ordine del Morrone, tutti i beni immobili che possiede in comune sia con la detta chiesa, a causa dell'ingresso in monastero di suo fratello Paoluccio, sia con suo fratello Vitale e i figli di quest'ultimo.
Notaio: Silvestro *de Ophana*.

Originale deperdito [*A], già *Archivio del monastero di S. Maria di Collemaggio, «Testamenta, donationes et legata» (Zanotti, *Archivia*, VI.2, p. 667).

Regesti: Zanotti, *Digestum*, –. Zanotti, *Archivia*, VI.2, p. 667. Antinori, *Annali*, X.2, *sub anno* 1294, *sub voce* Collemaggio [p. 457]. Clementi-Berardi 1980, p. 213-214. Morizio 2008, p. 382-383 n. 210. Morizio 2022, p. 155 n. 214.

Bibliografia: Morizio 2008, *passim*.

Per S. Maria di Collemaggio vedi *Insediamenti celestini*, n. 64.

215.

CAELESTINI V PAPAE LITTERAE DE GRATIA

1294 settembre 27, Aquila

Celestino V – a Onofrio, abate del monastero di S. Spirito di Sulmona, diocesi di Valva, ai coabbati, priori e prelati dei monasteri, priorati, chiese, *membra* e *loca* soggetti al monastero di S. Spirito e alle loro comunità, collegi e *fratres*, dell'ordine di san Benedetto – conferma *statuta, constitutiones, instituta et ordinamenta* dell'ordine; esenta il monastero di S. Spirito di Sulmona e tutte le sue dipendenze da ogni giurisdizione episcopale o abbaziale; scioglie la dipendenza dal capitolo della basilica di S. Pietro di Roma; conferma i seguenti possedimenti di S. Spirito di Sulmona: S. Giovanni in Piano, diocesi di Lucera, S. Spirito della Maiella, S. Pietro di Vallebona, S. Spirito di Bucchianico, S. Spirito di Ortona, S. Spirito di Lanciano, S. Eusebio di Roma; S. Maria di Picciano, S. Salvatore di Penne, S. Maria di Collemaggio vicino all'Aquila, S. Spirito di Isernia, S. Maria di Trivento, S. Maria di Agnone, S. Spirito presso Venafro, S. Spirito di Alife, S. Antonio di Campagna, S. Antonio di Anagni, S. Giovanni di Acquasanta, S. Maria di Tremonti, S. Giorgio di Roccamorice e S. Pietro di Roccamontepiano.

Etsi cunctos.

Originale [A], Sulmona, Archivio capitolare di S. Panfilo, Archivio nuovo, Fondi e serie di archivi aggregati, S. Spirito del Morrone, II.1.35 (B). Originale [A₂], Parigi, Archive nationale, L 278 (Bullaire des papes), 1. Copia autentica del 1306 aprile 12 deperdita [*B], già *Archivio del monastero di S. Girolamo di Cesena (Zanotti, *Archivia*, VI.2, p. 827). Copia autentica del 1315 ottobre 25 [B₂], Sulmona, Archivio capitolare di S. Panfilo, Archivio nuovo, Fondi e serie di archivi aggregati, S. Spirito del Morrone, I.5.28. Copia autentica del 1339 luglio 23 [B₃], Firenze, Archivio di Stato, Diplomatico, Firenze, S. Michele Visdomini (celestini), 1294 settembre 27. Copia autentica del 1350 maggio 7 deperdita [*B₄], già *Archivio del monastero di S. Maria di Collemaggio, «Litterae apostolicae, indulgentiae et privilegia» (Zanotti, *Archivia*, VI.2, p. 718). Inserto del 1434 ottobre 28 deperdito [*B₅], già *Archivio del monastero di S. Giorgio di Novi (Carlone 2008, p. 67 n. 131). Copia autentica del 1453 settembre 1 [C], Cava de' Tirreni, Archivio della SS. Trinità, Arca 82, 100 (da *B₅). Copia semplice del secolo XVI [B₆], Parigi, Bibliotèque Sainte-Genevieve, ms. 2978, f. 195r-v. Copia semplice del secolo XVI [B₇], Parigi, Bibliotèque de l'Arsenal, ms. 929, f. 121r-127v. Copia semplice del secolo XVII [B₈], Città del Vaticano, Archivio apostolico vaticano, Fondo celestini II, 18, f. 94r-99v. Copia semplice del secolo XVIII [B₉], Città del Vaticano, Archivio apostolico vaticano, Fondo celestini II, 43, f. 152r-160r («ex archivio murronensi et in constitutionibus caelestinis predictis anno 1629»). Estratto del secolo XVII [E], Città del Vaticano, Archivio apostolico vaticano, Fondo celestini II, 18, f. 105r-v. Estratto del secolo XVII [E₂], Città del Vaticano, Archivio apostolico vaticano, Fondo celestini II, 18, f. 172r. Estratto del secolo XVII [E₃], Zanotti, *Digestum*, V.2, p. 675. Notizia del 1473 ottobre 8 [N], Montecassino, Archivio dell'abbazia, Fondo di S. Spirito del Morrone, 868.

Stemma chartarum:

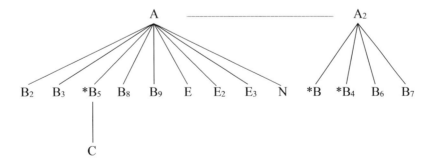

Edizioni: *Constitutiones* 1590, p. 294-312. *Constitutiones* 1627, p. 235-245. *Constitutiones* 1629, p. 235-245. Beurrier 1634, p. 108-128. Zecca 1858, p. 188-200 n. 5. *Bullarium Romanum* 1859, p. 116-123. Borchardt 2006, p. 377-384 n. 2.

Regesti: Zanotti, *Digestum*, II.1, p. 17. Zanotti, *Archivia*, VI.1, p. 475 (con data 1295 settembre 25); VI.2, p. 718. Potthast 1875, p. 1918 n. 23976. Cantera 1892, p. 101 n. 38. Celidonio 1896, p. 44 n. 7 (con data 1294 settembre 28), 340 n. 38. Chiappini 1915, p. 141 n. 71, 147 n. 107. Inguanez 1918, p. 13 n. 20. *Schedario Baumgarten*, p. 574 n. 4391. Capograssi 1962, p. 328 n. 5, 329 n. 15. Leccisotti 1966, p. 85. Paoli 2004, p. 350-351. Morizio 2008, p. 383-384 n. 211. Carlone 2008, p. 7-9 n. 13. Morizio 2022, p. 155-157 n. 215.

Facsimile: <https://bit.ly/3v1tjIx> (data consultazione: 27 aprile 2023).

Bibliografia: Zanotti, *Digestum*, II.2, p. 541, 559. Moscati 1955, p. 110. Moscati 1956, p. 133 nota 2, 144-145, 157-161. Novelli 1973, p. 238-239. Grégoire 1996, p. 17. Golinelli 1996, p. 141. Penco 1997, p. 349, 368 nota 112. Simonelli 1997, p. XXXIII. Antonini 1997, p. 55. Zimei 1999, p. 62 nota 50, 63-65. Bartolomei Romagnoli 1999, p. 75 nota 45. Orsini 2003, p. 697 n. 6 (6094), 699 n. 18 (6106). Paoli 2004, p. 9 e *passim*. Herde 2004, p. 33 nota 139, 133 nota 188. Morizio 2008, *passim*.

*B fu redatta «apud monasterium Sanctae Mariae de Collemadio prope Aquilam, ad instantiam fratris Berardi abbatis monasterii Sancti Spiritus de Sulmona», dal notaio Pace di Giacomo *de Raiani* <così, ma s'intenda *de Bazzano*>. La *Etsi cunctos* venne confermata da Eugenio IV con la bolla *Ad decorem*, emanata il 28 ottobre 1434 in Firenze (cfr. Leccisotti 1966, p. 321, 359 n. 868 [copia autentica parziale redatta a Sulmona nel 1473 ottobre 8]). Nel secolo XVII, l'originale della bolla di Eugenio IV, «cum bullo plumbeo», era custodito nell'archivio del monastero di S. Spirito del Morrone (Zanotti, *Archivia*, VI.1, p. 182). Copie autentiche deperdite: Chieti, 1438 gennaio 17; Sulmona, 1440 maggio 4; Sulmona 1440 ottobre 10; Aquila, 1475 aprile 27 (Zanotti, *Archivia*, VI.1, p. 189; VI.2, p. 720). Una copia autentica redatta all'Aquila nel 1456 gennaio 26 è conservata a Parigi, Archive nationale, L 320 (Bulles pontificales), 7. Il testo è edito in *Constitutiones* 1590, p. 312-313. Su Eugenio IV vedi Hay 2000.

Per il capitolo della basilica di S. Pietro di Roma vedi la nota al doc. n. 22.

Per S. Antonino di Anagni vedi *Insediamenti celestini*, n. 8. Per S. Antonio di Ferentino vedi *Insediamenti celestini*, n. 11. Per S. Eusebio di Roma vedi *Insediamenti celestini*, n. 24. Per S. Giorgio di Roccamorice vedi *Insediamenti celestini*, n. 29. Per S. Giovanni di Acquasanta vedi *Insediamenti celestini*, n. 32. Per S. Giovanni in Piano vedi *Insediamenti celestini*, n. 41. Per S. Maria di Agnone vedi *Insediamenti celestini*, n. 57. Per S. Maria di Collemaggio vedi *Insediamenti celestini*, n. 64. Per S. Maria di Picciano vedi *Insediamenti celestini*, n. 66. Per S. Maria di Tremonti vedi *Insediamenti celestini*, n. 70. Per S. Maria di Trivento vedi *Insediamenti celestini*, n. 71. Per S. Pietro di Roccamontepiano vedi *Insediamenti celestini*, n. 101. Per S. Pietro di Vallebona vedi *Insediamenti celestini*, n. 103. Per S. Salvatore di Penne vedi *Insediamenti celestini*, n. 108. Per S. Spirito del Morrone vedi *Insediamenti celestini*, n. 112. Per S. Spirito della Maiella vedi *Insediamenti celestini*, n. 113. Per S. Spirito di Alife vedi *Insediamenti celestini*, n. 114. Per S. Spirito di Bucchianico vedi *Insediamenti celestini*, n. 116. Per S. Spirito di Isernia vedi *Insediamenti celestini*, n. 117. Per S. Spirito di Lanciano vedi *Insediamenti celestini*, n. 118. Per S. Spirito di Ortona vedi *Insediamenti celestini*, n. 119. Per S. Spirito di Venafro vedi *Insediamenti celestini*, n. 120.

†216.

LITTERAE FALSAE

1294 settembre 27, Aquila

Celestino V concede un'indulgenza di centoquarant'anni a tutti i fedeli che visiteranno il monastero di S. Spirito di Sulmona, diocesi di Valva, dell'ordine di san Benedetto, e tutti gli altri monasteri, conventi, priorati, *membra* e *loca* a esso soggetti, in qualsiasi giorno dell'anno. *Qui pro redemptione.*

Falso <del secolo XIV *exeunte*?> con la seguente tradizione: Copia semplice <del secolo XIV *exeunte*?> [B], Sulmona, Archivio capitolare di S. Panfilo, Archivio nuovo, Fondi e serie di archivi aggregati, S. Spirito del Morrone, I.3.29. Copia semplice <del secolo XIV *exeunte*?> [B2], Chieti, Archivio arcivescovile, Fondo pergamenaceo, Teate 286 bis. Copia semplice del secolo XVIII [C], Città del Vaticano, Archivio apostolico vaticano, Fondo celestini II, 43, f. 144r. Notizia del 1623 [N], Montecassino, Archivio dell'abbazia, Fondo di S. Spirito del Morrone, 1930.

Stemma chartarum:

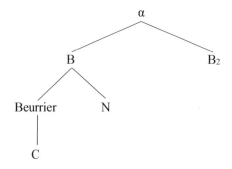

Edizione: Beurrier 1634, p. 107.

Regesti: Zanotti, *Digestum*, –. Zanotti, *Archivia*, –. Potthast 1875, p. 1918 n. 23977. Cantera 1892, p. 101 n. 39. Celidonio 1896, p. 340 n. 39. Inguanez 1918, p. 14 n. 21. Leccisotti 1966, p. 85. Paoli 2004, p. 350. Morizio 2008, p. 384 n. 212. Morizio 2022, p. 157-158 n. †216.

Bibliografia: Paulus 1923, p. 16 nota 4. Moscati 1956, p. 145 note 3-4. Penco 1997, p. 350 nota 13. Orsini 2003, p. 700 n. 23 (6111). Herde 2004, p. 133 nota 186. Morizio 2008, *passim*.

Per le origini e le motivazioni di questo falso cfr. doc. n. 1.

Per S. Spirito del Morrone vedi *Insediamenti celestini*, n. 112.

217.

CAELESTINI V PAPAE LITTERAE DE GRATIA

1294 settembre 27, Aquila

Celestino V unisce il monastero di S. Giovanni di Collimento, dell'ordine di san Benedetto, diocesi dell'Aquila, appartenente *nullo medio* alla Chiesa di Roma, vacante a seguito della rinuncia dell'abate Pietro, con tutti i suoi possedimenti, al monastero di S. Spirito presso Sulmona, dell'ordine di san Benedetto, diocesi di Valva, affidandone la direzione spirituale e temporale all'abate e alla comunità ed esentandolo dalla giurisdizione del vescovo dell'Aquila.
Meditatio cordis.

Originale [A], Città del Vaticano, Archivio apostolico vaticano, *Archivum Arcis*, Armadio C, 159 (B).

Edizione: Paoli 2004, p. 416-418 n. 7.

Regesti: Zanotti, *Digestum*, –. Zanotti, *Archivia*, –. Potthast 1875, p. 1918 n. 23978. Cantera 1892, p. 101 n. 40. Celidonio 1896, p. 340 n. 40. *Schedario Baumgarten*, p. 575 n. 4393. Paoli 2004, p. 380. Morizio 2008, p. 384-385 n. 213. Morizio 2022, p. 158 n. 217.

Bibliografia: Moscati 1956, p. 146 nota 1. Morizio 2008, *passim*.

Nel 1294, il vescovo *pro tempore* dell'Aquila era Nicola da Sinizzo (Eubel 1913, p. 98).

Collimento è una frazione dell'odierno comune di Lucoli, in provincia dell'Aquila; cfr. anche doc. n. 218, 511.

Per S. Giovanni di Collimento vedi *Insediamenti celestini*, n. 36. Per S. Spirito del Morrone vedi *Insediamenti celestini*, n. 112.

218.

CAELESTINI V PAPAE LITTERAE DE IUSTITIA

1294 settembre 27, Aquila

Celestino V incarica Nicola *de Trebis*, notaio apostolico e primicerio di Metz, di introdurre l'abate e la comunità di S. Spirito presso Sulmona nel possesso del monastero S. Giovanni di Collimento.
Meditatio cordis.

Originale [A], Città del Vaticano, Archivio apostolico vaticano, *Archivum Arcis*, Armadio C, 158 (B).

Edizione: Paoli 2004, p. 418-420 n. 8.

Regesti: Zanotti, *Digestum*, –. Zanotti, *Archivia*, –. Potthast 1875, –. Paoli 2004, p. 380. Morizio 2008, p. 385 n. 214. Morizio 2022, p. 158-159 n. 218.

Bibliografia: Moscati 1956, p. 146 nota 2. Morizio 2008, *passim*.

Per S. Giovanni di Collimento vedi *Insediamenti celestini*, n. 36. Per S. Spirito del Morrone vedi *Insediamenti celestini*, n. 112.

219.

CAELESTINI V PAPAE LITTERAE DE GRATIA

1294 settembre 27, Aquila

Celestino V concede un'indulgenza ai benefattori del monastero di S. Spirito di Lanciano, dell'ordine di san Benedetto, diocesi di Chieti, per un quinquennio dalla data della concessione.

Originale? deperdito [*A], già <Archivio segreto vaticano?> (Muratori 1742, col. 189-XIII).

Regesti: Zanotti, *Digestum*, –. Zanotti, *Archivia*, –. Potthast 1875, p. 1918 n. 23979. Cantera 1892, p. 101 n. 41. Celidonio 1896, p. 340-341 n. 41. Morizio 2008, p. 385 n. 215. Morizio 2022, p. 159 n. 219.

Bibliografia: Moscati 1956, p. 146 nota 3. Morizio 2008, *passim*.

Muratori 1742, col. 189-XIII: «Item alia Litera ipsius Domini Papae <*scil.* Coelestini Papae V.> concedentis certas Indulgentias benefactoribus Monasterii Sancti Spiritus de Lanceano, Ordinis Sancti Benedicti Teatensis dioecesis, usque ad quinquennium a data praesentium Literarum. Datum Aquilae V. Calendas Octobris, Anno I.».

Per S. Spirito di Lanciano vedi *Insediamenti celestini*, n. 118.

220.

CAPITULI BASILICAE PRINCIPIS APOSTOLORUM DE URBE PRIVILEGIUM

1294 settembre 28, Roma, S. Pietro

Il capitolo della basilica di S. Pietro di Roma, per riverenza nei confronti di papa Celestino V, fondatore del monastero di S. Spirito di Sulmona, dell'ordine di san Benedetto, diocesi di Valva, scioglie il detto monastero da ogni soggezione, censo e reddito, rinunciando in favore del monastero S. Spirito della Maiella alla giurisdizione sulla chiesa di S. Giorgio di Roccamorice e ricevendo da fra Onofrio, abate del monastero di S. Spirito di Sulmona, cento fiorini d'oro.

Originale [A], Chieti, Archivio arcivescovile, Fondo pergamenaceo, Teate 99. Copia semplice del secolo XVII [B], Città del Vaticano, Archivio apostolico vaticano, Fondo celestini II, 40, f. 403r-404v (con data 1293 settembre 28). Copia semplice del secolo XVIII [B₂], Montecassino, Archivio dell'abbazia, Fondo di S. Spirito del Morrone, 210.

Edizione: Morizio 2008, p. 565-566 n. 19.

Regesti: Zanotti, *Digestum*, II.1, p. 17. Zanotti, *Archivia*, VI.1, p. 40. Balducci 1926, p. 29 n. 81. Leccisotti 1966, p. 86 n. 210. Paoli 2004, p. 345. Morizio 2008, p. 385-386 n. 216. Morizio 2022, p. 159 n. 220.

Bibliografia: Moscati 1957, p. 279. Penco 1997, p. 349 nota 11. Herde 2004, p. 33-34 nota 141, 133 nota 188. Palazzi 2005, p. 183. Pellegrini 2005, p. 324 nota 75, 336 note 122-123. Morizio 2008, *passim*.

Per il capitolo della basilica di S. Pietro di Roma vedi la nota al doc. n. 22.

Per S. Giorgio di Roccamorice vedi *Insediamenti celestini*, n. 29. Per S. Spirito del Morrone vedi *Insediamenti celestini*, n. 112. Per S. Spirito della Maiella vedi *Insediamenti celestini*, n. 113.

221.

CAELESTINI V PAPAE LITTERAE DE GRATIA

1294 settembre 29, Aquila

Celestino V concede l'indulgenza plenaria a tutti i fedeli che visitino la chiesa di S. Maria di Collemaggio dell'Aquila, dell'ordine di san Benedetto, dai vespri della vigilia della festa della decollazione di san Giovanni battista ai vespri della festa medesima.
Inter sanctorum.

Originale [A], L'Aquila, Archivio comunale, senza segnatura. Copia semplice del secolo XIV [B], Parigi, Bibliotèque de l'Arsenal, ms. 1071, f. 31r-v. Copia autentica del 1315 agosto 22 deperdita [*B₂], già <Archivio arcivescovile del-

l'Aquila?> (Paoli 2004, p. 123-124 n. 14). Copia autentica del 1430 agosto 27 deperdita [*B₃], già *Archivio del monastero di S. Maria di Collemaggio, «Litterae apostolicae, indulgentiae et privilegia» (Zanotti, *Archivia*, VI.2, p. 718-719). Copia semplice del 1623 [B₄], Montecassino, Archivio dell'abbazia, Fondo di S. Spirito del Morrone, 1930. Copia semplice del secolo XVIII [B₅], Città del Vaticano, Archivio apostolico vaticano, Fondo celestini II, 43, f. 171r.

Edizione: Pasztor 1987, p. 61-62 nota 1 (da A). Bartolomei Romagnoli-Marini 2015, p. 196-199 (da B).

Traduzioni: Golinelli 1996, p. 145-146. Herde 2004, secondo risvolto della sopraccoperta. Bartolomei Romagnoli-Marini 2015, p. 196-199.

Regesti: Zanotti, *Digestum*, II.1, p. 17. Zanotti, *Archivia*, VI.2, p. 718-719. Potthast 1875, p. 1919 n. 23981. Cantera 1892, p. 102 n. 44 (con data 1294 settembre 28). Celidonio 1896, p. 341 n. 44 (con data 1294 settembre 24). Inguanez 1918, p. 14 n. 22. Leccisotti 1966, p. 86. Paoli 2004, p. 351. Morizio 2008, p. 386-387 n. 217. Morizio 2022, p. 160 n. 221.

Facsimili: Celidonio 1896, <p. 352 bis> tavola V. Herde 2004, <p. 382>.

Bibliografia: Moscati 1956, p. 146-147. Pasztor 1987, p. 61-78. Golinelli 1996, p. 150-151 nota 1. Penco 1997, p. 349. Solvi 1999, p. 22-23. Bosco 1999, p. 46. Zimei 1999, p. 63 nota 54. Bartolomei Romagnoli 1999, p. 71, 78. Sensi 2001, p. 203-210. Paoli 2004, p. 13 nota 49. Herde 2004, p. 132-133 note 182-183. Morizio 2008, *passim*.

Da *B deriva una falsificazione del secolo XVI (cfr. doc. n. 222).

Per S. Maria di Collemaggio vedi *Insediamenti celestini*, n. 64.

†222.

LITTERAE FALSAE

1294 settembre 29, Aquila

Celestino V concede l'indulgenza plenaria a tutti i fedeli che visitino le chiese dei monasteri di S. Maria di Collemaggio dell'Aquila e di S. Antonio di Ferentino dai vespri della vigilia della festa della decollazione di san Giovanni battista ai vespri della festa medesima.

Inter sanctorum.

Falsificazione <del secolo XVI *exeunte*?> con la seguente tradizione: Copia semplice del secolo XVI [B], Città del Vaticano, Archivio apostolico vaticano, Fondo celestini I, 14. Copia semplice del 1578 [C], Città del Vaticano, Archivio apostolico vaticano, Fondo celestini I, 15 (da B).

Regesti: Zanotti, *Digestum*, –. Zanotti, *Archivia*, –. Paoli 2004, p. 123-124 n. 14-15. Morizio 2008, p. 386-387 n. 217. Morizio 2022, p. 160-161 n. †222.

Bibliografia: Morizio 2008, *passim*.

B è copia semplice di una copia autentica del 22 agosto 1315 deperdita (cfr. doc. n. 221). La bolla originale di Celestino V (*Inter sanctorum*) è stata interpolata aggiungendo la chiesa di S. Antonio di Ferentino (cfr. Paoli 2004, p. 124).

Per S. Antonio di Ferentino vedi *Insediamenti celestini*, n. 11. Per S. Maria di Collemaggio vedi *Insediamenti celestini*, n. 64.

223.

CAROLI IERUSALEM ET SICILIAE REGIS PRIVILEGIUM

1294 ottobre 1, Aquila

Carlo II, re di Gerusalemme e di Sicilia, assegna alla chiesa di S. Maria di Collemaggio, in cui Celestino V ha ricevuto la consacrazione a sommo pontefice, un reddito annuo di quaranta once d'oro sulla gabella dei diritti di baiulazione della città dell'Aquila.

Pridem in ecclesia.

Originale deperdito [*A], già *Archivio del monastero di S. Maria di Collemaggio, «Privilegia regum et pro annuis unciis aureis 40» (Zanotti, *Archivia*, VI.2, p. 651). Atto registrato deperdito [*R], già Napoli, Archivio di Stato, *Registri angioini, 74, f. 28r-v (Cantera 1892, p. 61 nota 3). Atto registrato deperdito [*R₂], già Napoli, Archivio di Stato, *Registri angioini, 79, f. 105r-v (Cantera 1892, p. 61 nota 3). Copia autentica del 1301 settembre 30 deperdita [*B], già

*Archivio del monastero di S. Maria di Collemaggio, «Privilegia regum et pro annuis unciis aureis 40» (Zanotti, *Archivia*, VI.2, p. 651). Copia semplice del secolo XVII [Z], Zanotti, *Digestum*, II.2, p. 439-441 («ex proprio originali existenti in archivio monasterii Collismadii de Aquila»).

Traduzione: Clementi 1996, p. 78 (con data 1294 ottobre 2; parziale).

Regesti: Zanotti, *Digestum*, II.1, p. 17. Zanotti, *Archivia*, VI.2, p. 651. Morizio 2008, p. 387 n. 218. Morizio 2022, p. 161 n. 223.

Bibliografia: Cantera 1892, p. 61 nota 3. Moscati 1956, p. 148 nota 5. Morizio 2008, *passim*.

Per S. Maria di Collemaggio vedi *Insediamenti celestini*, n. 64.

224.

CAROLI IERUSALEM ET SICILIAE REGIS PRIVILEGIUM

1294 ottobre 9, Sulmona

Carlo II, re di Gerusalemme e di Sicilia, avendo una speciale devozione nei confronti del monastero di S. Spirito del Morrone, dell'ordine di san Benedetto, sotto gli istituti del santissimo padre Celestino, sommo pontefice della Chiesa di Roma, un tempo chiamato fra Pietro del Morrone, per riverenza nei confronti del papa, ordina a tutti gli ufficiali del regno – e in particolare ai custodi dei passi – di permettere all'abate e alla comunità del detto monastero e di tutti i monasteri a esso soggetti di far transitare liberamente i loro animali – pecore, vacche, buoi e giumente – all'interno del regno senza esigere alcun tributo.

Ad monasteria.

Originale [A], Montecassino, Archivio dell'abbazia, Fondo di S. Spirito del Morrone, 211 (SD). Originale deperdito [*A₂], già *Archivio del monastero di S. Spirito del Morrone, «Privilegia regia» (Zanotti, *Archivia*, VI.1, p. 224). Atto registrato deperdito [*R], già Napoli, Archivio di Stato, *Registri angioini, 67, f. 8r-v (Cantera 1892, p. 63 nota 9). Atto registrato deperdito [*R₂], già Napoli, Archivio di Stato, *Registri angioini, 77, f. 11v (Cantera 1892, p. 63 nota 9). Atto registrato deperdito [*R₃], già Napoli, Archivio di Stato, *Registri angioini, 77, f. 62r-v (Cantera 1892, p. 63 nota 9). Copia autentica del 1313 maggio 13 [B], Montecassino, Archivio dell'abbazia, Fondo di S. Spirito del Morrone, 336. Copia semplice del secolo XVII [Z], Zanotti, *Digestum*, II.2, p. 447-448 («ex proprio originali cum bullo aureo pendenti existenti in archivio venerabilis abbatiae Sancti Spiritus prope Sulmonem»).

Regesti: Zanotti, *Digestum*, II.1, p. 17. Zanotti, *Archivia*, VI.1, p. 224, 231. Leccisotti 1966, p. 86 n. 211. Morizio 2008, p. 387-388 n. 219. Morizio 2022, p. 161-162 n. 224.

Bibliografia: Cantera 1892, p. 63 nota 9. Moscati 1956, p. 149. Penco 1997, p. 360 nota 54. Herde 2004, p. 138 nota 209. Morizio 2008, *passim*.

L. Zanotti data erroneamente la copia autentica del 1313 (= B) al 1300 (Zanotti, *Archivia*, VI.1, p. 231).

Per S. Spirito del Morrone vedi *Insediamenti celestini*, n. 112.

225.

CAROLI IERUSALEM ET SICILIAE REGIS PRIVILEGIUM

1294 ottobre 9, Sulmona

Carlo II, re di Gerusalemme e di Sicilia, facendo seguito alla richiesta del priore e della comunità del monastero di S. Spirito della Maiella, dell'ordine di san Benedetto, diocesi di Chieti, e di tutti i *fratres* del detto ordine, a lui devoti, conferma il privilegio, munito di sigillo, di Gualtiero *de Palearia*, già conte di Manoppello – il cui testo viene inserto – con il quale veniva loro concesso il diritto di patronato sulla chiesa di S. Spirito della Maiella.

Si benemeritis.

Originale [A], Montecassino, Archivio dell'abbazia, Fondo di S. Spirito del Morrone, 212 (SD). Atto registrato deperdito [*R], già Napoli, Archivio di Stato, *Registri angioini, 67, f. 7r-8v (Cantera 1892, p. 63 nota 8). Atto registrato deperdito [*R₂], già Napoli, Archivio di Stato, *Registri angioini, 77, f. 10v (Cantera 1892, p. 63 nota 8). Atto registrato deperdito [*R₃], già Napoli, Archivio di Stato, *Registri angioini, 77, f. 12r-v (Cantera 1892, p. 63 nota 8). Copia autentica del 1316 aprile 11 [B], Montecassino, Archivio dell'abbazia, Fondo di S. Spirito del Morrone, 351. Copia semplice del secolo XVII [Z], Zanotti, *Digestum*, II.2, p. 443-444 («Originalia supradictorum privilegiorum Caroli II conservantur in archivio abbatiae Sancti Spiritus de Sulmona»).

Regesti: Zanotti, *Digestum*, II.1, p. 17. Zanotti, *Archivia*, VI.1, p. 338. Leccisotti 1966, p. 86-87 n. 212. Morizio 2008, p. 388 n. 220. Morizio 2022, p. 162 n. 225.

Bibliografia: Zanotti, *Digestum*, II.2, p. 543. Cantera 1892, p. 63 nota 8. Moscati 1956, p. 149. Sabatini 1991, p. 362 nota 13. Simonelli 1997, p. XXXVI nota 104. Herde 2004, p. 138. Morizio 2008, *passim*.

Su Gualtiero *de Palearia* (di Pagliara), conte di Manoppello, vedi la nota al doc. n. †3.

Per S. Spirito della Maiella vedi *Insediamenti celestini*, n. 113.

226.

CAROLI IERUSALEM ET SICILIAE REGIS PRIVILEGIUM

1294 ottobre 9, Sulmona

Carlo II, re di Gerusalemme e di Sicilia, facendo seguito alla richiesta di fra Placido, dell'ordine di san Benedetto, il quale ha esposto che Federico *de Tullo*, già signore di Manoppello, aveva concesso alla chiesa di S. Spirito della Maiella e allo stesso fra Placido, monaco, in nome e per conto della chiesa medesima, una lettera patente munita del suo sigillo – il cui testo viene inserto – conferma il detto privilegio.

Si benemeritis.

Originale deperdito [*A], già *Archivio del monastero di S. Spirito del Morrone, «Iura Sancti Spiritus in Magella et Roccae Moricis» (Zanotti, *Archivia*, VI.1, p. 338). Atto registrato deperdito [*R], già Napoli, Archivio di Stato, *Registri angioini, 67, f. 7r-8v (Cantera 1892, p. 63 nota 8). Atto registrato deperdito [*R₂], già Napoli, Archivio di Stato, *Registri angioini, 77, f. 10v (Cantera 1892, p. 63 nota 8). Atto registrato deperdito [*R₃], già Napoli, Archivio di Stato, *Registri angioini, 77, f. 12r-v (Cantera 1892, p. 63 nota 8). Copia semplice del secolo XVII [Z], Zanotti, *Digestum*, II.2, p. 445-446 («Originalia supradictorum privilegiorum Caroli II conservantur in archivio abbatiae Sancti Spiritus de Sulmona»).

Regesti: Zanotti, *Digestum*, II.1, p. 17. Zanotti, *Archivia*, VI.1, p. 338. Morizio 2008, p. 388-389 n. 221. Morizio 2022, p. 163 n. 226.

Bibliografia: Zanotti, *Digestum*, II.2, p. 543. Cantera 1892, p. 63 nota 8. Herde 2004, p. 138 nota 208. Morizio 2008, *passim*.

Su Federico *de Tullo* (di Tollo), conte di Manoppello, vedi la nota al doc. n. 21.

Per S. Spirito della Maiella vedi *Insediamenti celestini*, n. 113.

227.

CAROLI IERUSALEM ET SICILIAE REGIS MANDATUM

Carlo II, re di Gerusalemme e di Sicilia, ordina al giustiziere d'Abruzzo di non far molestare il monastero di S. Spirito di Sulmona nel possesso di una vigna e di una siepe, pervenute al detto monastero dalle concessioni di Gualtiero *de Palearia* e Federico *de Tullo*.

Atto registrato deperdito [*R], già Napoli, Archivio di Stato, *Registri angioini, 66, f. 252v (Cantera 1892, p. 63 nota 8).

Regesti: Zanotti, *Digestum*, –. Zanotti, *Archivia*, –. Morizio 2008, p. 389 n. 222. Morizio 2022, p. 163 n. 227.

Bibliografia: Cantera 1892, p. 63 nota 8. Morizio 2008, *passim*.

Su Federico *de Tullo* (di Tollo), conte di Manoppello, vedi la nota al doc. n. 21.

Su Gualtiero *de Palearia* (di Pagliara), conte di Manoppello, vedi la nota al doc. n. †3.

Per S. Spirito del Morrone vedi *Insediamenti celestini*, n. 112.

228.

CAELESTINI V PAPAE LITTERAE DE GRATIA

1294 ottobre 14, Sulmona

Celestino V unisce al monastero di S. Pietro presso Benevento, soggetto al monastero di S. Spirito presso Sulmona, dell'ordine di san Benedetto, diocesi di Valva, il monastero di S. Modesto, appartenente *nullo medio* alla Chiesa di Roma, e le chiese regolari di S. Nicola di Torre Pagana e di S. Leone fuori Porta Somma di Benevento, appartenenti rispettivamente ai monasteri di Montecassino e di S. Salvatore di Telese.

Exultat mater.

Originale [A], Città del Vaticano, Archivio apostolico vaticano, *Archivum Arcis*, Armadio C, 167 (B).

Edizione: Paoli 2004, p. 420-421 n. 9.

Regesti: Zanotti, *Digestum*, –. Zanotti, *Archivia*, –. Potthast 1875, p. 1920 n. 23995 (con data 1294 ottobre 11). Cantera 1892, p. 105 n. 61 (con data 1294 ottobre 11). Celidonio 1896, p. 372 n. 61 (con data 1294 ottobre 11). *Schedario Baumgarten*, p. 577 n. 4403. Paoli 2004, p. 382. Morizio 2008, p. 389 n. 223. Morizio 2022, p. 164 n. 228.

Bibliografia: Moscati 1956, p. 148-149. Golinelli 1996, p. 155 (con data 1294 ottobre 11). Morizio 2008, *passim*.

Tra la data cronica e la data topica vi è una discrasia: il 12 ottobre, il corteo papale, in viaggio verso Napoli, si trovava a Castel di Sangro, il giorno seguente a S. Vincenzo al Volturno e il 17 ottobre a San Germano (cfr. Herde 2004, p. 141).

Sul rapporto tra Montecassino e Celestino V vedi Dell'Omo 2010; Dell'Omo 2022.

Sull'abbazia di S. Salvatore *de Telesia* vedi Cielo 1995.

Per S. Leone di Benevento vedi *Insediamenti celestini*, n. 45. Per S. Modesto di Benevento vedi *Insediamenti celestini*, n. 75. Per S. Nicola di Torre Pagana vedi *Insediamenti celestini*, n. 81. Per S. Pietro di Benevento vedi *Insediamenti celestini*, n. 98. Per S. Spirito del Morrone vedi *Insediamenti celestini*, n. 112.

229.

CAROLI IERUSALEM ET SICILIAE REGIS PRIVILEGIUM

1294 ottobre 24, Teano

Carlo II, re di Gerusalemme e di Sicilia, su richiesta di Angelerio, <già monaco del monastero di S. Spirito del Morrone e ora> abate di Montecassino, esenta le terre del detto monastero dall'inviare a Napoli il fodro dovuto.

Atto registrato deperdito [*R], già Napoli, Archivio di Stato, *Registri angioini, 77, f. 202r-v (Cantera 1892, p. 66 nota 6).

Regesti: Zanotti, *Digestum*, –. Zanotti, *Archivia*, –. Morizio 2008, p. 390 n. 225. Morizio 2022, p. 164 n. 229.

Bibliografia: Cantera 1892, p. 66 nota 6. Herde 2004, p. 142 nota 235. Morizio 2008, *passim*.

Sul rapporto tra Montecassino e Celestino V vedi Dell'Omo 2010; Dell'Omo 2022.

Per S. Spirito del Morrone vedi *Insediamenti celestini*, n. 112.

230.

CAELESTINI V PAPAE LITTERAE DE GRATIA

1294 ottobre 25, Teano

Celestino V – avendo osservato, dall'esame dei privilegi del monastero di S. Giovanni in Piano, dell'ordine di san Benedetto, diocesi di Lucera, che agli abati del detto monastero compete il diritto spirituale e temporale sulle chiese di S. Martino, S. Lucia, S. Nicola, S. Pietro, S. Giacomo, S. Lorenzo e S. Spirito di Apricena, della medesima diocesi – revoca ogni diritto spettante o reclamato

dal vescovo di Lucera su dette chiese e, con il consenso di Giovanni, arcivescovo di Benevento, metropolita dello stesso vescovo di Lucera, vicecancelliere di Chiesa di Roma, e di Aimardo, vescovo di Lucera, le restituisce all'abate e alla comunità del monastero di S. Giovanni in Piano.
Licet ecclesiarum.

Originale deperdito [*A], già *Archivio del monastero della SS. Trinità di San Severo (Città del Vaticano, Archivio apostolico vaticano, Fondo celestini II, 43, f. 249v). Copia semplice del secolo XVIII [B], Città del Vaticano, Archivio apostolico vaticano, Fondo celestini II, 43, f. 249r-v («ex archivio monasterii nostri Sanctissime Trinitatis Sancti Severi»).

Regesti: Zanotti, *Digestum*, –. Zanotti, *Archivia*, –. Potthast 1875, –. Paoli 2004, p. 352 (con data 1294 novembre 25). Morizio 2008, p. 390-391 n. 226. Morizio 2022, p. 164-165 n. 230.

Bibliografia: Morizio 2008, *passim*.

Per S. Giacomo di Apricena vedi *Insediamenti celestini*, n. 27. Per S. Giovanni in Piano vedi *Insediamenti celestini*, n. 41. Per S. Lorenzo di Apricena vedi *Insediamenti celestini*, n. 46. Per S. Lucia di Apricena vedi *Insediamenti celestini*, n. 47. Per S. Martino di Apricena vedi *Insediamenti celestini*, n. 73. Per S. Nicola di Apricena vedi *Insediamenti celestini*, n. 77. Per S. Pietro di Apricena vedi *Insediamenti celestini*, n. 96. Per S. Spirito di Apricena vedi *Insediamenti celestini*, n. 115.

231.

CAELESTINI V PAPAE LITTERAE DE GRATIA

1294 ottobre 28, Teano

Celestino V conferma all'abate e alla comunità del monastero S. Spirito della Maiella, dell'ordine di san Benedetto, diocesi di Chieti, l'atto di permuta – il cui testo viene inserto – del monastero di S. Pietro di Vallebona, già appartenuto al monastero di Pulsano, dell'ordine di san Benedetto, diocesi di Siponto, con la chiesa di S. Antonino di Campo di Giove e cento once d'oro.
Gloria multa.

Originale [A], Città del Vaticano, Archivio apostolico vaticano, *Archivum Arcis*, Armadio C, 157 (B). Originale [A2], Montecassino, Archivio dell'abbazia, Fondo di S. Spirito del Morrone, 215 (BD). Copia semplice del secolo XVIII [B], Città del Vaticano, Archivio apostolico vaticano, Fondo celestini II, 43, f. 262r-264r («ex originali quod asservatur in archivio murronensi»).

Edizioni: Moscati 1957, p. 299-301 n. 6 (da A, A2). Paoli 2004, p. 421-422 n. 10 (da A, A2, B).

Regesti: Zanotti, *Digestum*, II.1, p. 17. Zanotti, *Archivia*, VI.1, p. 282-283. Potthast 1875, –. Cantera 1892, p. 107 n. 69, 111. Celidonio 1896, p. 378 n. 69, 394 n. 141. Pansa 1899, p. 189. Inguanez 1918, p. 15 n. 24. *Schedario Baumgarten*, p. 577 n. 4404. Leccisotti 1966, p. 88 n. 215. Paoli 2004, p. 352, 380. Morizio 2008, p. 391 n. 227. Morizio 2022, p. 165-166 n. 231.

Bibliografia: Zanotti, *Digestum*, II.2, p. 561. Moscati 1956, p. 151-152. Moscati 1957, p. 281. Simonelli 1997, p. XXXI. Herde 2004, p. 32 nota 135. Panarelli 2005, p. 264. Morizio 2008, *passim*.

Per il monastero di S. Maria di Pulsano vedi la nota al doc. n. 74.

Per S. Antonino di Campo di Giove vedi *Insediamenti celestini*, n. 9. Per S. Pietro di Vallebona vedi *Insediamenti celestini*, n. 103. Per S. Spirito della Maiella vedi *Insediamenti celestini*, n. 113.

232.

INSTRUMENTUM RESTITUTIONIS

1294 novembre 5, Manoppello, *ante ecclesiam Sancte Marie*

Berardo del fu giudice Matteo di Ferracavallo da Manoppello, per la salvezza dell'anima propria e dei genitori, restituisce alla chiesa di S. Angelo *de Pulverio* e al monastero di S. Pietro di Vallebona cui detta chiesa è soggetta, nelle mani di fra Benedetto, procuratore di tutto l'ordine di S. Spirito della Maiella, alcuni beni illecitamente detenuti: una pezza di terra arativa posta nelle pertinenze di

Manoppello, in contrada *Pulverio*, una pezza di terra arativa nelle medesime pertinenze, in contrada *de Pulverio* da *Fotiano* fino al guado di Marino *Mancini*, e una terra nel medesimo territorio *de Pulverio*; in tali possedimenti vi sono case, alberi, boschi coltivati e boschi incolti.

Giudice: Paolo di Cataldo, giudice di Manoppello (S).

Notaio: Tommaso di Ruggero da Roccamorice, notaio di Roccamorice (S).

Originale [A], Montecassino, Archivio dell'abbazia, Fondo di S. Spirito del Morrone, 216. Originale [A₂], Montecassino, Archivio dell'abbazia, Fondo di S. Spirito del Morrone, 217. Copia semplice del secolo XVII [Z], Zanotti, *Digestum*, II.2, p. 449-452.

Regesti: Zanotti, *Digestum*, II.1, p. 17. Zanotti, *Archivia*, VI.1, p. 283. Pansa 1899, p. 189. Leccisotti 1966, p. 88-89 n. 216-217. Morizio 2008, p. 391-392 n. 228. Morizio 2022, p. 166 n. 232.

Bibliografia: Zanotti, *Digestum*, II.2, p. 547. Panarelli 1997, p. 129-130 nota 163. Paoli 2004, p. 15 nota 62, 106 nota 154. Morizio 2008, *passim*.

Per S. Angelo *in Pulverio* vedi *Insediamenti celestini*, n. 7. Per S. Pietro di Vallebona vedi *Insediamenti celestini*, n. 103. Per S. Spirito della Maiella vedi *Insediamenti celestini*, n. 113.

233.

CAELESTINI V PAPAE LITTERAE DE GRATIA

1294 novembre 9, Napoli

Celestino V conferma al priore e alla comunità del monastero di S. Spirito della Maiella, dell'ordine di san Benedetto, diocesi di Chieti, la donazione fatta dalla contessa di Guardiagrele, del diritto di patronato sull'ospedale di S. Pietro di Montepiano, diocesi di Chieti, rimediando in tal modo alla mancanza di cura dell'abate di Montecassino e del preposito di S. Liberatore *de Maiella*, ai quali appartiene il detto ospedale, e stabilendo che per tale donazione non sia necessario il consenso dell'ordinario diocesano.

Dum operum.

Originale [A], Sulmona, Archivio capitolare di S. Panfilo, Archivio nuovo, Fondi e serie di archivi aggregati, S. Spirito del Morrone, I.5.5 (B). Copia semplice del secolo XVIII [B], Città del Vaticano, Archivio apostolico vaticano, Fondo celestini II, 43, f. 280r-v («ex eius originali cum plumbo quod in archivio murronensi asservatur in capsula bullarum»).

Edizione: Ranieri 1927, p. 285-286 (da A).

Regesti: Zanotti, *Digestum*, II.1, p. 18. Zanotti, *Archivia*, VI.1, p. 344. Potthast 1875, –. Cantera 1892, p. 107 n. 72. Celidonio 1896, p. 44 n. 9, 384 n. 72. Chiappini 1915, p. 141 n. 72. Capograssi 1962, p. 328 n. 6. Paoli 2004, p. 352. Morizio 2008, p. 392 n. 229. Morizio 2022, p. 166-167 n. 233.

Bibliografia: Zanotti, *Digestum*, II.2, p. 565; V.2, p. 552. Moscati 1956, p. 152 nota 3. Orsini 2003, p. 697 n. 7 (6095). Paoli 2004, p. 25 nota 117. Morizio 2008, *passim*.

Per la documentazione relativa al priorato cassinese di S. Liberatore a Maiella vedi la nota al doc. n. 117.

Sul rapporto tra Montecassino e Celestino V vedi Dell'Omo 2010; Dell'Omo 2022.

Per S. Pietro di Roccamontepiano vedi *Insediamenti celestini*, n. 101. Per S. Spirito della Maiella vedi *Insediamenti celestini*, n. 113.

234.

CAELESTINI V PAPAE LITTERAE DE GRATIA

1294 novembre 13, Napoli

Celestino V, dichiarando nulla la donazione delle chiese di S. Giovanni, S. Angelo *de Valle*, S. Cesidio e S. Maria *de Azimis* fatta dal defunto *miles* Andrea Brancaleoni, signore di Pratola, diocesi di Valva, al priore e ai *fratres* dell'ospedale di S. Giovanni dei gerosolimitani di Raiano, aggrega le

chiese medesime, con tutte le loro pertinenze, al monastero S. Spirito di Sulmona, dell'ordine di san Benedetto, diocesi di Valva, esentandole dalla giurisdizione dell'ordinario diocesano e stabilendo che d'ora in poi le dette chiese siano soggette *nullo medio* alla Chiesa di Roma.
Dum infra mentis.

Originale [A], Montecassino, Archivio dell'abbazia, Fondo di S. Spirito del Morrone, 218 (BD). Copia autentica del 1321 maggio 20 [B], Sulmona, Archivio capitolare di S. Panfilo, Archivio nuovo, Fondi e serie di archivi aggregati, S. Spirito del Morrone, I.5.125. Copia autentica del 1632 maggio 7 deperdita [*B₂], già <Archivio di S. Eusebio di Roma?> (Paoli 2004, p. 278). Copia semplice del secolo XVII [C], Città del Vaticano, Archivio apostolico vaticano, Fondo celestini II, 18, f. 120r. Copia semplice del secolo XVIII [B₃], Città del Vaticano, Archivio apostolico vaticano, Fondo celestini II, 43, f. 285r («ex originali cum plumbo quod asservatur in archivio murronensi»).

Stemma chartarum:

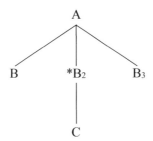

Edizioni: Faraglia 1888, p. 118 n. 93 (da B). Herde 1981, p. 222 n. 10 (da A). Herde 2004, p. 267 n. 10 (da A).

Regesti: Zanotti, *Digestum*, II.1, p. 18; II.2, p. 428. Zanotti, *Archivia*, VI.1, p. 117. Potthast 1875, –. Cantera 1892, p. 107 n. 71 (con data 1294 novembre 7), 108 n. 76. Celidonio 1896, p. 44 n. 10, 383-384 n. 71 (con data 1294 novembre 7), 384 n. 76 (con data 1294 novembre 14). Chiappini 1915, p. 148 n. 114. Inguanez 1918, p. 15 n. 25. Capograssi 1962, p. 329 n. 18. Leccisotti 1966, p. 89-90 n. 218. Paoli 2004, p. 278, 352-353. Morizio 2008, p. 392-393 n. 230. Morizio 2022, p. 167-168 n. 234.

Bibliografia: Zanotti, *Digestum*, II.2, p. 428. Moscati 1956, p. 153 nota 1. Mattiocco-Sabatini 1996, p. 180 nota 10. Orsini 2003, p. 699 n. 19 (6107). Paoli 2004, p. 16 nota 67, 278. Pellegrini 2005, p. 357. Morizio 2008, *passim*.

U. Paoli annota l'esistenza di una copia presso l'archivio apostolico vaticano, nel fondo celestini II, 18, f. 140r-v (Paoli 2004, p. 278); tuttavia, ho potuto verificare che tale foglio è bianco.

Andrea Brancaleoni, figlio di Oddone e nipote di Leone, cardinale prete di S. Croce in Gerusalemme, apparteneva a una nobile famiglia della Sabina; a seguito del matrimonio della sorella Biancafiore con Gentile da Raiano, Andrea e suo fratello Oddone ricevettero come pegno della dote versata la metà del *castrum* di Prezza, piccolo centro nei pressi di Sulmona. A seguito del suo matrimonio con Rogata, figlia dei signori di Pratola e Bominaco, Andrea ricevette l'investitura feudale di entrambi i castelli, insieme al fratello Oddone, che, nel frattempo, aveva sposato Filippa, sorella di Rogata (per un'accurata bio-bibliografia vedi Kamp 1971).

Per S. Angelo di Campeliano vedi *Insediamenti celestini*, n. 2. Per S. Cesidio di Pratola vedi *Insediamenti celestini*, n. 17. Per S. Giovanni di Pratola vedi *Insediamenti celestini*, n. 38. Per S. Maria *de Azimis* vedi *Insediamenti celestini*, n. 52. Per S. Spirito del Morrone vedi *Insediamenti celestini*, n. 112.

235.

CAELESTINI V PAPAE LITTERAE DE GRATIA

1294 novembre 13, Napoli

Celestino V dona le chiese di S. Maria, S. Erasmo e S. Silvestro *de Sagessano*, site nel distretto di Sulmona, diocesi di Valva, con tutti i loro possedimenti, all'abate e alla comunità del monastero di S. Spirito di Sulmona, dell'ordine di san Benedetto, diocesi di Valva, *ipsas non obstante si ad ecclesias sive regulares sive seculares et alia pia loca spectant*, esentandole dalla giurisdizione dell'ordinario diocesano e stabilendo che d'ora in poi le dette chiese siano soggette *nullo medio* alla Chiesa di Roma.
Dum infra mentis.

Originale [A], Città del Vaticano, Archivio apostolico vaticano, *Instrumenta miscellanea*, 262 (BD).

Edizione: Morizio 2008, p. 566-567 n. 20.

Regesti: Zanotti, *Digestum*, –. Zanotti, *Archivia*, –. Potthast 1875, p. 1920 n. 24002. Cantera 1892, p. 107 n. 73. Celidonio 1896, p. 384 n. 73. *Schedario Baumgarten*, p. 579 n. 4409. Morizio 2008, p. 393 n. 231. Morizio 2022, p. 168 n. 235.

Bibliografia: Moscati 1956, p. 152 nota 5. Morizio 2008, *passim*.

Per S. Erasmo di Saizano vedi *Insediamenti celestini*, n. 23. Per S. Maria di Saizano vedi *Insediamenti celestini*, n. 68. Per S. Silvestro di Saizano vedi *Insediamenti celestini*, n. 111. Per S. Spirito del Morrone vedi *Insediamenti celestini*, n. 112.

236.

CAROLI IERUSALEM ET SICILIAE REGIS PRIVILEGIUM?

1294 novembre 14, <Napoli>

Carlo II, re di Gerusalemme e di Sicilia, facendo seguito alla supplica ricevuta da fra <Nicola, già monaco dell'ordine morronese e ora>, abate del monastero di S. Vincenzo del Volturno, poiché, essendo egli stato eletto *de novo* nella detta abbazia dal sommo pontefice…

Atto registrato deperdito [*R], già Napoli, Archivio di Stato, *Registri angioini, 66, f. 172r-v (Cantera 1892, p. 65 nota 4). Atto registrato deperdito [*R₂], già Napoli, Archivio di Stato, *Registri angioini, 162, f. 17v (Cantera 1892, p. 65 nota 4).

Regesti: Zanotti, *Digestum*, –. Zanotti, *Archivia*, –. Morizio 2008, p. 394 n. 232. Morizio 2022, p. 168 n. 236.

Bibliografia: Cantera 1892, p. 65 nota 4. Herde 2004, p. 141 nota 231. Morizio 2008, *passim*.

Nicola era un monaco «de ordine de Murroni», messo a capo dell'abbazia di S. Vincenzo al Volturno da Celestino V, allorché il corteo papale, durante il viaggio dall'Aquila a Napoli, il 13 ottobre 1294, sostò presso lo storico cenobio vulturnense (cfr. Federici 1938, p. 106).

Per S. Spirito del Morrone vedi *Insediamenti celestini*, n. 112.

237.

CAELESTINI V PAPAE LITTERAE DE GRATIA

1294 novembre 15, Napoli

Celestino V, poiché l'abate e la comunità del monastero di S. Spirito presso Sulmona, dell'ordine di san Benedetto, diocesi di Valva, hanno iniziato a costruire la chiesa del detto monastero *opere plurimum sumptuoso*, concede un anno e quaranta giorni di indulgenza ai fedeli che contribuiranno alla costruzione della chiesa medesima.
Quoniam ut ait.

Originale [A], Città del Vaticano, Archivio apostolico vaticano, *Archivum Arcis*, Armadio C, 160 (B).

Edizione: Paoli 2004, p. 422-423 n. 11.

Regesti: Zanotti, *Digestum*, –. Zanotti, *Archivia*, –. Potthast 1875, p. 1920 n. 24004 (con data 1294 novembre 13). Cantera 1892, p. 108 n. 75 (con data 1294 novembre 13). Celidonio 1896, p. 384 n. 75 (con data 1294 novembre 13). Paoli 2004, p. 380. Morizio 2008, p. 394 n. 233. Morizio 2022, p. 169 n. 237.

Bibliografia: Moscati 1956, p. 153 nota 2. Herde 2004, p. 133 nota 184 (con data 1294 novembre 13). Morizio 2008, *passim*.

Per S. Spirito del Morrone vedi *Insediamenti celestini*, n. 112.

238.

CAELESTINI V PAPAE LITTERAE DE GRATIA

1294 novembre 17, Napoli

Celestino V concede all'abate e alla comunità del monastero di S. Pietro *de foris Portam* di Benevento, dell'ordine di san Benedetto, la chiesa di S. Ilario di Benevento soggetta alla badessa e alla comunità del monastero di S. Paolo di Avellino, appartenente *nullo medio* alla Chiesa di Roma, con tutte le sue pertinenze, esentandola dalla giurisdizione del vescovo di Benevento e stabilendo che d'ora in poi appartenga *nullo medio* alla Chiesa di Roma.
Dum virtutum.

Originale [A], Città del Vaticano, Archivio apostolico vaticano, *Archivum Arcis*, Armadio C, 168 (B).

Edizione: Paoli 2004, p. 423-424 n. 12.

Regesti: Zanotti, *Digestum*, –. Zanotti, *Archivia*, –. Potthast 1875, p. 1920 n. 24003 (con data 1294 novembre 13). Cantera 1892, p. 107 n. 74 (con data 1294 novembre 13). Celidonio 1896, p. 384 n. 74 (con data 1294 novembre 15). Paoli 2004, p. 382. Morizio 2008, p. 394-395 n. 234. Morizio 2022, p. 169 n. 238.

Bibliografia: Moscati 1956, p. 153 nota 3. Morizio 2008, *passim*.

Nel 1294, l'arcivescovo *pro tempore* di Benevento era Giovanni da Castrocielo (Eubel 1913, p. 12, 48, 133; Mercantini 2001).

Per il monastero di S. Paolo di Avellino vedi la scheda di F. Marazzi, *Avellino, S. Paolo*, s.l. 2014 [testo disponibile all'url <https://bit.ly/3oeC3dw> (data consultazione: 14 maggio 2023)].

Per S. Ilario di Benevento vedi *Insediamenti celestini*, n. 42. Per S. Pietro di Benevento vedi *Insediamenti celestini*, n. 98.

239.

CAELESTINI V PAPAE LITTERAE DE GRATIA

1294 novembre 18, Napoli

Celestino V, a seguito della rinuncia di Federico *de Lecto*, chierico valvense, già rettore della chiesa di S. Maria *in Baro*, diocesi di Chieti, assegna la detta chiesa, con tutti i suoi possedimenti, all'abate e alla comunità del monastero di S. Spirito presso Sulmona, dell'ordine di san Benedetto, diocesi di Valva, esentandola dalla giurisdizione del vescovo di Chieti.
Quoniam holocausta.

Originale [A], Sulmona, Archivio capitolare di S. Panfilo, Archivio nuovo, Fondi e serie di archivi aggregati, S. Spirito del Morrone, I.5.4 (BD). Copia semplice del secolo XVIII [B], Città del Vaticano, Archivio apostolico vaticano, Fondo celestini II, 43, f. 299r («ex originali cum plumbo quod asservatur in archivio murronensi»).

Edizione: Faraglia 1888, p. 119 n. 94.

Regesti: Zanotti, *Digestum*, II.1, p. 18. Zanotti, *Archivia*, VI.1, p. 179. Potthast 1875, –. Cantera 1892, p. 108 n. 77. Celidonio 1896, p. 44 n. 11, 384 n. 77. Chiappini 1915, p. 141 n. 73. Capograssi 1962, p. 329 n. 7. Morizio 2008, p. 395 n. 235. Morizio 2022, p. 170 n. 239.

Bibliografia: Moscati 1956, p. 153 nota 4. Orsini 2003, p. 698 n. 9 (6097). Morizio 2008, *passim*.

Nel 1294, il vescovo *pro tempore* di Chieti era Tommaso (Eubel 1913, p. 481).

Per S. Maria in Baro vedi *Insediamenti celestini*, n. 72. Per S. Spirito del Morrone vedi *Insediamenti celestini*, n. 112.

240.

CAELESTINI V PAPAE LITTERAE DE IUSTITIA

1294 novembre 18, Napoli

Celestino V comunica all'arciprete della chiesa di S. Maria di Guardiagrele, diocesi di Chieti, che, a seguito della rinuncia di Federico *de Lecto*, chierico valvense, già rettore della chiesa di S. Maria *in*

Baro, diocesi di Chieti, ha assegnato la detta chiesa, con tutti i suoi possedimenti, all'abate e alla comunità del monastero di S. Spirito presso Sulmona, dell'ordine di san Benedetto, diocesi di Valva, esentandola dalla giurisdizione del vescovo di Chieti.

Quoniam holocausta.

Originale [A], Sulmona, Archivio capitolare di S. Panfilo, Archivio nuovo, Fondi e serie di archivi aggregati, S. Spirito del Morrone, I.5.6 (B). Copia semplice del secolo XVIII [B], Città del Vaticano, Archivio apostolico vaticano, Fondo celestini II, 43, f. 307r-v («ex originali cum plumbo quod asservatur in archivio murronensi»).

Regesti: Zanotti, *Digestum*, –. Zanotti, *Archivia*, VI.1, p. 179. Potthast 1875, –. Cantera 1892, p. 108 n. 78. Celidonio 1896, p. 44 n. 12, 384-385 n. 78. Chiappini 1915, p. 141 n. 74. Capograssi 1962, p. 329 n. 8. Paoli 2004, p. 353. Morizio 2008, p. 395 n. 236. Morizio 2022, p. 170 n. 240.

Bibliografia: Moscati 1956, p. 153 nota 5. Orsini 2003, p. 697 n. 8 (6096). Morizio 2008, *passim*.

Nel 1294, il vescovo *pro tempore* di Chieti era Tommaso (Eubel 1913, p. 481).

Per la chiesa di S. Maria Maggiore di Guardiagrele vedi Pistilli 2005.

Per S. Maria in Baro vedi *Insediamenti celestini*, n. 72. Per S. Spirito del Morrone vedi *Insediamenti celestini*, n. 112.

241.

CAELESTINI V PAPAE LITTERAE DE GRATIA

1294 novembre 19, San Germano (Cassino)

Celestino V unisce il monastero di S. Giovanni in Piano, dell'ordine di san Benedetto, diocesi di Lucera, con tutte le sue pertinenze, al monastero di S. Spirito presso Sulmona, dell'ordine di san Benedetto, diocesi di Valva.

Inter cetera.

Originale [A], Montecassino, Archivio dell'abbazia, Fondo di S. Spirito del Morrone, 214 (BD). Originale [A₂], Sulmona, Archivio capitolare di S. Panfilo, Archivio nuovo, Fondi e serie di archivi aggregati, S. Spirito del Morrone, I.5.3 (B). Copia semplice del secolo XVIII [B], Città del Vaticano, Archivio apostolico vaticano, Fondo celestini II, 43, f. 243r.

Edizioni: Faraglia 1888, p. 117 n. 92 (da A₂). Herde 1981, p. 219-220 n. 8 (da A). Herde 2004, p. 264-265 n. 8 (da A).

Regesti: Zanotti, *Digestum*, II.1, p. 17. Zanotti, *Archivia*, VI.1, p. 432. Potthast 1875, p. 1921 n. 24017. Cantera 1892, p. 106 n. 66. Celidonio 1896, p. 44 n. 8, 377 n. 66. Chiappini 1915, p. 141-142 n. 75. Inguanez 1918, p. 14 n. 23. Capograssi 1962, p. 329 n. 9. Leccisotti 1966, p. 87-88 n. 214. Paoli 2004, p. 352. Morizio 2008, p. 389-390 n. 224. Morizio 2022, p. 171 n. 241.

Bibliografia: Moscati 1956, p. 150. Clementi 1988, p. 254. Clementi 1996, p. 77. Simonelli 1997, p. XXXII nota 82. Orsini 2003, p. 698 n. 10 (6098). Paoli 2004, p. 110 nota 175. Herde 2004, p. 29 nota 121. Morizio 2008, *passim*.

Tra la data cronica e la data topica vi è una discrasia: il 19 novembre la curia papale si trovava a Napoli (cfr. Herde 2004, p. 144).

Per S. Giovanni in Piano vedi *Insediamenti celestini*, n. 41. Per S. Spirito del Morrone vedi *Insediamenti celestini*, n. 112.

242.

CAELESTINI V PAPAE LITTERAE DE GRATIA

1294 novembre 22, Napoli

Celestino V dona al precettore e ai *fratres* dell'ospedale di S. Nicola *de Ferrato*, dell'ordine di san Benedetto, diocesi dei Marsi, l'ospedale di S. Rufino *de Ferrato*, diocesi dei Marsi, stabilendo che in entrambi si osservi la regola di san Benedetto e non più la regola di sant'Agostino, come imposto in passato dall'autorità apostolica, sottoponendoli al monastero di S. Spirito presso Sulmona, dell'ordine di san Benedetto, diocesi di Valva, ed esentandoli, con particolare riferimento alla chiesa di S. Pietro *ad Paczanum*, diocesi dei Marsi, dalla giurisdizione dell'ordinario diocesano e dell'abate e della comunità del monastero di Ferentillo, diocesi di Spoleto, che sulla detta chiesa di S. Pietro detenevano uno *ius censuale*.

Inter ecclesiastica loca.

Originale [A], Città del Vaticano, Archivio apostolico vaticano, *Instrumenta miscellanea*, 263 (BD).

Regesti: Zanotti, *Digestum*, –. Zanotti, *Archivia*, –. Potthast 1875, p. 1921 n. 24008, 24010. Cantera 1892, p. 108 n. 82, 109 n. 84. Celidonio 1896, p. 385 n. 82 e 84. Morizio 2008, p. 396 n. 237. Morizio 2022, p. 171-172 n. 242.

Bibliografia: Moscati 1956, p. 153-154 nota 1. Herde 2004, p. 107 nota 29. Morizio 2008, *passim*.

Nel 1294, il vescovo *pro tempore* dei Marsi era Giacomo (Eubel 1913, p. 327).

Per l'abbazia di S. Pietro in Valle, nell'odierno comune di Ferentillo, in provincia di Terni, vedi Nessi 2019.

Per S. Nicola di Ferrato vedi *Insediamenti celestini*, n. 79. Per S. Pietro di Pazzano vedi *Insediamenti celestini*, n. 100. Per S. Rufino di Ferrato vedi *Insediamenti celestini*, n. 107. Per S. Spirito del Morrone vedi *Insediamenti celestini*, n. 112.

243.

CAELESTINI V PAPAE LITTERAE DE GRATIA

1294 novembre 22, Napoli

Celestino V ratifica al monastero di S. Spirito del Morrone, diocesi di Valva, l'unione con le sue pertinenze e lo esenta dalla giurisdizione dell'ordinario diocesano.

Originale? deperdito [*A], già <Archivio segreto vaticano?> (Muratori 1742, col. 190-XIV).

Regesti: Zanotti, *Digestum*, –. Zanotti, *Archivia*, –. Potthast 1875, p. 1921 n. 24011. Cantera 1892, p. 109 n. 85. Celidonio 1896, p. 385-386 n. 85 (con data 1294 novembre 2). Morizio 2008, p. 396 n. 238. Morizio 2022, p. 172 n. 243.

Bibliografia: Moscati 1956, p. 154 nota 2. Morizio 2008, *passim*.

Muratori 1742, col. 190-XIV: «Item alia Litera ipsius Domini Papae <*scil.* Coelestini Papae V.>, exsequutoria <*così*> unionis Monasterii Sancti Spiritus de Murone <*così*> dioecesis Aquilanae <*così, ma s'intenda* Valvensis> cum pertinentiis suis, ipsum ab Ordinario eximendo. Datum, ut supra <*scil.* Neapoli X. Calendas Decembris, Pontificatus sui Anno I.>».

Per S. Spirito del Morrone vedi *Insediamenti celestini*, n. 112.

244.

CAELESTINI V PAPAE LITTERAE DE GRATIA

1294 novembre 22, Napoli

Celestino V unisce la chiesa di S. Vito *in Campo* di Roma al monastero di S. Eusebio di Roma.

Originale? deperdito [*A], già <Archivio segreto vaticano?> (Muratori 1742, col. 190-XIV).

Regesti: Zanotti, *Digestum*, –. Zanotti, *Archivia*, –. Potthast 1875, p. 1921 n. 24012. Cantera 1892, p. 109 n. 86. Celidonio 1896, p. 386 n. 86. Morizio 2008, p. 396 n. 239. Morizio 2022, p. 172 n. 244.

Bibliografia: Moscati 1955, p. 114. Moscati 1956, p. 154 nota 3. Morizio 2008, *passim*.

Muratori 1742, col. 190-XIV: «Item alia Litera ipsius Domini Papae <*scil.* Coelestini Papae V.>, unientis Ecclesiam Sancti Viti in Campo de Urbe Monasterio Sancti Eusebii de Urbe. Datum Neapoli, ut supra <*scil.* X. Calendas Decembris, Pontificatus sui> Anno Primo».

Per S. Eusebio di Roma vedi *Insediamenti celestini*, n. 24. Per S. Vito in Campo vedi *Insediamenti celestini*, n. 121.

245.

Caelestini V papae litterae de gratia

1294 novembre 27, Napoli

Celestino V all'abate e alla comunità del monastero di S. Spirito presso Sulmona, appartenente *nullo medio* alla Chiesa di Roma, dell'ordine di san Benedetto, diocesi di Valva, concede un'indulgenza di un anno e quaranta giorni ai fedeli che visiteranno la chiesa del detto monastero e le chiese degli altri monasteri, priorati, ospedali e *loca* a esso soggetti in determinate festività, e un'indulgenza di tre anni e tre quarantene ai fedeli che visiteranno le dette chiese nei giorni della festa del santo titolare, della dedicazione e loro ottave.
Licet is.

Originale [A], Sulmona, Archivio capitolare di S. Panfilo, Archivio nuovo, Fondi e serie di archivi aggregati, S. Spirito del Morrone, I.5.7 (B). Copia autentica del 1324 aprile 4 [B], Sulmona, Archivio capitolare di S. Panfilo, Archivio nuovo, Fondi e serie di archivi aggregati, S. Spirito del Morrone, I.4.93. Copia semplice del secolo XVIII [B₂], Città del Vaticano, Archivio apostolico vaticano, Fondo celestini II, 43, f. 329r-v («ex originali cum plumbo quod asservatur in archivio murronensi»).

Edizione: *Constitutiones* 1590, p. 323-324.

Regesti: Zanotti, *Digestum*, II.1, p. 18. Zanotti, *Archivia*, VI.1, p. 179. Potthast 1875, –. Celidonio 1896, p. 44 n. 13, 386 n. 91 bis. Chiappini 1915, p. 142 n. 76, 148 n. 117. Capograssi 1962, p. 329 n. 10, 330 n. 19. Paoli 2004, p. 353. Morizio 2008, p. 397 n. 240. Morizio 2022, p. 172-173 n. 245.

Bibliografia: Moscati 1956, p. 154 nota 8. Sabatini 1991, p. 362 nota 14 (con data 1294 febbraio 28). Orsini 2003, p. 698 n. 11 (6099), 699 n. 20 (6108). Morizio 2008, *passim*.

Cfr. doc. n. †246.

Per S. Spirito del Morrone vedi *Insediamenti celestini*, n. 112.

†246.

Litterae falsae

1294 novembre 27, Napoli

Celestino V all'abate e alla comunità del monastero di S. Spirito presso Sulmona, appartenente *nullo medio* alla Chiesa di Roma, dell'ordine di san Benedetto, diocesi di Valva: concede un'indulgenza di sette anni e sette quarantene ai fedeli che visiteranno la chiesa del detto monastero e le chiese degli altri monasteri, priorati, ospedali e *loca* a esso soggetti in determinate festività, e un'indulgenza di dieci anni e dieci quarantene ai fedeli che visiteranno le dette chiese nei giorni della festa del santo titolare, della dedicazione e loro ottave.
Licet hiis.

Falsificazione <del secolo XIV *ineunte*?> con la seguente tradizione: Copia semplice del secolo XIV [B], Città del Vaticano, Archivio apostolico vaticano, Fondo celestini I, 16. Copia semplice <del secolo XIV *exeunte*?> [B₂], Sulmona, Archivio capitolare di S. Panfilo, Archivio nuovo, Fondi e serie di archivi aggregati, S. Spirito del Morrone, I.3.29. Copia semplice <del secolo XIV *exeunte*?> [B₃], Chieti, Archivio arcivescovile, Fondo pergamenaceo, Teate 286 bis.

Regesti: Zanotti, *Digestum*, II.1, p. 18. Zanotti, *Archivia*, VI.1, p. 179. Paoli 2004, p. 124-125 n. 16. Morizio 2008, p. 397 n. 240. Morizio 2022, p. 173 n. †246.

Bibliografia: Morizio 2008, *passim*.

Il documento presenta un'interpolazione, relativamente all'entità dell'indulgenza lucrabile, rispetto alla bolla *Licet is* di Celestino V (cfr. doc. n. 245).

Per S. Spirito del Morrone vedi *Insediamenti celestini*, n. 112.

247.

CAELESTINI V PAPAE LITTERAE DE GRATIA

1294 novembre 27, Napoli

Celestino V prende *in ius et proprietatem* della sede apostolica il monastero di S. Maria di Picciano, dell'ordine di san Benedetto, diocesi di Penne, stabilendo che d'ora in poi vi si osservi la regola di san Benedetto. Conferma i seguenti beni: le chiese di S. Pietro, S. Felice e S. Maria di Collecorvino, la chiesa di S. Salvatore *de Pullicanto*, la chiesa di S. Paolo *de [...]*, la chiesa di S. Colomba *de [Laureto]*, le chiese di S. Panfilo, S. Pietro, S. Maria, S. Giovanni, S. Lucia di Spoltore, la chiesa di S. Angelo *de Ciliano*, la chiesa di S. Giovanni *de Derettello*, la chiesa di S. Paolo *de Collemadio*, la chiesa di S. Lucia *de Campo Franconis* e la chiesa di S. Maria *de Caesis*; i *casalia Picciani, Pullicanti, Sancti Salvatoris, Duramiani et Ciliani*; i feudi e i tenimenti nel *castrum* di Collecorvino; i mulini, con i territori, sul fiume Tavo e il bosco *de Demardi de Vallo*; due saline in Pescara; il feudo di Demardo di Andrea nelle pertinenze di Penne, con vigne, terre colte e incolte, alberi. Concede, inoltre, all'abate e alla comunità del detto monastero di S. Maria di Picciano, l'esenzione dalla giurisdizione del vescovo di Penne e del capitolo cattedrale, esonerandoli dal pagamento del censo annuale, consistente in venti pagnotte di pane e un porco.
Sane nostre religionis.

Copia autentica deperdita [*B], già *Archivio del monastero di S. Maria del Soccorso dell'Aquila (Città del Vaticano, Archivio apostolico vaticano, Fondo celestini II, 43, f. 336r). Copia semplice del secolo XVIII [C], Città del Vaticano, Archivio apostolico vaticano, Fondo celestini II, 43, f. 335r-336r («extat copia authentica in archivio venerabilis monasterii Sanctae Mariae de Succurso de Aquila congregationis Olivetanae»).

Regesti: Zanotti, *Digestum*, –. Zanotti, *Archivia*, –. Antinori, *Annali*, X.2, *sub anno* 1294, *sub voce* S. Maria del Soccorso [p. 438]. Potthast 1875, –. Cantera 1892, p. 109 n. 91. Celidonio 1896, p. 386 n. 91. Clementi-Berardi 1980, p. 236-237. Paoli 2004, p. 353 nota 158. Morizio 2008, p. 397-398 n. 241. Morizio 2022, p. 174 n. 247.

Bibliografia: Moscati 1956, p. 154 nota 4 (con data 1294 novembre 22). Morizio 2008, *passim*.

B. Cantera annota che, alla fine del XIX, il documento – si riferisce probabilmente, pur non specificandolo, all'originale su supporto membranaceo – era custodito a Napoli, presso l'archivio di Stato, vol. 3 delle Pergamene della curia ecclesiastica, n. 140 (Cantera 1892, p. 109 nota 8). Pergamene della curia ecclesiastica, uno dei sei fondi che costituivano il Diplomatico, è andato quasi interamente distrutto nel 1943; vedi *Inventario 0185. Diplomatico dell'Archivio di Stato di Napoli*, a cura di M. Magliacano-F. Salemme, Napoli 2019, p. 3-4 (con bibliografia) [testo disponibile all'url <https://bit.ly/3MfaA3i> (data consultazione: 14 maggio 2023)].

Nel 1294, il vescovo *pro tempore* di Penne era Leonardo, appartenente all'ordine dei servi di Maria (Eubel 1913, p. 394).

Per S. Angelo di Ciliano vedi *Insediamenti celestini*, n. 3. Per S. Colomba di Loreto vedi *Insediamenti celestini*, n. 19. Per S. Felice di Collecorvino vedi *Insediamenti celestini*, n. 25. Per S. Giovanni di Derettello vedi *Insediamenti celestini*, n. 34. Per S. Giovanni di Spoltore vedi *Insediamenti celestini*, n. 40. Per S. Lucia di Campofrancone vedi *Insediamenti celestini*, n. 48. Per S. Lucia di Spoltore vedi *Insediamenti celestini*, n. 50. Per S. Maria *de Caesis* vedi *Insediamenti celestini*, n. 53. Per S. Maria di Collecorvino vedi *Insediamenti celestini*, n. 63. Per S. Maria di Picciano vedi *Insediamenti celestini*, n. 66. Per S. Maria di Spoltore vedi *Insediamenti celestini*, n. 69. Per S. Panfilo di Spoltore vedi *Insediamenti celestini*, n. 84. Per S. Paolo di Collemaggio vedi *Insediamenti celestini*, n. 85. Per S. Paolo *de [...]* vedi *Insediamenti celestini*, n. 86. Per S. Pietro di Collecorvino vedi *Insediamenti celestini*, n. 99. Per S. Pietro di Spoltore vedi *Insediamenti celestini*, n. 102. Per S. Salvatore di Pullicanto vedi *Insediamenti celestini*, n. 109.

248.

CAELESTINI V PAPAE LITTERAE DE GRATIA

1294 dicembre 2, Napoli

Celestino V concede all'abate e alla comunità del monastero di S. Spirito presso Sulmona, appartenente *nullo medio* alla Chiesa di Roma, dell'ordine di san Benedetto, diocesi di Valva, il monastero di S. Giovanni in Piano, dell'ordine di san Benedetto, diocesi di Lucera, che viene eretto a priorato ed esentato dalla giurisdizione dell'arcivescovo di Benevento, cui in passato era stato affidato dalla sede apostolica affinché fosse riformato.

Veneranda religio.

Originale deperdito [*A], già *Archivio del monastero di S. Spirito del Morrone, «Iura Sancti Ioannis in Plano et monasterii de Sancto Severo» (Zanotti, *Archivia*, VI.1, p. 432). Copia semplice del secolo XVIII [B], Città del Vaticano, Archivio apostolico vaticano, Fondo celestini II, 43, f. 341r-v («ex originali cum plumbo quod asservatur in archivio murronensi»).

Regesti: Zanotti, *Digestum*, II.1, p. 18. Zanotti, *Archivia*, VI.1, p. 432. Potthast 1875, p. 1921 n. 24017. Paoli 2004, p. 354. Morizio 2008, p. 398 n. 242. Morizio 2022, p. 174-175 n. 248.

Bibliografia: Morizio 2008, *passim*.

Nel 1294, l'arcivescovo *pro tempore* di Benevento era Giovanni da Castrocielo (Eubel 1913, p. 12, 48, 133; Mercantini 2001).

Per S. Giovanni in Piano vedi *Insediamenti celestini*, n. 41. Per S. Spirito del Morrone vedi *Insediamenti celestini*, n. 112.

249.

CAROLI IERUSALEM ET SICILIAE REGIS MANDATUM

1294 dicembre 8, Napoli

Carlo II, re di Gerusalemme e di Sicilia, ricordando di aver donato il *castrum* di Pratola, sito nel giustizierato d'Abruzzo, all'abate e alla comunità di S. Spirito del Morrone presso Sulmona, dell'ordine di san Benedetto, in seguito alla riconsegna del *miles* Restaino Cantelmo, che lo aveva ricevuto in feudo dal re Carlo I, di aver esentato il detto *castrum* da esazioni e tasse, di aver concesso all'abate e alla comunità di S. Spirito la piena facoltà di creare e confermare, nel medesimo *castrum*, giudici e notai pubblici, ordina ai giustizieri d'Abruzzo, presenti e futuri, di tenere immuni gli abitanti di Pratola da esazioni e tasse.

Scire vos volumus.

Originale [A], Montecassino, Archivio dell'abbazia, Fondo di S. Spirito del Morrone, 219 (SD). Inserto del 1326 novembre [B], Montecassino, Archivio dell'abbazia, Fondo di S. Spirito del Morrone, 422. Copia semplice del secolo XVII [Z], Zanotti, *Digestum*, II.2, p. 457-459 («ex proprio originali cum sigillo pendenti existenti in archivio abbatiae Sancti Spiritus de Sulmone»).

Regesti: Zanotti, *Digestum*, II.1, p. 18. Zanotti, *Archivia*, VI.1, p. 79. Leccisotti 1966, p. 90 n. 219. Morizio 2008, p. 398-399 n. 243. Morizio 2022, p. 175 n. 249.

Bibliografia: Pellegrini 2005, p. 357. Morizio 2008, *passim*.

Su Restaino Cantelmo vedi la nota al doc. n. 198.

Per S. Spirito del Morrone vedi *Insediamenti celestini*, n. 112.

250.

CAELESTINI V PAPAE LITTERAE DE GRATIA

1294 dicembre 11, Napoli

Celestino V conferma all'abate e alla comunità del monastero di S. Spirito di Sulmona, l'esenzione da qualunque giurisdizione e stabilisce che i privilegi loro concessi non possono essere revocati in alcun modo dai pontefici suoi successori.

Meminimus nos dudum.

Originale [A], Firenze, Archivio di Stato, Diplomatico, Adespote (coperte di libri), 1294 dicembre 11.

Edizione: Carabellese 1895, p. 161-162.

Regesti: Zanotti, *Digestum*, –. Zanotti, *Archivia*, –. Potthast 1875, –. Morizio 2008, p. 399 n. 244. Morizio 2022, p. 175-176 n. 250.

Facsimile: <https://bit.ly/3p1zHf5> (data consultazione: 27 aprile 2023).

Bibliografia: Carabellese 1895, p. 161-176. Moscati 1956, p. 154 nota 9. Zimei 1999, p. 65-66 nota 67. Bartolomei Romagnoli 1999, p. 62-63, 75. Morizio 2008, *passim*.

Per S. Spirito del Morrone vedi *Insediamenti celestini*, n. 112.

251.

INSTRUMENTUM DONATIONIS

1295 gennaio 1, Sulmona, *in domo filiorum quondam magistri Hemanuelis*

Donna Granata, moglie del giudice Leonardo da Sulmona, con il consenso e l'autorità di quest'ultimo, suo legittimo mundoaldo, dona *inter vivos* al notaio Giovanni di Riccardo da Sulmona, procuratore del monastero di S. Spirito del Morrone, che agisce in nome e per conto dello stesso monastero, una pezza di terra, sita nelle pertinenze di Sulmona, in contrada *Cornitum*, confinante su un lato con le proprietà della chiesa di S. Maria *de Corbonibus*.
Giudice: Tommaso del giudice Gionata, giudice di Sulmona (S).
Notaio: Adamo di Gerardo, notaio di Sulmona (S).

Originale [A], Montecassino, Archivio dell'abbazia, Fondo di S. Spirito del Morrone, 220.

Regesti: Zanotti, *Digestum*, –. Zanotti, *Archivia*, VI.1, p. 164-165. Leccisotti 1966, p. 90-91 n. 220. Morizio 2008, p. 400 n. 247. Morizio 2022, p. 176 n. 251.

Bibliografia: Moscati 1956, p. 156 nota 4. Morizio 2008, *passim*.

Per la chiesa di S. Maria *de Corbonibus* vedi la nota al doc. n. 185.

Per S. Spirito del Morrone vedi *Insediamenti celestini*, n. 112.

252.

INSTRUMENTUM DONATIONIS

1295 gennaio 5, Isernia

Nicola di Angelo da Carovilli, per la salvezza dell'anima propria, dona a fra Tommaso da Penne, priore del monastero della chiesa di S. Spirito del Morrone, costruito *de novo* nel territorio della città di Isernia, che riceve in nome e per conto dello stesso monastero, due pezze di terra site nelle pertinenze di Carpinone: una in località *Focarole*, l'altra nel luogo detto *Rogie* e chiamata *Puzzillum*.
Giudice: Docibile, giudice di Isernia (S).
Notaio: Pietro, notaio di Isernia (S).

Originale [A], Montecassino, Archivio dell'abbazia, Fondo di S. Spirito di Isernia, fasc. IV, n. 36. Copia semplice del secolo XIX [B], Montecassino, Archivio dell'abbazia, Fondo di S. Spirito di Isernia, *Codex diplomaticus aeserniensis*, f. 652r-653r. Copia semplice del secolo XIX [B2], Montecassino, Archivio dell'abbazia, Fondo di S. Spirito di Isernia, *Documenta ad monasterium Sancti Spiritus de Aesernia spectantia*, p. 25-27.

Regesti: Zanotti, *Digestum*, –. Zanotti, *Archivia*, VI.1, p. 380. Avagliano 1971, p. 67 n. 36. Morizio 2008, p. 400-401 n. 248. Morizio 2022, p. 176-177 n. 252.

Bibliografia: Zanotti, *Digestum*, II.2, p. 547. Morizio 2008, *passim*.

Per S. Spirito di Isernia vedi *Insediamenti celestini*, n. 117.

253.

INSTRUMENTUM DONATIONIS

1295 gennaio 5, Isernia

Il giudice Giordano e sua moglie, donna Filippa da Carpinone, donano a fra Tommaso da Penne, priore del monastero della chiesa di S. Spirito del Morrone, costruito *de novo* nel territorio della città di Isernia, che riceve in nome e per conto dello stesso monastero, due pezze di terra site nelle pertinenze di Carpinone: una in località *Focalesu*, l'altra nel luogo chiamato *Cese*.
Giudice: Docibile, giudice di Isernia (S).
Notaio: Pietro, notaio di Isernia (S).

Originale [A], Montecassino, Archivio dell'abbazia, Fondo di S. Spirito di Isernia, fasc. IV, n. 37. Copia semplice del secolo XIX [B], Montecassino, Archivio dell'abbazia, Fondo di S. Spirito di Isernia, *Codex diplomaticus aeserniensis*, f. 634r-635r. Copia semplice del secolo XIX [B₂], Montecassino, Archivio dell'abbazia, Fondo di S. Spirito di Isernia, *Documenta ad monasterium Sancti Spiritus de Aesernia spectantia*, p. 21-23.

Regesti: Zanotti, *Digestum*, –. Zanotti, *Archivia*, –. Avagliano 1971, p. 67 n. 37. Morizio 2008, p. 401 n. 249. Morizio 2022, p. 177 n. 253.

Bibliografia: Morizio 2008, *passim*.

Per S. Spirito di Isernia vedi *Insediamenti celestini*, n. 117.

254.

INSTRUMENTUM VENDITIONIS

1295 gennaio 16, Aquila

Donna Tommasa, moglie del fu Simonetto di Simeone di Tommaso *de Turribus*, vende al monastero di S. Maria di Collemaggio, ricevente *ser* Francesco da Poggio, procuratore del detto monastero, una pezza di terra, sita in località *Valle di Collemaio*, di tre staia e dodici pugilli, confinante su un lato con le proprietà della chiesa di S. Vittore e su altri due lati con le proprietà del detto monastero, al prezzo di un'oncia d'oro e diciotto tarì, ovvero quattordici tarì a staio.
Notaio: Silvestro *de Ophana*.

Originale deperdito [*A], già *Archivio del monastero di S. Maria di Collemaggio, «Pro molendinis et terris in Turre, Balneo, Bazzano et Paganica. Pro terris ibidem» (Zanotti, *Archivia*, VI.2, p. 569-570).

Regesti: Zanotti, *Digestum*, –. Zanotti, *Archivia*, VI.2, p. 569-570. Pansa 1899-1900, p. 257. Morizio 2008, p. 401 n. 250. Morizio 2022, p. 177 n. 254.

Bibliografia: Morizio 2008, *passim*.

Per la chiesa di S. Vittore *de Turribus* vedi la nota al doc. n. 149.

Per S. Maria di Collemaggio vedi *Insediamenti celestini*, n. 64.

255.

INSTRUMENTUM VENDITIONIS

1295 febbraio 14, Isernia

Donna Gentiluccia, moglie del fu Benincasa Picalati, nata e abitante a Isernia, per necessità, vende una pezza di terra, sita nelle pertinenze di Isernia, nel luogo detto *Iannatii*, a Pietro di Primicerio da Isernia, procuratore del monastero di S. Spirito del Morrone, sito nelle pertinenze di Isernia, che acquista in nome e per conto del detto monastero, al prezzo di nove once d'oro.
Giudice: Giovanni Campanario, giudice di Isernia (S).
Notaio: Roberto, notaio di Isernia (S).

Originale [A], Montecassino, Archivio dell'abbazia, Fondo di S. Spirito di Isernia, fasc. IV, n. 38. Copia semplice del secolo XIX [B], Montecassino, Archivio dell'abbazia, Fondo di S. Spirito di Isernia, *Codex diplomaticus aeserniensis*, f. 638r-639v.

Regesti: Zanotti, *Digestum*, –. Zanotti, *Archivia*, VI.1, p. 380 (con data 1295 febbraio 16). Avagliano 1971, p. 67-68 n. 38. Morizio 2008, p. 402 n. 251. Morizio 2022, p. 178 n. 255.

Bibliografia: Morizio 2008, *passim*.

Per S. Spirito del Morrone vedi *Insediamenti celestini*, n. 112.

256.

INSTRUMENTUM DONATIONIS

1295 aprile 8, Manoppello, *in domo dicti Guillelmi Mathei*

Lorenzo del fu notaio Deodato da Manoppello, per la salvezza dell'anima propria e dei genitori, dona *inter vivos* a fra Berardo, procuratore della chiesa di S. Spirito della Maiella, che riceve in nome e per conto del monastero della chiesa di S. Pietro di Vallebona, una pezza di terra arativa posta nelle pertinenze di Manoppello, in contrada *lu Curullo*, confinante su un lato con le proprietà del monastero di S. Pietro di Vallebona.

Giudice: Nicola di Giovanni, giudice di Manoppello.

Notaio: Tommaso di Ruggero da Roccamorice, notaio di Roccamorice (S).

Originale [A], Montecassino, Archivio dell'abbazia, Fondo di S. Spirito del Morrone, 225.

Regesti: Zanotti, *Digestum*, –. Zanotti, *Archivia*, VI.1, p. 283. Pansa 1899, p. 189. Leccisotti 1966, p. 92-93 n. 225. Morizio 2008, p. 402 n. 252. Morizio 2022, p. 178 n. 256.

Bibliografia: Zanotti, *Digestum*, II.2, p. 547; V.2, p. 536. Morizio 2008, *passim*.

Per S. Pietro di Vallebona vedi *Insediamenti celestini*, n. 103. Per S. Spirito della Maiella vedi *Insediamenti celestini*, n. 113.

257.

BONIFACII VIII PAPAE LITTERAE DE IUSTITIA

1295 aprile 8, Roma, S. Giovanni in Laterano

Bonifacio VIII ratifica l'annullamento di tutti gli atti compiuti dal suo predecessore Celestino V, fatta a Napoli in presenza del collegio cardinalizio il 27 dicembre 1294. Concede, inoltre, *ut religiose persone que monasticum nigrum vel canonicorum regolarium habitum in suis monasteriis regularibus, canoniis seu prioratibus deferebant antequam ipsa incorporatam, unita, supposita vel submissa essent ordini, monasteriis sive locis regule vel observantie prefati antecessoris, ante eius assumptionem ad apicem apostolice dignitatis, priorem habitum libere reassumant et in eo Domino famulentur.*

Olim Celestinus.

Atto registrato [R], Città del Vaticano, Archivio apostolico vaticano, *Registra vaticana*, 47, f. 183v.

Edizioni: Thomas 1884-1939, n. 770. Cantera 1892, p. 80 nota 1 (da Thomas 1884-1939). Bartolomei Romagnoli 1999, p. 63-65 nota 5 (da Thomas 1884-1939).

Regesti: Zanotti, *Digestum*, –. Zanotti, *Archivia*, –. Potthast 1875, p. 1928 n. 24061. Morizio 2008, p. 402-403 n. 253. Morizio 2022, p. 178-179 n. 257.

Bibliografia: Golinelli 1996, p. 156-157, 179. Penco 1997, p. 349-350. Zimei 1999, p. 69 nota 76. Bartolomei Romagnoli 1999, p. 63-68, 76. Herde 2004, p. 106 nota 26 e *passim*. Morizio 2008, *passim*.

Per S. Spirito del Morrone vedi *Insediamenti celestini*, n. 112.

258.

BONIFACII VIII PAPAE LITTERAE DE IUSTITIA

1295 aprile 18, Roma, S. Giovanni in Laterano

Bonifacio VIII, revocata la nomina fatta da Celestino V di fra Angelerio, monaco del monastero di S. Spirito del Morrone, dell'ordine di san Benedetto, diocesi di Valva, ad abate di Montecassino, nomina Beraudo, già priore del priorato di Pontida, diocesi di Bergamo, abate del monastero cassinese, appartenente *nullo medio* alla Chiesa di Roma, dell'ordine di san Benedetto.
Venerabile monasterium.

Atto registrato [R], Città del Vaticano, Archivio apostolico vaticano, *Registra vaticana*, 47, f. 23r-v.

Regesti: Zanotti, *Digestum*, –. Zanotti, *Archivia*, –. Thomas 1884-1939, n. 96. Morizio 2008, p. 403 n. 254. Morizio 2022, p. 179 n. 258.

Bibliografia: Morizio 2008, *passim*.

Sul rapporto tra Montecassino e Celestino V vedi Dell'Omo 2010; Dell'Omo 2022.

Per il priorato cluniacense di S. Giacomo di Pontida vedi Spinelli 1994; Spinelli 1996.

Per S. Spirito del Morrone vedi *Insediamenti celestini*, n. 112.

259.

INSTRUMENTUM DONATIONIS

1295 aprile 24, Aquila

Pietruccia, moglie del fu Giovanni di Accardo *de Pizzulo Maiori*, dona al procuratore del monastero di S. Maria di Collemaggio, che riceve in nome e per conto di esso, una pezza di terra *in territorio Sancti Basilii*, nella località *lo Lacu*.
Notaio: Silvestro *de Ophana*.

Originale deperdito [*A], già *Archivio del monastero di S. Maria di Collemaggio, «Testamenta, donationes et legata» (Zanotti, *Archivia*, VI.2, p. 667).

Regesti: Zanotti, *Digestum*, –. Zanotti, *Archivia*, VI.2, p. 667. Antinori, *Annali*, X.2, *sub anno* 1295, *sub voce* Collemaggio [p. 470]. Clementi-Berardi 1980, p. 214. Morizio 2008, p. 403 n. 255. Morizio 2022, p. 179-180 n. 259.

Bibliografia: Morizio 2008, *passim*.

Per S. Maria di Collemaggio vedi *Insediamenti celestini*, n. 64.

260.

INSTRUMENTUM DONATIONIS

1295 giugno 18, monastero di S. Spirito del Morrone (Sulmona)

Il giudice Aquilone, cittadino e abitante di Sulmona, dona *inter vivos* a fra Sinibaldo, priore del monastero di S. Spirito del Morrone, sito presso Sulmona, e alla comunità del monastero medesimo, riceventi in nome e per conto dello stesso monastero, una *vicenda*, detta *vicenda* del giudice Aquilone, sita nel territorio di Sulmona, nella contrada *Zappaa(n)nocte*.
Giudice: Cambio di Gionata, giudice di Sulmona (S).
Notaio: Onofrio di Giovanni di Gerardo, notaio di Sulmona (S).

Originale [A], Montecassino, Archivio dell'abbazia, Fondo di S. Spirito del Morrone, 227.

Regesti: Zanotti, *Digestum*, –. Zanotti, *Archivia*, VI.1, p. 141. Leccisotti 1966, p. 93 n. 227. Morizio 2008, p. 403-404 n. 256. Morizio 2022, p. 180 n. 260.

Bibliografia: Zanotti, *Digestum*, II.2, p. 547, 571-574. Moscati 1956, p. 130 nota 3, 131 nota 1. Morizio 2008, *passim*.

Per la problematica relativa alla data cronica del documento cfr. Leccisotti 1966, p. 93.

Per il significato del termine *vicenna* o *vicenda* vedi la nota al doc. n. 21.

Sulla località Zappannotte, toponimo tuttora attestato, vedi Mattiocco 1994, p. 201, 223, 232, 234, 235, 242.

Per S. Spirito del Morrone vedi *Insediamenti celestini*, n. 112.

261.

BONIFACII VIII PAPAE LITTERAE DE IUSTITIA

1295 agosto 18, Anagni

Bonifacio VIII, poiché il diletto figlio Pietro del Morrone, già papa Celestino V, ha decretato alcune indulgenze per la chiesa S. Maria di Collemaggio vicino all'Aquila, dell'ordine di san Benedetto, *ut qui certis temporibus ad ecclesiam ipsam accederent forent a culpa et pena delictorum suorum omnium absoluti*, ritenendo che esse possano portare più alla perdizione che alla salvezza delle anime, le revoca, ordinando al priore e *fratres* del detto monastero, sotto pena della scomunica, di inviargli per mezzo di Nicola, vescovo dell'Aquila, le dette lettere.
Sicut plurimorum.

Atto registrato [R], Città del Vaticano, Archivio apostolico vaticano, *Registra vaticana*, 47, f. 196v.

Regesti: Zanotti, *Digestum*, –. Zanotti, *Archivia*, –. Potthast 1875, –. Thomas 1884-1939, n. 815. Morizio 2008, p. 404 n. 257. Morizio 2022, p. 180-181 n. 261.

Bibliografia: Pasztor 1987, p. 72. Golinelli 1996, p. 150, 180. Solvi 1999, p. 23. Bartolomei Romagnoli 1999, p. 71 nota 23, 78. Paoli 2004, p. 17 nota 72. Morizio 2008, *passim*.

Per S. Maria di Collemaggio vedi *Insediamenti celestini*, n. 64.

262.

BONIFACII VIII PAPAE LITTERAE DE IUSTITIA

1295 agosto 18, Anagni

Bonifacio VIII incarica Nicola, vescovo dell'Aquila, di costringere il priore e i *fratres* del monastero di S. Maria di Collemaggio, sotto la minaccia della censura apostolica, a restituire le lettere di indulgenza concesse dal suo predecessore Celestino V.
Sicut plurimorum.

Atto registrato [R], Città del Vaticano, Archivio apostolico vaticano, *Registra vaticana*, 47, f. 196v.

Regesti: Zanotti, *Digestum*, –. Zanotti, *Archivia*, –. Potthast 1875, –. Thomas 1884-1939, n. 815. Morizio 2008, p. 404-405 n. 258. Morizio 2022, p. 181 n. 262.

Bibliografia: Morizio 2008, *passim*.

Per S. Maria di Collemaggio vedi *Insediamenti celestini*, n. 64.

263.

BONIFACII VIII PAPAE LITTERAE DE IUSTITIA

1295 agosto 18, Anagni

Bonifacio VIII ordina all'abate e alla comunità del monastero di S. Spirito presso Sulmona, dell'ordine di san Benedetto, diocesi di Valva, di consegnare entro quindici giorni a Nicola, vescovo dell'Aquila, tutte le lettere loro rilasciate da Celestino V, affinché il sommo pontefice possa stabilire

quali siano da annullare e quali da confermare, stabilendo che trascorso tale termine tutte quelle non consegnate verranno cassate e ritenute nulle.
Sicut plurimorum.

Atto registrato [R], Città del Vaticano, Archivio apostolico vaticano, *Registra vaticana*, 47, f. 196v-197r.

Regesti: Zanotti, *Digestum*, –. Zanotti, *Archivia*, –. Potthast 1875, –. Thomas 1884-1939, n. 816. Morizio 2008, p. 405 n. 259. Morizio 2022, p. 181 n. 263.

Bibliografia: Celidonio 1912, p. 115. Penco 1997, p. 350. Paoli 2004, p. 17 nota 73. Morizio 2008, *passim*.

Per S. Spirito del Morrone vedi *Insediamenti celestini*, n. 112.

264.

BONIFACII VIII PAPAE LITTERAE DE IUSTITIA

1295 agosto 18, Anagni

Bonifacio VIII comunica a Nicola, vescovo dell'Aquila, di consegnare al sommo pontefice, personalmente o per mezzo di un fidato messo, le lettere che gli verranno consegnate dall'abate e dalla comunità del monastero di S. Spirito presso Sulmona, dell'ordine di san Benedetto, diocesi di Valva, relative ai privilegi loro concessi da Celestino V.
Sicut plurimorum.

Atto registrato [R], Città del Vaticano, Archivio apostolico vaticano, *Registra vaticana*, 47, f. 196v-197r.

Regesti: Zanotti, *Digestum*, –. Zanotti, *Archivia*, –. Potthast 1875, –. Thomas 1884-1939, n. 816. Morizio 2008, p. 405 n. 260. Morizio 2022, p. 182 n. 264.

Bibliografia: Morizio 2008, *passim*.

Per S. Spirito del Morrone vedi *Insediamenti celestini*, n. 112.

265.

INSTRUMENTUM DONATIONIS

1295 agosto 21, monastero di Collemaggio (L'Aquila)

Donna Rosa di Simone da Roio dona fra Pellegrino, vicepriore del monastero di S. Maria di Collemaggio, che riceve in nome e per conto del detto monastero, le terre e i possedimenti che ha nel territorio di Roio, *ubi dicitur Sanctus Andreas, in Colle Azuni, al Fonte* etc.
Notaio: Silvestro *de Ophana*.

Originale deperdito [*A], già *Archivio del monastero di S. Maria di Collemaggio, «Testamenta, donationes et legata» (Zanotti, *Archivia*, VI.2, p. 667).

Regesti: Zanotti, *Digestum*, –. Zanotti, *Archivia*, VI.2, p. 667. Antinori, *Annali*, X.2, *sub anno* 1295, *sub voce* Collemaggio [p. 470]. Clementi-Berardi 1980, p. 214. Morizio 2008, p. 405-406 n. 261. Morizio 2022, p. 182 n. 265.

Bibliografia: Morizio 2008, *passim*.

Per S. Maria di Collemaggio vedi *Insediamenti celestini*, n. 64.

266.

INSTRUMENTUM TESTAMENTI

1295 settembre 1, Ferentino

Palmerio di Matteo da Ferentino, nel suo testamento, istituisce erede la figlia Maria e lascia al monastero di S. Antonio una terra *ad Noveranum*, nel territorio di Ferentino.
Notaio: Marco da Ferentino (S).

Originale [A], Città del Vaticano, Archivio apostolico vaticano, Fondo celestini I, 17.

Regesti: Zanotti, *Digestum*, –. Zanotti, *Archivia*, –. Paoli 2004, p. 125 n. 17. Morizio 2008, p. 406 n. 262. Morizio 2022, p. 182-183 n. 266.

Bibliografia: Morizio 2008, *passim*.

Per S. Antonio di Ferentino vedi *Insediamenti celestini*, n. 11.

267.

INSTRUMENTUM VENDITIONIS

1295 settembre 17, Penne, monastero di S. Salvatore

Giovanni Paris da Ortona, cittadino e abitante di Penne, vende a fra Vincenzo da Roccaspinalveti, procuratore di fra Pietro *de Rocca Giberti*, priore, e della comunità del monastero di S. Maria di Collemaggio dell'Aquila, dell'ordine morronese, una *clusa* arborata con ulivi, sita nel territorio della città di Penne, in contrada *Sciroli*, al prezzo di sessanta once d'oro.
Notaio: Francesco di Andrea.

Originale deperdito [*A], già *Archivio del monastero di S. Maria di Collemaggio, «Iura in civitate Pennensi» (Zanotti, *Archivia*, VI.2, p. 593).

Regesti: Zanotti, *Digestum*, –. Zanotti, *Archivia*, VI.2, p. 593. Pansa 1899-1900, p. 79. Morizio 2008, p. 406 n. 263. Morizio 2022, p. 183 n. 267.

Bibliografia: Morizio 2008, *passim*.

Per il significato del termine *clausa* o *clusa* o *clausura* vedi la nota al doc. n. 51.

Per S. Maria di Collemaggio vedi *Insediamenti celestini*, n. 64. Per S. Salvatore di Penne vedi *Insediamenti celestini*, n. 108.

268.

BONIFACII VIII PAPAE LITTERAE DE IUSTITIA

1295 novembre 20, Roma, S. Pietro

Bonifacio VIII conferma la revoca delle indulgenze concesse da Celestino V alla chiesa di S. Maria di Collemaggio vicino all'Aquila.
Sicut plurimorum.

Atto registrato [R], Città del Vaticano, Archivio apostolico vaticano, *Registra vaticana*, 47, f. 204v-205r.

Regesti: Zanotti, *Digestum*, –. Zanotti, *Archivia*, –. Potthast 1875, –. Thomas 1884-1939, n. 850. Morizio 2008, p. 406 n. 264. Morizio 2022, p. 183 n. 268.

Bibliografia: Morizio 2008, *passim*.

Per S. Maria di Collemaggio vedi *Insediamenti celestini*, n. 64.

269.

INSTRUMENTUM VENDITIONIS

1295 dicembre 3, Isernia

Donna Gentiluccia, vedova di Benincasa da Todi, nata e abitante a Isernia, vende a Pietro Massarello, cittadino di Isernia, che acquista in nome e per conto del monastero di S. Spirito della Maiella in Isernia, una pezza di terra, sita nelle pertinenze di Isernia, in località *Iannantio*, con un casalino annesso, al prezzo di nove once d'oro.

Giudice: Francesco di Giovanni *de Valle*, giudice di Isernia (S).

Notaio: Pietro, notaio di Isernia (S).

Originale [A], Montecassino, Archivio dell'abbazia, Fondo di S. Spirito di Isernia, fasc. IV, n. 39. Copia semplice del secolo XIX [B], Montecassino, Archivio dell'abbazia, Fondo di S. Spirito di Isernia, *Codex diplomaticus aeserniensis*, f. 632r-633r.

Regesti: Zanotti, *Digestum*, –. Zanotti, *Archivia*, –. Avagliano 1971, p. 68 n. 39. Morizio 2008, p. 407 n. 265. Morizio 2022, p. 183-184 n. 269.

Bibliografia: Morizio 2008, *passim*.

Per S. Spirito di Isernia vedi *Insediamenti celestini*, n. 117.

270.

INSTRUMENTUM VENDITIONIS

1296 gennaio 28, chiesa di S. Maria di Tremonti (Tocco da Casauria)

Tommaso di Guglielmo *de Elibula* vende alla chiesa di S. Maria di Tremonti e a fra Nicola, procuratore della detta chiesa, due pezze di terra *in territorio Elibulae in Intermontibus*, al prezzo di un'oncia d'oro e tre tarì.

Notaio: Pietro *de Collepetro*.

Originale deperdito [*A], già *Archivio del monastero di S. Spirito del Morrone, «Iura Sanctae Mariae Intermontes» (Zanotti, *Archivia*, VI.1, p. 123-124).

Regesti: Zanotti, *Digestum*, –. Zanotti, *Archivia*, VI.1, p. 123-124. Morizio 2008, p. 407 n. 266.

Bibliografia: Zanotti, *Digestum*, II.2, p. 547 (con data 1296 gennaio 26). Morizio 2008, *passim*.

Per S. Maria di Tremonti vedi *Insediamenti celestini*, n. 70.

271.

INSTRUMENTUM VENDITIONIS

1296 gennaio 28, chiesa di S. Maria di Tremonti (Tocco da Casauria)

Giovanna di Giacomo di Sebastiano vende alla chiesa di S. Maria di Tremonti e a fra Nicola, procuratore della detta chiesa, una terra *in pertinentiis Focae in contrata de Intermontibus*, al prezzo di otto tarì.

Notaio: Pietro *de Collepetro*.

Originale deperdito [*A], già *Archivio del monastero di S. Spirito del Morrone, «Iura Sanctae Mariae Intermontes» (Zanotti, *Archivia*, VI.1, p. 123-124).

Regesti: Zanotti, *Digestum*, –. Zanotti, *Archivia*, VI.1, p. 123-124. Morizio 2008, p. 407 n. 266.

Bibliografia: Zanotti, *Digestum*, II.2, p. 547 (con data 1296 gennaio 26). Morizio 2008, *passim*.

Per S. Maria di Tremonti vedi *Insediamenti celestini*, n. 70.

272.

INSTRUMENTUM VENDITIONIS

1296 gennaio 28, chiesa di S. Maria di Tremonti (Tocco da Casauria)

Masinilla, moglie di Giacomo di Sebastiano *de Fucis*, vende alla chiesa di S. Maria di Tremonti e a fra Nicola, procuratore della detta chiesa, una terra *in pertinentiis Fucis in Intermontibus*, al prezzo di tre tarì.
Notaio: Pietro *de Collepetro*.

Originale deperdito [*A], già *Archivio del monastero di S. Spirito del Morrone, «Iura Sanctae Mariae Intermontes» (Zanotti, *Archivia*, VI.1, p. 123-124).

Regesti: Zanotti, *Digestum*, –. Zanotti, *Archivia*, VI.1, p. 123-124. Morizio 2008, p. 407 n. 266.

Bibliografia: Zanotti, *Digestum*, II.2, p. 547 (con data 1296 gennaio 26). Morizio 2008, *passim*.

Per S. Maria di Tremonti vedi *Insediamenti celestini*, n. 70.

273.

INSTRUMENTUM DONATIONIS

1296 gennaio 28, chiesa di S. Maria di Tremonti (Tocco da Casauria)

Tommaso di Guglielmo *de Elibula* dona alla chiesa di S. Maria di Tremonti e a fra Nicola, procuratore della detta chiesa, una terra *cum sex pedibus olivorum et duobus pedibus ficuum in pertinentiis Elibulae*.
Notaio: Pietro *de Collepetro*.

Originale deperdito [*A], già *Archivio del monastero di S. Spirito del Morrone, «Iura Sanctae Mariae Intermontes» (Zanotti, *Archivia*, VI.1, p. 123-124).

Regesti: Zanotti, *Digestum*, –. Zanotti, *Archivia*, VI.1, p. 123-124. Morizio 2008, p. 407 n. 266.

Bibliografia: Zanotti, *Digestum*, II.2, p. 547 (con data 1296 gennaio 26). Morizio 2008, *passim*.

Per S. Maria di Tremonti vedi *Insediamenti celestini*, n. 70.

274.

INSTRUMENTUM PERMUTATIONIS

1296 febbraio 8, Boiano

Fra Giacomo da Castiglione, priore del monastero di S. Martino della Maiella di Boiano, con la licenza dell'abate di tutto l'ordine, permuta con l'abate Roberto da Busso, canonico di Boiano, e con donna Maria, moglie di Alessandro *Barge*, un casale con orto, sito nella città di Boiano, con una vigna in località *Casale*, vicino al detto monastero.
Notaio: Pietro.

Originale deperdito [*A], già *Archivio del monastero di S. Spirito del Morrone, «Pro monasterio Boiani» (Zanotti, *Archivia*, VI.1, p. 395).

Regesti: Zanotti, *Digestum*, –. Zanotti, *Archivia*, VI.1, p. 395. Morizio 2008, p. 407 n. 267.

Bibliografia: Zanotti, *Digestum*, II.2, p. 547. Morizio 2008, *passim*.

Per S. Martino di Boiano vedi *Insediamenti celestini*, n. 74.

275.

INSTRUMENTUM TESTAMENTI

1296 febbraio 11, Sulmona, *in domo testatoris in Marane*

Gualtiero di Benedetto da Orsa, cittadino di Sulmona, *licet infirmus corpore sanus tamen mente, nolens decedere intestatus*, fa redigere il proprio testamento istituendo erede universale sua figlia Tardia e stabilendo vari legati. Per la salvezza della sua anima, lascia tre once d'oro sui terreni, dati alla figlia Tardia, siti nelle pertinenze di Sulmona, in contrada *Fabrica*, vicino alle proprietà della chiesa di S. Nicola *de Ferrato* di Sulmona, sulle case in contrada *Marane*, con le terre attigue, e sugli animali che possiede in comune con il figliastro Tommaso, ovvero buoi, capre e asini. Le dette tre once dovranno essere così suddivise: due fiorini d'oro, un barile pieno di vino e cento pani alla chiesa di S. Spirito presso Sulmona; un'oncia per i *vestimenta* dei poveri; dieci tarì *pro missis cantandis*; due tarì alla chiesa di S. Leonardo di Sulmona; cinque grani *iure quartirie* al vescovo della città. Alla moglie Brandimarte lascia case e animali, un porco e *vasa sex ubi sunt apes*. Stabilisce, infine, che se qualche erede o legatario dovesse decadere dai suoi diritti di eredità o di legato, gli succeda la chiesa di S. Spirito presso Sulmona o l'abate della detta chiesa in nome della chiesa medesima.

Giudice: Cambio di Gionata, giudice di Sulmona (S).

Notaio: Giacomo di Andrea, notaio di Sulmona (S).

Originale [A], Sulmona, Archivio capitolare di S. Panfilo, Archivio nuovo, Amministrazione, I.2.139.

Regesti: Zanotti, *Digestum*, –. Zanotti, *Archivia*, –. Celidonio 1911, p. 11. Chiappini 1915, p. 142 n. 80. Morizio 2008, p. 408 n. 268.

Bibliografia: Orsini 2003, p. 460 n. 74 (3794). Morizio 2008, *passim*.

La *datatio* è priva dell'indizione; si tratta, verosimilmente, di un mero errore materiale, poiché nella *roboratio* è presente la formula «Actum... anno, mense, die et indictione predictis». L'anno di regno (dodicesimo) di Carlo II, re di Gerusalemme e di Sicilia, conferma il millesimo.

Nel 1296, il vescovo *pro tempore* di Sulmona era Federico di Raimondo *de Lecto* (Eubel 1913, p. 514).

Della chiesa di S. Nicola *de Ferrato*, ubicata in località Paludi, non lontano dall'abbazia di S. Spirito del Morrone, non restano tracce, se non nella toponomastica: Contrada San Nicola; vedi Mattiocco 1994, p. 169, 195, 198, 241.

Per la piccola chiesa di S. Leonardo – ubicata nei pressi della *Porta Iohannis Passarum*, oggi denominata Porta Japassari (cfr. Mattiocco 1994, *ad indicem* <p. 323>) – crollata a causa del terremoto del 1706 e non più ricostruita, vedi Mattiocco 1994, p. 115; per i documenti custoditi presso l'archivio capitolare di S. Panfilo a Sulmona vedi Orsini 2003, *ad indicem* <p. 758>.

Per S. Spirito del Morrone vedi *Insediamenti celestini*, n. 112.

276.

INSTRUMENTUM TESTAMENTI

1296 luglio 1, *in ortis Sancte Marie de Capitolio* (Roma)

Adoardo del fu Pietro da Sasso del rione San Marco, mercante, nel suo testamento istituisce eredi universali il figlio Pietruccio e i figli maschi che eventualmente nasceranno dalla moglie Alfaccia, alla quale lascia cento fiorini d'oro e altri beni mobili; qualora si tratti di femmine, esse riceveranno in dote quattrocento fiorini d'oro. In caso di morte, i fratelli superstiti succederanno alle sorelle, che avranno diritto alla dote soltanto al compimento del dodicesimo anno di età. Se i maschi dovessero decedere in età pupillare oppure, avendo superato i quattordici anni, senza testamento, i beni saranno devoluti alla chiesa di S. Eusebio, dove dimorano i monaci dell'ordine di fra Pietro del Morrone, e a quella di S. Matteo in Merulana. Lascia, inoltre, venticinque libbre alla matrigna Simonetta e altre somme a diverse chiese di Roma.

Testi: fra Pietro da Ferentino; fra Bartolomeo *de Corneto*.

Notaio: Giovanni *Buccamelis*, notaio per autorità della prefettura di Roma (S).

Originale [A], Città del Vaticano, Archivio apostolico vaticano, Fondo celestini I, 18.

Regesti: Zanotti, *Digestum*, –. Zanotti, *Archivia*, –. Paoli 2004, p. 125-126 n. 18. Morizio 2008, p. 408-409 n. 269.

Bibliografia: Morizio 2008, *passim*.

I *testes* del documento sono sette religiosi, ma solo due appartenevano all'ordine morronese (fra Pietro da Ferentino e fra Bartolomeo *de Corneto*), mentre i restanti cinque (fra Raniero *de Monte Martis*, fra Giovanni *de Satro*, fra Giacomo da Montenegro, fra Oddone da Trevi, fra Angelo da Campagnano) erano incardinati, con ogni probabilità, alla chiesa di S. Maria *de Capitolio*.

Sasso, oggi Castel del Sasso, è una frazione dell'odierno comune di Cerveteri, nella città metropolitana di Roma Capitale.

Per la chiesa di S. Maria *de Capitolio*, in seguito S. Maria in Aracoeli, vedi Paoli 2004, p. 126.

Per la chiesa di S. Matteo in Merulana vedi Paoli 2004, p. 126.

Per S. Eusebio di Roma vedi *Insediamenti celestini*, n. 24.

277.

CAROLI IERUSALEM ET SICILIAE REGIS MANDATUM

1296 luglio 10, Napoli

Carlo II, re di Gerusalemme e di Sicilia, avendo deciso di assegnare al monastero di S. Spirito del Morrone presso Sulmona, istituito da fra Pietro del Morrone, ottanta tomoli di sale, da consegnarsi all'abate della comunità del monastero o a un loro procuratore in Pescara ogni anno, nella festa di san Michele, ordina ai maestri del sale d'Abruzzo o cabelloti o credenzieri del sale in Pescara, presenti e futuri, di provvedere alla consegna della detta quantità di sale.
Ad monasterium.

Originale deperdito [*A], già *Archivio del monastero di S. Spirito del Morrone, «Privilegia regia» (Zanotti, *Archivia*, VI.1, p. 224). Inserto del 1296 ottobre 23 [B], Montecassino, Archivio dell'abbazia, Fondo di S. Spirito del Morrone, 232. Copia semplice del secolo XVII [Z], Zanotti, *Digestum*, II.2, p. 465-466 («ex proprio originali existenti in archivio venerabilis abbatiae Sancti Spiritus de Sulmone»).

Regesti: Zanotti, *Digestum*, II.1, p. 18. Zanotti, *Archivia*, VI.1, p. 224. Leccisotti 1966, p. 94. Morizio 2008, p. 409 n. 270.

Bibliografia: Penco 1997, p. 360 nota 55. Morizio 2008, *passim*.

Per S. Spirito del Morrone vedi *Insediamenti celestini*, n. 112.

278.

BONIFACII VIII PAPAE LITTERAE DE IUSTITIA

1296 luglio 23, Anagni

Bonifacio VIII ai vescovi, ai priori provinciali dei frati predicatori e ai ministri provinciali dei frati minori nominati nella marca d'Ancona, nel ducato di Spoleto, nel Patrimonio di san Pietro in Tuscia e Sabina, nelle città di Perugia, Todi, Rieti, Teramo e Tivoli, in Campagna, Marittima, Marsia, Abruzzo e negli altri luoghi vicini: comunica di aver revocato le indulgenze concesse da Celestino V alla chiesa di S. Maria di Collemaggio vicino all'Aquila.
Ad audientiam nostram.

Atto registrato [R], Città del Vaticano, Archivio apostolico vaticano, *Registra vaticana*, 48, f. 177r.

Regesti: Zanotti, *Digestum*, –. Zanotti, *Archivia*, –. Potthast 1875, p. 1950 n. 24370. Thomas 1884-1939, n. 1639. Morizio 2008, p. 409 n. 271.

Bibliografia: Sensi 2001, p. 204. Morizio 2008, *passim*.

Per S. Maria di Collemaggio vedi *Insediamenti celestini*, n. 64.

279.

INSTRUMENTUM TESTAMENTI

1296 luglio 31, Sulmona, *in domo iudicis Leonardi*

Donna Galizia, moglie del fu Giovanni di Bovuto da Sulmona, fa redigere il proprio testamento con il quale nomina suo erede universale il monastero di S. Spirito del Morrone, nominando l'abate di esso suo esecutore testamentario. Tra i numerosi legati a chiese di Sulmona, ordina che nella chiesa di S. Spirito venga eretto un altare in onore della vergine Maria o di san Giovanni.

Giudice: Tommaso del giudice Gionata, giudice di Sulmona.

Notaio: Adamo di Gerardo, notaio di Sulmona.

Originale [A], Montecassino, Archivio dell'abbazia, Fondo di S. Spirito del Morrone, 230.

Regesti: Zanotti, *Digestum*, II.1, p. 212. Zanotti, *Archivia*, VI.1, p. 172. Leccisotti 1966, p. 95 n. 230. Morizio 2008, p. 409-410 n. 272.

Bibliografia: Zanotti, *Digestum*, II.1, p. 210-212. Morizio 2008, *passim*.

Instrumentum infectum: mancano il *signum* notarile e le sottoscrizioni del giudice e dei testi.

Per S. Spirito del Morrone vedi *Insediamenti celestini*, n. 112.

280.

INSTRUMENTUM DONATIONIS

1296 agosto 3, Boiano

Bartolomeo assegna tutti i suoi beni al monastero di S. Martino della Maiella di Boiano e a fra Francesco, priore del monastero medesimo.

Notaio: Giovanni.

Originale deperdito [*A], già *Archivio del monastero di S. Spirito del Morrone, «Pro monasterio Boiani» (Zanotti, *Archivia*, VI.1, p. 395).

Regesti: Zanotti, *Digestum*, –. Zanotti, *Archivia*, VI.1, p. 395. Morizio 2008, p. 410 n. 273.

Bibliografia: Zanotti, *Digestum*, II.2, p. 547. Morizio 2008, *passim*.

È possibile che il documento originale deperdito prevedesse, oltre alla donazione di tutti i beni, anche un atto di oblazione.

Per S. Martino di Boiano vedi *Insediamenti celestini*, n. 74.

281.

INSTRUMENTUM DONATIONIS

1296 settembre 5, Roccamorice, *in domo diaconi Thomasi Nicolai*

Dompnus Tommaso di Gualtiero da Roccamorice, per i servigi che afferma di aver ricevuto dal monastero di S. Spirito della Maiella e per la remissione dei suoi peccati, dona *inter vivos* a fra Ruggero da Atessa, monaco e priore del monastero di S. Spirito della Maiella, che riceve in nome e per conto del monastero, una casa in Roccamorice, una vigna nelle pertinenze di Roccamorice, in contrada *Vallis Dominica*, un orto nelle medesime pertinenze, in contrada *le Moreta*, una canapàia *ad Fontem de Ysclo* e tutti i suoi beni mobili e semoventi.

Giudice: Gregorio, giudice di Roccamorice (S).

Notaio: Nicola di Alberto, notaio di Manoppello (S).

Originale [A], Chieti, Archivio arcivescovile, Fondo pergamenaceo, Teate 100.

Regesti: Zanotti, *Digestum*, –. Zanotti, *Archivia*, VI.1, p. 26. Balducci 1926, p. 30 n. 82. Morizio 2008, p. 410 n. 274.

Bibliografia: Zanotti, *Digestum*, II.2, p. 547. Palazzi 2005, p. 183. Morizio 2008, *passim*.

Per S. Spirito della Maiella vedi *Insediamenti celestini*, n. 113.

282.

Instrumentum attestationis

1296 settembre 7, Roccamorice, *ante domum Trocte Iohannis Guerisii in platea publica*

Magister Domenico di Guglielmo da San Gregorio dell'Aquila, procuratore speciale, nunzio ed economo della chiesa di S. Maria di Collemaggio *in Aquila*, dell'ordine di san Benedetto, chiede di esaminare pubblicamente, mettendo per iscritto le loro deposizioni, alcuni uomini di Roccamorice, testimoni oculari di un evento riguardante l'indulgenza della detta chiesa. Quindi, il giudice e il notaio, con il consenso del camerario di Pietro *de Insula*, signore feudale di Roccamorice, interrogano i detti testi, i quali attestano un evento miracoloso, avvenuto nella detta terra di Roccamorice il 27 agosto 1296, riguardante l'indulgenza della chiesa di S. Maria di Collemaggio *in Aquila*, dell'ordine di san Benedetto, il cui fondatore, fra Pietro, divenne antistite della chiesa di Roma.
Giudice: Gregorio di Roberto di Angelo, *illitteratus*, giudice di Roccamorice.
Notaio: Nicola di Alberto, notaio di Manoppello.

Copia semplice del secolo XIV [B], Parigi, Bibliotèque de l'Arsenal, ms. 1071, f. 31v-33v.

Edizione: Bartolomei Romagnoli-Marini 2015, p. 200-207.

Traduzione: Bartolomei Romagnoli-Marini 2015, p. 200-207.

Regesti: Zanotti, *Digestum*, –. Zanotti, *Archivia*, –.

Bibliografia: Marini 1999.

Su Pietro *de Insula* vedi la nota al doc. n. 103.

Per S. Maria di Collemaggio vedi *Insediamenti celestini*, n. 64.

283.

Caroli Ierusalem et Siciliae regis mandatum

1296 ottobre 23, Roma

Carlo II, re di Gerusalemme e di Sicilia, ricordando il privilegio in favore del monastero di S. Spirito del Morrone presso Sulmona, emesso in data 1296 luglio 10, ed essendogli stato riferito dall'abate e dalla comunità del monastero che i cabelloti o procuratori del sale in Pescara si sono rifiutati di adempiere il detto mandato, ordina ai maestri del sale d'Abruzzo o cabelloti o credenzieri del sale in Pescara, presenti e futuri, di consegnare all'abate e alla comunità di S. Spirito ottanta tomoli di sale, essendo trascorsa la festa di san Michele in cui tale consegna doveva avvenire, avvertendo per l'anno venturo che la consegna avvenga nel giorno stabilito, pena il pagamento della doppia quantità di sale.
Pro monasterio.

Originale [A], Montecassino, Archivio dell'abbazia, Fondo di S. Spirito del Morrone, 232 (SD). Copia semplice del secolo XVII [Z], Zanotti, *Digestum*, II.2, p. 469-470 («ex proprio originali existenti in archivio venerabilis abbatiae Sancti Spiritus de Sulmone»).

Regesti: Zanotti, *Digestum*, II.1, p. 18. Zanotti, *Archivia*, VI.1, p. 224. Leccisotti 1966, p. 95-96 n. 232. Morizio 2008, p. 411 n. 275.

Bibliografia: Penco 1997, p. 360 nota 55. Morizio 2008, *passim*.

Per S. Spirito del Morrone vedi *Insediamenti celestini*, n. 112.

284.

Instrumentum donationis

1296 novembre 1, Sulmona, *ante apotheca domine Gentilutie uxoris quondam Bonihominis*

Magister Leonardo di Landolfo e Simeone di Egidio di Domenico da Sulmona, fidecommessi testamentari del fu Rinaldo *de Aratorio* da Sulmona, donano, per la salvezza dell'anima del detto Rinaldo, al notaio Giovanni di Riccardo da Sulmona, procuratore, economo o attore del monastero di S. Spirito del Morrone, per conto del monastero e della comunità, una pezza di terra vitata nelle pertinenze di Sulmona, nella contrada *in Campo ultra flumen.*
Giudice: Tommaso del giudice Gionata, giudice di Sulmona (S).
Notaio: Adamo di Gerardo, notaio di Sulmona (S).

Originale [A], Montecassino, Archivio dell'abbazia, Fondo di S. Spirito del Morrone, 233.

Regesti: Zanotti, *Digestum*, –. Zanotti, *Archivia*, VI.1, p. 165. Leccisotti 1966, p. 96 n. 233. Morizio 2008, p. 411 n. 276.

Bibliografia: Morizio 2008, *passim.*

Una rocca *de Aratoro*, ubicata nel comitato di Penne, è attestata in un documento del 1026 (cfr. Pratesi-Cherubini 2017-2019, I, p. 257).

Per S. Spirito del Morrone vedi *Insediamenti celestini*, n. 112.

285.

Instrumentum donationis

1296 novembre 15, Ortona, *ante ecclesiam Sancte Marie*

Nicola di *magister* Radino da Ortona dona *inter vivos* a Francesco da Termoli, abitante di Ortona, procuratore ed economo della chiesa di S. Spirito dell'ordine morronese di Ortona, ricevente in nome e per conto della stessa chiesa di S. Spirito, per la remissione dei peccati suoi e dei genitori, una vigna posta nel territorio della stessa città, in contrada *Ponte de Caldar(i).*
Giudice: Guglielmo di Ogerio, giudice di Ortona (S).
Notaio: Angelo di Benvenuto, notaio di Ortona (S).

Originale [A], Montecassino, Archivio dell'abbazia, Fondo di S. Spirito del Morrone, 234.

Regesti: Zanotti, *Digestum*, –. Zanotti, *Archivia*, VI.1, p. 313. Leccisotti 1966, p. 96 n. 234. Morizio 2008, p. 411-412 n. 277.

Bibliografia: Morizio 2008, *passim.*

Indizione illeggibile a causa di uno strappo del supporto membranaceo.

Per S. Spirito di Ortona vedi *Insediamenti celestini*, n. 119.

286.

Instrumentum venditionis

1296 novembre 18, chiostro del monastero di Collemaggio (L'Aquila)

D(ominus) Angelo, rettore della chiesa di S. Vittore *de Turre*, per la riparazione della detta chiesa e in presenza dei patroni di essa, vende al monastero di S. Maria di Collemaggio, dell'ordine di san Benedetto, e a fra Simone, priore di esso, una pezza di terra sita *ubi dicitur Collemaio*, confinante su due lati con le proprietà del detto monastero e su un lato con le proprietà della chiesa di S. Flaviano, al prezzo di otto fiorini d'oro.
Notaio: Silvestro *de Ophana.*

Originale deperdito [*A], già *Archivio del monastero di S. Maria di Collemaggio, «Pro molendinis et terris in Turre, Balneo, Bazzano et Paganica. Pro terris ibidem» (Zanotti, *Archivia*, VI.2, p. 570).

Regesti: Zanotti, *Digestum*, –. Zanotti, *Archivia*, VI.2, p. 570. Pansa 1899-1900, p. 257. Morizio 2008, p. 412 n. 278.

Bibliografia: Morizio 2008, *passim*.

Per la chiesa di S. Vittore *de Turribus* vedi la nota al doc. n. 149.

Per la chiesa di S. Flaviano *de Turribus* vedi Sella 1936, p. 5 n. 43.

Per S. Maria di Collemaggio vedi *Insediamenti celestini*, n. 64.

287.

INSTRUMENTUM PROCURAE

1296 dicembre 9, Ferentino

Pietro da Ferentino, arcivescovo di Monreale, costituisce procuratore il nipote Nicola Egizio per donare al monastero di S. Antonio due terre e una vigna di proprietà del *miles* Orlando da Zagarolo, site nel territorio di Ferentino, nei luoghi *lu Collecillu*, Piscitelli e *lu Colle de Martinu*, dopo averle permutate con le sue proprietà *in Laureta* e *li Colli dilli Marruni*, confinanti con i beni delle chiese dei SS. Giovanni e Paolo e di S. Agata di Ferentino, riservandosene l'usufrutto a vita.
Notaio: Pietro da Ferentino, detto Torciano (S).

Originale [A], Città del Vaticano, Archivio apostolico vaticano, Fondo celestini I, 19.

Regesti: Zanotti, *Digestum*, –. Zanotti, *Archivia*, –. Paoli 2004, p. 126 n. 19. Morizio 2008, p. 412 n. 279.

Bibliografia: Morizio 2008, *passim*.

Per S. Antonio di Ferentino vedi *Insediamenti celestini*, n. 11.

288.

INSTRUMENTUM DONATIONIS

1296 dicembre 18, Ferentino

Nicola Egizio, procuratore e nipote di Pietro, arcivescovo di Monreale, dona *inter vivos* a fra Sinibaldo, priore del monastero di S. Antonio, due terre e una vigna nel territorio di Ferentino, nelle località *lu Collecillu*, Piscitelli e *Colle de Martinu*, riservandosene l'usufrutto a vita.
Notaio: Pietro da Ferentino, detto Torciano (S).

Originale [A], Città del Vaticano, Archivio apostolico vaticano, Fondo celestini I, 20.

Regesti: Zanotti, *Digestum*, –. Zanotti, *Archivia*, –. Paoli 2004, p. 126-127 n. 20. Morizio 2008, p. 412-413 n. 280.

Bibliografia: Morizio 2008, *passim*.

Per S. Antonio di Ferentino vedi *Insediamenti celestini*, n. 11.

289.

CAROLI IERUSALEM ET SICILIAE REGIS MANDATUM

1297 gennaio 8, Roma

Carlo II, re di Gerusalemme e di Sicilia, facendo seguito alla supplica dei *fratres* dei monasteri di S. Maria di Collemaggio vicino all'Aquila e di S. Spirito di Sulmona, a lui devoti, ordina al segreto d'Abruzzo di pagare loro le somme di quaranta once d'oro e dieci once d'oro, concesse con privilegi del re medesimo annualmente ai detti monasteri sui diritti di baiulazione dell'Aquila e di Sulmona, poiché il detto ufficiale ne aveva impedito la riscossione.
Habuit religiosorum.

Originale deperdito [*A], già Napoli, Archivio di Stato, Diplomatico, *Pergamene della regia Zecca, Arche, XII, 1130 (Faraglia 1888, p. 121).

Edizione: Faraglia 1888, p. 120-121 n. 96.

Regesti: Zanotti, *Digestum*, –. Zanotti, *Archivia*, –. Morizio 2008, p. 413 n. 281.

Bibliografia: Mattiocco-Sabatini 1996, p. 185 nota 19. Morizio 2008, *passim*.

Per S. Maria di Collemaggio vedi *Insediamenti celestini*, n. 64. Per S. Spirito del Morrone vedi *Insediamenti celestini*, n. 112.

†290.

LITTERAE FALSAE

1297 marzo 10, Roma

Bonifacio VIII all'abate e al priore del monastero di S. Spirito di Sulmona, diocesi di Valva, dell'ordine di san Benedetto, e ai priori dei monasteri soggetti allo stesso ordine: concede un'indulgenza di sette anni e sette quarantene a tutti coloro che visiteranno le chiese del detto ordine ed elargiranno elemosine.
Provisionis vestre.

Falso <del secolo XIV *exeunte*?> con la seguente tradizione: Copia semplice <del secolo XIV *exeunte*?> [B], Sulmona, Archivio capitolare di S. Panfilo, Archivio nuovo, Fondi e serie di archivi aggregati, S. Spirito del Morrone, I.3.29. Copia semplice <del secolo XIV *exeunte*?> [B2], Chieti, Archivio arcivescovile, Fondo pergamenaceo, Teate 286 bis. Copia semplice del secolo XVIII [C], Città del Vaticano, Archivio apostolico vaticano, Fondo celestini II, 44, f. 151r (con data 1295 marzo 10). Notizia del 1623 [N], Montecassino, Archivio dell'abbazia, Fondo di S. Spirito del Morrone, 1930.

Stemma chartarum:

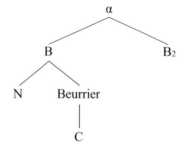

Edizione: Beurrier 1634, p. 133-134 (con data 1295 marzo 10).

Regesti: Zanotti, *Digestum*, –. Zanotti, *Archivia*, –. Potthast 1875, p. 1926 n. 24040 (con data 1295 marzo 10). Thomas 1884-1939, –. Inguanez 1918, p. 16 n. 27. Leccisotti 1966, p. 97. Paoli 2004, p. 358 (con data 1295 marzo 10). Morizio 2008, p. 413-414 n. 282.

Bibliografia: Penco 1997, p. 350 nota 13, 363. Paoli 2004, p. 17 nota 75. Morizio 2008, *passim*.

Per S. Spirito del Morrone vedi *Insediamenti celestini*, n. 112.

291.

INSTRUMENTUM TESTAMENTI

1297 marzo 23, Aquila

Nicola di Giovanni *Ray(naldi)* da Poggio Santa Maria, nel redigere il proprio testamento, lascia alla chiesa di S. Maria di Collemaggio una vigna nel territorio di Giniano *ubi dicitur Revoltula*, riservandone l'usufrutto alla moglie Letizia vita natural durante.
Notaio: Francesco di Giovanni di Marcello *de Civitaesutis* <così>.

Originale deperdito [*A], già *Archivio del monastero di S. Maria di Collemaggio, «Testamenta, donationes et legata» (Zanotti, *Archivia*, VI.2, p. 667).

Regesti: Zanotti, *Digestum*, –. Zanotti, *Archivia*, VI.2, p. 667. Antinori, *Annali*, X.2, *sub anno* 1297, *sub voce* Collemaggio [p. 471]. Clementi-Berardi 1980, p. 214 (con data 1297 marzo 22). Morizio 2008, p. 414 n. 283.

Bibliografia: Morizio 2008, *passim*.

Nel manoscritto di A.L. Antinori, la data cronica («1297, 22 mart.») è stata corretta successivamente, trasformando il «-2» in «-3».

Gignano è una frazione dell'odierno comune dell'Aquila.

Per S. Maria di Collemaggio vedi *Insediamenti celestini*, n. 64.

292.

BONIFACII VIII PAPAE LITTERAE DE GRATIA

1297 maggio 15, Roma, S. Pietro

Bonifacio VIII all'abate di S. Spirito di Sulmona, dell'ordine di san Benedetto, diocesi di Valva, e ai suoi *fratres* presenti e futuri, *in perpetuum*. In considerazione della memoria di fra Pietro del Morrone, già papa Celestino V, *profexor* del detto ordine, e facendo seguito alle loro preghiere, prende *in ius et proprietatem beati Petri et apostolice sedis* il predetto monastero di S. Spirito, con i monasteri, priorati, chiese, membri e luoghi ad esso soggetti, esentandoli dalla giurisdizione di arcivescovi, vescovi e qualunque ordinario diocesano; stabilisce l'osservanza dell'*ordo monasticus qui secundum Deum et beati Benedicti regulam qui in eodem monasterio Sancti Spiritus istitutus esse dignoscitur perpetuis temporibus ibidem et aliis monasteriis, prioratibus, locis et membris*; conferma tutti i beni presenti e futuri. In cambio della libertà ricevuta dalla sede apostolica essi si impegnano a versare annualmente al pontefice e ai suoi successori un fiorino d'oro.
In eminenti.

Originale [A], Montecassino, Archivio dell'abbazia, Fondo di S. Spirito del Morrone, 236 (BD). Originale [A2], Sulmona, Archivio capitolare di S. Panfilo, Archivio nuovo, Fondi e serie di archivi aggregati, S. Spirito del Morrone, I.3.89 (B). Atto registrato [R], Città del Vaticano, Archivio apostolico vaticano, *Registra vaticana*, 48, f. 237r-v. Copia autentica del 1297 maggio <così, ma s'intenda luglio> 20 deperdita [*B], già *Archivio del monastero di S. Maria di Collemaggio, «Litterae apostolicae, indulgentiae et privilegia» (Zanotti, *Archivia*, VI.2, p. 719). Copia autentica del 1297 luglio 20 deperdita [*B2], già Sulmona, Archivio capitolare di S. Panfilo (Faraglia 1888, p. 122-124 n. 98). Copia semplice del secolo XIII *exeunte*-XIV *ineunte* [B3], Sulmona, Archivio capitolare di S. Panfilo, Archivio nuovo, Fondi e serie di archivi aggregati, S. Spirito del Morrone, I.5.2. Copia autentica del 1338 maggio 10 [B4], Sulmona, Archivio capitolare di S. Panfilo, Archivio nuovo, Fondi e serie di archivi aggregati, S. Spirito del Morrone, I.4.101. Copia autentica del 1405 luglio 20 deperdita [*B5], già *Archivio del monastero di S. Maria di Collemaggio, «Litterae apostolicae, indulgentiae et privilegia» (Zanotti, *Archivia*, VI.2, p. 719).

Edizione: Faraglia 1888, p. 122-124 n. 98 (da *B2).

Regesti: Zanotti, *Digestum*, II.1, p. 18. Zanotti, *Archivia*, VI.1, p. 179, 187; VI.2, p. 719. Antinori, *Annali*, X.2, *sub anno* 1297, *sub voce* Collemaggio [p. 471]; X.2, *sub anno* 1297, *sub voce* Collemaggio [p. 536]. Potthast 1875, –. Thomas 1884-1939, n. 1839. Celidonio 1896, p. 44 n. 14. Chiappini 1915, p. 142 n. 81-82, 143 n. 83, 150 n. 129. Inguanez 1918, p. 16 n. 28. Capograssi 1962, p. 329 n. 11-13, 330 n. 21. Leccisotti 1966, p. 97 n. 236. Clementi-Berardi 1980, p. 214. Morizio 2008, p. 414-415 n. 284.

Bibliografia: Zanotti, *Digestum*, II.2, p. 565. Celidonio 1912, p. 115. Penco 1997, p. 363. Bartolomei Romagnoli 1999, p. 77. Orsini 2003, p. 698 n. 12-13 (6100-6101), 700 n. 22 (6110). Paoli 2004, p. 17 nota 76. Morizio 2008, *passim*.

Nei manoscritti di A.L. Antinori, la copia autentica deperdita del 1405 (= *B5) è datata 1405 luglio 16.

Per S. Spirito del Morrone vedi *Insediamenti celestini*, n. 112.

293.

INSTRUMENTUM PROCURAE

1297 maggio 30, monastero di S. Maria di Pulsano
(Monte Sant'Angelo)

Fra Gabriele, abate, e la comunità del monastero di S. Maria di Pulsano nominano loro procuratore fra Tobia, monaco di S. Nicola di Foggia, diocesi di Troia, soggetto al monastero pulsanese, *ad compromittendum nomine dicti monasterii in d(ominum) fratrem Thomam Sanctae Ceciliae presbiterum cardinalem de lite et causa inter ipsos et abbatem et conventum Sancti Spiritus prope Sulmonam occasione monasterii Vallisbonae.*
Notaio: Nicola *de Manfredonia.*

Originale deperdito [*A], già *Archivio del monastero di S. Spirito del Morrone, «Iura Vallisbonae et Manuppelli» (Zanotti, *Archivia,* VI.1, p. 283).

Regesti: Zanotti, *Digestum,* –. Zanotti, *Archivia,* VI.1, p. 283. Pansa 1899, p. 189. Morizio 2008, p. 415 n. 285.

Bibliografia: Zanotti, *Digestum,* V.2, p. 571. Simonelli 1997, p. XXXI. Panarelli 2005, p. 265. Morizio 2008, *passim.*

Per il monastero di S. Maria di Pulsano vedi la nota al doc. n. 74.

Per S. Pietro di Vallebona vedi *Insediamenti celestini,* n. 103. Per S. Spirito del Morrone vedi *Insediamenti celestini,* n. 112.

294.

BERARDI EPISCOPI REATINI ET CAPITULI CATHEDRALIS PRIVILEGIUM

1297 giugno 3, Rieti

Berardo, vescovo di Rieti, e il capitolo cattedrale esentano la chiesa di S. Maria Maddalena posta nel territorio di Rieti, vicino alla città medesima *iuxta Viam Romanam,* con tutti i suoi beni, in favore di fra Giovanni da Cocullo, abate del monastero di S. Spirito presso Sulmona e della comunità di esso, diocesi di Valva, dell'ordine di san Benedetto, e dei loro *fratres* che dimorano presso la detta chiesa, in cambio di una libbra di cera da versarsi annualmente nel giorno della festa di santa Maria, in settembre. L'unica limitazione alla detta esenzione riguarda l'obbligo di rispettare un eventuale interdetto generale, come tutti coloro che sono soggetti alla legge diocesana, e la *debita iustitia* che il vescovo conserva sulle elargizioni alla detta chiesa da parte di diocesani che ivi scelgano la propria sepoltura.

Originale [A], Montecassino, Archivio dell'abbazia, Fondo di S. Spirito del Morrone, 237 (*Sigilla deperdita duo*). Copia semplice del secolo XVII [Z], Zanotti, *Digestum,* II.2, p. 471-472 («ex proprio originali existenti in archivio abbatiae Sancti Spiritus de Sulmona»). Copia semplice del secolo XVIII [B], Città del Vaticano, Archivio apostolico vaticano, Fondo celestini II, 45, f. 209r-210r.

Regesti: Zanotti, *Digestum,* II.1, p. 18. Zanotti, *Archivia,* VI.1, p. 179. Leccisotti 1966, p. 98 n. 237. Paoli 2004, p. 374. Morizio 2008, p. 415-416 n. 286.

Bibliografia: Zanotti, *Digestum,* II.2, p. 547. Penco 1997, p. 361 nota 61. Paoli 2004, p. 484. Pellegrini 2005, p. 346 nota 161. Morizio 2008, *passim.*

Per S. Maria di Rieti vedi *Insediamenti celestini,* n. 67. Per S. Spirito del Morrone vedi *Insediamenti celestini,* n. 112.

295.

INSTRUMENTUM DONATIONIS

1297 giugno 10, Chieti, chiesa di S. Maria della Civitella

Lorenzo *Nicolai Romanni* da Chieti, per la costruzione della chiesa di S. Maria della Civitella, dell'ordine di fra Pietro del Morrone, dona alla detta chiesa una vigna in contrada *Cisterna*.

Originale deperdito [*A], già *Archivio del monastero di S. Maria della Civitella di Chieti (Zanotti, *Digestum*, II.2, p. 473).

Regesti: Zanotti, *Digestum*, II.1, p. 18; II.2, p. 473. Zanotti, *Archivia*, –. Morizio 2008, p. 416 n. 287.

Bibliografia: Zanotti, *Digestum*, II.2, p. 473-475 (con l'annotazione: «Actum in ecclesia dictorum fratrum de Civitate Theatina. Instrumentum publicum quod conservatur in dicto monasterio Theatino»). Morizio 2008, *passim*.

Per S. Maria della Civitella vedi *Insediamenti celestini*, n. 56.

296.

INSTRUMENTUM VENDITIONIS

1297 giugno 23, Lanciano, *in domo Amici de eadem terra*

Dompnus Rambus <così, ma s'intenda *Rambaldus*>, cappellano della chiesa di S. Nicola di Lanciano, vende a fra Giovanni *de Sancto Alexandro*, priore del monastero di S. Spirito di Lanciano, a fra Biagio da Taranta e a fra Giacomo da Bucchianico, dell'ordine morronese, che acquistano in nome e per conto dello stesso monastero di S. Spirito di Lanciano, una pezza di terra sita nelle pertinenze di Lanciano, *in contrata Bardelle, prope predictum locum Sancti Spiritus*, confinante su tre lati con le proprietà del detto monastero di S. Spirito, al prezzo di nove fiorini d'oro.
Giudice: Filippo *Saygualis*, giudice di Lanciano (S).
Notaio: Roberto *de Casaly*, notaio di Lanciano (S).

Originale [A], Montecassino, Archivio dell'abbazia, Fondo di S. Spirito del Morrone, 238.

Regesti: Zanotti, *Digestum*, –. Zanotti, *Archivia*, VI.1, p. 367. Leccisotti 1966, p. 98 n. 238. Morizio 2008, p. 416-417 n. 288.

Bibliografia: Zanotti, *Digestum*, II.2, p. 547. Morizio 2008, *passim*.

Per la chiesa di S. Nicola a Lanciano vedi Cortese 2010.

Per S. Spirito di Lanciano vedi *Insediamenti celestini*, n. 118.

297.

THOMAE CARDINALIS PRESBITERI SANCTAE CAECILIAE SENTENTIA

1297 luglio 11, Orvieto, chiesa di S. Giovanni, *in camera domini fratris Thomae cardinalis*

Essendo sorta da tempo una controversia tra l'abate e la comunità del monastero di S. Maria di Pulsano, dell'ordine di san Benedetto, diocesi di Siponto, e l'abate e la comunità del monastero di S. Spirito del Morrone presso Sulmona, diocesi di Valva, a proposito del monastero di S. Pietro di Vallebona sito nel territorio di Manoppello, diocesi di Chieti, e, discussa dinanzi a *dominus* Tizio, arciprete *de Colle*, uditore delle cause di *dominus* Landolfo, cardinale diacono di S. Angelo, legato della sede apostolica nel regno di Sicilia, essendosi protratta troppo a lungo, le parti – *volentes vitare litigiorum anfractus et parcere laboribus et expensis et ad viam concordiae pervenire* – hanno nominato loro procuratori rispettivamente fra Tobia, monaco del monastero di S. Nicola di Foggia, diocesi di Troia, e fra Giovanni *de Olivola*, monaco del monastero di S. Spirito del Morrone, i quali hanno deciso di rimettersi all'arbitrato di fra Tommaso, cardinale prete del titolo di S. Cecilia, promettendo di accettare la sua decisione, pena il pagamento di cento once d'oro. Quindi fra Tommaso, udite le parti ed esaminata la documentazione, stabilisce che, d'ora in poi, l'abate e la comunità del monastero di S. Spirito presso Sulmona posseggano il monastero di S. Pietro di Vallebona e che assegnino all'abate e alla comunità del monastero di Pulsano la chiesa di S. Antonino di Campo di Giove, diocesi di Valva. Stabilisce che l'*instrumentum permutationis... quod factum fore dicitur inter partes easdem de praemissis monasterio Sancti Petri et ecclesia Sancti Antonini sub quaecu(m)que forma verborum existat in ea parte quae faceret contra huius pronunciationem... non valeat ne teneat et nullius valoris existat; in ea vero parte quae faceret pro hac pronunciatione... perpetuam obtineat roboris firmitatem.* Stabilisce, inoltre, che l'abate e la comunità del monastero di S. Spirito e il predetto fra Giovanni, procuratore, sono tenuti a dare all'abate e alla comunità del monastero pulsanese, entro il primo ottobre successivo, centocinquanta fiorini d'oro, per compensare il maggior valore dei beni di S. Pietro di Vallebona rispetto ai beni di S. Antonino. Ordina, infine, che entro tale termine l'abate e la comunità di Pulsano consegnino al procuratore di S. Spirito *omnia privilegia, instrumenta et licteras ac cautelas quas et quae habent de dicto monasterio Sancti Petri et iuribus et pertinentiis suis* e viceversa.

Originale deperdito [*A], già *Archivio del monastero di S. Spirito del Morrone, «Iura Vallisbonae et Manuppelli» (Zanotti, *Archivia*, VI.1, p. 283). Copia semplice del secolo XVII [Z], Zanotti, *Digestum*, II.2, p. 479-486 («ex proprio originali existenti in archivio venerabilis abbatiae Sancti Spiritus de Sulmone»). Copia semplice del secolo XVIII [B], Città del Vaticano, Archivio apostolico vaticano, Fondo celestini II, 45, f. 203r-206v.

Regesti: Zanotti, *Digestum*, II.1, p. 18. Zanotti, *Archivia*, VI.1, p. 283. Pansa 1899, p. 189. Paoli 2004, p. 374. Morizio 2008, p. 417-418 n. 289.

Bibliografia: Zanotti, *Digestum*, II.2, p. 547. Moscati 1957, p. 282. Simonelli 1997, p. XXXI. Panarelli 2005, p. 265. Morizio 2008, *passim*.

Per il monastero di S. Maria di Pulsano vedi la nota al doc. n. 74.

Per S. Antonino di Campo di Giove vedi *Insediamenti celestini*, n. 9. Per S. Pietro di Vallebona vedi *Insediamenti celestini*, n. 103. Per S. Spirito del Morrone vedi *Insediamenti celestini*, n. 112.

298.

INSTRUMENTUM DONATIONIS

1297 luglio 16, Aquila

Bartolomeo di Nicola *de Villis Undarum* dona alla chiesa di S. Maria di Collemaggio e al suo procuratore, il notaio Ruggero *de Mathilone*, una pezza di terra sita nel territorio *de Undis ubi dicitur le Cluse, ab uno latere decurrit flumen, ab alio rivus*, che possiede in comune etc.
Notaio: Filippo di *magister* Giovanni *de Sancta Anxia*.

Originale deperdito [*A], già *Archivio del monastero di S. Maria di Collemaggio, «Testamenta, donationes et legata» (Zanotti, *Archivia*, VI.2, p. 667-668).

Regesti: Zanotti, *Digestum*, –. Zanotti, *Archivia*, VI.2, p. 667-668. Antinori, *Annali*, X.2, *sub anno* 1297, *sub voce* Collemaggio [p. 498]; X.2, *sub anno* 1297, *sub voce* Collemaggio [p. 536]. Clementi-Berardi 1980, p. 215. Morizio 2008, p. 418 n. 290.

Bibliografia: Morizio 2008, *passim*.

Per S. Maria di Collemaggio vedi *Insediamenti celestini*, n. 64.

299.

INSTRUMENTUM DONATIONIS

1297 agosto 12, Guardiagrele, *a parte superiori ecclesie Sancte Marie*

Migliorato e Pietro, fratelli carnali, figli ed eredi del fu Giovanni di Rinaldo *de Colle Magelle*, donano a *magister* Leonardo di Marsilio da Lanciano, procuratore del monastero di S. Spirito di Lanciano, dell'ordine morronese, costituito e ordinato a ciò da fra Mattia, priore dello stesso ordine in detto luogo, e dalla comunità di esso, che riceve in nome e per conto del monastero medesimo di S. Spirito, la metà di una casa indivisa sita in Lanciano, nella parrocchia di S. Biagio.

Giudice: Giovanni *de Rocca*, giudice di Guardiagrele (S).

Notaio: Gizio del notaio Roberto, notaio di Guardiagrele (S).

Originale [A], Montecassino, Archivio dell'abbazia, Fondo di S. Spirito del Morrone, 239.

Regesti: Zanotti, *Digestum*, –. Zanotti, *Archivia*, VI.1, p. 367. Inguanez 1919, p. 8 n. 7. Leccisotti 1966, p. 98-99 n. 239. Morizio 2008, p. 418 n. 291.

Bibliografia: Zanotti, *Digestum*, II.2, p. 547. Morizio 2008, *passim*.

Sulla chiesa di S. Biagio a Lanciano vedi Borgia-Granata 2005.

Per la chiesa di S. Maria Maggiore di Guardiagrele vedi la nota al doc. n. 240.

Per S. Spirito di Lanciano vedi *Insediamenti celestini*, n. 118.

300.

INSTRUMENTUM DONATIONIS

1297 settembre 2, Manoppello, *in domo Panfili iudicis Laurentii*

Lorenzo di Rinaldo *Boccardi* da Manoppello dona *inter vivos*, per i servizi che dice di aver ricevuto dal monastero di S. Spirito della Maiella e per la remissione dei suoi peccati, a Giacomello da Serramonacesca, procuratore del monastero di S. Spirito della Maiella, che riceve in nome e per conto dello stesso monastero, una pezza di terra nelle pertinenze di Manoppello, in contrada *la Salzola*, riservandosene l'usufrutto durante la propria vita.

Giudice: Riccardo da Barisciano, giudice di Manoppello.

Notaio: Nicola di Alberto, notaio di Manoppello (S).

Originale [A], Montecassino, Archivio dell'abbazia, Fondo di S. Spirito del Morrone, 240.

Regesti: Zanotti, *Digestum*, –. Zanotti, *Archivia*, VI.1, p. 338. Leccisotti 1966, p. 99 n. 240. Morizio 2008, p. 419 n. 292.

Bibliografia: Morizio 2008, *passim*.

Per S. Spirito della Maiella vedi *Insediamenti celestini*, n. 113.

301.

INSTRUMENTUM SENTENTIAE

1297 settembre 24, Orvieto, chiesa di S. Giovanni, *in camera domini cardinalis*

Fra Tommaso, cardinale prete del titolo di S. Cecilia, ricordando la sentenza emessa in data 11 luglio, poiché fra Giovanni *de Olivola*, procuratore dell'abate e della comunità del monastero di S. Spirito del Morrone presso Sulmona, diocesi di Valva, si è rivolto a lui chiedendo di sentenziare che le chiese di S. Giorgio di Rapino, S. Angelo *in Pulverio* e S. Quirico, diocesi di Chieti, appartengono al monastero di S. Pietro di Vallebona e che la somma di centocinquanta fiorini d'oro venga pagata *in possessionibus*, ispezionato con attenzione un *publicum instrumentum*, riguardante la permuta dei monasteri di S. Pietro di Vallebona e di S. Antonino di Campo di Giove, anteriore alla controversia tra i monasteri di Pulsano e S. Spirito, stabilisce che le dette chiese di S. Giorgio, S. Angelo e S. Quirico appartengono al monastero di S. Pietro di Vallebona e che i centocinquanta fiorini d'oro siano pagati *in possessionibus et rebus stabilibus*.

Notaio: Berardo di Domenico *de Furfone de Aquila*, notaio per autorità apostolica.

Originale deperdito [*A], già *Archivio del monastero di S. Spirito del Morrone, «Iura Vallisbonae et Manuppelli» (Zanotti, *Archivia*, VI.1, p. 283-284). Copia semplice del secolo XVII [Z], Zanotti, *Digestum*, II.2, p. 487-493 («ex proprio originali existenti in archivio venerabilis abbatiae Sancti Spiritus de Sulmone»). Copia semplice del secolo XVIII [B], Città del Vaticano, Archivio apostolico vaticano, Fondo celestini II, 45, f. 199r-202r (con data 1297 settembre 25).

Regesti: Zanotti, *Digestum*, II.1, p. 18-19. Zanotti, *Archivia*, VI.1, p. 283-284. Pansa 1899, p. 189. Paoli 2004, p. 374. Morizio 2008, p. 419-420 n. 293.

Bibliografia: Moscati 1957, p. 282. Simonelli 1997, p. XXXI. Panarelli 2005, p. 265. Morizio 2008, *passim*.

L'anno del pontificato di Bonifacio VIII (terzo) concorda con il millesimo, confermando la datazione dell'atto al 24 settembre 1297. Per l'indizione, al contrario, che, secondo lo stile bizantino, avrebbe dovuto essere l'undicesima e non la decima, è ipotizzabile un errore materiale, considerando che il testo è fruibile solo per mezzo di copie.

Per S. Angelo *in Pulverio* vedi *Insediamenti celestini*, n. 7. Per S. Antonino di Campo di Giove vedi *Insediamenti celestini*, n. 9. Per S. Giorgio di Rapino vedi *Insediamenti celestini*, n. 28. Per S. Pietro di Vallebona vedi *Insediamenti celestini*, n. 103. Per S. Quirico *in Cumulo* vedi *Insediamenti celestini*, n. 106. Per S. Spirito del Morrone vedi *Insediamenti celestini*, n. 112.

302.

INSTRUMENTUM ACCEPTATIONIS ET CONFIRMATIONIS

1297 ottobre 28, Pulsano (Monte Sant'Angelo)

Fra Gabriele, abate, e la comunità del monastero di S. Maria di Pulsano accettano, confermano e omologano la sentenza di fra Tommaso, cardinale prete del titolo di S. Cecilia, riguardante il monastero di S. Pietro di Vallebona.
Notaio: Nicola *de Manfredonia*.

Originale deperdito [*A], già *Archivio del monastero di S. Spirito del Morrone, «Iura Vallisbonae et Manuppelli» (Zanotti, *Archivia*, VI.1, p. 284).

Regesti: Zanotti, *Digestum*, –. Zanotti, *Archivia*, VI.1, p. 284. Pansa 1899, p. 189. Morizio 2008, p. 420 n. 294.

Bibliografia: Moscati 1957, p. 282. Simonelli 1997, p. XXXI. Panarelli 2005, p. 265. Morizio 2008, *passim*.

Per il monastero di S. Maria di Pulsano vedi la nota al doc. n. 74.

Per S. Pietro di Vallebona vedi *Insediamenti celestini*, n. 103.

303.

INSTRUMENTUM DONATIONIS ET OBLATIONIS

1297 novembre 8, Caporciano, chiesa di S. Cesidio

Bernardo di Sante da Caporciano dona a fra Sinibaldo, priore del monastero di S. Cesidio di Caporciano, diocesi di Valva, dell'ordine di fra Pietro del Morrone sotto la regola di san Benedetto, che riceve in nome e per conto del detto monastero, tutti i suoi beni mobili e immobili che consistono in case, casalini, grotte, vigne, terre, pascoli etc. *Insuper flexis genibus obtulit se beato Caesidio et eius monasterio clausis manibus infra manus dicti prioris* promettendo *stabilitatem et obedientiam*; il detto priore e gli altri *fratres*, ovvero fra Pietro da Agnone, fra Benedetto da Roio, fra Angelo da Roio, fra Pellegrino da Navelli, fra Pellegrino da Venafro, fra Guglielmo *de Castro Iderii* e fra Tommaso da Caramanico, *ad pacis osculum* ammettono il detto Bernardo.
Notaio: Pietro di Gualtiero di *magister* Paolo *de Aquila*.

Originale deperdito [*A], già *Archivio del monastero di S. Maria di Collemaggio, «Iura Sancti Caesidii, Caporciani et Sancti Pii. Pro Sancto Caesidio et aliis» (Zanotti, *Archivia*, VI.2, p. 629). Minuta deperdita [*M], già *Archivio del monastero di S. Maria di Collemaggio, «Iura Sancti Caesidii, Caporciani et Sancti Pii. Pro Sancto Caesidio et aliis» (Zanotti, *Archivia*, VI.2, p. 629).

Regesti: Zanotti, *Digestum*, –. Zanotti, *Archivia*, VI.2, p. 629. Pansa 1899-1900, p. 241. Morizio 2008, p. 420 n. 295.

Bibliografia: Morizio 2008, *passim*.

Per S. Cesidio di Caporciano vedi *Insediamenti celestini*, n. 16.

304.

LANDULFI CARDINALIS DIACONI SANCTI ANGELI MANDATUM

1297 novembre 9, Napoli

Landolfo, cardinale diacono di S. Angelo, legato della sede apostolica, in seguito alla richiesta dell'abate e della comunità del monastero di S. Spirito del Morrone presso Sulmona, dell'ordine di san Benedetto, diocesi di Valva, conferma le sentenze emesse da fra Tommaso, cardinale prete di S. Cecilia, in data 11 luglio e 24 settembre e affida all'arciprete della chiesa di S. Donato di Roccamorice, diocesi di Chieti, e a *magister* Berardo, canonico della chiesa di Boiano, di far osservare quanto stabilito nelle dette sentenze.

Inserto del 1298 gennaio 8 deperdito [*B], già *Archivio del monastero di S. Spirito del Morrone, «Iura Vallisbonae et Manuppelli» (Zanotti, *Archivia*, VI.1, p. 284). Copia semplice del secolo XVII [Z], Zanotti, *Digestum*, II.2, p. 495-497 («est insertum in litteris executorialibus archipresbyteri Roccae Moricis qui originali conservatur in archivio venerabilis abbatiae Sancti Spiritus de Sulmone»). Copia semplice del secolo XVIII [C], Città del Vaticano, Archivio apostolico vaticano, Fondo celestini II, 45, f. 197r-v.

Regesti: Zanotti, *Digestum*, II.1, p. 19. Zanotti, *Archivia*, –. Paoli 2004, p. 374. Morizio 2008, p. 421 n. 296.

Bibliografia: Morizio 2008, *passim*.

Per S. Spirito del Morrone vedi *Insediamenti celestini*, n. 112.

305.

INSTRUMENTUM TRANSACTIONIS

1297 dicembre 29, Isernia

Andrea *Zocca*, procuratore del monastero della chiesa di S. Spirito dell'ordine morronese sito nel territorio di Isernia, e Goffredo Marmonte da Isernia raggiungono un accordo circa la terza parte di una casa indivisa sita nella detta città, nella parrocchia di S. Giovanni *de Porta*, rivendicata da entrambi, stabilendo che il detto Goffredo rinuncia a qualsiasi diritto su detta casa in cambio di un'oncia d'oro e una vigna sita nelle pertinenze di Isernia, in località *Sanctus Mattheus*.
Giudice: Francesco di Giovanni *de Valle*, giudice di Isernia (S).
Notaio: Roberto, notaio di Isernia (S).

Originale [A], Montecassino, Archivio dell'abbazia, Fondo di S. Spirito di Isernia, fasc. IV, n. 40. Copia semplice del secolo XIX [B], Montecassino, Archivio dell'abbazia, Fondo di S. Spirito di Isernia, *Codex diplomaticus aeserniensis*, f. 630r-631r. Copia semplice del secolo XIX [B2], Montecassino, Archivio dell'abbazia, Fondo di S. Spirito di Isernia, *Documenta ad monasterium Sancti Spiritus de Aesernia spectantia*, p. 29-32.

Regesti: Zanotti, *Digestum*, –. Zanotti, *Archivia*, VI.1, p. 381 (con data 1298 dicembre 29). Avagliano 1971, p. 68 n. 40 (con data 1298 dicembre 29). Morizio 2008, p. 429 n. 318.

Bibliografia: Morizio 2008, *passim*.

Nella data cronica, il millesimo segna un'unità in più (1298), secondo lo stile della Natività; l'indizione undicesima e l'anno tredicesimo del regno di Carlo, re di Gerusalemme e di Sicilia, confermano la datazione corretta al 29 dicembre 1297.

Per la chiesa di S. Giovanni *de Porta* vedi Sella 1936, p. 351 n. 5133.

Per S. Spirito di Isernia vedi *Insediamenti celestini*, n. 117.

306.

GUALTERII ARCHIPRESBITERI SANCTI DONATI DE ROCCAMORICE MANDATUM EXECUTIONIS SENTENTIAE

1298 gennaio 8, Roccamorice

Gualtiero, arciprete della chiesa di S. Donato di Roccamorice, nominato esecutore, insieme a Berardo, canonico della chiesa di Boiano, per mezzo di un mandato di *dominus* Landolfo, cardinale diacono di S. Angelo, legato della sede apostolica delle sentenze emanate da fra Tommaso, cardinale prete di S. Cecilia, in data 11 luglio e 24 settembre, e confermate dal detto Landolfo, ordina agli abati e alle comunità dei monasteri di S. Spirito del Morrone presso Sulmona, diocesi di Valva, e di S. Maria di Pulsano, diocesi di Siponto, entrambi dell'ordine di san Benedetto, di osservare le dette sentenze.

Originale deperdito [*A], già *Archivio del monastero di S. Spirito del Morrone, «Iura Vallisbonae et Manuppelli» (Zanotti, *Archivia*, VI.1, p. 284). Copia semplice del secolo XVII [Z], Zanotti, *Digestum*, II.2, p. 499-500 («ex proprio originali existenti in archivio venerabilis abbatiae Sancti Spiritus de Sulmone»). Copia semplice del secolo XVIII [C], Città del Vaticano, Archivio apostolico vaticano, Fondo celestini II, 45, f. 195r-v (da Z).

Regesti: Zanotti, *Digestum*, II.1, p. 19. Zanotti, *Archivia*, VI.1, p. 284. Pansa 1899, p. 190. Paoli 2004, p. 374. Morizio 2008, 421-422 n. 297.

Bibliografia: Moscati 1957, p. 282. Morizio 2008, *passim*.

Per il monastero di S. Maria di Pulsano vedi la nota al doc. n. 74.

Per S. Spirito del Morrone vedi *Insediamenti celestini*, n. 112.

307.

INSTRUMENTUM PERMUTATIONIS

1298 gennaio 15, Sulmona

Donna Perna, moglie di Ognibene *Desperati* da Sulmona, permuta con il giudice Filippo da Sulmona, procuratore del monastero di S. Spirito del Morrone, la metà di un terreno *in contrata Murronis*, confinante su due lati con le proprietà del detto monastero, con una pezza di terra *in Campo ultra flumen*.

Notaio: Giovanni *Ray(naldi)*.

Originale deperdito [*A], già *Archivio del monastero di S. Spirito del Morrone, «Iura Murronis» (Zanotti, *Archivia*, VI.1, p. 113).

Regesti: Zanotti, *Digestum*, II.1, p. 203-204. Zanotti, *Archivia*, VI.1, p. 113. Morizio 2008, p. 422 n. 298.

Bibliografia: Zanotti, *Digestum*, II.1, p. 201-204. Morizio 2008, *passim*.

Per S. Spirito del Morrone vedi *Insediamenti celestini*, n. 112.

308.

INSTRUMENTUM PERMUTATIONIS

1298 febbraio, Boiano

Roberto di Bartolomeo cede al monastero di S. Martino in Maiella di Boiano e a fra Giacomo, priore, e agli altri *fratres* una pezza di terra *ad Pasculum*, in cambio di ogni diritto che il monastero possiede sui beni di sua madre, donna Scofina.

Notaio: Giovanni.

Originale deperdito [*A], già *Archivio del monastero di S. Spirito del Morrone, «Pro monasterio Boiani» (Zanotti, *Archivia*, VI.1, p. 395-396).

Regesti: Zanotti, *Digestum*, –. Zanotti, *Archivia*, VI.1, p. 395-396. Morizio 2008, p. 422-423 n. 300.

Bibliografia: Zanotti, *Digestum*, II.2, p. 547. Morizio 2008, *passim*.

Per S. Martino di Boiano vedi *Insediamenti celestini*, n. 74.

309.

INSTRUMENTUM VENDITIONIS

1298 marzo 27, Sulmona

Donna Alesenia, moglie di Pietro di Giovanni, vende al notaio Giovanni di Riccardo di Panfilo da Sulmona, procuratore del monastero di S. Spirito del Morrone, la metà di una *cesa* sita *in contrata Murronis*, al prezzo di un'oncia e quindici tarì.
Notaio: Giacomo di Andrea.

Originale deperdito [*A], già *Archivio del monastero di S. Spirito del Morrone, «Iura Murronis» (Zanotti, *Archivia*, VI.1, p. 113).

Regesti: Zanotti, *Digestum*, II.1, p. 204. Zanotti, *Archivia*, VI.1, p. 113. Morizio 2008, p. 423 n. 301.

Bibliografia: Zanotti, *Digestum*, II.1, p. 201-204. Morizio 2008, *passim*.

Per il significato del termine *cesa* vedi la nota al doc. n. 51.

Per S. Spirito del Morrone vedi *Insediamenti celestini*, n. 112.

310.

INSTRUMENTUM TESTAMENTI

1298 aprile 7, Chieti

Benvenuto *de Cur[...]*, abitante di Chieti, *licet eger corpore, sanus tamen mente, recte et articulate loquens et in bona memoria*, non volendo morire intestato, fa redigere il proprio testamento nel quale, tra gli altri legati, lascia alla chiesa di S. Maria della Civitella di Chieti una casa sita in contrada *Tribuliani*, nella quale egli abita e dove avrà il diritto di abitazione fino alla morte sua moglie Bonaspetta.
Giudice: Giovanni da Comino, *miles*, giudice di Chieti (S).
Notaio: Tommaso di Rosso, notaio di Chieti (S).

Originale [A], Chieti, Archivio arcivescovile, Fondo pergamenaceo, Teate 103.

Regesti: Zanotti, *Digestum*, II.2, p. 473. Zanotti, *Archivia*, –. Balducci 1926, p. 31 n. 85. Morizio 2008, p. 423 n. 302.

Bibliografia: Zanotti, *Digestum*, II.2, p. 473-475. Palazzi 2005, p. 183. Pellegrini 2005, p. 343. Morizio 2008, *passim*.

Per S. Maria della Civitella vedi *Insediamenti celestini*, n. 56.

311.

LANDULFI CARDINALIS DIACONI SANCTI ANGELI PRIVILEGIUM

1298 aprile 12, Napoli

Landolfo, cardinale diacono del titolo di S. Angelo, legato della sede apostolica, concede un'indulgenza ai fedeli che visiteranno la chiesa di S. Maria di Tremonti, diocesi di Chieti.

Originale deperdito [*A], già *Archivio del monastero di S. Spirito del Morrone, «Iura Sanctae Mariae Intermontes» (Zanotti, *Archivia*, VI.1, p. 124).

Regesti: Zanotti, *Digestum*, –. Zanotti, *Archivia*, VI.1, p. 124. Morizio 2008, p. 423 n. 303.

Bibliografia: Morizio 2008, *passim*.

Per S. Maria di Tremonti vedi *Insediamenti celestini*, n. 70.

312.

INSTRUMENTUM DONATIONIS

1298 aprile 13, monastero di S. Spirito del Morrone, *ante portam* (Sulmona)

Donna Gemma, moglie del fu Pietro *Puzoni* da Sulmona, dona *inter vivos*, per la remissione dei suoi peccati, a Rinaldo, ancora pupillo, figlio naturale del detto Pietro, una terra vitata *in Gructulis*, nel territorio di Sulmona, riservandosene l'usufrutto durante la sua vita; in caso di morte di Rinaldo *infra pupillarem etatem*, la vigna andrà al monastero di S. Spirito del Morrone presso Sulmona.
Giudice: Tommaso del giudice Gionata, giudice di Sulmona (S).
Notaio: Oderisio del giudice Giovanni, notaio di Sulmona (S).

Originale [A], Montecassino, Archivio dell'abbazia, Fondo di S. Spirito del Morrone, 248.

Regesti: Zanotti, *Digestum*, –. Zanotti, *Archivia*, VI.1, p. 165. Leccisotti 1966, p. 102 n. 248. Morizio 2008, p. 424 n. 304.

Bibliografia: Morizio 2008, *passim*.

Per S. Spirito del Morrone vedi *Insediamenti celestini*, n. 112.

313.

INSTRUMENTUM PERMUTATIONIS

1298 giugno 6, Aquila, *ante portam monasterii Sanctae Mariae Collismadii*

Fra Simone, priore del monastero di S. Maria di Collemaggio, fra Palmerio da Venafro, fra Simone da Colledimacine, fra Lorenzo *de Serenge*, fra Oderisio da Colledimacine, fra Angelo dall'Aquila, fra Pietro da Roccamorice, fra Tommaso da Roccamorice e fra Giacomo da Serra, *fratres* del detto monastero, permutano con Tommasa, moglie di Francesco di Giovanni di Pacifico da Caporciano, una casa sita nelle pertinenze dell'Aquila, *in locali de Caporciano*, con una pezza di terra sita nelle pertinenze di Caporciano, *ubi dicitur Tapongano*.
Notaio: Francesco di *magister* Giovanni *de Collebrinc(ioni)*.

Originale deperdito [*A], già *Archivio del monastero di S. Maria di Collemaggio, «Iura Sancti Caesidii, Caporciani et Sancti Pii. Pro Sancto Caesidio et aliis» (Zanotti, *Archivia*, VI.2, p. 629-630).

Regesti: Zanotti, *Digestum*, –. Zanotti, *Archivia*, VI.2, p. 629-630. Antinori, *Annali*, X.2, *sub anno* 1298, *sub voce* Collemaggio [p. 536]. Pansa 1899-1900, p. 241. Clementi-Berardi 1980, p. 215. Morizio 2008, p. 424 n. 305.

Bibliografia: Morizio 2008, *passim*.

Collebrincioni è una frazione dell'odierno comune dell'Aquila.

Per S. Maria di Collemaggio vedi *Insediamenti celestini*, n. 64.

314.

INSTRUMENTUM DONATIONIS

1298 giugno 25, Sulmona, *in platea maiori ante apothecam Gualterii Gualterii Gentilis*

Benedetto di Oddone da Vittorito *de Vico de Marcia*, per l'anima sua e dei genitori, dona *inter vivos* al giudice Filippo da Sulmona, procuratore generale, economo e attore del monastero di S. Spirito del Morrone presso Sulmona, che riceve in nome e per conto dello stesso monastero, tutti i suoi beni mobili e semoventi presenti e futuri; inoltre, una casa in Vittorito, riservandosene l'usufrutto durante la sua vita.
Giudice: Giovanni di Oddone, giudice di Sulmona (S).
Notaio: Oddone del giudice Aquilone, notaio di Sulmona (S).

Originale [A], Montecassino, Archivio dell'abbazia, Fondo di S. Spirito del Morrone, 249.

Regesti: Zanotti, *Digestum*, –. Zanotti, *Archivia*, VI.1, p. 161. Leccisotti 1966, p. 103 n. 249. Morizio 2008, p. 424-425 n. 306.

Bibliografia: Morizio 2008, *passim*.

Per S. Spirito del Morrone vedi *Insediamenti celestini*, n. 112.

315.

INSTRUMENTUM PERMUTATIONIS

1298 giugno 28, Sulmona

Fra Giovanni *de le Venze*, procuratore generale di S. Nicola *de Ferrato* presso Sulmona, permuta con il giudice Filippo, procuratore generale del monastero di S. Spirito del Morrone, una pezza di terra, ubicata nei pressi del detto monastero, con una vigna *ubi dicitur Campo trans flumen* e due once d'oro.
Notaio: Oddone del giudice Aquilone.

Originale deperdito [*A], già *Archivio del monastero di S. Spirito del Morrone, «Iura de domibus et terris in civitate et territorio Sulmonis et alibi. Pro terris» (Zanotti, *Archivia*, VI.1, p. 165).

Regesti: Zanotti, *Digestum*, II.1, p. 212. Zanotti, *Archivia*, VI.1, p. 165. Morizio 2008, p. 425 n. 307.

Bibliografia: Zanotti, *Digestum*, II.1, p. 210-212. Morizio 2008, *passim*.

Per la chiesa di S. Nicola *de Ferrato*, ubicata in località Paludi, non lontano dall'abbazia di S. Spirito del Morrone, vedi la nota al doc. n. 275.

Per S. Spirito del Morrone vedi *Insediamenti celestini*, n. 112.

316.

INSTRUMENTUM DONATIONIS

1298 luglio 13, Ferentino, *in choro ecclesie Sancti Antonii*

Pietro Grifone da Ferentino, dopo aver ceduto parte dei beni al presbitero Leonardo, chierico della chiesa di S. Ippolito di Ferentino, nello stesso giorno in cui intende offrire se stesso al monastero di S. Antonio, dona al priore fra Ruggero la parte restante di quanto possiede, e cioè la propria casa con l'orto, sita nella parrocchia di S. Leonardo, e alcune terre con sette ordini di vigna nelle località *Vallis de Alamanno* e *lu Limite*, confinanti con le proprietà di Giovanni di Filippo, canonico di Ferentino, e della chiesa di S. Angelo.
Notaio: Bembingate da Ferentino (S).

Originale [A], Città del Vaticano, Archivio apostolico vaticano, Fondo celestini I, 23.

Regesti: Zanotti, *Digestum*, –. Zanotti, *Archivia*, –. Paoli 2004, p. 127-128 n. 23. Morizio 2008, p. 425 n. 308.

Bibliografia: Morizio 2008, *passim*.

Cfr. doc. n. 317.

Per S. Antonio di Ferentino vedi *Insediamenti celestini*, n. 11.

317.

INSTRUMENTUM DONATIONIS ET OBLATIONIS

1298 luglio 13, Ferentino, chiesa di S. Antonio

Pietro Grifone da Ferentino, per la remissione dei peccati propri e per l'anima dei suoi genitori, offre se stesso all'altare della chiesa di S. Antonio di Ferentino nelle mani del priore fra Ruggero, che per il sostentamento gli concede l'usufrutto dei beni donati.
Notaio: Bembingate da Ferentino (S).

Originale [A], Città del Vaticano, Archivio apostolico vaticano, Fondo celestini I, 24.

Regesti: Zanotti, *Digestum*, –. Zanotti, *Archivia*, –. Paoli 2004, p. 128 n. 24. Morizio 2008, p. 425-426 n. 309.

Bibliografia: Morizio 2008, *passim*.

Cfr. doc. n. 316.

Per S. Antonio di Ferentino vedi *Insediamenti celestini*, n. 11.

318.

INSTRUMENTUM DONATIONIS

1298 agosto 10, Roccacaramanico, *in domo Alberti* (Sant'Eufemia a Maiella)

Alberto di Elia da Paterno, cittadino e abitante di Roccacaramanico, dona *inter vivos* a fra Tommaso da Sulmona, monaco del monastero di S. Spirito del Morrone presso Sulmona, che riceve in nome e per conto del detto monastero, la metà di tutti i suoi beni mobili, semoventi e immobili, presenti e futuri, che possiede in detta Rocca, in Sulmona e altrove, riservandosene l'usufrutto vita natural durante.
Giudice: Tommaso di Berardo di Damiano, *inlicteratus*, giudice di Roccacaramanico.
Notaio: Oddone del giudice Aquilone, notaio di Sulmona (S).

Originale [A], Montecassino, Archivio dell'abbazia, Fondo di S. Spirito del Morrone, 252.

Regesti: Zanotti, *Digestum*, –. Zanotti, *Archivia*, VI.1, p. 172. Leccisotti 1966, p. 104 n. 252. Morizio 2008, p. 426 n. 310.

Bibliografia: Zanotti, *Digestum*, II.2, p. 547. Susi 1999, p. 97 nota 20. Morizio 2008, *passim*.

Roccacaramanico è una frazione dell'odierno comune di Sant'Eufemia a Maiella, in provincia di Pescara; cfr. anche doc. n. 440.

Per S. Spirito del Morrone vedi *Insediamenti celestini*, n. 112.

319.

INSTRUMENTUM DONATIONIS

1298 settembre 6, Ortona, *ante ecclesiam Sancte Marie*

Il notaio Luca *Cirici* da Ortona dona *inter vivos* a Rinaldo di Rinaldo da Ortona, economo, procuratore e fattore del monastero di S. Spirito di Ortona dell'ordine e religione dei morronesi, ricevente in nome e per conto dello stesso monastero, una pezza di terra nelle pertinenze di Ortona *in contrata de Bardellis*, confinante su un lato con le proprietà del detto monastero.
Giudice: non ancora nominato dalla curia regia per l'anno in corso.
Notai: Domenico di Leone, notaio di Ortona (S); Angelo di Benvenuto, notaio di Ortona (S).

Originale [A], Montecassino, Archivio dell'abbazia, Fondo di S. Spirito del Morrone, 253.

Regesti: Zanotti, *Digestum*, –. Zanotti, *Archivia*, VI.1, p. 313. Leccisotti 1966, p. 104 n. 253. Morizio 2008, p. 426 n. 311.

Bibliografia: Pellegrini 2005, p. 345 nota 159. Morizio 2008, *passim*.

Nelle decime dell'anno 1324-1325, nella città di Ortona, sono censite due chiese intitolate a santa Maria; vedi Sella 1936, p. 275 n. 3771 e 3777.

Per S. Spirito di Ortona vedi *Insediamenti celestini*, n. 119.

320.

INSTRUMENTUM DONATIONIS ET PROCURAE

1298 settembre 28, Bucchianico

Gli uomini dell'università di Bucchianico, diocesi di Chieti, riuniti nella pubblica piazza vicino alla chiesa di S. Michele, deliberano di donare l'ospedale di S. Andrea, sito nel borgo della detta terra *quod dicitur burgum Sancti Marcelli* – di cui essi detengono il diritto di patronato e il diritto di nominarne il priore, la cui conferma spetta al vescovo di Chieti, in qualità di ordinario diocesano –, al priore e alla comunità del monastero di S. Spirito di Bucchianico, dell'ordine di san Benedetto, diocesi di Chieti, e anche dell'ordine e della regola della santa memoria di fra Pietro del Morrone, già papa Celestino V; a tale scopo nominano loro sindaco, procuratore e nunzio speciale *magister* Pietro del fu Riccardo, notaio di Bucchianico, ivi presente e consenziente, per presentare la detta donazione al priore e alla comunità di S. Spirito, che accettano per mezzo del loro procuratore, Oddone di Tancredi da Bucchianico, con la promessa di rispettare tutte le clausole del presente contratto di donazione *inter vivos*.

Giudice: non ancora nominato dalla curia regia per l'anno in corso.

Notai: Gentile di Biagio, notaio di Bucchianico; Guglielmo di Benedetto, notaio di Bucchianico.

Originale deperdito [*A], già *Archivio del monastero di S. Maria della Civitella di Chieti (Zanotti, *Digestum*, II.2, p. 511). Copia semplice del secolo XVII [Z], Zanotti, *Digestum*, II.2, p. 505-511 («ex proprio originali existenti in monasterio Sanctae Mariae de Civitella civitatis Theatinae»).

Regesti: Zanotti, *Digestum*, II.1, p. 19. Zanotti, *Archivia*, –. Morizio 2008, p. 426-427 n. 312.

Bibliografia: Morizio 2008, *passim*.

Nel 1298, il vescovo *pro tempore* di Chieti era Rinaldo, appartenente all'ordine dei frati predicatori (Eubel 1913, p. 481).

La chiesa di S. Michele arcangelo o S. Angelo è menzionata per la prima volta nel privilegio di Pasquale II del 1115 indirizzato al vescovo di Chieti: «unam ecclesiam in Bucclanico dedicatam in honore sancti Salvatori et sancti Angeli» (Balducci 1926, p. 97-99); l'edificio ecclesiastico è ubicato nel centro del paese, in piazza Roma.

Per S. Andrea di Bucchianico vedi *Insediamenti celestini*, n. 1. Per S. Spirito di Bucchianico vedi *Insediamenti celestini*, n. 116.

321.

CAROLI IERUSALEM ET SICILIAE REGIS MANDATUM

1298 ottobre 16, Napoli

Carlo II, re di Gerusalemme e di Sicilia, poiché alcuni nobili di Pratola, adducendo l'immunità e l'esenzione concessa dal re nel detto *castrum*, si rifiutavano di prestare il consueto servizio feudale, accogliendo la supplica dell'abate e della comunità del monastero di S. Spirito del Morrone presso Sulmona, suoi devoti, ai quali aveva concesso il *castrum* di Pratola, ordina ai giustizieri dell'Abruzzo *citra flumen Piscarie*, presenti e futuri, di fare in modo che i nobili e possessori di beni feudali nel detto *castrum* e sue pertinenze prestino all'abate e alla comunità di S. Spirito i servizi feudali scaturenti dal possesso medesimo e dovuti al *dominus pro tempore* di Pratola dai tempi di re Carlo I. *Porrecta culmini nostro.*

Inserto del 1299 marzo 16 [B], Montecassino, Archivio dell'abbazia, Fondo di S. Spirito del Morrone, 259. Inserto del 1299 marzo 16 [B₂], Montecassino, Archivio dell'abbazia, Fondo di S. Spirito del Morrone, 260. Copia semplice del secolo XVII [Z], Zanotti, *Digestum*, II.2, p. 513-514 («ex instrumento publico in quo dictum mandatum regium de verbo ad verbum est registratum… rogato manu notarii Anselotti de Civitate Theatina sub die 16 martii 1299 quod in archivio abbatiae Sancti Spiritus de Sulmone asservatur»).

Regesti: Zanotti, *Digestum*, II.1, p. 19. Zanotti, *Archivia*, –. Leccisotti 1966, p. 105. Morizio 2008, p. 427 n. 313.

Bibliografia: Morizio 2008, *passim*.

Per S. Spirito del Morrone vedi *Insediamenti celestini*, n. 112.

322.

CAROLI IERUSALEM ET SICILIAE REGIS PRIVILEGIUM

1298 ottobre 23, Napoli

Carlo II, re di Gerusalemme e di Sicilia, in cambio delle annuali dieci once d'oro sulla baiulazione di Sulmona assegnate al monastero di S. Spirito del Morrone presso Sulmona, concede al monastero medesimo i beni immobili del fu Oddone *de Pacile*, siti in Sulmona, Cerrano, Pescocostanzo e Pettorano, che erano stati concessi al fu Morello *de Saurgio* dalla curia regia e che ora sono in possesso di Guglielma, figlia del fu Morello e moglie di Giovanni *de Pontibus*, la quale è priva di eredi legittimi; di conseguenza, quando il monastero di S. Spirito entrerà in possesso di detti beni perderà il diritto alle dieci once d'oro.

Dum piorum locorum.

Originale [A], Montecassino, Archivio dell'abbazia, Fondo di S. Spirito del Morrone, 255 (SD). Originale deperdito [*A$_2$], già *Archivio del monastero di S. Spirito del Morrone, «Iura Turris et Cerrani» (Zanotti, *Archivia*, VI.1, p. 141). Inserto del 1301 giugno 12 [B], Montecassino, Archivio dell'abbazia, Fondo di S. Spirito del Morrone, 271. Inserto del 1301 luglio 19 [C], Montecassino, Archivio dell'abbazia, Fondo di S. Spirito del Morrone, 273. Inserto del secolo XVII [Z], Zanotti, *Digestum*, III.1, p. 69-70. Copia semplice del secolo XVII [Z$_2$], Zanotti, *Digestum*, II.2, p. 517-518 («ex proprio originali absque sigillo existenti in archivio venerabilis abbatiae Sancti Spiritus de Sulmone»).

Stemma chartarum:

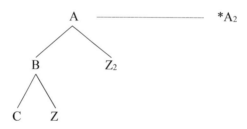

Edizione: Faraglia 1888, p. 128-129 n. 105 (da A).

Regesti: Zanotti, *Digestum*, II.1, p. 19. Zanotti, *Archivia*, VI.1, p. 141, 224-225. Leccisotti 1966, p. 105 n. 255 (con data 1298 ottobre 28). Morizio 2008, p. 427-428 n. 314.

Bibliografia: Zanotti, *Digestum*, II.2, p. 515-516. Mattiocco-Sabatini 1996, p. 185-186. Morizio 2008, *passim*.

Su Morel de Saours (*Morellus de Saurgio*), vedi *I registri della cancelleria angioina*, 2 (1265-1281), p. 11 n. 25-26; 3 (1269-1270), p. 33-35 n. 223, 40 n. 247, 54 n. 322.

Su Oddone *de Pacile* vedi *I registri della cancelleria angioina*, 3 (1269-1270), p. 33-35 n. 223.

Per S. Spirito del Morrone vedi *Insediamenti celestini*, n. 112.

323.

INSTRUMENTUM DONATIONIS

1298 novembre 2, Ferentino

Clara di Lelle da Ferentino, per la remissione dei peccati dei suoi genitori defunti e per i servizi ricevuti dai monaci di S. Antonio di Ferentino, che spera di godere anche in futuro, dona al priore fra Tommaso da Schiavi un *pastinum* o vigna ai *Roccatelli*, nel territorio di Ferentino, riservandosi l'usufrutto vitalizio e la facoltà di provvedersi di una comoda abitazione, nonché di testare *pro anima* dieci libbre di denari del senato.
Notaio: Ambrogio da Ferentino, detto Cerramonte (S).

Originale [A], Città del Vaticano, Archivio apostolico vaticano, Fondo celestini I, 25.

Regesti: Zanotti, *Digestum*, –. Zanotti, *Archivia*, –. Paoli 2004, p. 128-129 n. 25. Morizio 2008, p. 428 n. 315.

Bibliografia: Morizio 2008, *passim*.

Nella pergamena, la lettura dell'appellativo *prior* in riferimento a fra Tommaso da Schiavi è incontrovertibile; tuttavia, in due documenti datati rispettivamente 1298 luglio 13 (cfr. doc. n. 317) e 1299 gennaio 12 (cfr. doc. n. 327) risulta priore del monastero ferentinate fra Ruggero; è ipotizzabile che lo *scriptor* abbia confuso *prior* con *procurator*.

Sul significato del termine *pastinum* o *pastina* vedi la nota al doc. n. 79.

Per S. Antonio di Ferentino vedi *Insediamenti celestini*, n. 11.

324.

INSTRUMENTUM DONATIONIS

<1297-1298> novembre 16, Aquila

Giacomo di Guglielmo da Pizzoli dona a fra Matteo da Arischia, vicepriore del monastero di S. Maria di Collemaggio, che riceve in nome e per conto di esso, tutti i suoi beni mobili e immobili.
Notaio: Vitale di Pietro *de Turribus*.

Originale deperdito [*A], già *Archivio del monastero di S. Maria di Collemaggio, «Testamenta, donationes et legata» (Zanotti, *Archivia*, VI.2, p. 668).

Regesti: Zanotti, *Digestum*, –. Zanotti, *Archivia*, VI.2, p. 668 (con data 1298 novembre 16). Antinori, *Annali*, X.2, *sub anno* 1297, *sub voce* Collemaggio [p. 536] (con data 1297 novembre 16). Clementi-Berardi 1980, p. 215 (con data 1297 novembre 16). Morizio 2008, p. 428-429 n. 316.

Bibliografia: Morizio 2008, *passim*.

La data cronica proposta deriva dalla discrasia nel millesimo tra il regesto di L. Zanotti e quello di A.L. Antinori.

Arischia è una frazione dell'odierno comune dell'Aquila; cfr. anche doc. n. 370, 371, 390, 510, 624.

Per S. Maria di Collemaggio vedi *Insediamenti celestini*, n. 64.

325.

INSTRUMENTUM RATIFICATIONIS

1298 dicembre 15, Penne

Pasquale del fu *magister* Scambio, Francesco e Giacomo del fu Senensio del fu *magister* Scambio da Penne ratificano a fra Benedetto *de Colle*, procuratore di fra Palmerio, priore, e del monastero di S. Maria di Collemaggio, la vendita di un oliveto sito in contrada *Sciroli* fatta a fra Vincenzo da parte di Giovanni Paris da Ortona.
Notaio: Bruno di Bartolomeo.

Originale deperdito [*A], già *Archivio del monastero di S. Maria di Collemaggio, «Iura in civitate Pennensi» (Zanotti, *Archivia*, VI.2, p. 593).

Regesti: Zanotti, *Digestum*, –. Zanotti, *Archivia*, VI.2, p. 593. Antinori, *Annali*, X.2, *sub anno* 1298, *sub voce* Collemaggio [p. 537]. Pansa 1899-1900, p. 79. Clementi-Berardi 1980, p. 215. Morizio 2008, p. 429 n. 317.

Bibliografia: Zanotti, *Digestum*, V.2, p. 537. Morizio 2008, *passim*.

Cfr. doc. n. 267.

Per S. Maria di Collemaggio vedi *Insediamenti celestini*, n. 64.

†326.

LITTERAE FALSAE

1298, Roma, S. Pietro

Bonifacio VIII all'abate e al priore del monastero di S. Spirito del Morrone presso Sulmona, diocesi di Valva, dell'ordine di san Pietro confessore, che vivono sotto la regola di san Benedetto e a tutti i loro *fratres*: concede un'indulgenza di quaranta anni e quaranta quarantene a tutti i fedeli che visitino una delle chiese appartenenti al detto ordine nei giorni già fissati dai suoi predecessori.
Solet annuere.

Falso <del secolo XIV *exeunte*?> con la seguente tradizione: Copia semplice parziale <del secolo XIV *exeunte*?> [B], Chieti, Archivio arcivescovile, Fondo pergamenaceo, Teate 286 bis. Notizia del 1623 [N], Montecassino, Archivio dell'abbazia, Fondo di S. Spirito del Morrone, 1930.

Edizione: Beurrier 1634, p. 134-135.

Regesti: Zanotti, *Digestum*, –. Zanotti, *Archivia*, –. Potthast 1875, p. 1978 n. 24724 (con data 1298 gennaio 23-luglio18). Thomas 1884-1939, –. Inguanez 1918, p. 16 n. 29. Leccisotti 1966, p. 101. Morizio 2008, p. 422 n. 299.

Bibliografia: Penco 1997, p. 363 (con data 1298 gennaio 23). Morizio 2008, *passim*.

L'edizione di L. Beurrier riporta la seguente data: «Datum Romae apud Sanctum Petrum Pontificatus nostri anno quarto». A. Potthast, pur segnalando «sine die et mense», propose l'emissione del documento tra il 23 gennaio e il 18 luglio sulla base dei dati che egli aveva a disposizione relativamente agli spostamenti della curia pontificia. Trattandosi di un falso, come è evidente dall'entità dell'indulgenza lucrabile, nonché dall'espressione «ordinis sancti Petri confessoris», non ha senso tentare di circoscrivere la data cronica.

Per S. Spirito del Morrone vedi *Insediamenti celestini*, n. 112.

327.

INSTRUMENTUM PERMUTATIONIS

1299 gennaio 12, Ferentino

Fra Ruggero, priore di S. Antonio di Colle del Fico, cede a Benedetto, abate della chiesa di S. Angelo di Ferentino, e ai chierici Landuccio, Adinolfo e Nicola di Benedetto, con il consenso di Landolfo, vescovo eletto di Ferentino, una terra in località *Gurga*, nel territorio di Ferentino, in cambio di una terra *in Vallis de Alamanno*, confinante con le proprietà della chiesa di S. Pietro di Ferentino e del monastero di S. Antonio, e dei diritti su uno sterpeto posto al Colle del Fico.
Notaio: Sarraceno da Ferentino (S).

Originale [A], Città del Vaticano, Archivio apostolico vaticano, Fondo celestini I, 26.

Regesti: Zanotti, *Digestum*, –. Zanotti, *Archivia*, –. Paoli 2004, p. 129 n. 26. Morizio 2008, p. 430 n. 321.

Bibliografia: Morizio 2008, *passim*.

Per S. Antonio di Ferentino vedi *Insediamenti celestini*, n. 11.

328.

INSTRUMENTUM SENTENTIAE

1299 marzo 16, Sulmona

Nicola Caracciolo da Capua, *miles* e giustiziere dell'Abruzzo *citra flumen Piscarie*, giudice delegato dal re, in forza della lettera di Carlo II del 1298 ottobre 16, in presenza di Francesco di Landolfo da Sulmona, procuratore dell'abate e della comunità del monastero di S. Spirito del Morrone presso Sulmona, sentenzia contro alcuni nobili di Pratola, elencati distintamente, possessori di beni feudali, che si erano rifiutati di prestare i consueti servizi derivanti dal detto possesso e spettanti al signore *pro tempore* di Pratola, ovvero al monastero di S. Spirito cui il *castrum* era stato donato da re Carlo II.
Giudice: Tancredi da Rivogualdo, giudice regio per l'Abruzzo (S).
Notaio: Ansellotto da Chieti, notaio di Chieti (S).

Originale [A], Montecassino, Archivio dell'abbazia, Fondo di S. Spirito del Morrone, 259. Copia semplice del secolo XIII *exeunte*-XIV *ineunte* [B], Montecassino, Archivio dell'abbazia, Fondo di S. Spirito del Morrone, 260. Copia semplice del secolo XVII [Z], Zanotti, *Digestum*, II.2, p. 523-537 («ex proprio originali existenti in archivio venerabilis abbatiae Sancti Spiritus de Sulmone»).

Edizione: Faraglia 1888, p. 129-135 n. 106 (da A).

Regesti: Zanotti, *Digestum*, II.1, p. 19. Zanotti, *Archivia*, VI.1, p. 79-80. Leccisotti 1966, p. 106-107 n. 259-260. Morizio 2008, p. 431 n. 323.

Bibliografia: Mattiocco-Sabatini 1996, p. 186 nota 24. Morizio 2008, *passim*.

Rivogualdo, oggi Redealto, è una frazione dell'odierno comune di Sepino, in provincia di Isernia; vedi Di Rocco 2009, p. 179-180 n. 92.

Per S. Spirito del Morrone vedi *Insediamenti celestini*, n. 112.

329.

INSTRUMENTUM DONATIONIS ET OBLATIONIS

1299 marzo 31, chiostro di Collemaggio (L'Aquila)

Tommaso di Tommaso di Matteo da Bagno offre se stesso alla chiesa di S. Maria di Collemaggio e dona a essa e a fra Beraldo <*così, ma s'intenda* Berardo> da Corno, sottopriore del detto monastero, tutti i suoi beni mobili e immobili, riservando il diritto di usufrutto, in favore del fratello Ruggero e della nipote Amatuccia, sulla pezza di terra ubicata nel territorio di Bazzano, *ubi dicitur alla Volta*, sulla terra ubicata nel territorio di Bagno, *ubi dicitur in Antiscano*, e sulla casa nella città dell'Aquila, nel locale di Bagno.
Notaio: Bartolomeo di Arcangelo *de Bazzano*.

Originale deperdito [*A], già *Archivio del monastero di S. Maria di Collemaggio, «Testamenta, donationes et legata» (Zanotti, *Archivia*, VI.2, p. 668).

Regesti: Zanotti, *Digestum*, –. Zanotti, *Archivia*, VI.2, p. 668. Antinori, *Annali*, X.2, *sub anno* 1299, *sub voce* Collemaggio [p. 537]. Clementi-Berardi 1980, p. 215-216. Morizio 2008, p. 431-432 n. 324.

Bibliografia: Zanotti, *Digestum*, V.2, p. 536. Paoli 2004, p. 485. Morizio 2008, *passim*.

Per S. Maria di Collemaggio vedi *Insediamenti celestini*, n. 64.

330.

INSTRUMENTUM PERMUTATIONIS

1299 marzo, \<Boiano>

Pietro di Dionisio permuta con il monastero di S. Martino di Boiano e con fra Giacomo, priore di esso, una pezza di terra *ubi dicitur ad Pasculum* con due pezze di terra *prope Vadilum*.
Notaio: Giovanni.

Originale deperdito [*A], già *Archivio del monastero di S. Spirito del Morrone, «Pro monasterio Boiani» (Zanotti, *Archivia*, VI.1, p. 396).

Regesti: Zanotti, *Digestum*, –. Zanotti, *Archivia*, VI.1, p. 396. Morizio 2008, p. 430-431 n. 322.

Bibliografia: Zanotti, *Digestum*, II.2, p. 547. Morizio 2008, *passim*.

Per S. Martino di Boiano vedi *Insediamenti celestini*, n. 74.

331.

INSTRUMENTUM DONATIONIS

1299 aprile 7, Sulmona

Tancredi di Pantaleone da Sulmona dona al giudice Filippo, procuratore generale del monastero di S. Spirito del Morrone, due pezze di terra site nelle pertinenze di Sulmona *ubi dicitur lo Campo Sancti Felicis*.
Notaio: Giacomo di Andrea.

Originale deperdito [*A], già *Archivio del monastero di S. Spirito del Morrone, «Iura de domibus et terris in civitate et territorio Sulmonis et alibi. Pro terris» (Zanotti, *Archivia*, VI.1, p. 165).

Regesti: Zanotti, *Digestum*, –. Zanotti, *Archivia*, VI.1, p. 165. Morizio 2008, p. 432 n. 325.

Bibliografia: Morizio 2008, *passim*.

Sulla località Campo di San Felice cfr. Mattiocco 1994, p. 78, 156.

Per S. Spirito del Morrone vedi *Insediamenti celestini*, n. 112.

332.

INSTRUMENTUM DONATIONIS

1299 maggio 6, Isernia, monastero di S. Spirito della Maiella

Pietro Massarello del fu Adelardo, nato e abitante a Isernia, per la salvezza della sua anima, dona *inter vivos* a Rinaldo da Rionero, dell'ordine di san Benedetto, priore del monastero di S. Spirito della Maiella sito nella città di Isernia, una terra nelle pertinenze della medesima città, in località *Fropi*.
Giudice: Docibile, giudice di Isernia (S).
Notaio: Pietro di Cristoforo, notaio di Isernia (S).

Originale [A], Montecassino, Archivio dell'abbazia, Fondo di S. Spirito di Isernia, fasc. IV, n. 41. Copia semplice del secolo XIX [B], Montecassino, Archivio dell'abbazia, Fondo di S. Spirito di Isernia, *Codex diplomaticus aeserniensis*, f. 626r-627r.

Regesti: Zanotti, *Digestum*, –. Zanotti, *Archivia*, VI.1, p. 381. Avagliano 1971, p. 68-69 n. 41. Morizio 2008, p. 432-433 n. 327.

Bibliografia: Zanotti, *Digestum*, II.2, p. 548; V.2, p. 535. Paoli 2004, p. 12 nota 41. Morizio 2008, *passim*.

Per S. Spirito di Isernia vedi *Insediamenti celestini*, n. 117.

333.

INSTRUMENTUM VENDITIONIS

1299 giugno 1, Sulmona

D(ominus) Gualtiero *Radicine* da Sulmona e *d(ominus)* Pietro *de Turre* vendono al giudice Filippo, procuratore generale del monastero di S. Spirito del Morrone, una pezza di terra vitata in contrada *lo Gualdu seu Querquetum*, al prezzo di tre once, sette tarì e dieci grani.
Notaio: Oddone del giudice Aquilone.

Originale deperdito [*A], già *Archivio del monastero di S. Spirito del Morrone, «Iura de domibus et terris in civitate et territorio Sulmonis et alibi. Pro terris» (Zanotti, *Archivia*, VI.1, p. 165).

Regesti: Zanotti, *Digestum*, –. Zanotti, *Archivia*, VI.1, p. 165. Morizio 2008, p. 433 n. 328.

Bibliografia: Morizio 2008, *passim*.

Per S. Spirito del Morrone vedi *Insediamenti celestini*, n. 112.

334.

INSTRUMENTUM VENDITIONIS

1299 giugno 6, chiostro della chiesa di S. Maria di Collemaggio (L'Aquila)

Felice di Gualtiero di Enrico da Caporciano, *habitator Rosani*, vende a fra Berardo da Corno, priore del monastero di S. Maria di Collemaggio, che acquista in nome e per conto del monastero, tutti i beni immobili che possiede nel territorio di Caporciano, i quali consistono in terre, vigne, canapàie, case, grotte, prati, etc., al prezzo di diciotto once d'oro.
Notaio: Bartolomeo di Arcangelo *de Bazzano*.

Originale deperdito [*A], già *Archivio del monastero di S. Maria di Collemaggio, «Iura Sancti Caesidii, Caporciani et Sancti Pii. Pro Sancto Caesidio et aliis» (Zanotti, *Archivia*, VI.2, p. 630).

Regesti: Zanotti, *Digestum*, –. Zanotti, *Archivia*, VI.2, p. 630. Antinori, *Annali*, X.2, *sub anno* 1299, *sub voce* Collemaggio [p. 537]. Pansa 1899-1900, p. 241-242. Clementi-Berardi 1980, p. 216. Morizio 2008, p. 433 n. 329.

Bibliografia: Paoli 2004, p. 485. Morizio 2008, *passim*.

Per S. Maria di Collemaggio vedi *Insediamenti celestini*, n. 64.

335.

INSTRUMENTUM DONATIONIS

1299 luglio 2, chiesa di S. Maria di Collemaggio (L'Aquila)

Fra Berardo da Caporciano, monaco del monastero di S. Maria di Collemaggio, dona a fra Berardo da Corno, priore del monastero medesimo, tutti i suoi beni mobili e immobili nel territorio di Caporciano e altrove, che consistono in terre, vigne, prati, case, grotte, etc.
Notaio: Bartolomeo di Arcangelo *de Bazzano*.

Originale deperdito [*A], già *Archivio del monastero di S. Maria di Collemaggio, «Iura Sancti Caesidii, Caporciani et Sancti Pii. Pro Sancto Caesidio et aliis» (Zanotti, *Archivia*, VI.2, p. 630).

Regesti: Zanotti, *Digestum*, –. Zanotti, *Archivia*, VI.2, p. 630. Pansa 1899-1900, p. 242. Morizio 2008, p. 433-434 n. 330.

Bibliografia: Zanotti, *Digestum*, V.2, p. 535. Morizio 2008, *passim*.

Per S. Maria di Collemaggio vedi *Insediamenti celestini*, n. 64.

336.

INSTRUMENTUM DONATIONIS

1299 agosto 8, Ferentino

Pietro da Ferentino, patriarca di Aquileia, dona *inter vivos* a fra Roberto da Sant'Angelo, priore di S. Antonio, una terra in località *Fornelli*, nel territorio di Ferentino, confinante con le proprietà del monastero di S. Matteo, riservandosene l'usufrutto per il periodo in cui dimora in Ferentino e apponendo la clausola che entro due anni dalla sua morte gli eredi possano riscattare la terra donata versando ai monaci di S. Antonio la somma di duecento fiorini d'oro.
Notaio: Ambrogio da Ferentino, detto Cerramonte (S).

Originale [A], Città del Vaticano, Archivio apostolico vaticano, Fondo celestini I, 27.

Regesti: Zanotti, *Digestum*, –. Zanotti, *Archivia*, –. Paoli 2004, p. 129-130 n. 27. Morizio 2008, p. 434 n. 331.

Bibliografia: Morizio 2008, *passim*.

Per il monastero femminile di S. Matteo vedi Paoli 2004, p. 130.

Per S. Antonio di Ferentino vedi *Insediamenti celestini*, n. 11.

337.

INSTRUMENTUM DONATIONIS

1299 agosto 8, Ferentino

Pietro da Ferentino, patriarca di Aquileia, dona *inter vivos* a fra Roberto da Sant'Angelo, priore del monastero di S. Antonio di Ferentino, una terra in località *lu Collecillu* e un'altra *ad Melitum*, confinanti con le proprietà delle chiese di S. Angelo e di S. Agata di Ferentino, con riserva dei frutti durante la permanenza a Ferentino.
Notaio: Ambrogio da Ferentino, detto Cerramonte (S).

Originale [A], Città del Vaticano, Archivio apostolico vaticano, Fondo celestini I, 28.

Regesti: Zanotti, *Digestum*, –. Zanotti, *Archivia*, –. Paoli 2004, p. 130 n. 28. Morizio 2008, p. 434 n. 332.

Bibliografia: Morizio 2008, *passim*.

Per S. Antonio di Ferentino vedi *Insediamenti celestini*, n. 11.

338.

INSTRUMENTUM CESSIONIS

1299 agosto 8, Ferentino

Pietro da Ferentino, patriarca di Aquileia, cede a fra Roberto da Sant'Angelo, priore del monastero di S. Antonio di Ferentino, l'usufrutto della vigna in località *Collis de Martino*, donata in precedenza al monastero con strumento del notaio Bembingate da Ferentino.
Notaio: Ambrogio da Ferentino, detto Cerramonte (S).

Originale [A], Città del Vaticano, Archivio apostolico vaticano, Fondo celestini I, 29.

Regesti: Zanotti, *Digestum*, –. Zanotti, *Archivia*, –. Paoli 2004, p. 130 n. 29. Morizio 2008, p. 434-435 n. 333.

Bibliografia: Morizio 2008, *passim*.

Nell'atto c'è un riferimento a un precedente documento, che sembrerebbe da identificarsi con l'*instrumentum* del 18 dicembre 1296, il quale, tuttavia, è rogato dal notaio Pietro da Ferentino e non dal notaio Bembingate da Ferentino (cfr. doc. n. 288).

Per S. Antonio di Ferentino vedi *Insediamenti celestini*, n. 11.

339.

INSTRUMENTUM DONATIONIS

1299 ottobre 18, Isernia

Nicola del fu Giovanni *de Tuscana*, giacendo a letto infermo nella sua casa sita presso la piazza maggiore, dona *inter vivos* all'abate Pietro Evangelista, canonico della cattedrale di Isernia, che riceve in nome e per conto del monastero di S. Spirito della Maiella in Isernia, una casa sita nella parrocchia di S. Maria e una terra *ubi dicitur Sanctus Andreas Vetus*.

Giudice: Francesco, giudice di Isernia (S).

Notaio: Pietro di Cristoforo, notaio di Isernia (S).

Originale [A], Montecassino, Archivio dell'abbazia, Fondo di S. Spirito di Isernia, fasc. IV, n. 42. Copia semplice del secolo XIX [B], Montecassino, Archivio dell'abbazia, Fondo di S. Spirito di Isernia, *Codex diplomaticus aeserniensis*, f. 624r-v.

Regesti: Zanotti, *Digestum*, –. Zanotti, *Archivia*, VI.1, p. 381 (con data 1299 ottobre 8). Avagliano 1971, p. 69 n. 42. Morizio 2008, p. 435 n. 335.

Bibliografia: Morizio 2008, *passim*.

Per S. Spirito di Isernia vedi *Insediamenti celestini*, n. 117.

340.

INSTRUMENTUM VENDITIONIS

1299 novembre 1, chiostro di Collemaggio (L'Aquila)

Gualtiero di Massimo di Roberto *de villa Sancti Pii de Caporzano* vende a fra Ruggero da Atessa, priore del monastero di S. Maria di Collemaggio, una pezza di terra sita nel territorio di Caporciano, *ubi dicitur Casale*, confinante su un lato con le proprietà della chiesa di S. Cesidio e su un altro lato con le proprietà della chiesa di S. Pietro, al prezzo di venti once d'oro.

Notaio: Bartolomeo di Arcangelo *de Bazzano*.

Originale deperdito [*A], già *Archivio del monastero di S. Maria di Collemaggio, «Iura Sancti Caesidii, Caporciani et Sancti Pii. Pro Sancto Caesidio et aliis» (Zanotti, *Archivia*, VI.2, p. 630).

Regesti: Zanotti, *Digestum*, –. Zanotti, *Archivia*, VI.2, p. 630. Antinori, *Annali*, X.2, *sub anno* 1299, *sub voce* Collemaggio [p. 537]. Pansa 1899-1900, p. 242. Clementi-Berardi 1980, p. 216. Morizio 2008, p. 435-436 n. 336.

Bibliografia: Morizio 2008, *passim*.

Per la chiesa di S. Pietro in Valle, tuttora ubicata nel territorio del comune di Caporciano, poco fuori dal paese in via Panoramica di S. Pietro, vedi Sella 1936, p. 82 n. 1583.

Per S. Cesidio di Caporciano vedi *Insediamenti celestini*, n. 16. Per S. Maria di Collemaggio vedi *Insediamenti celestini*, n. 64.

341.

INSTRUMENTUM VENDITIONIS

1299 novembre 2, Isernia

Donna Tommasa, moglie del fu giudice Francesco del giudice Giovanni, e sua figlia Pellegrina vendono a fra Giovanni, priore di S. Spirito di Isernia, una terra ubicata *in contrata Sancti Andreae Vetus*, vicino alla contrada detta *Lacus*, al prezzo di otto once.

Notaio: Pietro di Cristoforo.

Originale deperdito [*A], già *Archivio del monastero di S. Spirito del Morrone, «Pro monasterio Iserniae» (Zanotti, *Archivia*, VI.1, p. 381).

Regesti: Zanotti, *Digestum*, –. Zanotti, *Archivia*, VI.1, p. 381. Morizio 2008, p. 436 n. 337.

Bibliografia: Zanotti, *Digestum*, II.2, p. 548. Morizio 2008, *passim*.

Per S. Spirito di Isernia vedi *Insediamenti celestini*, n. 117.

342.

INSTRUMENTUM VENDITIONIS

1299 dicembre 20, Isernia

Antonio Bulfo, figlio naturale del fu *domnus* Matteo, arciprete di Isernia, nativo e abitante di Isernia, vende a Pietro Massarello del fu Adelardo da Isernia, che riceve in nome e per conto del monastero di S. Spirito della Maiella in Isernia, una vigna sita in contrada *Rivus*, confinante su un lato con la vigna del detto monastero, al prezzo di quattro once d'oro.
Giudice: Roberto di Simone, giudice di Isernia (S).
Notaio: Pietro di Cristoforo, notaio di Isernia (S).

Originale [A], Montecassino, Archivio dell'abbazia, Fondo di S. Spirito di Isernia, fasc. IV, n. 43. Copia semplice del secolo XIX [B], Montecassino, Archivio dell'abbazia, Fondo di S. Spirito di Isernia, *Codex diplomaticus aeserniensis*, f. 628r-629r.

Regesti: Zanotti, *Digestum*, –. Zanotti, *Archivia*, VI.1, p. 381. Avagliano 1971, p. 69 n. 43. Morizio 2008, p. 436 n. 338.

Bibliografia: Morizio 2008, *passim*.

Per S. Spirito di Isernia vedi *Insediamenti celestini*, n. 117.

343.

INSTRUMENTUM VENDITIONIS

1300 febbraio 7, chiostro di Collemaggio (L'Aquila)

Gentile di Bernardo *de Serrello* da Caporciano e Matteo *Gratiae de Sancta Maria in Funfona* vendono a fra Ruggero da Atessa, priore del monastero di S. Maria di Collemaggio, una pezza di terra nel territorio di Caporciano *in loco ubi dicitur Castra*, confinante su un lato con le proprietà della chiesa di S. Cesidio, al prezzo di dieci once d'oro e ventiquattro tarì.
Notaio: Matteo di Bernardo di Ruggero *de Barisano*.

Originale deperdito [*A], già *Archivio del monastero di S. Maria di Collemaggio, «Iura Sancti Caesidii, Caporciani et Sancti Pii. Pro Sancto Caesidio et aliis» (Zanotti, *Archivia*, VI.2, p. 630).

Regesti: Zanotti, *Digestum*, –. Zanotti, *Archivia*, VI.2, p. 630. Pansa 1899-1900, p. 242. Morizio 2008, p. 436 n. 339.

Bibliografia: Morizio 2008, *passim*.

Per S. Cesidio di Caporciano vedi *Insediamenti celestini*, n. 16. Per S. Maria di Collemaggio vedi *Insediamenti celestini*, n. 64.

344.

INSTRUMENTUM DONATIONIS

1300 marzo 25, Sulmona

Giovanni Schiavo da Sulmona dona al giudice Filippo, procuratore generale del monastero di S. Spirito del Morrone, una vigna sita *ad Viam Carratam*, con l'obbligo da parte del monastero di versare, al momento della sua morte, a sua moglie Filippa la somma di due once d'oro.
Notaio: Giovanni di Rinaldo.

Originale deperdito [*A], già *Archivio del monastero di S. Spirito del Morrone, «Iura de domibus et terris in civitate et territorio Sulmonis et alibi. Pro terris» (Zanotti, *Archivia*, VI.1, p. 165).

Regesti: Zanotti, *Digestum*, –. Zanotti, *Archivia*, VI.1, p. 165. Morizio 2008, p. 437 n. 340.

Bibliografia: Morizio 2008, *passim*.

Per S. Spirito del Morrone vedi *Insediamenti celestini*, n. 112.

345.

INSTRUMENTUM VENDITIONIS

<1299-1300> aprile 22, Celano, *ante domum Benedicti Ferrarii*

Ruggero e Palmerio, figli di Benedetto di Angelo *de Penda*, con l'autorità del loro padre, e lo stesso Benedetto, *principaliter*, vendono a fra Bartolomeo, procuratore ed economo della chiesa di S. Marco *inter Fuces*, dell'ordine di fra Pietro del Morrone, ricevente in nome e per conto della predetta chiesa, tre pezze di terra poste *in pertinentiis Fucis*, nelle località *Veschi*, *Alanti* e *Possu*, e un ulivo posto *in loco ubi dicitur Capuli*, al prezzo di un'oncia d'oro, che essi ammettono di aver già ricevuto dal detto compratore. Nel caso esse valessero di più, donano *inter vivos* la plusvalenza alla detta chiesa di S. Marco per la salvezza delle loro anime.
Giudice: Benedetto *Ferrarius*, giudice di Celano.
Notaio: Palmerio, notaio di Celano.

Originale deperdito [*A] già *Archivio del monastero di S. Angelo di Celano (Città del Vaticano, Archivio apostolico vaticano, Vat. lat. 14198, f. 649r). Copia semplice del secolo XVII [B], Città del Vaticano, Archivio apostolico vaticano, Vat. lat. 14198, f. 72r-74v.

Regesti: Città del Vaticano, Archivio apostolico vaticano, Vat. lat. 14198, f. 5r-v. Zanotti, *Digestum*, –. Zanotti, *Archivia*, –. Morizio 2008, p. 432 n. 326.

Bibliografia: Zanotti, *Digestum*, V.2, p. 631. Morizio 2008, *passim*.

Nella copia semplice del secolo XVII, gli estremi della data cronica sono i seguenti: «Anno Nativitatis eiusdem millesimo ducentesimo nonagesimo nono, mensis aprilis die vigesimo secundo eiusdem tertiedecimae indictionis… Regnante domino nostro Carolo secundo… regnorum eius anno sextodecimo». Il millesimo, quindi, non coincide con l'indizione (tredicesima) e l'anno di regno (sedicesimo), che concordemente rimandano all'anno 1300. Tale incongruenza non si accorda né con lo stile della Natività, espressamente indicato nel protocollo, né con nessun altro stile di datazione – neanche con quello della Pasqua, che nel 1299 cadde il 19 aprile – e, pertanto, viene proposta una datazione su entrambi gli anni.

Per S. Marco di Foce vedi *Insediamenti celestini*, n. 51.

346.

INSTRUMENTUM VENDITIONIS

1300 maggio 23, Isernia

Pellegrina, figlia del fu Benedetto da Rocca e ora moglie di Bonigoro *Scormiti*, vende a fra Giovanni da Bugnara, priore di S. Spirito di Isernia, una vigna *in loco ubi dicitur Sanctus Spiritus*, al prezzo di quattro once, che il detto priore ha avuto dalla vendita di una casa nella parrocchia di S. Giovanni *de Porta*, venduta al prezzo di dodici once al detto Bonigoro.
Notaio: Pietro di Cristoforo.

Originale deperdito [*A], già *Archivio del monastero di S. Spirito del Morrone, «Pro monasterio Iserniae» (Zanotti, *Archivia*, VI.1, p. 381).

Regesti: Zanotti, *Digestum*, –. Zanotti, *Archivia*, VI.1, p. 381. Morizio 2008, p. 437 n. 341.

Bibliografia: Zanotti, *Digestum*, II.2, p. 548; V.2, p. 538. Morizio 2008, *passim*.

Per la chiesa di S. Giovanni *de Porta* vedi la nota al doc. n. 305.

Per S. Spirito di Isernia vedi *Insediamenti celestini*, n. 117.

347.

INSTRUMENTUM TESTAMENTI

1300 maggio 23, Napoli, *in hospitio Sancti Demetri in camera domini cardinalis*

Fra Tommaso, cardinale prete del titolo di S. Cecilia, *licet infirmus corpore, sanus tamen mente, ex licentia speciali et facultate... super hiis* concessa da papa Bonifacio VIII, fa redigere il proprio testamento e tra i vari legati lascia numerosi e preziosi paramenti e oggetti liturgici al monastero di S. Spirito di Sulmona, dell'ordine del Morrone, al monastero di Collemaggio dell'Aquila, dell'ordine del Morrone, al monastero di S. Giovanni in Piano, diocesi di Lucera, dell'ordine del Morrone, *dummodo ipsum monasterium remaneat in subiectione predicti ordinis Murronis*, al monastero di S. Antonio di Ferentino, dell'ordine del Morrone, e al monastero di S. Eusebio di Roma, del medesimo ordine. Lascia, inoltre, al monastero di S. Eusebio di Roma, *pro opere predicte ecclesie*, venti libbre di provisini e alla chiesa di S. Pietro *de Monte Aureo* di Roma, del predetto ordine, *pro opere ipsius ecclesie*, dieci libbre di provisini. All'abate dell'ordine del Morrone lascia trenta fiorini d'oro. A fra Rinaldo, suo nipote, trenta fiorini d'oro e una bibbia che alla sua morte dovrà restare al detto ordine. All'ordine del Morrone lascia mille fiorini d'oro *de pecunia census regni Sicilie* a lui dovuto in ragione del suo cardinalato per i cinque anni trascorsi. Tra i beni mobili di cui ordina la vendita per la soddisfazione dei suoi debiti annovera tutti gli animali che possiede nella masseria presso il monastero di S. Giovanni in Piano, lasciando a quest'ultimo venticinque scrofe e quattro buoi, tra i migliori che egli ivi possiede, *dummodo ipsum monasterium remaneat in subiectione predicti ordinis Murronis*. Nomina esecutori testamentari l'abate *pro tempore* del monastero di S. Spirito di Sulmona, *magister* Gentile *de Pregulo*, suo cappellano e camerario, fra Matteo da Guardia, suo cappellano e familiare, e Rinaldo e Pietro, suoi fratelli carnali.

Notaio: Anello *Vespuli*, cittadino di Napoli, notaio per autorità apostolica.

Originale deperdito [*A], già *Archivio del monastero di S. Spirito del Morrone, «Iura diversorum» (Zanotti, *Archivia*, VI.1, p. 453-454). Copia autentica del 1613 marzo 19 deperdita [*B], già <*Archivio del monastero di S. Spirito del Morrone?> (Città del Vaticano, Biblioteca apostolica vaticana, Barb. lat. 3221, f. 221r). Copia autentica del secolo XVII *ineunte* deperdita [*B2], già *Archivio del notaio Nicola Magrante *de Aquila* (Città del Vaticano, Biblioteca apostolica vaticana, Barb. lat. 3221, f. 221v). Copia autentica del secolo XVII *ineunte* deperdita [*B3], già <*Archivio del monastero di S. Maria di Collemaggio?> (Città del Vaticano, Biblioteca apostolica vaticana, Barb. lat. 3221, f. 221v). Copia semplice del secolo XVII *ineunte* [B4], Teramo, Biblioteca provinciale, Carte Palma, Manoscritti di Francesco Brunetti, 4ª categoria, n. 32, p. 7-16. Copia semplice del secolo XVII [C], Città del Vaticano, Biblioteca apostolica vaticana, Barb. lat. 3221, f. 212r-221r. Copia semplice del secolo XVII [B5], Teramo, Biblioteca provinciale, Carte Palma, Manoscritti di Francesco Brunetti, 1ª categoria, n. 2, p. 173-191. Copia semplice del secolo XVII [Z], Zanotti, *Digestum*, III.1, p. 27-39 («ex proprio originali existenti in archivio venerabilis abbatiae Sancti Spiritus de Sulmone»).

Stemma chartarum:

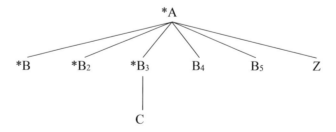

Edizioni: Savini 1898, p. 92-101 (da B5). Pansa 1920, p. 220-222 (da Z). Paravicini Bagliani 1980, p. 67-68, 321-335 n. 19 (da B4, B5, C).

Regesti: Zanotti, *Digestum*, II.1, p. 19. Zanotti, *Archivia*, VI.1, p. 453-454. Morizio 2008, p. 437-438 n. 342.

Bibliografia: Zanotti, *Digestum*, III.1, p. 25; V.2, p. 571-572. Paravicini Bagliani 1980, p. 67-68 n. 46. Herde 2004, p. 119 nota 112, 192 nota 108. Morizio 2008, *passim*.

In calce alla copia del secolo XVII presente nel codice Barb. lat. 3221 della Biblioteca apostolica vaticana (= C), vi sono le seguenti annotazioni: «Copiata est p(rese)ns copia a suo proprio originali in carta pergamena cum supradictis lineaturis existen(ti) in archivio scripturarum abbatiae Sancti Spiritus de Murron(e) prope Sulmon(em) licet manu altera meliori semper salva collatione. In quorum fidem ego notarius Antonius de Collellis a Pratulis requisitus p(rese)ntem feci meo q(uoque) solito et consueto signo signavi. Dat(um) in abbatia predicta die 19 mensis martii 1613. Loco + signi» (f. 221r). «Concordat cum originale copia existente penes notarium Nicolaum Magrantem de Aquila coll(ation)e meliori etc. In quorum etc. presentem fidem feci ego notarius Ioannes Vesperti de Aquila ro|gatus signavi. Locus + signi» (f. 221v).

La facoltà di disporre liberamente dei suoi beni ecclesiastici e mondani (*licentia testandi*) fu conferita a Tommaso da Ocre, cardinale prete del titolo di S. Cecilia, da Bonifacio VIII con la *Quia presentis vite* emanata il 1° ottobre 1299 ad Anagni: Atto registrato, Città del Vaticano, Archivio apostolico vaticano, *Registra vaticana*, 49, f. 303r. Regesti: Potthast 1875, –. Thomas 1884-1939, n. 3582. Morizio 2008, p. 435 n. 334. Bibliografia: Paravicini Bagliani 1980, p. 67-68 n. 46. Morizio 2008, *passim*.

Per S. Antonio di Ferentino vedi *Insediamenti celestini*, n. 11. Per S. Eusebio di Roma vedi *Insediamenti celestini*, n. 24. Per S. Giovanni in Piano vedi *Insediamenti celestini*, n. 41. Per S. Maria di Collemaggio vedi *Insediamenti celestini*, n. 64. Per S. Pietro in Montorio vedi *Insediamenti celestini*, n. 105. Per S. Spirito del Morrone vedi *Insediamenti celestini*, n. 112.

348.

INSTRUMENTUM DONATIONIS

1300 maggio 31, Sulmona

Filippo di Giovanni *Bonhominis*, oblato e devoto del monastero di S. Spirito di Sulmona, e sua sorella Alessandra donano a Francesco di Landolfo, procuratore generale del detto monastero, due case con casalino a Porta San Panfilo, una pezza di terra, coltivata in parte a canapa e in parte a vigna in contrada *de Cedecamarcelli*, e tutti i loro beni mobili.
Notaio: Oddone del giudice Aquilone *de Sulmona*.

Originale deperdito [*A], già *Archivio del monastero di S. Spirito del Morrone, «Iura de domibus et terris in civitate et territorio Sulmonis et alibi. Pro domibus» (Zanotti, *Archivia*, VI.1, p. 161).

Regesti: Zanotti, *Digestum*, –. Zanotti, *Archivia*, VI.1, p. 161. Morizio 2008, p. 439 n. 343.

Bibliografia: Morizio 2008, *passim*.

Per S. Spirito del Morrone vedi *Insediamenti celestini*, n. 112.

349.

INSTRUMENTUM DONATIONIS

1300 agosto 7, chiostro di Collemaggio (L'Aquila)

Rinalduccia, figlia del fu *dominus* Teodino da Sant'Anza, moglie del fu Pietro di Adenolfo *de Colle Broniano*, dona alla chiesa di S. Maria di Collemaggio e a fra Palmerio da Venafro, sottopriore del monastero medesimo, una pezza di terra nelle pertinenze di San'Anza.
Notaio: Bartolomeo di Arcangelo *de Bazzano*.

Originale deperdito [*A], già *Archivio del monastero di S. Maria di Collemaggio, «Testamenta, donationes et legata» (Zanotti, *Archivia*, VI.2, p. 668).

Regesti: Zanotti, *Digestum*, –. Zanotti, *Archivia*, VI.2, p. 668. Morizio 2008, p. 439 n. 344.

Bibliografia: Morizio 2008, *passim*.

Per S. Maria di Collemaggio vedi *Insediamenti celestini*, n. 64.

350.

INSTRUMENTUM CONFESSIONIS

1300 agosto 7, Sulmona

Magister Gentile da Pizzoli, preposito della chiesa di S. Angelo di Ocre, Rinaldo e Pietro di Vitale da Ocre, insieme a fra Giovanni, abate di S. Spirito del Morrone, fidecommessi ed esecutori testamentari del fu fra Tommaso, cardinale prete del titolo di S. Cecilia, ammettono di aver ricevuto dal predetto abate, per mano di fra Pietro da Acciano, monaco del detto monastero, *olim magistri Massarii Massariae*, ciò che il medesimo cardinale possedeva presso il monastero di S. Giovanni in Piano, ovvero vacche, buoi, tori etc.

Notaio: Onofrio di Giovanni di Gerardo, <notaio di Sulmona>.

Originale deperdito [*A], già *Archivio del monastero di S. Spirito del Morrone, «Iura diversorum» (Zanotti, *Archivia*, VI.1, p. 454-455).

Regesti: Zanotti, *Digestum*, –. Zanotti, *Archivia*, VI.1, p. 454-455. Morizio 2008, p. 439 n. 345.

Bibliografia: Zanotti, *Digestum*, II.2, p. 548. Paoli 2004, p. 484. Morizio 2008, *passim*.

Per il convento di S. Angelo di Ocre vedi Costa 1912.

Per S. Giovanni in Piano vedi *Insediamenti celestini*, n. 41. Per S. Spirito del Morrone vedi *Insediamenti celestini*, n. 112.

351.

INSTRUMENTUM VENDITIONIS

1300 settembre 6, Isernia

Pietruccio, figlio del fu Aniba di Nicola da Miranda, e sua moglie donna Mattea, cittadini di Isernia, vendono ad Andrea *Zacze* che acquista in nome e per conto del monastero di S. Spirito della Maiella sito nel territorio della città di Isernia, una vigna nelle pertinenze della detta città, vicino al monastero e confinante con la vigna di esso, al prezzo di due once d'oro.

Giudice: Simone, medico, giudice di Isernia (S).

Notaio: Pietro di Cristoforo, notaio di Isernia.

Originale [A], Montecassino, Archivio dell'abbazia, Fondo di S. Spirito di Isernia, fasc. V, n. 44. Copia semplice del secolo XIX [B], Montecassino, Archivio dell'abbazia, Fondo di S. Spirito di Isernia, *Codex diplomaticus aeserniensis*, f. 622r-623v. Copia semplice del secolo XIX [B₂], Montecassino, Archivio dell'abbazia, Fondo di S. Spirito di Isernia, *Documenta ad monasterium Sancti Spiritus de Aesernia spectantia*, p. 33-36.

Regesti: Zanotti, *Digestum*, –. Zanotti, *Archivia*, VI.1, p. 381-382. Morizio 2008, p. 440 n. 346.

Bibliografia: Morizio 2008, *passim*.

Instrumentum infectum: manca il *signum* notarile.

Per S. Spirito di Isernia vedi *Insediamenti celestini*, n. 117.

352.

INSTRUMENTUM APPELLATIONIS ET PROTESTATIONIS

1300 ottobre 15, Città di Santa Maria (Lucera)

Fra Giovanni *de Rocca Taonis*, monaco di S. Spirito del Morrone presso Sulmona, diocesi di Valva, e procuratore, attore, economo, sindaco o nunzio speciale dell'abate e della comunità del detto monastero, come risulta dal *publicum instrumentum* redatto da Onofrio, notaio di Sulmona, e Oderisio del giudice Giovanni, giudice di Sulmona, si appella pubblicamente alla sede apostolica contro Aimardo, vescovo di Lucera, che ha preteso diritti di natura episcopale sul monastero di S. Giovanni in Piano, soggetto al monastero di S. Spirito di Sulmona, dell'ordine di san Benedetto, ed esente da ogni giurisdizione diocesana in virtù di privilegi papali.

Testi: fra Angelo, presbitero, monaco di S. Spirito di Sulmona; fra Roberto, monaco di S. Spirito di Sulmona; fra Cristoforo, monaco di S. Spirito di Sulmona.

Giudice: Nicola di Roberto, giudice di San Severo (S).

Notaio: Guglielmo Fasanello, notaio di San Severo (S).

Originale [A], Montecassino, Archivio dell'abbazia, Fondo di S. Spirito del Morrone, 266. Copia semplice del secolo XVII [Z], Zanotti, *Digestum*, III.1, p. 57-60 («ex proprio originali existenti in archivio venerabilis abbatiae Sancti Spiritus de Sulmone»). Copia semplice del secolo XVIII [B], Città del Vaticano, Archivio apostolico vaticano, Fondo celestini II, 45, f. 193r-194r («ex originali in archivio murronensi»).

Regesti: Zanotti, *Digestum*, II.1, p. 19. Zanotti, *Archivia*, VI.1, p. 432. Leccisotti 1966, p. 109 n. 266. Paoli 2004, p. 373. Morizio 2008, p. 440 n. 347.

Bibliografia: Zanotti, *Digestum*, II.2, p. 548. Penco 1997, p. 361 nota 63. Morizio 2008, *passim*.

Per S. Giovanni in Piano vedi *Insediamenti celestini*, n. 41. Per S. Spirito del Morrone vedi *Insediamenti celestini*, n. 112.

353.

INSTRUMENTUM VENDITIONIS

1300 novembre 26, Isernia, monastero di S. Spirito

Il giudice Leonardo, figlio del fu giudice Filippo di Corradone, cittadino e abitante di Isernia, e sua moglie donna Letizia vendono a fra [...], priore del monastero di S. Spirito in Isernia, che acquista in nome e per conto di esso, le vigne e i possedimenti che hanno nelle pertinenze della detta città, nel luogo detto *ad Sanctum Spiritum*, al prezzo di venti once d'oro, quattro delle quali vengono concesse al detto priore con l'onere di celebrare annualmente una messa per l'anima del giudice Leonardo e dei suoi defunti, secondo la consuetudine dell'episcopato di Isernia.

Giudice: Docibile, giudice di Isernia (S).

Notaio: Teodino, notaio di Isernia (S).

Originale [A], Montecassino, Archivio dell'abbazia, Fondo di S. Spirito di Isernia, fasc. V, n. 45. Copia semplice del secolo XIX [B], Montecassino, Archivio dell'abbazia, Fondo di S. Spirito di Isernia, *Codex diplomaticus aeserniensis*, f. 618r-620r.

Regesti: Zanotti, *Digestum*, –. Zanotti, *Archivia*, VI.1, p. 382. Morizio 2008, p. 440-441 n. 348.

Bibliografia: Morizio 2008, *passim*.

L'indizione – non rilevabile sull'originale a causa di uno strappo del supporto membranaceo – segna un'unità in meno («tertiedecime indictionis») nella copia semplice del secolo XIX; l'anno di regno di Carlo II, re di Gerusalemme e di Sicilia, conferma il millesimo («regnorum vero eius anno sextodecimo»).

Per S. Spirito di Isernia vedi *Insediamenti celestini*, n. 117.

354.

BONIFACII VIII PAPAE LITTERAE DE GRATIA

1301 marzo 14, Roma, S. Giovanni in Laterano

Bonifacio VIII concede un anno e quaranta giorni d'indulgenza a tutti i fedeli che visiteranno la chiesa di S. Bartolomeo apostolo – fatta costruire nella città di Lucera dal nobile Giovanni Pipino da Barletta, poiché nella festa di quel santo era riuscito a scacciare i saraceni che ivi dimoravano –, nel giorno in cui verrà consacrata, nell'anniversario e nella festa di san Bartolomeo.

Vite perennis gloria.

Atto registrato [R], Città del Vaticano, Archivio apostolico vaticano, *Registra vaticana*, 50, f. 34v. Copia autentica del 1301 luglio 24 [B], Montecassino, Archivio dell'abbazia, Fondo di S. Spirito del Morrone, 274. Copia semplice del secolo XVII [Z], Zanotti, *Digestum*, III.1, p. 67-68 («ex transumpto authentico sub die 24 iulii 1301 in civitate Luceriae facto coram d(omino) episcopo Lucerin(o) quod in archivio abbatiae Sancti Spiritus de Sulmona asservatur»). Copia semplice del secolo XVIII [C], Città del Vaticano, Archivio apostolico vaticano, Fondo celestini II, 44, f. 189r-v.

Edizione: Thomas 1884-1939, n. 4070.

Regesti: Zanotti, *Digestum*, II.1, p. 20. Zanotti, *Archivia*, VI.1, p. 409. Potthast 1875, –. Inguanez 1918, p. 17 n. 30. Leccisotti 1966, p. 111. Paoli 2004, p. 359. Morizio 2008, p. 441 n. 349.

Bibliografia: Zanotti, *Digestum*, III.1, p. 65. Penco 1997, p. 363. Morizio 2008, *passim*.

La copia autentica del 24 luglio 1301, fatta rilevare dal notaio Giovanni da Fiumefreddo, nunzio e familiare di Giovanni Pipino, in presenza di <Aimardo>, vescovo di Lucera, venne poi consegnata a fra Simone, procuratore del monastero di S. Spirito di Sulmona, ivi presente con altri tre religiosi dell'ordine di fra Pietro del Morrone.

Per S. Bartolomeo di Lucera vedi *Insediamenti celestini*, n. 14.

355.

INSTRUMENTUM VENDITIONIS

1301 maggio 17, Ferentino

Fina, moglie di Zocco di Biagio da Ferentino, vende a fra Tommaso da Schiavi e a fra Pace *de Valle Sorda*, monaci di S. Antonio di Colle del Fico, una terra in località *lu Puçu*, nel territorio di Ferentino, al prezzo di centodieci fiorini d'oro; il marito dà il proprio assenso alla vendita, riservandosi i frutti dell'anno in corso.

Notaio: Giovanni di Rinaldo da Ferentino (S).

Originale [A], Città del Vaticano, Archivio apostolico vaticano, Fondo celestini I, 32.

Regesti: Zanotti, *Digestum*, –. Zanotti, *Archivia*, –. Paoli 2004, p. 131 n. 32. Morizio 2008, p. 441-442 n. 350.

Bibliografia: Morizio 2008, *passim*.

Per S. Antonio di Ferentino vedi *Insediamenti celestini*, n. 11.

356.

INSTRUMENTUM VENDITIONIS

1301 maggio 24, <Sulmona>

Matteo, Onofrio e Margherita, figli di Gerardo di Landolfo, vendono a fra Simone *de Furcis*, procuratore di S. Spirito del Morrone, una piccola pezza di terra arativa *ubi dicitur Saizano*, al prezzo di nove tarì.

Notaio: Onofrio di Giovanni di Gerardo, <notaio di Sulmona>.

Originale deperdito [*A], già *Archivio del monastero di S. Spirito del Morrone, «Iura Saizani» (Zanotti, *Archivia*, VI.1, p. 152).

Regesti: Zanotti, *Digestum*, –. Zanotti, *Archivia*, VI.1, p. 152. Morizio 2008, p. 442 n. 351.

Bibliografia: Zanotti, *Digestum*, II.2, p. 548. Morizio 2008, *passim*.

Per S. Spirito del Morrone vedi *Insediamenti celestini*, n. 112.

357.

CAROLI IERUSALEM ET SICILIAE REGIS MANDATUM

1301 giugno 12, Napoli

Carlo II, re di Gerusalemme e di Sicilia, essendo avvenuta la morte di Guglielma, figlia del fu Morello *de Saurgio* e moglie di Giovanni *de Pontibus*, senza lasciare eredi legittimi, ordina al notaio

Crisostomo da Sulmona, segreto maestro portolano e procuratore d'Abruzzo, e a Francesco di Landolfo da Sulmona di dare esecuzione al suo precedente mandato con il quale assegnava al monastero di S. Spirito del Morrone presso Sulmona, in cambio delle annuali dieci once d'oro sulla baiulazione di Sulmona, i beni immobili del fu Oddone *de Pacile*, siti in Sulmona, Cerrano, Pescocostanzo e Pettorano, che erano stati concessi al fu Morello *de Saurgio* dalla curia regia e che erano in possesso della detta Guglielma.

Pridem secretis.

Originale [A], Montecassino, Archivio dell'abbazia, Fondo di S. Spirito del Morrone, 271 (SD). Copia autentica del 1301 luglio 19 [B], Montecassino, Archivio dell'abbazia, Fondo di S. Spirito del Morrone, 273. Copia semplice del secolo XVII [Z], Zanotti, *Digestum*, III.1, p. 69-71 («ex proprio originali existenti in archivio venerabilis abbatiae Sancti Spiritus de Sulmone»).

Edizione: Faraglia 1888, p. 137-139 n. 108 (da A).

Regesti: Zanotti, *Digestum*, II.1, p. 20. Zanotti, *Archivia*, VI.1, p. 141. Leccisotti 1966, p. 111 n. 271. Morizio 2008, p. 442 n. 352.

Bibliografia: Mattiocco-Sabatini 1996, p. 186 nota 22. Morizio 2008, *passim*.

Per S. Spirito del Morrone vedi *Insediamenti celestini*, n. 112.

358.

INSTRUMENTUM PETITIONIS

1301 giugno 16, Sulmona

Fra Berardo da Corno, abate del monastero di S. Spirito del Morrone presso Sulmona, e fra Tommaso da Rocca, procuratore generale del detto monastero, chiedono al giudice Crisostomo da Sulmona, segreto regio, maestro portolano e procuratore della curia regia per l'Abruzzo, di entrare in possesso dei beni feudali della defunta Guglielma, loro concessi dal re Carlo II.

Giudice: Montanario di Simeone, giudice di Sulmona.

Notaio: Francesco di Bertoldo, notaio di Sulmona.

Originale deperdito [*A], già *Archivio del monastero di S. Spirito del Morrone, «Iura Turris et Cerrani» (Zanotti, *Archivia*, VI.1, p. 141-142). Copia semplice del secolo XVII [Z], Zanotti, *Digestum*, III.1, p. 73-76 («ex proprio originali existenti in archivio venerabilis abbatiae Sancti Spiritus de Sulmone»).

Regesti: Zanotti, *Digestum*, II.1, p. 20. Zanotti, *Archivia*, VI.1, p. 141-142. Morizio 2008, p. 442-443 n. 353.

Bibliografia: Zanotti, *Digestum*, II.2, p. 515-516, 548. Paoli 2004, p. 485. Morizio 2008, *passim*.

Nell'originale deperdito era inserito il privilegio di Carlo I d'Angiò del 26 settembre 1269 con il quale il re assegnava a Morello *de Saurgio*, padre di Guglielma, i beni feudali già appartenuti a Oddone *de Pacile*, siti in Sulmona, Cerrano, Pescocostanzo e Pettorano. L'originale del privilegio, oggi deperdito, era custodito da un tale Pietro *de Galiano* (testo in Zanotti, *Digestum*, II.1, p. 241-244).

Per S. Spirito del Morrone vedi *Insediamenti celestini*, n. 112.

359.

BONIFACII VIII PAPAE LITTERAE DE GRATIA

1301 giugno 23, <Anagni>

Bonifacio VIII esenta i monasteri e i *fratres* dell'ordine morronese *a solutione procurationum quae pro legatis colliguntur.*

Copia autentica del 1301 agosto 31 deperdita [*B], già *Archivio del monastero di S. Spirito del Morrone, «Transumpta apostolica» (Zanotti, *Archivia*, VI.1, p. 187). Copia autentica del 1338 maggio 10 deperdita [*B₂], già *Archivio del monastero di S. Spirito del Morrone, «Transumpta apostolica» (Zanotti, *Archivia*, VI.1, p. 187).

Regesti: Zanotti, *Digestum*, II.1, p. 20. Zanotti, *Archivia*, VI.1, p. 187. Potthast 1875, –. Thomas 1884-1939, –. Morizio 2008, p. 443 n. 354.

Bibliografia: Morizio 2008, *passim*.

*B: «Transumptum exemptionis monasteriorum et fratrum ordinis a solutione procurationum pro legatis sedis apostolicae... factum Iserniae ultimo augusti 1301 ad instantiam fratris Manerii de Ursa et fratris Gualterii de Aversa qui originale ostenderunt domino Roberto Isernien(si) episcopo per notarium Philippum de Isernia».
*B₂: «<Transumptum> sir Roberti ad instantiam fratris Angeli de Aquila procuratoris generalis sub die 10 maii 1338».

Per S. Spirito del Morrone vedi *Insediamenti celestini*, n. 112.

360.

CAROLI IERUSALEM ET SICILIAE REGIS MANDATUM

1301 luglio 4, Napoli

Carlo II, re di Gerusalemme e Sicilia, ordina a Crisostomo da Sulmona, segreto dell'Abruzzo, di far avere all'abate e alla comunità del monastero di S. Spirito del Morrone presso Sulmona i beni feudali, distintamente elencati e descritti, già in possesso della defunta Guglielma, figlia di Morello *de Saurgio*, concessi al detto monastero in cambio delle dieci once annue sulla baiulazione di Sulmona, assegnate a suo tempo dal re medesimo.
Ad monasterium.

Copia autentica del 1301 luglio 15 [B], Montecassino, Archivio dell'abbazia, Fondo di S. Spirito del Morrone, 272. Inserto del 1301 agosto 7 [B₂], Montecassino, Archivio dell'abbazia, Fondo di S. Spirito del Morrone, 275. Copia semplice del secolo XVII [Z], Zanotti, *Digestum*, III.1, p. 77-78 («ex copia authentica facta per manum notarii Onufrii q(uondam) Girardi de Sulmona sub die 15 iulii 1301 q(uae) in archivio venerabilis abbatiae Sancti Spiritus de Sulmone conservatur et ex instrumento executionis dicti privilegii et assignationis dictorum bonorum factae dictae abbatiae Sancti Spiritus»).

Regesti: Zanotti, *Digestum*, II.1, p. 20. Zanotti, *Archivia*, VI.1, p. 142. Leccisotti 1966, p. 111. Morizio 2008, p. 443-444 n. 355.

Bibliografia: Morizio 2008, *passim*.

Per S. Spirito del Morrone vedi *Insediamenti celestini*, n. 112.

361.

IOHANNIS MAGISTRI RATIONALIS PRIVILEGIUM

1301 luglio 5, Napoli

Dominus Giovanni Pipino da Barletta, *miles*, maestro razionale della curia regia, consigliere e familiare regio, volendo provvedere alla salvezza dell'anima propria, dona al monastero di S. Spirito del Morrone presso Sulmona, dell'ordine di san Benedetto e a fra Simone *de Furcis*, monaco e procuratore generale del detto monastero, in presenza del venerabile fra Berardo da Corno, abate del monastero medesimo, *locum et domos sitas in Civitate Sanctae Mariae olim Luceria prope magnas domos dicti domini Ioannis qui fuerunt quondam domini Riccardi de Luceria Saraceni eidem domino Ioanni legitime pertinentes pro construi seu fieri faciendis in eis ecclesia, monasterio et aliis officinis eidem monasterio opportunis*; dona, inoltre, altri beni immobili siti nella detta città e pertinenze, per un reddito annuo di dodici once d'oro; nel detto luogo donato vi è un oratorio in onore di san Bartolomeo, *quod nondum donatum erat ad huc nec munus consecrationis receperat*. Ricordando di aver sconfitto e scacciato i saraceni dalla detta città nel giorno dedicato a san Bartolomeo e, a motivo di ciò, di aver ordinato la costruzione di un monastero a lui dedicato da parte dei *fratres* del detto ordine, Giovanni Pipino pone la clausola che ivi dovranno dimorare perennemente, come minimo, quattro sacerdoti, quattro chierici e quattro conversi con i seguenti obblighi: durante la vita del detto

Giovanni si dovranno celebrare due messe al giorno per la salvezza della sua anima; nel giorno della sua morte saranno tenuti a celebrare un solenne ufficio dei morti e, ogni anno, dovranno celebrarne l'anniversario; *et nihilominus pro anima eiusdem domini Ioannis fiat officium per totum ordinem sicut in comemorationem aliorum fratrum ordinis fieri consuevit et debet*; dopo la sua morte due sacerdoti dovranno celebrare ogni giorno una messa. Appone la clausola secondo la quale i *fratres* del monastero non potranno vendere, infeudare, concedere in affitto o in enfiteusi i beni donati senza il consenso suo o degli eredi. Dona, infine, lo *ius et usum pascuorum et aquandi* nel territorio del *casale Tortibali* per mille pecore, cento vacche e dodici giumente. A ricordo di tale fondazione e donazione il priore e i monaci che risiederanno nel detto monastero saranno obbligati a dare al detto Giovanni e ai suoi eredi, nel giorno di san Bartolomeo, un cero del peso di due libbre.

Originale deperdito [*A], già *Archivio del monastero di S. Spirito del Morrone, «Pro monasteriis Luceriae, Montisgargani, Manfredoniae et Baruli. Pro monasterio Sancti Bartholomaei de Luceria» (Zanotti, *Archivia*, VI.1, p. 411). Copia autentica del 1323 ottobre 11 deperdita [*B], già *Archivio del monastero di S. Spirito del Morrone, «Pro monasteriis Luceriae, Montisgargani, Manfredoniae et Baruli. Pro monasterio Sancti Bartholomaei de Luceria» (Zanotti, *Archivia*, VI.1, p. 411). Copia semplice del secolo XVII [Z], Zanotti, *Digestum*, III.1, p. 79-83 («ex instrumento publico transumpti facti apud civitatem Sanctae Mariae sub die undecimo mensis octobris 1323, indictione septima, per manum notarii Stephani Thomasii Boni [...] fratris Rainaldi de Venafro prioris Sancti Bartholomei de dicta civitate q(ui) originale presentavit. [Quod instrumentum est in] archivio venerabilis abbatiae Sancti Spiritus de Sulmona»).

Stemma chartarum:

*A
|
*B
|
Z

Regesti: Zanotti, *Digestum*, II.1, p. 20; III.1, p. 65 (con data «1301 in circa»). Zanotti, *Archivia*, VI.1, p. 411. Morizio 2008, p. 444-445 n. 356.

Bibliografia: Paoli 2004, p. 25 nota 116, 485. Morizio 2008, *passim*.

Il documento fu redatto in tre originali: due per Giovanni Pipino e uno per il monastero di S. Spirito del Morrone.

Su Giovanni Pipino da Barletta vedi Pinto 2013.

Per S. Bartolomeo di Lucera vedi *Insediamenti celestini*, n. 14. Per S. Spirito del Morrone vedi *Insediamenti celestini*, n. 112.

362.

INSTRUMENTUM EXECUTIONIS MANDATI CAROLI REGIS

1301 agosto 7, Sulmona

Il giudice Crisostomo da Sulmona, regio secreto, maestro portolano e procuratore dell'Abruzzo, ricevuto il mandato di Carlo II, re di Gerusalemme e di Sicilia, a lui indirizzato, per mezzo di fra Agostino, vicepriore del monastero di S. Spirito del Morrone presso Sulmona – il cui testo viene inserto –, concede all'abate e alla comunità del monastero di S. Spirito i beni feudali della defunta Guglielma, loro donati dal re Carlo II.
Giudice: Montanario di Simeone, giudice di Sulmona (S).
Notaio: Francesco di Bertoldo, notaio di Sulmona (S).

Originale [A], Montecassino, Archivio dell'abbazia, Fondo di S. Spirito del Morrone, 275. Copia semplice del secolo XVII [Z], Zanotti, *Digestum*, III.1, p. 89-91 («ex proprio originali existenti in archivio venerabilis abbatiae Sancti Spiritus de Sulmone»).

Regesti: Zanotti, *Digestum*, II.1, p. 20. Zanotti, *Archivia*, VI.1, p. 142. Leccisotti 1966, p. 113 n. 275. Morizio 2008, p. 445 n. 357.

Bibliografia: Zanotti, *Digestum*, II.2, p. 548. Morizio 2008, *passim*.

Per S. Spirito del Morrone vedi *Insediamenti celestini*, n. 112.

363.

INSTRUMENTUM REQUISITIONIS ET PROTESTATIONIS

1301 agosto 29, Aquila

Fra Simone *de Furcis*, nunzio di fra Benedetto, priore del monastero di S. Maria di Collemaggio, e della comunità, *requisivit Crisostomum de Sulmona, regium secretum et magistrum portulanum etc., eique praesentavit litteras d(omini) capitanei Sulmonae sub datum 28 augusti 14ᵉ indictionis, in quibus insertae erant litterae regii iustitiarii Aprutii sub datum 26 augusti, in quibus inseruntur litterae Caroli II regis sub datum Neapoli 8 augusti 1301, in quibus mandat quatinus compellant dictum secretum, sub poena unciarum auri 40, ad solvendam certam quantitatem pecuniae per dictum regem assignatae dicto monasterio Collismadii, prout pluries datum fuit ei in mandatis per litteras dicti regis etc., eique mandat quatinus exhibeat dictam pecuniam alias quod exigat dictam poenam etc., requisitio et poenae protestatio.*
Notaio: Pace di Giacomo *de Bazzano*, <notaio dell'Aquila>.

Originale deperdito [*A], già *Archivio del monastero di S. Maria di Collemaggio, «Privilegia regum et pro annuis unciis aureis 40» (Zanotti, *Archivia*, VI.2, p. 651).

Regesti: Zanotti, *Digestum*, –. Zanotti, *Archivia*, VI.2, p. 651. Antinori, *Annali*, X.2, *sub anno* 1301, *sub voce* Collemaggio [p. 581]. Clementi-Berardi 1980, p. 216. Morizio 2008, p. 445-446 n. 358.

Bibliografia: Zanotti, *Digestum*, V.2, p. 537. Morizio 2008, *passim*.

Per S. Maria di Collemaggio vedi *Insediamenti celestini*, n. 64.

364.

INSTRUMENTUM VENDITIONIS

1301 settembre 8, Sulmona

Giacomo, Gemma e Margherita, figli del fu Ugo di *ser* Landolfo da Sulmona, vendono a Rinaldo di Matteo *de Vico*, che acquista in nome e per conto del monastero di S. Spirito di Sulmona, una pezza di terra *allo Murrone*, confinante su un lato con le proprietà della chiesa di S. Maria *de Corbonibus* e su un altro lato con le proprietà del detto monastero, al prezzo di otto tarì.
Notaio: Onofrio di Giovanni di Gerardo, <notaio di Sulmona>.

Originale deperdito [*A], già *Archivio del monastero di S. Spirito del Morrone, «Iura Murronis» (Zanotti, *Archivia*, VI.1, p. 113).

Regesti: Zanotti, *Digestum*, II.1, p. 204. Zanotti, *Archivia*, VI.1, p. 113. Morizio 2008, p. 446 n. 359.

Bibliografia: Zanotti, *Digestum*, II.1, p. 201-204. Morizio 2008, *passim*.

Per la chiesa di S. Maria *de Corbonibus* vedi la nota al doc. n. 185.

Per S. Spirito del Morrone vedi *Insediamenti celestini*, n. 112.

365.

INSTRUMENTUM DONATIONIS

1301 ottobre 30, Aquila

Gentile di Giovanni di Matteo *de Rocca Sancti Stephani* dona al monastero di S. Maria di Collemaggio e a fra Giovanni *de Puzono*, monaco del detto monastero, tutti i suoi beni immobili e mobili.
Notaio: Pace di Giacomo *de Bazzano*, <notaio dell'Aquila>.

Originale deperdito [*A], già *Archivio del monastero di S. Maria di Collemaggio, «Testamenta, donationes et legata» (Zanotti, *Archivia*, VI.2, p. 668).

Regesti: Zanotti, *Digestum*, –. Zanotti, *Archivia*, VI.2, p. 668. Morizio 2008, p. 446 n. 360.

Bibliografia: Morizio 2008, *passim*.

Per S. Maria di Collemaggio vedi *Insediamenti celestini*, n. 64.

366.

INSTRUMENTUM DONATIONIS ET OBLATIONIS

1301 dicembre 5, Isernia

Matteo *Crassentini* offre se stesso nelle mani di fra Giovanni *de Furca*, priore del monastero di S. Spirito della Maiella in Isernia, e dona al detto monastero tutti i suoi beni mobili e la pezza di terra che possiede nelle pertinenze di Isernia, in località *Ravis Cupa*.

Giudice: Ruggero, giudice di Isernia (S).

Notaio: Nicola *Iohannis abbatis*, notaio di Isernia (S).

Originale [A], Montecassino, Archivio dell'abbazia, Fondo di S. Spirito di Isernia, fasc. V, n. 46. Copia semplice del secolo XIX [B], Montecassino, Archivio dell'abbazia, Fondo di S. Spirito di Isernia, *Codex diplomaticus aeserniensis*, f. 616r-v.

Regesti: Zanotti, *Digestum*, –. Zanotti, *Archivia*, VI.1, p. 382. Morizio 2008, p. 446-447 n. 361.

Bibliografia: Zanotti, *Digestum*, II.2, p. 548. Morizio 2008, *passim*.

Per S. Spirito di Isernia vedi *Insediamenti celestini*, n. 117.

367.

INSTRUMENTUM VENDITIONIS

1302 gennaio 5, Ortona, *ante domum Blasii Madii que est in platea magna*

Ruggero di Adenolfo, abitante di Ortona, con il consenso di sua moglie Filippa, vende a Rinaldo di Rinaldo da Ortona, procuratore, economo e fattore del monastero di S. Spirito di Ortona, appartenente ai *fratres ordinis morronensium*, una vigna nelle pertinenze di Ortona, in contrada *de Micchetis*, confinante su un lato con le proprietà del detto monastero, al prezzo di otto once d'oro.

Giudice: Giorgio di Bartolomeo, giudice di Ortona (S).

Notaio: Angelo del giudice Guglielmo, notaio di Ortona (S).

Originale [A], Montecassino, Archivio dell'abbazia, Fondo di S. Spirito del Morrone, 277.

Regesti: Zanotti, *Digestum*, –. Zanotti, *Archivia*, VI.1, p. 313. Leccisotti 1966, p. 114 n. 277. Morizio 2008, p. 447 n. 362.

Bibliografia: Pellegrini 2005, p. 345 nota 159. Morizio 2008, *passim*.

Per l'anno di regno di Carlo, re di Gerusalemme e di Sicilia, è utilizzato il computo dell'*annus incipiens* abbreviato.

Per S. Spirito di Ortona vedi *Insediamenti celestini*, n. 119.

368.

INSTRUMENTUM ASSIGNATIONIS

1302 gennaio 8, Città di Santa Maria (Lucera)

Pietro *de Morra*, *miles*, capitano regio della Città di Santa Maria, in forza di un mandato del re di Sicilia Carlo II, emanato il 5 gennaio 1302 da Napoli, *habita informatione de annuo valore nonnullorum apothecarum curiae* site nella detta Città di Santa Maria, le assegna all'abate e alla comunità di S. Spirito del Morrone presso Sulmona, per il valore annuo di dieci once.

Notaio: Salimbene *de Cathania*.

Originale deperdito [*A], già *Archivio del monastero di S. Spirito del Morrone, «Pro monasteriis Luceriae, Montisgargani, Manfredoniae et Baruli. Pro monasterio Sancti Bartholomaei de Luceria» (Zanotti, *Archivia*, VI.1, p. 411).

Regesti: Zanotti, *Digestum*, –. Zanotti, *Archivia*, VI.1, p. 411. Morizio 2008, p. 447 n. 363.

Bibliografia: Morizio 2008, *passim*.

Per S. Bartolomeo di Lucera vedi *Insediamenti celestini*, n. 14. Per S. Spirito del Morrone vedi *Insediamenti celestini*, n. 112.

369.

INSTRUMENTUM EXECUTIONIS TESTAMENTI

1302 gennaio 14, Boiano

Simone *de Giso*, erede del fu Berardo *Laudoni*, in esecuzione del legato fatto dal detto Berardo, dà a fra Giacomo, priore del monastero di S. Martino della Maiella di Boiano, una pezza di terra *ubi dicitur Ravae* e un'altra pezza di terra nella stessa località.
Notaio: Pietro.

Originale deperdito [*A], già *Archivio del monastero di S. Spirito del Morrone, «Pro monasterio Boiani» (Zanotti, *Archivia*, VI.1, p. 396).

Regesti: Zanotti, *Digestum*, –. Zanotti, *Archivia*, VI.1, p. 396. Morizio 2008, p. 447-448 n. 364.

Bibliografia: Zanotti, *Digestum*, II.2, p. 548. Morizio 2008, *passim*.

Per S. Martino di Boiano vedi *Insediamenti celestini*, n. 74.

370.

INSTRUMENTUM DONATIONIS

1302 gennaio 20, Aquila

D(ominus) Giovanni di Tommasone da Pizzoli dona a fra Giacomo da Arischia, procuratore del monastero di S. Maria di Collemaggio, che riceve in nome e per conto del detto monastero, tutti i suoi beni immobili e mobili.
Notaio: Bartolomeo *Bar(tholomaei) de Pizzulo*.

Originale deperdito [*A], già *Archivio del monastero di S. Maria di Collemaggio, «Testamenta, donationes et legata» (Zanotti, *Archivia*, VI.2, p. 668).

Regesti: Zanotti, *Digestum*, –. Zanotti, *Archivia*, VI.2, p. 668. Morizio 2008, p. 448 n. 365.

Bibliografia: Morizio 2008, *passim*.

È possibile che il documento originale deperdito prevedesse, oltre alla donazione di tutti i beni, anche un atto di oblazione.

Per S. Maria di Collemaggio vedi *Insediamenti celestini*, n. 64.

371.

INSTRUMENTUM VENDITIONIS

1302 febbraio 10, Aquila

Angelo di Pietro da San Pio e sua moglie donna Benincasa vendono a fra Giacomo da Arischia, procuratore del monastero di S. Maria di Collemaggio, che riceve in nome e per conto del detto monastero, una pezza di terra sita nel territorio di Caporciano *ubi dicitur Casale*, confinante su un lato con le proprietà della detta chiesa di Collemaggio, al prezzo di sei fiorini d'oro.
Notaio: Santoro di Oderisio *Ray(naldi) de Sancto Victorino*.

Originale deperdito [*A], già *Archivio del monastero di S. Maria di Collemaggio, «Iura Sancti Caesidii, Caporciani et Sancti Pii. Pro Sancto Caesidio et aliis» (Zanotti, *Archivia*, VI.2, p. 631).

Regesti: Zanotti, *Digestum*, –. Zanotti, *Archivia*, VI.2, p. 631. Pansa 1899-1900, p. 242. Morizio 2008, p. 448 n. 366.

Bibliografia: Morizio 2008, *passim*.

Per S. Maria di Collemaggio vedi *Insediamenti celestini*, n. 64.

372.

INSTRUMENTUM VENDITIONIS

1302 marzo 16, Ortona, *in domo notarii Rogerii que est in terra nova*

Ruggero di Falco, abitante di Ortona, vende a Rinaldo da Ortona, procuratore della chiesa di S. Spirito di Ortona, che acquista in nome e per conto della medesima chiesa, una pezza di terra nelle pertinenze di Ortona, *in contrata Bardelle*, confinante su un lato con le proprietà della detta chiesa, al prezzo di tre once d'oro.
Giudice: Giorgio di Bartolomeo, giudice di Ortona (S).
Notaio: Ruggero di Guglielmo, notaio di Ortona (S).

Originale [A], Montecassino, Archivio dell'abbazia, Fondo di S. Spirito del Morrone, 278.

Regesti: Zanotti, *Digestum*, –. Zanotti, *Archivia*, VI.1, p. 313. Leccisotti 1966, p. 114 n. 278. Morizio 2008, p. 448 n. 367.

Bibliografia: Pellegrini 2005, p. 345 nota 159. Morizio 2008, *passim*.

Per S. Spirito di Ortona vedi *Insediamenti celestini*, n. 119.

373.

INSTRUMENTUM PERMUTATIONIS

1302 aprile 14, Sulmona

Roberto di Riccardo di Roberto da Acciano, abitante di Sulmona, dà a fra Simone *de Furcis*, procuratore generale del monastero di S. Spirito del Morrone presso Sulmona, che agisce in nome e per conto dell'abate fra Berardo da Corno e della comunità, una pezza di terra arativa nelle pertinenze di Sulmona, *in loco qui dicitur li Paduli alla Cesa Piczula*, confinante su un lato con le proprietà del detto monastero, in cambio di altre due pezze di terra in località *alla Cerqua de la Bactalya*.
Giudice: Oderisio del giudice Giovanni, giudice di Sulmona (S).
Notaio: Onofrio di Giovanni di Gerardo, notaio di Sulmona (S).

Originale [A], Montecassino, Archivio dell'abbazia, Fondo di S. Spirito del Morrone, 279.

Regesti: Zanotti, *Digestum*, –. Zanotti, *Archivia*, VI.1, p. 165-166. Leccisotti 1966, p. 114-115 n. 279. Morizio 2008, p. 449 n. 368.

Bibliografia: Zanotti, *Digestum*, II.2, p. 548. Morizio 2008, *passim*.

Per S. Spirito del Morrone vedi *Insediamenti celestini*, n. 112.

374.

INSTRUMENTUM DONATIONIS

1302 aprile 15, Boiano

Benedetto di Riccardo dona al monastero di S. Martino di Boiano e a fra Giacomo, priore del detto monastero, una casa *cum quadam domuncula prope ecclesiam Sancti Iacobi* e una vigna *ubi dicitur le Valle*.
Notaio: Giovanni.

Originale deperdito [*A], già *Archivio del monastero di S. Spirito del Morrone, «Pro monasterio Boiani» (Zanotti, *Archivia*, VI.1, p. 396).

Regesti: Zanotti, *Digestum*, –. Zanotti, *Archivia*, VI.1, p. 396. Morizio 2008, p. 449 n. 369.

Bibliografia: Zanotti, *Digestum*, II.2, p. 548. Morizio 2008, *passim*.

Per S. Martino di Boiano vedi *Insediamenti celestini*, n. 74.

375.

INSTRUMENTUM VENDITIONIS

<1298-1302> maggio 9, Ortona

Nicola vende a Rinaldo di Rinaldo, procuratore del monastero di S. Spirito di Ortona della religione morronese, che acquista in nome e per conto del monastero medesimo, la metà di una pezza di terra *in contrata Bardellae* al prezzo di due once, che vengono devolute per l'anima di *dominus* Dardone, il quale aveva ordinato che la metà della detta terra fosse venduta e il ricavato distribuito.
Notaio: Ruggero.

Originale deperdito [*A], già *Archivio del monastero di S. Spirito del Morrone, «Pro monasterio Sancti Spiritus de Ortona» (Zanotti, *Archivia*, VI.1, p. 313).

Regesti: Zanotti, *Digestum*, –. Zanotti, *Archivia*, VI.1, p. 313 (con data [...] maggio 9 e l'annotazione: «Instrumentum corrosum»). Morizio 2008, p. 430 n. 320.

Bibliografia: Morizio 2008, *passim*.

Per S. Spirito di Ortona vedi *Insediamenti celestini*, n. 119.

376.

INSTRUMENTUM VENDITIONIS

1302 giugno 27, Isernia

Pietro [...] vende a fra Angelo *de Furca*, priore del monastero di S. Spirito della Maiella in Isernia, due pezze di terra nelle pertinenze della detta città, in località *Vallis Sancti Petri*, al prezzo di [...].
Giudice: [...].
Notaio: Nicola *Iohannis abbatis*, notaio di Isernia.

Originale [A], Montecassino, Archivio dell'abbazia, Fondo di S. Spirito di Isernia, fasc. V, n. 47. Copia semplice del secolo XIX [B], Montecassino, Archivio dell'abbazia, Fondo di S. Spirito di Isernia, *Codex diplomaticus aeserniensis*, f. 614r-615v.

Regesti: Zanotti, *Digestum*, –. Zanotti, *Archivia*, VI.1, p. 382. Morizio 2008, p. 449-450 n. 370.

Bibliografia: Zanotti, *Digestum*, II.2, p. 548. Morizio 2008, *passim*.

Pergamena molto rovinata e illeggibile in parecchi punti; anche il regesto di L. Zanotti e la copia cassinese (= B) sono molto lacunosi.

Per S. Spirito di Isernia vedi *Insediamenti celestini*, n. 117.

377.

INSTRUMENTUM TESTAMENTI

1302 luglio 12, Ferentino, monastero di S. Antonio

Pariscio da Ferentino, nel suo testamento, lascia venti soldi di denari del senato per il proprio funerale e altre somme, per l'anima della moglie Rangarda, alla sorella, al fratello, ai nipoti, alle chiese ferentinati di S. Francesco, S. Antonio di Colle del Fico, S. Lorenzo, SS. Giovanni e Paolo, S. Maria Maggiore, S. Agata, S. Valentino, ai poveri, ai reclusi di S. Lorenzo e di S. Bartolomeo e ad altri; nomina esecutori testamentari il priore di S. Antonio, Giovanni *Pedis* e Matteo *Arnarie* da Ferentino, ai quali lascia venti soldi ciascuno.
Testi: fra Tommaso *de Furcis*; fra Gualtiero da Roccamorice; fra Agostino; fra Tommaso da Schiavi; fra Nicola *de Camelo*; fra Tommaso dall'Aquila; fra Giovanni da Spoleto.
Notaio: Giovanni di Rinaldo da Ferentino (S).

Originale [A], Città del Vaticano, Archivio apostolico vaticano, Fondo celestini I, 33.

Regesti: Zanotti, *Digestum*, –. Zanotti, *Archivia*, –. Paoli 2004, p. 131-132 n. 33. Morizio 2008, p. 450 n. 371.

Bibliografia: Morizio 2008, *passim*.

Per S. Antonio di Ferentino vedi *Insediamenti celestini*, n. 11.

378.

INSTRUMENTUM DONATIONIS

1302 settembre 9, Isernia

Giacomo Erasmo, figlio del fu fra Stefano *Taffuri*, nativo e abitante di Isernia, dona *inter vivos* a fra Angelo *de Furca*, priore del monastero di S. Spirito della Maiella sito nel territorio di Isernia, che riceve in nome e per conto del monastero medesimo, due apoteche, una vigna e tutti i suoi beni mobili.
Giudice: Simone, medico, giudice di Isernia.
Notaio: Pietro di Cristoforo, notaio di Isernia.

Originale [A], Montecassino, Archivio dell'abbazia, Fondo di S. Spirito di Isernia, fasc. V, n. 48. Copia semplice del secolo XIX [B], Montecassino, Archivio dell'abbazia, Fondo di S. Spirito di Isernia, *Codex diplomaticus aeserniensis*, f. 608r-609r.

Regesti: Zanotti, *Digestum*, –. Zanotti, *Archivia*, VI.1, p. 382. Morizio 2008, p. 450 n. 372.

Bibliografia: Morizio 2008, *passim*.

Instrumentum infectum: mancano i *signa* del notaio e del giudice, nonché le sottoscrizioni dei testi.

Per S. Spirito di Isernia vedi *Insediamenti celestini*, n. 117.

379.

CAROLI IERUSALEM ET SICILIAE REGIS PRIVILEGIUM

1302 settembre 12, Napoli

Carlo II, re di Gerusalemme e di Sicilia, a istanza di Giovanni Pipino, dona al monastero di S. Bartolomeo apostolo della Città di Santa Maria, fondato dal detto Giovanni con una donazione ai *fratres* dell'ordine di S. Spirito del Morrone, nove apoteche site nella detta città, per il valore annuo di dieci once d'oro.
Si premia conferuntur.

Originale deperdito [*A], già *Archivio del monastero di S. Spirito del Morrone, «Pro monasteriis Luceriae, Montisgargani, Manfredoniae et Baruli. Pro monasterio Luceriae» (Zanotti, *Archivia*, VI.1, p. 409). Copia semplice del secolo XVII [Z], Zanotti, *Digestum*, III.1, p. 109-113 («ex proprio originali cum sigillo pendenti existenti in archivio venerabilis abbatiae Sancti Spiritus de Sulmone»).

Regesti: Zanotti, *Digestum*, II.1, p. 20. Zanotti, *Archivia*, VI.1, p. 409. Morizio 2008, p. 450-451 n. 373.

Bibliografia: Zanotti, *Digestum*, III.1, p. 65. Morizio 2008, *passim*.

Per S. Bartolomeo di Lucera vedi *Insediamenti celestini*, n. 14. Per S. Spirito del Morrone vedi *Insediamenti celestini*, n. 112.

380.

INSTRUMENTUM DONATIONIS

1302 dicembre 14, Sulmona

Gualtiero di Pietro di Oderisio *de Rocca Giberti* dona a fra Tommaso da Sulmona, monaco di S. Spirito del Morrone, che riceve in nome e per conto del detto monastero, una pezza di terra vitata *operae unius ubi dicitur supra Viam Altam*.
Notaio: Onofrio di Giovanni di Gerardo, <notaio di Sulmona>.

Originale deperdito [*A], già *Archivio del monastero di S. Spirito del Morrone, «Iura de domibus et terris in civitate et territorio Sulmonis et alibi. Pro terris» (Zanotti, *Archivia*, VI.1, p. 166).

Regesti: Zanotti, *Digestum*, –. Zanotti, *Archivia*, VI.1, p. 166. Morizio 2008, p. 451 n. 374.

Bibliografia: Morizio 2008, *passim*.

Per S. Spirito del Morrone vedi *Insediamenti celestini*, n. 112.

381.

INSTRUMENTUM TRANSACTIONIS

1302 dicembre 15, Isernia

Giacomo, vescovo di Isernia, e Lorenzo, arciprete di Isernia, che rappresenta il capitolo cattedrale, da una parte, e i *fratres* del monastero della chiesa di S. Spirito della Maiella in Isernia, dall'altra, raggiungono un accordo circa le proprietà di una parte di un'apoteca o casa sita dentro le mura della città, nella parrocchia della chiesa episcopale, vicino alla piazza maggiore, che il vescovo e il capitolo rivendicavano asserendo essere stata loro donata da fra Stefano, detto Dente, per la redenzione dei suoi peccati. Il vescovo Giacomo e l'arciprete Lorenzo, con il consenso di tutti i canonici del capitolo, rinunciano a detta casa ricevendo per mano di Pietro Massarello da Isernia, che agisce in nome e per conto del detto monastero, due once d'oro, una per il vescovo e una per il capitolo, e promettono di astenersi per il futuro da ogni controversia in relazione alla detta proprietà sotto la pena di quattro once d'oro in favore di fra Angelo *de Furca*, priore del monastero di S. Spirito.
Giudice: Simone, medico, giudice di Isernia (S).
Notaio: Nicola *Iohannis abbatis*, notaio di Isernia (S).

Originale [A], Montecassino, Archivio dell'abbazia, Fondo di S. Spirito di Isernia, fasc. V, n. 49. Copia semplice del secolo XIX [B], Montecassino, Archivio dell'abbazia, Fondo di S. Spirito di Isernia, *Codex diplomaticus aeserniensis*, f. 612r-613v.

Regesti: Zanotti, *Digestum*, –. Zanotti, *Archivia*, –. Morizio 2008, p. 451 n. 375.

Bibliografia: Morizio 2008, *passim*.

Instrumentum infectum: mancano le sottoscrizioni dei testi.

Per la cattedrale di Isernia, intitolata a san Pietro apostolo, vedi Zullo 1996.

Per S. Spirito di Isernia vedi *Insediamenti celestini*, n. 117.

382.

INSTRUMENTUM PERMUTATIONIS

1302 dicembre 22, Isernia

Fra Angelo *de Furca, ordinis maiellorum*, priore e rettore del monastero di S. Spirito della Maiella posto in Isernia, e la comunità dello stesso monastero, riuniti presso Isernia, da una parte, e *Pectorana*, figlia del fu Rinaldo da Montedimezzo, moglie di Pietro del fu Leonardo di Adamo, e lo stesso Pietro suo marito dall'altra, addivengono a una permuta. *Pectorana* dà al detto priore, che agisce in nome e per conto del monastero, una pezza di terra sita nel territorio di Isernia, in contrada [...], confinante con le proprietà del monastero medesimo, nella quale essi intendono realizzare un mulino, e in cambio riceve due apoteche, una posta nella città di Isernia, vicino alla piazza maggiore, l'altra nel suburbio della città, vicino al fiume detto *Canalia*.
Giudice: Filippo, medico chirurgo, giudice di Isernia (S).
Notaio: Pietro di Cristoforo, notaio di Isernia (S).

Originale [A], Montecassino, Archivio dell'abbazia, Fondo di S. Spirito di Isernia, fasc. V, n. 50. Copia semplice del secolo XIX [B], Montecassino, Archivio dell'abbazia, Fondo di S. Spirito di Isernia, *Codex diplomaticus aeserniensis*, f. 610r-611v.

Regesti: Zanotti, *Digestum*, –. Zanotti, *Archivia*, –. Morizio 2008, p. 451-452 n. 376.

Bibliografia: Morizio 2008, *passim*.

Per S. Spirito di Isernia vedi *Insediamenti celestini*, n. 117.

383.

INSTRUMENTUM DONATIONIS

<1298-1302, Ortona>

D(ominus) Biagio dona alcuni beni al priore del monastero di S. Spirito di Ortona.
Notaio: Domenico *de Ortona*.

Originale deperdito [*A] già *Archivio del monastero di S. Spirito del Morrone, «Pro monasterio Sancti Spiritus de Ortona» (Zanotti, *Archivia*, VI.1, p. 313).

Regesti: Zanotti, *Digestum*, –. Zanotti, *Archivia*, VI.1, p. 313 (con l'annotazione: «Fragmentum instrumenti»). Morizio 2008, p. 430 n. 319.

Bibliografia: Morizio 2008, *passim*.

Per S. Spirito di Ortona vedi *Insediamenti celestini*, n. 119.

384.

INSTRUMENTUM PERMUTATIONIS

1303 febbraio 1, *in reclaustro ecclesiae Collismadii* (L'Aquila)

D(omi)nus Sanctorius, arciprete della chiesa di S. Flaviano *de Turribus*, e i canonici e il capitolo della chiesa medesima, permutano con fra Sinibaldo *de Buctone*, priore, e i *fratres* della comunità della chiesa di S. Maria di Collemaggio una pezza di terra sita *ubi dicitur Collemadio*, confinante su due lati con le proprietà della detta chiesa di S. Maria, con la sesta parte di una pezza di terra sita *ubi dicitur Valle de Ulmo* e con la sesta parte di un'altra pezza di terra vitata *in loco ubi dicitur Sancto Elia*.
Notaio: Vitale di Pietro *de Turribus*.

Originale deperdito [*A], già *Archivio del monastero di S. Maria di Collemaggio, «Pro molendinis et terris in Turre, Balneo, Bazzano et Paganica. Pro terris ibidem» (Zanotti, *Archivia*, VI.2, p. 570).

Regesti: Zanotti, *Digestum*, –. Zanotti, *Archivia*, VI.2, p. 570. Pansa 1899-1900, p. 257. Morizio 2008, p. 452 n. 377.

Bibliografia: Morizio 2008, *passim*.

Per la chiesa di S. Flaviano *de Turribus* vedi la nota al doc. n. 286.

Per S. Maria di Collemaggio vedi *Insediamenti celestini*, n. 64.

385.

INSTRUMENTUM TESTAMENTI

1303 marzo 15, *apud villam Fucis in domo Bernardi Tomasii Pilosi* (Aielli)

Berardo di Tommaso *Pilosi* da Foce, *licet infirmus corpore sanus tamen et corporis mente et recte et articulate loquens, de bonis suis omnibus praesens nuncupatiuum condidit testamentum*: per prima cosa sceglie come luogo per la sua sepoltura la chiesa di S. Marco *inter Fuces* e lascia alla chiesa di S. Gregorio di Foce, *pro mortuorio*, un tarì d'oro. Per la salvezza della sua anima lascia a titolo di legato alla chiesa di S. Marco, *pro toalia una emenda pro altari eiusdem ecclesiae*, un fiorino, sempre alla chiesa di S. Marco una oncia d'oro e una pezza di terra posta nelle pertinenze di Foce, in località *Margine*; lascia a fra Pietro *de Rocca Angelberti*, dell'ordine di fra Pietro del Morrone, *pro emenda sibi cuculla*, un fiorino; a fra Giacomo dello stesso ordine, *socio eius, pro scapulari sibi aemenda*, tre tarì.
Testi: fra Pietro *de Rocca Angelberti*, dell'ordine di fra Pietro del Morrone; fra Bartolomeo da Caporciano, dell'ordine di fra Pietro del Morrone.
Giudice: Benedetto *Ferrarius*, giudice di Celano.
Notaio: Bertoldo, notaio di Celano.

Originale deperdito [*A], già *Archivio del monastero di S. Angelo di Celano (Città del Vaticano, Archivio apostolico vaticano, Vat. lat. 14198, f. 649r). Copia semplice del secolo XVII [B], Città del Vaticano, Archivio apostolico vaticano, Vat. lat. 14198, f. 74v-75v.

Regesti: Città del Vaticano, Archivio apostolico vaticano, Vat. lat. 14198, f. 5v. Zanotti, *Digestum*, –. Zanotti, *Archivia*, –. Morizio 2008, p. 452-453 n. 378.

Bibliografia: Zanotti, *Digestum*, V.2, p. 631. Morizio 2008, *passim*.

Per S. Marco di Foce vedi *Insediamenti celestini*, n. 51.

386.

INSTRUMENTUM DONATIONIS

1303 aprile 15, Carpinone

Donna Filippa, vedova del fu giudice Giordano da Carpinone, abitante di Carpinone, dona al monastero della chiesa di S. Spirito di Isernia e a fra Silvestro, priore o rettore del monastero medesimo, che riceve in nome e per conto di esso, tutti i beni mobili e immobili che possiede in Carpinone e altrove, riservandosene l'usufrutto vita natural durante.
Giudice: Alferio, giudice di Carpinone (S).
Notaio: Roberto, notaio di Carpinone (S).

Originale [A], Montecassino, Archivio dell'abbazia, Fondo di S. Spirito di Isernia, fasc. V, n. 51. Copia semplice del secolo XIX [B], Montecassino, Archivio dell'abbazia, Fondo di S. Spirito di Isernia, *Codex diplomaticus aeserniensis*, f. 606r-606v.

Regesti: Zanotti, *Digestum*, –. Zanotti, *Archivia*, VI.1, p. 382. Morizio 2008, p. 453 n. 379.

Bibliografia: Zanotti, *Digestum*, II.2, p. 548. Morizio 2008, *passim*.

Per S. Spirito di Isernia vedi *Insediamenti celestini*, n. 117.

387.

INSTRUMENTUM DONATIONIS

1303 agosto 20, Aquila

Christicula Stephania, figlia del fu Bartolomeo di Raniero da Caporciano, dona al monastero di S. Maria di Collemaggio, ricevente *magister* Pace da Bazzano, procuratore del detto monastero, due pezze di terra nel territorio di Caporciano *ubi dicitur Vice de Mornurie*.
Notaio: Spagnolo di *magister* Giovanni *de Ispania de Aquila*.

Originale deperdito [*A], già *Archivio del monastero di S. Maria di Collemaggio, «Iura Sancti Caesidii, Caporciani et Sancti Pii. Pro Sancto Caesidio et aliis» (Zanotti, *Archivia*, VI.2, p. 631).

Regesti: Zanotti, *Digestum*, –. Zanotti, *Archivia*, VI.2, p. 631. Pansa 1899-1900, p. 242. Morizio 2008, p. 453 n. 380.

Bibliografia: Morizio 2008, *passim*.

Per S. Maria di Collemaggio vedi *Insediamenti celestini*, n. 64.

388.

INSTRUMENTUM DONATIONIS

1303 settembre 14, chiesa di Collemaggio (L'Aquila)

Marta, moglie del fu Giovanni di Giacomo da Barisciano, dona alla chiesa di S. Maria di Collemaggio una pezza di terra nel territorio di Santa Maria *in Forfone ubi dicitur Baiete*.
Notaio: Amato di Egidio *de Barisano*.

Originale deperdito [*A], già *Archivio del monastero di S. Maria di Collemaggio, «Testamenta, donationes et legata» (Zanotti, *Archivia*, VI.2, p. 668-669).

Regesti: Zanotti, *Digestum*, –. Zanotti, *Archivia*, VI.2, p. 668-669. Morizio 2008, p. 453-454 n. 381.

Bibliografia: Morizio 2008, *passim*.

Per S. Maria di Collemaggio vedi *Insediamenti celestini*, n. 64.

389.

INSTRUMENTUM VENDITIONIS

1303 settembre 25, Sulmona, *in loco Sancti Francisci*

Bartolomeo di Pietro da Pacentro vende a fra Simone *de Furci*, procuratore generale o economo del monastero di S. Spirito del Morrone presso Sulmona, che acquista in nome e per conto dello stesso monastero, una pezza di terra nelle pertinenze di Sulmona, *in loco qui dicitur li Paduli*, al prezzo di quattro once d'oro; nel caso in cui detta terra valesse di più, Bartolomeo dona *inter vivos* la plusvalenza, per la remissione dei suoi peccati, al detto monastero di S. Spirito.
Giudice: Tommaso del giudice Gionata, giudice di Sulmona (S).
Notaio: Angelo di Giovanni Mancino, notaio di Sulmona (S).

Originale [A], Montecassino, Archivio dell'abbazia, Fondo di S. Spirito del Morrone, 283.

Regesti: Zanotti, *Digestum*, –. Zanotti, *Archivia*, VI.1, p. 166. Leccisotti 1966, p. 116 n. 283. Morizio 2008, p. 454 n. 382.

Bibliografia: Zanotti, *Digestum*, II.2, p. 548. Morizio 2008, *passim*.

Per la chiesa di S. Francesco, ubicata nel centro storico di Sulmona e risalente al secolo XIII, vedi la nota al doc. n. 72.

Per S. Spirito del Morrone vedi *Insediamenti celestini*, n. 112.

390.

INSTRUMENTUM VENDITIONIS

1303 ottobre 18, Aquila

Abrunamonte di Nicola da Caporciano vende al monastero di S. Maria di Collemaggio e a fra Giacomo da Arischia, superiore del detto monastero, una piccola pezza di terra arativa nelle pertinenze di Caporciano *ubi dicitur Fonticella*, confinante su un lato con le proprietà del detto monastero, al prezzo di due once d'oro.
Notaio: Pace <di Giacomo> *de Bazzano*, <notaio dell'Aquila>.

Originale deperdito [*A], già *Archivio del monastero di S. Maria di Collemaggio, «Iura Sancti Caesidii, Caporciani et Sancti Pii. Pro Sancto Caesidio et aliis» (Zanotti, *Archivia*, VI.2, p. 631).

Regesti: Zanotti, *Digestum*, –. Zanotti, *Archivia*, VI.2, p. 631. Pansa 1899-1900, p. 242. Morizio 2008, p. 454 n. 383.

Bibliografia: Morizio 2008, *passim*.

Per S. Maria di Collemaggio vedi *Insediamenti celestini*, n. 64.

391.

INSTRUMENTUM VENDITIONIS

1303 dicembre 20, Boiano

Giacomo, con il consenso di sua moglie Maria, vende a Simone, procuratore di S. Martino della Maiella di Boiano, un terreno al prezzo di tre once d'oro.
Notaio: Pasquale.

Originale deperdito [*A], già *Archivio del monastero di S. Spirito del Morrone, «Pro monasterio Boiani» (Zanotti, *Archivia*, VI.1, p. 396).

Regesti: Zanotti, *Digestum*, –. Zanotti, *Archivia*, VI.1, p. 396. Morizio 2008, p. 455 n. 385.

Bibliografia: Morizio 2008, *passim*.

Per S. Martino di Boiano vedi *Insediamenti celestini*, n. 74.

392.

INSTRUMENTUM DIVISIONIS

1303 dicembre, Aquila

Il procuratore del monastero di S. Maria di Collemaggio divide una casa sita nella città dell'Aquila, *in locali de Sancto Victorino*, con donna Gemma, moglie del fu notaio Ruggero *de Mathilone*, che possiede la quarta parte di quella casa.
Notaio: Paolo di Tomeo *de Bazzano*.

Originale deperdito [*A], già *Archivio del monastero di S. Maria di Collemaggio, «Pro Sancto Thoma de Barisano et domibus in civitate Aquilae. Pro domibus in civitate Aquilae» (Zanotti, *Archivia*, VI.2, p. 709).

Regesti: Zanotti, *Digestum*, –. Zanotti, *Archivia*, VI.2, p. 709. Morizio 2008, p. 454-455 n. 384.

Bibliografia: Morizio 2008, *passim*.

Per S. Maria di Collemaggio vedi *Insediamenti celestini*, n. 64.

393.

INSTRUMENTUM VENDITIONIS

1304 febbraio 3, chiostro del monastero di Collemaggio (L'Aquila)

Fra Roberto *de Sancto Angelo*, priore, e i *fratres* e la comunità del monastero di S. Maria di Collemaggio, in nome e per conto del monastero medesimo, comprano da Berardo di Oblasio di Rinaldo da Bagno una pezza di terra vitata sita nel territorio di Bagno *ubi dicitur Vallebona*, confinante su un lato con le proprietà del detto monastero, al prezzo di cinque once d'oro.
Notaio: Pietro di Giacomo *de Balneo*.

Originale deperdito [*A], già *Archivio del monastero di S. Maria di Collemaggio, «Pro molendinis et terris in Turre, Balneo, Bazzano et Paganica. Pro terris ibidem» (Zanotti, *Archivia*, VI.2, p. 570-571).

Regesti: Zanotti, *Digestum*, –. Zanotti, *Archivia*, VI.2, p. 570-571. Pansa 1899-1900, p. 257. Morizio 2008, p. 455 n. 387.

Bibliografia: Morizio 2008, *passim*.

Per S. Maria di Collemaggio vedi *Insediamenti celestini*, n. 64.

394.

INSTRUMENTUM TESTAMENTI

1304 febbraio 25, Campo di Giove, *in recepto eiusdem castri*

Il nobile Luca *de Bifero, licet egrotus corpore sanus tamen mente, nolens intestatus decedere*, fa redigere il proprio testamento eleggendo la sua sepoltura nella chiesa di S. Eustachio di Campo di Giove e stabilendo vari legati, tra i quali il lascito di dieci tarì alla chiesa di S. Antolino di Campo di Giove.
Giudice: Marino del giudice Matteo, giudice di Sulmona (S).
Notaio: Angelo di Giovanni Mancino, notaio di Sulmona (S).

Originale [A], Montecassino, Archivio dell'abbazia, Fondo di S. Spirito del Morrone, 285.

Regesti: Zanotti, *Digestum*, –. Zanotti, *Archivia*, VI.1, p. 455. Leccisotti 1966, p. 117 n. 285. Morizio 2008, p. 456 n. 388.

Bibliografia: Morizio 2008, *passim*.

Per la chiesa parrocchiale di S. Eustachio di Campo di Giove, tuttora esistente, vedi Sella 1936, p. 71 n. 1317.

Per S. Antonino di Campo di Giove vedi *Insediamenti celestini*, n. 9.

395.

BENEDICTI XI PAPAE LITTERAE DE GRATIA

1304 marzo 14, Roma, S. Giovanni in Laterano

Benedetto XI a fra Berardo, padre abate del monastero di S. Spirito di Sulmona, diocesi di Valva, ai suoi coabbati e alle comunità dei monasteri e membri dipendenti da S. Spirito, dell'ordine di san Benedetto, prende sotto la protezione della sede apostolica i loro monasteri e conferma beni e privilegi. *Religiosam vitam eligentibus.*

Atto registrato [R], Città del Vaticano, Archivio apostolico vaticano, *Registra vaticana*, 51, f. 96r-97r. Copia autentica del 1304 marzo 24 [B], Montecassino, Archivio dell'abbazia, Fondo di S. Spirito del Morrone, 286 (*Sigilla deperdita tria*). Copia autentica del 1304 aprile 11 [B2], Montecassino, Archivio dell'abbazia, Fondo di S. Spirito del Morrone, 287. Copia autentica del 1304 aprile 11 deperdita [*B3], già *Archivio del monastero di S. Spirito del Morrone, «Transumpta apostolica» (Zanotti, *Archivia*, VI.1, p. 188). Copia autentica del 1405 luglio 16 deperdita [*B4], già *Archivio del monastero di S. Maria di Collemaggio, «Litterae apostolicae, indulgentiae et privilegia» (Zanotti, *Archivia*, VI.2, p. 719). Copia semplice del secolo XVI [B5], Parigi, Bibliotèque de l'Arsenal, ms. 929, f. 131r-133v. Copia semplice del secolo XVIII [B6], Città del Vaticano, Archivio apostolico vaticano, Fondo celestini II, 44, f. 200r-202v. Copia semplice del secolo XVIII [B₇], Città del Vaticano, Archivio apostolico vaticano, Fondo celestini II, 44, f. 205r-207v. Estratto del secolo XVII [E], Zanotti, *Digestum*, V.2, p. 675-676.

Edizioni: *Constitutiones* 1590, p. 314-319. *Bullarium Romanum* 1859, p. 177-180. Grandjean 1883-1905, n. 476. Borchardt 2006, p. 384-387 n. 3.

Regesti: Zanotti, *Digestum*, II.1, p. 20. Zanotti, *Archivia*, VI.1, p. 188; VI.2, p. 719. Potthast 1875, p. 2033 n. 25398. Inguanez 1918, p. 17 n. 31. Leccisotti 1966, p. 117. Paoli 2004, p. 360. Morizio 2008, p. 456 n. 389.

Bibliografia: Zanotti, *Digestum*, II.2, p. 565. Celidonio 1912, p. 115 (con data 1304 febbraio 7). Moscati 1955, p. 110-111. Grégoire 1988, p. 159 (con data 1304 marzo 13). Grégoire 1996, p. 18 (con data 1304 marzo 13). Marinangeli 1996, p. 283-284. Penco 1997, p. 364, 371 (con data 1304 marzo 13). Paoli 2004, p. 22 nota 103 e *passim*. Morizio 2008, *passim*.

L'autenticazione della copia redatta a Roma il 24 marzo 1304 era affidata all'apposizione dei *sigilla* di Napoleone, cardinale diacono di S. Adriano, Landolfo, cardinale diacono di S. Angelo e Guglielmo, cardinale diacono di S. Nicola in Carcere. La copia autentica datata 11 aprile 1304 venne rilevata a Sulmona da Onofrio di Giovanni di Gerardo, notaio di Sulmona, su istanza di fra Simone *de Furcis*, procuratore di S. Spirito del Morrone.

Per S. Spirito del Morrone vedi *Insediamenti celestini*, n. 112.

396.

BENEDICTI XI PAPAE LITTERAE DE IUSTITIA

1304 giugno 1, Perugia

Benedetto XI, saputo che tanto il priore e la comunità del monastero di S. Maria di Collemaggio, *per priorem soliti gubernari*, dell'ordine di san Benedetto, diocesi dell'Aquila, quanto i loro predecessori, *decimas, terras, domos, vineas, prata, pascua, nemora, molendina, possessiones, redditus, iura, iurisdictiones et quedam alia bona monasterii supradicti datis super hoc li(cte)ris, interpositis iuramentis, confectis exinde publicis instrumentis factis renuntiationibus et penis adiectis in gravem eiusdem monasterii lesionem, nonnullis clericis et laicis aliquibus eorum ad vitam quibusdam vero ad non modicum tempus et aliis perpetuo ad formam vel sub censu annuo concesserunt, quorum aliqui super hiis li(cte)ras confirmationis in furma com(m)uni a sede apostolica impetrasse dicuntur*, ordina all'arciprete della chiesa di S. Maria *de Interveriis* dell'Aquila di revocare *ad ius et proprietatem* del monastero di S. Maria di Collemaggio i beni che risulteranno illecitamente alienati *non obstantibus li(cte)ris, instrumentis, iuramentis, renuntiationibus, poenis et confirmationibus supradictis.*
Ad audientiam nostram.

Originale deperdito [*A], già *Archivio del monastero di S. Maria di Collemaggio, «Litterae apostolicae, indulgentiae et privilegia» (Zanotti, *Archivia*, VI.2, p. 719). Copia semplice del secolo XVII [Z], Zanotti, *Digestum*, III.1, p. 119-120 («ex proprio originali existenti in archivio monasterii Sanctae Mariae Collismadii de Aquila»). Copia semplice del secolo XVIII [B], Città del Vaticano, Archivio apostolico vaticano, Fondo celestini II, 44, f. 217r-v.

Regesti: Zanotti, *Digestum*, II.1, p. 20. Zanotti, *Archivia*, VI.2, p. 719. Potthast 1875, –. Grandjean 1883-1905, –. Paoli 2004, p. 360. Morizio 2008, p. 457 n. 390.

Bibliografia: Morizio 2008, *passim*.

Intervera (dal nome del fiume Vera), oggi Tempéra, è una frazione dell'odierno comune dell'Aquila; cfr. anche doc. n. 573.

Per la chiesa di S. Maria *de Interveris* vedi Sella 1936, p. 5 n. 32.

Per S. Maria di Collemaggio vedi *Insediamenti celestini*, n. 64.

397.

INSTRUMENTUM VENDITIONIS

1304 ottobre 11, Isernia

Pietro di Matteo da Castelpetroso, presbitero, vende a Roberto di Rinaldo, cittadino di Isernia, una vigna nel territorio di Isernia, *in loco qui dicitur Sanctus Spiritus*, confinante su un lato con la terra dei *fratres* della chiesa di S. Spirito *de Maiella*, al prezzo di una oncia d'oro e diciotto tarì.

Giudice: Ruggero, giudice di Isernia (S).
Notaio: Nicola *Iohannis abbatis*, notaio di Isernia (S).

Originale [A], Montecassino, Archivio dell'abbazia, Fondo di S. Spirito del Morrone, 290.

Regesti: Zanotti, *Digestum*, –. Zanotti, *Archivia*, VI.1, p. 392. Leccisotti 1966, p. 119 n. 290. Morizio 2008, p. 457 n. 391.

Bibliografia: Morizio 2008, *passim*.

Per S. Spirito di Isernia vedi *Insediamenti celestini*, n. 117.

398.

IOHANNIS MAGISTRI RATIONALIS PRIVILEGIUM

1304 dicembre 5, Napoli

Giovanni Pipino, *miles*, maestro razionale della curia regia – ricevuto un *publicum instrumentum* da fra Nicola *de Palo in Manu* (Palombaro), priore del monastero di S. Bartolomeo della Città di Santa Maria, dell'ordine morronese, contenente la donazione *inter vivos* fatta dal nobile Pandolfo *de domno Musco* da Salerno, per la remissione dei peccati suoi e dei genitori, al detto monastero e a fra Giovanni, allora priore di esso, consistente in case e terre *pro vineis et ortis*, site nella Città di Santa Maria e sue pertinenze, già assegnate al detto Pandolfo dalla curia regia –, trasferisce ogni diritto e proprietà che ha su dette case e terre al detto monastero e ai *fratres* della medesima congregazione.

Originale [A], Montecassino, Archivio dell'abbazia, Fondo di S. Spirito del Morrone, 293. Copia semplice del secolo XVII [Z], Zanotti, *Digestum*, III.1, p. 121-123 («ex proprio originali existenti in archivio venerabilis abbatiae Sancti Spiritus de Sulmone»).

Regesti: Zanotti, *Digestum*, II.1, p. 20. Zanotti, *Archivia*, VI.1, p. 411-412. Leccisotti 1966, p. 120 n. 293. Morizio 2008, p. 457-458 n. 392.

Bibliografia: Morizio 2008, *passim*.

Sull'origine del nome Palombaro, odierno comune in provincia di Chieti, vedi *Dizionario di toponomastica* 1990, p. 471; il toponimo, tuttavia, attestato anche nel 1053 nella forma *Palomanni* (vedi Pratesi-Cherubini 2017-2019, I, p. 475), potrebbe non derivare dal latino *palumbarius*.

Per S. Bartolomeo di Lucera vedi *Insediamenti celestini*, n. 14.

399.

INSTRUMENTUM TESTAMENTI

1304 [...], Manoppello, *in domo testatoris*

Lorenzo del notaio Deodato da Manoppello, *licet eger corpore sanus tamen mente articulate loquens et nolens decedere intestatus*, fa redigere il proprio testamento, eleggendo per la sua sepoltura la chiesa di S. Nicola di Manoppello, nominando erede il nipote Simmardo e stabilendo, oltre ai vari lasciti, che alla morte del nipote succedano i monasteri di S. Spirito della Maiella e di S. Pietro di Vallebona.
Giudice: Lorenzo di *magister* Matteo, giudice di Manoppello (S).
Notaio: Matteo di *ser* Nicola, notaio di Manoppello (S).

Originale [A], Montecassino, Archivio dell'abbazia, Fondo di S. Spirito del Morrone, 284.

Regesti: Zanotti, *Digestum*, –. Zanotti, *Archivia*, VI.1, p. 284. Pansa 1899, p. 190. Leccisotti 1966, p. 117 n. 284. Morizio 2008, p. 455 n. 386.

Bibliografia: Morizio 2008, *passim*.

Per S. Pietro di Vallebona vedi *Insediamenti celestini*, n. 103. Per S. Spirito della Maiella vedi *Insediamenti celestini*, n. 113.

400.

INSTRUMENTUM VENDITIONIS

1305 aprile [3], Lanciano

Donna Isabella [...] da Lanciano vende a fra Francesco, priore del luogo di S. Spirito di Lanciano, che acquista in nome e per conto del detto monastero, una vigna con alberi nel distretto della stessa città, *in contrata Bardelle*, confinante con le proprietà del detto monastero e presso la via che porta al detto monastero, al prezzo di due once d'oro.
Giudice: Tommaso di Guglielmo *Zaczi*, giudice di Lanciano (S).
Notaio: Teobaldo di *magister* Giovanni, notaio di Lanciano (S).

Originale [A], Montecassino, Archivio dell'abbazia, Fondo di S. Spirito del Morrone, 295.

Regesti: Zanotti, *Digestum*, –. Zanotti, *Archivia*, VI.1, p. 367. Leccisotti 1966, p. 121 n. 295 (con data 1305 aprile...). Morizio 2008, p. 458 n. 393.

Bibliografia: Zanotti, *Digestum*, II.2, p. 548. Pellegrini 2005, p. 345 nota 159. Morizio 2008, *passim*.

La data cronica, parzialmente illeggibile, essendo il supporto membranaceo molto rovinato, è stata integrata attraverso il regesto di L. Zanotti.

Per S. Spirito di Lanciano vedi *Insediamenti celestini*, n. 118.

401.

INSTRUMENTUM TESTAMENTI

1305 aprile 22, Isernia

Donna Filippa, figlia del fu notaio Roberto di Nicola *Solimardi*, fa redigere il proprio testamento, lasciando al monastero di S. Spirito della Maiella in Isernia tutte le terre che possiede *in loco ubi dicitur li Casali*, con l'obbligo da parte dei *fratres* del monastero medesimo di celebrare una volta al giorno, *in perpetuum*, una messa nell'altare di santa Maria vergine, ivi costruito, per la salvezza dell'anima sua e dei genitori; inoltre, lascia altri legati alla detta chiesa.
Notaio: Teodino.

Originale deperdito [*A], già *Archivio del monastero di S. Spirito del Morrone, «Pro monasterio Iserniae» (Zanotti, *Archivia*, VI.1, p. 382).

Regesti: Zanotti, *Digestum*, –. Zanotti, *Archivia*, VI.1, p. 382. Morizio 2008, p. 458 n. 394.

Bibliografia: Morizio 2008, *passim*.

Per S. Spirito di Isernia vedi *Insediamenti celestini*, n. 117.

402.

INSTRUMENTUM VENDITIONIS

1305 aprile 25, Lanciano

Donna Florisenna, moglie del fu Armanno di Giovanni *de Collemeruno*, abitante di Lanciano, vende a fra Francesco *de Sancto Angelo de Monteplano*, priore del luogo di S. Spirito di Lanciano dell'ordine morronese, una vigna nel territorio di Lanciano, *in contrata Bardelle*, al prezzo di otto once d'oro, sette tarì e dieci grani.
Giudice: Roberto *de Casaly*, giudice di Lanciano (S).
Notaio: Bartolomeo di Riccardo, notaio di Lanciano (S).

Originale [A], Montecassino, Archivio dell'abbazia, Fondo di S. Spirito del Morrone, 296.

Regesti: Zanotti, *Digestum*, –. Zanotti, *Archivia*, VI.1, p. 367. Leccisotti 1966, p. 121-122 n. 296. Morizio 2008, p. 459 n. 395.

Bibliografia: Zanotti, *Digestum*, II.2, p. 548. Morizio 2008, *passim*.

Per S. Spirito di Lanciano vedi *Insediamenti celestini*, n. 118.

403.

INSTRUMENTUM VENDITIONIS

1305 aprile 25, Lanciano

Riccardo di Riccardo di [...] da Lanciano, con la madre Margherita e il suo curatore, essendo minore di diciotto anni e maggiore di quattordici, vende a fra Francesco, priore dell'ordine o luogo di S. Spirito dell'ordine morronese in Lanciano, che compra in nome e per conto dello stesso luogo, una vigna con alberi, posto nel territorio di Lanciano, *in contrata Bardelle*, al prezzo di venticinque tarì.
Giudice: Roberto *de Casaly*, giudice di Lanciano (S).
Notaio: Teobaldo di *magister* Giovanni, notaio di Lanciano (S).

Originale [A], Montecassino, Archivio dell'abbazia, Fondo di S. Spirito del Morrone, 297.

Regesti: Zanotti, *Digestum*, –. Zanotti, *Archivia*, VI.1, p. 367. Leccisotti 1966, p. 122 n. 297. Morizio 2008, p. 459 n. 396.

Bibliografia: Zanotti, *Digestum*, II.2, p. 548. Pellegrini 2005, p. 345 nota 159. Morizio 2008, *passim*.

Per S. Spirito di Lanciano vedi *Insediamenti celestini*, n. 118.

404.

INSTRUMENTUM VENDITIONIS

1305 maggio 9, Ferentino

Margherita da Capistrello, abitante di Ferentino, con il consenso dei figli Nicola e Carlo, vende a fra Giovanni *de Olivola*, priore di S. Antonio di Colle del Fico, una rubbiatella di terra seminativa nel territorio di Ferentino, in località Piscitelli, al prezzo di cinquantadue libbre di denari del senato.
Notaio: Giovanni di Rinaldo da Ferentino.

Originale [A], Città del Vaticano, Archivio apostolico vaticano, Fondo celestini I, 34.

Regesti: Zanotti, *Digestum*, –. Zanotti, *Archivia*, –. Paoli 2004, p. 132 n. 34. Morizio 2008, 459 n. 397.

Bibliografia: Morizio 2008, *passim*.

Instrumentum infectum: manca il *signum* notarile e la sottoscrizione è incompleta.

Sul significato del termine *rubbiatella* vedi Paoli 2004, p. 132.

Per S. Antonio di Ferentino vedi *Insediamenti celestini*, n. 11.

405.

INSTRUMENTUM TESTAMENTI

1305 settembre 23, Sulmona

Mariuccia, moglie di Matteo di Migliorato da Sulmona, *licet infirma sana tamen mente*, non volendo morire intestata, fa redigere il proprio testamento nominando eredi universali sua sorella Margherita e i fratelli Giacomuccio e Nicola; tra i numerosi legati lascia un tarì alle chiese di Sulmona di S. Francesco, S. Domenico, S. Agostino, S. Panfilo, S. Spirito del Morrone e S. Nicola *de Ferrato*.
Giudice: Marino del giudice Matteo, giudice di Sulmona (S).
Notaio: Angelo di Giovanni Mancino, notaio di Sulmona (S).

Originale [A], Sulmona, Archivio capitolare di S. Panfilo, Archivio nuovo, Amministrazione, I.5.49.

Regesti: Zanotti, *Digestum*, –. Zanotti, *Archivia*, –. Chiappini 1915, p. 144-145 n. 93. Morizio 2008, p. 460 n. 398.

Bibliografia: Orsini 2003, p. 462 n. 100 (3820). Morizio 2008, *passim*.

Per la chiesa di S. Agostino di Sulmona vedi la nota al doc. n. 114.

Per la chiesa di S. Domenico – cui era annesso un convento dei frati predicatori – nel distretto di Porta Manaresca, vedi Mattiocco 1994, p. 112, 217; per i documenti custoditi presso l'archivio capitolare di S. Panfilo a Sulmona vedi Orsini 2003, *ad indicem* <p. 757>; cfr. anche doc. n. 540.

Per la chiesa di S. Francesco, ubicata nel centro storico di Sulmona e risalente al secolo XIII, vedi la nota al doc. n. 72.

Per la chiesa di S. Nicola *de Ferrato*, ubicata in località Paludi, non lontano dall'abbazia di S. Spirito del Morrone, vedi la nota al doc. n. 275.

Per la cattedrale di Sulmona, intitolata a san Panfilo, vedi la nota al doc. n. 8.

Per S. Spirito del Morrone vedi *Insediamenti celestini*, n. 112.

406.

INSTRUMENTUM DONATIONIS ET OBLATIONIS

1305 settembre 30, Isernia

Tommaso del fu Bartolomeo *di* <così> *Gimmundo* offre se stesso al monastero di S. Spirito della Maiella sito nel territorio di Isernia e dona *inter vivos* a fra Angelo, priore del monastero medesimo, che riceve in nome e per conto di esso, una casa, una vigna e una pezza di terra, site nelle pertinenze della città di Isernia.
Giudice: Francesco, giudice di Isernia (S).
Notaio: Filippo, notaio di Isernia (S).

Originale [A], Montecassino, Archivio dell'abbazia, Fondo di S. Spirito di Isernia, fasc. V, n. 52. Copia semplice del secolo XIX [B], Montecassino, Archivio dell'abbazia, Fondo di S. Spirito di Isernia, *Codex diplomaticus aeserniensis*, f. 604r-605v.

Regesti: Zanotti, *Digestum*, –. Zanotti, *Archivia*, VI.1, p. 382-383. Morizio 2008, p. 460 n. 399.

Bibliografia: Zanotti, *Digestum*, II.2, p. 548. Morizio 2008, *passim*.

Per S. Spirito di Isernia vedi *Insediamenti celestini*, n. 117.

†407.

LITTERAE FALSAE

1305 ottobre 3, Avignone

Clemente V al padre abate e al priore del monastero di S. Spirito del Morrone presso Sulmona, diocesi di Valva, dell'ordine di san Benedetto, e a tutti i priori dei monasteri a esso soggetti, incorporati o da incorporare, dello stesso ordine; concede cento anni e cento quarantene di indulgenza a tutti i fedeli che, *devotionis causa*, visitino in qualsiasi giorno dell'anno le chiese dei detti monasteri. *Augmentum et profectum*.

Falso <del secolo XVI *exeunte?*> con la seguente tradizione: Copia semplice del secolo XVIII [B], Città del Vaticano, Archivio apostolico vaticano, Fondo celestini II, 44, f. 224r. Notizia del 1623 [N], Montecassino, Archivio dell'abbazia, Fondo di S. Spirito del Morrone, 1930.

Edizione: Beurrier 1634, p. 136-137.

Regesti: Zanotti, *Digestum*, –. Zanotti, *Archivia*, –. *Regestum* 1884-1892, –. Inguanez 1918, p. 10-11 n. 12 (con data 1265 ottobre 2). Leccisotti 1966, p. 35 (con data 1265 ottobre 2). Paoli 2004, p. 360. Morizio 2008, p. 464 n. 408.

Bibliografia: Moscati 1956, p. 107 nota 1. Herde 2004, p. 12 nota 36. Morizio 2008, *passim*.

L'attestazione più antica del documento – chiaramente un falso, come si evince dall'entità e dalle modalità dell'indulgenza lucrabile – è in Beurrier 1634, p. 136-137. La medesima concessione era riportata nella «tabella impressa Bononiae de anno 1592... apud Ioannem Rossium... curiae archiepiscopalis et sanctae Inquisitionis concessu», da cui dipende la notizia del 1623 (Montecassino, Archivio dell'abbazia, Fondo di S. Spirito del Morrone, 1930); quest'ultima unità archivistica, fascicolo cartaceo del 1623, riporta: «Item tutte quelle persone, quali visiteranno una di dette chiese (dei celestini) confessi et contriti, ogni giorno haveranno 100 anni, et 100 quarantene d'indulgenza; concesse Clemente V in Perugia a dì 2 di ottobre, l'anno primo del suo pontificato». La data topica (Perugia) spinse M. Inguanez prima e T. Leccisotti poi ad attribuire tale indulgenza a Clemente IV, creando in tal modo un documento inesistente, menzionato sia da A. Moscati sia da P. Herde. Nella copia del secolo XVIII, che si basa probabilmente sull'edizione di L. Beurrier, la data è la seguente: «Datum Avenione, quint(o) nonas octobris pontificatus nostri anno primo». Se ne deduce che, nella tabella del 1592, piena di errori rifluiti nel citato fascicolo cartaceo del 1623, era errata sia la data cronica (2 ottobre anziché 3 ottobre) sia la data topica, a proposito della quale va notato che, il 2 ottobre 1305, Clemente V si trovava a Pérouges, nella Francia sud-orientale (cfr. *Regestum* 1884-1892, n. 9).

Per S. Spirito del Morrone vedi *Insediamenti celestini*, n. 112.

408.

INSTRUMENTUM VENDITIONIS

1305 ottobre 15, Carpinone

Donna Costanza, figlia del giudice Riccardo da Carpinone e moglie del fu Cristoforo di Giovanni di Alessandro da Isernia, nativa e abitante di Carpinone, vende al monastero della chiesa di S. Spirito di Isernia, che acquista per mezzo di fra Silvestro, abate o rettore della detta chiesa, *totam partem sibi contingentem in quodam fundo* sito nel territorio della città di Isernia, in località *Corpus Longus*, al prezzo di diciassette once d'oro.
Giudice: Alferio, giudice di Carpinone (S).
Notaio: Roberto, notaio di Carpinone (S).

Originale [A], Montecassino, Archivio dell'abbazia, Fondo di S. Spirito di Isernia, fasc. V, n. 53. Copia semplice del secolo XIX [B], Montecassino, Archivio dell'abbazia, Fondo di S. Spirito di Isernia, *Documenta ad monasterium Sancti Spiritus de Aesernia spectantia*, p. 37-39.

Regesti: Zanotti, *Digestum*, –. Zanotti, *Archivia*, –. Morizio 2008, p. 460-461 n. 400.

Bibliografia: Morizio 2008, *passim*.

La *datatio* è priva dell'anno di regno di Carlo II, re di Gerusalemme e di Sicilia.

Per S. Spirito di Isernia vedi *Insediamenti celestini*, n. 117.

409.

INSTRUMENTUM ARBITRATI

1305 ottobre 19, *sub porticu domorum ecclesie Sanctorum Iohannis et Pauli* (Ferentino)

Berardo, vescovo di Ferentino, scelto come arbitro da fra Giovanni, priore del monastero di S. Antonio di Colle del Fico, e da Maria, moglie del fu Luca di Rosa da Ferentino, per risolvere in modo amichevole la questione sorta tra di loro per il possesso di una vigna *ad Pontem de Tabulis*, nel territorio di Ferentino, udito il parere di Francesco da Velletri, professore di diritto civile, si pronuncia a favore dei monaci.
Notaio: Ambrogio da Ferentino, detto Cerramonte (S).

Originale [A], Città del Vaticano, Archivio apostolico vaticano, Fondo celestini I, 35.

Regesti: Zanotti, *Digestum*, –. Zanotti, *Archivia*, –. Paoli 2004, p. 133 n. 35. Morizio 2008, p. 461 n. 401.

Bibliografia: Morizio 2008, *passim*.

Per S. Antonio di Ferentino vedi *Insediamenti celestini*, n. 11.

410.

INSTRUMENTUM TESTAMENTI

1305 dicembre 2, Celano, *in domo Iohannis Andreae*

Giovanni Andrea, *licet infirmus corpore sanus tamen et corporis mente et recte et articulate loquens, nolens decedere intestatus, de bonis suis omnibus praesens nuncupatiuum condidit testamentum*: per prima cosa sceglie come luogo per la sua sepoltura la chiesa di S. Marco *inter Fuces* e istituisce erede suo nipote Pietruccio in tutti i beni che possiede in Tagliacozzo e pertinenze, *salvo uno prato posito in pertinentiis Taliacotii in loco ubi dicitur Planum Abiti cuius prati partem suam reliquit ecclesiae Sancti Nicolai de Taliacotio*; tra gli altri legati, per la salvezza dell'anima sua, lascia alla chiesa di S. Marco *inter Fuces* una pezza di terra posta nelle pertinenze di Celano in località *li Termini*, cinque capre che possiede *apud Sanctum Victorium*, due fiorini d'oro di cui è creditore da Angelo di *magister* Tommaso da Celano, un fiorino di cui è creditore da fra Matteo *de Sancto Victorino*, due tarì d'oro di cui è creditore da Oderisio *de Sancto Georgio*, abitante di Celano, quattro *turonenses grossos* che gli deve Berardo da Aielli e undici *cellas provesinorum* che gli deve Tommasone *Pertenari* da Celano. Alla chiesa di S. Leonardo di Celano lascia *partem suam totam pincorum* e a quella di S. Marco *carrarium unum*. Istituisce suoi esecutori testamentari i *fratres* della chiesa di S. Marco, ai quali lascia quanto dovesse restare del suo patrimonio una volta soddisfatti tutti i debiti, elencati distintamente nel testamento, fatta eccezione per quanto verrà speso per le sue esequie per mano di *d(ominus)* Romano da Celano.

Giudice: Francesco di Benvenuto, giudice di Celano.

Notaio: Bertoldo, notaio di Celano.

Originale deperdito [*A], già *Archivio del monastero di S. Angelo di Celano (Città del Vaticano, Archivio apostolico vaticano, Vat. lat. 14198, f. 649r). Copia semplice del secolo XVII [B], Città del Vaticano, Archivio apostolico vaticano, Vat. lat. 14198, f. 75v-78r.

Regesti: Città del Vaticano, Archivio apostolico vaticano, Vat. lat. 14198, f. 5v. Zanotti, *Digestum*, –. Zanotti, *Archivia*, –. Morizio 2008, p. 461-462 n. 402.

Bibliografia: Morizio 2008, *passim*.

Per la chiesa di S. Nicola di Tagliacozzo vedi Sella 1936, p. 51 n. 888.

Per S. Marco di Foce vedi *Insediamenti celestini*, n. 51.

411.

INSTRUMENTUM VENDITIONIS

1306 febbraio 12, Sulmona, *in domo sir Alexandri Berardi de dicta terra*

Nicola del fu Tommaso di *dominus* Berardo da Sulmona, maggiore di quattordici anni e minore di diciotto, con l'autorità di Berardo, suo fratello e curatore, vende a fra Pace, monaco di S. Spirito del Morrone sito nel territorio di Sulmona, nonché vicario e procuratore dello stesso monastero in Pratola, il quale acquista in nome e per conto del detto monastero, due terreni arativi feudali nel territorio di Pratola, in contrada *Vallis Sancti Laurencii*, al prezzo di quindici tarì.

Giudice: Marino del giudice Matteo, giudice di Sulmona (S).

Notaio: Nicola di Tancredi, notaio di Sulmona (S).

Originale [A], Montecassino, Archivio dell'abbazia, Fondo di S. Spirito del Morrone, 298.

Regesti: Zanotti, *Digestum*, –. Zanotti, *Archivia*, VI.1, p. 80. Leccisotti 1966, p. 122 n. 298. Morizio 2008, p. 462 n. 403.

Bibliografia: Zanotti, *Digestum*, II.2, p. 548. Morizio 2008, *passim*.

Per S. Spirito del Morrone vedi *Insediamenti celestini*, n. 112.

412.

INSTRUMENTUM TESTAMENTI

1306 febbraio 20, Serramonacesca, *in domo Bartholomei de Cesario*

Bartolomeo di Cesario da Serramonacesca, *licet eger corpore sanus tamen mente articulate loquens et nolens decedere intestatus*, fa redigere il proprio testamento nel quale, fra gli altri legati, lascia tre tarì al monastero di S. Liberatore della Maiella e due tarì al monastero di S. Spirito della Maiella, dando incarico a suo fratello fra Martino, dell'ordine morronese, e a *dompnus* Matteo di Bartolomeo da Serramonacesca di distribuire fra i poveri e le opere pie quel che dei suoi beni mobili sarà rimasto una volta soddisfatti tutti i legati.

Giudice: Gualtiero di Rinaldo, *illitteratus*, giudice di Serramonacesca.

Notaio: Guglielmo *Mathalioni*, notaio di Serramonacesca (S).

Originale [A], Montecassino, Archivio dell'abbazia, Fondo di S. Spirito del Morrone, 299.

Regesti: Zanotti, *Digestum*, –. Zanotti, *Archivia*, VI.1, p. 338. Leccisotti 1966, p. 123 n. 299. Morizio 2008, p. 462 n. 404.

Bibliografia: Penco 1997, p. 359. Morizio 2008, *passim*.

Per la documentazione relativa al priorato cassinese di S. Liberatore a Maiella vedi la nota al doc. n. 117.

Per S. Spirito della Maiella vedi *Insediamenti celestini*, n. 113.

413.

INSTRUMENTUM DONATIONIS

1306 marzo 21, Sulmona, *secus plateam maiorem ipsius terre et ante domum filiorum quondam Petri Beraldi*

Pietro di *sir* Gentile da Guardiagrele dona *inter vivos*, per la salvezza dell'anima sua e dei genitori, a fra Tommaso da Sulmona, monaco del monastero di S. Spirito del Morrone presso Sulmona, che riceve in nome e per conto del monastero medesimo, una terra vitata sita nelle pertinenze di Guardiagrele in contrada *Grelis*.

Giudice: Marino del giudice Matteo, giudice di Sulmona.

Notaio: Oddone del giudice Giovanni, notaio di Sulmona (S).

Originale [A], Chieti, Archivio arcivescovile, Fondo pergamenaceo, Teate 113.

Regesti: Zanotti, *Digestum*, –. Zanotti, *Archivia*, VI.1, p. 342. Balducci 1926, p. 34 n. 90. Morizio 2008, p. 463 n. 405.

Bibliografia: Zanotti, *Digestum*, II.2, p. 549. Palazzi 2005, p. 183. Pellegrini 2005, p. 343. Morizio 2008, *passim*.

Per S. Spirito del Morrone vedi *Insediamenti celestini*, n. 112.

414.

CAROLI IERUSALEM ET SICILIAE REGIS MANDATUM

1306 giugno 1, Napoli

Carlo II, re di Gerusalemme e di Sicilia, ordina ai giustizieri dell'Abruzzo *citra flumen Piscariae* di difendere l'abate e la comunità del monastero di S. Spirito del Morrone presso Sulmona, suoi devoti, da Rinaldo da Bussi e suo nipote, il *miles* Francesco da Sulmona, i quali impediscono il pacifico possesso e godimento da parte dei predetti religiosi del *castrum* di Pratola di Valva, ad essi donato dal re medesimo.

Habet querela.

Originale deperdito [*A], già *Archivio del monastero di S. Spirito del Morrone, «Iura castri Pratularum» (Zanotti, *Archivia*, VI.1, p. 80). Copia semplice del secolo XVII [Z], Zanotti, *Digestum*, III.1, p. 131-132 («ex proprio originali cui deest sigillum existenti in archivio venerabilis abbatiae Sancti Spiritus de Sulmone»).

Regesti: Zanotti, *Digestum*, II.1, p. 21. Zanotti, *Archivia*, VI.1, p. 80. Morizio 2008, p. 463 n. 406.

Bibliografia: Morizio 2008, *passim*.

Per S. Spirito del Morrone vedi *Insediamenti celestini*, n. 112.

415.

INSTRUMENTUM DONATIONIS ET OBLATIONIS

1306 agosto 11, Sulmona

Bartolomeo di Giovanni di Nicola *de Montemilio* offre se stesso al monastero di S. Spirito del Morrone e a fra Simone *de Furca*, priore e procuratore del monastero medesimo, e dona ogni suo bene. Notaio: Nicola del giudice Silvestro.

Originale deperdito [*A], già *Archivio del monastero di S. Spirito del Morrone, «Iura de domibus et terris in civitate et territorio Sulmonis et alibi. Diversorum in eadem capsula» (Zanotti, *Archivia*, VI.1, p. 172).

Regesti: Zanotti, *Digestum*, –. Zanotti, *Archivia*, VI.1, p. 172. Morizio 2008, p. 463 n. 407.

Bibliografia: Zanotti, *Digestum*, II.2, p. 549. Morizio 2008, *passim*.

Per S. Spirito del Morrone vedi *Insediamenti celestini*, n. 112.

416.

INSTRUMENTUM DONATIONIS

1307 febbraio 6, Boiano

Nicola del fu Bartolomeo e sua moglie, donna Adelicia, donano al monastero di S. Martino di Boiano e a fra Silvestro, priore di esso, una vigna *in loco ubi dicitur le Casale*. Notaio: Giovanni.

Originale deperdito [*A], già *Archivio del monastero di S. Spirito del Morrone, «Pro monasterio Boiani» (Zanotti, *Archivia*, VI.1, p. 396).

Regesti: Zanotti, *Digestum*, –. Zanotti, *Archivia*, VI.1, p. 396. Morizio 2008, 464 n. 409.

Bibliografia: Zanotti, *Digestum*, II.2, p. 550. Morizio 2008, *passim*.

Per S. Martino di Boiano vedi *Insediamenti celestini*, n. 74.

417.

INSTRUMENTUM DONATIONIS

1307 febbraio 26, Lanciano

Donna Altruda, moglie del fu Nicola Aquilante da Lanciano, dona a fra Biagio da Taranta, priore del monastero S. Spirito di Lanciano, che riceve in nome e per conto dello stesso monastero, una pezza di terra sita nel territorio di Lanciano, in contrada *Valle Upicza*, riservandone l'usufrutto a sé e a suo figlio Andrea, durante la loro vita. Giudice: Gualtiero di Gualtiero di Biagio, giudice di Lanciano (S). Notaio: Teobaldo di *magister* Giovanni, notaio di Lanciano (S).

Originale [A], Montecassino, Archivio dell'abbazia, Fondo di S. Spirito del Morrone, 302.

Regesti: Zanotti, *Digestum*, –. Zanotti, *Archivia*, VI.1, p. 367-368. Leccisotti 1966, p. 124 n. 302. Morizio 2008, p. 465 n. 410.

Bibliografia: Zanotti, *Digestum*, II.2, p. 550. Pellegrini 2005, p. 345 nota 159. Morizio 2008, *passim*.

Per S. Spirito di Lanciano vedi *Insediamenti celestini*, n. 118.

418.

INSTRUMENTUM DONATIONIS

1307 marzo 13, Boiano

Giovanni di Benedetto dona al monastero di S. Martino di Boiano e a fra Bartolomeo da Isernia, frate e monaco di quel monastero, la metà di una pezza di terra indivisa *in loco ubi dicitur Vallone*. Notaio: Giovanni.

Originale deperdito [*A], già *Archivio del monastero di S. Spirito del Morrone, «Pro monasterio Boiani» (Zanotti, *Archivia*, VI.1, p. 396).

Regesti: Zanotti, *Digestum*, –. Zanotti, *Archivia*, VI.1, p. 396. Morizio 2008, p. 465 n. 411.

Bibliografia: Zanotti, *Digestum*, II.2, p. 550. Morizio 2008, *passim*.

Per S. Martino di Boiano vedi *Insediamenti celestini*, n. 74.

419.

INSTRUMENTUM DONATIONIS

1307 marzo 18, <Boiano>

Giovanni di Benedetto dona al monastero di S. Martino di Boiano e a fra Bartolomeo da Isernia, frate e monaco di quel monastero, la metà di una pezza di terra indivisa *in loco ubi dicitur Vallone*. Notaio: Giovanni.

Originale deperdito [*A], già *Archivio del monastero di S. Spirito del Morrone, «Pro monasterio Boiani» (Zanotti, *Archivia*, VI.1, p. 396).

Regesti: Zanotti, *Digestum*, –. Zanotti, *Archivia*, VI.1, p. 396. Morizio 2008, p. 465 n. 412.

Bibliografia: Morizio 2008, *passim*.

Per S. Martino di Boiano vedi *Insediamenti celestini*, n. 74.

420.

INSTRUMENTUM DONATIONIS

1307 aprile 12, Lanciano

Matteo *Rogerii Iochiae* da Lanciano dona a fra Biagio, priore del monastero di S. Spirito di Lanciano la metà indivisa di una pezza di terra sita nella contrada detta *Valle Impinzi*. Notaio: Bartolomeo di Riccardo.

Originale deperdito [*A], già *Archivio del monastero di S. Spirito del Morrone, «Pro monasterio Anxiani» (Zanotti, *Archivia*, VI.1, p. 368).

Regesti: Zanotti, *Digestum*, –. Zanotti, *Archivia*, VI.1, p. 368. Morizio 2008, p. 465-466 n. 413.

Bibliografia: Zanotti, *Digestum*, II.2, p. 550. Morizio 2008, *passim*.

Per S. Spirito di Lanciano vedi *Insediamenti celestini*, n. 118.

421.

INSTRUMENTUM DONATIONIS ET OBLATIONIS

1307 giugno 7, *in quadam domo prope infrascriptum hospitale* (Caporciano)

Fra Berardo di Pellegrino da San Pio, *desiderans Deo religiose servire*, aveva iniziato a costruire un *locum pro hospitalitate infirmorum... sub vocabulo sancti Antonii in territorio Caporciani et Sancti*

Pii, in loco qui dicitur Bussus, ma resosi conto di non riuscire a completare la costruzione del detto luogo da solo, *immo esse iniuriosum et praeiudiciale monasterio Sancti Caesidii ordinis murronensis cui dictus locus erat vicinitate coniunctus*, offre se stesso al detto monastero di S. Cesidio e a fra Matteo da Serra, priore del monastero medesimo, presente e ricevente in nome e per conto di esso, e dona i suoi beni e il detto luogo o ospedale di S. Antonio con tutti i diritti e i possedimenti.
Notaio: Perotto di Guglielmo *de Caporciano*.

Originale deperdito [*A], già *Archivio del monastero di S. Maria di Collemaggio, «Iura Sancti Caesidii, Caporciani et Sancti Pii. Pro Sancto Caesidio et aliis» (Zanotti, *Archivia*, VI.2, p. 631-632).

Regesti: Zanotti, *Digestum*, –. Zanotti, *Archivia*, VI.2, p. 631-632. Pansa 1899-1900, p. 242. Morizio 2008, p. 466 n. 414.

Bibliografia: Morizio 2008, *passim*.

Per S. Antonio di Caporciano vedi *Insediamenti celestini*, n. 10. Per S. Cesidio di Caporciano vedi *Insediamenti celestini*, n. 16.

422.

ROBERTI CALABRIAE DUCIS MANDATUM

1307 luglio 27, *in hospitali Montis Virginis* (Mercogliano)

Roberto, primogenito del re di Gerusalemme e di Sicilia, duca di Calabria e vicario generale nel regno di Sicilia, avendo concesso in passato suo padre, il re Carlo II, *sub diversarum paginarum tenoribus*, alcune immunità, libertà e grazie ai *fratres* di S. Spirito del Morrone, dell'ordine di san Benedetto, e ai loro monasteri nel regno di Sicilia, ed essendo venuto a conoscenza che alcuni ufficiali del regno non le rispettano, ordina a tutti gli ufficiali del regno di rispettare le dette immunità concesse al monastero di S. Spirito e sue dipendenze.
Concessit ab olim.

Copia autentica del 1310 febbraio 26 deperdita [*B], già *Archivio del monastero di S. Spirito del Morrone, «Transumpta regia» (Zanotti, *Archivia*, VI.1, p. 231). Copia semplice del secolo XVII [Z], Zanotti, *Digestum*, III.1, p. 137-138 («ex transumpto publico facto apud Sanctum Severum per manum notarii Guillielmi de Fasanella sub die 26 februarii 1310 ad instantiam fratris Ioannis de Isernia monachi monasterii Sancti Spiritus de Murrono, quod in archivio abbatiae conservatur»).

Regesti: Zanotti, *Digestum*, II.1, p. 21. Zanotti, *Archivia*, VI.1, p. 231. Morizio 2008, p. 466 n. 415.

Bibliografia: Morizio 2008, *passim*.

Per Guglielmo da Vercelli e Montevergine vedi Araldi 2005; Tropeano 2005.

Per S. Spirito del Morrone vedi *Insediamenti celestini*, n. 112.

423.

INSTRUMENTUM DONATIONIS ET OBLATIONIS

1307 settembre 8, Sulmona, monastero di S. Spirito

Marsilio di Gualtiero da Roccamorice, offrendo se stesso al monastero di S. Spirito di Sulmona, dona a fra Giovanni da Cocullo, abate del monastero medesimo, tutti i suoi beni.
Notaio: Matteo di Bartolomeo *de Sulmona*.

Originale deperdito [*A], già *Archivio del monastero di S. Spirito del Morrone, «Iura de domibus et terris in civitate et territorio Sulmonis et alibi. Diversorum in eadem capsula» (Zanotti, *Archivia*, VI.1, p. 173). Copia autentica del 1308 deperdita [*B], già *Archivio del monastero di S. Spirito del Morrone, «Iura de domibus et terris in civitate et territorio Sulmonis et alibi. Diversorum in eadem capsula» (Zanotti, *Archivia*, VI.1, p. 173).

Regesti: Zanotti, *Digestum*, –. Zanotti, *Archivia*, VI.1, p. 173. Morizio 2008, p. 467 n. 416.

Bibliografia: Morizio 2008, *passim*.

*B: «Transumptum eiusdem donationis factum de anno 1308 ad instantiam fratris Matthei de Comina subprioris monasterii Sancti Spiritus etc. per notarium Onufrium Iohannis Girardi».

Per S. Spirito del Morrone vedi *Insediamenti celestini*, n. 112.

424.

(?)

1307 settembre 12

Fra Giovanni, abate di S. Spirito di Sulmona, […].

Originale? deperdito [*A], già *Archivio del monastero di S. Maria di Capua (Zanotti, *Digestum*, V.2, p. 599).

Regesti: Zanotti, *Digestum*, –. Zanotti, *Archivia*, –. Morizio 2008, p. 467 n. 417.

Bibliografia: Zanotti, *Digestum*, V.2, p. 599, 607. Morizio 2008, *passim*.

Per S. Spirito del Morrone vedi *Insediamenti celestini*, n. 112.

425.

INSTRUMENTUM VENDITIONIS

1307 ottobre 2, Ortona

Nicola di *magister* Leonardo, abitante di Ortona, vende a Carlo di *dominus* Giovanni da Ortona, procuratore del monastero di S. Spirito di Ortona, che acquista in nome e per conto di esso, la metà di una terra indivisa sita nel territorio di Ortona, *in contrata Bardelle*, confinante su un lato con le proprietà del monastero di S. Spirito e su un altro lato con le proprietà della chiesa di S. Maria di San Vito, al prezzo di tredici fiorini.
Giudice: Giacomo di Giacomo di Consolo, giudice di Ortona (S).
Notaio: Ruggero di Guglielmo, notaio di Ortona (S).

Originale [A], Montecassino, Archivio dell'abbazia, Fondo di S. Spirito del Morrone, 307.

Regesti: Zanotti, *Digestum*, –. Zanotti, *Archivia*, –. Leccisotti 1966, p. 126 n. 307. Morizio 2008, p. 467 n. 418.

Bibliografia: Morizio 2008, *passim*.

Per S. Spirito di Ortona vedi *Insediamenti celestini*, n. 119.

426.

INSTRUMENTUM VENDITIONIS

1307 dicembre 10, Aquila

Giovanni di Pietro di Matteo *de Turribus* vende a Giacomuccio di *magister* Pietro da Barisciano, procuratore del monastero di S. Maria di Collemaggio, che agisce in nome e per conto del priore e dei *fratres* della comunità medesima, la metà di una pezza di terra sita *ubi dicitur Collemaiu*, confinante su un lato con le proprietà del detto monastero, al prezzo di un'oncia d'oro e sei tarì.
Notaio: Giovanni di Vitale *de Fossa*.

Originale deperdito [*A], già *Archivio del monastero di S. Maria di Collemaggio, «Pro molendinis et terris in Turre, Balneo, Bazzano et Paganica. Pro terris ibidem» (Zanotti, *Archivia*, VI.2, p. 571).

Regesti: Zanotti, *Digestum*, –. Zanotti, *Archivia*, VI.2, p. 571. Pansa 1899-1900, p. 257-258. Morizio 2008, p. 467-468 n. 419.

Bibliografia: Morizio 2008, *passim*.

Per S. Maria di Collemaggio vedi *Insediamenti celestini*, n. 64.

427.

INSTRUMENTUM CONFIRMATIONIS

1308 gennaio 20, Boiano

Il giudice Pietro *de Giso* da Boiano riconosce che fra Bartolomeo *de Tritulio*, priore del luogo di Venafro dell'ordine maiellese, in data 10 novembre della presente settima indizione, ha preso possesso di alcuni beni, in nome e per conto del monastero di S. Martino di Boiano, che appartenevano a fra Simone *de Giso*, padre del detto giudice Pietro, con il suo consenso. Tali beni sono: *vinea in loco ad Colles, terra una prope ecclesiam Sancti Stefani, alia terra ad Vadum, alia terra ubi dicitur Casarine, alia terra.*
Notaio: Paolo.

Originale deperdito [*A], già *Archivio del monastero di S. Spirito del Morrone, «Pro monasterio Boiani» (Zanotti, *Archivia*, VI.1, p. 396-397).

Regesti: Zanotti, *Digestum*, –. Zanotti, *Archivia*, VI.1, p. 396-397. Morizio 2008, p. 468 n. 420.

Bibliografia: Zanotti, *Digestum*, II.2, p. 550. Morizio 2008, *passim*.

Per S. Martino di Boiano vedi *Insediamenti celestini*, n. 74. Per S. Spirito di Venafro vedi *Insediamenti celestini*, n. 120.

428.

BERARDI EPISCOPI FERENTINENSIS PRIVILEGIUM

1308 marzo 1, Ferentino

Berardo, vescovo di Ferentino, concede l'indulgenza di quaranta giorni a coloro che visiteranno la chiesa di S. Antonio di Ferentino, dell'ordine morronese, nelle solennità del Signore, nelle feste della beata vergine Maria, degli Apostoli, di san Benedetto, di sant'Antonio e loro ottave, e nelle domeniche di quaresima, confermando le indulgenze accordate da altri presuli.

Originale [A], Città del Vaticano, Archivio apostolico vaticano, Fondo celestini I, 37 (SD).

Regesti: Zanotti, *Digestum*, –. Zanotti, *Archivia*, –. Paoli 2004, p. 134 n. 37. Morizio 2008, p. 468 n. 421.

Bibliografia: Morizio 2008, *passim*.

Per S. Antonio di Ferentino vedi *Insediamenti celestini*, n. 11.

429.

INSTRUMENTUM TESTAMENTI

1308 marzo 2, Ferentino

Magister Giovanni di Trasmondo da Ferentino, nel testamento, istituisce eredi il fratello Nicola Bussa e la moglie Maria Maiale; lascia al monastero di S. Antonio una terra in località *lu Ponte delle Tabule*, nel territorio di Ferentino, a condizione che ogni lunedì sia celebrata una messa per la sua anima e per quella dei genitori, e con la clausola che gli eredi del fu Orlando da Zagarolo e del fratello Pietro potranno riscattare la detta terra, corrispondendo al monastero la somma di trentatré fiorini d'oro.
Notaio: Pietro da Ferentino, detto Torciano (S).

Originale [A], Città del Vaticano, Archivio apostolico vaticano, Fondo celestini I, 38.

Regesti: Zanotti, *Digestum*, –. Zanotti, *Archivia*, –. Paoli 2004, p. 134 n. 38. Morizio 2008, p. 468-469 n. 422.

Bibliografia: Morizio 2008, *passim*.

Nella *datatio* è indicata l'indizione settima, che, secondo lo stile bizantino, corrisponderebbe al 1309; tuttavia, l'anno di pontificato di Clemente V (terzo) coincide con il millesimo e, pertanto, escludendo l'uso dello stile fiorentino, è ipotizzabile un mero errore materiale.

Per S. Antonio di Ferentino vedi *Insediamenti celestini*, n. 11.

430.

Nicolai episcopi Alatrini privilegium

1308 marzo 7, Ferentino

Nicola, vescovo di Alatri, concede l'indulgenza di quaranta giorni a coloro che visiteranno la chiesa di S. Antonio presso Ferentino, dell'ordine morronese, nelle solennità del Signore, nelle feste della beata vergine Maria, degli Apostoli, di san Benedetto, di san Antonio e loro ottave, e nelle domeniche di quaresima, confermando le indulgenze elargite da altri presuli, previo consenso del vescovo diocesano.

Originale [A], Città del Vaticano, Archivio apostolico vaticano, Fondo celestini I, 39 (SD).

Regesti: Zanotti, *Digestum*, –. Zanotti, *Archivia*, –. Paoli 2004, p. 134 n. 39. Morizio 2008, p. 469 n. 423.

Bibliografia: Morizio 2008, *passim*.

Per S. Antonio di Ferentino vedi *Insediamenti celestini*, n. 11.

431.

Instrumentum donationis et oblationis

1308 marzo 12, Ferentino, monastero di S. Antonio

Nicola il Rosso da Ferentino, con il consenso del figlio Giovanni, offre se stesso e una casa, sita nel suburbio della città presso le proprietà delle chiese di S. Pancrazio e dei SS. Giovanni e Paolo di Ferentino, al monastero di S. Antonio di Colle del Fico, nelle mani del priore fra Pietro, che si impegna a mantenerlo e ad assisterlo in caso di malattia e di vecchiaia e a dargli sepoltura nella chiesa del monastero.
Notaio: Giovanni di Rinaldo da Ferentino (S).

Originale [A], Città del Vaticano, Archivio apostolico vaticano, Fondo celestini I, 40.

Regesti: Zanotti, *Digestum*, –. Zanotti, *Archivia*, –. Paoli 2004, p. 135 n. 40. Morizio 2008, p. 469 n. 424.

Bibliografia: Morizio 2008, *passim*.

Per S. Antonio di Ferentino vedi *Insediamenti celestini*, n. 11.

432.

Instrumentum venditionis

1308 marzo 19, Aquila

Stefano *Iacobi Sabatini de Turribus*, Giovanni *Bonidiei Iacobi*, per sé e sua sorella Muzia, nonché Tommasa, Giovanna e Francesca, sorelle carnali del detto Giovanni *Bonidiei*, vendono a Giacomuccio di *magister* Pietro da Barisciano, procuratore del monastero di S. Maria di Collemaggio, che agisce in nome e per conto del detto monastero, due parti di una pezza di terra sita *in territorio de Turribus prope ecclesiam Sancti Matthei de Porta Bazzani*, al prezzo di undici once d'oro.
Notaio: Giovanni di Vitale *de Fossa*.

Originale deperdito [*A], già *Archivio del monastero di S. Maria di Collemaggio, «Pro molendinis et terris in Turre, Balneo, Bazzano et Paganica. Pro terris ibidem» (Zanotti, *Archivia*, VI.2, p. 571).

Regesti: Zanotti, *Digestum*, –. Zanotti, *Archivia*, VI.2, p. 571. Pansa 1899-1900, p. 258. Morizio 2008, p. 469-470 n. 425.

Bibliografia: Morizio 2008, *passim*.

Per S. Maria di Collemaggio vedi *Insediamenti celestini*, n. 64.

433.

CAROLI IERUSALEM ET SICILIAE REGIS PRIVILEGIUM

1308 aprile 16, Marsiglia

Carlo II, re di Gerusalemme e di Sicilia – essendo venuto a conoscenza che *in Aprutina provincia, in loco qui dicitur Intramontes de territorio castri Tocci* si trova l'ospedale di S. Maria Maddalena, nel quale vivono i *fratres* dell'ordine del Morrone, suoi devoti, e che *magister* Giovanni da Tocco, arcidiacono di Le Mans, *medicinalis scientiae doctor*, per andare incontro all'inopia del detto ospedale, *pro vita dictorum fratrum*, ha donato i redditi e i proventi dei benefici delle sue chiese di S. Maria *de Agrema*, nel territorio di Manoppello, e di S. Giovanni *de Pedaria*, nel territorio di Tocco, diocesi di Chieti, al detto ospedale di S. Maria – dona al detto ospedale il diritto di patronato che egli ha sulle dette chiese *ex regali dignitate*.
Qui ad venerandas.

Originale deperdito [*A], già *Archivio del monastero di S. Spirito del Morrone, «Iura Sanctae Mariae Intermontes» (Zanotti, *Archivia*, VI.1, p. 124). Copia semplice del secolo XVII [Z], Zanotti, *Digestum*, III.1, p. 139-140 («ex proprio originali existenti in archivio abbatiae Sancti Spiritus de Sulmone»).

Regesti: Zanotti, *Digestum*, II.1, p. 21, 261. Zanotti, *Archivia*, VI.1, p. 124. Morizio 2008, p. 470 n. 426.

Bibliografia: Zanotti, *Digestum*, II.1, p. 261-262. Morizio 2008, *passim*.

Su Giovanni da Tocco vedi Delle Donne 2001; è ipotizzabile che Giovanni non fosse originario dell'odierno comune di Tocco Caudio, in provincia di Benevento, poiché i suoi legami con istituzioni ecclesiastiche ubicate nel territorio dell'omonima località in provinica di Pescara, Tocco da Casauria, rendono molto più probabile che fosse oriundo di quest'ultima località; vedi anche Sella 1936, p. 63 n. 1147: «Magister Iohannes de Tocco pro ecclesiis que valent unc. XIIII solvit unc. I et tar. XII».

Agrema, Angremma: toponimo – inerente alla chiesa di S. Maria, ubicata nel territorio di Manoppello, in provincia di Pescara – che deriva probabilmente dal latino medievale *ancra* (cfr. Du Cange 1883-1887, I, col. 244a), con il significato di *vallis* o *convallis* (cfr. *Dizionario di toponomastica* 1990, p. 29-30: Angri), ma anche «pascolo» (cfr. Alessio-De Giovanni 1983, p. 209-210); dalla medesima radice deriva il toponimo *Angrave* menzionato nell'*instrumentarium* casauriense (cfr. Pratesi-Cherubini 2017-2019, I, p. 250); cfr. anche doc. n. 450.

Per S. Giovanni di Pedaria vedi *Insediamenti celestini*, n. 37. Per S. Maria di Agrema vedi *Insediamenti celestini*, n. 58. Per S. Maria di Tremonti vedi *Insediamenti celestini*, n. 70.

†434.

LITTERAE FALSAE

1308 maggio 1, Avignone

Clemente V al padre abate e al priore del monastero di S. Spirito del Morrone presso Sulmona, diocesi di Valva, dell'ordine di san Benedetto, e a tutti i priori dei monasteri ad esso soggetti, incorporati o da incorporare, dello stesso ordine: concede duecento anni e duecento quarantene di indulgenza a tutti i fedeli che, *devotionis causa*, visitino in qualsiasi giorno dell'anno le chiese dei detti monasteri.
Congruis honoribus.

Falso <del secolo XVI *exeunte?*> con la seguente tradizione: Copia semplice del secolo XVIII [B], Città del Vaticano, Archivio apostolico vaticano, Fondo celestini II, 44, f. 237r. Notizia del 1623 [N], Montecassino, Archivio dell'abbazia, Fondo di S. Spirito del Morrone, 1930 (con data 1306 maggio).

Edizione: Beurrier 1634, p. 137-138.

Regesti: Zanotti, *Digestum*, –. Zanotti, *Archivia*, –. *Regestum* 1884-1892, –. Inguanez 1918, p. 28 n. 33 (con data 1306 maggio). Leccisotti 1966, p. 123 (con data 1306 maggio). Paoli 2004, p. 360. Morizio 2008, p. 470 n. 427.

Bibliografia: Penco 1997, p. 364 (con data 1306 maggio). Morizio 2008, *passim*.

La data riportata da L. Beurrier è la seguente: «Datum Avenioni primo calendas maii, pontificatus nostri anno tertio».

Per S. Spirito del Morrone vedi *Insediamenti celestini*, n. 112.

435.

INSTRUMENTUM PERMUTATIONIS

1308 maggio 14, Ferentino, monastero di S. Antonio di Colle del Fico

Fra Rinaldo da Ocre, priore di S. Antonio di Colle del Fico, e i monaci della comunità, fra Francesco *de Civita de Trete*, fra Amico *de Gipso*, fra Tommaso *de Furca*, fra Giovanni *de Sancta Anna*, fra Gregorio da Segni, fra Pace *de Valle Sorda*, fra Antonio da Ferentino, fra Nicola *Ru[beus]*, fra Ambrogio da Ferentino, fra Adeodato, fra Eramo da Sarno, fra Nicola da Ferentino, fra Pietro da Ferentino, fra Giacomo da Ferentino, fra Alaimo *de Bertanna*, fra Nicola *de Oscano* e fra Pietro da Celano, cedono a Pietro *de Luca* da Ferentino, alcune terre in località *lu Militu* e *le Fossule*, nel territorio di Ferentino, in cambio di una terra nel luogo detto *le Cese*, nello stesso territorio, riconoscendogli l'usufrutto a vita; nel caso in cui Pietro dovesse morire nel corso dell'anno, il ricavato della raccolta dei frutti sarebbe servito per il funerale e per la soddisfazione dei suoi debiti.
Notaio: Giovanni di Rinaldo da Ferentino (S).

Originale [A], Città del Vaticano, Archivio apostolico vaticano, Fondo celestini I, 41.

Regesti: Zanotti, *Digestum*, –. Zanotti, *Archivia*, –. Paoli 2004, p. 135-136 n. 41. Morizio 2008, p. 471 n. 428.

Bibliografia: Morizio 2008, *passim*.

Cfr. doc. n. 436.

Per S. Antonio di Ferentino vedi *Insediamenti celestini*, n. 11.

436.

INSTRUMENTUM CONFIRMATIONIS

1308 maggio 16, Ferentino, monastero di S. Antonio di Colle del Fico

Giovanni di Alberto dà il proprio assenso al contratto di permuta stipulato dal figlio Pietro con il priore e i monaci di S. Antonio di Ferentino.
Notaio: Giovanni di Rinaldo da Ferentino (S).

Originale [A], Città del Vaticano, Archivio apostolico vaticano, Fondo celestini I, 41.

Regesti: Zanotti, *Digestum*, –. Zanotti, *Archivia*, –. Paoli 2004, p. 135-136 n. 41. Morizio 2008, p. 471 n. 429.

Bibliografia: Morizio 2008, *passim*.

Cfr. doc. n. 435.

Per S. Antonio di Ferentino vedi *Insediamenti celestini*, n. 11.

437.

CAROLI IERUSALEM ET SICILIAE REGIS MANDATUM

1308 giugno 18, Napoli

Carlo II, re di Gerusalemme e di Sicilia, ordina al giustiziere dell'Abruzzo *citra flumen Piscariae* di intervenire, facendo piena e rapida giustizia, in favore dell'abate e della comunità del monastero di S. Spirito del Morrone presso Sulmona, contro alcuni laici che occupano indebitamente alcuni beni loro donati e confermati per mezzo di un privilegio regio.
Pro parte religiosorum.

Originale deperdito [*A], già *Archivio del monastero di S. Spirito del Morrone, «Privilegia regia» (Zanotti, *Archivia*, VI.1, p. 225). Copia semplice del secolo XVII [Z], Zanotti, *Digestum*, III.1, p. 141-143 («ex proprio originali cui deest sigillum existenti in archivio abbatiae Sancti Spiritus de Sulmone»).

Regesti: Zanotti, *Digestum*, II.1, p. 21. Zanotti, *Archivia*, VI.1, p. 225. Morizio 2008, p. 471-472 n. 430.

Bibliografia: Morizio 2008, *passim*.

Per S. Spirito del Morrone vedi *Insediamenti celestini*, n. 112.

438.

INSTRUMENTUM DONATIONIS

1308 luglio 1, Guardiagrele

Donna Mattea *Iavinecci* da Guardia dona a fra Giacomo da Guardia, priore di S. Spirito della Maiella, che riceve in nome e per conto del monastero medesimo, una terra sita nel territorio della detta Guardia, in contrada *de Costis Campiterni*, confinante su un lato con le proprietà della chiesa di S. Tommaso e su un altro lato con la via pubblica.
Notaio: Angelo del notaio Fusco *de Guardia*.

Originale deperdito [*A], già *Archivio del monastero di S. Spirito della Maiella, «Donationes, oblationes et legata» (Zanotti, *Archivia*, VI.1, p. 26).

Regesti: Zanotti, *Digestum*, –. Zanotti, *Archivia*, VI.1, p. 26. Morizio 2008, p. 472 n. 431.

Bibliografia: Morizio 2008, *passim*.

Per la chiesa di S. Tommaso di Guardiagrele vedi Sella 1936, p. 289 n. 4079.

Per S. Spirito della Maiella vedi *Insediamenti celestini*, n. 113.

439.

INSTRUMENTUM VENDITIONIS

1308 luglio 24, Guardiagrele

Il nobile Rinaldo *de Grelis* vende a fra Giacomo di Guglielmo di Filippo da Guardia, priore di S. Spirito della Maiella, dell'ordine morronese, che acquista in nome della detta chiesa, la metà di una terra sita nel territorio di Guardia, in contrada *Lontero*, al prezzo di dodici once.
Notaio: Giacomo di Marione *de Guardia*.

Originale deperdito [*A], già *Archivio del monastero di S. Spirito della Maiella, «Emptiones et permutationes bonorum» (Zanotti, *Archivia*, VI.1, p. 16).

Regesti: Zanotti, *Digestum*, –. Zanotti, *Archivia*, VI.1, p. 16. Morizio 2008, p. 472 n. 432.

Bibliografia: Zanotti, *Digestum*, II.2, p. 550. Morizio 2008, *passim*.

Per S. Spirito della Maiella vedi *Insediamenti celestini*, n. 113.

440.

INSTRUMENTUM DONATIONIS ET OBLATIONIS

1308 settembre 5, monastero di S. Spirito del Morrone (Sulmona)

Mansueto da Roccacaramanico offre se stesso al monastero di S. Spirito del Morrone presso Sulmona, nelle mani di fra Giovanni da Cocullo, abate del monastero medesimo, e dona ad esso tutte le pecore che possiede ora o che potrà avere in futuro.
Testi: fra Giacomo da Penne; fra Teodino da Bugnara; fra Berardo da Archi.
Giudice: Pietro del giudice Giovanni, *ser*, giudice di Sulmona (S).
Notaio: Onofrio di Giovanni di Gerardo, notaio di Sulmona (S).

Originale [A], Montecassino, Archivio dell'abbazia, Fondo di S. Spirito del Morrone, 310.

Regesti: Zanotti, *Digestum*, –. Zanotti, *Archivia*, VI.1, p. 173. Leccisotti 1966, p. 127 n. 310. Morizio 2008, p. 472-473 n. 433.

Bibliografia: Zanotti, *Digestum*, II.2, p. 550. Morizio 2008, *passim*.

Per S. Spirito del Morrone vedi *Insediamenti celestini*, n. 112.

441.

INSTRUMENTUM DONATIONIS

1308 ottobre 5, Bucchianico

Amico di Piero da Lanciano dona al monastero di S. Spirito di Lanciano e a fra Tommaso da Bucchianico, monaco e cellerario del detto monastero, gli infrascritti beni siti nelle pertinenze di Lanciano: *unum molendinum in contrata de Geriolis, cum territorio, ortis, silvis et salenis etc.; item alia bona*.

Notaio: Guglielmo di Benedetto, <notaio di Bucchianico>.

Originale deperdito [*A], già *Archivio del monastero di S. Spirito del Morrone, «Pro monasterio Anxiani» (Zanotti, *Archivia*, VI.1, p. 368).

Regesti: Zanotti, *Digestum*, –. Zanotti, *Archivia*, VI.1, p. 368. Morizio 2008, p. 473 n. 434.

Bibliografia: Zanotti, *Digestum*, II.2, p. 550. Morizio 2008, *passim*.

Per S. Spirito di Lanciano vedi *Insediamenti celestini*, n. 118.

442.

INSTRUMENTUM CESSIONIS

1308 ottobre 19, Sulmona

Il giudice Pietro *de Giso* da Boiano – a causa della controversia nata per il fatto che suo padre, *magister* Simone, dapprima monaco professo di S. Spirito nel monastero di S. Martino di Boiano, in seguito, abbandonando la regola, era diventato oblato di S. Chiara –, concede a fra Giovanni da Cocullo, abate di S. Spirito di Sulmona, che agisce in nome e per conto del monastero medesimo, ogni diritto e azione che possiede su alcuni beni incorporati al detto monastero di S. Martino.

Notaio: Onofrio <di Giovanni di Gerardo, notaio di Sulmona>.

Originale deperdito [*A], già *Archivio del monastero di S. Spirito del Morrone, «Pro monasterio Boiani» (Zanotti, *Archivia*, VI.1, p. 397).

Regesti: Zanotti, *Digestum*, –. Zanotti, *Archivia*, VI.1, p. 397. Morizio 2008, p. 473 n. 435.

Bibliografia: Zanotti, *Digestum*, II.2, p. 550. Paoli 2004, p. 485. Morizio 2008, *passim*.

Per S. Martino di Boiano vedi *Insediamenti celestini*, n. 74. Per S. Spirito del Morrone vedi *Insediamenti celestini*, n. 112.

443.

INSTRUMENTUM VENDITIONIS

1308 dicembre 6, Isernia

Donna Pellegrina, vedova di Giovanni di Alessandro cittadino di Isernia, cittadina e abitante di Isernia, vende a fra Angelo *de Forca* <così>, priore del monastero di S. Spirito della Maiella in Isernia, che riceve in nome e per conto del monastero e della comunità, la quarta parte di tutte le terre del suo defunto marito site nelle pertinenze di Isernia, in località *Mons Longus*, al prezzo di otto once d'oro.

Giudice: Rampino, giudice di Isernia (S).
Notaio: Martino di Cristoforo, notaio di Isernia (S).

Originale [A], Montecassino, Archivio dell'abbazia, Fondo di S. Spirito di Isernia, fasc. V, n. 54. Copia semplice del secolo XIX [B], Montecassino, Archivio dell'abbazia, Fondo di S. Spirito di Isernia, *Codex diplomaticus aeserniensis*, f. 602r- 603v.

Regesti: Zanotti, *Digestum*, –. Zanotti, *Archivia*, VI.1, p. 383. Morizio 2008, p. 473-474 n. 436.

Bibliografia: Zanotti, *Digestum*, II.2, p. 548. Morizio 2008, *passim*.

Instrumentum infectum: mancano le sottoscrizioni dei testi.

Per S. Spirito di Isernia vedi *Insediamenti celestini*, n. 117.

444.

INSTRUMENTUM ASSIGNATIONIS

1308 dicembre 25, Città di Santa Maria (Lucera)

Magister Giurato e altri uomini della Città di Santa Maria, in forza di una lettera del regio capitano, *cum inserta forma capituli litterarum* di Giovanni Pipino, maestro razionale della curia regia, riguardante l'assegnazione a un monastero della detta città, e specialmente al monastero di S. Bartolomeo, di un territorio *pro tribus aratris*, assegnano al detto monastero e a fra Marino, priore di esso, *in territorio Ripatestae, tria aratra capacitatis in semine salmorum sexaginta*.
Notaio: Riccardo *de Bisiniano*.

Originale deperdito [*A], già *Archivio del monastero di S. Spirito del Morrone, «Pro monasteriis Luceriae, Montisgargani, Manfredoniae et Baruli. Pro monasterio Sancti Bartholomaei de Luceria» (Zanotti, *Archivia*, VI.1, p. 412).

Regesti: Zanotti, *Digestum*, –. Zanotti, *Archivia*, VI.1, p. 412. Morizio 2008, p. 474 n. 437.

Bibliografia: Morizio 2008, *passim*.

La data riportata nel regesto di L. Zanotti, l'unica fonte a disposizione, è la seguente: «1308, 25 decembris. Apud Civitatem Sanctae Mariae». In assenza di altri elementi della data cronica (indizione e anno di regno di Carlo II d'Angiò), essendo stato rogato il 25 dicembre, giorno in cui scattava il millesimo nello stile della Natività, il documento potrebbe risalire al 1307. A Lucera, tuttavia, era in uso anche lo stile dell'Incarnazione secondo il computo fiorentino.

Per S. Bartolomeo di Lucera vedi *Insediamenti celestini*, n. 14.

445.

INSTRUMENTUM ASSIGNATIONIS

<1307-1308> dicembre 31, Sant'Elia (L'Aquila)

Pietruccio di Gentile da Bazzano, *viariarius per generale consilium civitatis Aquilae deputatus*, assegna al procuratore di fra Rinaldo, priore, e alla comunità del monastero di S. Maria di Collemaggio, che agisce in nome in nome e per conto del detto monastero, *iter seu viam mensurae unius cannae super quandam petiam terrae vineatae filiorum quondam Francisci Simeonis de Turribus, sitam in territorio de Turribus ubi dicitur Sancto Lia pro iure eundi et redeundi ad quandam petiam terrae vineatae dicti monasterii sitam ibidem*.
Notaio: Bartolomeo di Arcangelo *de Bazzano*.

Originale deperdito [*A], già *Archivio del monastero di S. Maria di Collemaggio, «Pro molendinis et terris in Turre, Balneo, Bazzano et Paganica. Pro terris ibidem» (Zanotti, *Archivia*, VI.2, p. 571).

Regesti: Zanotti, *Digestum*, –. Zanotti, *Archivia*, VI.2, p. 571. Pansa 1899-1900, p. 258. Morizio 2008, p. 474 n. 438.

Bibliografia: Zanotti, *Digestum*, V.2, p. 535. Morizio 2008, *passim*.

La data riportata nel regesto di L. Zanotti, l'unica fonte a disposizione, è la seguente: «1308, ultimo decembris». In assenza di altri elementi della data cronica (indizione e anno di regno di Carlo II d'Angiò), essendo stato rogato dopo il 25 dicembre, il millesimo potrebbe segnare un'unità in più, secondo lo stile della Natività, e quindi il documento potrebbe risalire al 1307.

Per S. Maria di Collemaggio vedi *Insediamenti celestini*, n. 64.

446.

INSTRUMENTUM VENDITIONIS

1309 aprile 3, *in reclaustro Collismadii* (L'Aquila)

Il notaio Nicola di Paolo *de Turribus* e Stabilia, moglie del fu Agabito *de Turribus*, vendono a fra Gualtiero da Sant'Eusanio, priore del monastero di S. Maria di Collemaggio, che acquista in nome e per conto del monastero medesimo, una pezza di terra arativa *in loco Collismadii*, confinante su due lati con le proprietà del monastero, al prezzo di due once d'oro.
Notaio: Vitale di Pietro *de Turribus*.

Originale deperdito [*A], già *Archivio del monastero di S. Maria di Collemaggio, «Pro molendinis et terris in Turre, Balneo, Bazzano et Paganica. Pro terris ibidem» (Zanotti, *Archivia*, VI.2, p. 571-572).

Regesti: Zanotti, *Digestum*, –. Zanotti, *Archivia*, VI.2, p. 571-572. Pansa 1899-1900, p. 258. Morizio 2008, p. 474-475 n. 439.

Bibliografia: Morizio 2008, *passim*.

Per S. Maria di Collemaggio vedi *Insediamenti celestini*, n. 64.

447.

CAROLI IERUSALEM ET SICILIAE REGIS PRIVILEGIUM

1309 aprile 30, Napoli

Carlo II, re di Gerusalemme e di Sicilia, *disponentes intercessores habere propitios qui Regem regum assiduis supplicationibus adeant*, ha provveduto a fondare una chiesa dell'ordine di S. Spirito del Morrone nel suo palazzo di Aversa, stabilendo che venti *fratres* dello stesso ordine, tra sacerdoti, chierici e conversi, con il priore, dimorino in perpetuo nella medesima chiesa; ora, affinché il priore e la comunità della detta chiesa siano in grado di provvedere alla propria sostentazione in modo dignitoso, concede loro cinquanta once d'oro sui proventi *buczariae* della detta città di Aversa, con la clausola che detta decisione potrà essere revocata in ogni tempo, non senza tuttavia proporre ai religiosi un congruo scambio. Ordina, quindi, agli ufficiali regi di Aversa di provvedere d'ora in poi ad assegnare annualmente ai detti *fratres* la somma stabilita.
Disponentes intercessores.

Originale deperdito [*A], già *Archivio del monastero di S. Pietro di Aversa (Zanotti, *Digestum*, III.1, p. 157). Copia semplice del secolo XVII [Z], Zanotti, *Digestum*, III.1, p. 155-157 («ex proprio originali cum sigillo pendenti quod conservatur in monasterio Aversae»).

Regesti: Zanotti, *Digestum*, II.1, p. 21. Zanotti, *Archivia*, –. Morizio 2008, p. 475 n. 440.

Bibliografia: Morizio 2008, *passim*.

Il termine *buczarie*, variante di *beccharia* 'beccheria' – voce utilizzata già da A. Pucci e G. Boccaccio – significa 'macelleria', 'mattatoio' (vedi Du Cange 1883-1887, I, col. 614c; Battaglia 1961-2002, II, p. 138); in questo caso, per estensione, indica la macellazione, ovvero i proventi derivanti dall'imposizione fiscale sulla macellazione nella città di Aversa (vedi anche Camera 1860, p. 173; Toomaspoeg 2009, p. 176 e *passim*).

Per S. Pietro apostolo di Aversa vedi *Insediamenti celestini*, n. 97. Per S. Spirito del Morrone vedi *Insediamenti celestini*, n. 112.

448.

INSTRUMENTUM VENDITIONIS

1309 maggio 15, Chieti, *in palatio loci Sancte Marie de Civitella*

Fra Gualtiero da Altino, dell'ordine di fra Pietro del Morrone, priore del monastero di S. Maria della Civitella di Chieti – *asserens se una cum conventu eiusdem monasterii habere necessitatem hedificandi quodam horatorium in loco monasterii supradicti quod hedificium dicti horatorii iam inceptum complere non poterat dum pecuniam et alia mobilia que esset ipsius monasterii non haberet, cogitavit una cum conventu predicto et idem conventus aliqua immobilia minus utilia eidem monasterio distrahere pro constructione hedificii supradicti* – e la comunità del monastero medesimo vendono al giudice Riczardo da Chieti una piccola pezza di terra posta *in pertinentiis castri Furce, in contrata Sancti Leonardi*, confinante su un lato con le proprietà della chiesa di S. Leonardo, lasciata al detto monastero dal fu Pietro di Migliore nel suo testamento, al prezzo di tre once d'oro e ventiquattro tarì.

Giudice: Giovanni da Comino, *miles*, giudice di Chieti.

Notaio: Matteo *de Balviano*, notaio di Chieti (S).

Originale [A], Chieti, Archivio arcivescovile, Fondo pergamenaceo, Teate 114.

Regesti: Zanotti, *Digestum*, –. Zanotti, *Archivia*, –. Balducci 1926, p. 34 n. 91. Morizio 2008, p. 475-476 n. 441.

Bibliografia: Palazzi 2005, p. 183. Pellegrini 2005, p. 343. Morizio 2008, *passim*.

Per S. Maria della Civitella vedi *Insediamenti celestini*, n. 56.

449.

ROBERTI IERUSALEM ET SICILIAE REGIS PRIVILEGIUM

1309 giugno 8, Napoli

Roberto, re di Gerusalemme e di Sicilia, conferma il privilegio emanato da suo padre Carlo II in data 1309 aprile 30 – il cui testo viene inserto –, con il quale stabiliva l'assegnazione di cinquanta once d'oro annuali ai *fratres* appartenenti all'ordine di S. Spirito del Morrone dimoranti in Aversa.
Pridem clare memorie.

Originale deperdito [*A], già *Archivio del monastero di S. Pietro di Aversa (Zanotti, *Digestum*, III.1, p. 161). Copia semplice del secolo XVII [Z], Zanotti, *Digestum*, III.1, p. 161 («ex proprio originali existenti in monasterio Aversae»).

Regesti: Zanotti, *Digestum*, II.1, p. 21. Zanotti, *Archivia*, –. Morizio 2008, p. 476 n. 442.

Bibliografia: Morizio 2008, *passim*.

Per S. Pietro apostolo di Aversa vedi *Insediamenti celestini*, n. 97. Per S. Spirito del Morrone vedi *Insediamenti celestini*, n. 112.

450.

CLEMENTIS V PAPAE LITTERAE DE GRATIA

1309 agosto 5, Avignone

Clemente V conferma al priore e ai *fratres* dell'ospedale di S. Maria *de Intermontes*, dell'ordine di san Benedetto, diocesi di Chieti, il diritto di patronato sulla chiesa di S. Maria *de Angremma* loro donata da Carlo II, re di Gerusalemme e di Sicilia.
Cum a nobis.

Originale [A], Montecassino, Archivio dell'abbazia, Fondo di S. Spirito del Morrone, 314 (BD). Copia autentica del 1316 settembre 29 [B], Montecassino, Archivio dell'abbazia, Fondo di S. Spirito del Morrone, 355.

Regesti: Zanotti, *Digestum*, II.1, p. 21, 262. Zanotti, *Archivia*, VI.1, p. 124. *Regestum* 1884-1892, –. Inguanez 1918, p. 18 n. 34. Leccisotti 1966, p. 128-129 n. 314. Morizio 2008, p. 476 n. 443.

Bibliografia: Zanotti, *Digestum*, II.1, p. 261-262. Pellegrini 2005, p. 360. Morizio 2008, *passim*.

Copia autentica rilevata su istanza di fra Gualtiero, dell'ordine di san Benedetto, monaco dell'ospedale di S. Maria di Tremonti, diocesi di Chieti, in data 29 settembre 1316, da Onofrio di Giovanni di Gerardo, giudice di Sulmona (S), e da Sergio di Simone, notaio di Sulmona (S).

Per S. Maria di Agrema vedi *Insediamenti celestini*, n. 58. Per S. Maria di Tremonti vedi *Insediamenti celestini*, n. 70.

451.

INSTRUMENTUM DONATIONIS ET OBLATIONIS

1309 settembre 18, Sulmona

Magister Gualtiero *de Rocca Murator* <così>, abitante di Sulmona, confessa che sono già trascorsi quattro anni e più da quando ha offerto se stesso e i suoi beni nelle mani di fra Berardo da Corno, allora abate del monastero di S. Spirito del Morrone, con alcune condizioni; ora, in presenza di fra Giacomo da Penne, priore del monastero medesimo, accetta e conferma la detta oblazione.
Notaio: Matteo di Bartolomeo *de Sulmona*.

Originale deperdito [*A], già *Archivio del monastero di S. Spirito del Morrone, «Iura de domibus et terris in civitate et territorio Sulmonis et alibi. Diversorum in eadem capsula» (Zanotti, *Archivia*, VI.1, p. 173).

Regesti: Zanotti, *Digestum*, –. Zanotti, *Archivia*, VI.1, p. 173. Morizio 2008, p. 476-477 n. 444.

Bibliografia: Zanotti, *Digestum*, II.2, p. 550. Morizio 2008, *passim*.

Per S. Spirito del Morrone vedi *Insediamenti celestini*, n. 112.

452.

INSTRUMENTUM CESSIONIS ET PROCURAE

1310 gennaio 8, Boiano

Nicola del giudice Pietro cede al monastero di S. Martino di Boiano e a fra Giacomo, priore di esso, ogni diritto e azione che ha su una pezza di terra *per eum vendita Petro de Boiano, in qua venditione deceptus fuit ultra dimidium praetii* e costituisce suo procuratore il detto fra Giacomo.
Notaio: Giovanni.

Originale deperdito [*A], già *Archivio del monastero di S. Spirito del Morrone, «Pro monasterio Boiani» (Zanotti, *Archivia*, VI.1, p. 397).

Regesti: Zanotti, *Digestum*, –. Zanotti, *Archivia*, VI.1, p. 397. Morizio 2008, p. 477 n. 445.

Bibliografia: Zanotti, *Digestum*, II.2, p. 548. Morizio 2008, *passim*.

Per S. Martino di Boiano vedi *Insediamenti celestini*, n. 74.

453.

INSTRUMENTUM PERMUTATIONIS

1310 gennaio 25, monastero di S. Spirito del Morrone (Sulmona)

Paoluccia, moglie di Manuzio di Bartolomeo da Sulmona, con il consenso di quest'ultimo, suo legittimo mundoaldo, dà a fra Manerio da Orsa, abate del monastero di S. Spirito del Morrone presso Sulmona, che agisce in nome e per conto di esso, una pezza di terra arativa, detta *la Cesa di Gifuni*, sita nel territorio di Sulmona, ai piedi del monte che è sopra il detto monastero, confinante su tutti i

lati con le proprietà di esso, e una vigna *in Padulibus, ad Vadum Vellae*, in cambio di due pezze di terra ubicate nel territorio di Sulmona, *in Padulibus*, in località *ad Aram Dompnicam*.
Giudice: Lorenzo del giudice Abramo, giudice di Sulmona (S).
Notaio: Oderisio del giudice Giovanni, notaio di Sulmona (S).

Originale [A], Montecassino, Archivio dell'abbazia, Fondo di S. Spirito del Morrone, 317.

Regesti: Zanotti, *Digestum*, II.1, p. 212. Zanotti, *Archivia*, VI.1, p. 166. Leccisotti 1966, p. 130 n. 317. Morizio 2008, p. 477 n. 446.

Bibliografia: Zanotti, *Digestum*, II.1, p. 210-212, 550; V.2, p. 537. Paoli 2004, p. 485. Morizio 2008, *passim*.

Per S. Spirito del Morrone vedi *Insediamenti celestini*, n. 112.

454.

INSTRUMENTUM EXECUTIONIS TESTAMENTI

1310 febbraio 4, Sulmona

Donna Catania, moglie del fu notaio Giovanni di Riccardo da Sulmona, fidecommessa del suo defunto marito, per la salvezza dell'anima di questi, dona a fra Giacomo da Penne, priore del monastero di S. Spirito del Morrone, una terra *in Querquetis* che il detto notaio Giovanni aveva lasciato nel suo testamento al monastero.
Notaio: Oderisio del giudice Giovanni, <notaio di Sulmona>.

Originale deperdito [*A], già *Archivio del monastero di S. Spirito del Morrone, «Iura de domibus et terris in civitate et territorio Sulmonis et alibi. Pro terris» (Zanotti, *Archivia*, VI.1, p. 166).

Regesti: Zanotti, *Digestum*, –. Zanotti, *Archivia*, VI.1, p. 166. Morizio 2008, p. 477-478 n. 447.

Bibliografia: Zanotti, *Digestum*, II.2, p. 550 (con data 1310 febbraio). Morizio 2008, *passim*.

Per S. Spirito del Morrone vedi *Insediamenti celestini*, n. 112.

†455.

INSTRUMENTUM FALSUM

1310 marzo 1, *apud lu Gissum* (Gessopalena)

Tommaso *de castro lu Gissi, cirurgicus*, vende a fra Roberto da Salle, priore della chiesa di S. Pietro Celestino, sita nelle pertinenze del detto *castrum*, vicino al casale detto *la Callararii*, e ai *fratres* ivi dimoranti, in nome e per conto della detta chiesa, una pezza di terra nelle medesime pertinenze, in contrada *Albanensis*, al prezzo di ventiquattro tarì.
Notaio: Nicola di Giacomo *de Rocca Moritii* <così>.

Falso <del secolo?> con la seguente tradizione: Pseudo-originale? deperdito [*A], già *Archivio del monastero di S. Giovanni battista di Gesso (Zanotti, *Archivia*, VI.2, p. 763).

Regesti: Zanotti, *Digestum*, –. Zanotti, *Archivia*, VI.2, p. 763. Morizio 2008, p. 537-538 n. 613.

Bibliografia: Zanotti, *Digestum*, III.2, p. 465-466; V.2, p. 552. Paoli 2004, p. 27 nota 128. Morizio 2008, *passim*.

L. Zanotti, che ebbe modo di visionare il documento nel secolo XVII, riporta la seguente *datatio*: «1310, prima martii, octavae indictionis». Il medesimo abate, tuttavia, a margine del regesto, annota: «In hoc instrumento notat(ur) regnum Roberti regis anno eius undecimo, qui tamen erat secundus. Attamen credo quod sit de anno 1319» (Zanotti, *Archivia*, VI.2, p. 763). In effetti, qualora sulla pergamena fosse effettivamente stato riportato l'anno undicesimo di Roberto, re di Gerusalemme e di Sicilia, ciò indicherebbe l'anno 1320 (non il 1319, come supposto dall'abate celestino), ma, nell'impossibilità di poter verificare tale dettaglio, essendo la pergamena deperdita, è anche ipotizzabile un errore da parte di L. Zanotti. Ciò che, al contrario, induce a dubitare della genuinità del documento, è il suo contenuto, ovvero il riferimento a una chiesa intitolata a san Pietro Celestino, che nel 1310 non era stato ancora canonizzato. Se invece si ipotizzasse una datazione, sulla base dell'anno di regno, al 1320, osterebbe a ciò l'indicazione di Roberto da Salle, «prior Sancti Petri Caelestini, siti in pertinentiis castri lu Gissi prope casale qui dicitur li Callerari» (Zanotti, *Digestum*, III.2, p. 465-466; V.2, p. 552), poiché, in un'altra donazione datata 1° marzo 1320, il medesimo Roberto da Salle è definito priore del monastero di S. Croce di Roccamontepiano (cfr. doc. n. 622).

Per S. Pietro confessore di Gesso vedi *Insediamenti celestini*, n. 90.

456.

INSTRUMENTUM TESTAMENTI

1310 marzo 3, <Roma>

Biagio *de Saxolinis*, *miles*, del rione Pigna, nel suo testamento istituisce erede la figlia Iseranna, nata dal primo matrimonio, e la progenie che spera di avere dalla moglie Giovanna; lascia ai monaci di fra Pietro del Morrone di Roma un casale *in Plagis Tusculane*, confinante con le proprietà del *castrum* di Frascati, a condizione che entro due anni dalla sua morte essi elargiscano dieci libbre di provisini a tutte le chiese di Roma intitolate a santa Maria e celebrino ogni giorno una messa per la sua anima.
Notaio: Giovanni *Malag(i)*, notaio per autorità della prefettura di Roma.

Copia autentica del 1312 dicembre 19 [B], Città del Vaticano, Archivio apostolico vaticano, Fondo celestini I, 42. Copia semplice del secolo XVII [C], Città del Vaticano, Archivio apostolico vaticano, Fondo celestini I, 43.

Regesti: Zanotti, *Digestum*, –. Zanotti, *Archivia*, –. Paoli 2004, p. 136-137 n. 42-43. Morizio 2008, p. 478 n. 448.

Bibliografia: Morizio 2008, *passim*.

Per S. Eusebio di Roma vedi *Insediamenti celestini*, n. 24. Per S. Pietro in Montorio vedi *Insediamenti celestini*, n. 105.

457.

INSTRUMENTUM PERMUTATIONIS

1310 marzo 8, Ferentino, monastero di S. Antonio di Colle del Fico

Fra Giovanni da Bucchianico, priore di S. Antonio di Colle del Fico, e i monaci della comunità, fra Giovanni da Spoleto, fra Gregorio da Segni, fra Antonio da Ferentino, fra Pietro da Ferentino, fra Biagio da Riofreddo, fra Giacomo da Ferentino e fra Tommaso dall'Aquila, cedono a Bonello *de Allifanti* da Ferentino una terra nel luogo detto *lu Militu*, nel territorio di Ferentino, in cambio di una terra in località *la Lapella*, confinante con le proprietà della chiesa dei SS. Giovanni e Paolo di Ferentino.
Notaio: Giovanni di Rinaldo da Ferentino (S).

Originale [A], Città del Vaticano, Archivio apostolico vaticano, Fondo celestini I, 44.

Regesti: Zanotti, *Digestum*, –. Zanotti, *Archivia*, –. Paoli 2004, p. 137 n. 44. Morizio 2008, p. 478 n. 449.

Bibliografia: Morizio 2008, *passim*.

Per S. Antonio di Ferentino vedi *Insediamenti celestini*, n. 11.

458.

INSTRUMENTUM PROCURAE

1310 giugno 19, monastero di S. Spirito del Morrone (Sulmona)

Fra Manerio, abate del monastero di S. Spirito del Morrone presso Sulmona, e la comunità del monastero medesimo, *ad sonum campane in capitulo eiusdem monasterii unanimiter congregatis*, asserendo essere loro giunta notizia di recente che il preposito e la comunità del monastero di S. Liberatore della Maiella, diocesi di Chieti, sostengono che la chiesa di S. Pietro di Roccamontepiano, che l'abate e la comunità di S. Spirito possiedono, appartiene al monastero di S. Liberatore, *prius quam tempus necessitatis occurrat*, costituiscono procuratori, economi, sindaci e nunzi speciali fra

Teodino da Bugnara, presente in quel momento, e fra Giacomo *de Rodio*, assente, per rivendicare dinanzi a un giudice competente il possesso della chiesa di S. Pietro di Roccamontepiano contro il preposito e la comunità di S. Liberatore.
Giudice: Lorenzo del giudice Abramo, giudice di Sulmona ([S]).
Notaio: Onofrio di Giovanni di Gerardo, notaio di Sulmona (S).

Originale [A], Chieti, Archivio arcivescovile, Fondo pergamenaceo, Teate 119.

Regesti: Zanotti, *Digestum*, –. Zanotti, *Archivia*, VI.1, p. 44. Balducci 1926, p. 35 n. 94. Morizio 2008, p. 479 n. 450.

Bibliografia: Zanotti, *Digestum*, II.2, p. 550. Paoli 2004, p. 485. Palazzi 2005, p. 183. Morizio 2008, *passim*.

Per la documentazione relativa al priorato cassinese di S. Liberatore a Maiella vedi la nota al doc. n. 117.

Per S. Pietro di Roccamontepiano vedi *Insediamenti celestini*, n. 101. Per S. Spirito del Morrone vedi *Insediamenti celestini*, n. 112.

459.

INSTRUMENTUM LOCATIONIS

1310 luglio 3, monastero di S. Spirito della Maiella (Roccamorice)

Fra Teodino da Bugnara, priore del monastero di S. Spirito della Maiella e del monastero di S. Pietro di Vallebona, *immediate subiecti* al monastero di S. Spirito del Morrone presso Sulmona, e la comunità dei monasteri di S. Spirito della Maiella e di S. Pietro di Vallebona, accogliendo la preghiera rivolta a loro e a fra Manerio, abate del detto monastero di S. Spirito del Morrone, ivi presente, dal notaio David, figlio di *magister* Arcangelo da Manoppello, insieme all'abate fra Manerio, restituiscono in regime di affitto al supplicante la terra boschiva e sterile, sita nelle pertinenze di Manoppello *in contrata Archesani*, che l'abate del monastero di S. Pietro di Vallebona, fra Giacomo da Manoppello, con atto del 1280 giugno 9 – il cui testo viene inserto – aveva concesso a suo padre e che, dopo la morte di costui, era stata ripresa dal monastero.

Originale [A], Montecassino, Archivio dell'abbazia, Fondo di S. Spirito del Morrone, 319 (*Sigilla deperdita duo*).

Regesti: Zanotti, *Digestum*, –. Zanotti, *Archivia*, VI.1, p. 280. Leccisotti 1966, p. 130-131 n. 319. Morizio 2008, p. 479 n. 451.

Bibliografia: Simonelli 1997, p. XXXVI nota 103. Morizio 2008, *passim*.

Per S. Pietro di Vallebona vedi *Insediamenti celestini*, n. 103. Per S. Spirito del Morrone vedi *Insediamenti celestini*, n. 112. Per S. Spirito della Maiella vedi *Insediamenti celestini*, n. 113.

460.

INSTRUMENTUM TESTAMENTI

1310 luglio 25, Sulmona, *in domo eadem*

Dompnus Filippo *de Strammo*, canonico di Valva e Sulmona, fa redigere il proprio testamento: lascia la casa ove egli abita, sita in Sulmona, *in districtu Porte Iohannis Passarum*, al monastero di S. Spirito del Morrone, *pro hospitio fratrum*, e un'oncia d'oro al monastero di S. Spirito della Maiella, *pro vestimentis fratrum ibidem morantium*.
Giudice: Giovanni di Oderisio, giudice di Sulmona, ma sottoscrive, essendo premorto il primo, Angelo di Giovanni Mancino, giudice di Sulmona (S).
Notaio: Nicola di Tancredi, notaio di Sulmona (S).

Originale [A], Montecassino, Archivio dell'abbazia, Fondo di S. Spirito del Morrone, 321.

Regesti: Zanotti, *Digestum*, –. Zanotti, *Archivia*, VI.1, p. 161. Leccisotti 1966, p. 131 n. 321. Morizio 2008, p. 480 n. 452.

Bibliografia: Penco 1997, p. 358. Morizio 2008, *passim*.

Per S. Spirito del Morrone vedi *Insediamenti celestini*, n. 112. Per S. Spirito della Maiella vedi *Insediamenti celestini*, n. 113.

461.

INSTRUMENTUM DONATIONIS ET OBLATIONIS

1310 settembre 18, Chieti

Sinibaldo di Pietro *de Quintana* da Chieti – *considerans quod presentis vite conditio statum habet instabilem et ea que visibilem habeant essentiam tendunt invisibiliter ad vero esse quod circo saniori ductus consilio ut beneficiorum et orationum que fuerint in monasterio Sancti Spiritus de Magella et subditarum ecclesiarum eius et maxime ecclesie Sancte Marie de Civitellis, ex promissione religiosi viri abbatis Manerii, abbatis Sancti Spiritus de ordine morronensis fieret particeps –*, offre se stesso nelle mani del predetto abate Manerio e dona *inter vivos* alla chiesa di S. Maria della Civitella, due parti di tutti i beni mobili e immobili che possiede ora e che possiederà al tempo della sua morte, riservandosene l'usufrutto vita natural durante.
Giudice: Altogrado di Doblerio, giudice di Chieti (S).
Notaio: Gualtiero di Guglielmo, notaio di Chieti (S).

Originale [A], Chieti, Archivio arcivescovile, Fondo pergamenaceo, Teate 117.

Regesti: Zanotti, *Digestum*, –. Zanotti, *Archivia*, –. Balducci 1926, p. 35 n. 95. Morizio 2008, p. 480 n. 453.

Bibliografia: Zanotti, *Digestum*, II.2, p. 475. Palazzi 2005, p. 183. Pellegrini 2005, p. 343. Morizio 2008, *passim*.

Per S. Maria della Civitella vedi *Insediamenti celestini*, n. 56. Per S. Spirito del Morrone vedi *Insediamenti celestini*, n. 112. Per S. Spirito della Maiella vedi *Insediamenti celestini*, n. 113.

462.

INSTRUMENTUM VENDITIONIS

1311 febbraio [8], Ferentino

Giacoma, moglie del fu Gregorio [...] da Ferentino, vende a fra Giovanni da Spoleto e a fra Antonio da Ferentino, che acquistano in nome del monastero di S. Antonio, una certa quantità di vigna in località *Colle de Martino*, nel territorio di Ferentino, confinante con le proprietà del monastero, al prezzo di un fiorino d'oro.
Notaio: Giovanni di Rinaldo da Ferentino (S).

Originale [A], Città del Vaticano, Archivio apostolico vaticano, Fondo celestini I, 45.

Regesti: Zanotti, *Digestum*, –. Zanotti, *Archivia*, –. Paoli 2004, p. 137 n. 45. Morizio 2008, p. 481 n. 455.

Bibliografia: Morizio 2008, *passim*.

Per S. Antonio di Ferentino vedi *Insediamenti celestini*, n. 11.

463.

INSTRUMENTUM DONATIONIS

1311 febbraio 27, *in palatio ecclesiae Sanctae Mariae Intermontes* (Tocco da Casauria)

Costanza *Petri Santi de Tocco* dona a fra Teodino *de Baigaria* <così, ma è da intendersi *Bugnara*>, dell'ordine morronese, priore di S. Spirito della Maiella, che riceve in nome e per conto del detto monastero, una *clausura* nel territorio di Tocco, *ubi dicitur Sanctus Victorinus*.
Notaio: Taddeo di Matteo *de Victorito*.

Copia autentica del 1315 ottobre 16 deperdita [*B], già *Archivio del monastero di S. Spirito della Maiella, «Donationes, oblationes et legata» (Zanotti, *Archivia*, VI.1, p. 26).

Regesti: Zanotti, *Digestum*, –. Zanotti, *Archivia*, VI.1, p. 26. Morizio 2008, p. 481 n. 456.

Bibliografia: Morizio 2008, *passim*.

«Instumentum reassumptum sub die 16 octobris 1315 ad instantiam fratris Blasii prioris Sancti Spiritus de Magella» (Zanotti, *Archivia*, VI.1, p. 26).

Per il significato del termine *clausa* o *clusa* o *clausura* vedi la nota al doc. n. 51.

Per S. Maria di Tremonti vedi *Insediamenti celestini*, n. 70. Per S. Spirito della Maiella vedi *Insediamenti celestini*, n. 113.

464.

INSTRUMENTUM PROCURAE

1311 marzo 31, *apud domos ecclesie Sancti Angeli de Criptis* (Balsorano)

Margherita, vedova del nobile Roberto da Capistrello, abitante di Anagni, costituisce procuratore il figlio Giovanni per la vendita al monastero di S. Antonio di Ferentino dei suoi beni nella città e territorio di Ferentino.

Giudice: Giovanni di Tommaso, *illitteratus*, giudice di Balsorano.

Notaio: Bandiscio di Nicola da Anagni, notaio di Morrea (S).

Originale [A], Città del Vaticano, Archivio apostolico vaticano, Fondo celestini I, 46.

Regesti: Zanotti, *Digestum*, –. Zanotti, *Archivia*, –. Paoli 2004, p. 138 n. 46. Morizio 2008, p. 481 n. 457.

Bibliografia: Morizio 2008, *passim*.

L'eremo di S. Angelo *de Criptis* è ubicato nel territorio dell'odierno comune di Balsorano, in provincia dell'Aquila, all'interno del Vallone di Sant'Angelo, versante sud-ovest della Serra Lunga, a circa 917 metri di altitudine; resta la grotta originaria e i ruderi dell'antico monastero danneggiato dal terremoto del 1915, mentre dopo la Seconda guerra mondiale è stata edificata una struttura moderna; il documento venne rogato nelle *domus* che l'ente religioso deteneva in Balsorano (vedi Blasetti 1894; Lauri 1910; Jacovitti 1954; Squilla 1967).

Per S. Antonio di Ferentino vedi *Insediamenti celestini*, n. 11.

465.

INSTRUMENTUM DONATIONIS

13[11] aprile 4, Trivento, *in domo Thomasii de Blasio*

Donna Maria, vedova di Biagio da Trivento, per la salvezza dell'anima sua e dei suoi antenati, con il consenso del figlio Tommaso, dona a fra Tommaso *de* […], priore del monastero di S. Maria *de Monte Plano* di Trivento, che riceve in nome e per conto del monastero medesimo, quattro pezze di terra ubicate nelle pertinenze di Trivento: la prima in contrada *de Monte Plano*, la seconda in contrada *de Valle de Piris*, la terza in contrada *de Ysclis*, confinante su un lato con il fiume Trigno, che possiede *pro indiviso* con gli eredi del giudice Andrea, la quarta in contrada *casalis Roconus*, confinante su un lato con la terra della chiesa di S. Nazario, che possiede *pro indiviso* con gli eredi del fu Benedetto di *magister* Gualtiero.

Giudice: Roberto del giudice Rinaldo, giudice di Trivento (S).

Notaio: Berardo di Oddone, notaio di Trivento (S).

Originale [A], Chieti, Archivio arcivescovile, Fondo pergamenaceo, Teate 286.

Edizione: Figliuolo-Pilone 2013, p. 293-295 n. 1.

Regesti: Zanotti, *Digestum*, –. Zanotti, *Archivia*, –. Balducci 1926, p. 44 n. 126 (con data 1319). Morizio 2008, p. 527 n. 584.

Bibliografia: Palazzi 2005, p. 180 nota 270, 184. Pellegrini 2005, p. 342 nota 146. Morizio 2008, *passim*.

Nella *datatio*, il millesimo è parzialmente illeggibile a causa del cattivo stato di conservazione del supporto membranaceo. L'indizione («mense aprilis die quarto videlicet eiusdem mense none indictionis»), secondo lo stile bizantino, e l'anno di regno di Roberto, re di Gerusalemme e di Sicilia («regnorum vero eius anno secundo») consentono di datare il documento al 1311.

Per S. Maria di Trivento vedi *Insediamenti celestini*, n. 71.

466.

INSTRUMENTUM PROCURAE

1311 aprile 12, Avignone

Guglielmo, cardinale diacono di S. Nicola in Carcere Tulliano, nomina suoi legittimi procuratori *magister* Cinzio da Roma, cantore della chiesa di Torino, suo cappellano, e Giacomino *de Longis* da Bergamo, suo nipote, per fondare, costruire e fabbricare un monastero e una chiesa in Bergamo, *in loco de Plorzano*, in onore del beato Nicola, il quale monastero dovrà essere affidato ai *fratres* dell'ordine della santa memoria di Celestino V, e per dotare il monastero e la chiesa dei beni che egli possiede *in dicto loco de Plorzano et in loco qui dicitur de Buccalione*.

Inserto del 1311 agosto 29 deperdito [*B], già *Archivio del monastero di S. Spirito del Morrone, «Pro monasteriis Bergomi, Eugubii et Urbini. Pro monasterio Bergomi» (Zanotti, *Archivia*, VI.1, p. 437). Inserto del secolo XVII [Z], Zanotti, *Digestum*, III.1, p. 166-167.

Regesti: Zanotti, *Digestum*, –. Zanotti, *Archivia*, –. Morizio 2008, p. 482 n. 458.

Bibliografia: Morizio 2008, *passim*.

Per S. Nicola di Plorzano vedi *Insediamenti celestini*, n. 82.

467.

INSTRUMENTUM VENDITIONIS

1311 aprile 22, *in locali de Caporciano* (L'Aquila)

Gemma, figlia del fu Abominianeso da Caporciano e moglie di Filippo di Alessandro da Acciano, e lo stesso Filippo, suo marito, vendono alla chiesa di S. Maria di Collemaggio e a fra Megraro *de Campania*, priore del monastero di S. Cesidio di Caporciano e a fra Giovanni, procuratori del detto monastero, due pezze di terra arativa site nelle pertinenze di Caporciano, in località *Colonella* e *Monumentum*, al prezzo di tredici fiorini e tre carlini.

Notaio: Corrado *de Mutrilaro*.

Originale deperdito [*A], già *Archivio del monastero di S. Maria di Collemaggio, «Iura Sancti Caesidii, Caporciani et Sancti Pii. Pro Sancto Caesidio et aliis» (Zanotti, *Archivia*, VI.2, p. 632).

Regesti: Zanotti, *Digestum*, –. Zanotti, *Archivia*, VI.2, p. 632. Pansa 1899-1900, p. 242-243. Morizio 2008, p. 482 n. 459.

Bibliografia: Morizio 2008, *passim*.

Per S. Cesidio di Caporciano vedi *Insediamenti celestini*, n. 16. Per S. Maria di Collemaggio vedi *Insediamenti celestini*, n. 64.

468.

INSTRUMENTUM VENDITIONIS

1311 giugno 19, Sulmona

Giacomo di Ugo di *ser* Landolfo vende a fra Angelo *de Furca*, priore del monastero di S. Spirito del Morrone, una pezza di terra e la metà indivisa di un'altra pezza poste *alle Marane*, una pezza di terra posta *alle Grotte* e un'altra terra, al prezzo di dodici tarì.

Notaio: Onofrio di Giovanni di Gerardo, <notaio di Sulmona>.

Originale deperdito [*A], già *Archivio del monastero di S. Spirito del Morrone, «Iura de domibus et terris in civitate et territorio Sulmonis et alibi. Pro terris» (Zanotti, *Archivia*, VI.1, p. 166).

Regesti: Zanotti, *Digestum*, –. Zanotti, *Archivia*, VI.1, p. 166. Morizio 2008, p. 482 n. 460.

Bibliografia: Morizio 2008, *passim*.

Per S. Spirito del Morrone vedi *Insediamenti celestini*, n. 112.

469.

INSTRUMENTUM VENDITIONIS

1311 luglio 18, Ferentino, monastero di S. Antonio

Margherita da Capistrello, abitante di Ferentino, vende a fra Tommaso da Schiavi, priore di S. Antonio di Ferentino, mezza rubbiatella di terreno da semina in località Piscitelli, nel territorio di Ferentino, confinante con le proprietà del monastero, al prezzo di ventuno libbre e quindici soldi di denari del senato.

Testi: fra Antonio da Ferentino; fra Gualtiero da Caramanico.

Notaio: Giovanni di Rinaldo da Ferentino (S).

Originale [A], Città del Vaticano, Archivio apostolico vaticano, Fondo celestini I, 47.

Regesti: Zanotti, *Digestum*, –. Zanotti, *Archivia*, –. Paoli 2004, p. 138 n. 47. Morizio 2008, p. 483 n. 461.

Bibliografia: Morizio 2008, *passim*.

Sul significato del termine *rubbiatella* vedi la nota al doc. n. 404.

Per S. Antonio di Ferentino vedi *Insediamenti celestini*, n. 11.

470.

INSTRUMENTUM FUNDATIONIS

1311 agosto 29, Bergamo, *in suburbio Sancti Andreae ubi dicitur in Plorzano in quadam petia terrae*

Dominus Guglielmo *de Longis* da Bergamo, cardinale diacono di S. Nicola in Carcere Tulliano, in onore di papa Celestino V, suo promotore, che sotto la regola di san Benedetto aveva costituito l'ordine monastico morronese, aveva fatto voto di fondare nel predetto luogo una chiesa o monastero in onore di san Nicola, esente dalla giurisdizione episcopale e da ogni diritto di patronato, secondo la forma dei privilegi concessi dalla sede apostolica all'ordine morronese, nella quale chiesa i *fratres* del detto ordine rendano il dovuto servizio a Dio, *iamque quamplures ex fratribus ipsius ordinis in loco ipso constituit qui per tempus ibi degerunt in disciplina monastica sub priore et reddigendi ecclesiam et monasterium, ipsa cum possessionibus iuribus suis in dominium et proprietatem abbatis et conventus ac monasterii Sancti Spiritus prope Sulmonam quod caput est ordinis memorati, cum omni immunitate, libertate et exemptione ipsi monasterio Sancti Spiritus et ordini supradicto ab apostolica sede concessis*. Quindi, i procuratori del detto cardinale – Cinzio da Roma, cantore della chiesa di Torino, e Giacomino *de Longis* da Bergamo, suo nipote –, in presenza di <Cipriano>, vescovo di Bergamo, fondano la detta chiesa ponendo la prima pietra e dotando il monastero di numerosi beni.

Notaio: Plevano *de [...]*, notaio di Bergamo per autorità imperiale.

Originale deperdito [*A], già *Archivio del monastero di S. Spirito del Morrone, «Pro monasteriis Bergomi, Eugubii et Urbini. Pro monasterio Bergomi» (Zanotti, *Archivia*, VI.1, p. 437). Copia semplice del secolo XVII [Z], Zanotti, *Digestum*, III.1, p. 165-171 («ex proprio originali existenti in archivio abbatiae Sancti Spiritus de Sulmona»).

Regesti: Zanotti, *Digestum*, II.1, p. 21; III.1, p. 163. Zanotti, *Archivia*, VI.1, p. 437. Morizio 2008, p. 483 n. 462.

Bibliografia: Zanotti, *Digestum*, III.1, p. 163-164; V.2, p. 627. Spinelli 1976, p. 26, 37 n. 11. Paoli 2004, p. 547. Morizio 2008, *passim*.

Per il documento del 1309 novembre 10 menzionato nella copia semplice del secolo XVII (Zanotti, *Digestum*, III.1, p. 169) cfr. Spinelli 1976, p. 37 n. 11.

Per S. Nicola di Plorzano vedi *Insediamenti celestini*, n. 82. Per S. Spirito del Morrone vedi *Insediamenti celestini*, n. 112.

471.

INSTRUMENTUM TESTAMENTI

1311 settembre 15, Guardiagrele

Pasquale di Giovanni *de Castello Tando*, abitante di Guardia, fa redigere il proprio testamento, lasciando al monastero di S. Spirito *de Legio*, *pro edificio ecclesiae*, una vigna con alberi posta nel territorio di Guardia, in contrada *de Plano ecclesiae Sancti Bartholomei*, confinante su un lato con le proprietà della detta chiesa di S. Bartolomeo e sugli altri con le vie pubbliche; inoltre, lascia al detto monastero di S. Spirito tutti i beni immobili che possiede nella città e distretto di Spoleto.
Notaio: Berardo di *dominus* Bartolomeo *de Guardia*.

Copia autentica del 1315 gennaio […] deperdita [*B], già *Archivio del monastero di S. Spirito della Maiella, «Donationes, oblationes et legata» (Zanotti, *Archivia*, VI.1, p. 26).

Regesti: Zanotti, *Digestum*, –. Zanotti, *Archivia*, VI.1, p. 26. Morizio 2008, p. 483-484 n. 463.

Bibliografia: Morizio 2008, *passim*.

«Instumentum reassumptum per notarium Angelum notarii Fusci de Guardia sub die [..] ianuarii 1315 ad instantian fratris Ioannis Matthei de Bucclano ordinis sancti Petri confessoris de Murrono, prioris Sancti Spiritus de Legio» (Zanotti, *Archivia*, VI.1, p. 26).

La chiesa di S. Bartolomeo, non più esistente, era ubicata nell'odierno comune di Guardiagrele, frazione Piana San Bartolomeo.

Per S. Spirito della Maiella vedi *Insediamenti celestini*, n. 113.

472.

INSTRUMENTUM PERMUTATIONIS

1311 settembre 20, Sulmona, *in domo dompni Pauli*

Dominus Manerio, abate del monastero di S. Spirito del Morrone, e fra Angelo *de Furca*, priore dello stesso monastero, nonché procuratore della comunità, in nome e per conto del monastero medesimo, danno a Pellegrino di *dompnus* Giovanni e a donna Lanora, sua moglie, una pezza di terra arativa sita nelle pertinenze di Sulmona, in località *Cadecyamartelli*, in cambio di una pezza di terra vitata nelle pertinenze di Sulmona, in località *lu Gualdo*, confinante su un lato con le proprietà del monastero.
Giudice: Tommaso di *ser* Gionata, giudice di Sulmona.
Notaio: Onofrio di Giovanni di Gerardo, notaio di Sulmona (S).

Originale [A], Montecassino, Archivio dell'abbazia, Fondo di S. Spirito del Morrone, 327. Originale deperdito [*A₂], già *Archivio del monastero di S. Spirito del Morrone, «Iura de domibus et terris in civitate et territorio Sulmonis et alibi. Pro terris» (Zanotti, *Archivia*, VI.1, p. 166).

Regesti: Zanotti, *Digestum*, –. Zanotti, *Archivia*, VI.1, p. 166. Leccisotti 1966, p. 134 n. 327. Morizio 2008, p. 484 n. 464.

Bibliografia: Zanotti, *Digestum*, V.2, p. 537. Morizio 2008, *passim*.

Per S. Spirito del Morrone vedi *Insediamenti celestini*, n. 112.

473.

INSTRUMENTUM DONATIONIS

1311 settembre 20, <Sulmona, *in domo dompni Pauli*>

Pellegrino dona a *dominus* Manerio, abate del monastero di S. Spirito del Morrone una *clusa, ubi dicitur ad Sanctum Paulum*.
Giudice: <Tommaso di *ser* Gionata, giudice di Sulmona>.
Notaio: Onofrio di Giovanni di Gerardo, <notaio di Sulmona>.

Originale deperdito [*A], già *Archivio del monastero di S. Spirito del Morrone, «Iura de domibus et terris in civitate et territorio Sulmonis et alibi. Pro terris» (Zanotti, *Archivia*, VI.1, p. 166-167).

Regesti: Zanotti, *Digestum*, –. Zanotti, *Archivia*, VI.1, p. 166-167. Morizio 2008, p. 484-485 n. 465.

Bibliografia: Zanotti, *Digestum*, V.2, p. 537. Morizio 2008, *passim*.

Per il significato del termine *clausa* o *clusa* o *clausura* vedi la nota al doc. n. 51.

Per S. Spirito del Morrone vedi *Insediamenti celestini*, n. 112.

474.

INSTRUMENTUM DONATIONIS

1311 […], Isernia

Bartolomeo di Graziano, sua moglie donna *Alberga* e la loro figlia Giovanna donano a fra Taddeo, priore di S. Spirito di Isernia, tutti i loro beni.
Notaio: Nicola *Iohannis abbatis*, <notaio di Isernia>.

Originale deperdito [*A], già *Archivio del monastero di S. Spirito del Morrone, «Pro monasterio Iserniae» (Zanotti, *Archivia*, VI.1, p. 383).

Regesti: Zanotti, *Digestum*, –. Zanotti, *Archivia*, VI.1, p. 383. Morizio 2008, p. 480-481 n. 454.

Bibliografia: Morizio 2008, *passim*.

È possibile che il documento originale deperdito prevedesse, oltre alla donazione di tutti i beni della famiglia, anche un atto di oblazione.

Per S. Spirito di Isernia vedi *Insediamenti celestini*, n. 117.

475.

INSTRUMENTUM TESTAMENTI

1312 gennaio 25, Lanciano

Gualtiero *Arinei*, abitante di Lanciano, *licet infirmus corpore sanus tamen mente articulate loquens et nolens decedere intestatus*, fa redigere il proprio testamento scegliendo come luogo di sepoltura la chiesa del luogo di S. Spirito di Lanciano e lasciando, tra i vari legati, ai *fratres* di essa sei libbre di cera e due tarì.
Giudice: Francesco del notaio Roberto, giudice di Lanciano.
Notaio: Pietro di Simone *Theodisce*, notaio di Lanciano (S).

Originale [A], Montecassino, Archivio dell'abbazia, Fondo di S. Spirito del Morrone, 328.

Regesti: Zanotti, *Digestum*, –. Zanotti, *Archivia*, VI.1, p. 368. Leccisotti 1966, p. 135 n. 328. Morizio 2008, p. 485 n. 467.

Bibliografia: Morizio 2008, *passim*.

Per S. Spirito di Lanciano vedi *Insediamenti celestini*, n. 118.

476.

INSTRUMENTUM VENDITIONIS

1312 marzo 31, Lanciano, *in palatio ecclesiae Sancti Spiritus*

Fra Biagio da Taranta, priore del monastero di S. Spirito di Lanciano, fra Berardo da Orsa, fra Pietro da Lucoli, fra Guglielmo da Bucchianico, fra Bartolomeo da Sulmona, fra Pietro da Limosano, fra Gualtiero *de Pelegra*, fra Pietro da Orsa, fra Leonardo da Lanciano, *fratres* del detto monastero, vendono a *magister* Francesco di Porcino da Lanciano, *in vita ipsius tamen*, una pezza di terra, con una casa e un casalino, sita nel territorio di Scorciosa, *in contrata Vallis Sanctae Mariae in Baro*, al prezzo di quattro once d'oro.

Notaio: Francesco del notaio Roberto *de Lanzano*.

Originale deperdito [*A], già *Archivio del monastero di S. Spirito del Morrone, «Pro monasterio Anxiani» (Zanotti, *Archivia*, VI.1, p. 368).

Regesti: Zanotti, *Digestum*, –. Zanotti, *Archivia*, VI.1, p. 368. Morizio 2008, p. 486 n. 468.

Bibliografia: Morizio 2008, *passim*.

È possibile che L. Zanotti, nel regestare il documento, abbia confuso il notaio con il giudice, poiché, in un testamento redatto poco più di due mesi prima, Francesco del notaio Roberto ricopre l'incarico di giudice ai contratti (cfr. doc. n. 475).

Scorciosa è una frazione dell'odierno comune di Fossacesia, in provincia di Chieti.

Per S. Maria in Baro vedi *Insediamenti celestini*, n. 72. Per S. Spirito di Lanciano vedi *Insediamenti celestini*, n. 118.

477.

INSTRUMENTUM VENDITIONIS

1312 aprile 25, <Sulmona>

Federico da Orsa e Martino di Leonardo da Sulmona vendono a Ruggero di Matteo, che acquista in nome e per conto del monastero di S. Spirito del Morrone, una *cesa ubi dicitur sub Saizano*, al prezzo di un'oncia e sei tarì.

Notaio: Onofrio di Giovanni di Gerardo, <notaio di Sulmona>.

Originale deperdito [*A], già *Archivio del monastero di S. Spirito del Morrone, «Iura Saizani» (Zanotti, *Archivia*, VI.1, p. 152).

Regesti: Zanotti, *Digestum*, –. Zanotti, *Archivia*, VI.1, p. 152. Morizio 2008, p. 486 n. 469.

Bibliografia: Morizio 2008, *passim*.

Per il significato del termine *cesa* vedi la nota al doc. n. 51.

Per S. Spirito del Morrone vedi *Insediamenti celestini*, n. 112.

478.

INSTRUMENTUM PRESENTATIONIS ET RATIFICATIONIS

1312 giugno 17, chiesa di S. Vittorino (L'Aquila)

Fra Angelo *de Ansola*, sottopriore del monastero di S. Maria di Collemaggio, in nome e per conto del priore e della comunità del monastero medesimo, essendo vacante la chiesa di S. Ilario di Pizzoli a seguito della morte di *d(ominus)* Giovanni di Tommasone, ultimo rettore della quarta parte della detta chiesa, presenta quale nuovo rettore della detta quarta parte il presbitero *d(ominus)* Rinaldo da Caporciano a *d(ominus)* Giacomo, arciprete della chiesa di S. Vittorino e al capitolo di essa, affinché accettino la detta nomina e istituiscano il detto presentato. L'arciprete e il capitolo della chiesa di S. Vittorino accettano la detta nomina.

Notaio: Giovanni di Paolo *de Pizzulo*.

Originale deperdito [*A], già *Archivio del monastero di S. Maria di Collemaggio, «Diversorum» (Zanotti, *Archivia*, VI.2, p. 737).

Regesti: Zanotti, *Digestum*, –. Zanotti, *Archivia*, VI.2, p. 737. Morizio 2008, p. 487 n. 471.

Bibliografia: Morizio 2008, *passim*.

Ansola: località identificabile con il toponimo *Ansa*, attestato in un documento rogato nel IX secolo a San Mauro di Amiterno (cfr. Pratesi-Cherubini 2017-2019, I, p. 251).

Per S. Ilario di Pizzoli vedi *Insediamenti celestini*, n. 43. Per S. Maria di Collemaggio vedi *Insediamenti celestini*, n. 64.

479.

ANDREAE EPISCOPI CAPUANI PRIVILEGIUM

<*post* 1304 giugno 5-*ante* 1312 giugno 23>

Andrea, vescovo di Capua, concede quaranta giorni di indulgenza a coloro i quali visiteranno il monastero o chiesa di S. Maria di Collemaggio in alcune festività o offriranno aiuto per la sua costruzione.

Originale? deperdito [*A], già *Archivio del monastero di S. Maria di Collemaggio, «Litterae apostolicae, induglentiae et privilegia» (Zanotti, *Archivia*, VI.2, p. 717).

Regesti: Zanotti, *Digestum*, –. Zanotti, *Archivia*, VI.2, p. 717. Antinori, *Annali*, X.1, *sub anno* 1288, *sub voce* Collemaggio [p. 215]. Clementi-Berardi 1980, p. 212.

La lettera di indulgenza di Andrea, vescovo di Capua – riportata in calce alla concessione degli otto vescovi presenti alla consacrazione della chiesa (cfr. doc. n. 108) –, era priva della data cronica; pertanto, gli estremi cronologici coincidono con quelli del suo episcopato capuano, giacché venne trasferito dalla diocesi di Brindisi il 5 giugno 1304 e morì prima del 23 giugno 1312, data in cui Clemente V nominò Ingerammo, canonico di Sisteron (cfr. Eubel 1913, p. 165).

Per S. Maria di Collemaggio vedi *Insediamenti celestini*, n. 64.

480.

(?)

1312 luglio 5

Fra Benedetto *de Colle*, abate di S. Spirito *de Maiella* <così>, […].

Originale? deperdito [*A], già *Archivio del monastero di S. Pietro di Aversa (Zanotti, *Digestum*, V.2, p. 591).

Regesti: Zanotti, *Digestum*, –. Zanotti, *Archivia*, –. Morizio 2008, p. 487 n. 472.

Bibliografia: Zanotti, *Digestum*, V.2, p. 591, 607 (con data 1312 luglio 3). Morizio 2008, *passim*.

Fra Benedetto *de Colle* era abate di S. Spirito del Morrone (cfr. Paoli 2004, p. 485-486).

Per S. Spirito del Morrone vedi *Insediamenti celestini*, n. 112. Per S. Spirito della Maiella vedi *Insediamenti celestini*, n. 113.

481.

INSTRUMENTUM VENDITIONIS

1312 agosto 14, Guardiagrele, *a parte posteriori ecclesie Sancte Marie*

Donna Tommasa, moglie di Giacomo *Gibellini* da Guardia, con l'autorità di quest'ultimo, suo marito e legittimo mundoaldo, e lo stesso Giacomo vendono a Gualtiero da Guardiagrele, detto *Accecta*, oblato del monastero di S. Spirito della Maiella dell'ordine morronese, che riceve e compra per sé e in nome e per conto del detto monastero, una casa sita *in predicta terra Guardie*, al prezzo di ventiquattro tarì.
Giudice: Gizio del notaio Roberto, notaio, giudice di Guardiagrele (S).
Notaio: Giacomo di Marione, notaio di Guardiagrele (S).

Originale [A], Chieti, Archivio arcivescovile, Fondo pergamenaceo, Teate 123.

Regesti: Zanotti, *Digestum*, –. Zanotti, *Archivia*, VI.1, p. 16. Balducci 1926, p. 37 n. 100 (con data 1312 agosto 15). Morizio 2008, p. 487-488 n. 473.

Bibliografia: Palazzi 2005, p. 183 (con data 1312 agosto 15). Pellegrini 2005, p. 362. Morizio 2008, *passim*.

Per la chiesa di S. Maria Maggiore di Guardiagrele vedi la nota al doc. n. 240.

Per S. Spirito della Maiella vedi *Insediamenti celestini*, n. 113.

482.

INSTRUMENTUM DONATIONIS

1312 [maggio-agosto] 24, Fara Filiorum Petri

Donna Perna di Nicola da Fara Filiorum Petri, con l'autorità di Berardo *Scinti*, suo marito e legittimo mundoaldo, e lo stesso Berardo, per la remissione dei loro peccati, per la salute delle loro anime e per reverenza a Gesù Cristo, donano a fra Roberto da Salle dell'ordine morronese, che riceve in nome e per conto dell'ordine medesimo, una casa con orto e alberi, sita nel borgo di Fara Filiorum Petri, e una pezza di terra con alberi sita nel territorio di Fara *in contrata de Sancto Donato*.
Giudice: Rinaldo di Pietro, giudice di Guardiagrele (S).
Notaio: Angelo del notaio Fusco, notaio di Guardiagrele (S).

Originale [A], Chieti, Archivio arcivescovile, Fondo pergamenaceo, Teate 125.

Regesti: Zanotti, *Digestum*, –. Zanotti, *Archivia*, p. 344. Balducci 1926, p. 37 n. 102. Morizio 2008, p. 486 n. 470.

Bibliografia: Zanotti, *Digestum*, V.2, p. 557. Palazzi 2005, p. 183. Morizio 2008, *passim*.

Pergamena in cattivo stato di conservazione, con strappi ed estese macchie di umidità. La data cronica, essendo illeggibile il mese, è stata integrata sulla base dell'indizione (decima), secondo lo stile bizantino, e dell'anno di regno (quarto) di Roberto, re di Gerusalemme e di Sicilia.

Per S. Croce di Roccamontepiano vedi *Insediamenti celestini*, n. 22.

483.

(?)

1312 settembre 4

Fra Gualtiero *de Rodio*, priore di S. Spirito della Maiella di Alife, […].

Originale? deperdito [*A], già *Archivio del monastero di S. Maria di Capua (Zanotti, *Digestum*, V.2, p. 599).

Regesti: Zanotti, *Digestum*, –. Zanotti, *Archivia*, –. Morizio 2008, p. 488 n. 474.

Bibliografia: Zanotti, *Digestum*, V.2, p. 599, 607. Morizio 2008, *passim*.

Per S. Spirito di Alife vedi *Insediamenti celestini*, n. 114.

484.

INSTRUMENTUM DONATIONIS

1312 settembre 23, Roccamontepiano, *ante domum dompni Gualterii Guillelmi*

Ranuzio di Bonasera da Roccamontepiano dona *inter vivos* alla chiesa di S. Croce, sita nel territorio di Roccamontepiano, dell'ordine morronese, e a *dompnus* Manerio, arciprete, che riceve in nome e per conto della detta chiesa, un orto sito nelle pertinenze di Roccamontepiano, in contrada *Aque Frigite*, per la salvezza della sua anima e per i numerosi servigi ricevuti dalla detta chiesa di S. Croce.
Giudice: Giordano di *magister* Nicola, giudice di Roccamontepiano (S).
Notaio: Bartolomeo di *magister* Tommaso da Serramonacesca, notaio di Roccamontepiano (S).

Originale [A], Chieti, Archivio arcivescovile, Fondo pergamenaceo, Teate 124.

Regesti: Zanotti, *Digestum*, –. Zanotti, *Archivia*, VI.1, p. 344. Balducci 1926, p. 37 n. 10. Morizio 2008, p. 488 n. 475.

Bibliografia: Zanotti, *Digestum*, V.2, p. 557. Palazzi 2005, p. 183 (con data 1312 settembre 12). Morizio 2008, *passim*.

Aque Frigite: contrada nelle pertinenze di Roccamontepiano, menzionata anche nella falsificazione con cui Carlo Magno avrebbe confermato al monastero di Montecassino beni e immunità, tra i quali la *curtem Sancti Ianuarii*, delimitata su un lato dalla via che *ascendit per Aquam Frigidam in limite de Monte Plano* (cfr. Dell'Omo 2003, p. 7); un idronimo con il medesimo nome, ma ubicato nei pressi del fiume Vomano, in provincia di Teramo, è attestato in un documento rogato a Penne nel 1046 (cfr. Pratesi-Cherubini 2017-2019, I, p. 253: *Aqua Frigida*).

Per S. Croce di Roccamontepiano vedi *Insediamenti celestini*, n. 22.

485.

INSTRUMENTUM VENDITIONIS

1312 ottobre 2, Boiano

Tommaso di Ruggero vende al monastero di S. Martino della Maiella di Boiano e a fra Giovanni, procuratore di esso, una pezza di terra *prope Corzulam*, al prezzo di otto once.
Notaio: Giovanni.

Originale deperdito [*A], già *Archivio del monastero di S. Spirito del Morrone, «Pro monasterio Boiani» (Zanotti, *Archivia*, VI.1, p. 397).

Regesti: Zanotti, *Digestum*, –. Zanotti, *Archivia*, VI.1, p. 397. Morizio 2008, p. 489 n. 477.

Bibliografia: Morizio 2008, *passim*.

Per S. Martino di Boiano vedi *Insediamenti celestini*, n. 74.

486.

LANDULFI EPISCOPI VALVENSIS PRIVILEGIUM

1312 ottobre 20, Sulmona

Landolfo, vescovo di Sulmona, conferisce al diacono Pietro di Sebastiano da Orsa le chiese di S. Maria, S. Silvestro e S. Erasmo *de Sagisano* presso Sulmona, vacanti per la morte di *ser* Alessandro e di *dompnus* Gentile da Sulmona, su presentazione dell'abate e della comunità di S. Spirito del Morrone, che hanno diritto su dette chiese a eccezione dell'ottava parte.

Originale [A], Montecassino, Archivio dell'abbazia, Fondo di S. Spirito del Morrone, 331 (SD).

Regesti: Zanotti, *Digestum*, II.1, p. 292-293. Zanotti, *Archivia*, VI.1, p. 152. Leccisotti 1966, p. 136 n. 331. Morizio 2008, p. 489 n. 478.

Bibliografia: Zanotti, *Digestum*, II.1, p. 291-294; II.2, p. 584-585. Penco 1997, p. 361 nota 62. Morizio 2008, *passim*.

Per S. Erasmo di Saizano vedi *Insediamenti celestini*, n. 23. Per S. Maria di Saizano vedi *Insediamenti celestini*, n. 68. Per S. Silvestro di Saizano vedi *Insediamenti celestini*, n. 111. Per S. Spirito del Morrone vedi *Insediamenti celestini*, n. 112.

487.

INSTRUMENTUM VENDITIONIS

1312 novembre 18, Isernia

Luca, abate del monastero di S. Agapito, in presenza di *dominus* Pietro, vescovo di Isernia, vende a fra Taddeo da San Valentino, priore del monastero di S. Spirito della Maiella in Isernia, una terra sita nel territorio di Isernia, *in contrata Sancti Agapiti*, al prezzo di quindici once d'oro.

Giudice: Roberto, giudice di Isernia (S).

Notaio: Pietro di Cristoforo, notaio di Isernia (S).

Originale [A], Montecassino, Archivio dell'abbazia, Fondo di S. Spirito di Isernia, fasc. V, n. 55. Copia semplice del secolo XIX [B], Montecassino, Archivio dell'abbazia, Fondo di S. Spirito di Isernia, *Codex diplomaticus aeserniensis*, f. 598r-600v.

Regesti: Zanotti, *Digestum*, –. Zanotti, *Archivia*, VI.1, p. 383. Morizio 2008, p. 489 n. 479.

Bibliografia: Morizio 2008, *passim*.

L'indizione non è rilevabile a causa di uno strappo del supporto membranaceo, mentre in B non è corretta; l'anno quarto di regno di Roberto, re di Gerusalemme e di Sicilia, conferma il millesimo.

Il monastero di S. Agapito *in Valle* era ubicato nell'odierno comune di Sant'Agapito, frazione Scalo Ferroviario; poiché l'agiotoponimo *Sanctum Accapitum* è attestato nel *Catalogus baronum* (Jamison 1972, p. 133 n. 742), il monastero, che aveva dato il nome al *castrum*, è anteriore alla metà del secolo XII; risulta tuttavia difficile stabilire quando il culto per sant'Agapito, martire del III secolo originario di Palestrina (cfr. Josi-Celletti 1961), la cui cattedrale è a lui intitolata, si sia diffuso nell'area di Isernia; vedi Sella 1936, p. 352 n. 5153; Pietrantonio 1988, p. 477 n. 124; Di Rocco 2009, p. 133-134 n. 65.

Per S. Spirito di Isernia vedi *Insediamenti celestini*, n. 117.

488.

INSTRUMENTUM VENDITIONIS

1312 [settembre-dicembre] 4, [...]

[Anagnina, moglie del fu] Oddone di Magno e tutrice dei figli, vende a [fra Giovanni da] Spoleto, che acquista per conto del monastero di S. Antonio di Colle del Fico, una terra in località [Piscitelli], confinante con le proprietà della chiesa maggiore di Ferentino e del monastero di Fossanova, al prezzo di centoventi libbre di denari del senato; la venditrice dichiara di aver ricevuto il pagamento in fiorini d'oro in ragione di trentotto soldi per fiorino.

Notaio: Nicola da Siracusa (S).

Originale [A], Città del Vaticano, Archivio apostolico vaticano, Fondo celestini I, 48.

Regesti: Zanotti, *Digestum*, –. Zanotti, *Archivia*, –. Paoli 2004, p. 138-139 n. 48. Morizio 2008, p. 488-489 n. 476.

Bibliografia: Morizio 2008, *passim*.

La pergamena è parzialmente illeggibile a causa di rosicature di topi e macchie di umidità, pertanto la data cronica è stata integrata sulla base dell'indizione undicesima, secondo lo stile bizantino.

Per S. Antonio di Ferentino vedi *Insediamenti celestini*, n. 11.

489.

INSTRUMENTUM VENDITIONIS

1312 dicembre 13, Babuco (Boville Ernica)

Giacomo di Nicola, uno dei signori del *castrum* di Babuco, abate e rettore della chiesa di S. Maria della valle di Babuco, costituisce suo procuratore Giordanello, mercante di Ferentino, per vendere ai monaci di S. Antonio, dell'ordine di fra Pietro del Morrone, alcune terre in contrada Piscitelli, nel territorio di Ferentino, confinanti con la loro proprietà e con i beni del monastero di Fossanova, al prezzo di quarantacinque libbre di denari del senato per ogni rubbiatella di seminativo.

Notaio: Francesco di Matteo da Babuco (S).

Originale [A], Città del Vaticano, Archivio apostolico vaticano, Fondo celestini I, 49.

Regesti: Zanotti, *Digestum*, –. Zanotti, *Archivia*, –. Paoli 2004, p. 139 n. 49. Morizio 2008, p. 490 n. 480.

Bibliografia: Morizio 2008, *passim*.

Sul significato del termine *rubbiatella* vedi la nota al doc. n. 404.

Per S. Antonio di Ferentino vedi *Insediamenti celestini*, n. 11.

490.

INSTRUMENTUM VENDITIONIS

1312 dicembre 17, Ferentino

Giordanello, mercante di Ferentino, procuratore di Giacomo di Nicola, uno dei signori del *castrum* di Babuco e abate e rettore della chiesa di S. Maria della valle di Babuco, come appare dall'*instrumentum* del notaio Francesco di Matteo da Babuco, vende a fra Giovanni da Spoleto e a fra Tommaso dall'Aquila, monaci di S. Antonio di Colle del Fico, dell'ordine di fra Pietro del Morrone, alcune terre in località Piscitelli, confinanti con la loro proprietà e con i beni del monastero di Fossanova, al prezzo di quarantacinque libbre del senato per ogni rubbiatella di seminativo, ricevendo trenta fiorini d'oro, corrispondenti a sessanta libbre di denari del senato.
Notaio: Giovanni di Rinaldo da Ferentino (S).

Originale [A], Città del Vaticano, Archivio apostolico vaticano, Fondo celestini I, 50.

Regesti: Zanotti, *Digestum*, –. Zanotti, *Archivia*, –. Paoli 2004, p. 139-140 n. 50. Morizio 2008, p. 490 n. 481.

Bibliografia: Paoli 2004, p. 9 nota 27. Morizio 2008, *passim*.

Sul significato del termine *rubbiatella* vedi la nota al doc. n. 404.

Per S. Antonio di Ferentino vedi *Insediamenti celestini*, n. 11.

491.

INSTRUMENTUM DONATIONIS

1313 gennaio 11, Città di Santa Maria (Lucera)

Il nobile *dominus* Vinciguerra da Guardiagrele, abitante della Città di Santa Maria, promette a fra Matteo, visitatore dell'ordine morronese, di dare al detto visitatore, o a un'altra persona del detto ordine che agisca in nome e per conto di esso, sei once, nella misura di sessanta carlini d'argento per ogni oncia, per l'edificazione di una chiesa o monastero da costruirsi da parte dei *fratres* del detto ordine *in dicta terra Guardie in domibus et casalenis donatis dicto ordini per dictum dominum Vinciguerram, hoc modo videlicet quod a die quo constructum erit altare per dictos fratres in domibus et casalenis predictis et in eo ceperint divina officia celebrare singulis annis diem predictam successive sequentibus det et solvat predicto visitatori vel alteri persone legitime dicti ordinis, ipsius ordinis nomine e pro parte, unciam unam in predictis carlenis argenteis sexaginta pro unciam computatam donec de predicta pecunia quantitate sex uncias sit eidem ordinis predictis dominum Vinciguerram vel alium eius nomine integre satisfactum* e specialmente dagli introiti derivanti dalla locazione delle sue case e apoteche esistenti nella città di Sulmona.
Giudice: Benimbene *de Civitella*, giudice della Città di Santa Maria (S).
Notaio: Manfredi Capillato, notaio della Città di Santa Maria (S).

Originale [A], Chieti, Archivio arcivescovile, Fondo pergamenaceo, Teate 121. Copia semplice del secolo XVII [Z], Zanotti, *Digestum*, III.1, p. 177-178 («ex proprio originali existenti in archivio abbatiae Sancti Spiritus de Sulmona»).

Regesti: Zanotti, *Digestum*, II.1, p. 21; III.1, p. 175. Zanotti, *Archivia*, VI.1, p. 342. Balducci 1926, p. 36 n. 97. Morizio 2008, p. 485 n. 466.

Bibliografia: Zanotti, *Digestum*, V.2, p. 537. Paoli 2004, p. 486. Palazzi 2005, p. 183 (con data 1312 giugno 11). Pellegrini 2005, p. 343. Morizio 2008, *passim*.

Per il millesimo è usato lo stile dell'Incarnazione secondo il computo fiorentino: «Anno Incarnationis eiusdem millesimo trecentesimo duodecimo». Gli altri elementi della *datatio* – undicesima indizione, secondo lo stile bizantino («mense ianuarii die undecimo eiusdem undecime indictionis») e quarto anno di regno di Roberto, re di Gerusalemme e di Sicilia («regnorum eius anno quarto») – indicano chiaramente che la data del documento è 1313 febbraio 4.

Su Vinciguerra *de Guardia*, notaio, vedi *I registri della cancelleria angioina*, 47 (1268-1294), p. 283 n. 162, 284 n. 167, 365 n. 54.

Per S. Pietro confessore di Guardiagrele vedi *Insediamenti celestini*, n. 91.

492.

INSTRUMENTUM PROCURAE

1313 gennaio 23, monastero di S. Giovanni in Piano (Apricena)

Fra Pietro da Roccamorice, priore del monastero di S. Giovanni in Piano, e la comunità del monastero medesimo, costituita da ventuno *fratres*, nominano loro procuratori fra Pietro provenzale e fra Giacomo da Roio dell'Aquila.
Notaio: Tondimetro.

Originale deperdito [*A], già *Archivio del monastero di S. Spirito del Morrone, «Iura Sancti Ioannis in Plano et monasterii de Sancto Severo» (Zanotti, *Archivia*, VI.1, p. 432).

Regesti: Zanotti, *Digestum*, –. Zanotti, *Archivia*, VI.1, p. 432. Morizio 2008, p. 490 n. 482.

Bibliografia: Morizio 2008, *passim*.

Per S. Giovanni in Piano vedi *Insediamenti celestini*, n. 41.

493.

INSTRUMENTUM VENDITIONIS

1313 gennaio 24, Isernia

Giovanni [...] e sua moglie Giuliana vendono a fra Taddeo da San Valentino, che acquista in nome e per conto del monastero di S. Spirito della Maiella costruito nel territorio della città di Isernia, di cui egli è priore, una pezza di terra sita nelle pertinenze della detta città, in contrada [...], al prezzo di dodici once d'oro.
Giudice: Roberto di Simone, giudice di Isernia (S).
Notaio: Pietro di Cristoforo, notaio di Isernia.

Originale [A], Montecassino, Archivio dell'abbazia, Fondo di S. Spirito di Isernia, fasc. VI, n. 56. Copia semplice del secolo XIX [B], Montecassino, Archivio dell'abbazia, Fondo di S. Spirito di Isernia, *Codex diplomaticus aeserniensis*, f. 596r-597v.

Regesti: Zanotti, *Digestum*, –. Zanotti, *Archivia*, –. Morizio 2008, p. 491 n. 483.

Bibliografia: Morizio 2008, *passim*.

Instrumentum infectum: mancano il *signum* notarile e le sottoscrizioni dei testi. Il margine inferiore della pergamena è stato rifilato in un secondo momento.

Per S. Spirito di Isernia vedi *Insediamenti celestini*, n. 117.

494.

INSTRUMENTUM PROCURAE

1313 gennaio 27, monastero di S. Spirito del Morrone (Sulmona)

Fra Benedetto *de Colle*, abate del monastero di S. Spirito del Morrone sito presso Sulmona, costituisce suoi procuratori fra Pietro provenzale e fra Teodino da Bugnara, entrambi assenti, per difendere il priore e la comunità del monastero di S. Giovanni in Piano, in particolare contro <Giacomo>, vescovo di Lucera, e chierici e laici di Apricena.
Giudice: Lorenzo del giudice Abramo, giudice di Sulmona.
Notaio: Onofrio di Giovanni di Gerardo, notaio di Sulmona.

Inserto del 1313 febbraio 4 deperdito [*B], già *Archivio del monastero di S. Spirito del Morrone, «Iura Sancti Ioannis in Plano et monasterii de Sancto Severo. Pro Sancto Ioanne in Plano» (Zanotti, *Archivia*, VI.1, p. 433). Copia semplice del secolo XVII [Z], Zanotti, *Digestum*, III.1, p. 179-182 («est insertum in instrumento publico petitionis factae episcopo Lucerin(o) per supradictum fratrem Petrum procuratorem rogato manu notarii Ioannis Guernerii sub die 4 februarii 1313 sed anni Incarnationis 1312 quod in archivio venerabilis abbatiae Sancti Spiritus de Sulmone conservatur»). Copia semplice del secolo XVIII [C], Città del Vaticano, Archivio apostolico vaticano, Fondo celestini II, 45, f. 191r-192v.

Regesti: Zanotti, *Digestum*, II.1, p. 21. Zanotti, *Archivia*, –. Paoli 2004, p. 373. Morizio 2008, p. 491 n. 484.

Bibliografia: Morizio 2008, *passim*.

Per S. Giovanni in Piano vedi *Insediamenti celestini*, n. 41. Per S. Spirito del Morrone vedi *Insediamenti celestini*, n. 112.

495.

INSTRUMENTUM PROTESTATIONIS

1313 febbraio 4, Città di Santa Maria (Lucera)

Fra Pietro provenzale, dell'ordine morronese, procuratore del venerabile fra Benedetto, abate di S. Spirito presso Sulmona, della comunità del monastero medesimo e di tutto l'ordine, come risulta da un pubblico istrumento del 1313 gennaio 27 – il cui testo viene inserto – protesta contro Giacomo, vescovo di Lucera, il quale impedisce il pacifico possesso delle chiese parrocchiali di S. Martino e S. Lucia, site nel *castrum* di Apricena, soggette al monastero di S. Giovanni in Piano come risulta dai privilegi di diversi pontefici.
Giudice: Benimbene *de Civitella*, giudice regio della Città di Santa Maria.
Notaio: Giovanni *Guernerius de Cusentia*, notaio regio della Città di Santa Maria.

Originale deperdito [*A], già *Archivio del monastero di S. Spirito del Morrone, «Iura Sancti Ioannis in Plano et monasterii de Sancto Severo. Pro Sancto Ioanne in Plano» (Zanotti, *Archivia*, VI.1, p. 433). Copia semplice del secolo XVII [Z], Zanotti, *Digestum*, III.1, p. 185-188 («ex proprio originali existenti in archivio venerabilis abbatiae Sancti Spiritus de Sulmone»). Copia semplice del secolo XVIII [B], Città del Vaticano, Archivio apostolico vaticano, Fondo celestini II, 45, f. 189r-190r.

Regesti: Zanotti, *Digestum*, II.1, p. 22. Zanotti, *Archivia*, VI.1, p. 433 (con data 1313 febbraio 5). Paoli 2004, p. 373. Morizio 2008, p. 491-492 n. 485.

Bibliografia: Morizio 2008, *passim*.

Nella copia semplice del secolo XVII, il millesimo è espresso nel seguente modo: «In nomine Domini, amen. Anno Incarnationis eiusdem 1313», con il secondo «-3» corretto da «-2». Ciò deriva dal fatto che il notaio usa lo stile dell'Incarnazione secondo il computo fiorentino e, pertanto, il millesimo segna un'unità in meno. D'altra parte, gli altri elementi della *datatio* – undicesima indizione (secondo lo stile bizantino) e quarto anno di regno di Roberto, re di Gerusalemme e di Sicilia – indicano chiaramente che la data del documento è 4 febbraio 1313.

Per S. Giovanni in Piano vedi *Insediamenti celestini*, n. 41. Per S. Lucia di Apricena vedi *Insediamenti celestini*, n. 47. Per S. Martino di Apricena vedi *Insediamenti celestini*, n. 73. Per S. Spirito del Morrone vedi *Insediamenti celestini*, n. 112.

496.

INSTRUMENTUM VENDITIONIS

1313 febbraio 11, Alatri, *in domibus heredum Nicolai de Acçia*

Giovanni, Pietro e Bartolomeo, figli del fu Nicola di Lando da Alatri, vendono a fra Tommaso da Schiavi, priore di S. Antonio di Ferentino, un *morrectum* con olivi, sito *in Morrectis* di San Francesco, nel territorio di Alatri, per il prezzo di venti libbre di denari del senato.

Notaio: Angelo di Giovanni *Adonay* da Trivigliano (S).

Originale [A], Città del Vaticano, Archivio apostolico vaticano, Fondo celestini I, 51.

Regesti: Zanotti, *Digestum*, –. Zanotti, *Archivia*, –. Paoli 2004, p. 140 n. 51. Morizio 2008, p. 492 n. 486.

Bibliografia: Morizio 2008, *passim*.

Per il significato del termine *morrectum* vedi Paoli 2004, p. 140.

Per S. Antonio di Ferentino vedi *Insediamenti celestini*, n. 11.

497.

INSTRUMENTUM DONATIONIS

1313 marzo 11, Roccamontepiano, *ante domum domini Mathie*

Gualtiero di Giacomo da Roccamontepiano dona *inter vivos* a *dompnus* Manerio da Roccamontepiano, procuratore dell'ordine morronese in Roccamontepiano, che riceve in nome e per conto del detto ordine, ogni diritto e ogni azione reale e personale che possiede su una pezza di terra posta nelle pertinenze della detta Rocca, in contrada *Montisplani*, confinante su un lato con le proprietà dell'ospedale di S. Pietro *de Monte Plano*.

Giudice: Giordano di *magister* Nicola, giudice di Roccamontepiano.

Notaio: Bartolomeo di Tommaso da Serramonacesca, notaio di Serramonacesca ([S]).

Originale [A], Chieti, Archivio arcivescovile, Fondo pergamenaceo, Teate 128.

Regesti: Zanotti, *Digestum*, –. Zanotti, *Archivia*, VI.1, p. 344. Balducci 1926, p. 38 n. 103. Morizio 2008, p. 492 n. 487.

Bibliografia: Palazzi 2005, p. 183. Morizio 2008, *passim*.

Per S. Croce di Roccamontepiano vedi *Insediamenti celestini*, n. 22. Per S. Pietro di Roccamontepiano vedi *Insediamenti celestini*, n. 101.

498.

INSTRUMENTUM VENDITIONIS

1313 marzo 13, Ferentino, *ante hostium ecclesie Sancti Antonii*

Margherita, moglie del fu Bartolomeo di Biagio di Pinto da Ferentino e tutrice dei figli Giovanni, Nicola e Gemma, come appare da un istrumento di Ambrosillo da Sora, notaio e chierico della chiesa di S. Ippolito di Ferentino – che non è inserto –, e Giovanna, figlia del fu Biagio di Pinto, con il consenso di Perrone, chierico di S. Pietro di Ferentino, fratello di Giovanna e cognato di Margherita, vendono a fra Tommaso da Schiavi, priore di S. Antonio di Colle del Fico, un casale in località *lu Collecillu*, nel territorio di Ferentino, confinante con le proprietà del monastero, al prezzo di trentasette libbre e mezza di denari del senato per ogni rubbiatella, ricevendo ottanta fiorini d'oro in ragione di quarantuno soldi per fiorino; tale somma è necessaria per ottenere la liberazione di Saraceno, fratello di Giovanna e cognato di Margherita, tenuto prigioniero da Tommaso da Supino.

Testi: fra Amico *de Gipso*, monaco di S. Antonio di Ferentino; fra Tommaso dall'Aquila, monaco di S. Antonio di Ferentino; fra Matteo da Sgurgola, monaco di S. Antonio di Ferentino; fra Giovanni ultramontano, monaco di S. Antonio di Ferentino.

Notaio: Giovanni di Rinaldo da Ferentino (S).

Originale [A], Città del Vaticano, Archivio apostolico vaticano, Fondo celestini I, 52.

Regesti: Zanotti, *Digestum*, –. Zanotti, *Archivia*, –. Paoli 2004, p. 140-141 n. 52. Morizio 2008, p. 492-493 n. 488.

Bibliografia: Morizio 2008, *passim*.

Sul significato del termine *rubbiatella* vedi la nota al doc. n. 404.

Per S. Antonio di Ferentino vedi *Insediamenti celestini*, n. 11.

499.

INSTRUMENTUM PROCURAE

1313 marzo 25, Ferentino

Maria Cannola, moglie del fu Pietro da Ferentino e tutrice dei figli, costituisce suo procuratore il fratello Pietro di Marco, chierico di Ferentino, per vendere al priore di S. Antonio una terra *alla Canota*, nel territorio di Ferentino, confinante con le proprietà del monastero, al prezzo di venti fiorini. Notaio: Ambrogio da Ferentino, detto Cerramonte (S).

Originale [A], Città del Vaticano, Archivio apostolico vaticano, Fondo celestini I, 53.

Regesti: Zanotti, *Digestum*, –. Zanotti, *Archivia*, –. Paoli 2004, p. 141 n. 53. Morizio 2008, p. 493 n. 489.

Bibliografia: Morizio 2008, *passim*.

Per S. Antonio di Ferentino vedi *Insediamenti celestini*, n. 11.

500.

(?)

1313 aprile 14

Fra Giacomo *de Cornu, ordinis murronen(sis)*, priore del monastero di S. Pietro di Aversa, [...].

Originale? deperdito [*A], già *Archivio del monastero di S. Pietro di Aversa (Zanotti, *Digestum*, V.2, p. 591).

Regesti: Zanotti, *Digestum*, –. Zanotti, *Archivia*, –. Morizio 2008, p. 493 n. 490.

Bibliografia: Zanotti, *Digestum*, V.2, p. 591, 607. Morizio 2008, *passim*.

Per S. Pietro apostolo di Aversa vedi *Insediamenti celestini*, n. 97.

501.

INSTRUMENTUM VENDITIONIS

1313 aprile 18, Ferentino, *ante portam monasterii Sancti Antonii*

Margherita, moglie del fu Bartolomeo di Biagio da Ferentino e tutrice dei figli Giovanni, Nicola e Gemma, come appare da un istrumento del notaio Giacomo di Giovanni da Celano, abitante di Ferentino – che non è inserto –, e Giovanna, figlia del fu Biagio di Pinto, vendono a fra Tommaso da Schiavi, [priore] di S. Antonio, un casale nel territorio di Ferentino, nel luogo detto *lu Collicillo*, confinante con le proprietà del monastero, al prezzo di duecentoquattordici libbre di denari del senato. Notaio: Angelo di Bonvolto da Ferentino (S).

Originale [A], Città del Vaticano, Archivio apostolico vaticano, Fondo celestini I, 54.

Regesti: Zanotti, *Digestum*, –. Zanotti, *Archivia*, –. Paoli 2004, p. 141-142 n. 54. Morizio 2008, p. 494 n. 491.

Bibliografia: Morizio 2008, *passim*.

Per S. Antonio di Ferentino vedi *Insediamenti celestini*, n. 11.

502.

INSTRUMENTUM CORPORALIS POSSESSIONIS

1313 aprile 20, Ferentino, *ante portam monasterii Sancti Antonii*

Margherita e Giovanna introducono fra Giovanni da Spoleto, procuratore del priore fra Tommaso da Schiavi, nell'effettivo possesso del casale venduto.

Notaio: [...] (S).

Originale [A], Città del Vaticano, Archivio apostolico vaticano, Fondo celestini I, 54.

Regesti: Zanotti, *Digestum*, –. Zanotti, *Archivia*, –. Paoli 2004, p. 141-142 n. 54. Morizio 2008, p. 494 n. 492.

Bibliografia: Morizio 2008, *passim*.

Per S. Antonio di Ferentino vedi *Insediamenti celestini*, n. 11.

503.

CLEMENTIS V PAPAE LITTERAE DE IUSTITIA

1313 aprile 24, Avignone

Clemente V ordina all'arciprete della chiesa dell'Aquila di revocare *ad ius et proprietatem* del monastero di S. Spirito presso Sulmona, dell'ordine di san Benedetto, diocesi di Valva, quei beni del detto monastero – decime, terre, case, vigne, prati, pascoli, boschi, mulini etc. – che dovessero risultare illecitamente alienati, *non obstantibus licteris, instrumentis, iuramentis, renuntiationibus, poenis et confirmationibus.*
Ad audientiam nostram.

Originale [A], Montecassino, Archivio dell'abbazia, Fondo di S. Spirito del Morrone, 335 (BD). Copia semplice del secolo XVII [Z], Zanotti, *Digestum*, III.1, p. 189-190 («ex proprio originali existenti in abbatia Sancti Spiritus de Sulmona»). Copia semplice del secolo XVIII [B], Città del Vaticano, Archivio apostolico vaticano, Fondo celestini II, 44, f. 241r-v.

Regesti: Zanotti, *Digestum*, II.1, p. 22. Zanotti, *Archivia*, VI.1, p. 179. *Regestum* 1884-1892, –. Inguanez 1918, p. 18 n. 35. Leccisotti 1966, p. 137-138 n. 335. Paoli 2004, p. 360. Morizio 2008, p. 494 n. 493.

Bibliografia: Penco 1997, p. 364. Morizio 2008, *passim*.

Per S. Spirito del Morrone vedi *Insediamenti celestini*, n. 112.

504.

CLEMENTIS V PAPAE LITTERAE DE IUSTITIA

1313 aprile 27, Avignone

Clemente V ordina all'arciprete della chiesa di S. Maria *de Guardia*, diocesi di Chieti, di revocare *ad ius et proprietatem* del monastero di S. Spirito presso Sulmona, dell'ordine di san Benedetto, diocesi di Valva, quei beni del detto monastero – decime, terre, case, vigne, prati, pascoli, boschi, mulini etc. – che dovessero risultare illecitamente alienati, *non obstantibus licteris, instrumentis, iuramentis, renuntiationibus, poenis et confirmationibus.*
Ad audientiam nostram.

Originale [A], Città del Vaticano, Archivio apostolico vaticano, Fondo celestini I, 55 (BD). Copia semplice del secolo XVII [Z], Zanotti, *Digestum*, III.1, p. 191-192 («ex proprio originali existenti in abbatia Sancti Spiritus de Sulmona»). Copia semplice del secolo XVIII [B], Città del Vaticano, Archivio apostolico vaticano, Fondo celestini II, 44, f. 245r-v.

Regesti: Zanotti, *Digestum*, II.1, p. 22. Zanotti, *Archivia*, VI.1, p. 179. *Regestum* 1884-1892, –. Paoli 2004, p. 142 n. 55, 361. Morizio 2008, p. 495 n. 494.

Bibliografia: Morizio 2008, *passim*.

Per la chiesa di S. Maria Maggiore di Guardiagrele vedi la nota al doc. n. 240.

Per S. Spirito del Morrone vedi *Insediamenti celestini*, n. 112.

505.

CLEMENTIS V PAPAE LITTERAE DE IUSTITIA

1313 maggio 5, Avignone

Clemente V ordina *venerabilibus fratris universis, archiepiscopis ac dilectis filiis abbatibus, prioribus, decanis, archidiaconi, aliisque ecclesiarum prelatis* di ascrivere nel catalogo dei santi confessori il beato Pietro, originario della Terra di Lavoro, il quale, tra le altre cose, *cupiens divinum ampliare cultum*, ordinò una congregazione monastica sotto la regola di san Benedetto, *superadditis ei statutis arctissimis... ubi fratrum suorum Deo famulantium adaucta multitudine numerosa, fundatisque locis non paucis.*
Qui facit magna.

Originale [A], Sulmona, Archivio capitolare di S. Panfilo, Archivio nuovo, Fondi e serie di archivi aggregati, S. Spirito del Morrone, I.3.108 (B). Atto registrato [R], Città del Vaticano, Archivio apostolico vaticano, *Registra vaticana*, 60, f. 198r-199v. Copia autentica del 1314 maggio 4 [B], Sulmona, Archivio capitolare di S. Panfilo, Archivio nuovo, Fondi e serie di archivi aggregati, S. Spirito del Morrone, I.5.29. Copia autentica del 1314 maggio 4 [B2], Sulmona, Archivio capitolare di S. Panfilo, Archivio nuovo, Fondi e serie di archivi aggregati, S. Spirito del Morrone, I.5.104. Copia semplice del secolo XIV [B3], Parigi, Bibliotèque de l'Arsenal, ms. 1071, f. 27r-31r. Copia semplice del secolo XVIII [B4], Città del Vaticano, Archivio apostolico vaticano, Fondo celestini II, 44, f. 254r-257v («ex eius originali cum plumbo quod asservatur in archivio murronensi»). Estratto del secolo XVII [E], Sulmona, Archivio capitolare di S. Panfilo, Archivio nuovo, Fondi e serie di archivi aggregati, S. Spirito del Morrone, II.1.10.30, p. 1 n. 2.

Edizioni: Marini 1630, p. 507-514. Beurrier 1634, p. 139-151. *Acta sanctorum* 1685, p. 433-437. Zecca 1858, p. 200-207 n. 6. *Bullarium Romanum* 1859, p. 229-234. *Regestum* 1884-1892, n. 9668. Bartolomei Romagnoli-Marini 2015, p. 178-195 (da B3).

Traduzione: Celidonio 1896, p. 501-509. Bartolomei Romagnoli-Marini 2015, p. 178-195.

Regesti: Zanotti, *Digestum*, II.1, p. 22. Zanotti, *Archivia*, VI.1, p. 188, 475. Celidonio 1896, p. 45 n. 15. Chiappini 1915, p. 146 n. 101, 103, 104. Capograssi 1962, p. 329 n. 14, 16, 17. Paoli 2004, p. 361. Morizio 2008, p. 495 n. 495.

Bibliografia: Golinelli 1996, p. 228-230. Penco 1997, p. 354 nota 29, 365. Orsini 2003, p. 699 n. 15-17 (6103-6105), 701 n. 29 (6117). Paoli 2004, p. 18 nota 82 e *passim*. Herde 2004, p. 117 nota 99, 227 note 162-164. Morizio 2008, *passim*. Guida 2019.

Per S. Spirito del Morrone vedi *Insediamenti celestini*, n. 112.

506.

CLEMENTIS V PAPAE LITTERAE DE IUSTITIA

1313 maggio 26, Avignone

Clemente V ordina al preposito del monastero di S. Vincenzo [in Prato di Milano], di revocare *ad ius et proprietatem* del monastero di S. Spirito presso Sulmona, dell'ordine di san Benedetto, diocesi di Valva, quei beni del detto monastero – decime, terre, case, vigne, prati, pascoli, boschi, mulini etc. – che dovessero risultare illecitamente alienati, *non obstantibus licteris, instrumentis, iuramentis, renuntiationibus, poenis et confirmationibus.*
Ad audientiam nostram.

Originale [A], Montecassino, Archivio dell'abbazia, Fondo di S. Spirito del Morrone, 337 (BD). Copia semplice del 1626 novembre 26 [B], Sulmona, Archivio capitolare di S. Panfilo, Archivio nuovo, Fondi e serie di archivi aggregati, S. Spirito del Morrone, II.1.10.30, p. 16 n. 15 («ex proprio originali cum plumbeo bullo Clementis V»). Copia semplice del secolo XVII [Z], Zanotti, *Digestum*, III.1, p. 193-194 («ex proprio originali existenti in abbatia Sancti Spiritus de Sulmona»). Copia semplice del secolo XVIII [B2], Città del Vaticano, Archivio apostolico vaticano, Fondo celestini II, 44, f. 264r-v.

Regesti: Zanotti, *Digestum*, II.1, p. 22. Zanotti, *Archivia*, VI.1, p. 180. *Regestum* 1884-1892, –. Inguanez 1918, p. 18 n. 36. Leccisotti 1966, p. 138 n. 337. Paoli 2004, p. 361. Morizio 2008, p. 496 n. 496.

Bibliografia: Penco 1997, p. 364 nota 85. Orsini 2003, p. 701 n. 29 (6117). Morizio 2008, *passim*.

Per S. Spirito del Morrone vedi *Insediamenti celestini*, n. 112.

507.

THOMAE COMITIS SQUILLACIS PRIVILEGIUM

1313 luglio 8

Tommaso di Marzano, conte di Squillace e maresciallo del regno di Sicilia, cittadino di Capua, dona alcuni beni alla chiesa di S. Maria della Maiella di Capua, di cui egli è il fondatore.

Originale? deperdito [*A], già *Archivio della cattedrale di Capua (Zanotti, *Digestum*, III.1, p. 195). Estratto del secolo XVII [E], Zanotti, *Digestum*, III.1, p. 195-196.

Regesti: Zanotti, *Digestum*, –. Zanotti, *Archivia*, –. Morizio 2008, p. 496 n. 497.

Bibliografia: Paoli 2004, p. 29 nota 150. Morizio 2008, *passim*.

Su Tommaso di Marzano, conte di Squillace e grand'ammiraglio del regno di Sicilia, vedi Santoro 2008.

Per S. Maria di Capua vedi *Insediamenti celestini*, n. 62.

508.

INSTRUMENTUM DONATIONIS ET OBLATIONIS

1313 luglio 13, Ferentino, *in domo magistri Boffidi*

Magister Boffido da Patrica, cittadino di Ferentino, offre se stesso e parte delle sue proprietà, fra cui la metà di una casa con gli utensili e tre botti, sita nella parrocchia di S. Lucia di Ferentino, nelle mani di fra Giacomo, priore del monastero di S. Antonio, disponendo che gli altri suoi beni mobili e immobili siano ripartiti tra i figli Leonardo, Alessandro e Nicola.
Teste: fra Giovanni da Spoleto.
Notaio: Pietro di Andrea da Ferentino (S).

Originale [A], Città del Vaticano, Archivio apostolico vaticano, Fondo celestini I, 58.

Regesti: Zanotti, *Digestum*, –. Zanotti, *Archivia*, –. Paoli 2004, p. 143-144 n. 58. Morizio 2008, p. 496 n. 498.

Bibliografia: Morizio 2008, *passim*.

Per S. Antonio di Ferentino vedi *Insediamenti celestini*, n. 11.

509.

INSTRUMENTUM DONATIONIS

1313 luglio 15, Isernia

Tidese del fu Silvestro *Cociloni*, cittadino di Isernia, dona *inter vivos* al monastero di S. Spirito della Maiella sito nel territorio della città di Isernia, che riceve attraverso fra Nicola, sottopriore di esso, tutti i suoi beni mobili e immobili, ubicati nella detta città e pertinenze; i beni immobili sono una casa, un orto e una pezza di terra.
Giudice: Andrea, giudice di Isernia (S).
Notaio: Angelo di *magister* Roberto, notaio di Isernia (S).

Originale [A], Montecassino, Archivio dell'abbazia, Fondo di S. Spirito di Isernia, fasc. VI, n. 57. Copia semplice del secolo XIX [B], Montecassino, Archivio dell'abbazia, Fondo di S. Spirito di Isernia, *Codex diplomaticus aeserniensis*, f. 594r-595r.

Regesti: Zanotti, *Digestum*, –. Zanotti, *Archivia*, –. Morizio 2008, p. 497 n. 499.

Bibliografia: Morizio 2008, *passim*.

È possibile che il documento originale deperdito prevedesse, oltre alla donazione di tutti i beni, anche un atto di oblazione.

Per S. Spirito di Isernia vedi *Insediamenti celestini*, n. 117.

510.

INSTRUMENTUM PERMUTATIONIS

1313 agosto 16, chiostro di Collemaggio (L'Aquila)

Fra Pietro *provincialis*, priore del monastero di S. Maria di Collemaggio, fra Angelo da Arischia, sottopriore, fra Giacomo, fra Leonardo, fra Riccardo da Roio, fra Angelo *de Turribus*, fra Giovanni da Rocca di Cambio, fra Gentile da Sulmona, fra Giovanni da Venafro e fra Andrea *de Tiiono* <così>, *fratres conventuales* del detto monastero, permutano con Gualtiero di Giacomo di Beraldo da Bagno una pezza di terra, *in territorio Balnei ubi dicitur Cupellu*, con una pezza di terra nel medesimo territorio, *ubi dicitur la Vece*; in più il priore e i *fratres* di Collemaggio danno a Gualtiero sedici fiorini e un tarì.
Notaio: Giovanni di Vitale *de Fossa*.

Originale deperdito [*A], già *Archivio del monastero di S. Maria di Collemaggio, «Pro molendinis et terris in Turre, Balneo, Bazzano et Paganica. Pro terris ibidem» (Zanotti, *Archivia*, VI.2, p. 572).

Regesti: Zanotti, *Digestum*, –. Zanotti, *Archivia*, VI.2, p. 572. Pansa 1899-1900, p. 258. Morizio 2008, p. 497 n. 500.

Bibliografia: Morizio 2008, *passim*.

Per S. Maria di Collemaggio vedi *Insediamenti celestini*, n. 64.

511.

INSTRUMENTUM VENDITIONIS

1313 agosto 19, Aquila, chiostro del monastero di S. Maria di Collemaggio

Il notaio Nicola di Paolo *de Turribus* vende a fra Pietro *provincialis*, priore del monastero di S. Maria di Collemaggio, che acquista in nome e per conto di esso, la sesta parte indivisa della quarta parte di un mulino sito nel territorio *de Turribus*, *in flumine Callido quod vocatur Molendinum de Valcatorio*, confinante su un lato con il mulino di S. Giovanni di Collimento, al prezzo di due once d'oro e venticinque tarì.
Notaio: Giovanni di Vitale *de Fossa*.

Originale deperdito [*A], già *Archivio del monastero di S. Maria di Collemaggio, «Pro molendinis et terris in Turre, Balneo, Bazzano et Paganica. Pro molendinis» (Zanotti, *Archivia*, VI.2, p. 565).

Regesti: Zanotti, *Digestum*, –. Zanotti, *Archivia*, VI.2, p. 565. Pansa 1899-1900, p. 255. Morizio 2008, p. 497 n. 501.

Bibliografia: Morizio 2008, *passim*.

Per S. Giovanni di Collimento vedi *Insediamenti celestini*, n. 36. Per S. Maria di Collemaggio vedi *Insediamenti celestini*, n. 64.

512.

INSTRUMENTUM VENDITIONIS

1313 novembre 9, Aquila

Gentile di Nicola da Caporciano vende a fra Pietro *provincialis*, priore del monastero di S. Maria di Collemaggio, che acquista in nome e per conto del monastero medesimo, alcune pezze di terra nel territorio di Caporciano: una in località *Colle de Lacu*, due *alle Noci di Rapiniano*, una *ubi dicitur casale Maceri*, una in località *Prato de Ardeo*, confinante su tre lati con le proprietà del monastero di S. Cesidio, una in località *Fonticella*, confinante su un lato con le proprietà del monastero di S. Cesidio, al prezzo di dieci once d'oro e dieci tarì.
Notaio: Giovanni di Vitale *de Fossa*.

Originale deperdito [*A], già *Archivio del monastero di S. Maria di Collemaggio, «Iura Sancti Caesidii, Caporciani et Sancti Pii. Pro Sancto Caesidio et aliis» (Zanotti, *Archivia*, VI.2, p. 632).

Regesti: Zanotti, *Digestum*, –. Zanotti, *Archivia*, VI.2, p. 632. Pansa 1899-1900, p. 243. Morizio 2008, p. 498 n. 502.

Bibliografia: Morizio 2008, *passim*.

Per S. Cesidio di Caporciano vedi *Insediamenti celestini*, n. 16. Per S. Maria di Collemaggio vedi *Insediamenti celestini*, n. 64.

513.

INSTRUMENTUM TESTAMENTI

1313 dicembre 21, monastero di S. Eusebio (Roma)

Margherita, moglie del fu Bartolomeo di Stefano, della contrada Merulana, nel testamento lascia dieci fiorini d'oro alla basilica di S. Maria Maggiore e altre somme a diverse chiese e luoghi pii di Roma; beneficia la chiesa di S. Eusebio, che sceglie come luogo di sepoltura, di venti fiorini d'oro e della metà del ricavato della vendita di due case in contrada Merulana, dove abita, per le vesti dei monaci, nonché delle vigne che possiede sul Monte *de Honorio*; istituisce fedecommissari il priore di S. Eusebio e fra Nicola da Palestrina, dell'ordine dei frati minori.
Testi: fra Nicola *de Guardia*, presbitero; fra Angelo *de Bandeo* <così, ma s'intenda *de Balneo*>, presbitero; fra Giovanni da Isernia, presbitero; fra Giovanni dall'Aquila, fra Antonio da Ferentino, fra Francesco da Sulmona, fra Pietro dall'Aquila, fra Nicola da Isernia.
Notaio: Giovanni di Guarino (S).

Originale [A], Città del Vaticano, Archivio apostolico vaticano, Fondo celestini I, 56.

Regesti: Zanotti, *Digestum*, –. Zanotti, *Archivia*, –. Paoli 2004, p. 142-143 n. 56. Morizio 2008, p. 498 n. 503.

Bibliografia: Morizio 2008, *passim*.

Per S. Eusebio di Roma vedi *Insediamenti celestini*, n. 24.

514.

INSTRUMENTUM PROCURAE

1313 dicembre 25, Roma, chiesa di S. Maria *in Minerva*

Fra Scangno, priore del convento domenicano di S. Maria sopra Minerva di Roma, e il mercante Nicola *Sobactarius*, esecutori testamentari del *miles* Biagio *de Saxolinis*, costituiscono loro procuratori fra Giovanni *de Sancto Apostolo*, domenicano, e Meaolo Giomentario, per introdurre fra Francesco, priore dei monaci dell'ordine di san Pietro del Morrone dimoranti in Roma, nel possesso del casale ereditato *in Plagiis Tusculane*, in quanto sono state soddisfatte le condizioni richieste dal testatore.
Notaio: Agostino di Luca (S).

Originale [A], Città del Vaticano, Archivio apostolico vaticano, Fondo celestini I, 57.

Regesti: Zanotti, *Digestum*, –. Zanotti, *Archivia*, –. Paoli 2004, p. 143 n. 57. Morizio 2008, p. 498-499 n. 504.

Bibliografia: Paoli 2004, p. 20 nota 91. Morizio 2008, *passim*.

L'indizione (dodicesima), secondo lo stile bizantino, conferma il millesimo, sebbene quest'ultimo avrebbe dovuto segnare un'unità in più se il notaio Agostino di Luca avesse utilizzato lo stile della Natività, che, per contro, viene utilizzato nell'*instrumentum procurae* redatto il 29 dicembre dello stesso anno; in quest'ultimo caso, l'indizione resta la medesima, ma il millesimo segna correttamente un'unità in più.

Cfr. doc. n. 515.

Per la chiesa di S. Maria in Minerva o sopra Minerva, cui anticamente era annesso un monastero femminile, vedi Paoli 2004, p. 143.

Per S. Eusebio di Roma vedi *Insediamenti celestini*, n. 24.

515.

INSTRUMENTUM PROCURAE

1313 dicembre 29, Roma

Fra Scangno da Roma, priore del convento domenicano di S. Maria sopra Minerva, e il mercante Nicola *Sobactarius*, esecutori testamentari del *miles* Biagio *de Saxolinis*, costituiscono loro procuratori fra Giovanni *de Sancto Apostolo*, domenicano, e Meaolo Giomentario del rione Monti, per introdurre fra Francesco, priore dei monaci dell'ordine di san Pietro del Morrone dimoranti in Roma, nel possesso del casale ereditato *in Plagiis Tusculane*, in quanto sono state soddisfatte le condizioni richieste dal testatore.

Notaio: Agostino di Luca (S).

Originale [A], Città del Vaticano, Archivio apostolico vaticano, Fondo celestini I, 60.

Regesti: Zanotti, *Digestum*, –. Zanotti, *Archivia*, –. Paoli 2004, p. 144 n. 60 (con data 1314 dicembre 29). Morizio 2008, p. 501-502 n. 513.

Bibliografia: Paoli 2004, p. 20 nota 91. Morizio 2008, *passim*.

Cfr. doc. n. 514.

Per la chiesa di S. Maria in Minerva o sopra Minerva vedi la nota al doc. n. 514.

Per S. Eusebio di Roma vedi *Insediamenti celestini*, n. 24.

516.

INSTRUMENTUM VENDITIONIS

1314 giugno 6, Tocco

Benedetto di Rinaldo vende a fra Gualtiero da Collepietro, grangiere e procuratore di S. Maria *de Intermontes* nel territorio di Tocco, una pezza di terra vitata e arborata nelle pertinenze del detto *castrum*, in località *le Cese*, al prezzo di sei once.

Notaio: Francesco *Bonushomo* <così>.

Originale deperdito [*A], già *Archivio del monastero di S. Spirito del Morrone, «Iura Sanctae Mariae Intermontes» (Zanotti, *Archivia*, VI.1, p. 124).

Regesti: Zanotti, *Digestum*, –. Zanotti, *Archivia*, VI.1, p. 124. Morizio 2008, p. 499 n. 505.

Bibliografia: Morizio 2008, *passim*.

Per S. Maria di Tremonti vedi *Insediamenti celestini*, n. 70.

517.

INSTRUMENTUM VENDITIONIS

1314 luglio 3, Boiano

Stefano di Pietro *de Alberico* vende a fra Giacomo da Castiglione, priore del monastero di S. Martino della Maiella di Boiano, due pezze di terra site in località *Vadus Dominicus* e *lo Pratuso*, al prezzo di nove once.

Notaio: Goffredo del notaio Pietro.

Originale deperdito [*A], già *Archivio del monastero di S. Spirito del Morrone, «Pro monasterio Boiani» (Zanotti, *Archivia*, VI.1, p. 397).

Regesti: Zanotti, *Digestum*, –. Zanotti, *Archivia*, VI.1, p. 397. Morizio 2008, p. 499 n. 506.

Bibliografia: Morizio 2008, *passim*.

Per S. Martino di Boiano vedi *Insediamenti celestini*, n. 74.

518.

INSTRUMENTUM DONATIONIS ET OBLATIONIS

1314 luglio 11, *apud casale Sancti Petri ad Troyam* (Roccamontepiano)

Donna *Flosenda*, vedova *Ray(naldi) Guerreri de Casale*, con l'autorità di Guglielmo *Massey de Lecto*, suo mundoaldo e coadiutore a lei assegnato dal giudice Pietro Massarello, per la salvezza dell'anima sua e dei genitori, dona *inter vivos* al monastero di S. Spirito della Maiella, diocesi di Chieti, e a fra Berardo da Caramanico, monaco del monastero medesimo, che riceve in nome e per conto di esso, *tamquam monachus et locum tenens ac vicem gerens, prout ipse dicebat, religiosi viri fratris Roberti de Salle procuratoris dicti monasteri*, offrendo se stessa al priore e alla comunità di S. Spirito, tutti i suoi beni mobili e semoventi, consistenti in animali e cose, ubicate nel detto *casale* e altrove, riservandosene l'usufrutto vita natural durante e deducendo da tali beni al momento della sua morte alcune somme di denaro da versarsi a *dominus* Guglielmo *de Lecto* e a *dompnus* Gualtiero, per conto della chiesa di S. Pietro.

Giudice: Pietro Massarello, *illicteratus, iudex castri Lecti*.

Notaio: Nicola di Alberto, notaio di Manoppello (S).

Originale [A], Chieti, Archivio arcivescovile, Fondo pergamenaceo, Teate 131.

Regesti: Zanotti, *Digestum*, –. Zanotti, *Archivia*, VI.1, p. 27. Balducci 1926, p. 39 n. 107. Morizio 2008, p. 499-500 n. 507.

Bibliografia: Zanotti, *Digestum*, V.2, p. 552. Palazzi 2005, p. 183. Morizio 2008, *passim*.

L'indizione (tredicesima) segna un'unità in più: è ipotizzabile un errore materiale, poiché l'anno di regno (sesto) di Roberto, re di Gerusalemme e di Sicilia, concorda con il millesimo, per il quale viene utilizzato lo stile della Natività.

Tra i testimoni è presente «Gualterius abbas Sancti Petri ad Troyam».

Per S. Pietro di Roccamontepiano vedi *Insediamenti celestini*, n. 101. Per S. Spirito della Maiella vedi *Insediamenti celestini*, n. 113.

519.

INSTRUMENTUM CONSTITUTIONIS SINDICI

1314 agosto 3, Aquila, *in palatio regio*

L'*universitas* della città dell'Aquila e gli uomini della detta *universitas, more solito congregati de licentia domini Iacobi de Ariossa de Neapoli militis regii capitanei dictae civitatis etc.*, eleggono sindaco Teodino da Pizzoli, loro concittadino ivi presente, *ad liberandum, quietandum et absolvendum fratrem Mattheum de Salle, ordinis sancti Petri confessoris etc., civitatem praedictae camerarium et eius fideiussores datos de ipso officio fideliter exercendo etc., a praefato officio camerariatus per ipsum gesto anno proxime elapso undecimae indictionis etc. Qui dominus Theodinus cognita ibidem ratione computatorum ipsum fratrem Mattheum quietavit et liberavit.*

Notaio: Simeone di Benedetto *de Podio de Aquila*.

Originale deperdito [*A], già *Archivio del monastero di S. Maria di Collemaggio, «Diversorum» (Zanotti, *Archivia*, VI.2, p. 737).

Regesti: Zanotti, *Digestum*, –. Zanotti, *Archivia*, VI.2, p. 737. Morizio 2008, p. 500 n. 508.

Bibliografia: Paoli 2004, p. 20 nota 92, 487. Morizio 2008, *passim*.

Per S. Maria di Collemaggio vedi *Insediamenti celestini*, n. 64.

520.

INSTRUMENTUM CESSIONIS

1314 settembre 10, Roma, *in domo domine Yseranne*

Iseranna del fu Biagio *de Saxolinis*, moglie del fu Filippo di Giovanni di Naso *de Pappaçuris*, per sé, per il figlio Nicola e per il nipote Andrea, di cui è tutrice, cede a fra Rinaldo, priore del monastero di S. Eusebio di Roma, dell'ordine di san Pietro del Morrone, ogni suo diritto sul casale *in Plagiis Tusculane* lasciato dal padre in eredità ai monaci, dietro corresponsione di ventiquattro fiorini d'oro.

Notaio: Agostino di Luca (S).

Originale [A], Città del Vaticano, Archivio apostolico vaticano, Fondo celestini I, 59.

Regesti: Zanotti, *Digestum*, –. Zanotti, *Archivia*, –. Paoli 2004, p. 144 n. 59. Morizio 2008, p. 500 n. 509.

Bibliografia: Paoli 2004, p. 20 nota 91. Morizio 2008, *passim*.

Per S. Eusebio di Roma vedi *Insediamenti celestini*, n. 24.

521.

INSTRUMENTUM VENDITIONIS

1314 settembre 14, Roccamontepiano

Francesco di Gentile *Iorbarelli* da Roccamontepiano vende a *dominus* Manerio, arciprete, che acquista in nome e per conto della chiesa di S. Croce di Roccamontepiano dell'ordine di san Pietro confessore, una pezza di terra indivisa in località *Aiuni*, al prezzo di un'oncia d'oro.

Notaio: Bartolomeo di Tommaso *de Serra Monacesca*.

Originale deperdito [*A], già *Archivio del monastero di S. Spirito del Morrone, «Pro monasteriis civitatis Theatinae, Guardiae Grelis, Montis Plani et Bucclani. Pro monasterio Roccae Montisplani» (Zanotti, *Archivia*, VI.1, p. 344).

Regesti: Zanotti, *Digestum*, –. Zanotti, *Archivia*, VI.1, p. 344. Morizio 2008, p. 501 n. 510.

Bibliografia: Paoli 2004, p. 20 nota 92. Morizio 2008, *passim*.

Per S. Croce di Roccamontepiano vedi *Insediamenti celestini*, n. 22.

522.

INSTRUMENTUM TESTAMENTI

1314 settembre 23, Sulmona

Nicola di Pietro di Totila da Sulmona fa redigere il proprio testamento, scegliendo per la sua sepoltura la chiesa del monastero di S. Spirito del Morrone e lasciando a fra Bartolomeo, suo fratello e monaco del detto monastero [...].

Notaio: Barnaba di Gualtiero.

Originale deperdito [*A], già *Archivio del monastero di S. Spirito del Morrone, «Iura diversorum» (Zanotti, *Archivia*, VI.1, p. 455).

Regesti: Zanotti, *Digestum*, –. Zanotti, *Archivia*, VI.1, p. 455. Morizio 2008, p. 501 n. 511.

Bibliografia: Morizio 2008, *passim*.

Per S. Spirito del Morrone vedi *Insediamenti celestini*, n. 112.

523.

INSTRUMENTUM DONATIONIS ET OBLATIONIS

1314 ottobre 1, Civitate (San Paolo di Civitate)

Pietro da Campo di Giove offre se stesso e tutti i suoi beni al monastero di S. Spirito del Morrone sito presso Sulmona, riservandosi sulla metà di detti beni il diritto di usufrutto durante la sua vita; detta oblazione e donazione vengono ricevute da fra Teodino, sottopriore del monastero di S. Giovanni in Piano.

Giudice: Nicola di Roberto, giudice di Civitate (S).

Notaio: Teodemaro, notaio di Civitate (S).

Originale [A], Montecassino, Archivio dell'abbazia, Fondo di S. Spirito del Morrone, 342.

Regesti: Zanotti, *Digestum*, –. Zanotti, *Archivia*, VI.1, p. 173. Leccisotti 1966, p. 140 n. 342. Morizio 2008, p. 501 n. 512.

Bibliografia: Pellegrini 2005, p. 363 nota 238. Morizio 2008, *passim*.

Per S. Giovanni in Piano vedi *Insediamenti celestini*, n. 41. Per S. Spirito del Morrone vedi *Insediamenti celestini*, n. 112.

524.

INSTRUMENTUM VENDITIONIS

1315 febbraio 5, Aquila

Nicola di Giovanni di Pietro *de Turribus* vende a fra Leonardo da Roio, monaco del monastero di S. Maria di Collemaggio, che acquista in nome e per conto del detto monastero, la dodicesima parte di un mulino sito nel territorio *de Turribus, in flumine Callido quod vocatur Molendinum de Nuce*, al prezzo di otto once d'oro.

Notaio: Giovanni di Vitale *de Fossa*.

Originale deperdito [*A], già *Archivio del monastero di S. Maria di Collemaggio, «Pro molendinis et terris in Turre, Balneo, Bazzano et Paganica. Pro molendinis» (Zanotti, *Archivia*, VI.2, p. 565).

Regesti: Zanotti, *Digestum*, –. Zanotti, *Archivia*, VI.2, p. 565. Pansa 1899-1900, p. 255. Morizio 2008, p. 502 n. 514.

Bibliografia: Morizio 2008, *passim*.

Per S. Maria di Collemaggio vedi *Insediamenti celestini*, n. 64.

525.

INSTRUMENTUM PROCURAE

1315 marzo 27, Sulmona

Giacomo del fu Tommaso di Valente da Sulmona costituisce suoi procuratori fra Gentile e fra Gualtiero da Sulmona, suoi consobrini, dell'ordine di san Pietro confessore, per dare esecuzione al testamento del detto Tommaso, suo padre.

Notaio: Benedetto di Luca.

Originale deperdito [*A], già *Archivio del monastero di S. Spirito del Morrone, «Iura diversorum» (Zanotti, *Archivia*, VI.1, p. 455).

Regesti: Zanotti, *Digestum*, –. Zanotti, *Archivia*, VI.1, p. 455. Morizio 2008, p. 502 n. 515.

Bibliografia: Paoli 2004, p. 20 nota 92. Morizio 2008, *passim*.

Per S. Spirito del Morrone vedi *Insediamenti celestini*, n. 112.

526.

(?)

1315 maggio 30

Fra Matteo da Comino, venerabile abate del monastero di S. Spirito del Morrone presso Sulmona, dell'ordine di san Benedetto, diocesi di Valva, […].

Originale? deperdito [*A], già *Archivio del monastero di S. Pietro Celestino di Firenze (Zanotti, *Digestum*, V.2, p. 621).

Regesti: Zanotti, *Digestum*, –. Zanotti, *Archivia*, –. Morizio 2008, p. 502-503 n. 516.

Bibliografia: Zanotti, *Digestum*, V.2, p. 621. Morizio 2008, *passim*.

Per S. Spirito del Morrone vedi *Insediamenti celestini*, n. 112.

527.

INSTRUMENTUM VENDITIONIS

1315 giugno 8, Boiano

Roberto *Pinzanus* vende a fra Giacomo da Castiglione, priore del monastero di S. Martino della Maiella di Boiano, una pezza di terra in località *la Cornezana*, al prezzo di ventotto once.
Notaio: Goffredo del notaio Pietro.

Originale deperdito [*A], già *Archivio del monastero di S. Spirito del Morrone, «Pro monasterio Boiani» (Zanotti, *Archivia*, VI.1, p. 397).

Regesti: Zanotti, *Digestum*, –. Zanotti, *Archivia*, VI.1, p. 397. Morizio 2008, p. 503 n. 518.

Bibliografia: Morizio 2008, *passim*.

Per S. Martino di Boiano vedi *Insediamenti celestini*, n. 74.

528.

VICARI GENERALIS IOHANNIS DOMINI SUBLACI PRIVILEGIUM

1315 giugno 8, Tocco

Ruggero *de Separa*, vicario generale di *magister* Giovanni, detto il Rosso, signore di Subiaco, per conto di quest'ultimo, ratifica e conferma a fra Gualtiero da Collepietro, grangiere e procuratore di S. Maria *de Intermontes* nel territorio di Tocco, la vendita di una pezza di terra vitata e arborata sita nelle pertinenze di Tocco, in località *le Cese*, effettuata da Benedetto di Rinaldo al detto fra Gualtiero in data 1314 giugno 6.

Originale deperdito [*A], già *Archivio del monastero di S. Spirito del Morrone, «Iura Sanctae Mariae Intermontes» (Zanotti, *Archivia*, VI.1, p. 124).

Regesti: Zanotti, *Digestum*, –. Zanotti, *Archivia*, VI.1, p. 124. Morizio 2008, p. 503-504 n. 519.

Bibliografia: Morizio 2008, *passim*.

Per S. Maria di Tremonti vedi *Insediamenti celestini*, n. 70.

529.

INSTRUMENTUM DONATIONIS ET OBLATIONIS

1315 settembre 23, Sora, monastero dell'ordine <di san Pietro del Morrone confessore>

Giovanni di Domenico da Pescosolido, diocesi di Sora, laico, *intuitu omnipotentis Dei, beate Marie virginis et sancti Petri de Murrono confessoris*, dona *inter vivos* tutti i suoi beni a fra Bartolomeo da Trasacco, monaco e procuratore dell'ordine di san Pietro del Morrone in Sora e sue adiacenze, che riceve in nome e per conto dello stesso ordine; inoltre, offre se stesso nelle mani del detto frate dinanzi all'altare del monastero sito nella città di Sora, in presenza dei monaci che ivi dimorano, professando secondo la regola dell'ordine.

Giudice: Gregorio Mancino, *magister*, giudice di Sora.

Notaio: Rinaldo di Oderisio, notaio di Sora (S).

Originale [A], Montecassino, Archivio dell'abbazia, Fondo di S. Spirito del Morrone, 347.

Regesti: Zanotti, *Digestum*, –. Zanotti, *Archivia*, VI.1, p. 333-334. Leccisotti 1966, p. 142 n. 347. Morizio 2008, p. 504 n. 520.

Bibliografia: Penco 1997, p. 359. Paoli 2004, p. 20 nota 91. Pellegrini 2005, p. 350 nota 176, 363 nota 239. Morizio 2008, *passim*.

Per S. Pietro confessore di Sora vedi *Insediamenti celestini*, n. 94.

530.

INSTRUMENTUM DONATIONIS

1315 ottobre 5, Roccamontepiano, *ante domum Iacobi Sancte Iuste*

Berardo *Scinti* da Fara Filiorum Petri dona *inter vivos* a Manerio, arciprete di Roccamontepiano, che riceve in nome e per conto della chiesa di S. Croce *sub dicta Rocca de ordine sancti Petri confexoris*, una terra posta nelle pertinenze di Fara Filiorum Petri, *in contrata Sancti Donati*, confinante su un lato con le proprietà del detto ordine, per i servigi ricevuti dalla detta chiesa.

Giudice: Simone, *magister*, giudice di Roccamontepiano.

Notaio: Bartolomeo di *magister* Tommaso da Serramonacesca, notaio di Roccamontepiano (S).

Originale [A], Chieti, Archivio arcivescovile, Fondo pergamenaceo, Teate 136.

Regesti: Zanotti, *Digestum*, –. Zanotti, *Archivia*, VI.1, p. 344. Balducci 1926, p. 40 n. 111. Morizio 2008, p. 504 n. 521.

Bibliografia: Palazzi 2005, p. 183. Paoli 2004, p. 20 nota 92. Pellegrini 2005, p. 324 nota 75, 342 nota 146. Morizio 2008, *passim*.

Per S. Croce di Roccamontepiano vedi *Insediamenti celestini*, n. 22.

531.

INSTRUMENTUM DONATIONIS

1315 ottobre 5, <Roccamontepiano>

Andrea di Gualtiero da Fara Filiorum Petri dona a *dompnus* Manerio, arciprete di Roccamontepiano, che riceve in nome e per conto della chiesa di S. Croce di Roccamontepiano, ogni diritto che possiede su tre pezze di terra poste nel territorio della detta Fara, in località *Fricaro*.

Notaio: Bartolomeo di Tommaso *de Serra Monacesca*.

Originale deperdito [*A], già *Archivio del monastero di S. Spirito del Morrone, «Pro monasteriis civitatis Theatinae, Guardiae Grelis, Montis Plani et Bucclani. Pro monasterio Roccae Montisplani» (Zanotti, *Archivia*, VI.1, p. 345).

Regesti: Zanotti, *Digestum*, –. Zanotti, *Archivia*, VI.1, p. 345. Morizio 2008, p. 505 n. 522.

Bibliografia: Morizio 2008, *passim*.

Per S. Croce di Roccamontepiano vedi *Insediamenti celestini*, n. 22.

532.

INSTRUMENTUM VENDITIONIS

1315 ottobre 26, Boiano

Nicola *Pinzanus* vende a fra Giacomo, priore del monastero di S. Martino della Maiella di Boiano, una pezza di terra e una vigna poste vicino al detto monastero di S. Martino, al prezzo di un'oncia. Notaio: Giovanni.

Originale deperdito [*A], già *Archivio del monastero di S. Spirito del Morrone, «Pro monasterio Boiani» (Zanotti, *Archivia*, VI.1, p. 397).

Regesti: Zanotti, *Digestum*, –. Zanotti, *Archivia*, VI.1, p. 397. Morizio 2008, p. 505 n. 523.

Bibliografia: Morizio 2008, *passim*.

Per S. Martino di Boiano vedi *Insediamenti celestini*, n. 74.

533.

ROBERTI IERUSALEM ET SICILIAE REGIS PRIVILEGIUM

1315 novembre 4, Napoli

Roberto, re di Gerusalemme e di Sicilia, concede in feudo a Bonoscambio di Giovanni da Sulmona, suo fedele, i beni del fu Cosmato di Gualtiero *de Galarano* siti *in castro Turris* presso Sulmona, nel giustizierato dell'Abruzzo *citra flumen Piscarie*, molti dei quali confinano con le proprietà del monastero di S. Spirito del Morrone.
Exaltat potentiam.

Atto registrato deperdito [*R], già Napoli, Archivio di Stato, *Registri angioini, 205, f. 17v-19v (Faraglia 1888, p. 146).

Edizione: Faraglia 1888, p. 143-146 n. 116.

Regesti: Zanotti, *Digestum*, –. Zanotti, *Archivia*, –. Morizio 2008, p. 505 n. 524.

Bibliografia: Mattiocco-Sabatini 1996, p. 186 nota 25. Morizio 2008, *passim*.

Per S. Spirito del Morrone vedi *Insediamenti celestini*, n. 112.

534.

INSTRUMENTUM VENDITIONIS

1315 novembre 5, <Sulmona>

Donna Filippa, moglie del nobile Gentile, vende a fra Matteo da Comino, abate di S. Spirito del Morrone, tutti i beni che possiede *in Padulibus et Saizano, in montibus et in plano, in domibus, tuguriis et casarenis, in terris cultis et incultis*, con ogni diritto che possiede sulle chiese poste nel luogo detto *Saizanum*, al pezzo di quattro once d'oro.
Notaio: Onofrio di Giovanni <di Gerardo, notaio di Sulmona>.

Originale deperdito [*A], già *Archivio del monastero di S. Spirito del Morrone, «Iura Saizani» (Zanotti, *Archivia*, VI.1, p. 152).

Regesti: Zanotti, *Digestum*, II.1, p. 292 (con data 1315 novembre 4). Zanotti, *Archivia*, VI.1, p. 152. Morizio 2008, p. 505-506 n. 525.

Bibliografia: Zanotti, *Digestum*, II.1, p. 291-294. Morizio 2008, *passim*.

Per S. Spirito del Morrone vedi *Insediamenti celestini*, n. 112.

535.

INSTRUMENTUM TESTAMENTI

1315 novembre 25, Roccamontepiano

Dominus Oderisio [...] da Roccamontepiano fa redigere il proprio testamento e, tra i vari legati, lascia alla chiesa di S. Croce di Roccamontepiano una vigna in contrada *de lo Prato*.
Giudice: Simone, *magister*, giudice di Roccamontepiano (S).
Notaio: Guglielmo di *dominus* Andrea, notaio di Francavilla (S).

Originale [A], Montecassino, Archivio dell'abbazia, Fondo di S. Spirito del Morrone, 348.

Regesti: Zanotti, *Digestum*, –. Zanotti, *Archivia*, VI.1, p. 345 (con data 1315 novembre 24). Inguanez 1919, p. 8-9 n. 8. Inguanez 1921, p. 5 n. 5. Leccisotti 1966, p. 142 n. 348. Morizio 2008, p. 506 n. 526.

Bibliografia: Morizio 2008, *passim*.

Per S. Croce di Roccamontepiano vedi *Insediamenti celestini*, n. 22.

536.

INSTRUMENTUM DONATIONIS

1315 [maggio-dicembre] 25, Roccamontepiano, chiesa di S. Croce dell'ordine morronese o di san Pietro confessore

Marsemilia, moglie di Romano di Biagio da Pretoro, con l'autorità di quest'ultimo, suo legittimo mundoaldo, dona *inter vivos* a fra Roberto da Salle, che riceve in nome e per conto della chiesa di S. Croce di Roccamontepiano, una casa con orto attiguo nel *casale* di Pretoro, confinante su un lato con le proprietà dell'ospedale di Pretoro, una vigna nelle medesime pertinenze, in contrada *Cerreto*, e una terra posta *in territorio Sancti Angeli*.
Giudice: Salerno di Roberto, giudice di Roccamontepiano.
Notaio: Bartolomeo di *magister* Tommaso da Serramonacesca, notaio di Roccamontepiano (S).

Originale [A], Chieti, Archivio arcivescovile, Fondo pergamenaceo, Teate 134.

Regesti: Zanotti, *Digestum*, –. Zanotti, *Archivia*, VI.1, p. 344 (con data 1315 [...] 25). Balducci 1926, p. 40 n. 112 (con data 1315). Morizio 2008, p. 503 n. 517.

Bibliografia: Zanotti, *Digestum*, V.2, p. 557. Susi 2001, p. 118 nota 29. Palazzi 2005, p. 183 (con data 1315 [...]). Pellegrini 2005, p. 342 nota 146. Morizio 2008, *passim*.

Il supporto membranaceo è in cattive condizioni a causa di rosicature di topi, tarme ed estese macchie di umidità. La data cronica, parzialmente illeggibile, così come l'indizione, è stata integrata attraverso l'anno di regno di Roberto d'Angiò («regnorum eius anno septimo»).

Per S. Croce di Roccamontepiano vedi *Insediamenti celestini*, n. 22.

537.

INSTRUMENTUM DONATIONIS

1316 gennaio 7, Boiano

Nicola *Solaczus* dona al monastero di S. Martino della Maiella di Boiano e a fra Benedetto da Boiano, priore di esso, una casa con orto sita nel suburbio della detta città, vicino alla chiesa di S. Giacomo.
Notaio: Pietro Conte.

Originale deperdito [*A], già *Archivio del monastero di S. Spirito del Morrone, «Pro monasterio Boiani» (Zanotti, *Archivia*, VI.1, p. 397).

Regesti: Zanotti, *Digestum*, –. Zanotti, *Archivia*, VI.1, p. 397. Morizio 2008, p. 506 n. 527.

Bibliografia: Morizio 2008, *passim*.

Per S. Martino di Boiano vedi *Insediamenti celestini*, n. 74.

538.

INSTRUMENTUM DONATIONIS

1316 gennaio 27, Sora, *ante ecclesiam Sancti Bartholomei*

Andrea Bellapersona e sua moglie donna Maria da Sora donano a fra Bartolomeo da Trasacco, fratello del detto Andrea, monaco e procuratore in Sora e adiacenze dell'ordine di san Pietro del Morrone, ricevente in nome e per conto dell'ordine medesimo e in particolare del luogo che esso ha nella città di Sora, i seguenti beni immobili posti in Sora e nelle sue pertinenze: una casa, la metà di un'altra casa, un orto, la metà di una vigna, quattro pezze di terra e quattro metà di altrettante terre.
Notaio: Rinaldo di Oderisio da Sora, notaio di Sora (S).

Originale [A], Montecassino, Archivio dell'abbazia, Fondo di S. Spirito del Morrone, 350.

Regesti: Zanotti, *Digestum*, –. Zanotti, *Archivia*, VI.1, p. 334. Leccisotti 1966, p. 143 n. 350. Morizio 2008, p. 506-507 n. 528.

Bibliografia: Penco 1997, p. 359. Pellegrini 2005, p. 350 nota 176. Morizio 2008, *passim*.

Per la chiesa di S. Bartolomeo di Sora vedi Milani 1969.

Per S. Pietro confessore di Sora vedi *Insediamenti celestini*, n. 94.

539.

INSTRUMENTUM TESTAMENTI

1316 aprile 26, Aquila

Paolo *Gualterii Rondisii de Bazzano* fa redigere il suo testamento, scegliendo per la propria sepoltura la chiesa di S. Maria di Collemaggio, ordinando che in detta chiesa venga edificata una cappella dedicata a san Giovanni battista, per la costruzione della quale lascia venti once d'oro, e che ivi si celebrino continuamente i *divina officia* per l'anima sua e dei genitori; lascia, inoltre, alla chiesa di Collemaggio, per i *fratres* che celebreranno nella detta cappella, una vigna di dieci *staria* sita nel territorio di Bazzano, *ubi dicitur Colleranisco*.
Notaio: Pietro di Andrea *de Sancta Ansia*.

Originale deperdito [*A], già *Archivio del monastero di S. Maria di Collemaggio, «Testamenta, donationes et legata» (Zanotti, *Archivia*, VI.2, p. 669).

Regesti: Zanotti, *Digestum*, –. Zanotti, *Archivia*, VI.2, p. 669. Antinori, *Annali*, XI.2, *sub anno* 1316, *sub voce* Collemaggio [p. 345]. Clementi-Berardi 1980, p. 216. Morizio 2008, p. 507 n. 529.

Bibliografia: Morizio 2008, *passim*.

Per S. Maria di Collemaggio vedi *Insediamenti celestini*, n. 64.

540.

INSTRUMENTUM DONATIONIS ET CONVENTIONIS

1316 maggio 15, Sulmona, *in domibus donatis*

Fra Matteo da Comino, venerabile abate, e la comunità del monastero di S. Spirito del Morrone presso Sulmona, dell'ordine di san Benedetto, da una parte, e il giudice Cambio da Sulmona, dall'altra, stipulano una convenzione. Il giudice Cambio, per la salvezza dell'anima propria, della sua defunta figlia Oliva, dei genitori, dei fratelli, dei consanguinei e benefattori, dona all'abate e alla comunità tutte le case che possiede *ad Formam de li Stephanis* di Sulmona, con la metà indivisa di tutto il territorio che il detto giudice ha nella contrada medesima, che è costituito da giardini, canapàie, vigne, terre arative e frutteti, eccetto la metà della pezza di terra arativa, posta vicino al predetto territorio che il giudice Cambio comprò a suo tempo dal priore e dalla comunità del luogo di S. Domenico di Sulmona, dell'ordine dei frati Predicatori, al posto della quale dona un'altra pezza di terra comprata di recente dai figli del fu Matteo di Berardo di Raniero da Sulmona. La condizione posta dal donatore è che l'abate, la comunità e i loro successori nel detto monastero e ordine dovranno costruire nelle dette case e territorio un monastero solenne, perenne, onorabile e conventuale, con una chiesa grande e onorabile intitolata a san Pietro confessore, e con una bella cappella con altare, vicino all'altare maggiore, intitolata a sant'Oliva.

Giudice: Sinibaldo di Gentile, giudice di Sulmona.

Notaio: Sergio di Simone, notaio di Sulmona.

Originale deperdito [*A], già *Archivio del monastero di S. Spirito del Morrone, «Pro Sancto Petro confessore de Sulmona» (Zanotti, *Archivia*, VI.1, p. 158). Copia semplice del secolo XVII [Z], Zanotti, *Digestum*, III.1, p. 207-214 («ex proprio originali existenti in archivio abbatiae Sancti Spiritus de Sulmone»).

Regesti: Zanotti, *Digestum*, II.1, p. 22; III.1, p. 203. Zanotti, *Archivia*, VI.1, p. 158. Morizio 2008, p. 507-508 n. 530.

Bibliografia: Zanotti, *Digestum*, III.1, p. 203-205. Mattiocco-Sabatini 1996, p. 179 nota 10. Orsini 2001, p. 20. Morizio 2008, *passim*.

Per la chiesa di S. Domenico vedi la nota al doc. n. 405.

Per S. Pietro confessore di Sulmona vedi *Insediamenti celestini*, n. 95. Per S. Spirito del Morrone vedi *Insediamenti celestini*, n. 112.

541.

INSTRUMENTUM TESTAMENTI

1316 luglio 26, monastero di S. Eusebio (Roma)

Angela, moglie del fu Pietro di Oderisio, della contrada Merulana, nel suo testamento lascia somme a diverse chiese e ospedali di Roma; sceglie come luogo di sepoltura la chiesa di S. Eusebio e lascia ai monaci di san Pietro del Morrone nella persona di fra Berardo da Archi, procuratore dell'ordine, la propria casa, le vigne e gli altri suoi beni mobili e immobili con la riserva dell'usufrutto a vita; nomina esecutore testamentario il priore *pro tempore* di S. Eusebio.

Testi: fra Giovanni da Spoleto, fra Francesco, fra Antolino, fra Ruggero, fra Giovanni da Agnone, fra Rinaldo, fra Giacomo da Fara.

Notaio: Agostino di Luca (S).

Originale [A], Città del Vaticano, Archivio apostolico vaticano, Fondo celestini I, 62.

Regesti: Zanotti, *Digestum*, –. Zanotti, *Archivia*, –. Paoli 2004, p. 145 n. 62. Morizio 2008, p. 508 n. 531.

Bibliografia: Morizio 2008, *passim*.

Per S. Eusebio di Roma vedi *Insediamenti celestini*, n. 24.

542.

INSTRUMENTUM TESTAMENTI

1316 agosto 17, Sulmona

Il giudice Cambio da Sulmona fa redigere il proprio testamento in cui, fra gli altri legati, lascia alcuni suoi beni stabili in Sulmona e sue pertinenze al monastero di san Pietro confessore, da lui *novi-*

ter fondato fuori dalla detta città, ed elegge la propria sepoltura nella cappella di sant'Oliva da costruirsi nel predetto monastero, dando indicazioni per la costruzione della sepoltura. Nomina esecutori testamentari fra Matteo da Comino, abate del monastero di S. Spirito del Morrone presso Sulmona, e il priore *pro tempore* del monastero di S. Pietro confessore.

Giudice: Lorenzo del giudice Abramo, giudice di Sulmona (S).

Notaio: Sergio di Simone, notaio di Sulmona (S).

Originale [A], Montecassino, Archivio dell'abbazia, Fondo di S. Spirito del Morrone, 35.

Regesti: Zanotti, *Digestum*, III.1, p. 203. Zanotti, *Archivia*, VI.1, p. 158. Inguanez 1921, p. 6 n. 7. Leccisotti 1966, p. 144-145 n. 354. Morizio 2008, p. 508 n. 532.

Bibliografia: Zanotti, *Digestum*, III.1, p. 203-205. Penco 1997, p. 358. Orsini 2001, p. 21. Morizio 2008, *passim*.

Per S. Pietro confessore di Sulmona vedi *Insediamenti celestini*, n. 95. Per S. Spirito del Morrone vedi *Insediamenti celestini*, n. 112.

543.

INSTRUMENTUM VENDITIONIS

1317 febbraio 13, Roccamontepiano, monastero della chiesa di S. Croce dell'ordine morronese

Francesco *de Dulce* da Roccamontepiano vende al nobile Giovanni da Scorrano, *miles*, una pezza di terra sita nel territorio di Roccamontepiano, in contrada *Vivaro*, al prezzo di trentasei tarì.

Giudice: Ippolito, giudice di San Pietro delle Monache.

Notaio: Guglielmo *Mathalioni*, notaio di Serramonacesca (S).

Originale [A], Montecassino, Archivio dell'abbazia, Fondo di S. Spirito del Morrone, 360.

Regesti: Zanotti, *Digestum*, –. Zanotti, *Archivia*, VI.1, p. 353. Leccisotti 1966, p. 147 n. 360. Morizio 2008, p. 509 n. 533.

Bibliografia: Morizio 2008, *passim*.

Per S. Croce di Roccamontepiano vedi *Insediamenti celestini*, n. 22.

544.

INSTRUMENTUM VENDITIONIS

1317 febbraio 13, Roccamontepiano, monastero della chiesa di S. Croce dell'ordine morronese.

Diotiguardi Marzucchi da Roccamontepiano vende al nobile Giovanni da Scorrano, *miles*, una pezza di terra sita nel territorio di Roccamontepiano, in contrada *Vivaro*, al prezzo di tre fiorini.

Giudice: Ippolito, giudice di San Pietro delle Monache.

Notaio: Guglielmo *Mathalioni*, notaio di Serramonacesca (S).

Originale [A], Montecassino, Archivio dell'abbazia, Fondo di S. Spirito del Morrone, 361.

Regesti: Zanotti, *Digestum*, –. Zanotti, *Archivia*, VI.1, p. 353. Leccisotti 1966, p. 147 n. 361. Morizio 2008, p. 509 n. 534.

Bibliografia: Morizio 2008, *passim*.

Per S. Croce di Roccamontepiano vedi *Insediamenti celestini*, n. 22.

545.

IOHANNIS XXII PAPAE LITTERAE DE IUSTITIA

1317 febbraio 14, Avignone

Giovanni XXII ordina a <Berardo>, vescovo di Ferentino, e agli abati dei monasteri di S. Lorenzo di Aversa e di S. Clemente *de Piscaria*, diocesi di Chieti, di costringere, sotto la minaccia della scomunica, coloro i quali detengono illecitamente i beni appartenenti al monastero di S. Spirito del Morrone presso Sulmona, dell'ordine di san Benedetto, diocesi di Valva, soggetto *immediate* alla sede apostolica, a restituire detti beni all'abate e alla comunità del monastero medesimo.

Etsi quibuslibet religiosis.

Originale deperdito [*A], già *Archivio del monastero di S. Spirito del Morrone, «Indulta sedis apostolicae» (Zanotti, *Archivia*, VI.1, p. 180). Atto registrato [R], Città del Vaticano, Archivio apostolico vaticano, *Registra vaticana*, 65, f. 44r-v. Atto registrato [R₂], Città del Vaticano, Archivio apostolico vaticano, *Registra avenionensia*, 5, f. 263r. Inserto del 1319 agosto 8 [B], Città del Vaticano, Archivio apostolico vaticano, Fondo celestini I, 69. Inserto del 1354 luglio 25 [B₂], Montecassino, Archivio dell'abbazia, Fondo di S. Spirito del Morrone, 579. Copia semplice del 1626 novembre 26 [B₃], Sulmona, Archivio capitolare di S. Panfilo, Archivio nuovo, Fondi e serie di archivi aggregati, S. Spirito del Morrone, II.1.10.30, p. 2-4 n. 3 («ex proprio originali cum bullo plumbeo Ioannis 22°»).

Regesti: Zanotti, *Digestum*, II.1, p. 22. Zanotti, *Archivia*, VI.1, p. 180. Mollat 1904-1947, n. 2835. Inguanez 1918, p. 19 n. 37. Leccisotti 1966, p. 148. Paoli 2004, p. 148 n. 69. Morizio 2008, p. 509-510 n. 535.

Bibliografia: Penco 1997, p. 365. Orsini 2003, p. 701 n. 29 (6117). Morizio 2008, *passim*.

Per il monastero di S. Clemente *de Piscaria*, più noto come S. Clemente a Casauria, vedi Pratesi-Cherubini 2017-2019.

Per l'abbazia di S. Lorenzo *ad Septimum* vedi la nota al doc. n. 212.

Per S. Spirito del Morrone vedi *Insediamenti celestini*, n. 112.

546.

IOHANNIS XXII PAPAE LITTERAE DE IUSTITIA

1317 febbraio 14, Avignone

Giovanni XXII ordina a <Umberto>, arcivescovo di Napoli, a <Landolfo>, vescovo di Sulmona, e all'abate del monastero di S. Vincenzo in Prato di Milano, di costringere, sotto la minaccia della scomunica, coloro i quali detengono illecitamente i beni appartenenti al monastero di S. Spirito del Morrone presso Sulmona, dell'ordine di san Benedetto, diocesi di Valva, soggetto *immediate* alla sede apostolica, a restituire detti beni all'abate e alla comunità del monastero medesimo.

Etsi quibuslibet religiosis.

Atto registrato [R], Città del Vaticano, Archivio apostolico vaticano, *Registra vaticana*, 65, f. 44v. Atto registrato [R₂], Città del Vaticano, Archivio apostolico vaticano, *Registra avenionensia*, 5, f. 263r. Copia autentica del 1402 maggio 22 deperdita [*B], già *Archivio del monastero di S. Spirito del Morrone, «Transumpta apostolica» (Zanotti, *Archivia*, VI.1, p. 188). Inserto del 1319 giugno 1 deperdito [*B₂], già *Archivio del monastero di S. Maria di Collemaggio, «Iura Sancti Caesidii, Caporciani et Sancti Pii. Pro Sancto Pio» (Zanotti, *Archivia*, VI.2, p. 646). Inserto del secolo XVII [C], Città del Vaticano, Archivio apostolico vaticano, Fondo celestini II, 18, f. 154r-155v (da *B₂). Notizia del secolo XVII [N], Sulmona, Archivio capitolare di S. Panfilo, Archivio nuovo, Fondi e serie di archivi aggregati, S. Spirito del Morrone, II.1.10.30, p. 2 (mano di L. Zanotti).

Regesti: Zanotti, *Digestum*, II.1, p. 22. Zanotti, *Archivia*, VI.1, p. 188. Mollat 1904-1947, n. 2835. Paoli 2004, p. 279. Morizio 2008, p. 510 n. 536.

Bibliografia: Orsini 2003, p. 701 n. 29 (6117). Morizio 2008, *passim*.

Per S. Spirito del Morrone vedi *Insediamenti celestini*, n. 112.

547.

INSTRUMENTUM VENDITIONIS

1317 febbraio 16, Ferentino

Angelo di Bellina da Ferentino vende a fra Giovanni *de Olivola*, priore di S. Antonio di Colle del Fico, una terra in località *lu Puçu*, confinante con le proprietà del monastero, al prezzo di trenta libbre di denari del senato.

Teste: fra Giacomo da Roccamorice.

Notaio: Giovanni di Rinaldo da Ferentino (S).

Originale [A], Città del Vaticano, Archivio apostolico vaticano, Fondo celestini I, 63.

Regesti: Zanotti, *Digestum*, –. Zanotti, *Archivia*, –. Paoli 2004, p. 146 n. 63. Morizio 2008, p. 510 n. 537.

Bibliografia: Morizio 2008, *passim*.

Per S. Antonio di Ferentino vedi *Insediamenti celestini*, n. 11.

548.

INSTRUMENTUM PROMISSIONIS

1317 aprile 15, Serramonacesca, *in domo Bonaspecte Guerrisii*

Tommasa, moglie di Francesco di *magister* Riccardo da Serramonacesca, con l'autorità di quest'ultimo, suo legittimo mundoaldo, promette a fra Pietro da Caramanico, priore del monastero di S. Spirito della Maiella dell'ordine morronese, che agisce nell'interesse del monastero, di dare o di far dare al momento della sua morte sui suoi beni mobili e immobili al predetto monastero un'oncia *in parva usuali moneta*, per la salvezza dell'anima sua e di tutti i suoi parenti.
Giudice: Matteo di Giacomo, giudice di Serramonacesca.
Notaio: Guglielmo *Mathalioni*, notaio di Serramonacesca (S).

Originale [A], Chieti, Archivio arcivescovile, Fondo pergamenaceo, Teate 137.

Regesti: Zanotti, *Digestum*, –. Zanotti, *Archivia*, VI.1, p. 27. Balducci 1926, p. 40 n. 113. Morizio 2008, p. 510-511 n. 538.

Bibliografia: Palazzi 2005, p. 183. Morizio 2008, *passim*.

Per S. Spirito della Maiella vedi *Insediamenti celestini*, n. 113.

549.

INSTRUMENTUM DONATIONIS

1317 aprile 15, Serramonacesca, *in domo Bonaspecte Guerrisii*

Francesco di *magister* Riccardo da Serramonacesca, per la salvezza della sua anima e per la remissione dei peccati suoi, dei genitori e di tutti i parenti, dona a fra Pietro da Caramanico dell'ordine morronese, *qui se priorem esse dicebat monasterii Sancti Spiritus de Maiella*, che riceve in nome e per conto del detto monastero, una pezza di terra sita nelle pertinenze di Serramonacesca, in contrada *lu Colle*.
Giudice: Matteo di Giacomo, giudice di Serramonacesca.
Notaio: Guglielmo *Mathalioni*, notaio di Serramonacesca (S).

Originale [A], Chieti, Archivio arcivescovile, Fondo pergamenaceo, Teate 138.

Regesti: Zanotti, *Digestum*, –. Zanotti, *Archivia*, VI.1, p. 27. Balducci 1926, p. 41 n. 114. Morizio 2008, p. 511 n. 539.

Bibliografia: Palazzi 2005, p. 183. Morizio 2008, *passim*.

Per S. Spirito della Maiella vedi *Insediamenti celestini*, n. 113.

550.

CAPITULI CATHEDRALIS MEDIOLANENSIS PRIVILEGIUM

1317 aprile 26, <Milano>

Il capitolo della cattedrale di Milano concede una chiesa e una dimora, ubicate presso la Porta Orientale della detta città e abbandonate dai *fratres* dell'ordine dei Servi di Maria, *ordini et congregationi coelestinorum* <così>.

Originale? deperdito [*A], già <*Archivio del monastero di S. Pietro Celestino di Milano?> (Zanotti, *Digestum*, II.1, p. 22).

Regesti: Zanotti, *Digestum*, II.1, p. 22. Zanotti, *Archivia*, –. Morizio 2008, p. 511 n. 540.

Bibliografia: Zanotti, *Digestum*, V.2, p. 627. Paoli 2004, p. 33 nota 174. Morizio 2008, *passim*.

L'espressione «ordini et congregationi coelestinorum», contenuta nel regesto secentesco, è quasi certamente frutto di una sintesi operata da L. Zanotti.

Per S. Pietro Celestino di Milano vedi *Insediamenti celestini*, n. 88.

551.

(?)

1317 maggio 16

Fra Enrico *anglicus*, priore di S. Spirito della Maiella di Alife, [...].

Originale? deperdito [*A], già *Archivio del monastero di S. Maria di Capua (Zanotti, *Digestum*, V.2, p. 599).

Regesti: Zanotti, *Digestum*, –. Zanotti, *Archivia*, –. Morizio 2008, p. 511 n. 541.

Bibliografia: Zanotti, *Digestum*, V.2, p. 599, 607. Morizio 2008, *passim*.

Per S. Spirito di Alife vedi *Insediamenti celestini*, n. 114.

552.

INSTRUMENTUM INVESTITURAE FEUDALIS

1317 maggio 17, monastero di S. Spirito del Morrone, *in capitulo* (Sulmona)

Fra Matteo, abate del monastero di S. Spirito del Morrone presso Sulmona, dell'ordine di san Benedetto, diocesi di Valva, e la comunità del monastero medesimo, riuniti in capitolo, concedono a Menduzio di Bartolomeo da Sulmona, con l'obbligo annuo del solito servizio, un nobile feudo in Pratola e sue pertinenze, già tenuto da Matteo di Teodino da Pratola e devoluto al monastero per l'entrata in esso del detto Matteo.
Giudice: Angelo di Giovanni Mancino, giudice di Sulmona.
Notaio: Benedetto di Luca, notaio di Sulmona.

Originale [A], Montecassino, Archivio dell'abbazia, Fondo di S. Spirito del Morrone, 363.

Regesti: Zanotti, *Digestum*, –. Zanotti, *Archivia*, VI.1, p. 477. Leccisotti 1966, p. 148 n. 363. Morizio 2008, p. 512 n. 542.

Bibliografia: Paoli 2004, p. 486. Pellegrini 2005, p. 357. Morizio 2008, *passim*.

Instrumentum infectum: mancano il *signum* notarile e le sottoscrizioni del giudice e dei testi.
T. Leccisotti annota che «l'atto ha l'anno 1316, ma gli altri dati indicano il 1317»; in realtà, il millesimo riportato nella pergamena è corretto.

Per S. Spirito del Morrone vedi *Insediamenti celestini*, n. 112.

553.

INSTRUMENTUM DONATIONIS

1317 giugno 9, Roccamontepiano, chiesa di S. Croce dell'ordine dei morronesi

Giovanni detto Marrigio *de Sancto Angelo in Magella*, per la remissione dei peccati suoi e dei genitori, dona *inter vivos* alla chiesa di S. Croce e a fra Roberto da Salle, dell'ordine dei morronesi, rettore della chiesa medesima, che riceve in nome e per conto di essa, la metà di una pezza di terra sita nel territorio di Fara Filiorum Petri, in contrada *Coste de Ravaczole*.

Giudice: Simone di Luca, giudice di Roccamontepiano.
Notaio: Guglielmo *Mathalioni*, notaio di Serramonacesca (S).

Originale [A], Chieti, Archivio arcivescovile, Fondo pergamenaceo, Teate 139.

Regesti: Zanotti, *Digestum*, –. Zanotti, *Archivia*, VI.1, p. 345 (con data 1315 novembre 24). Balducci 1926, p. 41 n. 115. Morizio 2008, p. 512 n. 543.

Bibliografia: Zanotti, *Digestum*, V.2, p. 552, 557. Palazzi 2005, p. 183. Pellegrini 2005, p. 342 nota 146. Morizio 2008, *passim*.

Per S. Croce di Roccamontepiano vedi *Insediamenti celestini*, n. 22.

554.

INSTRUMENTUM DONATIONIS

1317 giugno 9, Roccamontepiano, chiesa di S. Croce dell'ordine del Morrone

Filippa, vedova di Berardo *de Mentula*, e sua sorella Margherita, entrambe di Roccamontepiano, per la salvezza delle loro anime, donano a fra Roberto da Salle, dell'ordine del Morrone, che riceve in nome e per conto della chiesa di S. Croce, alcuni terreni posti nelle pertinenze di Roccamontepiano.
Giudice: Simone di Luca, giudice di Roccamontepiano.
Notaio: Guglielmo *Mathalioni*, notaio di Serramonacesca (S).

Originale [A], Chieti, Archivio arcivescovile, Fondo pergamenaceo, Teate 140.

Regesti: Zanotti, *Digestum*, –. Zanotti, *Archivia*, VI.1, p. 345. Balducci 1926, p. 41 n. 117. Morizio 2008, p. 513 n. 544.

Bibliografia: Zanotti, *Digestum*, V.2, p. 552, 557. Palazzi 2005, p. 183. Pellegrini 2005, p. 342 nota 146. Morizio 2008, *passim*.

Per S. Croce di Roccamontepiano vedi *Insediamenti celestini*, n. 22.

555.

INSTRUMENTUM DONATIONIS

1317 giugno 9, Roccamontepiano, chiesa di S. Croce dell'ordine morronese

Bonafemina di *magister* Paolo da Roccamontepiano dona a fra Roberto da Salle, dell'ordine morronese, rettore della chiesa di S. Croce, che riceve in nome e per conto di essa, alcuni beni posti nel territorio di Roccamontepiano, ovvero una terra *in Plagia Castellionis*, una pezza di terra nella medesima contrada, una pezza di terra in contrada *Coste de Sole* e una vigna in *Valle Menorescha*.
Giudice: Simone di Luca, giudice di Roccamontepiano.
Notaio: Guglielmo *Mathalioni*, notaio di Serramonacesca (S).

Originale [A], Chieti, Archivio arcivescovile, Fondo pergamenaceo, Teate 141.

Regesti: Zanotti, *Digestum*, –. Zanotti, *Archivia*, VI.1, p. 345 (con data 1315 novembre 24). Balducci 1926, p. 41 n. 116. Morizio 2008, p. 513 n. 545.

Bibliografia: Zanotti, *Digestum*, V.2, p. 552, 557. Palazzi 2005, p. 183. Pellegrini 2005, p. 342 nota 146. Morizio 2008, *passim*.

Per S. Croce di Roccamontepiano vedi *Insediamenti celestini*, n. 22.

556.

INSTRUMENTUM VENDITIONIS

1317 giugno 9, Roccamontepiano

Il notaio Francesco *de Dulce* da Roccamontepiano vende a fra Roberto da Salle una pezza di terra in contrada *de lo Iolato*, al prezzo di tre tarì.
Notaio: Guglielmo *Mathalioni de Serra*.

Originale deperdito [*A], già *Archivio del monastero di S. Spirito del Morrone, «Pro monasteriis civitatis Theatinae, Guardiae Grelis, Montis Plani et Bucclani. Pro monasterio Roccae Montisplani» (Zanotti, *Archivia*, VI.1, p. 345).

Regesti: Zanotti, *Digestum*, –. Zanotti, *Archivia*, VI.1, p. 345 (con data 1315 novembre 24). Morizio 2008, p. 513-514 n. 546.

Bibliografia: Zanotti, *Digestum*, V.2, p. 552, 557. Morizio 2008, *passim*.

Per S. Croce di Roccamontepiano vedi *Insediamenti celestini*, n. 22.

557.

INSTRUMENTUM EXECUTIONIS TESTAMENTI

1317 giugno 16, Città di Santa Maria (Lucera)

Il giudice Riccardo Paronto da Cerignola, procuratore di Nicola Pipino da Minervino, figlio del fu Giovanni Pipino, maestro razionale della curia regia, dando esecuzione a un legato disposto nel testamento del detto Giovanni – di cui viene riportato un estratto – dà a fra Gregorio *de Campania*, dell'ordine morronese, priore del monastero di S. Bartolomeo nella Città di Santa Maria, ricevente in nome e per conto del detto monastero, una casa *ad Solanum*, posta nella detta città, dell'annua rendita di nove once d'oro, a patto che vengano rispettate le condizioni stabilite dal testatore. Del documento vengono redatti tre originali: per il monastero di S. Bartolomeo, per il vescovo di Lucera e per Nicola Pipino.
Giudice: Giacomino Capillato, giudice della Città di Santa Maria (S).
Notaio: Manfredi Capillato, regio notaio della Città di Santa Maria (S).

Originale [A], Montecassino, Archivio dell'abbazia, Fondo di S. Spirito del Morrone, 364. Copia semplice del secolo XVII [Z], Zanotti, *Digestum*, III.1, p. 215-219 («ex proprio originali existenti in archivio venerabilis abbatiae Sancti Spiritus de Sulmone»).

Regesti: Zanotti, *Digestum*, II.1, p. 22. Zanotti, *Archivia*, VI.1, p. 412. Leccisotti 1966, p. 149 n. 364. Morizio 2008, p. 514 n. 547.

Bibliografia: Morizio 2008, *passim*.

Nel 1317, il vescovo *pro tempore* di Lucera era Giacomo (Eubel 1913, p. 315).

Per S. Bartolomeo di Lucera vedi *Insediamenti celestini*, n. 14.

558.

CAPITULI CATHEDRALIS MEDIOLANENSIS PRIVILEGIUM

1317 luglio 4, <Milano>

Il capitolo della cattedrale di Milano esorta i fedeli a elargire elemosine ai *fratres* dell'ordine di san Pietro confessore che hanno ottenuto una dimora in Porta Orientale, e ordina che la festa di san Pietro confessore venga trascritta nei calendari liturgici della diocesi, *iuxta mandatum apostolicum*.

Originale deperdito [*A], già <*Archivio del monastero di S. Pietro Celestino di Milano?> (Zanotti, *Digestum*, II.1, p. 22).

Regesti: Zanotti, *Digestum*, II.1, p. 22. Zanotti, *Archivia*, –. Morizio 2008, p. 514 n. 548.

Bibliografia: Pellegrini 2005, p. 351 nota 181. Morizio 2008, *passim*.

Per S. Pietro Celestino di Milano vedi *Insediamenti celestini*, n. 88.

559.

Instrumentum donationis

1317 agosto 4, monastero di Collemaggio (L'Aquila)

Giovanni di Vitale da Poggio Santa Maria dona al monastero di S. Maria di Collemaggio e a fra Pietro da Roma, priore del monastero medesimo, tutti i frutti percepiti dalle terre e dai possedimenti da lui donati al detto monastero, con riserva di usufrutto vita natural durante; dette terre e possedimenti, ubicate nel territorio di Poggio Santa Maria, sono: *una quae vocatur la clusa sitam prope casale seu villam Podii; item petia terrae quae vocatur Castangeto* <così>; *item petia terrae vineatae ubi dicitur le Coste de li Farolfi; item petia terrae prativae ubi dicitur li Fadolfi* <così>.
Notaio: Matteo *Ber(nardi) de Barisano.*

Originale deperdito [*A], già *Archivio del monastero di S. Maria di Collemaggio, «Testamenta, donationes et legata» (Zanotti, *Archivia*, VI.2, p. 669).

Regesti: Zanotti, *Digestum*, –. Zanotti, *Archivia*, VI.2, p. 669. Morizio 2008, p. 514-515 n. 549.

Bibliografia: Morizio 2008, *passim.*

Per il significato del termine *clausa* o *clusa* o *clausura* vedi la nota al doc. n. 51.

Per S. Maria di Collemaggio vedi *Insediamenti celestini*, n. 64.

560.

Roberti Ierusalem et Siciliae regis mandatum

1317 agosto 30, Aversa

Roberto, re di Gerusalemme e di Sicilia, facendo riferimento alla lettera inviata in data 1309 giugno 8 – il cui testo viene inserto –, ordina agli ufficiali regi di Aversa di provvedere al pagamento delle annuali cinquanta once d'oro al priore e alla comunità dell'ordine di S. Spirito del Morrone dimoranti in Aversa.
Dudum vobis.

Originale deperdito [*A], già *Archivio del monastero di S. Pietro di Aversa (Zanotti, *Digestum*, III.1, p. 224). Copia semplice del secolo XVII [Z], Zanotti, *Digestum*, III.1, p. 223-224 («ex proprio originali existenti in monasterio Aversae»).

Regesti: Zanotti, *Digestum*, II.1, p. 22. Zanotti, *Archivia*, –. Morizio 2008, p. 515 n. 550.

Bibliografia: Morizio 2008, *passim.*

Per S. Pietro apostolo di Aversa vedi *Insediamenti celestini*, n. 97.

561.

Caroli Calabriae ducis privilegium

1317 settembre 9, Aversa

Carlo, primogenito di Roberto re di Gerusalemme e di Sicilia, duca di Calabria, concede al visitatore generale dell'ordine del beato Pietro del Morrone di poter portare con sé due famuli armati, *bonae famae, conversationis et vitae, qui banniti non sint*, i quali possano difenderlo nei suoi continui spostamenti da un monastero all'altro in cui è costretto ad attraversare luoghi pericolosi.
Quod generaliter.

Originale deperdito [*A], già *Archivio del monastero di S. Spirito del Morrone, «Privilegia regia» (Zanotti, *Archivia*, VI.1, p. 225). Copia semplice del secolo XVII [Z], Zanotti, *Digestum*, III.1, p. 225-226 («ex proprio originali existenti in archivio venerabilis abbatiae Sancti Spiritus de Sulmone»).

Regesti: Zanotti, *Digestum*, II.1, p. 22-23. Zanotti, *Archivia*, VI.1, p. 225. Morizio 2008, p. 515 n. 551.

Bibliografia: Morizio 2008, *passim.*

Per S. Spirito del Morrone vedi *Insediamenti celestini*, n. 112.

562.

INSTRUMENTUM DONATIONIS

1317 settembre 19, Sulmona

Nicola *quondam Veraldi de Rocca Giberti de Valle de Sangro* dona a fra Angelo *de Furca de Palena*, priore di S. Spirito del Morrone, tutti i suoi beni.
Notaio: Benedetto di Luca *de Sulmona*.

Originale deperdito [*A], già *Archivio del monastero di S. Spirito del Morrone, «Iura de domibus et terris in civitate et territorio Sulmonis et alibi. Diversorum in eadem capsula» (Zanotti, *Archivia*, VI.1, p. 173).

Regesti: Zanotti, *Digestum*, –. Zanotti, *Archivia*, VI.1, p. 173. Morizio 2008, p. 515-516 n. 552.

Bibliografia: Morizio 2008, *passim*.

È possibile che il documento originale deperdito prevedesse, oltre alla donazione di tutti i beni della famiglia, anche un atto di oblazione.

Per S. Spirito del Morrone vedi *Insediamenti celestini*, n. 112.

563.

INSTRUMENTUM VENDITIONIS

1317 ottobre 3, *apud ecclesiam Sancte Crucis sub Rocca Montisplani de ordine sancti Petri confexoris* (Roccamontepiano)

Bartolomeo di *magister* Nicola da Roccamontepiano vende alla chiesa di S. Croce e a fra Roberto da Salle, che acquista in nome e per conto della chiesa medesima, una terra sita nelle pertinenze di Roccamontepiano, *in contrata Vivaru*, confinante su due lati con le proprietà della chiesa di S. Croce, al prezzo di trentacinque tarì d'argento.
Giudice: Francesco di Gentile, giudice di Roccamontepiano.
Notaio: Bartolomeo di *magister* Tommaso, notaio di Roccamontepiano (S).

Originale [A], Chieti, Archivio arcivescovile, Fondo pergamenaceo, Teate 142.

Regesti: Zanotti, *Digestum*, –. Zanotti, *Archivia*, VI.1, p. 345. Balducci 1926, p. 42 n. 118. Morizio 2008, p. 516 n. 554.

Bibliografia: Zanotti, *Digestum*, V.2, p. 552, 557. Palazzi 2005, p. 183. Pellegrini 2005, p. 342 nota 146. Morizio 2008, *passim*.

Per S. Croce di Roccamontepiano vedi *Insediamenti celestini*, n. 22.

564.

INSTRUMENTUM DONATIONIS

1317 ottobre 3, Roccamontepiano

Borello di Rinaldo da Roccamontepiano dona alla chiesa di S. Croce di Roccamontepiano e a fra Roberto da Salle ogni diritto che possiede su una terra posta in località *Aiuni*.
Notaio: Bartolomeo di *magister* Tommaso *de Serra*.

Originale deperdito [*A], già *Archivio del monastero di S. Spirito del Morrone, «Pro monasteriis civitatis Theatinae, Guardiae Grelis, Montis Plani et Bucclani. Pro monasterio Roccae Montisplani» (Zanotti, *Archivia*, VI.1, p. 345).

Regesti: Zanotti, *Digestum*, –. Zanotti, *Archivia*, VI.1, p. 345. Morizio 2008, p. 516-517 n. 555.

Bibliografia: Zanotti, *Digestum*, V.2, p. 552, 557. Morizio 2008, *passim*.

Per S. Croce di Roccamontepiano vedi *Insediamenti celestini*, n. 22.

565.

INSTRUMENTUM DONATIONIS

1317 ottobre 5, Isernia

Riccardo di Filippo da Pettorano dona a fra Mansueto, priore di S. Spirito di Isernia, cinquanta pecore, un bue, *medietatem unius pullae equinae, medietatem cuiusdam soccitae bovum etc.*
Notaio: Martino di Cristoforo.

Originale deperdito [*A], già *Archivio del monastero di S. Spirito del Morrone, «Pro monasterio Iserniae» (Zanotti, *Archivia*, VI.1, p. 383).

Regesti: Zanotti, *Digestum*, –. Zanotti, *Archivia*, VI.1, p. 383. Morizio 2008, p. 517 n. 556.

Bibliografia: Morizio 2008, *passim*.

Per S. Spirito di Isernia vedi *Insediamenti celestini*, n. 117.

566.

INSTRUMENTUM SENTENTIAE

1317 ottobre 22, <Napoli>

Umberto, arcivescovo di Napoli, conservatore apostolico del monastero di S. Spirito del Morrone e dei suoi membri, scomunica Gentile *Margariti*, Paolo di Rinaldo e Matteo di Pellegrino da San Pio, i quali, legittimamente citati, non si erano presentati e si erano rifiutati di pagare le decime di diversi anni al monastero di S. Maria di Collemaggio, a motivo della loro appartenenza alla chiesa di S. Cesidio di Caporciano, diocesi di Valva, soggetta alla chiesa di S. Maria di Collemaggio.
Notaio: Francesco *de Laureto*.

Originale deperdito [*A], già *Archivio del monastero di S. Maria di Collemaggio, «Iura Sancti Caesidii, Caporciani et Sancti Pii. Pro Sancto Pio» (Zanotti, *Archivia*, VI.2, p. 644).

Regesti: Zanotti, *Digestum*, –. Zanotti, *Archivia*, VI.2, p. 644. Pansa 1899-1900, p. 248. Morizio 2008, p. 517 n. 557.

Bibliografia: Morizio 2008, *passim*.

Per S. Cesidio di Caporciano vedi *Insediamenti celestini*, n. 16. Per S. Maria di Collemaggio vedi *Insediamenti celestini*, n. 64. Per S. Spirito del Morrone vedi *Insediamenti celestini*, n. 112.

567.

BERARDI EPISCOPI FERENTINENSIS MANDATUM

1317 novembre 11, <Ferentino>

Berardo, vescovo di Ferentino, conservatore apostolico dell'ordine di S. Spirito presso Sulmona, a istanza del priore e della comunità del monastero di S. Maria di Collemaggio, ordina di pubblicare la scomunica contro alcuni uomini di San Pio, parrocchiani della chiesa di S. Cesidio di Caporciano, i quali avevano defraudato le decime e i redditi dei diritti parrocchiali e legittimamente convocati non si erano presentati.

Originale deperdito [*A], già *Archivio del monastero di S. Maria di Collemaggio, «Iura Sancti Caesidii, Caporciani et Sancti Pii. Pro Sancto Pio» (Zanotti, *Archivia*, VI.2, p. 644).

Regesti: Zanotti, *Digestum*, –. Zanotti, *Archivia*, VI.2, p. 644. Pansa 1899-1900, p. 248. Morizio 2008, p. 517 n. 558.

Bibliografia: Morizio 2008, *passim*.

Per S. Cesidio di Caporciano vedi *Insediamenti celestini*, n. 16. Per S. Maria di Collemaggio vedi *Insediamenti celestini*, n. 64. Per S. Spirito del Morrone vedi *Insediamenti celestini*, n. 112.

568.

INSTRUMENTUM ASSIGNATIONIS

1317 dicembre 2, monastero di Collemaggio (L'Aquila)

D(ominus) Onofrio di Gregorio *de villa Sancti Pii*, sacerdote e cappellano della chiesa di S. Cesidio di Caporciano, *immediate* soggetta alla chiesa di S. Maria di Collemaggio, dinanzi a fra Pietro da Roma, priore del detto monastero di S. Maria, *dato ei iuramento quod assignet in scriptis eidem priori omnes parochianos de villa Sancti Pii quibus ipse de licentia et commissione eiusdem prioris exhibet ecclesiastica sacramenta tanquam parochianis dictae ecclesiae Sancti Caesidii*, assegna e nomina cinquantaquattro *animas masculos et feminas*.

Notaio: Matteo *Ber(nardi) de Barisano*.

Originale deperdito [*A], già *Archivio del monastero di S. Maria di Collemaggio, «Iura Sancti Caesidii, Caporciani et Sancti Pii. Pro Sancto Pio» (Zanotti, *Archivia*, VI.2, p. 644).

Regesti: Zanotti, *Digestum*, –. Zanotti, *Archivia*, VI.2, p. 644. Pansa 1899-1900, p. 248-249. Morizio 2008, p. 518 n. 559.

Bibliografia: Morizio 2008, *passim*.

Per S. Cesidio di Caporciano vedi *Insediamenti celestini*, n. 16. Per S. Maria di Collemaggio vedi *Insediamenti celestini*, n. 64.

569.

INSTRUMENTUM VENDITIONIS

1317 dicembre 2, Napoli

Dominus Giacomo Cantelmo, maestro panettiere del regno di Sicilia, vende a fra Matteo, abate del monastero di S. Spirito di Sulmona, dell'ordine morronese, che acquista in nome e per conto monastero, *roccam seu castrum Roccae de Casali situm in iusticiariatu Aprutii citra flumen Piscariae prope Sulmonam*, al prezzo di quattrocento once d'oro, nella misura di quattro carlini per oncia, duecento delle quali vengono consegnate subito e altre duecento entro un mese.

Originale deperdito [*A], già *Archivio del monastero di S. Spirito del Morrone, «Iura castri Roccae Casalis» (Zanotti, *Archivia*, VI.1, p. 129). Copia semplice del secolo XVII [Z], Zanotti, *Digestum*, III.1, p. 229-232.

Regesti: Zanotti, *Digestum*, II.1, p. 23; III.1, p. 227. Zanotti, *Archivia*, VI.1, p. 129. Morizio 2008, p. 518 n. 560.

Bibliografia: Zanotti, *Digestum*, III.1, p. 227. Paoli 2004, p. 486. Morizio 2008, *passim*.

La copia del secolo XVII (= Z) è incompleta a causa di un errore nella rilegatura del manoscritto. L'anno di regno di Roberto d'Angiò («regnorum vero eius anno decimo») segna un'unità in più.

Su Giacomo Cantelmo, nato all'incirca nel 1265 e morto nel 1333, figlio di Restaino e della sua prima moglie (Maria de Boulbon), vedi Hayez 1975b.

Per S. Spirito del Morrone vedi *Insediamenti celestini*, n. 112.

570.

INSTRUMENTUM CORPORALIS POSSESSIONIS

1317 dicembre 10, Ferentino, *in loco ubi dicitur Arborettu*

Fra Giovanni *de Olivola*, priore del monastero di S. Antonio di Colle del Fico, e i confratelli fra Roberto da Venafro, fra Giuliano da Isernia, fra [Giacomo] da Roccamorice, fra Pietro da Sora di Ferentino e fra Ambrogio da Ferentino, dell'ordine morronese, prendono possesso di una terra – precedentemente donata al monastero da Romana, ora defunta, moglie del fu Leonardo *Pinnotre* da Ferentino, *miles* –, ubicata nel territorio di Ferentino, *in loco ubi dicitur Arborettu*, confinante con i

beni di Leonardo il Rosso, arcivescovo di Siponto, della nobildonna Giovanna da Monte Lago, dell'ospedale di S. Spirito di Ferentino e del *miles* Nicola di Tommaso.
Notaio: Giovanni di Rinaldo da Ferentino (S).

Originale [A], Città del Vaticano, Archivio apostolico vaticano, Fondo celestini I, 64.

Regesti: Zanotti, *Digestum*, –. Zanotti, *Archivia*, –. Paoli 2004, p. 146 n. 64. Morizio 2008, p. 518-519 n. 561.

Bibliografia: Morizio 2008, *passim*.

Arboreto, *Arborettu*: fitotoponimo derivato dal latino classico e medievale *arboretum* 'bosco coltivato, frutteto' (cfr. Du Cange 1883-1887, I, col. 356c: «*locus arboribus consitus*»); cfr. anche doc. n. 574.

Per S. Antonio di Ferentino vedi *Insediamenti celestini*, n. 11.

571.

INSTRUMENTUM SOLUTIONIS DECIMAE ET CONFESSIONIS

1317 dicembre 12, Caporciano, chiesa di S. Cesidio

Nove parrocchiani, *inter masculos et feminas de Sancto Pio*, della chiesa di S. Cesidio di Caporciano, *immediate* soggetta alla chiesa di S. Maria di Collemaggio, consegnano alla stessa chiesa di S. Cesidio la decima dei frutti dei loro possedimenti per l'anno della quindicesima indizione, da poco trascorso, in presenza di fra Pietro da Roma, priore del monastero di S. Maria di Collemaggio, e fra Giovanni *de Sancta Anxia*, priore del monastero di S. Cesidio, *pro iure parochiali, iure diocesano et aliis iuribus*. Essi riconoscono di essere parrocchiani della chiesa di S. Cesidio cui devono dare la decima dei frutti delle loro terre e portare *oblationes*, poiché hanno ricevuto il battesimo e gli altri sacramenti nella detta chiesa, *quae est eorum matrix*, e che il priore del monastero di S. Maria di Collemaggio è *immediate praelatus et dioecesanus eorum et aliorum hominum de Sancto Pio tam clericorum quam laicorum* e promettono di dare la decima ogni anno. Inoltre, supplicano il detto priore, loro prelato, di assolverli dalla scomunica loro comminata a causa della sottrazione delle dette decime. Il priore, ricevuto prima da loro il solito giuramento *in furma Ecclesiae*, li assolve e impone loro *salutarem poenitentiam*.
Notaio: Matteo *Ber(nardi) de Barisano*.

Originale deperdito [*A], già *Archivio del monastero di S. Maria di Collemaggio, «Iura Sancti Caesidii, Caporciani et Sancti Pii. Pro Sancto Pio» (Zanotti, *Archivia*, VI.2, p. 644-645).

Regesti: Zanotti, *Digestum*, –. Zanotti, *Archivia*, VI.2, p. 644-645. Pansa 1899-1900, p. 249. Morizio 2008, p. 519 n. 562.

Bibliografia: Morizio 2008, *passim*.

Per S. Cesidio di Caporciano vedi *Insediamenti celestini*, n. 16. Per S. Maria di Collemaggio vedi *Insediamenti celestini*, n. 64.

572.

INSTRUMENTUM RESTITUTIONIS

1317 dicembre 12, chiostro della chiesa di S. Cesidio (Caporciano)

Tommaso di Gualtiero di Tomeo da Navelli, in presenza di fra Pietro dall'Aquila <*così, ma s'intenda da Roma*>, priore del monastero di S. Maria di Collemaggio, riconosce che la metà indivisa di tutti i beni immobili che possiede nel territorio di Navelli spetta al monastero di Collemaggio per la successione del fu fra Pellegrino da Navelli, professo nel detto ordine e fratello carnale dello stesso Tommaso, mentre la pezza di terra *ubi dicitur all'Hospedale* spetta *pleno iure* al detto monastero per via della donazione a esso fatta dallo stesso Tommaso e da sua madre. Tali beni vengono restituiti e riconsegnati al detto priore, che li riceve in nome e per conto del monastero medesimo.
Notaio: Matteo *Ber(nardi) de Barisano*.

Originale deperdito [*A], già *Archivio del monastero di S. Maria di Collemaggio, «Iura quaecunque in Pizzolo, Poppleto et aliis locis» (Zanotti, *Archivia*, VI.2, p. 727).

Regesti: Zanotti, *Digestum*, –. Zanotti, *Archivia*, VI.2, p. 727. Morizio 2008, p. 519-520 n. 563.

Bibliografia: Morizio 2008, *passim*.

Per S. Cesidio di Caporciano vedi *Insediamenti celestini*, n. 16. Per S. Maria di Collemaggio vedi *Insediamenti celestini*, n. 64.

573.

INSTRUMENTUM CONFESSIONIS

1317 dicembre 16, monastero di Collemaggio (L'Aquila)

Il notaio Gualtiero da San Pio, parrocchiano della chiesa di S. Cesidio di Caporciano, soggetta alla chiesa di S. Maria di Collemaggio, dinanzi a fra Pietro da Roma, priore del detto monastero di Collemaggio, e a fra Guglielmo da Cinquemiglia, fra Giovanni dalla Gallia, fra Nicola da Guardia, fra Rinaldo da Macchiagodena, fra Gualtiero da Altino, fra Pietro *de Interveriis* <così> e fra Ruggero da Monteodorisio, spontaneamente riconosce che il detto priore è prelato e diocesano suo e degli altri uomini, laici e chierici, di San Pio e di Caporciano, di essere parrocchiano della chiesa di S. Cesidio, di essere tenuto a dare a questa la decima, a fare oblazioni, ad ascoltare gli uffici divini e a ricevere i sacramenti ecclesiastici; promette, infine, di dare ogni anno la decima dei frutti dei suoi possedimenti.
Notaio: Matteo *Ber(nardi) de Barisano*.

Originale deperdito [*A], già *Archivio del monastero di S. Maria di Collemaggio, «Iura Sancti Caesidii, Caporciani et Sancti Pii. Pro Sancto Pio» (cfr. Zanotti, *Archivia*, VI.2, p. 645-646).

Regesti: Zanotti, *Digestum*, –. Zanotti, *Archivia*, VI.2, p. 645-646. Pansa 1899-1900, p. 249. Morizio 2008, p. 520 n. 564.

Bibliografia: Morizio 2008, *passim*.

Per S. Cesidio di Caporciano vedi *Insediamenti celestini*, n. 16. Per S. Maria di Collemaggio vedi *Insediamenti celestini*, n. 64.

574.

INSTRUMENTUM PROTESTATIONIS

13[17] [settembre-dicembre]

Fra Martino, priore del monastero di S. Antonio di Colle del Fico, con i suoi religiosi, protesta contro le violenze dei fratelli Nicola e Angelo del fu Giovanni *Cosse* e di Letizia del fu Pietro *Cosse*, che avevano impedito al lavorante Ambrogio e ai monaci, con lance, spade, scudi e una balestra, di mietere il miglio nella terra detta Arboreto e ne avevano asportato i manipoli già fatti.
Notaio: Giovanni di Rinaldo da Ferentino (S).

Originale [A], Città del Vaticano, Archivio apostolico vaticano, Fondo celestini I, 65.

Regesti: Zanotti, *Digestum*, –. Zanotti, *Archivia*, –. Paoli 2004, p. 146-147 n. 65. Morizio 2008, p. 516 n. 553.

Bibliografia: Morizio 2008, *passim*.

Pergamena «gravemente danneggiata dai topi e dall'umidità. Gli unici elementi cronologici indicati nel documento sono: «Io[hannis] pape XXII anno secundo e indictione prima»; tenuto conto che il notaio Giovanni di Rinaldo fa uso dell'indizione greca, il documento è stato rogato tra il 1° settembre e il 31 dicembre 1317» (Paoli 2004, p. 147).

Per S. Antonio di Ferentino vedi *Insediamenti celestini*, n. 11.

575.

ROBERTI IERUSALEM ET SICILIAE REGIS PRIVILEGIUM

1318 gennaio 25, Napoli

Roberto, re di Gerusalemme e di Sicilia, facendo seguito alla *petitio* dell'abate e della comunità del monastero di S. Spirito del Morrone, dell'ordine del beato Pietro confessore, suoi devoti, ratifica la vendita del *castrum* di Roccacasale fatta al detto monastero dal *miles* Giacomo Cantelmo, maestro panettiere del regno di Sicilia, consigliere, familiare e suo fedele.
Sacrorum edium apta.

Originale deperdito [*A], già *Archivio del monastero di S. Spirito del Morrone, «Iura castri Roccae Casalis» (Zanotti, *Archivia*, VI.1, p. 129). Copia semplice del secolo XVII [Z], Zanotti, *Digestum*, III.1, p. 233-235 («ex proprio originali existenti in archivio venerabilis abbatiae Sancti Spiritus de Sulmone»).

Regesti: Zanotti, *Digestum*, II.1, p. 23. Zanotti, *Archivia*, VI.1, p. 129. Morizio 2008, p. 520-521 n. 566.

Bibliografia: Morizio 2008, *passim*.

Su Giacomo Cantelmo vedi la nota al doc. n. 569.

Per S. Spirito del Morrone vedi *Insediamenti celestini*, n. 112.

576.

INSTRUMENTUM VENDITIONIS

1318 febbraio 22, *apud ecclesiam Sancte Crucis sub Rocca
de ordine sancti Petri confexoris in palatio [eiusdem ecclesie]* (Roccamontepiano)

Il nobile Oderisio del fu *dominus* Bernardo *de Sancto Andrea* vende alla chiesa di S. Croce di Roccamontepiano e a fra Roberto da Salle, che riceve in nome e per conto della detta chiesa, una terra in contrada *Vivaru*, al prezzo di ventiquattro tarì.
Giudice: Francesco di Gentile, giudice di Roccamontepiano.
Notaio: Bartolomeo di *magister* Tommaso da Serramonacesca, notaio di Roccamontepiano (S).

Originale [A], Chieti, Archivio arcivescovile, Fondo pergamenaceo, Teate 146.

Regesti: Zanotti, *Digestum*, –. Zanotti, *Archivia*, VI.1, p. 345. Balducci 1926, p. 42 n. 119. Morizio 2008, p. 521 n. 567.

Bibliografia: Zanotti, *Digestum*, V.2, p. 557. Palazzi 2005, p. 183. Pellegrini 2005, p. 342 nota 146. Morizio 2008, *passim*.

Per S. Croce di Roccamontepiano vedi *Insediamenti celestini*, n. 22.

577.

ROBERTI IERUSALEM ET SICILIAE REGIS MANDATUM

1318 febbraio 25, Napoli

Roberto, re di Gerusalemme e di Sicilia, ordina al capitano regio di Sulmona di far avere all'abate e alla comunità del monastero di S. Spirito del Morrone, dell'ordine del beato Pietro confessore, il giuramento di fedeltà dagli uomini del *castrum* di Roccacasale, che essi hanno comprato dal *miles* Giacomo Cantelmo.
Sicut novis.

Inserto del 1318 marzo 15 deperdito [*B], già *Archivio del monastero di S. Spirito del Morrone, «Iura castri Roccae Casalis» (Zanotti, *Archivia*, VI.1, p. 129-130). Copia semplice del secolo XVII [Z], Zanotti, *Digestum*, III.1, p. 241-243 («ex publico instrumento assecurationis rogato per manum notarii Sinibaldi Gentilis de Sulmona sub die 15° martii 1318 quod in authenticam formam et in membrana reassumptum, conservatur in archivio venerabilis abbatiae Sancti Spiritus de Sulmone ubi de verbo ad verbum registratum est»).

Regesti: Zanotti, *Digestum*, II.1, p. 23. Zanotti, *Archivia*, –. Morizio 2008, p. 521 n. 568.

Bibliografia: Morizio 2008, *passim*.

Su Giacomo Cantelmo vedi la nota al doc. n. 569.

Per S. Spirito del Morrone vedi *Insediamenti celestini*, n. 112.

578.

INSTRUMENTUM QUIETATIONIS

1318 marzo 3, Napoli

Fra Matteo, abate del monastero di S. Spirito di Sulmona, dell'ordine morronese, completa al *miles* Giacomo Cantelmo, maestro panettiere del regno di Sicilia, ivi presente, il pagamento delle quattrocento once dovutegli per la vendita del *castrum* di Roccacasale, acquistato da Tommaso da Collepietro.
Giudice: Tommaso Runchello, giudice di Napoli.
Notaio: Landolfo, scriniario di Napoli (S).

Originale [A], Montecassino, Archivio dell'abbazia, Fondo di S. Spirito del Morrone, 367. Copia semplice del secolo XVII [Z], Zanotti, *Digestum*, III.1, p. 245-251 («ex proprio originali existenti in archivio venerabilis abbatiae Sancti Spiritus de Sulmone»).

Regesti: Zanotti, *Digestum*, II.1, p. 23. Zanotti, *Archivia*, VI.1, p. 129. Leccisotti 1966, p. 150 n. 367. Morizio 2008, p. 522 n. 569.

Bibliografia: Pellegrini 2005, p. 357. Morizio 2008, *passim*.

L'anno di regno di Roberto, re di Gerusalemme e di Sicilia, segna un'unità in più («regnorum vero eius anno decimo»); l'indizione («die tertio mensis martii prime indictionis»), secondo lo stile bizantino, conferma il millesimo.

Su Giacomo Cantelmo vedi la nota al doc. n. 569.

Per S. Spirito del Morrone vedi *Insediamenti celestini*, n. 112.

579.

INSTRUMENTUM PROCURAE

1318 marzo 3, <Napoli>

Giacomo Cantelmo costituisce suoi procuratori Goffredo *de Busseria* e Carlo da Nocciano per introdurre fra Matteo, abate di S. Spirito del Morrone, nel possesso del *castrum* di Roccacasale, venduto al monastero di S. Spirito del Morrone.
Notaio: Landolfo, scriniario <di Napoli>.

Originale deperdito [*A], già *Archivio del monastero di S. Spirito del Morrone, «Iura castri Roccae Casalis» (Zanotti, *Archivia*, VI.1, p. 129).

Regesti: Zanotti, *Digestum*, –. Zanotti, *Archivia*, VI.1, p. 129. Morizio 2008, p. 522 n. 570.

Bibliografia: Morizio 2008, *passim*.

Su Giacomo Cantelmo vedi la nota al doc. n. 569.

Per S. Spirito del Morrone vedi *Insediamenti celestini*, n. 112.

580.

INSTRUMENTUM EXECUTIONIS MANDATI ROBERTI REGIS

1318 marzo 15, Roccacasale

Trofino *de Groppolensibus de Pistorio*, capitano regio di Sulmona, in esecuzione del mandato di Roberto, re di Gerusalemme e di Sicilia, del 1318 febbraio 25 – il cui testo viene inserto –, in presenza del giudice Leonardo di Nicola, del notaio Sinibaldo di Gentile, di numerosi testimoni e di Tommaso da Collepietro, già feudatario di Roccacasale, *patiente et non contradicente*, ricevuto il giuramento di fedeltà al re dagli uomini della detta Rocca, ora vassalli del monastero di S. Spirito, i cui nomi vengono elencati, fa prestare lo stesso giuramento a fra Matteo, abate del monastero di S. Spirito del Morrone, dell'ordine del beato Pietro confessore, e ai monaci dello stesso ordine ivi presenti.

Giudice: Leonardo di Nicola del giudice Biagio da Sulmona, giudice di Sulmona.

Notaio: Sinibaldo di Gentile, notaio di Sulmona.

Originale deperdito [*A], già *Archivio del monastero di S. Spirito del Morrone, «Iura castri Roccae Casalis» (Zanotti, *Archivia*, VI.1, p. 129-130). Copia semplice del secolo XVII [Z], Zanotti, *Digestum*, III.1, p. 253-256 («ex proprio originali existenti in archivio venerabilis abbatiae Sancti Spiritus de Sulmone»).

Regesti: Zanotti, *Digestum*, II.1, p. 23. Zanotti, *Archivia*, VI.1, p. 129-130. Morizio 2008, p. 522 n. 571.

Bibliografia: Morizio 2008, *passim*.

Per S. Spirito del Morrone vedi *Insediamenti celestini*, n. 112.

581.

ROBERTI IERUSALEM ET SICILIAE REGIS MANDATUM

1318 marzo 22, Napoli

Roberto, re di Gerusalemme e di Sicilia, ordina al giustiziere dell'Abruzzo *citra flumen Piscarie* e al capitano regio di Sulmona, di difendere l'abate e la comunità del monastero di S. Spirito del Morrone presso Sulmona, nel possesso di Roccacasale, poiché da taluni vengono molestati indebitamente.
Ad presidentis.

Atto registrato deperdito [*R], già Napoli, Archivio di Stato, *Registri angioini, 212, f. 213v-214r (Faraglia 1888, p. 148).

Edizione: Faraglia 1888, p. 148 n. 118.

Regesti: Zanotti, *Digestum*, –. Zanotti, *Archivia*, –. Morizio 2008, p. 523 n. 572.

Bibliografia: Morizio 2008, *passim*.

Per S. Spirito del Morrone vedi *Insediamenti celestini*, n. 112.

582.

ROBERTI IERUSALEM ET SICILIAE REGIS MANDATUM

1318 marzo 26, Napoli

Roberto, re di Gerusalemme e di Sicilia, ordina ai giustizieri dell'Abruzzo *citra flumen Piscarie* e al capitano regio di Sulmona di difendere l'abate e la comunità del monastero di S. Spirito del Morrone presso Sulmona, dell'ordine del beato Pietro confessore, suoi devoti, nel possesso dei diritti che essi hanno in Roccacasale, comprato da Giacomo Cantelmo, contro diversi uomini di Sulmona, Orsa, Pentima, Raiano e altri luoghi adiacenti che, senza il dovuto permesso, utilizzano i pascoli, si approvvigionano di legna, provvedono alla macinatura e non rispettano i diritti di pedaggio.
Sua nobis religiosi.

Originale [A], Montecassino, Archivio dell'abbazia, Fondo di S. Spirito del Morrone, 369 (SD). Copia semplice del secolo XVII [Z], Zanotti, *Digestum*, III.1, p. 257-258 («ex proprio originali existenti in archivio venerabilis abbatiae Sancti Spiritus de Sulmone»).

Regesti: Zanotti, *Digestum*, II.1, p. 23. Zanotti, *Archivia*, VI.1, p. 130. Leccisotti 1966, p. 151 n. 369. Morizio 2008, p. 523 n. 573.

Bibliografia: Mattiocco 1989, p. 252. Mattiocco-Sabatini 1996, p. 187 nota 27. Pellegrini 2005, p. 357. Morizio 2008, *passim*.

Su Giacomo Cantelmo vedi la nota al doc. n. 569.

Per S. Spirito del Morrone vedi *Insediamenti celestini*, n. 112.

583.

ROBERTI IERUSALEM ET SICILIAE REGIS MANDATUM

1318 aprile 5, Napoli

Roberto, re di Gerusalemme e di Sicilia, facendo seguito alla *petitio* dell'abate e della comunità del monastero di S. Spirito presso Sulmona, dell'ordine del beato Pietro confessore, ordina ai giustizieri dell'Abruzzo *citra flumen Piscariae* e al capitano regio di Chieti, di difendere i detti religiosi nel possesso di un luogo o monastero sito *in Aprutina provincia* nel quale risiedono *continue* un priore e dei *fratres* dell'ordine medesimo, molestati da persone che non hanno alcun rispetto per Dio, le chiese e le persone ecclesiastiche.

Ad presidentis.

Originale deperdito [*A], già *Archivio del monastero di S. Spirito del Morrone, «Pro monasteriis civitatis Theatinae, Guardiae Grelis, Montis Plani et Bucclani. Pro monasterio Roccae Montisplani» (Zanotti, *Archivia*, VI.1, p. 345). Copia semplice del secolo XVII [Z], Zanotti, *Digestum*, III.1, p. 259-260 («ex proprio originali existenti in archivio abbatiae Sancti Spiritus de Sulmone»).

Regesti: Zanotti, *Digestum*, II.1, p. 23. Zanotti, *Archivia*, VI.1, p. 345. Morizio 2008, p. 523-524 n. 574.

Bibliografia: Morizio 2008, *passim*.

Per S. Spirito del Morrone vedi *Insediamenti celestini*, n. 112.

584.

INSTRUMENTUM QUIETATIONIS

1318 aprile 9, monastero di S. Spirito del Morrone (Sulmona)

Fra Matteo da Comino, abate del monastero di S. Spirito e di tutto l'ordine di san Pietro confessore del Morrone, e la comunità del monastero medesimo, fra Bartolomeo da Sulmona, fra Gualtiero da Sulmona, fra Simone *de Colle*, fra Benedetto da Comino, fra Pietro da Ferentino, fra Nicola da Sulmona, fra Tommaso da Aversa, fra Nicola da Alife, fra Bartolomeo da Alife, fra Nicola da Paganica, fra Giacomo da Montenero e fra Benedetto da Roccamorice, riuniti in capitolo, danno a Tommaso da Collepietro la somma di centocinquanta once d'oro che gli erano dovute da Giacomo Cantelmo per la vendita di Roccacasale, in cambio delle quali aveva conservato l'usufrutto vita naturale durante su detto feudo.

Giudice: Lorenzo del giudice Abramo, giudice di Sulmona.

Notaio: Sinibaldo di Gentile, notaio di Sulmona.

Originale deperdito [*A], già *Archivio del monastero di S. Spirito del Morrone, «Iura castri Roccae Casalis» (Zanotti, *Archivia*, VI.1, p. 130). Copia semplice del secolo XVII [Z], Zanotti, *Digestum*, III.1, p. 261-267 («ex proprio originali existenti in archivio venerabilis abbatiae Sancti Spiritus de Sulmone»).

Regesti: Zanotti, *Digestum*, II.1, p. 23. Zanotti, *Archivia*, VI.1, p. 130. Morizio 2008, p. 524 n. 575.

Bibliografia: Morizio 2008, *passim*.

Su Giacomo Cantelmo vedi la nota al doc. n. 569.

Paganica è una frazione dell'odierno comune dell'Aquila (vedi Pratesi-Cherubini 2017-2019, I, p. 473).

Per S. Spirito del Morrone vedi *Insediamenti celestini*, n. 112.

585.

INSTRUMENTUM VENDITIONIS

1318 maggio 13, Sora, *ante domum Pauli de Raynaldone*

Gregorio *Cellus* da Ceprano, cittadino di Sora, per sé e in nome e per conto di sua moglie Marotta, vende a fra Giovanni da Agnone, priore del monastero di S. Pietro del Morrone confessore di Sora, che acquista in nome e per conto dello stesso monastero e ordine, la rendita annua e il servizio che gli devono i suoi vassalli, Andrea Bellapersona e sua moglie Maria, al prezzo di cinque once d'oro e due tarì.
Giudice: Gregorio Manco, *magister*, giudice di Sora.
Notaio: Rinaldo di Oderisio da Sora, notaio di Sora (S).

Originale [A], Montecassino, Archivio dell'abbazia, Fondo di S. Spirito del Morrone, 371.

Regesti: Zanotti, *Digestum*, –. Zanotti, *Archivia*, VI.1, p. 334. Leccisotti 1966, p. 152 n. 371. Morizio 2008, p. 524 n. 576.

Bibliografia: Pellegrini 2005, p. 350 nota 176 (con data 1318 luglio 2). Morizio 2008, *passim*.

Per S. Pietro confessore di Sora vedi *Insediamenti celestini*, n. 94.

586.

INSTRUMENTUM DONATIONIS

1318 giugno 25, chiesa di S. Croce dell'ordine [del beato Pietro confessore] (Roccamontepiano)

Giovanna di Giovanni, moglie di Nicola di Marino da Fara Filiorum Petri, dona alla chiesa di S. Croce di Roccamontepiano e a fra Roberto da Salle, che acquista in nome e per conto della detta chiesa, ogni diritto e azione che ha su una pezza di terra sita in località *Valle Lupa*.
Giudice: Francesco di Gentile, giudice di Roccamontepiano.
Notaio: Bartolomeo di Tommaso da Serramonacesca, notaio di Roccamontepiano (S).

Originale [A], Chieti, Archivio arcivescovile, Fondo pergamenaceo, Teate 144.

Regesti: Zanotti, *Digestum*, –. Zanotti, *Archivia*, VI.1, p. 346. Balducci 1926, p. 43 n. 121. Morizio 2008, p. 525 n. 577.

Bibliografia: Zanotti, *Digestum*, V.2, p. 557. Palazzi 2005, p. 183. Pellegrini 2005, p. 342 nota 146. Morizio 2008, *passim*.

Per S. Croce di Roccamontepiano vedi *Insediamenti celestini*, n. 22.

587.

TRANSUMPTUM INSTRUMENTI OBLIGATIONIS

1318 luglio 2, Sora, *in platea publica*

Fra Giovanni da Agnone, priore del monastero di S. Pietro del Morrone confessore in Sora, in qualità di procuratore, fa rilevare copia autentica di un documento del 1293 aprile 5, nel quale alcuni cittadini di Sora si dichiaravano debitori di alcuni servizi ora passati al detto monastero.
Giudice: Gregorio Manco, *magister*, giudice di Sora.

Notaio: Rinaldo di Oderisio, notaio di Sora (S).

Originale [A], Montecassino, Archivio dell'abbazia, Fondo di S. Spirito del Morrone, 372.

Regesti: Zanotti, *Digestum*, –. Zanotti, *Archivia*, VI.1, p. 334 (con data 1318 luglio 6). Leccisotti 1966, p. 152 n. 372. Morizio 2008, p. 525 n. 578.

Bibliografia: Pellegrini 2005, p. 350 nota 176. Morizio 2008, *passim*.

Per S. Pietro confessore di Sora vedi *Insediamenti celestini*, n. 94.

588.

INSTRUMENTUM VENDITIONIS

1318 luglio 13, *apud palatia Castiglionis* (Castiglione a Casauria)

Tommaso di Tommaso di Pietro di Andrea da Tocco vende a fra Giovanni da Caramanico, grangie-re e procuratore della chiesa di S. Maria di Tremonti, una pezza di terra arborata sita nel territorio di Tocco, in località *la Pretasola*, al prezzo di un'oncia e sei tarì.

Notaio: Francesco *Bonhomus* <così>.

Originale deperdito [*A], già *Archivio del monastero di S. Spirito del Morrone, «Iura Sanctae Mariae Intermontes» (Zanotti, *Archivia*, VI.1, p. 124).

Regesti: Zanotti, *Digestum*, –. Zanotti, *Archivia*, VI.1, p. 124. Morizio 2008, p. 525 n. 579.

Bibliografia: Morizio 2008, *passim*.

Per S. Maria di Tremonti vedi *Insediamenti celestini*, n. 70.

589.

INSTRUMENTUM VENDITIONIS

1318 ottobre 28, Isernia

Bartolomeo e Angelo, figli del fu Ugone di Giovanni da Miranda, cittadini di Isernia, vendono a Pietro Massarello, procuratore del monastero di S. Spirito della Maiella in Isernia, che acquista in nome e per conto del monastero stesso, una terra sita nelle pertinenze di Isernia, in contrada [...], al prezzo di tre once d'oro.

Giudice: Nicola di Angelo, giudice di Isernia (S).

Notaio: Nicola *Iohannis abbatis*, notaio di Isernia (S).

Originale [A], Montecassino, Archivio dell'abbazia, Fondo di S. Spirito di Isernia, fasc. VI, n. 59. Copia semplice del secolo XIX [B], Montecassino, Archivio dell'abbazia, Fondo di S. Spirito di Isernia, *Codex diplomaticus aeserniensis*, f. 588r-589r. Copia semplice del secolo XIX [B2], Montecassino, Archivio dell'abbazia, Fondo di S. Spirito di Isernia, *Documenta ad monasterium Sancti Spiritus de Aesernia spectantia*, p. 41-43.

Regesti: Zanotti, *Digestum*, –. Zanotti, *Archivia*, VI.1, p. 383. Morizio 2008, p. 526 n. 580.

Bibliografia: Zanotti, *Digestum*, III.2, p. 533. Morizio 2008, *passim*.

Per S. Spirito di Isernia vedi *Insediamenti celestini*, n. 117.

590.

INSTRUMENTUM PROCURAE

1318 novembre 28, Tocco, *ante domum syr Mathei*

Fra Rinaldo *de Sancto Oblasio*, dell'ordine di san Pietro del Morrone confessore, grangiere della venerabile chiesa di S. Maria *de Intramontibus*, e il diacono Giovanni di Guglielmo da Tocco, ca-nonico della chiesa di Rieti, esecutori testamentarii del fu *magister* Tommaso da Scalea, abitante

Guasti Aymonis, non potendo compiere personalmente il loro incarico, costituiscono procuratori fra Lorenzo *de Sexana* e fra Giacomo da Sulmona, *fratres* del predetto ordine di san Pietro.
Giudice: Rinaldo *de Canali*, giudice di Tocco (S).
Notaio: Francesco *Bonhominis*, notaio di Tocco (S).

Originale [A], Montecassino, Archivio dell'abbazia, Fondo di S. Spirito del Morrone, 374.

Regesti: Zanotti, *Digestum*, –. Zanotti, *Archivia*, VI.1, p. 127. Leccisotti 1966, p. 153 n. 374. Morizio 2008, p. 526 n. 581.

Bibliografia: Pellegrini 2005, p. 360. Morizio 2008, *passim*.

Per S. Maria di Tremonti vedi *Insediamenti celestini*, n. 70.

591.

CAROLI CALABRIAE DUCIS MANDATUM

1318 dicembre 4

Carlo, primogenito di re Roberto, duca di Calabria e vicario generale nel regno di Sicilia, ordina *magistro iustitiario, iudicibus, officialibus, capitaneis et aliis*, di favorire l'abate e la comunità del monastero di S. Spirito del Morrone contro alcuni uomini scomunicati dai conservatori apostolici del detto monastero.

Originale deperdito [*A], già *Archivio del monastero di S. Maria di Collemaggio, «Iura Sancti Caesidii, Caporciani et Sancti Pii. Pro Sancto Pio» (Zanotti, *Archivia*, VI.2, p. 646).

Regesti: Zanotti, *Digestum*, –. Zanotti, *Archivia*, VI.2, p. 646. Pansa 1899-1900, p. 249. Morizio 2008, p. 526 n. 582.

Bibliografia: Morizio 2008, *passim*.

Per S. Spirito del Morrone vedi *Insediamenti celestini*, n. 112.

592.

INSTRUMENTUM DONATIONIS

1318 dicembre 20, chiesa di S. Croce dell'ordine del beato Pietro confessore
(Roccamontepiano)

Gualtiero di Giacomo di Oddone da Roccamontepiano dona alla chiesa di S. Croce di Roccamontepiano ogni azione che possiede su una vigna posta nelle pertinenze di Roccamontepiano, in contrada *Valle Faralzi*.
Giudice: Simone, *magister*, giudice di Roccamontepiano (S).
Notaio: Bartolomeo di *magister* Tommaso da Serramonacesca, notaio di Roccamontepiano (S).

Originale [A], Chieti, Archivio arcivescovile, Fondo pergamenaceo, Teate 145.

Regesti: Zanotti, *Digestum*, –. Zanotti, *Archivia*, VI.1, p. 346. Balducci 1926, p. 43 n. 122. Morizio 2008, p. 527 n. 583.

Bibliografia: Palazzi 2005, p. 183. Pellegrini 2005, p. 342 nota 146. Morizio 2008, *passim*.

Per S. Croce di Roccamontepiano vedi *Insediamenti celestini*, n. 22.

593.

IOHANNIS DOMINI SUBLACI PRIVILEGIUM

<1318>

Giovanni, detto il Rosso, signore di Subiaco, a tutti i suoi fedeli, al vicario camerario e agli altri vassalli di Roccamontepiano, poiché i *fratres* dell'ordine di san Pietro confessore hanno costruito una basilica in onore della santa Croce nel territorio della detta Rocca, con il permesso del papa e di sua madre, la contessa *domina* Filippa, prende sotto la sua protezione la predetta chiesa, i frati e gli oblati, i beni immobili e mobili.

Originale deperdito [*A], già *Archivio del monastero di S. Spirito del Morrone, «Pro monasteriis civitatis Theatinae, Guardiae Grelis, Montis Plani et Bucclani. Pro monasterio Roccae Montisplani» (Zanotti, *Archivia*, VI.1, p. 347). Copia semplice del secolo XVII [Z], Zanotti, *Digestum*, III.1, p. 271-272 («ex proprio originali existenti in archivio venerabilis abbatiae Sancti Spiritus de Sulmone»).

Regesti: Zanotti, *Digestum*, II.1, p. 23 (con data «1318 in circa»). Zanotti, *Archivia*, VI.1, p. 347 (senza data). Morizio 2008, p. 520 n. 565.

Bibliografia: Zanotti, *Digestum*, III.1, p. 272; V.2, p. 552. Morizio 2008, *passim*.

Per S. Croce di Roccamontepiano vedi *Insediamenti celestini*, n. 22.

594.

IOHANNIS XXII PAPAE LITTERAE DE IUSTITIA

1319 gennaio 5, Avignone

Giovanni XXII dichiara che i frutti delle grange e dei luoghi regolari non si includano nelle lettere apostoliche riguardanti i frutti dei benefici da dare nel primo anno alla sede apostolica.
Cum nonnulle ecclesiastice.

Originale [A], Montecassino, Archivio dell'abbazia, Fondo di S. Spirito del Morrone, 375 (BD). Copia semplice del secolo XVII [Z], Zanotti, *Digestum*, III.1, p. 273-275 («ex proprio originali existenti in archivio venerabilis abbatiae Sancti Spiritus de Sulmone»). Copia semplice del secolo XVIII [B], Città del Vaticano, Archivio apostolico vaticano, Fondo celestini II, 45, f. 185r-186r.

Regesti: Zanotti, *Digestum*, II.1, p. 23. Zanotti, *Archivia*, VI.1, p. 185. Mollat 1904-1947, –. Leccisotti 1966, p. 153 n. 375. Paoli 2004, p. 373. Morizio 2008, p. 527-528 n. 585.

Bibliografia: Morizio 2008, *passim*.

Per S. Spirito del Morrone vedi *Insediamenti celestini*, n. 112.

595.

IOHANNIS XXII PAPAE LITTERAE DE GRATIA

1319 gennaio 11, Avignone

Giovanni XXII concede e dona un luogo, con una chiesa, case, una corte e un orto, nella città di Milano, *in Porta Orientali*, abbandonato dai frati della penitenza di Gesù Cristo e ora rimasto a disposizione della sede apostolica, secondo le costituzioni emanate da Gregorio X nel concilio di Lione, all'abate e alla comunità di S. Spirito del Morrone presso Sulmona, dell'ordine di san Benedetto, diocesi di Valva.
Inter cunctas religiones.

Originale deperdito [*A], già *Archivio del monastero di S. Spirito del Morrone, «Pro monasteriis Mediolani, Florentiae et Bononiae. Pro monasterio Mediolani» (Zanotti, *Archivia*, VI.1, p. 441). Atto registrato [R], Città del Vaticano, Archivio apostolico vaticano, *Registra vaticana*, 69, f. 101r-v. Atto registrato [R₂], Città del Vaticano, Archivio apostolico vaticano, *Registra avenionensia*, 11, f. 228r.

Regesti: Zanotti, *Digestum*, II.1, p. 23. Zanotti, *Archivia*, VI.1, p. 441. Mollat 1904-1947, n. 8800. Morizio 2008, p. 528 n. 586.

Bibliografia: Zanotti, *Digestum*, V.2, p. 573. Morizio 2008, *passim*.

Per S. Pietro Celestino di Milano vedi *Insediamenti celestini*, n. 88. Per S. Spirito del Morrone vedi *Insediamenti celestini*, n. 112.

596.

INSTRUMENTUM DONATIONIS

1319 gennaio 20, chiesa di S. Croce [...] (Roccamontepiano)

Guglielmo di Pietro di Giacomo da Pretoro dona alla chiesa di S. Croce di Roccamontepiano e a fra Roberto da Salle, che riceve in nome e per conto della detta chiesa, ogni diritto e azione che possiede su una casa, con annesso un casalino, sita *in burgo castri Pretori*.
Giudice: Giacomo [...], giudice di Roccamontepiano.
Notaio: Bartolomeo di *magister* Tommaso da Serramonacesca, notaio di Roccamontepiano (S).

Originale [A], Chieti, Archivio arcivescovile, Fondo pergamenaceo, Teate 147.

Regesti: Zanotti, *Digestum*, –. Zanotti, *Archivia*, VI.1, p. 346. Balducci 1926, p. 43 n. 123. Morizio 2008, p. 528 n. 587.

Bibliografia: Zanotti, *Digestum*, V.2, p. 557. Palazzi 2005, p. 183. Pellegrini 2005, p. 342 nota 146. Morizio 2008, *passim*.

Per S. Croce di Roccamontepiano vedi *Insediamenti celestini*, n. 22.

597.

INSTRUMENTUM VENDITIONIS

1319 febbraio 18, Bucchianico, monastero di S. Spirito

Oddone del notaio Andrea da Guardiagrele vende a fra Antonio da Roccamontepiano, dell'ordine di san Pietro confessore del Morrone, procuratore di S. Croce di Roccamontepiano, che acquista in nome e per conto del monastero e della comunità medesima, una pezza di terra nelle pertinenze di Manoppello, *in contrata de Anfirano*, al prezzo di dieci once d'oro.
Giudice: Berardo di Gualtiero, giudice di Bucchianico (S).
Notaio: Valletto di Ruggero, notaio di Bucchianico (S).

Originale [A], Chieti, Archivio arcivescovile, Fondo pergamenaceo, Teate 148.

Regesti: Zanotti, *Digestum*, –. Zanotti, *Archivia*, VI.1, p. 346. Balducci 1926, p. 43 n. 124. Morizio 2008, p. 528-529 n. 588.

Bibliografia: Palazzi 2005, p. 183. Pellegrini 2005, p. 342 nota 146. Morizio 2008, *passim*.

Per S. Croce di Roccamontepiano vedi *Insediamenti celestini*, n. 22.

598.

INSTRUMENTUM PROCURAE

1319 marzo 25, monastero di Fossanova, *in parlatorio* (Priverno)

Nicola da Calvello, abate di Fossanova, diocesi di [Terr]acina, e i monaci della comunità, riuniti in capitolo, scelgono il confratello Pietro da Alatri, in qualità di procuratore, per acquistare dei buoi, per vendere al miglior offerente quanto possiedono nella città e nel territorio di Ferentino e in particolare per cedere ai monaci di S. Antonio di Ferentino le terre *ad Limitem* e in località Piscitelli, per sessanta libbre di denari del senato.
Notaio: Duraguerra di Gulferame da Priverno.

Copia autentica del 1319 aprile 10 [B], Città del Vaticano, Archivio apostolico vaticano, Fondo celestini I, 66.

Regesti: Zanotti, *Digestum*, –. Zanotti, *Archivia*, –. Paoli 2004, p. 147 n. 66. Morizio 2008, p. 529 n. 589.

Bibliografia: Morizio 2008, *passim*.

Copia autentica esemplata dal notaio Ambrogio, detto Cerramonte, da Ferentino (S), su richiesta di fra Mansueto, priore di S. Antonio di Ferentino.

Per S. Antonio di Ferentino vedi *Insediamenti celestini*, n. 11.

599.

INSTRUMENTUM VENDITIONIS

1319 marzo 29, Ferentino

Fra Pietro da Alatri, monaco di Fossanova, procuratore dell'abate Pietro <*così, ma s'intenda* Nicola> da Calvello e di tutta la comunità, come risulta da un pubblico documento del notaio Duraguerra di Gulferame da Priverno, vende a fra Mansueto da Comino, priore di S. Antonio di Ferentino, alcune terre in località Piscitelli e *lu Lemete*, nel territorio di Ferentino, al prezzo di sessanta libbre di denari del senato.

Notaio: Ambrogio da Ferentino, detto Cerramonte (S).

Originale [A], Città del Vaticano, Archivio apostolico vaticano, Fondo celestini I, 67. Originale [A₂], Città del Vaticano, Archivio apostolico vaticano, Fondo celestini I, 68.

Regesti: Zanotti, *Digestum*, –. Zanotti, *Archivia*, –. Paoli 2004, p. 147-148 n. 67-68. Morizio 2008, p. 529 n. 590.

Bibliografia: Morizio 2008, *passim*.

Per S. Antonio di Ferentino vedi *Insediamenti celestini*, n. 11.

600.

INSTRUMENTUM DONATIONIS

1319 aprile 5, Trivento

Donna Fioretta, moglie di Clemente di Giovanni da Sulmona, abitante di Trivento, con il consenso e l'autorità del marito, suo legittimo mundoaldo, dona *inter vivos* a fra Rinaldo da Macchiagodena, priore del monastero di S. Maria *de Maiellis* <così> di Trivento, che riceve in nome e per conto del detto monastero, la quarta parte di una pezza di terra, che possiede *pro indiviso* con il figlio Giovanni, posta nel territorio di Trivento, *in contrata que dicitur de Monte Plano*, confinante a capite con le proprietà del detto monastero.

Giudice: Matteo di Rinaldo *de Savino*, giudice di Trivento (S).
Notaio: Berardo […], notaio di Trivento (S).

Originale [A], Trivento, Archivio della curia vescovile, Fondo pergamenaceo, 4.

Edizione: Figliuolo-Pilone 2013, p. 256-257 n. 3.

Regesti: Zanotti, *Digestum*, –. Zanotti, *Archivia*, –. Morizio 2008, p. 529-530 n. 591.

Bibliografia: Figliuolo 2005, p. 240-241. Morizio 2008, *passim*.

Per S. Maria di Trivento vedi *Insediamenti celestini*, n. 71.

601.

IOHANNIS XXII PAPAE LITTERAE DE IUSTITIA

1319 aprile 23, Avignone

Giovanni XXII ordina *collectoribus fructuum beneficiorum vacantium primi anni et subcollectoribus deputatis ab eis in regno Siciliae et Italiae partibus* di non molestare l'abate e la comunità del monastero di S. Spirito presso Sulmona, dell'ordine di san Benedetto, fondato dal beato Pietro del Morrone, già papa Celestino V, né i priorati o monasteri a esso soggetti, a proposito delle decime. *Pro parte*.

Originale deperdito [*A], già *Archivio del monastero di S. Spirito del Morrone, «Indulta sedis apostolicae» (Zanotti, *Archivia*, VI.1, p. 180). Originale deperdito [*A₂], già *Archivio del monastero di S. Spirito del Morrone, «Indulta sedis apostolicae» (Zanotti, *Archivia*, VI.1, p. 180). Atto registrato [R], Città del Vaticano, Archivio apostolico vaticano, *Registra vaticana*, 69, f. 378v. Atto registrato [R₂], Città del Vaticano, Archivio apostolico vaticano, *Registra avenionensia*, 12, f. 210r. Copia autentica del 1319 ottobre 28 deperdita [*B], già *Archivio del monastero di S. Spirito del Morrone, «Indulta sedis apostolicae» (Zanotti, *Archivia*, VI.1, p. 180).

Regesti: Zanotti, *Digestum*, II.1, p. 23. Zanotti, *Archivia*, VI.1, p. 180. Mollat 1904-1947, n. 9320. Morizio 2008, p. 530 n. 592.

Bibliografia: Paoli 2004, p. 26 nota 120. Morizio 2008, *passim*.

Per S. Spirito del Morrone vedi *Insediamenti celestini*, n. 112.

602.

INSTRUMENTUM CORPORALIS POSSESSIONIS

1319 maggio 31, *in territorio castri Pratularum ante faciem ecclesie Sancti Angeli de Campeliano*
(Pratola Peligna)

Fra Matteo, abate del monastero di S. Spirito del Morrone presso Sulmona, e fra Angelo *de Furca*, priore dello stesso monastero, *cum non modica comitiva monachorum seu fratrum eiusdem monasterii apud ecclesiam Sancti Angeli de Campeliano de pertinentiis castri Pratularum de Valva*, asseriscono che Carlo II, re di Sicilia, ha donato al loro monastero il *castrum* di Pratola e in seguito Celestino V ha annesso al monastero medesimo tutte le chiese site nelle pertinenze del detto *castrum*, esimendole da ogni giurisdizione diocesana; tra queste vi è anche la chiesa di S. Angelo di Campeliano, di cui essi rivendicano la proprietà contro l'abate del monastero di S. Vito del Trigno, che la possedeva prima delle menzionate concessioni da parte di Carlo II e Celestino V; in tal modo essi dimostrano dinanzi ad Angelo di Giovanni Mancino, giudice di Sulmona, a Sergio di Simone, notaio di Sulmona, e a numerosi testimoni chierici e laici di essere nel pieno possesso della chiesa di S. Angelo.
Giudice: Angelo di Giovanni Mancino, giudice di Sulmona (S).
Notaio: Sergio di Simone, notaio di Sulmona (S).

Originale [A], Montecassino, Archivio dell'abbazia, Fondo di S. Spirito del Morrone, 377.

Regesti: Zanotti, *Digestum*, –. Zanotti, *Archivia*, VI.1, p. 117. Leccisotti 1966, p. 154 n. 377. Morizio 2008, p. 531 n. 594.

Bibliografia: Morizio 2008, *passim*.

Per il monastero cistercense di S. Vito *de Trineo*, nell'odierno comune di San Salvo, vedi Faustoferri-Aquilano 2010; Tedeschi 2016.

Per S. Angelo di Campeliano vedi *Insediamenti celestini*, n. 2. Per S. Spirito del Morrone vedi *Insediamenti celestini*, n. 112.

603.

INSTRUMENTUM VENDITIONIS

1319 maggio [...], monastero di S. Croce dell'ordine di san Pietro confessore, *ante palatium eiusdem monasterii* (Roccamontepiano)

Il nobile Oderisio del *dominus* Berardo da Roccamontepiano vende a fra Roberto da Salle, rettore del monastero di S. Croce di Roccamontepiano, dell'ordine di san Pietro confessore, due pezze di terra, che possiede indivise con Federico di Manerio, al prezzo di sette fiorini d'oro.
Giudice: [...].
Notaio: Bartolomeo di Tommaso da Serramonacesca, notaio di Roccamontepiano (S).

Originale [A], Chieti, Archivio arcivescovile, Fondo pergamenaceo, Teate 150.

Regesti: Zanotti, *Digestum*, –. Zanotti, *Archivia*, VI.1, p. 346. Balducci 1926, p. 44 n. 125. Morizio 2008, p. 530 n. 593.

Bibliografia: Zanotti, *Digestum*, V.2, p. 557. Palazzi 2005, p. 184 (con data 1319 maggio 11). Pellegrini 2005, p. 342 nota 146. Morizio 2008, *passim*.

Per S. Croce di Roccamontepiano vedi *Insediamenti celestini*, n. 22.

604.

INSTRUMENTUM SENTENTIAE

1319 giugno 1, <Napoli>

Umberto, arcivescovo di Napoli, conservatore apostolico del monastero di S. Spirito del Morrone, condanna alcuni uomini di San Pio, parrocchiani della chiesa di S. Cesidio, a pagare le decime al monastero di S. Maria di Collemaggio.
Notaio: Francesco *de Laureto*.

Originale deperdito [*A], già *Archivio del monastero di S. Maria di Collemaggio, «Iura Sancti Caesidii, Caporciani et Sancti Pii. Pro Sancto Pio» (Zanotti, *Archivia*, VI.2, p. 646).

Regesti: Zanotti, *Digestum*, –. Zanotti, *Archivia*, VI.2, p. 646. Pansa 1899-1900, p. 249. Morizio 2008, p. 531 n. 595.

Bibliografia: Morizio 2008, *passim*.

Per S. Cesidio di Caporciano vedi *Insediamenti celestini*, n. 16. Per S. Maria di Collemaggio vedi *Insediamenti celestini*, n. 64. Per S. Spirito del Morrone vedi *Insediamenti celestini*, n. 112.

605.

INSTRUMENTUM SENTENTIAE

1319 giugno 1, <Napoli>

Umberto, arcivescovo di Napoli, conservatore apostolico del monastero di S. Spirito del Morrone, condanna alcuni uomini di San Pio, parrocchiani della chiesa di S. Cesidio, a pagare le decime al monastero di S. Maria di Collemaggio.
Notaio: Francesco *de Laureto*.

Originale deperdito [*A], già *Archivio del monastero di S. Maria di Collemaggio, «Iura Sancti Caesidii, Caporciani et Sancti Pii. Pro Sancto Pio» (Zanotti, *Archivia*, VI.2, p. 646).

Regesti: Zanotti, *Digestum*, –. Zanotti, *Archivia*, VI.2, p. 646. Pansa 1899-1900, p. 249. Morizio 2008, p. 531 n. 596.

Bibliografia: Morizio 2008, *passim*.

Per S. Cesidio di Caporciano vedi *Insediamenti celestini*, n. 16. Per S. Maria di Collemaggio vedi *Insediamenti celestini*, n. 64. Per S. Spirito del Morrone vedi *Insediamenti celestini*, n. 112.

606.

UMBERTI EPISCOPI NEAPOLITANI MANDATUM

1319 giugno 2, <Napoli>

Umberto, arcivescovo di Napoli, conservatore apostolico del monastero di S. Spirito del Morrone, ordina all'arciprete della chiesa aquilana, al camerario e ad altri di eseguire le sentenze – il cui testo viene inserito – da lui emanate contro alcuni uomini di San Pio, condannati a pagare le decime alla chiesa di S. Maria di Collemaggio.

Originale deperdito [*A], già *Archivio del monastero di S. Maria di Collemaggio, «Iura Sancti Caesidii, Caporciani et Sancti Pii. Pro Sancto Pio» (Zanotti, *Archivia*, VI.2, p. 646).

Regesti: Zanotti, *Digestum*, –. Zanotti, *Archivia*, VI.2, p. 646. Pansa 1899-1900, p. 250. Morizio 2008, p. 532 n. 597.

Bibliografia: Morizio 2008, *passim*.

Per S. Cesidio di Caporciano vedi *Insediamenti celestini*, n. 16. Per S. Maria di Collemaggio vedi *Insediamenti celestini*, n. 64. Per S. Spirito del Morrone vedi *Insediamenti celestini*, n. 112.

607.

CAROLI CALABRIAE DUCIS MANDATUM

1319 giugno 18, Napoli

Carlo, primogenito di Roberto re di Gerusalemme e di Sicilia, duca di Calabria e vicario generale di suo padre, ordina ai giustizieri dell'Abruzzo *citra flumen Piscarie* e ai capitani di Sulmona di difendere l'abate e la comunità del monastero di S. Spirito del Morrone presso Sulmona, dell'ordine del beato Pietro confessore, nel possesso della chiesa di S. Angelo *de Campeliano*, sita nel territorio di Pratola. *Ad presidentis.*

Copia autentica del 1319 giugno 25 [B], Montecassino, Archivio dell'abbazia, Fondo di S. Spirito del Morrone, 379. Copia semplice del secolo XVII [Z], Zanotti, *Digestum*, III.1, p. 277-278 («ex transumpto authentico sub die 25 iunii 1319 quod in archivio Sancti Spiritus de Sulmona asservatur»; con data 1319 giugno 14).

Regesti: Zanotti, *Digestum*, II.1, p. 23-24. Zanotti, *Archivia*, VI.1, p. 117-118. Leccisotti 1966, p. 154-155. Morizio 2008, p. 532 n. 598.

Bibliografia: Mattiocco-Sabatini 1996, p. 180-181 nota 10. Penco 1997, p. 360 nota 57. Morizio 2008, *passim.*

Il 25 giugno 1319, «ante ecclesiam Sancti Angeli de Campeliano», fra Angelo *de Furca*, priore del monastero di S. Spirito del Morrone presso Sulmona, «cum non modica comitiva monachorum conventualium predicti monasterii S. Spiritus», fa rilevare copia autentica del mandato di Carlo, duca di Calabria, da Angelo di Giovanni Mancino, giudice di Sulmona (S), e Sinibaldo di Gentile, notaio di Sulmona (S).

Per S. Angelo di Campeliano vedi *Insediamenti celestini*, n. 2. Per S. Spirito del Morrone vedi *Insediamenti celestini*, n. 112.

608.

INSTRUMENTUM SENTENTIAE

1319 agosto 8, Aversa, monastero di S. Lorenzo

Lanfranco, abate di S. Lorenzo di Aversa, giudice e conservatore del monastero di S. Spirito del Morrone presso Sulmona, condanna in contumacia Francesco del fu Giacomo da Paliano, canonico di Anagni, a restituire a fra Giacomo da Roio, procuratore del monastero di S. Antonio di Anagni, dipendente da S. Spirito, un vigneto nel territorio di Anagni, in località Santa Croce, commettendo l'esecuzione della sentenza a <Leonardo>, vescovo di Anagni, o al suo vicario.
Notaio: Albertazzo da Parma, canonico di Caserta, notaio per autorità imperiale e notaio dell'abate di S. Lorenzo di Aversa (S).

Originale [A], Città del Vaticano, Archivio apostolico vaticano, Fondo celestini I, 69 (SD).

Regesti: Zanotti, *Digestum*, –. Zanotti, *Archivia*, –. Paoli 2004, p. 148-149 n. 69. Morizio 2008, p. 532-533 n. 599.

Bibliografia: Morizio 2008, *passim.*

Per l'abbazia di S. Lorenzo *ad Septimum* vedi la nota al doc. n. 212.

Per S. Antonino di Anagni vedi *Insediamenti celestini*, n. 8. Per S. Spirito del Morrone vedi *Insediamenti celestini*, n. 112.

609.

UMBERTI EPISCOPI NEAPOLITANI MANDATUM

1319 settembre 1, <Napoli>

Umberto, arcivescovo di Napoli, conservatore apostolico del monastero di S. Spirito del Morrone, su istanza del priore e della comunità del monastero di S. Maria di Collemaggio, ordina l'intervento del braccio secolare contro alcuni uomini di San Pio, parrocchiani della chiesa di S. Cesidio, per eseguire le sentenze emanate contro di loro, che prevedono il pagamento delle decime dovute al monastero di Collemaggio.

Originale deperdito [*A], già *Archivio del monastero di S. Maria di Collemaggio, «Iura Sancti Caesidii, Caporciani et Sancti Pii. Pro Sancto Pio» (Zanotti, *Archivia*, VI.2, p. 646).

Regesti: Zanotti, *Digestum*, –. Zanotti, *Archivia*, VI.2, p. 646. Pansa 1899-1900, p. 250. Morizio 2008, p. 533 n. 600.

Bibliografia: Morizio 2008, *passim*.

Per S. Cesidio di Caporciano vedi *Insediamenti celestini*, n. 16. Per S. Maria di Collemaggio vedi *Insediamenti celestini*, n. 64. Per S. Spirito del Morrone vedi *Insediamenti celestini*, n. 112.

610.

INSTRUMENTUM DONATIONIS

1319 settembre 4, *apud Lectum* (Lettomanoppello)

Tommaso da Musellaro dona alla chiesa di S. Croce di Roccamontepiano e a fra Gualtiero *de Palomano* (Palombaro) e a fra Giacomo da Musellaro, che ricevono in nome e per conto di fra Roberto da Salle, priore della detta chiesa, una pezza di terra nelle pertinenze di Manoppello, in località *Voccaceri*.
Notaio: Nicola di Alberto *de Manuppello*.

Originale deperdito [*A], già *Archivio del monastero di S. Spirito del Morrone, «Pro monasteriis civitatis Theatinae, Guardiae Grelis, Montis Plani et Bucclani. Pro monasterio Roccae Montisplani» (Zanotti, *Archivia*, VI.1, p. 346).

Regesti: Zanotti, *Digestum*, –. Zanotti, *Archivia*, VI.1, p. 346. Morizio 2008, p. 533 n. 601.

Bibliografia: Zanotti, *Digestum*, V.2, p. 552, 557. Morizio 2008, *passim*.

Sul toponimo Palombaro vedi la nota al doc. n. 398.

Per S. Croce di Roccamontepiano vedi *Insediamenti celestini*, n. 22.

611.

INSTRUMENTUM EXECUTIONIS SENTENTIAE

1319 settembre 18, *apud casale Sancti Pii* (San Pio delle Camere)

Berardo, arciprete della chiesa aquilana, fra Nicola da San Benedetto, camerario della città dell'Aquila, e *ser* Nicola di Accardo eseguono la sentenza emanata da Umberto, arcivescovo di Napoli, conservatore apostolico del monastero di S. Spirito del Morrone, contro Clemente di Gualtiero, Berardo di Matteo e altri due uomini di San Pio, condannati a pagare le decime alla chiesa parrocchiale di S. Cesidio di Caporciano e al monastero di S. Maria di Collemaggio, attraverso la confisca dalle loro case di grano e dei frutti delle loro terre, successivamente consegnati a fra Guglielmo da Cinquemiglia, procuratore di Collemaggio.
Notaio: Pace di Giacomo *de Bazzano*, <notaio dell'Aquila>.

Originale deperdito [*A], già *Archivio del monastero di S. Maria di Collemaggio, «Iura Sancti Caesidii, Caporciani et Sancti Pii. Pro Sancto Pio» (Zanotti, *Archivia*, VI.2, p. 646-647).

Regesti: Zanotti, *Digestum*, –. Zanotti, *Archivia*, VI.2, p. 646-647. Pansa 1899-1900, p. 250. Morizio 2008, p. 533-534 n. 602.

Bibliografia: Morizio 2008, *passim*.

Per S. Cesidio di Caporciano vedi *Insediamenti celestini*, n. 16. Per S. Maria di Collemaggio vedi *Insediamenti celestini*, n. 64. Per S. Spirito del Morrone vedi *Insediamenti celestini*, n. 112.

612.

IOHANNIS XXII PAPAE LITTERAE DE IUSTITIA

1319 settembre 27, Avignone

Giovanni XXII ordina all'arciprete della chiesa dell'Aquila, all'arciprete della chiesa di S. Maria *de Vexuno*, diocesi di Acqui, a *magister* Nicola di Nicola, canonico della chiesa di Benevento, di trasferire, a un altro monastero o a un altro ordine, Rinaldo, monaco del monastero di S. Spirito di Sulmona, appartenente *nullo medio* alla Chiesa di Roma, dell'ordine di san Benedetto, diocesi di Valva, un tempo cappellano e familiare di Guglielmo, cardinale diacono di S. Nicola in Carcere Tulliano.
Solet apostolice sedis.

Atto registrato [R], Città del Vaticano, Archivio apostolico vaticano, *Registra vaticana*, 70, f. 82r.

Regesti: Zanotti, *Digestum*, –. Zanotti, *Archivia*, –. Mollat 1904-1947, n. 10393. Morizio 2008, p. 534 n. 603.

Bibliografia: Morizio 2008, *passim*.

Per S. Spirito del Morrone vedi *Insediamenti celestini*, n. 112.

613.

INSTRUMENTUM CONFESSIONIS

1319 ottobre 13

Gualtiero di Pace, Masio di Francesco, Domenico di Paolo e altri quattordici abitanti della villa di San Pio, posta vicino al *castrum* di Caporciano del distretto dell'Aquila, diocesi di Valva, in presenza di fra Matteo, abate del monastero di S. Spirito del Morrone presso Sulmona e di tutto l'ordine di san Pietro confessore, e di fra Giovanni *de Lecto*, sottopriore del monastero di S. Maria di Collemaggio, del detto ordine, riconoscono di essere parrocchiani della chiesa di S. Cesidio di Caporciano, diocesi di Valva, soggetto al monastero di S. Maria di Collemaggio, e di essere tenuti a pagare alla detta chiesa le decime.
Testi: fra Guglielmo da Cinquemiglia; fra Nicola da Bagno; fra Paolo da Campo di Giove.
Giudice: Nicola di Giovanni da Bagno, giudice dell'Aquila.
Notaio: Pace di Giacomo da Bazzano, notaio dell'Aquila.

Originale deperdito [*A], già *Archivio del monastero di S. Maria di Collemaggio, «Iura Sancti Caesidii, Caporciani et Sancti Pii. Pro Sancto Pio» (Zanotti, *Archivia*, VI.2, p. 647). Copia semplice del secolo XVII [B], Città del Vaticano, Archivio apostolico vaticano, Fondo celestini II, 38, f. 219r-223v. Copia semplice del secolo XVII [B₂], Città del Vaticano, Archivio apostolico vaticano, Fondo celestini II, 38, f. 237r-242v.

Regesti: Zanotti, *Digestum*, –. Zanotti, *Archivia*, VI.2, p. 647. Pansa 1899-1900, p. 249. Paoli 2004, p. 343. Morizio 2008, p. 534 n. 604.

Bibliografia: Morizio 2008, *passim*.

In B e B₂ (copie semplici) sono stati riprodotti anche i *signa manus* del notaio, del giudice e dei testimoni.

Per S. Cesidio di Caporciano vedi *Insediamenti celestini*, n. 16. Per S. Maria di Collemaggio vedi *Insediamenti celestini*, n. 64. Per S. Spirito del Morrone vedi *Insediamenti celestini*, n. 112.

614.

INSTRUMENTUM VENDITIONIS

1319 ottobre 18

Gualtiero [...] vende a Lorico di Tommaso, che acquista in nome e per conto del monastero di S. Croce di Roccamontepiano, la terza parte di un mulino nel territorio di Fara Filiorum Petri, con annessi alcuni terreni, al prezzo di un'oncia d'oro.
Notaio: Bartolomeo di Orlando *de Pretoro*.

Originale deperdito [*A], già *Archivio del monastero di S. Spirito del Morrone, «Pro monasteriis civitatis Theatinae, Guardiae Grelis, Montis Plani et Bucclani. Pro monasterio Roccae Montisplani» (Zanotti, *Archivia*, VI.1, p. 346).

Regesti: Zanotti, *Digestum*, –. Zanotti, *Archivia*, VI.1, p. 346. Morizio 2008, p. 535 n. 605.

Bibliografia: Morizio 2008, *passim*.

Per S. Croce di Roccamontepiano vedi *Insediamenti celestini*, n. 22.

615.

INSTRUMENTUM DONATIONIS

1319 ottobre 21, Isernia

Guglielmo di Pietro di Stefano *de Monte Corvino* dona al monastero di S. Spirito di Isernia e a fra Gualtiero, vicepriore di esso, alcuni beni mobili e immobili, ovvero centosettantacinque pecore e una terra *in pertinentiis Montis Nordoni* <così>, *ubi dicitur Rivus Niger*.
Giudice: Simone, giudice di Isernia (S).
Notaio: Simeone di Andrea, notaio di Isernia (S).

Originale [A], Montecassino, Archivio dell'abbazia, Fondo di S. Spirito di Isernia, fasc. VI, n. 60.

Regesti: Zanotti, *Digestum*, –. Zanotti, *Archivia*, VI.1, p. 383. Morizio 2008, p. 535 n. 606.

Bibliografia: Morizio 2008, *passim*.

Instrumentum infectum: mancano le sottoscrizioni dei testi.

Per S. Spirito di Isernia vedi *Insediamenti celestini*, n. 117.

616.

INSTRUMENTUM DONATIONIS ET OBLATIONIS

1319 dicembre, monastero di Collemaggio (L'Aquila)

Cicco di *magister* Tommaso da Civitaretenga offre se stesso a Dio, nelle mani di fra Angelo da Legio, priore del monastero di S. Maria di Collemaggio, e dona tutti i suoi beni mobili e immobili al detto monastero.
Notaio: Pace di Giacomo *de Bazzano*, <notaio dell'Aquila>.

Originale deperdito [*A], già *Archivio del monastero di S. Maria di Collemaggio, «Testamenta, donationes et legata» (Zanotti, *Archivia*, VI.2, p. 669).

Regesti: Zanotti, *Digestum*, –. Zanotti, *Archivia*, VI.2, p. 669. Morizio 2008, p. 535 n. 607.

Bibliografia: Morizio 2008, *passim*.

Per S. Maria di Collemaggio vedi *Insediamenti celestini*, n. 64.

617.

INSTRUMENTUM VENDITIONIS

1320 gennaio 3, *apud Guastum Aymonis* (Vasto)

Giovannuccio da Fermo, abitante di Vasto, vende a fra Tancredi da Caramanico, priore del monastero di S. Pietro di Vallebona, che acquista in nome e per conto di fra Matteo, abate del monastero di S. Spirito di Sulmona, una casa, con un casalino attiguo – *in qua domo habetur quoddam oratorium situm prope portam eiusdem terrae in contrata de Aspris* –, al prezzo di venti once d'oro.
Notaio: Giovanni di Francesco.

Originale deperdito [*A], già *Archivio del monastero di S. Spirito del Morrone, «Pro monasteriis Montorii, Murronis et de Vestis. Pro monasterio Guasti Aymonis» (Zanotti, *Archivia*, VI.1, p. 435).

Regesti: Zanotti, *Digestum*, –. Zanotti, *Archivia*, VI.1, p. 435. Morizio 2008, p. 535-536 n. 608.

Bibliografia: Morizio 2008, *passim*.

Per S. Pietro di Vallebona vedi *Insediamenti celestini*, n. 103. Per S. Spirito del Morrone vedi *Insediamenti celestini*, n. 112.

618.

INSTRUMENTUM TESTAMENTI

1320 febbraio 4, Sulmona, *in domo testatoris in qua iacebat infirmus*

Nicola del fu Rinaldo da Introdacqua, cittadino e abitante di Sulmona, *licet infirmus corpore sanus tamen mente*, non volendo morire intestato, fa redigere il proprio testamento, scegliendo per la sua sepoltura la chiesa di S. Maria *de Tumma* di Sulmona, alla quale lascia venti tarì; tra gli altri legati, lascia un tarì al monastero di S. Pietro confessore di Sulmona.
Giudice: Nicola di Pietro *de Citade*, giudice di Sulmona (S).
Notaio: Benedetto di Luca, notaio di Sulmona (S).

Originale [A], Sulmona, Archivio capitolare di S. Panfilo, Archivio nuovo, Amministrazione, I.4.71.

Regesti: Zanotti, *Digestum*, –. Zanotti, *Archivia*, –. Chiappini 1915, p. 54 n. 112. Morizio 2008, p. 536 n. 609.

Bibliografia: Celidonio 1899, p. 247 (con data 1320). Orsini 2001, p. 21. Orsini 2003, p. 464 n. 116 (3836). Morizio 2008, *passim*.

Per G. Celidonio (Celidonio 1899, p. 247) e P. Orsini (Orsini 2001, p. 21) il documento si trova nel «Nuovo archivio di S. Panfilo», tra le carte del monastero di S. Chiara di Sulmona; ad oggi, tuttavia, la pergamena è custodita nel fondo «Amministrazione».

Per la chiesa di S. Maria della Tomba, attorno alla quale nel secolo XIII si strutturò un borgo che da essa prese il nome, vedi Mattiocco 1994, p. 42 e *passim*; per i documenti custoditi presso l'archivio capitolare di S. Panfilo a Sulmona vedi Orsini 2003, *ad indicem* <p. 748>.

Per S. Pietro confessore di Sulmona vedi *Insediamenti celestini*, n. 95.

619.

GUILLELMI ARCHIDIACONI FOROIULIENSIS MANDATUM

1320 febbraio 25

Guglielmo <*de Balacto*, arcidiacono della diocesi di Fréjus>, cappellano del papa e nunzio apostolico nel regno di Sicilia, ordina ai suoi subcollettori, l'arciprete *de Poppleto* e l'arciprete di Castel di Sangro, di non molestare l'abate di S. Spirito di Sulmona, con tutti i suoi membri, per le decime residue.

Copia autentica del 1320 maggio 1 deperdita [*B], già *Archivio del monastero di S. Maria di Collemaggio, «Litterae apostolicae, indulgentiae et privilegia» (Zanotti, *Archivia*, VI.2, p. 720).

Regesti: Zanotti, *Digestum*, –. Zanotti, *Archivia*, VI.2, p. 720. Morizio 2008, p. 536 n. 610.

Bibliografia: Morizio 2008, *passim*.

«Transumptum authenticum factum Aquilae sub die primo maii 3[ae] indictionis ad instantiam fratris Philippi de Sancta Ansia procuratoris fratris Ioannis de Lecto supprioris et conventus Collismadii per manum notarii Pacis Iacobi de Bazzano» (Zanotti, *Archivia*, VI.2, p. 720).

Per S. Spirito del Morrone vedi *Insediamenti celestini*, n. 112.

620.

INSTRUMENTUM VENDITIONIS ET TRADITIONIS

1320 febbraio 29, Bucchianico

Dompnus Panfilo, Nicola di Guglielmo e Bartolomeo di *magister* Paolo da Fara Filiorum Petri, fidecommessi ed esecutori testamentari di Nicola di Giacomo da Fara, avendo ricevuto mandato di vendere i beni del defunto per mezzo del testamento redatto da Bartolomeo di Orlando, notaio di Pretoro, vendono a fra Giovanni *de Monte Regali*, economo e procuratore della chiesa di S. Croce di Roccamontepiano, dell'ordine di san Pietro confessore, un mulino *in flumine Rivi Sicci in contrata Gerdane*, con il territorio adiacente, al prezzo di cinque once d'oro in carlini d'argento; inoltre, consegnano alcuni beni siti nelle pertinenze di Fara, lasciati per testamento alla detta chiesa.

Giudice: Giovannino di *dominus* Ugone, *sir*, giudice di Bucchianico (S).

Notaio: Corrado di Ruggero, notaio di Bucchianico (S).

Originale [A], Chieti, Archivio arcivescovile, Fondo pergamenaceo, senza segnatura.

Regesti: Zanotti, *Digestum*, –. Zanotti, *Archivia*, VI.1, p. 347. Morizio 2008, p. 537 n. 611.

Bibliografia: Morizio 2008, *passim*.

Per S. Croce di Roccamontepiano vedi *Insediamenti celestini*, n. 22.

621.

INSTRUMENTUM VENDITIONIS

1320 febbraio 29, <Bucchianico>

Federico *de Sancto Andrea de Rocca Montisplani* vende alla chiesa di S. Croce di Roccamontepiano alcuni beni immobili siti nel territorio della detta Rocca, ovvero due terre e la metà di un'altra terra in contrada *Fallonici*, al prezzo di tre once.

Notaio: Corrado di Ruggero *de Buclano*.

Originale deperdito [*A], già *Archivio del monastero di S. Spirito del Morrone, «Pro monasteriis civitatis Theatinae, Guardiae Grelis, Montis Plani et Bucclani. Pro monasterio Roccae Montisplani» (Zanotti, *Archivia*, VI.1, p. 347).

Regesti: Zanotti, *Digestum*, –. Zanotti, *Archivia*, VI.1, p. 347. Morizio 2008, p. 537 n. 612.

Bibliografia: Morizio 2008, *passim*.

Per S. Croce di Roccamontepiano vedi *Insediamenti celestini*, n. 22.

622.

INSTRUMENTUM DONATIONIS

1320 marzo 1, Manoppello

Perientile da Manoppello dona a fra Gualtiero *de Palumbario* (Palombaro) e a fra Bartolomeo *de Pelagra*, monaci di S. Croce di Roccamontepiano, che agiscono in nome di fra Roberto da Salle, priore di S. Croce, una pezza di terra nelle pertinenze di Manoppello, *in contrata del Colle di Sancto Andrea*.

Notaio: Nicola di Alberto.

Originale deperdito [*A], già *Archivio del monastero di S. Spirito del Morrone, «Pro monasteriis civitatis Theatinae, Guardiae Grelis, Montis Plani et Bucclani. Pro monasterio Roccae Montisplani» (Zanotti, *Archivia*, VI.1, p. 347).

Regesti: Zanotti, *Digestum*, –. Zanotti, *Archivia*, VI.1, p. 347. Morizio 2008, p. 538 n. 614.

Bibliografia: Zanotti, *Digestum*, V.2, p. 557. Morizio 2008, *passim*.

Fra Roberto da Salle è esplicitamente definito priore del monastero di S. Croce di Roccamontepiano in una nota di L. Zanotti («Alcuni notamenti sopra i nostri beati…»), contenente appunti su Roberto da Salle – «Del beato Roberto di

Salla» (Zanotti, *Digestum*, V.2, p. 551-555) – e Giovanni Bassand – «Del beato Giovanni Bassando» (Zanotti, *Digestum*, V.2, p. 555-558).

Sul toponimo Palombaro vedi la nota al doc. n. 398.

Per S. Croce di Roccamontepiano vedi *Insediamenti celestini*, n. 22.

623.

INSTRUMENTUM DONATIONIS ET OBLATIONIS

1320 marzo 21, Boiano

D(ominus) Ruggero di Fridolfo da Campobasso offre se stesso e i suoi beni al monastero di S. Martino della Maiella di Boiano e a fra Rinaldo da Venafro, priore del monastero medesimo.
Notaio: Goffredo del notaio Pietro.

Originale deperdito [*A], già *Archivio del monastero di S. Spirito del Morrone, «Pro monasterio Boiani» (Zanotti, *Archivia*, VI.1, p. 397-398).

Regesti: Zanotti, *Digestum*, –. Zanotti, *Archivia*, VI.1, p. 397-398. Morizio 2008, p. 538 n. 615.

Bibliografia: Morizio 2008, *passim*.

Per S. Martino di Boiano vedi *Insediamenti celestini*, n. 74.

624.

INSTRUMENTUM PUBLICATIONIS CONSTITUTIONUM ORDINIS
SANCTI PETRI CONFESSORIS

1320 maggio 18, Sulmona, monastero di S. Spirito del Morrone

Fra Matteo da Salle, abate del monastero di S. Spirito del Morrone presso Sulmona, dell'ordine di san Benedetto, diocesi di Valva, e di tutto l'ordine di san Pietro confessore, e il capitolo generale della religione di san Pietro confessore del Morrone – fra Agostino da Castropignano, visitatore dell'ordine; fra Angelo *de Furca*, priore, fra Pietro da Sulmona e fra Pace *de Valle Surda*, discreti o economi, del monastero di S. Spirito presso Sulmona; fra Pietro da Caramanico, priore, fra Giovanni da Roio e fra Giacomo da Manoppello, discreti, del monastero di S. Spirito della Maiella; fra Giovanni *de Lecto*, sottopriore, fra Rinaldo da Prezza e fra Filippo da Sant'Anza, discreti, del monastero di S. Maria di Collemaggio dell'Aquila; fra Amico *de Skynaforte*, priore, fra Nicola da San Benedetto e fra Giovanni da Corno, discreti, del monastero di S. Spirito di Isernia; fra Rinaldo da Venafro, priore, fra Ruggero da Bucchianico e fra Tommaso da Sulmona, discreti, del monastero di S. Eusebio di Roma; fra Pietro da Sulmona, detto Pierino, priore del luogo di S. Pietro in Montorio di Roma; fra Giovanni *de Olivola*, priore, fra Pietro da Todi e fra Giovanni da Ferentino, discreti, del monastero di S. Antonio *de Campania*; fra Angelo da Boiano, priore del luogo di S. Antonino vicino ad Anagni; fra Tommaso *de Furca*, priore del luogo di S. Leonardo di Sgurgola *de Campania*; fra Simone *de Furcis*, priore, fra Francesco da Venafro e fra Giacomo da Guardia, discreti, del monastero di S. Pietro confessore di Napoli; fra Giacomo, sottopriore, fra Pietro da Bagno e fra Tommaso da Sant'Anza, discreti, del monastero di S. Pietro di Aversa; fra Teodino da Bugnara, priore, e fra Berardo da Bagno, discreto, del monastero di S. Maria di Capua; fra Nicola da Bucchianico, priore, fra Nicola da Alife e fra Cristoforo da Bominaco, discreti, del monastero di S. Spirito di Alife; fra Benedetto da Sant'Angelo, priore, e fra Tommaso da Isernia, discreto, del monastero di S. Martino di Boiano; fra Andrea da Agnone, priore, e fra Giovanni da Agnone, discreto, del luogo di S. Spirito di Venafro; fra Nicola *de Valleporcina*, priore, e fra Pietro *de Civita Monacesca*, discreto, del luogo di S. Giovanni di Acquasanta; fra Pasquale da Sant'Anza, priore, fra Giacomo *iunior* da Roio e fra Giacomo da Sulmona, discreti, del monastero di S. Bartolomeo di Lucera; fra

Tommaso da Salle e fra Berardo *de Turre de Aquila*, discreti e procuratori, del monastero di S. Giovanni in Piano; fra Giacomo *de Genestra*, priore, del luogo di S. Angelo di Termoli; fra Giacomo *de Gipso*, priore, del luogo di S. Pietro di Vasto; fra Gultiero da Rapino, priore, e fra Gualtiero da Altino, discreto, del luogo di S. Spirito di Lanciano; fra Andrea da Cocullo, priore, e fra Nicola da Pacentro, discreto, del luogo di S. Spirito di Ortona; fra Nicola *de Monteregali*, priore, e fra Tommaso da Guardia, discreto, del luogo di S. Pietro confessore di Guardiagrele; fra Pietro da Sulmona e fra Gualtiero da Caramanico, discreti e procuratori, del monastero di S. Croce di Roccamontepiano; fra Tancredi da Caramanico, priore, fra Giacomo *de Sancto Eusaneo* e fra Gentile da Serramonacesca, discreti, del monastero di S. Pietro di Vallebona; fra Placido da Ocre, priore, del luogo di S. Giorgio di Roccamorice; fra Nicola da Guardia, priore, e fra Pietro *de Albeto*, discreto, del luogo di S. Maria di Chieti; fra Nicola da Archi, priore, e fra Berardo da Trivento, discreto, del monastero di S. Spirito di Bucchianico; fra Leonardo da Roio, priore, e fra Rinaldo da Roio, discreto, del luogo di S. Salvatore di Penne; fra Angelo da Arischia, priore, e fra Francesco da Collepietro, discreto, del luogo di S. Pietro confessore di Atri; fra Gualtiero da Altino, priore, e fra Nicola da Casacanditella, discreto, del luogo di S. Maria di Agnone; fra Rinaldo da Macchiagodena, priore, e fra Tommaso da Schiavi, discreto, del luogo di S. Maria di Trivento; fra Dionisio da Caramanico, discreto e procuratore, del luogo di S. Bartolomeo di Legio; fra Pietro da Roio, discreto e procuratore, del monastero di S. Maria *de Amberto de Francia*; fra Pietro *de Silvaneto*, discreto e procuratore, del monastero di S. Pietro *de Montecastro de Francia* –, dell'ordine di san Benedetto, pubblicano alcune *constitutiones et ordinationes pro perpetuo et bono statu religionis predicte*.

Giudice: Giovanni del giudice Oderisio, giudice di Sulmona (S).

Notaio: Barnaba di Gualtiero, notaio di Sulmona (S).

Originale [A], Montecassino, Archivio dell'abbazia, Fondo di S. Spirito del Morrone, 385. Inserto del 1321 marzo 25 deperdito [*B], già *Archivio del monastero di S. Spirito del Morrone, «Indulta sedis apostolicae» (Zanotti, *Archivia*, VI.1, p. 180; con data 1321 marzo 24). Inserto del 1321 marzo 25 [B₂], Città del Vaticano, Archivio apostolico vaticano, *Registra vaticana*, 71, f. 253r-254v. Inserto del 1321 marzo 25 [B₃], Città del Vaticano, Archivio apostolico vaticano, *Registra avenionensia*, 14, f. 247v. Copia semplice del secolo XVII [Z], Zanotti, *Digestum*, III.1, p. 285-291 («ex proprio originali existenti in archivio venerabilis abbatiae Sancti Spiritus de Sulmone»).

Edizione: Borchardt 2006, p. 387-394 n. 4.

Regesti: Zanotti, *Digestum*, II.1, p. 24; III.1, p. 283-284. Zanotti, *Archivia*, VI.1, p. 455-458. Leccisotti 1966, p. 157-158 n. 385. Morizio 2008, p. 538-539 n. 616.

Bibliografia: Zanotti, *Digestum*, V.2, p. 538, 548. Penco 1997, p. 362. Paoli 2004, p. 86 e *passim*. Pellegrini 2005, p. 348-350. Morizio 2008, *passim*.

Del documento furono redatti «quinque consimilia publica instrumenta», destinati, con ogni probabilità, agli archivi degli altri monasteri dell'ordine. Gli «statuta ordinis sancti Petri de Murrone» elaborati dal capitolo generale vennero confermati, il 25 marzo 1321, da Giovanni XXII con la *Sollicitudinis pastoralis* (Mollat 1904-1947, n. 13136).

Per S. Angelo di Termoli vedi *Insediamenti celestini*, n. 5. Per S. Antonino di Anagni vedi *Insediamenti celestini*, n. 8. Per S. Antonio di Ferentino vedi *Insediamenti celestini*, n. 11. Per S. Bartolomeo di Legio vedi *Insediamenti celestini*, n. 13 Per S. Bartolomeo di Lucera vedi *Insediamenti celestini*, n. 14. Per S. Croce di Roccamontepiano vedi *Insediamenti celestini*, n. 22. Per S. Eusebio di Roma vedi *Insediamenti celestini*, n. 24. Per S. Giorgio di Roccamorice vedi *Insediamenti celestini*, n. 29. Per S. Giovanni di Acquasanta vedi *Insediamenti celestini*, n. 32. Per S. Giovanni in Piano vedi *Insediamenti celestini*, n. 41. Per S. Leonardo di Sgurgola vedi *Insediamenti celestini*, n. 44. Per S. Maria della Civitella vedi *Insediamenti celestini*, n. 56. Per S. Maria di Agnone vedi *Insediamenti celestini*, n. 57. Per S. Maria di Ambert vedi *Insediamenti celestini*, n. 60. Per S. Maria di Capua vedi *Insediamenti celestini*, n. 62. Per S. Maria di Collemaggio vedi *Insediamenti celestini*, n. 64. Per S. Maria di Trivento vedi *Insediamenti celestini*, n. 71. Per S. Martino di Boiano vedi *Insediamenti celestini*, n. 74. Per S. Pietro confessore di Atri vedi *Insediamenti celestini*, n. 89. Per S. Pietro confessore di Guardiagrele vedi *Insediamenti celestini*, n. 91. Per S. Pietro confessore di Mont-de-Chastres vedi *Insediamenti celestini*, n. 92. Per S. Pietro confessore di Napoli vedi *Insediamenti celestini*, n. 93. Per S. Pietro apostolo di Aversa vedi *Insediamenti celestini*, n. 97. Per S. Pietro di Vallebona vedi *Insediamenti celestini*, n. 103. Per S. Pietro di Vasto vedi *Insediamenti celestini*, n. 104. Per S. Pietro in Montorio vedi *Insediamenti celestini*, n. 105. Per S. Salvatore di Penne vedi *Insediamenti celestini*, n. 108. Per S. Spirito del Morrone vedi *Insediamenti celestini*, n. 112. Per S. Spirito della Maiella vedi *Insediamenti celestini*, n. 113. Per S. Spirito di Alife vedi *Insediamenti celestini*, n. 114. Per S. Spirito di Bucchianico vedi *Insediamenti celestini*, n. 116. Per S. Spirito di Isernia vedi *Insediamenti celestini*, n. 117. Per S. Spirito di Lanciano vedi *Insediamenti celestini*, n. 118. Per S. Spirito di Ortona vedi *Insediamenti celestini*, n. 119. Per S. Spirito di Venafro vedi *Insediamenti celestini*, n. 120.

625.

INSTRUMENTUM VENDITIONIS

1320 maggio 18, Serramonacesca

Fra Bartolomeo *de Mala[...]*, monaco morronese, costituito procuratore del monastero di S. Pietro di Vallebona da fra Teodino, priore, e dalla comunità, vende a Gentile *de [...] de Sancto Iohannis de Plebe*, in nome e per conto del detto monastero, una pezza di terra nelle pertinenze di Manoppello, in località *Piscaria Sicca*, al prezzo di dodici tarì.

Giudice: Bartolomeo, giudice di [...] (S).

Notaio: Guglielmo, notaio di [...] (S).

Originale [A], Montecassino, Archivio dell'abbazia, Fondo di S. Spirito del Morrone, 384.

Regesti: Zanotti, *Digestum*, –. Zanotti, *Archivia*, VI.1, p. 284. Pansa 1899, p. 190. Leccisotti 1966, p. 157 n. 384. Morizio 2008, p. 539 n. 617.

Bibliografia: Morizio 2008, *passim*.

Per S. Pietro di Vallebona vedi *Insediamenti celestini*, n. 103.

626.

GUILLELMI ARCHIDIACONI FOROIULIENSIS MANDATUM

1320 giugno 26, Napoli

Guglielmo *de Balacto*, arcidiacono della diocesi di Fréjus, cappellano del papa e nunzio pontificio nel regno di Sicilia, comunica ai suoi vicecollettori che l'abate e la comunità del monastero di S. Spirito, dell'ordine morronese, e dei membri dello stesso monastero esistenti nel regno di Sicilia hanno pagato integralmente le due decime imposte da Clemente V e, pertanto, ordina che si astengano dal molestarli a riguardo, restituendo anzi quanto dovessero avere eventualmente riscosso da loro.

Copia autentica del 1320 giugno 29 [B], Montecassino, Archivio dell'abbazia, Fondo di S. Spirito del Morrone, 387. Copia semplice del secolo XVII [Z], Zanotti, *Digestum*, III.1, p. 293 («ex transumpto authentico facto Iserniae per manum notarii Nicolai ad instantiam religiosi viri fratris Petri de Claramanico <*così*> prioris monasterii Sancti Spiritus prope Iserniam, ordinis murronen(sis), sub die penultimo mensis iunii 1320 tertiae ind(ictio)nis quod in archivio venerabilis abbatiae Sancti Spiritus de Sulmone conservatur»). Copia semplice del secolo XVIII [C], Città del Vaticano, Archivio apostolico vaticano, Fondo celestini II, 45, f. 183r.

Regesti: Zanotti, *Digestum*, II.1, p. 24. Zanotti, *Archivia*, VI.1, p. 193. Leccisotti 1966, p. 158. Paoli 2004, p. 372. Morizio 2008, p. 539-540 n. 619.

Bibliografia: Penco 1997, p. 362. Morizio 2008, *passim*.

Di tale mandato fu rilevata copia autentica in Isernia, in data 1320 giugno 29, su richiesta di fra Pietro da Caramanico, priore del monastero di S. Spirito di Isernia, da Simone, medico, giudice di Isernia (S), e Nicola [*Iohannis abbatis*], notaio di Isernia (S).

Per S. Spirito del Morrone vedi *Insediamenti celestini*, n. 112.

627.

CAROLI CALABRIAE DUCIS MANDATUM

1320 luglio 7, Napoli

Carlo, primogenito di Roberto re di Gerusalemme e di Sicilia, facendo seguito alla *petitio* dell'abate e della comunità del monastero di S. Spirito di Sulmona, dell'ordine di san Pietro confessore del Morrone, i quali possiedono *plures vassallos* in diverse parti del regno, ordina a tutti gli ufficiali del regno di Sicilia di avere il dovuto rispetto per tali vassalli, ai quali alcuni loro predecessori avevano imposto *onerosa plura officia* a scapito del monastero di S. Spirito e di tutti i monasteri ad esso pertinenti.

Sane habuit.

Originale deperdito [*A], già *Archivio del monastero di S. Spirito del Morrone, «Privilegia regia» (Zanotti, *Archivia*, VI.1, p. 225). Copia semplice del secolo XVII [Z], Zanotti, *Digestum*, III.1, p. 295-296 («ex proprio originali, cui deest sigillum, existenti in archivio venerabilis abbatiae Sancti Spiritus de Sulmone»).

Regesti: Zanotti, *Digestum*, II.1, p. 24. Zanotti, *Archivia*, VI.1, p. 225. Morizio 2008, p. 540 n. 620.

Bibliografia: Morizio 2008, *passim*.

Per S. Spirito del Morrone vedi *Insediamenti celestini*, n. 112.

628.

INSTRUMENTUM DONATIONIS

1320 luglio 26, Isernia

Donna Maria, moglie di Gualtiero da Montenero, cittadino di Isernia, con il consenso di quest'ultimo, suo legittimo mundoaldo, dona *inter vivos* a Pietro Massarello, cittadino di Isernia, procuratore del monastero di S. Spirito della Maiella vicino a Isernia, che riceve in nome e per conto del monastero, una vigna nelle pertinenze della detta città, in località *ad Sanctum Spiritum*.

Giudice: Simone, medico, giudice di Isernia.

Notaio: Nicola *Iohannis abbatis*, notaio di Isernia.

Originale deperdito [*A], già <*Archivio del monastero di S. Spirito del Morrone?> (Montecassino, Archivio dell'abbazia, Fondo di S. Spirito di Isernia, *Codex diplomaticus aeserniensis*, f. 586r-587r.). Copia semplice del secolo XIX [B], Montecassino, Archivio dell'abbazia, Fondo di S. Spirito di Isernia, *Codex diplomaticus aeserniensis*, f. 586r-587r.

Regesti: Zanotti, *Digestum*, –. Zanotti, *Archivia*, –. Morizio 2008, p. 540 n. 621.

Bibliografia: Morizio 2008, *passim*.

Il documento non è regestato negli *Archivia coelestinorum* – capsula «Pro monasterio Iserniae» –, tuttavia, essendo integralmente trascritto nel *Codex diplomaticus aeserniensis*, f. 586r-587r (Montecassino, Archivio dell'abbazia, Fondo di S. Spirito di Isernia), se ne deduce che appartenesse al fondo originario del monastero isernino, come conferma il fatto che, seguendo la vecchia segnatura, è assente la pergamena relativa al fasc. II, n. XIX, che cronologicamente corrisponde al presente *instrumentum*.

Per S. Spirito di Isernia vedi *Insediamenti celestini*, n. 117.

629.

CAROLI CALABRIAE DUCIS MANDATUM

1320 luglio 27, Napoli

Carlo, primogenito di Roberto, re di Gerusalemme e di Sicilia, duca di Calabria e vicario generale del padre, ordina al capitano della città di Sulmona di difendere l'abate e la comunità del monastero di S. Spirito del Morrone presso Sulmona, dell'ordine di san Pietro confessore, nel possesso di alcuni beni immobili, appartenenti ai *castra* di Roccacasale, Pratola e Cerrano, siti vicino a Sulmona, che essi possiedono in feudo, i quali sono occupati illecitamente da alcuni uomini di Sulmona e delle terre vicine.

Iuris presidium.

Originale deperdito [*A], già *Archivio del monastero di S. Spirito del Morrone, «Privilegia regia» (Zanotti, *Archivia*, VI.1, p. 225). Copia semplice del secolo XVII [Z], Zanotti, *Digestum*, III.1, p. 297-298 («ex proprio originali cui deest sigillum existenti in archivio abbatiae Sancti Spiritus de Sulmone»).

Regesti: Zanotti, *Digestum*, II.1, p. 24. Zanotti, *Archivia*, VI.1, p. 225 (con data 1320 luglio 28). Morizio 2008, p. 541 n. 622.

Bibliografia: Morizio 2008, *passim*.

Per S. Spirito del Morrone vedi *Insediamenti celestini*, n. 112.

630.

INSTRUMENTUM TESTAMENTI

1320 agosto 25, Aquila

Francesco *Clauri* da Assergi fa redigere il proprio testamento, nel quale sceglie per la sua sepoltura la chiesa di S. Maria di Collemaggio, alla quale lascia una pezza di terra *in Valle Laboratoria*; a sua moglie lascia due pezze di terra, una *ubi dicitur Pretalata* e l'altra in località *alle Noci*, che, dopo la morte della donna, andranno alla detta chiesa.
Notaio: Pietro di Gualtiero di Berardo *de Asserico*.

Originale deperdito [*A], già *Archivio del monastero di S. Maria di Collemaggio, «Testamenta, donationes et legata» (Zanotti, *Archivia*, VI.2, p. 669-670).

Regesti: Zanotti, *Digestum*, –. Zanotti, *Archivia*, VI.2, p. 669-670. Morizio 2008, p. 541 n. 623.

Bibliografia: Morizio 2008, *passim*.

Assergi è una frazione dell'odierno comune dell'Aquila.

Per S. Maria di Collemaggio vedi *Insediamenti celestini*, n. 64.

631.

(?)

1320 ottobre 13, Bergamo

Fra Giacomo da Bucchianico, priore del monastero di S. Nicola *de Plorzano in burgo Sancti Andreae civitatis Pergomi, ordinis sancti Petri confessoris olim Caelestini papae V*, […].

Originale? deperdito [*A], già *Archivio del monastero di S. Pietro Celestino di Firenze (Zanotti, *Digestum*, V.2, p. 621).

Regesti: Zanotti, *Digestum*, –. Zanotti, *Archivia*, –. Morizio 2008, p. 541 n. 624.

Bibliografia: Zanotti, *Digestum*, V.2, p. 621. Morizio 2008, *passim*.

Per S. Nicola di Plorzano vedi *Insediamenti celestini*, n. 82.

632.

INSTRUMENTUM TRANSACTIONIS

1320 ottobre 28, Sulmona

D(ominus) Agostino Malasorte da Napoli, in rappresentanza di fra Matteo da Salle, abate di S. Spirito del Morrone, e *d(ominus)* Ruggero di Riccardo da Bucchianico, presbitero, raggiungono un compromesso a proposito della lite riguardante la chiesa di S. Cataldo, sita nel territorio di Bucchianico, sulla quale il detto Ruggero pretendeva un diritto di patronato.
Notaio: Sergio di Simone.

Originale deperdito [*A], già *Archivio del monastero di S. Spirito del Morrone, «Iura Vallisbonae et Manuppelli» (Zanotti, *Archivia*, VI.1, p. 284).

Regesti: Zanotti, *Digestum*, –. Zanotti, *Archivia*, VI.1, p. 284. Pansa 1899, p. 190. Morizio 2008, p. 542 n. 625.

Bibliografia: Morizio 2008, *passim*.

Per S. Cataldo di Bucchianico vedi *Insediamenti celestini*, n. 15. Per S. Spirito del Morrone vedi *Insediamenti celestini*, n. 112.

633.

INSTRUMENTUM DONATIONIS

1320 novembre 5, Boiano

Il giudice Roberto da Limosano, cittadino di Boiano, dona al monastero di S. Martino della Maiella di Boiano e a fra Rinaldo, priore del monastero medesimo, una vigna in località *li Colli*.
Notaio: Goffredo del notaio Pietro.

Originale deperdito [*A], già *Archivio del monastero di S. Spirito del Morrone, «Pro monasterio Boiani» (Zanotti, *Archivia*, VI.1, p. 398).

Regesti: Zanotti, *Digestum*, –. Zanotti, *Archivia*, VI.1, p. 398. Morizio 2008, p. 542 n. 626.

Bibliografia: Morizio 2008, *passim*.

Per S. Martino di Boiano vedi *Insediamenti celestini*, n. 74.

634.

GUILLELMI ARCHIDIACONI FOROIULIENSIS SENTENTIA

1320 novembre 9, Frosinone

Guglielmo *de Balacto*, arcidiacono della diocesi di Fréjus, cappellano del papa, rettore generale della Campagna e Marittima, in seguito alla supplica di Filippo, vescovo di Ferentino, e di fra Tommaso, priore del monastero di S. Antonio di Ferentino, dell'ordine di san Pietro confessore, in data 30 ottobre – il cui testo viene inserto – con la quale le parti lo hanno scelto per dirimere una controversia, si pronuncia contro il detto vescovo, il quale pretendeva la porzione canonica su una casa lasciata in eredità al monastero, che, in virtù dei privilegi di Benedetto XI, Bonifacio VIII e Celestino V, è esente dalla giurisdizione episcopale.

Copia autentica del 1320 novembre 13 [B], Città del Vaticano, Archivio apostolico vaticano, Fondo celestini I, 70.

Regesti: Zanotti, *Digestum*, –. Zanotti, *Archivia*, –. Paoli 2004, p. 149 n. 70. Morizio 2008, p. 542 n. 627.

Bibliografia: Morizio 2008, *passim*.

Fra Pietro da Roma, sottopriore del monastero di S. Antonio di Ferentino, in data 13 novembre 1320, «in domibus episcopalibus», presenta la detta sentenza al vescovo Filippo e ne fa rilevare copia autentica dal notaio Milano di Saraceno da Anagni, notaio per autorità imperiale (S).

Per S. Antonio di Ferentino vedi *Insediamenti celestini*, n. 11.

635.

INSTRUMENTUM PERMUTATIONIS

1320 novembre 24, Celano, *ante domum Massaris domini Corradi*

Fra Nicola da Bagno, monaco dell'ordine di san Pietro confessore e priore del monastero di S. Marco *inter Fuces*, ottenuta la licenza e l'assenso di fra Leonardo da Roio, priore del monastero di S. Maria di Collemaggio, *ad quod dictum monasterium Sancti Marci spectare dicebatur absque medio ut dictus prior asseruit*, dà a Onofrio Malafarina *de Fuce*, in nome e per conto del detto monastero di S. Marco, *permutationis iure*, una pezza di terra posta nelle pertinenze di Celano, in località *Vallis notarii Ioannis*, in cambio di tre pezze di terra con alberi poste *in pertinentiis castri Fucis*, in località *Solliottu*, la prima delle quali confina su tre lati con le proprietà del detto monastero, mentre le altre due pezze confinano su tutti i lati con le proprietà del monastero. Ma poiché era manifesto che Onofrio non era contento di tale permuta, fra Nicola gli dà anche un albero di noce posto in una terra del monastero, in località *Vallis de Fuce*.

Giudice: Nicola *Pezutus*, giudice di Celano.

Notaio: Pietro del notaio Terrizio *de Litio*, notaio *castri Litii*.

Originale deperdito [*A], già *Archivio del monastero di S. Angelo di Celano (Città del Vaticano, Archivio apostolico vaticano, Vat. lat. 14198, f. 649r). Copia semplice del secolo XVII [B], Città del Vaticano, Archivio apostolico vaticano, Vat. lat. 14198, f. 78r-81r.

Regesti: Città del Vaticano, Archivio apostolico vaticano, Vat. lat. 14198, f. 5v-6r. Zanotti, *Digestum*, –. Zanotti, *Archivia*, –. Morizio 2008, p. 543 n. 628.

Bibliografia: Zanotti, *Digestum*, V.2, p. 631. Morizio 2008, *passim*.

Il *castrum Litii* o *Licii* (vedi anche Sella 1936, p. 23 n. 423, 33 n. 622) – l'odierno comune di Lecce nei Marsi, in provincia dell'Aquila, semplicemente «Lecce» al momento dell'unità d'Italia – ha modificato la propria denominazione, con l'aggiunta della specificazione «nei Marsi», con R.D. n. 1273 del 21 aprile 1863; sull'origine del toponimo vedi *Dizionario di toponomastica* 1990, p. 348.

Per S. Marco di Foce vedi *Insediamenti celestini*, n. 51. Per S. Maria di Collemaggio vedi *Insediamenti celestini*, n. 64.

1. S. ANDREA DI BUCCHIANICO

    Ubicazione: Abruzzo, Bucchianico (Chieti).

    Diocesi: Chieti-Vasto.

    Intitolazione: *Sancti Andree.*

    Tipologia: ospedale.

    Documenti: 151, 152, 320.

    Bibliografia: Morizio 2008, p. 231 n. 20.

2. S. ANGELO DI CAMPELIANO

    Ubicazione: Abruzzo, Pratola Peligna (L'Aquila).

    Diocesi: Sulmona-Valva.

    Intitolazione: *Sancti Angeli de Campeliano.*

    Tipologia: chiesa.

    Documenti: 234, 602, 607.

    Bibliografia: Morizio 2008, p. 256 n. 57.

3. S. ANGELO DI CILIANO

    Ubicazione: Abruzzo, Penne (Pescara).

    Diocesi: Pescara-Penne.

    Intitolazione: *Sancti Angeli de Ciliano.*

    Tipologia: chiesa.

    Documenti: 247.

    Bibliografia: Morizio 2008, p. 255 n. 55.

4. S. ANGELO DI SAN NICANDRO

    Ubicazione: Puglia, San Nicandro Garganico (Foggia).

    Diocesi: San Severo.

    Intitolazione: *Sancti Angeli de Sancto Nicandro.*

    Tipologia: chiesa.

    Documenti: 197.

    Bibliografia: Morizio 2008, pp. 222-223 n. 7.

5. S. ANGELO DI TERMOLI

    Ubicazione: Molise, Termoli (Campobasso).

    Diocesi: Termoli-Larino.

    Intitolazione: *Sancti Angeli de Termulis.*

    Tipologia: chiesa, monastero.

Documenti: 624.

Bibliografia: Morizio 2008, p. 274 n. 85.

6. S. ANGELO DI TREMONTI

Ubicazione: Abruzzo, Tocco da Casauria (Pescara).

Diocesi: Chieti-Vasto.

Intitolazione: *Sancti Angeli de Intermontes.*

Tipologia: chiesa, monastero, ospedale.

Documenti: 39, 44.

Bibliografia: Morizio 2008, p. 274-275 n. 86.

7. S. ANGELO *IN PULVERIO*

Ubicazione: Abruzzo, Manoppello (Pescara).

Diocesi: Chieti-Vasto.

Intitolazione: *Sancti Angeli in Pulverio.*

Tipologia: chiesa.

Documenti: 197, 206, 232, 301.

Bibliografia: Morizio 2008, p. 247 n. 43.

8. S. ANTONINO DI ANAGNI

Ubicazione: Lazio, Anagni (Frosinone).

Diocesi: Anagni-Alatri.

Intitolazione: *Sancti Antonini de Anagnia.*

Tipologia: chiesa, eremo, monastero.

Documenti: 39, 215, 608, 624.

Bibliografia: Morizio 2008, p. 221-222 n. 6.

9. S. ANTONINO DI CAMPO DI GIOVE

Ubicazione: Abruzzo, Campo di Giove (L'Aquila).

Diocesi: Sulmona-Valva.

Intitolazione: *Sancti Antonini de Campo Iovis.*

Tipologia: chiesa, eremo.

Documenti: 39, 82†, 128, 197, 231, 297, 301, 394.

Bibliografia: Morizio 2008, p. 233 n. 23.

10. S. ANTONIO DI CAPORCIANO

Ubicazione: Abruzzo, Caporciano (L'Aquila).

Diocesi: L'Aquila.

Intitolazione: *Sancti Antonii in territorio Caporciani.*

Tipologia: ospedale.

Documenti: 421.

Bibliografia: Morizio 2008, p. 233-234 n. 24.

11. S. ANTONIO DI FERENTINO

Ubicazione: Lazio, Ferentino (Frosinone).

Diocesi: Frosinone-Veroli-Ferentino.

Intitolazione: *Sancti Antonii de Ferentino.*

Tipologia: chiesa, eremo, monastero.

Documenti: 16, 18, 19, 39, 215, 222†, 266, 287, 288, 316, 317, 323, 327, 336, 337, 338, 347, 355, 377, 404, 409, 428, 429, 430, 431, 435, 436, 457, 462, 464, 469, 488, 489, 490, 496, 498, 499, 501, 502, 508, 547, 570, 574, 598, 599, 624, 634.

Bibliografia: Morizio 2008, p. 240 n. 34.

12. S. ARCANGELO DI LESINA

Ubicazione: Puglia, Lesina (Foggia).

Diocesi: San Severo.

Intitolazione: *Sancti Archangeli de Alexina.*

Tipologia: chiesa.

Documenti: 197.

Bibliografia: Morizio 2008, pp. 222-223 n. 7.

13. S. BARTOLOMEO DI LEGIO

Ubicazione: Abruzzo, Roccamorice (Pescara).

Diocesi: Chieti-Vasto.

Intitolazione: *Sancti Bartholomei de Legio.*

Tipologia: eremo, monastero.

Documenti: 39, 44, 45, 197, 624.

Bibliografia: Morizio 2008, p. 261-262 n. 66.

14. S. BARTOLOMEO DI LUCERA

Ubicazione: Puglia, Lucera (Foggia).

Diocesi: Lucera-Troia.

Intitolazione: *Sancti Bartholomei de Luceria.*

Tipologia: monastero.

Documenti: 354, 361, 368, 379, 398, 444, 557, 624.

Bibliografia: Morizio 2008, p. 245-246 n. 41.

15. S. CATALDO DI BUCCHIANICO

Ubicazione: Abruzzo, Bucchianico (Chieti).

Diocesi: Chieti-Vasto.

Intitolazione: *Sancti Catalli de Bucclano.*

Tipologia: chiesa.

Documenti: 632.

Bibliografia: Morizio 2008, p. 232 n. 21.

16. S. Cesidio di Caporciano

Ubicazione: Abruzzo, Caporciano (L'Aquila).

Diocesi: L'Aquila.

Intitolazione: *Sancti Cesidii de Caporciano*.

Tipologia: chiesa, monastero.

Documenti: 197, 203, 303, 340, 343, 421, 467, 512, 566, 567, 568, 571, 572, 573, 604, 605, 606, 609, 611, 613.

Bibliografia: Morizio 2008, p. 234-235 n. 25.

17. S. Cesidio di Pratola

Ubicazione: Abruzzo, Pratola Peligna (L'Aquila).

Diocesi: Sulmona-Valva.

Intitolazione: *Sancti Cesidii*.

Tipologia: chiesa.

Documenti: 234.

Bibliografia: Morizio 2008, p. 257 n. 58.

18. S. Cleto di Musellaro

Ubicazione: Abruzzo, Bolognano (Pescara).

Diocesi: Chieti-Vasto.

Intitolazione: *Sancti Cleti de Mosillulo*.

Tipologia: chiesa, eremo?

Documenti: 39.

Bibliografia: Morizio 2008, p. 230-231 n. 19.

19. S. Colomba di Loreto

Ubicazione: Abruzzo, Loreto Aprutino (Pescara).

Diocesi: Pescara-Penne.

Intitolazione: *Sancte Colombe de Laureto*.

Tipologia: chiesa.

Documenti: 247.

Bibliografia: Morizio 2008, p. 255 n. 55.

20. S. Comizio di Acciano

Ubicazione: Abruzzo, Acciano (L'Aquila).

Diocesi: L'Aquila.

Intitolazione: *Sancti Comitii de Aczano*.

Tipologia: chiesa.

Documenti: 39, 107.

Bibliografia: Morizio 2008, p. 218 n. 1.

21. S. CROCE DEL MORRONE

> Ubicazione: Abruzzo, Sulmona (L'Aquila).
>
> Diocesi: Sulmona-Valva.
>
> Intitolazione: *Sancte Crucis de Murrone*.
>
> Tipologia: chiesa, eremo.
>
> Documenti: 148.
>
> Bibliografia: Morizio 2008, p. 268 n. 76.

22. S. CROCE DI ROCCAMONTEPIANO

> Ubicazione: Abruzzo, Roccamontepiano (Chieti).
>
> Diocesi: Chieti-Vasto.
>
> Intitolazione: *Sancte Crucis de Rocca Montisplani*.
>
> Tipologia: monastero.
>
> Documenti: 482, 484, 497, 521, 530, 531, 535, 536, 543, 544, 553, 554, 555, 556, 563, 564, 576, 586, 592, 593, 596, 597, 603, 610, 614, 620, 621, 622, 624.
>
> Bibliografia: Morizio 2008, p. 260 n. 64.

23. S. ERASMO DI SAIZANO

> Ubicazione: Abruzzo, Sulmona (L'Aquila).
>
> Diocesi: Sulmona-Valva.
>
> Intitolazione: *Sancti Herasmi de Saizano*.
>
> Tipologia: chiesa.
>
> Documenti: 61, 72, 148, 235, 486.
>
> Bibliografia: Morizio 2008, p. 268-269 n. 77.

24. S. EUSEBIO DI ROMA

> Ubicazione: Lazio, Roma.
>
> Diocesi: Roma.
>
> Intitolazione: *Sancti Eusebii de Urbe*.
>
> Tipologia: chiesa, monastero.
>
> Documenti: 120, 121, 124, 125, 129, 132, 142, 215, 244, 276, 347, 456, 513, 514, 515, 520, 541, 624.
>
> Bibliografia: Morizio 2008, p. 264 n. 70.

25. S. FELICE DI COLLECORVINO

> Ubicazione: Abruzzo, Collecorvino (Pescara).
>
> Diocesi: Pescara-Penne.
>
> Intitolazione: *Sancti Felicis de Collecorbino*.
>
> Tipologia: chiesa.
>
> Documenti: 247.
>
> Bibliografia: Morizio 2008, p. 255 n. 55.

26. S. FRANCESCO DI CIVITA D'ANTINO

Ubicazione: Abruzzo, Civita d'Antino (L'Aquila).

Diocesi: Sora-Cassino-Aquino-Pontecorvo.

Intitolazione: *Sancti Francisci de Civitate Antini.*

Tipologia: chiesa, eremo?

Documenti: 39.

Bibliografia: Morizio 2008, p. 239 n. 32.

27. S. GIACOMO DI APRICENA

Ubicazione: Puglia, Apricena (Foggia).

Diocesi: San Severo.

Intitolazione: *Sancti Iacobi de Precina.*

Tipologia: chiesa.

Documenti: 197, 230.

Bibliografia: Morizio 2008, pp. 222-223 n. 7.

28. S. GIORGIO DI RAPINO

Ubicazione: Abruzzo, Rapino (Chieti).

Diocesi: Chieti-Vasto.

Intitolazione: *Sancti Georgii de Rapino.*

Tipologia: chiesa.

Documenti: 110, 111, 197, 301.

Bibliografia: Morizio 2008, p. 258 n. 61.

29. S. GIORGIO DI ROCCAMORICE

Ubicazione: Abruzzo, Roccamorice (Pescara).

Diocesi: Chieti-Vasto.

Intitolazione: *Sancti Georgii de Roccamorici.*

Tipologia: chiesa, monastero.

Documenti: 21, 22, 23, 24, 25†, 26, 27, 28†, 30, 31, 32, 38, 39, 40, 44, 45, 50†, 158, 165, 167, 197, 215, 220, 624.

Bibliografia: Morizio 2008, p. 262 n. 67.

30. S. GIOVANNI DEL MORRONE

Ubicazione: Abruzzo, Sulmona (L'Aquila).

Diocesi: Sulmona-Valva.

Intitolazione: *Sancti Iohannis de Murrono.*

Tipologia: eremo, monastero.

Documenti: 197.

Bibliografia: Morizio 2008, p. 269 n. 78.

31. S. Giovanni della Maiella

Ubicazione: Abruzzo, Caramanico Terme (Pescara).

Diocesi: Chieti-Vasto.

Intitolazione: *Sancti Ioannis de monte Maielle.*

Tipologia: eremo.

Documenti: 39, 44, 197.

Bibliografia: Morizio 2008, p. 235-236 n. 27.

32. S. Giovanni di Acquasanta

Ubicazione: Abruzzo, Scontrone (L'Aquila).

Diocesi: Sulmona-Valva.

Intitolazione: *Sancti Iohannis de Aquasancta.*

Tipologia: chiesa, eremo, monastero.

Documenti: 39, 197, 215, 624.

Bibliografia: Morizio 2008, p. 236 n. 28.

33. S. Giovanni di Banzi

Ubicazione: Basilicata, Banzi (Potenza).

Diocesi: Acerenza.

Intitolazione: *Sancti Iohannis de Bantia.*

Tipologia: chiesa, ospedale.

Documenti: 197.

Bibliografia: Morizio 2008, pp. 222-223 n. 7.

34. S. Giovanni di Derettello

Ubicazione: Abruzzo, Picciano (Pescara).

Diocesi: Pescara-Penne.

Intitolazione: *Sancti Iohannis de Derettello.*

Tipologia: chiesa.

Documenti: 247.

Bibliografia: Morizio 2008, p. 255 n. 55.

35. S. Giovanni di Cerro

Ubicazione: Molise, Cerro al Volturno (Isernia).

Diocesi: Isernia-Venafro.

Intitolazione: *Sancti Iohannis de Cerro.*

Tipologia: chiesa, monastero?

Documenti: 197.

Bibliografia: Morizio 2008, p. 237-238 n. 30.

36. S. Giovanni di Collimento

Ubicazione: Abruzzo, Lucoli (L'Aquila).

Diocesi: L'Aquila.

Intitolazione: *Sancti Iohannis de Colimento*.

Tipologia: chiesa, monastero?

Documenti: 217, 218, 511.

Bibliografia: Morizio 2008, p. 246 n. 42.

37. S. Giovanni di Pedaria

Ubicazione: Abruzzo, Tocco da Casauria (Pescara).

Diocesi: Chieti-Vasto.

Intitolazione: *Sancti Iohannis de Pedaria*.

Tipologia: chiesa.

Documenti: 433.

Bibliografia: Morizio 2008, p. 275 n. 87.

38. S. Giovanni di Pratola

Ubicazione: Abruzzo, Pratola Peligna (L'Aquila).

Diocesi: Sulmona-Valva.

Intitolazione: *Sancti Iohannis*.

Tipologia: chiesa.

Documenti: 234.

Bibliografia: Morizio 2008, p. 257 n. 59.

39. S. Giovanni di Rodi

Ubicazione: Puglia, Rodi Garganico (Foggia).

Diocesi: Manfredonia-Vieste-San Giovanni Rotondo.

Intitolazione: *Sancti Ioannis de Rodo*.

Tipologia: chiesa.

Documenti: 197.

Bibliografia: Morizio 2008, pp. 222-223 n. 7.

40. S. Giovanni di Spoltore

Ubicazione: Abruzzo, Spoltore (Pescara).

Diocesi: Pescara-Penne.

Intitolazione: *Sancti Ioannis de Spolturo*.

Tipologia: chiesa.

Documenti: 247.

Bibliografia: Morizio 2008, p. 255 n. 55.

41. S. Giovanni in Piano

Ubicazione: Puglia, Apricena (Foggia).

Diocesi: San Severo.

Intitolazione: *Sancti Iohannis in Plano*.

Tipologia: chiesa, monastero.

Documenti: 52, 77, 78, 137, 138, 194, 197, 207, 208, 215, 230, 241, 248, 347, 350, 352, 492, 494, 495, 523, 624.

Bibliografia: Morizio 2008, p. 222-223 n. 7.

42. S. ILARIO DI BENEVENTO

Ubicazione: Campania, Benevento.

Diocesi: Benevento.

Intitolazione: *Sancti Ylarii Beneventani.*

Tipologia: chiesa, monastero.

Documenti: 238.

Bibliografia: Morizio 2008, p. 225-226 n. 11.

43. S. ILARIO DI PIZZOLI

Ubicazione: Abruzzo, Pizzoli (L'Aquila).

Diocesi: L'Aquila.

Intitolazione: *Sancti Hilarii de Pizzulo.*

Tipologia: chiesa.

Documenti: 478.

Bibliografia: Morizio 2008, p. 256 n. 56.

44. S. LEONARDO DI SGURGOLA

Ubicazione: Lazio, Sgurgola (Frosinone).

Diocesi: Anagni-Alatri.

Intitolazione: *Sancti Leonardi de Sculcula.*

Tipologia: chiesa, eremo, monastero.

Documenti: 39, 624.

Bibliografia: Morizio 2008, p. 266-267 n. 74.

45. S. LEONE DI BENEVENTO

Ubicazione: Campania, Benevento.

Diocesi: Benevento.

Intitolazione: *Sancti Leonis foris Portam Summam Beneventanam.*

Tipologia: chiesa regolare, monastero.

Documenti: 228.

Bibliografia: Morizio 2008, p. 226 n. 12.

46. S. LORENZO DI APRICENA

Ubicazione: Puglia, Apricena (Foggia).

Diocesi: San Severo.

Intitolazione: *Sancti Laurentii de Precina.*

Tipologia: chiesa.

Documenti: 197, 230.

Bibliografia: Morizio 2008, pp. 222-223 n. 7.

47. S. LUCIA DI APRICENA

Ubicazione: Puglia, Apricena (Foggia).

Diocesi: San Severo.

Intitolazione: *Sancte Lucie de Precina.*

Tipologia: chiesa.

Documenti: 197, 230, 495.

Bibliografia: Morizio 2008, pp. 222-223 n. 7.

48. S. LUCIA DI CAMPOFRANCONE

Ubicazione: Abruzzo, Picciano (Pescara).

Diocesi: Pescara-Penne.

Intitolazione: *Sancte Lucie de Campo Franconis.*

Tipologia: chiesa.

Documenti: 247.

Bibliografia: Morizio 2008, p. 255 n. 55.

49. S. LUCIA DI CIVITATE

Ubicazione: Puglia, San Paolo di Civitate (Foggia).

Diocesi: San Severo.

Intitolazione: *Sancte Lucie de Civitate.*

Tipologia: chiesa.

Documenti: 197.

Bibliografia: Morizio 2008, pp. 222-223 n. 7.

50. S. LUCIA DI SPOLTORE

Ubicazione: Abruzzo, Spoltore (Pescara).

Diocesi: Pescara-Penne.

Intitolazione: *Sancte Lucie de Spolturo.*

Tipologia: chiesa.

Documenti: 247.

Bibliografia: Morizio 2008, p. 255 n. 55.

51. S. MARCO DI FOCE

Ubicazione: Abruzzo, Aielli (L'Aquila).

Diocesi: Avezzano.

Intitolazione: *Sancti Marci de Fuce.*

Tipologia: chiesa, eremo, monastero.

Documenti: 164, 180, 345, 385, 410, 635.

Bibliografia: Morizio 2008, p. 219-220 n. 3.

52. S. MARIA *DE AZIMIS*

Ubicazione: Abruzzo, Pratola Peligna (L'Aquila).

Diocesi: Sulmona-Valva.

Intitolazione: *Sancte Marie de Azimis*.

Tipologia: chiesa.

Documenti: 234.

Bibliografia: Morizio 2008, p. 258 n. 60.

53. S. MARIA *DE CAESIS*

Ubicazione: Abruzzo, Picciano (Pescara).

Diocesi: Pescara-Penne.

Intitolazione: *Sancte Marie de Caesis*.

Tipologia: chiesa.

Documenti: 247.

Bibliografia: Morizio 2008, p. 255 n. 55.

54. S. MARIA DEI SIGNORI

Ubicazione: Abruzzo, Celano (L'Aquila).

Diocesi: Avezzano.

Intitolazione: *Sancte Marie delli Seniuri*.

Tipologia: chiesa, monastero?

Documenti: 112.

Bibliografia: Morizio 2008, p. 237 n. 29.

55. S. MARIA DEL MORRONE

Ubicazione: Abruzzo, Sulmona (L'Aquila).

Diocesi: Sulmona-Valva.

Intitolazione: *Sancte Marie de Murrone*.

Tipologia: eremo, monastero.

Documenti: 2†, 7, 8, 9, 10†, 11†, 12†, 17, 39, 51, 55, 85, 86, 93, 197.

Bibliografia: Morizio 2008, p. 270 n. 79.

56. S. MARIA DELLA CIVITELLA

Ubicazione: Abruzzo, Chieti.

Diocesi: Chieti-Vasto.

Intitolazione: *Sancte Marie de Civitella*.

Tipologia: monastero.

Documenti: 295, 310, 448, 461, 624.

Bibliografia: Morizio 2008, p. 238 n. 31.

57. S. MARIA DI AGNONE

Ubicazione: Molise, Agnone (Isernia).

Diocesi: Trivento.

Intitolazione: *Sancte Marie de Anglono.*

Tipologia: chiesa, monastero.

Documenti: 160, 197, 215, 624.

Bibliografia: Morizio 2008, p. 218-219 n. 2.

58. S. MARIA DI AGREMA

Ubicazione: Abruzzo, Manoppello (Pescara).

Diocesi: Chieti-Vasto.

Intitolazione: *Sancte Marie de Agrema.*

Tipologia: chiesa.

Documenti: 433, 450.

Bibliografia: Morizio 2008, p. 248 n. 45.

59. S. MARIA DI AIELLI

Ubicazione: Abruzzo, Aielli (L'Aquila).

Diocesi: Avezzano.

Intitolazione: *Sancte Marie de Agello.*

Tipologia: chiesa, eremo?

Documenti: 39.

Bibliografia: Morizio 2008, p. 220 n. 4.

60. S. MARIA DI AMBERT

Ubicazione: Auvergne-Rhône-Alpes, Ambert (Puy-de-Dôme).

Diocesi: Clermont.

Intitolazione: *Sancte Marie de Amberto de Francia.*

Tipologia: monastero.

Documenti: 624.

Bibliografia: Paoli 2004, p. 21 nota 97.

61. S. MARIA DI APRICENA

Ubicazione: Puglia, Apricena (Foggia).

Diocesi: San Severo.

Intitolazione: *Sancte Marie de Precina.*

Tipologia: chiesa.

Documenti: 197.

Bibliografia: Morizio 2008, p. 222-223 n. 7.

62. S. MARIA DI CAPUA

Ubicazione: Campania, Capua (Caserta).

Diocesi: Capua.

Intitolazione: *Sancte Marie de Capua.*

Tipologia: monastero.

Documenti: 507, 624.

Bibliografia: Morizio 2008, p. 235 n. 26.

63. S. MARIA DI COLLECORVINO

Ubicazione: Abruzzo, Collecorvino (Pescara).

Diocesi: Pescara-Penne.

Intitolazione: *Sancte Marie de Collecorbino*.

Tipologia: chiesa.

Documenti: 247.

Bibliografia: Morizio 2008, p. 255 n. 55.

64. S. MARIA DI COLLEMAGGIO

Ubicazione: Abruzzo, L'Aquila.

Diocesi: L'Aquila.

Intitolazione: *Sancte Marie Collismadii*.

Tipologia: monastero.

Documenti: 95, 108, 109, 113, 115, 116, 119, 130, 131, 141, 147, 149, 162, 172, 186, 189, 197, 214, 215, 221, 222†, 223, 254, 259, 261, 262, 265, 267, 268, 278, 282, 286, 289, 291, 298, 313, 324, 325, 329, 334, 335, 340, 343, 347, 349, 363, 365, 370, 371, 384, 387, 388, 390, 392, 393, 396, 426, 432, 445, 446, 467, 478, 479, 510, 511, 512, 519, 524, 539, 559, 566, 567, 568, 571, 572, 573, 604, 605, 606, 609, 611, 613, 616, 624, 630, 635.

Bibliografia: Morizio 2008, p. 243-244 n. 39.

65. S. MARIA DI FAIFOLI

Ubicazione: Molise, Montagano (Campobasso).

Diocesi: Campobasso-Boiano.

Intitolazione: *Sancte Marie de Faifulis*.

Tipologia: chiesa, monastero.

Documenti: 43, 44, 46, 47, 48, 49, 52.

Bibliografia: Morizio 2008, p. 92 e *passim*.

66. S. MARIA DI PICCIANO

Ubicazione: Abruzzo, Picciano (Pescara).

Diocesi: Pescara-Penne.

Intitolazione: *Sancte Marie de Picciano*.

Tipologia: monastero.

Documenti: 215, 247.

Bibliografia: Morizio 2008, p. 255 n. 55.

67. S. MARIA DI RIETI

Ubicazione: Lazio, Rieti.

Diocesi: Rieti.

Intitolazione: *Sancte Marie Magdalene.*

Tipologia: chiesa, monastero?

Documenti: 294.

Bibliografia: Morizio 2008, p. 259-260 n. 63.

68. S. MARIA DI SAIZANO

Ubicazione: Abruzzo, Sulmona (L'Aquila).

Diocesi: Sulmona-Valva.

Intitolazione: *Sancte Marie de Saizano.*

Tipologia: chiesa.

Documenti: 61, 72, 235, 486.

Bibliografia: Morizio 2008, p. 270-271 n. 80.

69. S. MARIA DI SPOLTORE

Ubicazione: Abruzzo, Spoltore (Pescara).

Diocesi: Pescara-Penne.

Intitolazione: *Sancte Marie de Spolturo.*

Tipologia: chiesa.

Documenti: 247.

Bibliografia: Morizio 2008, p. 255 n. 55.

70. S. MARIA DI TREMONTI

Ubicazione: Abruzzo, Tocco da Casauria (Pescara).

Diocesi: Chieti-Vasto.

Intitolazione: *Sancte Marie de Intermontes.*

Tipologia: chiesa, monastero, ospedale.

Documenti: 35, 39, 44, 133, 134, 197, 215, 270, 271, 272, 273, 311, 433, 450, 463, 516, 528, 588, 590.

Bibliografia: Morizio 2008, p. 275 n. 88.

71. S. MARIA DI TRIVENTO

Ubicazione: Molise, Trivento (Campobasso).

Diocesi: Trivento.

Intitolazione: *Sancte Marie de Trivento.*

Tipologia: monastero.

Documenti: 143, 197, 204, 215, 465, 600, 624.

Bibliografia: Morizio 2008, p. 276-277 n. 89.

72. S. MARIA IN BARO

Ubicazione: Abruzzo, Santa Maria Imbaro (Chieti).

Diocesi: Lanciano-Ortona.

Intitolazione: *Sancte Marie in Baro.*

Tipologia: canonica regolare, monastero?

Documenti: 239, 240, 476.

Bibliografia: Morizio 2008, p. 266 n. 73.

73. S. MARTINO DI APRICENA

Ubicazione: Puglia, Apricena (Foggia).

Diocesi: San Severo.

Intitolazione: *Sancti Martini de Precina.*

Tipologia: chiesa.

Documenti: 230, 495.

Bibliografia: Morizio 2008, p. 222-223 n. 7.

74. S. MARTINO DI BOIANO

Ubicazione: Molise, Bojano (Campobasso).

Diocesi: Campobasso-Boiano.

Intitolazione: *Sancti Martini de Maiella de Boiano.*

Tipologia: chiesa, monastero.

Documenti: 137, 138, 157, 163, 197, 205, 274, 280, 308, 330, 369, 374, 391, 416, 418, 419, 427, 442, 452, 485, 517, 527, 532, 537, 623, 624, 633.

Bibliografia: Morizio 2008, p. 230 n. 18.

75. S. MODESTO DI BENEVENTO

Ubicazione: Campania, Benevento.

Diocesi: Benevento.

Intitolazione: *Sancti Modesti.*

Tipologia: chiesa, monastero.

Documenti: 228.

Bibliografia: Morizio 2008, p. 226-227 n. 13.

76. S. NICANDRO DI SAN NICANDRO

Ubicazione: Puglia, San Nicandro Garganico (Foggia).

Diocesi: San Severo.

Intitolazione: *Sancti Nicandri de Sancto Nicandro.*

Tipologia: chiesa.

Documenti: 197.

Bibliografia: Morizio 2008, p. 222-223 n. 7.

77. S. NICOLA DI APRICENA

Ubicazione: Puglia, Apricena (Foggia).

Diocesi: San Severo.

Intitolazione: *Sancti Nicolai de Precina.*

Tipologia: chiesa.

Documenti: 197, 230.

Bibliografia: Morizio 2008, p. 222-223 n. 7.

78. S. NICOLA DI CIVITATE

Ubicazione: Puglia, San Paolo di Civitate (Foggia).

Diocesi: San Severo.

Intitolazione: *Sancti Nicolai de Civitate.*

Tipologia: chiesa.

Documenti: 77, 197.

Bibliografia: Morizio 2008, p. 222-223 n. 7.

79. S. NICOLA DI FERRATO

Ubicazione: Abruzzo, Collarmele (L'Aquila).

Diocesi: Avezzano.

Intitolazione: *Sancti Nicolai de Ferrato.*

Tipologia: chiesa, ospedale.

Documenti: 242.

Bibliografia: Morizio 2008, p. 239-240 n. 33.

80. S. NICOLA DI LESINA

Ubicazione: Puglia, Lesina (Foggia).

Diocesi: San Severo.

Intitolazione: *Sancti Nicolai de Alexina.*

Tipologia: chiesa.

Documenti: 197.

Bibliografia: Morizio 2008, p. 222-223 n. 7.

81. S. NICOLA DI TORRE PAGANA

Ubicazione: Campania, Benevento.

Diocesi: Benevento.

Intitolazione: *Sancti Nicolai de Turre Pagana.*

Tipologia: chiesa regolare, monastero.

Documenti: 228.

Bibliografia: Morizio 2008, p. 227-228 n. 14.

82. S. NICOLA DI PLORZANO

Ubicazione: Lombardia, Bergamo.

Diocesi: Bergamo.

Intitolazione: *Sancti Nicolai de Plorzano.*

Tipologia: monastero.

Documenti: 466, 470, 631.

Bibliografia: Morizio 2008, p. 228-229 n. 16.

83. S. ONOFRIO DEL MORRONE

    Ubicazione: Abruzzo, Sulmona (L'Aquila).

    Diocesi: Sulmona-Valva.

    Intitolazione: *Sancti Onufrii de Murrone.*

    Tipologia: eremo.

    Documenti: 195, 196.

    Bibliografia: Morizio 2008, p. 271 n. 81.

84. S. PANFILO DI SPOLTORE

    Ubicazione: Abruzzo, Spoltore (Pescara).

    Diocesi: Pescara-Penne.

    Intitolazione: *Sancti Panphili de Spolturo.*

    Tipologia: chiesa.

    Documenti: 247.

    Bibliografia: Morizio 2008, p. 255 n. 55.

85. S. PAOLO DI COLLEMAGGIO

    Ubicazione: Abruzzo, Penne (Pescara).

    Diocesi: Pescara-Penne.

    Intitolazione: *Sancti Pauli de Collemadio.*

    Tipologia: chiesa.

    Documenti: 247.

    Bibliografia: Morizio 2008, p. 255 n. 55.

86. S. PAOLO *DE [...]*

    Ubicazione: Abruzzo, Loreto Aprutino (Pescara).

    Diocesi: Pescara-Penne.

    Intitolazione: *Sancti Pauli de [...].*

    Tipologia: chiesa.

    Documenti: 247.

    Bibliografia: Morizio 2008, p. 255 n. 55.

87. S. PIETRO AD ARAM

    Ubicazione: Campania, Napoli.

    Diocesi: Napoli.

    Intitolazione: *Sancti Petri ad Aram.*

    Tipologia: canonica regolare, monastero?

    Documenti: 212.

    Bibliografia: Morizio 2008, p. 251 n. 49.

88. S. PIETRO CELESTINO DI MILANO

    Ubicazione: Lombardia, Milano.

Diocesi: Milano.

Intitolazione: *Sancti Petri Celestini de Mediolano.*

Tipologia: monastero.

Documenti: 550, 558, 595.

Bibliografia: Morizio 2008, p. 250 n. 48.

89. S. PIETRO CONFESSORE DI ATRI

Ubicazione: Abruzzo, Atri (Teramo).

Diocesi: Pescara-Penne.

Intitolazione: *Sancti Petri confessoris de Adria.*

Tipologia: monastero.

Documenti: 624.

Bibliografia: Morizio 2008, p. 223-224 n. 8.

90. S. PIETRO CONFESSORE DI GESSO

Ubicazione: Abruzzo, Gessopalena (Chieti).

Diocesi: Chieti-Vasto.

Intitolazione: *Sancti Petri confessoris de Gipso.*

Tipologia: monastero.

Documenti: 455†.

Bibliografia: Morizio 2008, p. 241 n. 35.

91. S. PIETRO CONFESSORE DI GUARDIAGRELE

Ubicazione: Abruzzo, Guardiagrele (Chieti).

Diocesi: Chieti-Vasto.

Intitolazione: *Sancti Petri confessoris de Guardiagreli.*

Tipologia: monastero.

Documenti: 491, 624.

Bibliografia: Morizio 2008, p. 241-242 n. 36.

92. S. PIETRO CONFESSORE DI MONT-DE-CHASTRES

Ubicazione: Hauts-de-France, Vieux-Moulin (Oise).

Diocesi: Beauvais.

Intitolazione: *Sancti Petri confessoris de Montecastro de Francia.*

Tipologia: monastero.

Documenti: 624.

Bibliografia: Paoli 2004, p. 21 nota 98.

93. S. PIETRO CONFESSORE DI NAPOLI

Ubicazione: Campania, Napoli.

Diocesi: Napoli.

Intitolazione: *Sancti Petri confessoris de Neapoli.*

Tipologia: monastero.

Documenti: 624.

Bibliografia: Morizio 2008, p. 251-252 n. 50.

94. S. Pietro confessore di Sora

Ubicazione: Lazio, Sora (Frosinone).

Diocesi: Sora-Cassino-Aquino-Pontecorvo.

Intitolazione: *Sancti Petri confessoris de Sora*.

Tipologia: monastero.

Documenti: 529, 538, 585, 587.

Bibliografia: Morizio 2008, p. 267 n. 75.

95. S. Pietro confessore di Sulmona

Ubicazione: Abruzzo, Sulmona (L'Aquila).

Diocesi: Sulmona-Valva.

Intitolazione: *Sancti Petri confessoris de Sulmone*.

Tipologia: monastero.

Documenti: 540, 542, 618.

Bibliografia: Morizio 2008, p. 272 n. 82.

96. S. Pietro di Apricena

Ubicazione: Puglia, Apricena (Foggia).

Diocesi: San Severo.

Intitolazione: *Sancti Petri de Precina*.

Tipologia: chiesa.

Documenti: 197, 230.

Bibliografia: Morizio 2008, p. 222-223 n. 7.

97. S. Pietro apostolo di Aversa

Ubicazione: Campania, Aversa (Caserta).

Diocesi: Aversa.

Intitolazione: *Sancti Petri apostoli de Aversa*.

Tipologia: chiesa, monastero.

Documenti: 447, 449, 500, 560, 624.

Bibliografia: Morizio 2008, p. 224 n. 9.

98. S. Pietro di Benevento

Ubicazione: Campania, Benevento.

Diocesi: Benevento.

Intitolazione: *Sancti Petri prope Beneventum*.

Tipologia: monastero.

Documenti: 213, 228, 238.

Bibliografia: Morizio 2008, p. 228 n. 15.

99. S. Pietro di Collecorvino

Ubicazione: Abruzzo, Collecorvino (Pescara).
Diocesi: Pescara-Penne.
Intitolazione: *Sancti Petri de Collecorbino.*
Tipologia: chiesa.
Documenti: 247.
Bibliografia: Morizio 2008, p. 255 n. 55.

100. S. Pietro di Pazzano

Ubicazione: Abruzzo, Pescina (L'Aquila).
Diocesi: Avezzano.
Intitolazione: *Sancti Petri de Paczano.*
Tipologia: chiesa.
Documenti: 242.
Bibliografia: Morizio 2008, p. 253-254 n. 53.

101. S. Pietro di Roccamontepiano

Ubicazione: Abruzzo, Roccamontepiano (Chieti).
Diocesi: Chieti-Vasto.
Intitolazione: *Sancti Petri de Rocca Montisplani.*
Tipologia: chiesa, ospedale, monastero?
Documenti: 197, 215, 233, 458, 497, 518.
Bibliografia: Morizio 2008, p. 260-261 n. 65.

102. S. Pietro di Spoltore

Ubicazione: Abruzzo, Spoltore (Pescara).
Diocesi: Pescara-Penne.
Intitolazione: *Sancti Petri de Spolturo.*
Tipologia: chiesa.
Documenti: 247.
Bibliografia: Morizio 2008, p. 255 n. 55.

103. S. Pietro di Vallebona

Ubicazione: Abruzzo, Manoppello (Pescara).
Diocesi: Chieti-Vasto.
Intitolazione: *Sancti Petri Vallisbone.*
Tipologia: monastero.
Documenti: 74, 80, 82†, 83, 87, 90, 92, 97, 98, 100, 101, 126, 128, 188, 197, 215, 231, 232, 256, 293, 297, 301, 302, 399, 459, 617, 624, 625.
Bibliografia: Morizio 2008, p. 248 n. 46.

104. S. PIETRO DI VASTO

Ubicazione: Abruzzo, Vasto (Chieti).

Diocesi: Chieti-Vasto.

Intitolazione: *Sancti Petri de Guasto*.

Tipologia: monastero.

Documenti: 624.

Bibliografia: Morizio 2008, p. 277 n. 90.

105. S. PIETRO IN MONTORIO

Ubicazione: Lazio, Roma.

Diocesi: Roma.

Intitolazione: *Sancti Petri in Monte Aureo de Urbe*.

Tipologia: chiesa, monastero.

Documenti: 347, 456, 624.

Bibliografia: Morizio 2008, p. 265 n. 71.

106. S. QUIRICO *IN CUMULO*

Ubicazione: Abruzzo, Manoppello (Pescara).

Diocesi: Chieti-Vasto.

Intitolazione: *Sancti Quirici in Cumulo*.

Tipologia: chiesa.

Documenti: 92, 100, 126, 197, 301.

Bibliografia: Morizio 2008, p. 259 n. 62.

107. S. RUFINO DI FERRATO

Ubicazione: Abruzzo, Pescina (L'Aquila).

Diocesi: Avezzano.

Intitolazione: *Sancti Rufini de Ferrato*.

Tipologia: chiesa, ospedale.

Documenti: 242.

Bibliografia: Morizio 2008, p. 254-255 n. 54.

108. S. SALVATORE DI PENNE

Ubicazione: Abruzzo, Penne (Pescara).

Diocesi: Pescara-Penne.

Intitolazione: *Sancti Salvatoris de Civitate Penne*.

Tipologia: chiesa, monastero.

Documenti: 159, 197, 215, 267, 624.

Bibliografia: Morizio 2008, p. 253 n. 52.

109. S. SALVATORE DI PULLICANTO

Ubicazione: Abruzzo, Loreto Aprutino (Pescara).

Diocesi: Pescara-Penne.

Intitolazione: *Sancti Salvatoris de Pullicanto.*

Tipologia: chiesa.

Documenti: 247.

Bibliografia: Morizio 2008, p. 255 n. 55.

110. S. Severo di Coppito

Ubicazione: Abruzzo, L'Aquila.

Diocesi: L'Aquila.

Intitolazione: *Sancti Severi de Poppleto.*

Tipologia: chiesa, monastero?

Documenti: 201, 202.

Bibliografia: Morizio 2008, p. 244-245 n. 40.

111. S. Silvestro di Saizano

Ubicazione: Abruzzo, Sulmona (L'Aquila).

Diocesi: Sulmona-Valva.

Intitolazione: *Sancti Silvestri de Saizano.*

Tipologia: chiesa.

Documenti: 61, 72, 235, 486.

Bibliografia: Morizio 2008, p. 272-273 n. 83.

112. S. Spirito del Morrone

Ubicazione: Abruzzo, Sulmona (L'Aquila).

Diocesi: Sulmona-Valva.

Intitolazione: *Sancti Spiritus de Murrone.*

Tipologia: monastero, abbazia.

Documenti: 1†, 6†, 34†, 114, 136, 139, 140, 148, 155, 159, 166, 168, 171, 174, 181, 182, 183, 185, 188, 191, 192, 193, 195, 196, 197, 198, 199, 200†, 201, 202, 203, 206, 210, 211, 212, 213, 215, 216†, 217, 218, 220, 224, 227, 228, 229, 234, 235, 236, 237, 239, 240, 241, 242, 243, 245, 246†, 248, 249, 250, 251, 255, 257, 258, 260, 263, 264, 275, 277, 279, 283, 284, 289, 290†, 292, 293, 294, 297, 301, 304, 306, 307, 309, 312, 314, 315, 318, 321, 322, 326†, 328, 331, 333, 344, 347, 348, 350, 352, 356, 357, 358, 359, 360, 361, 362, 364, 368, 373, 379, 380, 389, 395, 405, 407†, 411, 413, 414, 415, 422, 423, 424, 434†, 437, 440, 442, 447, 449, 451, 453, 454, 458, 459, 460, 461, 468, 470, 472, 473, 477, 480, 486, 494, 495, 503, 504, 505, 506, 522, 523, 525, 526, 533, 534, 540, 542, 545, 546, 552, 561, 562, 566, 567, 569, 575, 577, 578, 579, 580, 581, 582, 583, 584, 591, 594, 595, 601, 602, 604, 605, 606, 607, 608, 609, 611, 612, 613, 617, 619, 624, 626, 627, 629, 632.

Bibliografia: Morizio 2008, p. 273-274 n. 84.

113. S. Spirito della Maiella

Ubicazione: Abruzzo, Roccamorice (Pescara).

Diocesi: Chieti-Vasto.

Intitolazione: *Sancti Spiritus de Maiella.*

Tipologia: eremo, monastero, abbazia.

Documenti: 3†, 4†, 5†, 13, 14, 15, 16, 17, 20, 21, 22, 23, 24, 25†, 26, 27, 28†, 29, 30, 31, 32, 33, 35, 36, 38, 39, 40, 41, 44, 45, 50†, 51, 61, 64, 66, 67, 68, 72, 74, 79, 80, 81, 82†, 84, 86, 94, 95, 96, 102, 103, 104, 105, 106, 110, 112, 117, 118, 120, 121, 122, 123, 124, 128, 129, 132, 142, 143, 145, 146, 151, 152, 153, 154, 156, 158, 161, 165, 167, 188, 197, 215, 220, 225, 226, 231, 232, 233, 256, 281, 300, 399, 412, 438, 439, 459, 460, 461, 463, 471, 480, 481, 518, 548, 549, 624.

Bibliografia: Morizio 2008, p. 263-264 n. 69.

114. S. SPIRITO DI ALIFE

Ubicazione: Campania, Alife (Caserta).

Diocesi: Alife-Caiazzo.

Intitolazione: *Sancti Spiritus de Alifia*.

Tipologia: monastero.

Documenti: 197, 215, 483, 551, 624.

Bibliografia: Morizio 2008, p. 221 n. 5.

115. S. SPIRITO DI APRICENA

Ubicazione: Puglia, Apricena (Foggia).

Diocesi: San Severo.

Intitolazione: *Sancti Spiritus de Precina*.

Tipologia: chiesa.

Documenti: 197, 230.

Bibliografia: Morizio 2008, p. 222-223 n. 7.

116. S. SPIRITO DI BUCCHIANICO

Ubicazione: Abruzzo, Bucchianico (Chieti).

Diocesi: Chieti-Vasto.

Intitolazione: *Sancti Spiritus de Bucclano*.

Tipologia: monastero.

Documenti: 197, 209, 215, 320, 624.

Bibliografia: Morizio 2008, p. 232-233 n. 22.

117. S. SPIRITO DI ISERNIA

Ubicazione: Molise, Isernia.

Diocesi: Isernia-Venafro.

Intitolazione: *Sancti Spiritus de Isernia*.

Tipologia: monastero.

Documenti: 36, 37, 39, 42, 43, 53, 54, 56, 57, 58, 59, 60, 62, 63, 65, 69, 70, 71, 73, 75, 76, 88, 89, 91, 99, 122, 123, 127, 135, 144, 146, 150, 169, 170, 173, 175, 177, 178, 179, 184, 187, 190, 197, 215, 252, 253, 269, 305, 332, 339, 341, 342, 346, 351, 353, 366, 376, 378, 381, 382, 386, 397, 401, 406, 408, 443, 474, 487, 493, 509, 565, 589, 615, 624, 628.

Bibliografia: Morizio 2008, p. 242-243 n. 37.

118. S. Spirito di Lanciano

Ubicazione: Abruzzo, Lanciano (Chieti).

Diocesi: Lanciano-Ortona.

Intitolazione: *Sancti Spiritus de Lanzano*.

Tipologia: monastero.

Documenti: 176, 197, 215, 219, 296, 299, 400, 402, 403, 417, 420, 441, 475, 476, 624.

Bibliografia: Morizio 2008, p. 243 n. 38.

119. S. Spirito di Ortona

Ubicazione: Abruzzo, Ortona (Chieti).

Diocesi: Lanciano-Ortona.

Intitolazione: *Sancti Spiritus de Ortona*.

Tipologia: monastero.

Documenti: 197, 215, 285, 319, 367, 372, 375, 383, 425, 624.

Bibliografia: Morizio 2008, p. 252 n. 51.

120. S. Spirito di Venafro

Ubicazione: Molise, Venafro (Isernia).

Diocesi: Isernia-Venafro.

Intitolazione: *Sancti Spiritus de Venafro*.

Tipologia: monastero.

Documenti: 197, 215, 427, 624.

Bibliografia: Morizio 2008, p. 277-278 n. 91.

121. S. Vito in Campo

Ubicazione: Lazio, Roma.

Diocesi: Roma.

Intitolazione: *Sancti Viti in Campo*.

Tipologia: chiesa, monastero?

Documenti: 244.

Bibliografia: Morizio 2008, p. 265-266 n. 72.

INDICE DEI NOMI E DEI LUOGHI*

---

* Le sezioni del testo intitolate *Elenco cronologico dei documenti, Documenti celestini conservati, Documenti celestini deperditi, Giudici ai contratti, Notai, Pontefici, Cardinali, Vescovi, Sovrani angioini* e *Insediamenti celestini*, che costituiscono già di per sé un ausilio alla consultazione, non sono state indicizzate; per le note archivistiche relative ai singoli documenti si rinvia ai capitoli *Documenti celestini conservati* e *Documenti celestini deperditi*; gli autori moderni sono presenti nell'indice solo quando menzionati all'interno del testo in forma discorsiva; le località più importanti includono eventuali rinvii ad altre voci dell'indice, le quali sono suddivise in tre sezioni: località o contrade, istituzioni religiose, personaggi; le voci relative alle istituzioni ecclesiastiche riportato anche i nomi dei religiosi a esse afferenti.

Alessandro, figlio di *magister* Boffido da Patrica cittadino di Ferentino 347

Alessandro, priore di S. Spirito della Maiella di Isernia 206, 212, 213

Alfaccia, moglie di Adoardo del fu Pietro da Sasso del rione San Marco 254

Alife (comune in provincia di Caserta) – vedi S. Spirito di Alife; Bartolomeo da Alife, Nicola da Alife

Alta Savoia (Haute-Savoie), dipartimento francese 23n

Altaveduta, madre di Pietro del fu Gualtiero di Gerardo da Bucchianico 164

Altino (comune in provincia di Chieti) – vedi Gualtiero da Altino (due omonimi)

Altruda da Isernia, moglie di Alessandro da Ferrazzano 194

Altruda da Isernia, vedova di Milizio 156

Altruda, moglie del fu Nicola Aquilante da Lanciano e madre di Andrea 312

Amatrice (comune in provincia di Rieti) – vedi Paolo da Amatrice

Amatuccia, nipote di Tommaso di Tommaso di Matteo da Bagno 277

Ambrogio da Ferentino, monaco di S. Antonio di Colle del Fico 319, 369

Ambrogio, detto Cerramonte, da Ferentino, notaio 380

Ambrogio, lavorante di S. Antonio di Colle del Fico 371

Ambrosillo da Sora, notaio e chierico di S. Ippolito di Ferentino 343

Amico *de Gipso*, monaco di S. Antonio di Ferentino 319, 343

Amico *de Skynaforte*, priore di S. Spirito di Isernia 390

Amico di Piero da Lanciano 263, 321

Anagni (comune in provincia di Frosinone) 35n, 36, 249, 250, 255, 289, 384 – diocesi 146 – vedi Santa Croce; S. Antonino di Anagni; Giovanni, figlio di Margherita da Anagni, Leonardo, vescovo di Anagni, Margherita da Anagni, Milano di Saraceno da Anagni

Anagnina, moglie del fu Oddone di Magno e tutrice dei figli 339

Anastasio da Sulmona, teste 131

Anastasio, monaco di S. Pietro di Vallebona 162

Ancona, marca 255

Andalusia (regione autonoma nel sud della Spagna) 189

Andrea Bellapersona, vassallo di Gregorio *Cellus* da Ceprano cittadino di Sora 358, 376

Andrea Brancaleoni, *miles*, signore di Pratola (figlio di Oddone e nipote di Leone, cardinale prete di S. Croce in Gerusalemme) 236, 237

Andrea da Agnone, priore di S. Spirito di Venafro 390

Andrea da Cocullo, priore di S. Spirito di Ortona 391

Andrea da Isernia, professore di diritto civile e giudice della curia regia, procuratore di S. Spirito della Maiella di Isernia 197

Andrea *de Tiiono*, *frater conventualis* di S. Maria di Collemaggio 348

Andrea di Angelo, patrono di S. Giorgio di Roccamorice 138

Andrea di Berardo da Tocco, consanguineo di Maria moglie di Cono da Tocco 147

Andrea di Gualtiero da Fara Filiorum Petri 355

Andrea di Oderisio da Sulmona 212

Andrea *Zocca* o *Zacze*, procuratore di S. Spirito della Maiella di Isernia 267, 286

Andrea, figlio di Altruda moglie del fu Nicola Aquilante da Lanciano 312

Andrea, giudice <di Trivento> 330

Andrea, nipote di Iseranna del fu Biagio *de Saxolinis* 352

Andrea, procuratore di S. Antonio di Ferentino 134

Andrea, vescovo di Capua 336

Anello *Vespuli*, notaio 32n

Anfirano (*de*), contrada nelle pertinenze di Manoppello 380

Angela della contrada Merulana, moglie del fu Pietro di Oderisio 359

Angelerio del fu *miles* Berardo di Ugo da Caramanico, *magister* 141

Angelerio, monaco di S. Spirito del Morrone e abate di Montecassino 234, 248

Angelerio, padre di Pietro del Morrone 9, 9n, 10n

Angelino, procuratore di S. Spirito di Legio 198

Angelo da Arischia, sottopriore di S. Maria di Collemaggio 348 – priore di S. Pietro confessore di Atri 391

Angelo da Boiano, priore di S. Antonino di Anagni 390

Angelo da Campagnano, frate di S. Maria *de Capitolio* 255

Angelo da Legio, priore di S. Maria di Collemaggio 387

Angelo da Roio, monaco di S. Cesidio di Caporciano 266

Angelo dall'Aquila, monaco di S. Maria di Collemaggio 270 – procuratore generale 290

Angelo *de Ansola*, sottopriore e procuratore di S. Maria di Collemaggio 335, 336

Angelo *de Balneo*, presbitero, monaco di S. Eusebio di Roma 349

Angelo *de Furca*, *de Furca de Palena*, *de Forca*, priore di S. Spirito del Morrone 331, 333, 367, 382, 384, 390 – priore di S. Spirito di Isernia 296, 297, 298, 299, 321

Angelo *de Turribus*, *frater conventualis* di S. Maria di Collemaggio 348

Angelo del fu Giovanni *Cosse*, fratello di Nicola 371

Angelo del fu Ugone di Giovanni da Miranda, cittadino di Isernia, fratello di Bartolomeo 377

Angelo del notaio Fusco da Guardiagrele, notaio 333

Angelo di Bellina da Ferentino 361

Angelo di Giovanni Mancino, giudice di Sulmona 382, 384

Angelo di Lorenzo da Sant'Anza 196

Angelo di Lorenzo di Giovanni di Tebaldo da Tivoli 193

Angelo di *magister* Tommaso da Celano 310

Angelo di Pietro da San Pio 294

Angelo, figlio defunto di Matteo di Rinaldo *Boccardi* da Manoppello 177

Angelo, presbitero, monaco di S. Spirito di Sulmona 287

Angelo, priore di S. Spirito della Maiella di Isernia 308

Angelo, rettore di S. Vittore *de Turre* 258

Anglicus, originario dell'Anglia – vedi Enrico *anglicus*

Angrave, toponimo 318

Angri (comune in provincia di Salerno) 318

Annecy (comune francese nel dipartimento dell'Alta Savoia) 23n – vedi S. Croce di Annecy

Annibaldo (Annibale) da Ceccano, arcivescovo di Napoli e cardinale di S. Lorenzo in Lucina 23n

Ansa, toponimo nel territorio di San Mauro di Amiterno 336

Ansani Michele 38n

Foggia) 35n, 37, 353 – vedi S. Nicola di Civitate

Clara di Lelle da Ferentino 275

Clemente di Giovanni da Sulmona, abitante di Trivento, marito e mundoaldo di Fioretta da Trivento 381

Clemente di Gualtiero da San Pio 385

Clemente IV, papa 32, 134, 309

Clemente V, papa 23, 30, 32, 308, 309, 316, 318, 324, 336, 345, 346, 392

Clemente VII (Roberto da Ginevra), antipapa 23, 23n, 124

Clirici (*li*), contrada nelle pertinenze di Sulmona 201

Cluse (*le*), località nel territorio *de Undis* 264

Cocto (*de*), contrada nel territorio di Roccamorice 204

Cocullo (comune in provincia dell'Aquila) – vedi Andrea da Cocullo, Giovanni da Cocullo

Codettu, sterpeto nel territorio di Ferentino 135

Colle (*de*) – vedi Benedetto *de Colle*, Giacomo *de Colle*, Giovanna di Giovanni *de Colle*, Simone *de Colle*

Colle (*de*), contrada nel territorio di Roccamorice 204

Colle (*de*) – vedi Tizio, arciprete *de Colle*

Colle (*dello*) – vedi Pietro *dello Colle*

Colle (*lu*), contrada nelle pertinenze di Serramonacesca 362

Colle Azuni, località nel territorio di Roio 250

Colle Brigioni, contrada nelle pertinenze di Isernia 160

Colle Broniano (*de*) – vedi Rinalduccia, moglie del fu Pietro di Adenolfo *de Colle Broniano*

Colle Caldorello (*lo*), contrada nelle pertinenze di Pretoro 127

Colle de Lacu, località nel territorio di Caporciano 348

Colle de Martino, *Colle de Martinu* (*lu*), *Collis de Martino*, località nel territorio di Ferentino 259, 280, 329

Colle del Fico, località nel territorio di Ferentino 133, 135, 276

Colle della Guaita, località nel territorio di Ferentino 133

Colle di Roio, frazione dell'Aquila 177

Colle di Sancto Andrea (*del*), contrada nelle pertinenze di Manoppello 389

Colle Magelle (*de*), località nel territorio di Rapino 264 – vedi Migliorato del fu Giovanni di Rinaldo *de Colle Magelle*, Pietro del fu Giovanni di Rinaldo *de Colle Magelle*

Colle Rubeo, località nelle pertinenze di Manoppello 167

Collebrincioni, frazione dell'Aquila 270

Collecillu, *Collicillo* (*lu*), località nel territorio di Ferentino 259, 280, 343, 344

Collecorvino (comune in provincia di Pescara), *castrum* 243 – vedi S. Felice di Collecorvino, S. Maria di Collecorvino, S. Pietro di Collecorvino

Colledimacine (comune in provincia di Chieti) – vedi Oderisio da Colledimacine, Simone da Colledimacine

Collemaggio, *Collemadio*, *Collemadium*, *Collemaio*, *Collemaiu*, *Collismadii*, località nelle pertinenze dell'Aquila 22, 22n, 172, 173, 197, 258, 277, 281, 285, 299, 315, 323 – chiesa 13, 226, 294, 299, 301, 358 – *conventus* 388 – *reclaustrum* 323 – monastero 13, 13n, 213, 250, 258, 282, 284, 292, 303, 348, 366, 369, 370, 371, 384, 387 – vedi S. Maria di Collemaggio

Collemeruno (*de*) – vedi Florisenna da Lanciano, moglie del fu Armanno di Giovanni *de Collemeruno*

Collepietro (comune in provincia dell'Aquila) – vedi Francesco da Collepietro, Gualtiero da Collepietro, Luigi, signore di Collepietro e Roccacasale, Manfredi, signore di Collepietro e Roccacasale, Tommaso da Collepietro

Colleranisco, località nel territorio di Bazzano 358

Colles (*ad*), località nel territorio di Boiano 316

Colles, località nelle pertinenze di Acciano 178

Colli (*li*), località nelle pertinenze di Boiano 395

Colli dilli Marruni (*li*), località nel territorio di Ferentino 259

Collimento, frazione di Lucoli 229

Collis Rizzonis, località nelle pertinenze di Isernia 191

Collis Sancti Blasii, contrada nelle pertinenze di Bucchianico 198

Colonella, località nelle pertinenze di Caporciano 331

Comino, *Comina* (*de*), località nel comune di Guardiagrele – vedi Benedetto da Comino, Mansueto da Comino, Matteo da Comino

Conferenza dei rettori delle università italiane, Crui 1, 1n

Congregazione celestina, *congregatio caelestinorum*, *congregatione celestina*, *congregatione de celestini*, *congregatione de monaci celestini* 6n, 8n, 20, 43 – vedi Giacomo da Lecce, abate generale

Cono, vassallo di Tocco 135, 147

Contrada San Nicola, frazione di Sulmona 254

Conza (comune in provincia di Avellino) – vedi Lorenzo, vescovo di Conza

Coppito, frazione dell'Aquila 220

Corneti, casale nel comitato del Molise 150, 153

Corneto (Tarquinia, comune nella provincia di Viterbo) – vedi Bartolomeo *de Corneto*

Cornezana (*la*), località nel territorio di Boiano 354

Cornitum, contrada nelle pertinenze di Sulmona 245

Corno (Sella di Corno, frazione di Scoppito) 172 – vedi Berardo da Corno, Giacomo *de Cornu*, Giovanni da Corno

Corpus Longus, località nel territorio di Isernia 309

Corradino di Svevia, re di Sicilia 193

Corrado I d'Antiochia, nipote illegittimo di Federico II 193

Corrado, consanguineo di Maria di Grimaldo 170

Corrado, fratello di Teodisco e zio di Corrado 173

Corrado, vescovo di Toul 189

Corzulam, località nel territorio di Boiano 338

Cosmato (fu) di Gualtiero *de Galarano* 356

Costanza da Carpinone, figlia del giudice Riccardo da Carpinone e moglie del fu Cristoforo di Giovanni di Alessandro da Isernia 309

Costanza *Petri Santi de Tocco* 329

Coste Canucie, contrada nelle pertinenze di Manoppello 175

Coste de li Farolfi (*le*), località nel territorio di Poggio Santa Maria 366

Coste de Ravaczole, contrada nel territorio di Fara Filiorum Petri 363

Coste de Sole, contrada nel territorio di Roccamontepiano 364

Costis Campiterni (*de*), contrada nel territorio di Guardiagrele 320

Crisostomo da Sulmona, giudice, notaio, segreto regio, maestro portolano e procuratore della curia regia per l'Abruzzo 289, 290, 291, 292

Cristina, vedova di Nicola di Giovanni Bianco 208

Cristoforo (fu) di Giovanni di Alessandro da Isernia, ma-

rito della Maiella 199

Guglielmo da Bucchianico, monaco di S. Spirito di Lanciano 334

Guglielmo da Cinquemiglia o *de Quinquemilliis*, monaco e procuratore di S. Maria di Collemaggio 371, 385 – procuratore generale di S. Spirito di Sulmona 139 – teste 386

Guglielmo da Vercelli 314

Guglielmo *de Balacto*, arcidiacono della diocesi di Fréjus, cappellano del papa, nunzio apostolico nel regno di Sicilia 388, 392 – rettore generale di Campagna e Marittima 395

Guglielmo *de Castro Iderii* (Castel di Ieri), monaco di S. Cesidio di Caporciano 266

Guglielmo *de Fasanella*, notaio 314

Guglielmo *de Lecto* 351

Guglielmo *de Longis* da Bergamo, cardinale diacono di S. Nicola in Carcere Tulliano 304, 331, 332, 386

Guglielmo *de Mandagoto*, *magister* e notaio della sede apostolica 217

Guglielmo di Lupone, giudice 177, 202

Guglielmo di Matteo 247

Guglielmo di Pietro di Giacomo da Pretoro 380

Guglielmo di Pietro di Stefano *de Monte Corvino* 387

Guglielmo di Roberto di Angelerio, nipote di Pietro del Morrone 9n, 10, 10n

Guglielmo *Massey de Lecto*, mundoaldo e coadiutore di *Flosenda*, vedova *Ray(naldi) Guerreri de Casale* 351

Guglielmo, conte di Lanciano 208

Guglielmo, monaco di S. Pietro di Vallebona 169

Guglielmo, vescovo di Boiano 191

Gurga, località nel territorio di Ferentino 276

Herde Peter 9n, 309

Héverlé (Oud-Heverlee, comune belga nelle Fiandre) 11

Hospedale (all'), località nel territorio di Navelli 370

Iannantio, Iannatii, località nelle pertinenze di Isernia 246, 252

Imperaturi, località nelle pertinenze di Isernia 208

Ingerammo, canonico di Sisteron 336

Inghilterra 11

Inguanez Mauro 124, 170, 309

Innocenzo IV, papa 23, 30, 34, 44n, 123, 127

Innocenzo V, papa 124

Innocenzo X, papa 13

Inquisizione 124, 309

Intermontibus (de), *Intramontes* (Tremonti), contrada nel territorio di Tocco 252, 253, 318

Intervera, Interveriis (de) (Tempéra, frazione dell'Aquila) 304 – vedi Pietro *de Interveriis*

Introdacqua (comune in provincia dell'Aquila) – vedi Nicola del fu Rinaldo da Introdacqua

Invenzione della Croce, festa 189

Iolato (de lo), contrada nelle pertinenze di Roccamontepiano 365

Isabella [...] da Lanciano 306

Isabella, signora *de Luco* e moglie di Luigi, signore di Collepietro e Roccacasale 124

Iseranna del fu Biagio *de Saxolinis*, moglie del fu Filippo di Giovanni di Naso *de Pappaçuris* 327, 352

Isernia 16, 35n, 36, 37, 39n, 41, 144, 145, 148, 151, 153, 155, 156, 157, 158, 160, 161, 162, 163, 169, 174, 185, 187, 191, 194, 195, 197, 201, 205, 206, 207, 208, 209, 212, 213, 214, 245, 246, 252, 267, 277, 278, 282, 283, 286, 290, 293, 296, 297, 298, 299, 304, 306, 308, 309, 321, 334, 338, 339, 341, 347, 368, 377, 387, 392, 393 – archivio della curia vescovile 16, 24 – capitolo cattedrale 154 – cattedrale 281 – diocesi 146 – episcopato 287 – monastero 13, 13n, 16, 16n – vedi *Canalia, Cappella, Casale, Castellone, Cerreta, Colle Brigioni, Collis Rizzonis, Corpus Longus, Fropi, Iannantio, Imperaturi, Lacus, Longano, Mons Longus, Montis Nordoni, Omnis Sanctus*, Parco della Rimembranza, *Pireta, Plana, Pons de Arcu*, Porta Maggiore, *Ravis Cupa*, Riporso, *Rivus, Sancti Agapiti, Sanctum Spiritum, Sanctus Andreas Vetus, Sanctus Iulianus, Sanctus Mattheus, Vallis Caprine, Vallis Sancti Petri*; S. Chiara di Isernia, S. Giovanni *de Porta*, S. Giovanni dei gerosolimitani, S. Maria *de Aqua*, S. Maria *de Vicinato*, S. Maria delle monache, S. Maria Maddalena, S. Maria vecchia, S. Maria di Isernia, S. Michele di Isernia, S. Paolo di Isernia, S. Pietro apostolo (cattedrale), S. Spirito di Isernia; Altruda da Isernia, Altruda da Isernia (omonima), Andrea da Isernia, Angelo del fu Ugone di Giovanni da Miranda, cittadino di Isernia, Antonio Bulfo da Isernia, Bartolomeo da Isernia, Bartolomeo del fu Ugone di Giovanni da Miranda, cittadino di Isernia, Bartolomeo di Amodio da Castelpetroso, cittadino di Isernia, Bartolomeo di Graziano <da Isernia>, Bartolomeo *Gilii* da Isernia, Carpinone da Carpinone, abitante di Isernia, Cristoforo (fu) di Giovanni di Alessandro da Isernia, Deulonola da Isernia, Dionigi da Sulmona, cittadino di Isernia, Filippo *Beneventi* da Isernia, Filippo da Isernia, Francesco del fu Simone da Sant'Angelo in Grotte, cittadino di Isernia, Francesco di Giovanni *de Valle*, cittadino di Isernia, Gemma da Isernia, Gentiluccia da Isernia, Giacomo di Benincasa da Todi, cittadino di Isernia, Giacomo Erasmo del fu fra Stefano Taffuri da Isernia, Giacomo, vescovo di Isernia, Giovanni [...] <da Isernia>, Giovanni da Isernia, Giovanni del fu Fiore di Raimondo da Isernia, Giovanni di Alessandro da Isernia, Giovanni Manicella da Isernia, Giuliano da Isernia, Glorietta da Isernia, Goffredo Marmonte da Isernia, Gualtiero da Montenero, cittadino di Isernia, Landolfo da Mignano, residente in Isernia, Leonardo da Isernia, Leonardo di Giovanni *de Fusco* da Isernia, Lorenzo, arciprete di Isernia, Mabilia da Isernia, Maria da Isernia, Maria da Isernia (omonima), Maria da Isernia (omonima) Mattea da Isernia, Matteo (fu), arciprete di Isernia, Matteo, vescovo di Isernia, Mercurio del giudice Ruggero da Isernia, Nicola [*Iohannis abbatis*], notaio di Isernia, Nicola da Isernia, Nicola da Isernia (omonimo), Nicola di Giovanni Re da Isernia, Pellegrina da Isernia, Pellegrino del fu Deodato da Isernia, Pietro del Morrone, cittadino di Isernia, Pietro di Primicerio da Isernia, Pietro Evangelista, canonico della cattedrale di Isernia, Pietro Massarello del fu Adelardo da Isernia, Pietro, notaio di Isernia, Pietro, vescovo di Isernia, Pietruccio da Isernia, Rampino da Isernia, Rinaldo da Macchiagodena, cittadino di Isernia, Rinaldo *Racca*, abitante di Isernia, Risa da Isernia, Roberto di Rinaldo da Isernia, Roberto, vescovo di Isernia, Romana da Isernia, Servio Manicella da Isernia, Simone, giudice di Isernia, Stermito di Bono da Isernia, Tidese del fu Silvestro *Cociloni* da Isernia, Todesca da Isernia, Tom-

monaco dell'ordine di S. Spirito della Maiella 171

Nicola da Paganica, monaco di S. Spirito del Morrone 375

Nicola da Palestrina dell'ordine dei frati minori, fedecommissario di Margherita, moglie del fu Bartolomeo di Stefano della contrada Merulana 349

Nicola da San Benedetto, discreto di S. Spirito di Isernia 390 – camerario della città dell'Aquila 385

Nicola da Sinizzo, vescovo dell'Aquila 22n, 172, 173, 179, 181, 195, 220, 221, 229, 249, 250

Nicola da Sulmona, monaco di S. Spirito del Morrone 375

Nicola *de Acçia* 343

Nicola *de Camelo*, monaco dell'ordine morronese e teste 297

Nicola *de Guardia*, presbitero, monaco di S. Eusebio di Roma 349

Nicola *de Marsia*, converso di S. Pietro di Vallebona 169

Nicola *de Monteregali*, priore di S. Pietro confessore di Guardiagrele 391

Nicola *de Oscano*, monaco di S. Antonio di Colle del Fico 319

Nicola *de Palo in Manu* (Palombaro), priore di S. Bartolomeo di Lucera 305

Nicola *de Trebis*, notaio apostolico e primicerio di Metz 221, 229

Nicola *de Valleporcina*, priore di S. Giovanni di Acquasanta 390

Nicola del fu Bartolomeo, marito di Adelicia 312

Nicola del fu Giovanni *Cosse*, fratello di Angelo 371

Nicola del fu Giovanni *de Tuscana* 281

Nicola del fu Giovanni di Naso 190

Nicola del fu Rinaldo da Introdacqua, cittadino di Sulmona 388

Nicola del fu Tommaso di Berardo da Sulmona, maggiore di quattordici anni e minore di diciotto, fratello di Berardo 310

Nicola del fu Ugo, abitante di Venafro 178

Nicola del giudice Pietro 325

Nicola di Accardo, *ser* 385

Nicola di Angelerio, fratello di Pietro del Morrone 9n, 10, 10n

Nicola di Angelo da Carovilli 245

Nicola di Benedetto da Celano, marito e mundoaldo di Gemma 203

Nicola di Benedetto, chierico <di Ferentino?> 276

Nicola di Buzzone 185

Nicola di Filippo 135

Nicola di Giovanni di Pietro *de Turribus* 353

Nicola di Giovanni *Ray(naldi)* da Poggio Santa Maria 260

Nicola di Giovanni Re da Isernia, *magister* 174

Nicola di Guglielmo, fidecommesso ed esecutore testamentario di Nicola di Giacomo da Fara 389

Nicola di *magister* Leonardo da Ortona 315

Nicola di *magister* Radino da Ortona 258

Nicola di Marino da Fara Filiorum Petri, marito di Giovanna di Giovanni 376

Nicola di Migliore da Manoppello 168

Nicola di Nicola, *magister*, canonico della chiesa di Benevento 386

Nicola di Paolo *de Turribus*, notaio 323, 348

Nicola di Pietro di Stefano 186

Nicola di Pietro di Totila da Sulmona 352

Nicola di Tommaso, *miles* 370

Nicola Egizio, nipote e procuratore di Pietro da Ferentino arcivescovo di Monreale 259

Nicola il Rosso da Ferentino 317

Nicola Magrante *de Aquila*, notaio 27

Nicola *Nicolai Ia(n)nonis* da Roccamorice 145

Nicola *Pinzanus* 356

Nicola Pipino da Minervino, figlio di Giovanni Pipino 365

Nicola *quondam Veraldi de Rocca Giberti de Valle de Sangro* 367

Nicola *Ru[beus]*, monaco di S. Antonio di Colle del Fico 319

Nicola *Sobactarius*, mercante, esecutore testamentario di Biagio *de Saxolinis* 349, 350

Nicola *Solaczus* 357

Nicola, figlio del fu Bartolomeo e nipote di Nicola di Filippo 135

Nicola, figlio del fu Giovanni di Naso 188

Nicola, figlio del fu Pietro di Matteo *de Turribus* 202

Nicola, figlio del presbitero Giovanni *Giannelli* 200

Nicola, figlio di Iseranna del fu Biagio *de Saxolinis* 352

Nicola, figlio di *magister* Boffido da Patrica cittadino di Ferentino 347

Nicola, figlio di Margherita da Capistrello abitante di Ferentino 307

Nicola, fratello di Angelo di Lorenzo di Giovanni di Tebaldo da Tivoli 193

Nicola, fratello di Mariuccia moglie di Matteo di Migliorato da Sulmona 307

Nicola, monaco *de ordine de Murroni* e abate di S. Vincenzo del Volturno 238

Nicola, monaco di S. Pietro di Vallebona 169

Nicola, priore di S. Martino di Boiano 203

Nicola, priore di S. Pietro di Vallebona 167, 169, 173, 174, 175, 186

Nicola, priore di S. Spirito della Maiella di Isernia 195

Nicola, procuratore di S. Maria di Tremonti 190, 252, 253

Nicola, santo 189 – chiesa 331, 332

Nicola, sottopriore o vicepriore di S. Spirito della Maiella di Isernia 153, 347

Nicola, *syr* 173, 174, 175, 186

Nicola, vescovo di Alatri 317

Nocciano (comune in provincia di Pescara) – vedi Carlo da Nocciano

Noci (alle), località nei pressi dell'Aquila 394

Noci di Rapiniano (alle), località nel territorio di Caporciano 348

Noveranum (ad), località nel territorio di Ferentino 251

Novi (Novi Velia, comune in provincia di Salerno) 17, 22 – vedi S. Giorgio di Novi

Ocre (comune in provincia dell'Aquila) – vedi Pietro di Vitale da Ocre, Placido da Ocre, Rinaldo di Vitale da Ocre, Tommaso da Ocre

Oddone (fu) *de Pacile* 274, 289

Oddone (fu) di Magno, marito di Anagnina 339

Oddone Brancaleoni, fratello di Andrea Brancaleoni 237

Oddone Brancaleoni, padre di Andrea Brancaleoni 236, 237

Oddone da Trevi, frate di S. Maria *de Capitolio* 255

Oddone del notaio Andrea da Guardiagrele 380

Oddone di Tancredi da Bucchianico, procuratore di S. Spirito di Bucchianico 273

Oddone, marito di Filippa di Nicola di Egidio da Manop-

Pietro da Bagno, discreto di S. Pietro di Aversa 390

Pietro da Boiano 325

Pietro da Bucchianico, procuratore di S. Marco *inter Fuces* 210

Pietro da Campo di Giove 353

Pietro da Caramanico, priore di S. Spirito della Maiella 362, 390 – priore di S. Spirito di Isernia 392

Pietro da Celano, monaco di S. Antonio di Colle del Fico 319

Pietro da Ferentino, arcivescovo di Monreale 259

Pietro da Ferentino, monaco dell'ordine morronese e teste 254, 255 – monaco di S. Antonio di Colle del Fico 319, 327 – monaco di S. Spirito del Morrone 375

Pietro da Ferentino, notaio 280

Pietro da Ferentino, patriarca di Aquileia 280

Pietro da Isola o *de Insula* 257 – *miles* 176 – signore di Campli 176 – signore di Roccamorice 257 – camerario di 257

Pietro da Limosano, monaco di S. Spirito di Lanciano 334

Pietro da Lucoli, monaco di S. Spirito di Lanciano 334

Pietro da Orsa, monaco di S. Spirito di Lanciano 335

Pietro da Roccamontepiano, monaco dell'ordine di S. Spirito della Maiella 171

Pietro da Roccamorice, monaco di S. Maria di Collemaggio 270 – priore di S. Giovanni in Piano 341

Pietro da Roccamorice, notaio 147

Pietro da Roio, discreto e procuratore di S. Maria *de Amberto de Francia* 391

Pietro da Roma, priore di S. Maria di Collemaggio 366, 369, 370, 371 – sottopriore di S. Antonio di Ferentino 395

Pietro da Roma, priore di S. Maria di Collemaggio 370

Pietro da Sora di Ferentino, monaco di S. Antonio di Colle del Fico 369

Pietro da Sulmona, detto Pierino, priore di S. Pietro in Montorio di Roma 390

Pietro da Sulmona, discreto e procuratore di S. Croce di Roccamontepiano 391

Pietro da Sulmona, discreto o economo di S. Spirito presso Sulmona 390

Pietro da Sulmona, marito di Alessandra 171

Pietro da Todi, discreto di S. Antonio *de Campania* 390

Pietro dall'Aquila, monaco di S. Eusebio di Roma 349

Pietro *de Albeto*, discreto di S. Maria di Chieti 391

Pietro *de Civita Monacesca*, discreto di S. Giovanni di Acquasanta 390

Pietro *de Galiano* 289

Pietro *de Giso* da Boiano, giudice 316, 321

Pietro *de Interveriis*, monaco di S. Maria di Collemaggio 371

Pietro de Luca da Ferentino 319

Pietro *de Madio*, converso di S. Pietro di Vallebona 169

Pietro *de Morico*, patrono di S. Giorgio di Roccamorice 138, 140

Pietro *de Morra*, *miles*, capitano regio della Città di Santa Maria 293

Pietro *de Rocca Giberti* o *de Rocca Angelberti*, monaco dell'ordine di fra Pietro del Morrone 300 – priore di S. Maria di Tremonti 190 – priore di S. Maria di Collemaggio 226, 251

Pietro *de Sancto Georgio* (*domnus, dopnus*), patrono di S. Giorgio di Roccamorice 138

Pietro *de Silvaneto*, discreto e procuratore di S. Pietro *de Montecastro de Francia* 391

Pietro *de Turre* 279

Pietro del fu Gualtiero di Gerardo da Bucchianico, figlio di Altaveduta e fratello di Bartolomeo 164

Pietro del fu Leonardo di Pietro 135

Pietro del fu Nicola di Lando da Alatri 343

Pietro del fu Riccardo, *magister*, notaio di Bucchianico, sindaco, procuratore e nunzio speciale dell'università di Bucchianico 273

Pietro del Morrone (*Petrus de Murrono, de Murrone, de Murrona, de Murone*), Pietro Celestino (*Petrus Caelestinus*), Pietro confessore (*Petrus confessor*), Pietro *de Marone* (*Petrus de Marone*), Pietro di Angelerio (*Petrus Angelerii*), Pietro eremita della Maiella (*Petrus heremita de Maiella*) 1, 2, 5, 5n, 6, 6n, 7, 8n, 9, 9n, 10, 11, 32, 34, 38, 128, 129, 130, 131, 135, 136, 139, 147, 153, 164, 172, 175, 177, 194, 217, 224, 232, 249, 255 – abate di S. Maria di Faifoli 148, 149, 150, 151, 152 – abate di S. Spirito della Maiella 138, 140 – beato 10, 10n, 170, 346, 381 – chiesa di 326, 359 – cittadino di Isernia 187 – eremita 124, 164 – festa di 365 – fondatore di S. Maria di Collemaggio 257 – *fratres* di 179, 181, 182, 193, 206, 214 – monaci di 327, 359 – monaco dell'ordine di san Benedetto 216, 217 – monastero di 359 – movimento eremitico di 8 – priore di S. Spirito della Maiella 126, 127, 147, 151, 152, 156, 159, 167, 168 – priore e rettore di S. Maria del monte Morrone 124 – priore e rettore di S. Spirito della Maiella 158, 159, 161 – priore generale dell'ordine di S. Spirito della Maiella 195 – processo di canonizzazione 14, 14n – *profexor* dell'ordine di san Benedetto 261 – rettore di S. Spirito della Maiella 10, 130, 133 – santo 8n, 9, 15, 22n, 23, 43, 130, 135, 354, 359 – vedi Celestino V

Pietro *dello Colle*, converso di S. Pietro di Vallebona 169

Pietro di Alberto, patrono di S. Giorgio di Roccamorice 138

Pietro di Dionisio 278

Pietro di Francesco *Sulmontini* da Sulmona 205, 215

Pietro di Gervasio da Bucchianico, padre di Barbato 198, 199

Pietro di Giacomo degli Annibaldi, canonico di Reims 186

Pietro di Giovanni di Alberto 319

Pietro di Giovanni, marito di Alesenia 269

Pietro di Giovanni, nipote di Pietro *de Morico* 140

Pietro di *magister* Riccardo (*dompnus, domnus*), patrono di S. Giorgio di Roccamorice 138, 140

Pietro di Marco, chierico di Ferentino, fratello e procuratore di Maria Cannola 344

Pietro di Matteo da Castelpetroso, presbitero 304

Pietro di Primicerio da Isernia, procuratore di S. Spirito di Isernia 191, 194, 205, 246

Pietro di Roberto di Angelerio, nipote di Pietro del Morrone 9n, 10n

Pietro di Sebastiano da Orsa, diacono 338

Pietro di Simeone, patrono di S. Giorgio di Roccamorice 138

Pietro di *sir* Gentile da Guardiagrele 311

Pietro di Vitale da Ocre, fidecommesso ed esecutore testamentario del fu Tommaso da Ocre 286

Pietro e Paolo (beati), festa 195

Pietro Evangelista, abate, canonico della cattedrale di Isernia e procuratore di S. Spirito di Isernia 281

Pietro Grifone da Ferentino 271, 272

Pietro Massarello del fu Adelardo da Isernia 278 – giudice 351 – procuratore di S. Spirito di Isernia 252, 282, 298, 377, 393

Pietro Peregrosso, cardinale prete di S. Marco 216, 217

Pietro provenzale (*provincialis*), priore e procuratore di S. Maria di Collemaggio 348 – procuratore di S. Giovanni in Piano 341 – procuratore di Benedetto, abate di S. Spirito di Sulmona 342

Pietro *Santutio* da Manfredonia (più noto come Pietro Santucci, al secolo Giuseppe *Santutio*), abate di S. Spirito della Maiella *de celestini* 14, 14n, 126, 127

Pietro, abate di S. Giovanni di Collimento 229

Pietro, cittadino di Ferentino 134

Pietro, converso di S. Pietro di Vallebona 169

Pietro, eremita e procuratore di Pietro eremita della Maiella (omonimo e compagno di Pietro del Morrone) 129 – *heremita de Maiella, viceprior et heremita de Maiella, viceprior et heremita Magelle, viceprior heremita Magelle, viceprior Sanctae Mariae de Murrone*, vicepriore dell'eremo della Maiella 130, 131

Pietro, fratello carnale di Migliorato e figlio ed erede del fu Giovanni di Rinaldo *de Colle Magelle* 264

Pietro, fratello di Angelo di Lorenzo di Giovanni di Tebaldo da Tivoli 193

Pietro, fratello di *magister* Giovanni di Trasmondo da Ferentino 316

Pietro, fratello di Tommaso da Ocre 284

Pietro, notaio di Isernia 157

Pietro, notaio, figlio di *magister* Roberto di Angelo 142

Pietro, priore di S. Antonio di Colle del Fico 317

Pietro, vescovo di Isernia 338

Pietro, vescovo di Oristano 189

Pietro, vescovo di Tarazona 189

Pietruccia, moglie del fu Giovanni di Accardo *de Pizzulo Maiori* 248

Pietruccia, nuora di Matteo di Rinaldo *Boccardi* da Manoppello 177

Pietruccio da Isernia, figlio del fu Aniba di Nicola da Miranda, cittadino di Isernia 286

Pietruccio di Adoardo del fu Pietro da Sasso del rione San Marco 254

Pietruccio di Gentile da Bazzano, *viariarius per generale consilium civitatis Aquilae* 322

Pietruccio di Pietro del *dominus* Matteo da Foce 210

Pietruccio, nipote ed erede di Giovanni Andrea 310

Pigna, rione di Roma – vedi Biagio *de Saxolinis* del rione Pigna

Pireta, località nei pressi di Isernia 163

Piscaria Magna, contrada nelle pertinenze di Manoppello 173

Piscaria Sicca, località nelle pertinenze di Manoppello 392

Piscitelli, contrada nel territorio di Ferentino 259, 307, 332, 339, 340, 380, 381

Pistorio (*de*) (Pistoia) – vedi Trofino *de Groppolensibus de Pistorio*

Pizzoli (comune in provincia dell'Aquila), *Pizzulo Maiori* (*de*) – vedi Gentile da Pizzoli, Giacomo di Guglielmo da Pizzoli, Giovanni di Tommasone da Pizzoli, Pietruccia, moglie del fu Giovanni di Accardo *de Pizzulo Maiori*, Teodino da Pizzoli

Placido da Morrea, eremita di S. Spirito della Maiella 135,

138, 139, 140, 142, 144 – laico 10 – monaco dell'ordine di S. Spirito della Maiella 136, 147, 171 – monaco dell'ordine di san Benedetto 233 – monaco di S. Spirito della Maiella 126, 188, 233 – procuratore di fra Pietro del Morrone 147 – procuratore di S. Spirito della Maiella 135, 137, 138, 139, 139, 144, 165, 166, 185, 233

Placido da Ocre, priore di S. Giorgio di Roccamorice 391

Plage (*le*), contrada nelle pertinenze di Manoppello 173

Plagia Castellionis, località nel territorio di Roccamontepiano 364

Plagiis Tusculane, *Plagis Tusculane*, pianura a est di Roma estesa dalla città fino ai Colli Albani 327, 349, 350, 352

Plana, località nei pressi di Isernia 154, 205, 207

Planelle, contrada nelle pertinenze di Manoppello 173

Planum Abiti, località nelle pertinenze di Tagliacozzo 310

Planum, località nel territorio di Roccamorice 142

Plorzano (*de*, *in*), località nel suburbio di Sant'Andrea della città di Bergamo 331, 332

Poggio di Roio, frazione dell'Aquila 177 – vedi Francesco da Poggio

Poggio Santa Maria, *Podii* (*casale seu villam*), frazione dell'Aquila 366 – vedi Giovanni di Vitale da Poggio Santa Maria, Nicola di Giovanni *Ray(naldi)* da Poggio Santa Maria

Pons de Arcu, località nelle pertinenze di Isernia 144, 148, 155, 157, 195

Ponte (*de*) – vedi Giacomo *de Ponte*

Ponte de Caldar(i), contrada nel territorio di Ortona 43, 258

Ponte delle Tabule (*lu*), *Pontem de Tabulis* (*ad*), località nel territorio di Ferentino 309, 316

Pontibus (*de*), nome di famiglia derivato dal feudo di Ponte, odierna frazione di Cerreto di Spoleto – vedi Albino *de Pontibus*, Guglielma del fu Morello *de Saurgio*, moglie di Giovanni *de Pontibus*

Popoli (comune in provincia di Pescara) 19n, 35n, 37, 190 – vedi S. Maria di Attoya; Attenesta da Navelli, abitante di Popoli, Ottaviano di Gentile da Popoli

Poppletum (Coppito, frazione dell'Aquila), *Popleto* (*de*) *Poppleto* (*de*) 220 – arciprete 388 – vedi Coppito; S. Severo *de Popleto*

Porta Japassari, *Porta Iohannis Passari*, *Porta Iohannis Passarum*, *Porte Iohannis Passarum*, porta di Sulmona 196, 254 – *districtus* 328

Porta Maggiore, porta di Isernia 187

Porta Manaresca, distretto di Sulmona 308

Porta Orientale, *Porta Orientali* (*in*), porta di Milano 362, 365, 379

Porta Rettore, porta di Benevento 226

Porta S. Agostino, porta di Sulmona 181, 182

Porta Salvatoris, porta di Sulmona 204

Porta San Panfilo, *Porta Sancti Panphili*, porta di Sulmona 196, 201, 285

Porto, titolo cardinalizio – vedi Matteo d'Acquasparta, cardinale vescovo di Porto

Possu, località nelle pertinenze di Foce 283

Praga 11, 11n

Pratesi Alessandro 18n, 39n

Prato (*de lo*), contrada nei pressi di Roccamontepiano 357

Prato de Ardeo, località nel territorio di Caporciano 348

San Gregorio, frazione dell'Aquila – vedi Domenico di Guglielmo da San Gregorio dell'Aquila

San Marco, rione di Roma – vedi Adoardo del fu Pietro da Sasso del rione San Marco, Pietruccio di Adoardo del fu Pietro da Sasso del rione San Marco

San Martino (San Martino sulla Marrucina, comune in provincia di Chieti), *castrum* 39n, 179, 180 – vedi *S(anc)to Vincenzo*; S. Giorgio di Rapino, S. Giovanni *de Maccla*; Gerardo *de Laroma*, *dominus* del *castrum* di San Martino, *Gratia* da San Martino, Ruggero di *dominus* Riccardo da San Martino, Ugolino, figlio del fu Pietro di Giovanni da San Martino

San Martino, frazione di Abbateggio 140

San Mauro di Amiterno, località a nord della città dell'Aquila 336

San Pio, *Sancti Pii* (*de villa de*) *Sancto Pio* (*de*) (San Pio delle Camere, comune in provincia dell'Aquila) 35n, 37, 371, 383 – casale 385 – diritti di 14 – parrocchiani 370 – territorio 313 – uomini 368, 384, 385 – villa 369, 386 – vedi *Bussus*; Angelo di Pietro da San Pio, Benincasa, moglie di Angelo di Pietro da San Pio, Berardo di Matteo da San Pio, Berardo di Pellegrino da San Pio, Clemente di Gualtiero da San Pio, Domenico di Paolo da San Pio, Gentile *Margariti* da San Pio, Gualtiero da San Pio, Gualtiero di Massimo di Roberto *de villa Sancti Pii*, Gualtiero di Pace da San Pio, Masio di Francesco da San Pio, Matteo di Pellegrino da San Pio, Onofrio di Gregorio *de villa Sancti Pii*, Paolo di Rinaldo da San Pio

San Salvo (comune in provincia di Chieti) 382 – vedi S. Vito del Trigno

San Severo (comune in provincia di Foggia) 314 – vedi SS. Trinità di S. Severo

San Tommaso, frazione di Caramanico Terme 144 – vedi S. Tommaso *de Paterno*

San Valentino, *S(anc)ti Valent(i)ni*, *Sanctus Valentinus* (San Valentino in Abruzzo Citeriore, comune in provincia di Pescara) 19n, 35n, 37, 40n, 41, 41n, 43, 144 – vedi *Foce*; S. Francesco *de Orta*; Gualtiero *Thomasii de Sancto Valentino*, Taddeo da San Valentino

San Vincenzo Valle Roveto (comune in provincia dell'Aquila) 172 – vedi Morrea

San Vito (San Vito Chietino, comune in provincia di Chieti) – vedi S. Maria di San Vito; Maria, vedova di Domenico da San Vito

San'Anza, *Sancta Ansia* (*de*), *Sancta Anxia* (*de*), *castrum* ubicato a nord dell'Aquila 196, 285 – vedi Angelo di Lorenzo da Sant'Anza, Filippo da Sant'Anza, Giovanni *de Sancta Anxia*, Pasquale da Sant'Anza, Rinalduccia, figlia del fu *dominus* Teodino da Sant'Anza, Tommaso da Sant'Anza

Sancta Anna (*de*) – vedi Giovanni *de Sancta Anna*

Sancte Iuste (Santa Giusta, frazione di Lanciano) – vedi Giacomo *Sancte Iuste*

Sancte Marie fratrum minorum, chiesa di Castelvecchio 178 – vedi S. Francesco di Castelvecchio

Sancti Agapiti, contrada nel territorio di Isernia 338

Sancti Andreae, borgo nel suburbio di Bergamo 332, 394

Sancti Angeli, località nelle pertinenze di Pretoro 357

Sancti Benedicti, casale nel comitato del Molise 150, 153

Sancti Demetri, *hospitium* di Napoli 284

Sancti Donati, *Sancto Donato* (*de*), contrada nelle pertinenze di Fara Filiorum Petri 337, 355

Sancti Ianuarii, *curtis* nelle pertinenze di Roccamontepiano 338

Sancti Leonardi, contrada nelle pertinenze del *castrum Furce* (nei pressi di Palena) 324

Sancti Letherii, *Sancti Leutherii*, contrada nel territorio di Bucchianico 164, 199

Sancti Marcelli, *burgum* di Bucchianico 177, 198-199, 273

Sancti Matthei de Porta Bazzani, chiesa dell'Aquila 317

Sancti Petri ad Troyam, casale nei pressi di Roccamontepiano 351 – vedi S. Pietro di Roccamontepiano; Gualtiero, *abbas Sancti Petri ad Troyam*

Sancti Quirici, contrada nelle pertinenze di Manoppello 175, 186

Sancti Salvatoris, casale nei pressi di Picciano 243

Sancti Stefani, chiesa nei pressi di Boiano 316

Sancto Alexandro (*de*) – vedi Giovanni *de Sancto Alexandro*

Sancto Andrea (*de*), *Sancto Andrea de Rocca Montisplani* (*de*), località nelle pertinenze di Roccamontepiano – vedi Federico *de Sancto Andrea de Rocca Montisplani*, Oderisio del fu Bernardo *de Sancto Andrea*

Sancto Angelo (*de*), *Sancto Angelo de Monteplano* (*de*), *Sancto Angelo in Magella* (*de*), località nelle pertinenze di Roccamontepiano – vedi Francesco *de Sancto Angelo de Monteplano*, Giovanni detto Marrigio *de Sancto Angelo in Magella*, Roberto *de Sancto Angelo*

Sancto Georgio (*de*) – vedi Oderisio *de Sancto Georgio*

Sancto Iohannis de Plebe (*de*) – vedi Gentile *de* […] *de Sancto Iohannis de Plebe*

Sancto Oblasio (*de*) – vedi Rinaldo *de Sancto Oblasio*

Sancto Victorino (*de*), San Vittorino, frazione dell'Aquila – locale della città dell'Aquila 302 – vedi Matteo *de Sancto Victorino*

Sanctorius, arciprete di S. Flaviano *de Turribus* 299

Sanctum Accapitum, agiotoponimo 339 – vedi Sant'Agapito

Sanctum Herasmum (*ad*), località nelle pertinenze di Sulmona 196 – vedi S. Erasmo *de Sagessano*

Sanctum Paulum (*ad*) località nelle pertinenze di Sulmona 333

Sanctum Spiritum (*ad*), *Sanctus Spiritus*, località nelle pertinenze di Isernia 283, 287, 304, 393 – vedi S. Spirito di Isernia

Sanctum Victorium (*apud*), località nelle pertinenze di Celano 310

Sanctus Andreas Vetus, *Sancti Andreae Vetus*, contrada nel territorio di Isernia 281

Sanctus Andreas, località nel territorio di Roio 250

Sanctus Comitius, località nelle pertinenze di Tocco 147

Sanctus Iulianus, località nel territorio di Isernia 157, 174

Sanctus Mattheus, località nelle pertinenze di Isernia 267

Sanctus Victorinus, località nel territorio di Tocco 329

Sanguineti Edoardo 6n

Sanniti Pentri, popolo italico 40n

Sant'Agapito, *castrum* 206 – vedi *Sanctum Accapitum*, Scalo Ferroviario, *Vallis de Longano*; S. Agapito *in Valle*; Francesco da Sant'Agapito, Roberto da Sant'Agapito

Sant'Angelo (Sant'Angelo in Grotte) 151 – vedi Benedetto da Sant'Angelo, Francesco del fu Simone da Sant'Angelo in Grotte, Roberto da Sant'Angelo, Simone da Sant'Angelo

Tommaso di Gualtiero di Angelo da Roccamorice, fratello di Martino 142, 147 – patrono di S. Giorgio di Roccamorice 138

Tommaso di Gualtiero di Tomeo da Navelli 370

Tommaso di Guglielmo *de Elibula* 252, 253

Tommaso di *magister* Matteo da Sulmona 11n

Tommaso di Marzano, conte di Squillace 17, 32, 347 – cittadino di Capua 347 – grand'ammiraglio del regno di Sicilia 17, 347 – maresciallo del regno di Sicilia 347

Tommaso di Nicola <da Roccamorice>, diacono 256

Tommaso di Ruggero 338

Tommaso di Tommaso di Matteo da Bagno, avo di Amatuccia 277

Tommaso di Tommaso di Pietro di Andrea da Tocco 377

Tommaso *Granelli* da Roccamorice 147 – nipote di *magister* Roberto di Angelo 142

Tommaso, conte di Celano 180

Tommaso, figliastro di Gualtiero di Benedetto da Orsa 254

Tommaso, figlio di Maria vedova di Biagio da Trivento 330

Tommaso, figlio di Rinaldo <da Roccamorice> 204

Tommaso, giudice di Sulmona 10, 133, 192

Tommaso, monaco di S. Pietro di Vallebona 162

Tommaso, priore di S. Antonio di Ferentino 395

Tommaso, vescovo di Chieti 179, 188, 239, 240

Tommasone *Pertenari* da Celano 310

Torino – vedi Cinzio da Roma, cantore della chiesa di Torino

Torneredi, località nel territorio di Boiano 192

Torre di Sant'Erasmo, *Turrim Sancti Herasmi* (*apud*), luogo nella città di Santa Maria Capua Vetere 41, 153

Torre, *Turre* (*de*), *Turre de Aquila*, *Turres*, *Turribus* (*territorio de*), *Turris*, *Turrium filiorum Alberti*, *Turrium*, *castrum* nei pressi dell'Aquila 14, 15n, 173, 317, 322, 348, 353 – per i mulini e le terre in 14, 14n – territorio 197, 202; Angelo *de Turribus*, Berardo *de Turre de Aquila*, Francesco (fu) di Simeone *de Turribus*, Francesco del fu *magister* Berardo *de Turribus*, Giovanni di Pietro *de Turre*, Giovanni di Pietro di Matteo *de Turribus*, Muzia, sorella di Stefano *Iacobi Sabatini de Turribus*, Nicola di Giovanni di Pietro *de Turribus*, Nicola di Paolo *de Turribus*, Nicola, figlio del fu Pietro di Matteo *de Turribus*, Paoluccio, fratello di Pasquale del fu Paolo *Actescuri de Turribus*, Pasquale, figlio del fu Paolo *Actescuri de Turribus*, Pietro *de Turre*, Rogata, figlia del fu *dominus* Berardo *de Turribus*, Stabilia, moglie del fu Agabito *de Turribus*, Stefano *Iacobi Sabatini de Turribus*, Tommasa, moglie del fu Simonetto di Simeone di Tommaso *de Turribus*, Vitale, fratello di Pasquale del fu Paolo *Actescuri de Turribus*

Torricella d'Abruzzo (Torricella Peligna, comune in provincia di Chieti) – vedi Filippa da Torricella d'Abruzzo

Tortiboli, *Tortibali*, *casale* (Tertiveri, frazione di Biccari, comune in provincia di Foggia) 291 – vedi Marcellino, vescovo di Tortiboli

Toscana – vedi Nicola del fu Giovanni *de Tuscana*

Toul (comune francese nel dipartimento della Meurthe e Mosella) – vedi Corrado, vescovo di Toul

Tracia (Turchia occidentale) 189 – vedi Adrianopoli

Trani 35n, 37, 163, 164

Trasacco (comune in provincia dell'Aquila) – vedi Bartolomeo da Trasacco

Trebis (*de*), Trevi (Trevi nel Lazio, comune in provincia di Frosinone) – vedi Nicola *de Trebis*, Oddone da Trevi

Trevico (comune in provincia di Avellino) – vedi Jean Lescot, signore di Flumeri e Trevico

Tribuliani, contrada nelle pertinenze di Chieti 269

Trigno, fiume abruzzese e molisano 330

Tritulio (*de*) – vedi Bartolomeo *de Tritulio*

Trivento (comune in provincia di Campobasso) 35n, 37, 194, 330, 381 – archivio della curia vescovile 25 – capitolo cattedrale 194 – diocesi 139 – vedi *Monte Plano*, *Roconus*, *Valle de Piris*, *Ysclis*; S. Maria di Trivento, S. Nazario di Trivento; Andrea, giudice <di Trivento>, Berardo da Trivento, Clemente di Giovanni da Sulmona, abitante di Trivento, Fioretta da Trivento, Giacomo, vescovo di Trivento, Maria, vedova di Biagio da Trivento, Tommaso *de Blasio* <da Trivento>

Trocta Iohannis Guerisii 257

Trofino *de Groppolensibus de Pistorio*, capitano regio di Sulmona 374

Troia (comune in provincia di Foggia), diocesi 262, 263

Turris, *castrum* nei pressi di Sulmona 356

Tuscia (antica provincia pontificia del Patrimonio di San Pietro, corrispondente grossomodo all'odierna provincia di Viterbo e alla parte settentrionale della provincia di Roma) 255

Tuscolo (sede vescovile corrispondente all'odierna diocesi suburbicaria di Frascati), vescovo 141 – vedi Eudes de Châteauroux, cardinale vescovo, Giovanni Boccamazza, cardinale vescovo

Ughelli Ferdinando 22

Ugo Aycelin, cardinale prete di S. Sabina 216, 217

Ugolino, figlio del fu Pietro di Giovanni da San Martino 179

Umberto, arcivescovo di Napoli e conservatore apostolico di S. Spirito del Morrone 361, 368, 383, 384, 385

Undis (*territorio de*), *Villis Undarum* (*de*), località nei pressi dell'Aquila 264 – Bartolomeo di Nicola *de Villis Undarum*

Università degli studi di Padova 1 – vedi Padua research archive

Urbano IV, papa 10, 32, 39, 130, 132, 133

Urbano V 23, 23n

Urbano VI 23

Vadilum, località nei pressi di Boiano 278

Vado della Vella (*al*), *Vadum Vellae* (*ad*), *Vadus de Vella*, contrada nel territorio di Sulmona 152, 215, 326

Vadum (*ad*), località nei pressi di Boiano 316

Vadus Dominicus, località nei pressi di Boiano 350

Valle (*de*), località nei pressi di Isernia – vedi Francesco di Giovanni *de Valle*, Gemma da Isernia, madre di Francesco di Giovanni *de Valle*, Giovanni *de Valle*, Tommasa da Isernia, moglie di Francesco di Giovanni *de Valle*

Valle (*le*), località nei pressi di Boiano 295

Valle de Piris (*de*), contrada nelle pertinenze di Trivento 330

Valle de Ulmo, località nelle pertinenze dell'Aquila 299

Valle de Vineis, località nel territorio di Sant'Anza 196

Valle di Collemaio, località nelle pertinenze dell'Aquila 246

Valle Faralzi, contrada nelle pertinenze di Roccamontepiano 378

Valle Impinzi, *Valle Upicza*, contrada nel territorio di Lan-

Printed in Poland
by Amazon Fulfillment
Poland Sp. z o.o., Wrocław
11 September 2023

4c1cf9cc-acf6-4e4a-b9c9-276e802ad674R01